大数据金融丛书

Matlab
Python

量化投资与FOF投资

以MATLAB+Python为工具

李洋（Faruto） 编著

电子工业出版社
Publishing House of Electronics Industry
北京·BEIJING

内 容 简 介

本书分为基础篇和高级篇两部分。基础篇通过 Q&A 的方式介绍 MATLAB 和 Python 的主要功能、基本命令、数据处理等内容，使读者对 MATLAB 和 Python 有一个基本的了解。高级篇分为 23 章，介绍 MATLAB 和 Python 结合具体量化投资的相关案例，包括 MATLAB 处理优化问题和数据交互、绘制交易图形、构建行情软件和交易模型、基于 MATLAB 的 BP 神经网络和广义极值分布、基于 MATLAB 的正则表达式基础教程、FQuantToolBox 股票期货数据获取&量化回测工具箱的介绍与使用等内容，通过丰富的实例和图形帮助读者理解和运用 MATLAB 和 Python 作为量化投资的工具。本书的特色在于不仅能满足理论学习的需要，还可以帮助读者边学边练，做到理论与实践的相辅相成。

本书适合经济金融机构的研究人员和从业人员、进行量化投资的交易员、具有统计背景的科研工作者、高等院校相关专业的教师和学生及对量化投资和 MATLAB 感兴趣的人士阅读。

未经许可，不得以任何方式复制或抄袭本书之部分或全部内容。
版权所有，侵权必究。

图书在版编目（CIP）数据

量化投资与 FOF 投资：以 MATLAB+Python 为工具 / 李洋编著. —北京：电子工业出版社，2022.7
（大数据金融丛书）
ISBN 978-7-121-43635-2

Ⅰ. ①量… Ⅱ. ①李… Ⅲ. ①Matlab 软件－应用－投资－量化分析 ②软件工具－程序设计－应用－投资－量化分析 Ⅳ. ①F830.59-39

中国版本图书馆 CIP 数据核字（2022）第 093394 号

责任编辑：李 冰　　　　文字编辑：徐 萍
印　　刷：北京七彩京通数码快印有限公司
装　　订：北京七彩京通数码快印有限公司
出版发行：电子工业出版社
　　　　　北京市海淀区万寿路 173 信箱　　邮编：100036
开　　本：787×1 092　1/16　印张：39.5　字数：885 千字
版　　次：2022 年 7 月第 1 版
印　　次：2024 年 6 月第 2 次印刷
定　　价：178.00 元

凡所购买电子工业出版社图书有缺损问题，请向购买书店调换。若书店售缺，请与本社发行部联系，联系及邮购电话：（010）88254888，88258888。
质量投诉请发邮件至 zlts@phei.com.cn，盗版侵权举报请发邮件至 dbqq@phei.com.cn。
本书咨询联系方式：libing@phei.com.cn。

作 者 简 介

李洋（Faruto）

10年量化投资从业经验，先后就职于期货公司、保险资管、公募基金、国有大型银行资管、国有大型银行理财子公司，从事量化投资及资产配置相关工作。北京师范大学应用数学学士、硕士。MATLAB技术论坛联合创始人，16年以上MATLAB使用经验，LibSVM-MAT支持向量机加强版工具箱开发者，FQuantToolBox股票期货数据获取&量化回测工具箱开发者，对量化对冲类策略、CTA类策略、套利类策略及FOF/MOM投资等有深入研究，且有多年投资实战经验，已出版《量化投资：以MATLAB为工具》《MATLAB神经网络30个案例分析》和《MATLAB神经网络43个案例分析》，翻译《金融与经济中的数值方法——基于MATLAB编程》《MATLAB机器学习》等书籍。

邮箱：farutoliyang@foxmail.com

微博：http://weibo.com/faruto

微信公众号：FQuantStudio

前 言

写在前面的话

《量化投资：以 MATLAB 为工具》一书于 2014 年出版，2016 年修订出版了第 2 版。不知不觉，距离第 1 版面世已经有 8 年的时光了，我现在仍能收到很多读者的邮件，真的由衷地感谢大家多年来持续的关注和支持。

我深知该书无法满足所有层次的读者朋友，我也知道该书有着诸多可以完善的地方，我还知道现在又有了新的知识点可以补充进书里，所以经过一番重新整合，形成了此书。希望它可以对在投资道路上探索的朋友有一点点启发和帮助。

此次改版，主要是新增了 Python 语言和 FOF 投资的相关案例，从书籍的名字也可以看出来。

关于新增 Python 语言的相关案例，可能会引来"编程语言之争"。我想说的是，不论是 MATLAB 语言、Python 语言，还是 R 语言，都仅仅是个工具而已，对其进行纯粹的效率对比或者语言易用性对比没有实际意义，而把工具用好，达到自己的目的才是真谛。就我个人而言，实际工作中 MATLAB 用得最多，毕竟是多年工作经验的积累，其次 Python 也经常使用，所以在本书里新增了一些 Python 的案例，希望读者朋友也能把自己提升成"多面手"。

关于新增 FOF 投资相关案例，是因为我在金融领域从业 10 年左右，先后在期货公司、保险资管、公募基金、银行理财、大型财富管理公司工作过，对各种金融业态和打法还算熟悉，核心的两块工作就是量化投资和 FOF 投资，所以想结合实际把量化投资与 FOF 投资结合在一起介绍给大家，以飨读者。

本书内容框架

本书分为基础篇和高级篇两部分。

基础篇采用了 Q&A 的写作方式,目的是想让刚刚接触的读者能快速有效地了解 MATLAB 和 Python。基础篇内容来源多样,既有来自各种官方的帮助文档,又有我个人的一些总结,还有若干来自 MATLAB 技术论坛的讨论。

高级篇介绍了 MATLAB 和 Python 结合具体量化投资及 FOF 投资的相关实践案例,该部分可以帮助读者通过具体量化投资及 FOF 投资案例掌握 MATLAB 和 Python 的相关应用与程序包。

本书既有复杂的模型(支持向量机相关模型)介绍,又有简单的模型(品种简单波动性模型)介绍。无论模型复杂与否,我想说的是投资本身更像一门艺术,并不是复杂的模型才是"好"模型,简单的模型就是"差"模型,所有的回测都只是检测模型的历史表现,所有的模型都有其生命周期和适用条件,终极意义上的模型检验只能是"实战"。

阅读本书时,我建议读者按照"先通读章节内容,后调试程序,再精读章节内容"的顺序进行。本书的章节之间没有特别的顺序要求,读者可以选择任何感兴趣的章节开始阅读。如果您是一名量化投资和 FOF 投资的初学者,建议按照章节顺序通读全书。

面向读者对象

- 经济金融机构的研究人员和从业人员。
- 进行量化投资、FOF/MOM 投资的从业者。
- 具有统计背景的科研工作者。
- 高等院校理工科、经济金融学科等相关专业的本科生、研究生及教师。

勘误和交流

由于笔者水平有限,书中难免会出现一些错误或不严谨的地方,恳请读者批评指正。本书在 MATLAB 技术论坛的"读书频道"有专门的交流板块,方便读者与笔者

前言

进行沟通。如果您在阅读过程中有任何疑问，可以在上述书籍交流板块发帖留言，笔者会尽力为您提供最满意的解答。本书的全部源代码和测试数据也可以在上述书籍交流板块下载。本书为黑白印刷，对于书中的测试和展示图片，读者可以运行源代码得到彩色图片进行查看。

如果您有什么宝贵意见，欢迎发邮件给笔者进行交流，期待能得到您真挚的反馈。

笔者邮箱：farutoliyang@foxmail.com

笔者微博：http://weibo.com/faruto

笔者博客：http://blog.sina.com.cn/faruto

笔者微信公众号：FQuantStudio

致谢

本书得到了笔者的朋友和同事的帮助，借本书出版之际，一并向他们表示真诚的感谢。

感谢电子工业出版社李冰、徐萍等编辑的支持与合作。

感谢我之前曾经共事过的量化投资和 FOF 投资团队成员：张冰博士、钱文博士、陈星、宋腾；周剑博士、赵婉西、陈雪莹；刘文希、伍侃、刘霁；谢鑫、白圭尧。在量化投资和 FOF 投资这条路上，我们要一直前行。

感谢 MATLAB 技术论坛的兄弟们：詹福宇博士、王小川博士、郁磊、吴鹏、谢中华和史峰，怀念自 2008 年开始一起走过的 MATLAB 岁月。

感谢连祥斌、伍侃、吴云峰、张琨、张馨元、彭安迅、张宇霖，该书部分章节由我邀请他们撰写，最后修改完善而成，在此对他们表示由衷的感谢。

感谢我的家人尤其是我的妻子，感谢她对我工作上的支持和生活上的照顾！感谢我的儿子，希望他茁壮成长！

谨以此书献给我最爱的家人、众多量化投资和 FOF 投资的从业者！

李　洋
2022 年 4 月于北京中关村

目 录

基 础 篇

第 0 章 N 分钟学会 MATLAB（60＜N＜180） ·················· 1
- 0.1 引言 ·················· 1
- 0.2 基础知识 ·················· 1
- 0.3 输入/输出 ·················· 11
- 0.4 数据处理 ·················· 13
- 0.5 数学运算 ·················· 19
- 0.6 字符操作 ·················· 27
- 0.7 日期时间 ·················· 29
- 0.8 绘图相关 ·················· 30
- 0.9 数学、金融、统计相关 ·················· 36
- 0.10 其他 ·················· 50

第 1 章 Python 快速入门与进阶提高 ·················· 53
- 1.1 快速入门 ·················· 53
  - 1.1.1 环境准备 ·················· 53
  - 1.1.2 开发工具 ·················· 53
  - 1.1.3 一张图学 Python ·················· 54
  - 1.1.4 Jupyter Notebook 启动目录 ·················· 55
  - 1.1.5 国内镜像源 ·················· 56
  - 1.1.6 虚拟环境 ·················· 56
  - 1.1.7 包的安装 ·················· 57
  - 1.1.8 TA-Lib 安装 ·················· 57
  - 1.1.9 Pandas 显示控制选项 ·················· 57
  - 1.1.10 Notebook 显示控制 ·················· 58
- 1.2 进阶提高 ·················· 58
  - 1.2.1 批处理中切换到虚拟环境 ·················· 58

     1.2.2　GitHub 仓库包的安装 59
     1.2.3　包的引入 59
     1.2.4　在线平台引入自定义包 60
     1.2.5　pd.read_csv 编码 61
     1.2.6　pd.read_csv 中文路径 61
     1.2.7　pd.read_csv 示例 62
     1.2.8　pd.read_csv 高级玩法 62
     1.2.9　pickle 技巧 63
     1.2.10　MultiIndex 多重索引的切片 63
     1.2.11　星期 65
     1.2.12　魔术命令 67
     1.2.13　隐藏 Notebook 代码区 67
     1.2.14　完全屏蔽 Jupter Notebook 源代码 67
     1.2.15　Python 源代码保护 68
     1.2.16　Python 加速 69
     1.2.17　多进程 69
     1.2.18　绘图内存泄露问题 70
     1.2.19　ipynb 转 html 70
     1.2.20　TA-Lib 中的 EMA 计算 71
     1.2.21　绩效指标计算 72
     1.2.22　动态图表 75

高 级 篇

第 2 章　基于 Python 的优化问题 76

   2.1　数值优化 76
     2.1.1　线性规划 76
     2.1.2　非线性优化 79
   2.2　组合优化 80
     2.2.1　风险预算 80
     2.2.2　风险平价 84
     2.2.3　bt 库风险平价示例 86

第 3 章　资产配置中如何分配资金 89

   3.1　由分配奖金说起 89
   3.2　整体框架 89

3.3 组合优化动物园···91
　　3.3.1 零输入··91
　　3.3.2 价格外信息加权···93
　　3.3.3 方差协方差···94
　　3.3.4 均值-方差优化··99
3.4 其他··103
　　3.4.1 权重约束···103
　　3.4.2 方差协方差估计···103
　　3.4.3 多优化器···104
3.5 总结··105

第 4 章　K 线图及常用技术指标的 MATLAB 实现·······································106
4.1 K 线图的 MATLAB 实现··107
　　4.1.1 MATLAB 内置函数 candle 实现···107
　　4.1.2 自己编写函数实现···108
4.2 常用技术指标的 MATLAB 实现··113
　　4.2.1 简单移动平均线（SMA）和指数移动平均线（EMA）··············113
　　4.2.2 自适应移动平均线（AMA）···118
　　4.2.3 指数平滑异同移动平均线（MACD）·····································122
　　4.2.4 平均差（DMA）···125

第 5 章　基于 MATLAB 的行情软件···128
5.1 基于 MATLAB 的行情软件使用介绍··130
　　5.1.1 面板介绍···130
　　5.1.2 功能介绍···130
5.2 基于 MATLAB 的行情软件建立过程··133
　　5.2.1 GUI 版面布局设计··133
　　5.2.2 核心函数编写··135
5.3 扩展阅读··144
　　5.3.1 MATLAB 通过网页抓取从雅虎网站获取股票历史数据···············145
　　5.3.2 MATLAB 通过网页抓取从新浪网站获取股票实时数据···············148

第 6 章　含衍生品的投资组合风险度量——基于嵌套随机仿真方法···············153
6.1 金融风险度量··153
　　6.1.1 常见的几种金融风险度量··153
　　6.1.2 衍生品投资组合的损失及风险··155

XI

6.2 嵌套随机仿真方法 ················· 156
6.2.1 嵌套随机仿真的框架 ············ 156
6.2.2 基于自助采样法的计算量分配方法 ······· 159

第 7 章 基于 MATLAB 的风险管理 ············ 164

7.1 背景介绍 ····················· 164
7.1.1 VaR 模型 ··················· 164
7.1.2 VaR 计算方法 ················· 167
7.2 MATLAB 实现 ················· 167
7.2.1 数据读取 ··················· 167
7.2.2 数据处理 ··················· 177
7.2.3 历史模拟法程序 ··············· 179
7.2.4 参数模型法程序 ··············· 181
7.2.5 蒙特卡罗模拟程序 ··············· 182
7.2.6 计算结果比较 ················· 186

第 8 章 期权定价模型的 MATLAB 实现 ············ 187

8.1 概述 ····················· 187
8.1.1 关于布莱克、斯科尔斯和莫顿的故事 ······· 187
8.1.2 Black-Scholes 定价模型 ············ 188
8.2 Black-Scholes 定价模型及希腊字母研究 ······· 189
8.2.1 Black-Scholes 微分方程的推导 ······· 189
8.2.2 希腊字母研究及 MATLAB 仿真测试 ······· 195
8.3 二叉树定价模型研究 ··············· 214
8.3.1 期权定价的数值方法概述 ············ 214
8.3.2 二叉树定价模型 ··············· 216
8.3.3 二叉树模型下的希腊字母计算和测试 ······· 221
8.3.4 美式期权与欧式期权的风险指标对比 ······· 225
8.4 BAW 定价模型研究 ··············· 229
8.4.1 美式期权定价模型方法概述 ············ 229
8.4.2 BAW 定价模型 ··············· 229
8.4.3 BAW 定价模型仿真测试 ············ 233

第 9 章 基于 MATLAB 的支持向量机（SVM）在量化投资中的应用 ········ 235

9.1 背景介绍 ····················· 235
9.1.1 SVM 概述 ··················· 235

9.1.2　LibSVM 工具箱 ………………………………………………… 237
9.2　上证指数开盘指数预测 ………………………………………………… 239
　　9.2.1　模型建立 ………………………………………………… 239
　　9.2.2　MATLAB 实现 ………………………………………………… 240
9.3　上证指数开盘指数变化趋势和变化空间预测 ………………………………………………… 247
　　9.3.1　信息粒化简介 ………………………………………………… 247
　　9.3.2　模型建立 ………………………………………………… 250
　　9.3.3　MATLAB 实现 ………………………………………………… 251
9.4　基于 C-SVM 的期货交易策略 ………………………………………………… 256
　　9.4.1　引言 ………………………………………………… 256
　　9.4.2　模型建立 ………………………………………………… 257
　　9.4.3　MATLAB 实现 ………………………………………………… 258
9.5　扩展阅读 ………………………………………………… 273
　　9.5.1　MATLAB 自带的 SVM 实现函数与 LibSVM 的差别 ………………………………………………… 273
　　9.5.2　关于 SVM 的学习资源汇总 ………………………………………………… 273

第 10 章　MATLAB 与其他金融平台终端的通信 ………………………………………………… 277

10.1　DataHouse 平台 MATLAB 接口介绍 ………………………………………………… 277
　　10.1.1　DataHouse 平台简介 ………………………………………………… 277
　　10.1.2　MATLAB 接口简介 ………………………………………………… 279
10.2　Wind 平台 MATLAB 接口介绍 ………………………………………………… 294
　　10.2.1　Wind 平台简介 ………………………………………………… 294
　　10.2.2　MATLAB 接口简介 ………………………………………………… 295

第 11 章　基于 MATLAB 的交易品种选择分析 ………………………………………………… 300

11.1　品种的流动性 ………………………………………………… 300
11.2　品种的波动性 ………………………………………………… 303
11.3　小结 ………………………………………………… 307

第 12 章　基于 MATLAB 的交易品种相关性分析 ………………………………………………… 308

12.1　背景介绍 ………………………………………………… 308
12.2　MATLAB 实现 ………………………………………………… 311
　　12.2.1　计算相关性的时间长度和时间周期的选择 ………………………………………………… 312
　　12.2.2　不同交易品种（资产）的时间轴校正 ………………………………………………… 314
　　12.2.3　全市场品种的相关性图形展示 ………………………………………………… 314
12.3　扩展阅读 ………………………………………………… 317

第 13 章 基于 MATLAB 的国内期货证券交易解决方案 321

13.1 国内期货柜台系统介绍 321
13.2 MATLAB 对接 CTP 的各种方式 323
13.3 开发前准备 324
13.3.1 文档下载 324
13.3.2 MATLAB 安装 325
13.3.3 监控工具 325
13.3.4 开发工具 326
13.4 C# 版对接原理 326
13.5 XAPI 版项目介绍 327
13.6 MATLAB 对接期货接口介绍（XAPI 项目.NET 版）......329
13.6.1 导入 C# 库 330
13.6.2 启动行情连接 330
13.6.3 显示连接状态 334
13.6.4 订阅行情 338
13.6.5 行情连接参数 338
13.6.6 启动交易连接 338
13.6.7 交易的相关事件 339
13.6.8 下单 340
13.6.9 撤单 341
13.6.10 退出 342
13.6.11 改进 342
13.7 MATLAB 对接期货接口介绍（XAPI 项目 COM 版）......343
13.7.1 COM 组件注册 343
13.7.2 COM 组件运行 344
13.7.3 COM 事件注册 346
13.7.4 下单 348
13.8 MATLAB 对接证券接口 349
13.9 MATLAB 对接个股期权接口 350

第 14 章 构建基于 MATLAB 的回测系统 352

14.1 基于 MATLAB 的量化回测平台框架介绍 353
14.1.1 回测平台实现细节思考 353
14.1.2 回测平台框架 354
14.2 简单均线系统的 MATLAB 实现 355
14.3 基于 MATLAB 的策略回测模板样例 361

14.3.1 模板结构 ··· 361
14.3.2 相关回测变量和指标的定义 ··· 361
14.3.3 策略描述 ··· 363
14.3.4 数据准备 ··· 365
14.3.5 回测计算 ··· 366
14.3.6 策略评价 ··· 372
14.4 其他基于 MATLAB 的回测平台展示 ··· 379
14.4.1 HTS1.0——基于 MATLAB 设计的回测平台体验版 ············· 379
14.4.2 GreenDragon 期货交易算法研发平台 ··································· 381
14.4.3 交易策略回测 GUI（Trading Strategy Back Tester）·········· 381

第 15 章 基于 MATLAB 的多因子选股模型的实现 ································· 383

15.1 多因子模型介绍 ··· 383
15.1.1 背景 ·· 383
15.1.2 因子种类 ··· 383
15.1.3 因子库 ·· 384
15.1.4 全局参数 ··· 385
15.1.5 初始股票池 ··· 385
15.1.6 股票组合 ··· 386
15.1.7 情景分析 ··· 387
15.1.8 测试流程 ··· 387
15.1.9 评价体系 ··· 388
15.2 MATLAB 实现 ··· 389
15.2.1 主脚本 ·· 389
15.2.2 提取数据 ··· 391
15.2.3 因子选股 ··· 393
15.2.4 回测 ·· 394
15.2.5 策略评价 ··· 398
15.3 总结 ··· 400

第 16 章 基于 MATLAB 和 Wind 的量化交易终端 AsTradePlatform 介绍与使用 ··· 401

16.1 背景介绍 ··· 401
16.2 面板介绍 ··· 401
16.3 模块介绍 ··· 403
16.3.1 前期准备 ··· 403
16.3.2 初始化 ·· 407

- 16.3.3 登录/退出模块 ……… 408
- 16.3.4 策略控制模块 ……… 415
- 16.3.5 标的池模块 ……… 442
- 16.3.6 策略监控模块 ……… 452
- 16.3.7 账户信息模块 ……… 462
- 16.3.8 手动交易 ……… 464
- 16.3.9 选股模型 ……… 465
- 16.4 总结与改进 ……… 469

第17章 基于MATLAB的BP神经网络在量化投资中的应用 ……… 470

- 17.1 基础简介 ……… 470
  - 17.1.1 BP神经网络概述 ……… 470
  - 17.1.2 基于MATLAB的BP神经网络的非线性系统建模 ……… 477
- 17.2 基于MATLAB的BP神经网络对股指连续收盘价进行预测 ……… 481
  - 17.2.1 数据与指标选取 ……… 481
  - 17.2.2 基于BP神经网络的股指连续的预测实现 ……… 482

第18章 基于MATLAB的广义极值分布在量化投资中的策略挖掘与回测 ……… 485

- 18.1 背景介绍 ……… 485
  - 18.1.1 广义极值分布 ……… 485
  - 18.1.2 GEV分布与目标价格的突破概率 ……… 488
- 18.2 GEV策略与回测的MATLAB实现 ……… 494
  - 18.2.1 策略准则 ……… 494
  - 18.2.2 GEV策略构建 ……… 499
  - 18.2.3 HS300回测 ……… 507
  - 18.2.4 股指期货5分钟连续主力合约回测 ……… 511

第19章 基于MATLAB的正则表达式基础教程 ……… 516

- 19.1 引言 ……… 516
- 19.2 单个字符的匹配 ……… 517
  - 19.2.1 句点符号 ……… 517
  - 19.2.2 方括号符号 ……… 518
  - 19.2.3 方括号中的连接符 ……… 518
  - 19.2.4 特殊字符 ……… 519
  - 19.2.5 类表达式 ……… 519
- 19.3 字符串的匹配 ……… 520

    19.3.1 多次匹配···520
    19.3.2 逻辑运算符···521
    19.3.3 左顾右盼——利用上下文匹配························522
  19.4 标记（tokens）···523
    19.4.1 什么是标记···523
    19.4.2 如何使用标记···524
  19.5 多行字符串与多正则表达式·································525
    19.5.1 多个字符串与单个正则表达式匹配··················525
    19.5.2 多个字符串与多个正则表达式匹配··················526
    19.5.3 多字符串的替换···526
  19.6 应用实例··526

第20章 FQuantToolBox 股票期货数据获取&量化回测工具箱的介绍与使用···528

  20.1 FQuantToolBox 是做什么用的······························528
  20.2 FQuantToolBox 工具箱内容简介····························529
  20.3 行情数据和基本面数据获取函数·····························530
  20.4 工具箱各版本更新说明·······································556

第21章 双动量模型在资产配置中的作用·························559

  21.1 背景··559
  21.2 他山之石··560
    21.2.1 鲁棒资产配置（Robust Asset Allocation）··········561
    21.2.2 中信大类资产趋势策略指数（CSI CITIC Multi Asset Trend Index）··562
    21.2.3 全球战术资产配置（Global Tactical Asset Allocation）·······563
    21.2.4 自适应资产配置策略（Adaptive Asset Allocation）······565
    21.2.5 全球权益动量（Global Equities Momentum）······565
    21.2.6 综合双动量模型（Composite Dual Momentum）···566
    21.2.7 分散的双动量模型（Diversified Dual Momentum）······567
    21.2.8 加速双动量（Accelerating Dual Momentum）······567
    21.2.9 保护型资产配置（Protective Asset Allocation）······568
    21.2.10 警惕型资产配置（Vigilant Asset Allocation）······569
    21.2.11 防御型资产配置（Defensive Asset Allocation）······570
    21.2.12 主动型混合资产配置（Active Combined Asset）······571
    21.2.13 Mozaic 指数···571
  21.3 可以攻玉··572

XVII

  21.3.1 数据 ………………………………………………………… 572
  21.3.2 基本统计 ……………………………………………………… 573
  21.3.3 横截面动量 …………………………………………………… 575
  21.3.4 时间序列动量 ………………………………………………… 576
  21.3.5 双动量 ………………………………………………………… 577
 21.4 结论 ………………………………………………………………… 578

第 22 章 基于低滞后均线在沪深 300 指数上的量化择时模型 …………… 580

 22.1 低滞后均线介绍 …………………………………………………… 580
 22.2 低滞后均线策略回测的 MATLAB 实现 ………………………… 583

第 23 章 从量化角度详解美国 ETF 行业大奖的 Buffer ETF 创新产品 …… 593

 23.1 Buffer ETF 基础知识 ……………………………………………… 593
 23.2 Buffer ETF 的投资策略 …………………………………………… 596

第 24 章 量化 FOF 组合构建和分析技术在基金投顾中的应用 …………… 600

 24.1 基金研究 …………………………………………………………… 600
  24.1.1 基金评价方法 ………………………………………………… 600
  24.1.2 基金经理评价方法 …………………………………………… 601
 24.2 大类资产配置与 FOF 组合构建 ………………………………… 602
  24.2.1 大类资产配置方法 …………………………………………… 602
  24.2.2 大类资产配置方法的 Python 实现 ………………………… 604
  24.2.3 FOF 组合构建策略 …………………………………………… 607
  24.2.4 FOF 组合策略的 Python 实现 ……………………………… 608
 24.3 FOF 组合分析 …………………………………………………… 609
  24.3.1 FOF 组合分析概述 …………………………………………… 609
  24.3.2 FOF 组合分析举例 …………………………………………… 611
 24.4 基金投顾与智能 FOF ……………………………………………… 612
  24.4.1 智能 FOF ……………………………………………………… 612
  24.4.2 萝卜理财 ……………………………………………………… 613

基 础 篇

第 0 章　N 分钟学会 MATLAB（60 < N < 180）

0.1 引言

之所以采用下文这种 Q&A 的形式作为本书的基础篇，是想让刚刚接触 MATLAB 的读者能快速有效地了解 MATLAB，毕竟在一个注重时间效率的年代，大家更喜欢速成的东西。

本篇形式上参考了刘思喆老师的《153 分钟学会 R》，当然内容方面结合了 MATLAB 本身的特色。本篇的内容来源多样，既有来自 MATLAB 的官方帮助文档，也有来自作者个人的一些总结，还有若干来自 MATLAB 技术论坛的讨论问题。

MATLAB 是一个非常庞大的体系，其官方工具箱就有数十种，内部函数有数百个，可以说学习 MATLAB 是一件没有尽头的事情。希望本篇能成为读者认识、学习 MATLAB 的好助手。

0.2 基础知识

（1）MATLAB 是做什么的？为什么 MATLAB 叫作 MATLAB？

MATLAB 是美国 MathWorks 公司出品的商业数学软件，是用于算法开发、数据可视化、数据分析及数值计算的高级技术计算语言和交互式环境，主要包括 MATLAB 和 Simulink 两大部分。

MATLAB 是 Matrix 和 Laboratory 两个词的组合，意为矩阵工厂（矩阵实验室）。之所以叫作矩阵工厂（矩阵实验室），是因为 MATLAB 的基本数据单位是矩阵。

（2）MathWorks 公司的创始人是谁？

Cleve Moler 和 Jack Little 是 MathWorks 公司的创始人。其中，Cleve Moler 是 MATLAB 首个版本的开发者，Jack Little 是信号处理工具箱和控制系统工具箱早期版本的共同开发者与首席架构师。

（3）新手如何开始学习 MATLAB？

如果你的英文阅读水平还算可以，那么 MATLAB 官方的帮助文档将是最好且最全面的学习材料，你可以通过在 MATLAB 的命令窗口（Command Window）中输入"doc"调出 MATLAB 官方的帮助文档，也可以在 MathWorks 公司官方网站的文档中心查看在线的 MATLAB 官方帮助文档。

MATLAB 技术论坛是一个不错的学习 MATLAB 的中文网站，本书的作者之一李洋（Faruto）是 MATLAB 技术论坛核心管理团队的成员之一，在这个论坛里你可以找到大量的学习资料（代码、数据、视频等）或直接提出问题同大家讨论。

当然，你也可以购买一些 MATLAB 相关的中外文书籍进行学习。

（4）使用 MATLAB 需要很强的编程能力吗？

大多数时候并不需要，因为 MATLAB 有很多的函数和工具箱，官方的工具箱还有数十种，第三方的工具箱不计其数且每天都在增加，你用到的一般方法和函数都可以在 MATLAB 的工具箱中找到。

（5）能否简单举一个 MATLAB 的例子？

生成 100 个高斯（正态）分布随机数，并对这 100 个数进行特征描述。MATLAB 代码如下：

```matlab
Mean_Value = 0;
STD_Value = 1;
Data_Num = 100;

x = random('Normal', Mean_Value, STD_Value, Data_Num, 1);
x_dataset = dataset(x);

whos
mean_x = mean(x)
std_x = std(x)
summary(x_dataset)
```

运行结果（因为是生成随机数，所以多次运行结果可能不同）如下：

```
Name              Size            Bytes        Class       Attributes

Data_Num          1x1                8         double
Mean_Value        1x1                8         double
STD_Value         1x1                8         double
x                 100x1            800         double
x_dataset         100x1           2300         dataset

mean_x =
   -0.0684
std_x =
    0.9568
x: [100x1 double]
min         1st quartile      median        3rd quartile       max
-2.8216       -0.7437        -0.088884        0.63638         2.3738
```

（6）如何查看使用的 MATLAB 的版本信息及内存信息？

在 MATLAB 的命令窗口（Command Window）中输入"version"和"memory"来查看所使用的 MATLAB 版本信息和内存信息。运行结果（因为 MATLAB 版本的不同及计算机配置的不同，所以运行结果可能不同）如下：

```
>> version
ans =
7.14.0.739 (R2012a)
>> memory
Maximum possible array:           444 MB (4.659e+08 bytes) *
Memory available for all arrays: 1190 MB (1.248e+09 bytes) **
Memory used by MATLAB:            427 MB (4.476e+08 bytes)
Physical Memory (RAM):           3327 MB (3.489e+09 bytes)

*  Limited by contiguous virtual address space available.
** Limited by virtual address space available.
```

（7）MATLAB 支持中文吗？

支持！但在 MATLAB 中，有相当一部分工具箱的作者都是以英文为母语的，所以建议熟练全英文环境。

（8）MATLAB 支持自动补全（Tab Completion）吗？

支持！在较新版本中，MATLAB 引入了命令自动补全功能，使用 Tab 键能自动补全 MATLAB 命令或给出所有可能的补全命令列表。

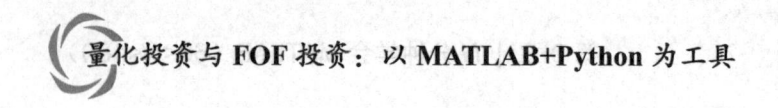

（9）MATLAB 有哪些常用的热键？

MATLAB 除了支持常见的 Windows 热键（复制：Ctrl+C；剪切：Ctrl+X；粘贴：Ctrl+V 等），在 MATLAB 文件编辑器（Editor）中，还有如下一些常见的热键。

- F5：运行当前的 M 文件。
- F9：运行选中的代码段。
- Ctrl+R：注释选中的代码段。
- Ctrl+T：反注释选中的代码段。
- Ctrl+I：将选中的代码段智能缩进调整。

（10）如何清除变量？

使用 clear 命令可以清除工作空间（Workspace）中的所有变量。清除工作空间中名字为 name 的变量，使用 clear name 命令。

（11）如何清空命令窗口（Command Window）？

使用 clc 命令可以清空命令窗口（Command Window）。

（12）MATLAB 常用的数据类型有哪些？

MATLAB 支持的基本数据类型有基本数值类型、字符串、元胞数组、结构、函数句柄、Java 对象、逻辑类型等。其中基本数值类型包括双精度类型、单精度类型、整数类型等。

（13）如何查看函数的代码？

在 MATLAB 文件编辑器（Editor）菜单栏中可以使用 File→Open 命令直接打开相关 M 文件查看源码，也可以只用 edit 函数打开，如 "edit mean" 会直接打开求均值函数 mean 查看源码：

```
function y = mean(x,dim)
%MEAN   Average or mean value.
%   For vectors, MEAN(X) is the mean value of the elements in X.
%   For matrices, MEAN(X) is a row vector containing the mean value of each column.
%   For N-D arrays, MEAN(X) is the mean value of the elements along the first non-singleton dimension of X.
%   MEAN(X,DIM) takes the mean along the dimension DIM of X.
%   Example: If X = [1 2 3; 3 3 6; 4 6 8; 4 7 7];
%   then mean(X,1) is [3.0000 4.5000 6.0000] and
%   mean(X,2) is [2.0000 4.0000 6.0000 6.0000].'
%   Class support for input X:
```

```
%       float: double, single
%   See also MEDIAN, STD, MIN, MAX, VAR, COV, MODE.

%   Copyright 1984-2009 The MathWorks, Inc.
%   $Revision: 5.17.4.5 $  $Date: 2010/09/02 13:35:22 $

if nargin==1,
  % Determine which dimension SUM will use
  dim = find(size(x)~=1, 1 );
  if isempty(dim), dim = 1; end

  y = sum(x)/size(x,dim);
else
  y = sum(x,dim)/size(x,dim);
end
```

(14) 在 MATLAB 中可以使用科学计数法吗？

可以，如下例：

```
1e10 = 1000000000
1.2e-4 = 0.00012
```

(15) 什么叫作 MATLAB 的当前路径（目录）、工作搜索路径（目录）？

"当前路径（目录）（Current Folder）"是指 MATLAB 当前所在的路径。MATLAB 菜单栏下面有一个 Current Folder，可以在这里进行当前所在目录的更改，如图 0-1 所示。

图 0-1 MATLAB 当前路径（目录）（Current Folder）更改位置

"工作搜索路径（目录）"是指在使用某一个函数的时候，MATLAB 可以搜索该函数的所有目录集合。在 MATLAB 菜单栏 File→Set Path 中可以查看所有的工作搜索路径（目录）集合，如图 0-2 所示。

在使用某一个函数的时候，MATLAB 首先会从当前目录搜索调用该函数；如果当前目录没有该函数，MATLAB 就会在工作搜索目录按照从上到下的顺序搜索调用该函数；如果工作搜索目录中也没有该函数，则会给出如下的报错：

```
??? Undefined function or variable 'XXX'
```

(16) 在 MATLAB 中如何安装第三方的工具箱？

如果待安装的第三方的工具箱使用纯 M 语言编写，这种情况比较简单，工具箱下载后，只需将第三方的工具箱所在目录添加到 MATLAB 工作搜索目录即可。具体操作就是在 MATLAB 菜单栏中选择 File→Set Path→Add with Subfolders 命令，然后选择之前存放第三方工具箱的文件夹，单击"保存（Save）"按钮就可以了。

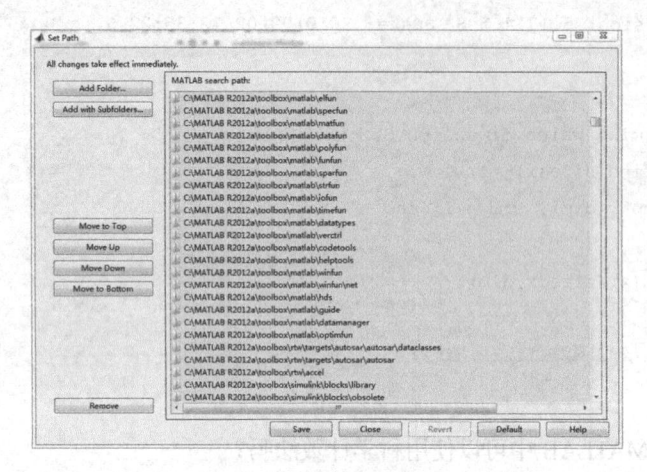

图 0-2　MATLAB 工作搜索路径（目录）设置

如果待安装的第三方的工具箱并不是单纯用 M 语言编写的，比如 LibSVM 工具箱中的 MATLAB 版本核心是使用 C++代码编写的，安装这样的第三方工具箱的步骤就稍微复杂一些。下面以安装 LibSVM 工具箱为例简要介绍一下。

安装 LibSVM 工具箱是在 MATLAB 平台下使用 LibSVM 的前提。在 MATLAB 平台下安装 LibSVM 工具箱的本质其实就是将 LibSVM 工具箱的 MATLAB 版本文件 svmtrain.c 和 svmpredict.c 在 MATLAB 中进行编译生成 .mex 文件（根据操作系统不同，32 位操作系统编译后生成 svmtrain.mexw32 和 svmpredict.mexw32，64 位操作系统编译后生成 svmtrain.mexw64 和 svmpredict.mexw64），之后就能在 MATLAB 中使用了。安装 LibSVM 工具箱主要有以下几个步骤：

Step 01　下载 LibSVM 工具箱并将其所在目录添加到 MATLAB 工作搜索目录。

可在官方网站下载最新版本的 LibSVM 工具箱，然后在 MATLAB 菜单栏中选择 File→Set Path→Add with Subfolders 命令，并选择之前存放 LibSVM 工具箱的文件夹，最后单击"保存"按钮即可。

Step 02　选择编译器。

由于 LibSVM 的原始版本是用 C++写的，所以需要用编译器编译一下，生成一个*.mexw32 或*.mexw64 文件，这样就可以在 MATLAB 平台下使用 LibSVM 了。

如果编译器没有选择好，那么下一步进行 make 编译的时候就会出现如下报错：

```
Unable to complete successfully.
```

表示你没有选择好编译器。

这里需要本机事先安装一个C++编译器，然后才能进行选择。推荐使用Microsoft Visual C++ 6.0 编译器或者更高版本的 Visual Studio。一般 MATLAB 会自带一个编译器 Lcc-win32 C，但在这里无法使用，因为 LibSVM 源代码是用 C++写的，而 Lcc-win32 C 是一个 C 编译器，无法编译 C++源代码。

下面看一下选择编译器的具体操作。

首先在 MATLAB 命令窗口（Commond Window）中输入：

```
mex -setup
```

注意 mex 后面要敲一个空格，然后才是 -setup。接着会出现如下类似内容：

```
Please choose your compiler for building external interface (MEX) files:
Would you like mex to locate installed compilers [y]/n?
```

这里询问是否选择本机已安装的编译器，正规地选择"y"然后指定编译器即可。根据本机安装的编译器，会出现如下类似内容：

```
Please choose your compiler for building external interface (MEX) files:
Would you like mex to locate installed compilers [y]/n? y
Select a compiler:
[1] Lcc-win32 C 2.4.1 in D:\MATLAB~1\sys\lcc
[2] Microsoft Visual C++ 6.0 in D:\Microsoft Visual Studio

[0] None

Compiler:
```

然后选择相应的编译器并确认即可：

```
Compiler: 2
Please verify your choices:


Compiler: Microsoft Visual C++ 6.0
Location: D:\Microsoft Visual Studio


Are these correct [y]/n? y


Trying to update options file:
C:\Users\faruto\AppData\Roaming\MathWorks\MATLAB\R2009b\mexopts.bat
From template:         D:\MATLAB~1\bin\win32\mexopts\msvc60opts.bat


Done...
```

这样就表示编译器选择成功了(此步骤中可能会出现警告,这是正常现象)。

MATLAB 支持的编译器列表可以在 MathWorks 官方网站查看。

如果输入"mex -setup",则会出现:

```
Please choose your compiler for building external interface (MEX) files:
Would you like mex to locate installed compilers [y]/n?
```

选择"y"后,可选择的编译器里没有已经安装的编译器,表示 MATLAB 可能没有识别、记录安装的编译器的名字和目录(有时候会发生这种情况),此时应该重新输入"mex -setup",选择"n"手动进行编译器的设置:

```
mex -setup
Please choose your compiler for building external interface (MEX) files:
Would you like mex to locate installed compilers [y]/n? n

Select a compiler:
    [1] Intel C++ 9.1 (with Microsoft Visual C++ 2005 SP1 linker)
    [2] Intel Visual Fortran 10.1 (with Microsoft Visual C++ 2005 SP1 linker)
    [3] Lcc-win32 C 2.4.1
    [4] Microsoft Visual C++ 6.0
    [5] Microsoft Visual C++ .NET 2003
    [6] Microsoft Visual C++ 2005 SP1
    [7] Microsoft Visual C++ 2008 Express
    [8] Microsoft Visual C++ 2008 SP1
    [9] Open WATCOM C++

    [0] None

Compiler: 4    %选择的编译器一定是本机安装了的,否则选择了也没有用

Your machine has a Microsoft Visual C++ compiler located at
D:\Microsoft Visual Studio. Do you want to use this compiler [y]/n?
```

这样就可以手动选择想要的编译器了:

```
Your machine has a Microsoft Visual C++ compiler located at
D:\Microsoft Visual Studio. Do you want to use this compiler [y]/n?
```

这是确认步骤,如果你的编译器确实安装在 MATLAB 给出的这个目录里(这里是 D:\Microsoft Visual Studio),选择"y"确认即可;如果不是,则说明 MATLAB 没有识别出安装的地方,选择"n"手动指定目录。选择 n 后的结果如下:

```
Compiler: 4
```

```
Your machine has a Microsoft Visual C++ compiler located at
D:\Microsoft Visual Studio. Do you want to use this compiler [y]/n? n
Please enter the location of your compiler: [C:\Program Files\Microsoft Visual
Studio]
```

此时输入安装的编译器的完整目录即可。

Step 03 编译文件。

这一步的具体操作就是运行 LibSVM 工具箱 MATLAB 版本文件夹中的 make.m 文件。首先需要把 MATLAB 的当前目录（Current Folder）调整到 LibSVM 工具箱所在的文件夹，然后在 MATLAB 命令窗口（Commond Window）中输入"make"。

如果成功运行且没有报错，就说明 LibSVM 工具箱安装成功了。LibSVM 工具箱中有自带的 heart_scale.mat 测试数据集，可以运行以下代码检查是否安装成功：

```
load heart_scale;
model = svmtrain(heart_scale_label,heart_scale_inst);
[predict_label,accuracy]=svmpredict(heart_scale_label,heart_scale_inst,model);
```

出现如下结果，则说明安装成功了：

```
Accuracy = 86.6667% (234/270) (classification)
```

在使用某一函数时，MATLAB 首先会从当前目录搜索调用该函数。为了防止其他位置也有类似名字的 make.m 函数进而运行错误，这一步要把 MATLAB 的当前目录（Current Folder）调整到 LibSVM 所在的文件夹，优先运行 LibSVM 文件夹下的 make.m 文件。

make.m（LibSVM 版本 3.14）的文件内容如下：

```
% This make.m is for MATLAB and OCTAVE under Windows, Mac, and Unix

try
    Type = ver;
    % This part is for OCTAVE
    if(strcmp(Type(1).Name, 'Octave') == 1)
        mex libsvmread.c
        mex libsvmwrite.c
        mex svmtrain.c ../svm.cpp svm_model_matlab.c
        mex svmpredict.c ../svm.cpp svm_model_matlab.c
    % This part is for MATLAB
    % Add -largeArrayDims on 64-bit machines of MATLAB
```

```
        else
            mex CFLAGS="\$CFLAGS -std=c99" -largeArrayDims libsvmread.c
            mex CFLAGS="\$CFLAGS -std=c99" -largeArrayDims libsvmwrite.c
            mex CFLAGS="\$CFLAGS -std=c99" -largeArrayDims svmtrain.c ../svm.cpp svm_model_matlab.c
            mex CFLAGS="\$CFLAGS -std=c99" -largeArrayDims svmpredict.c ../svm.cpp svm_model_matlab.c
        end
    catch
        fprintf('If make.m fails, please check README about detailed nstructions.\n');
end
```

安装完 LibSVM 工具箱后，可能会有人要用 help svmtrain 和 help svmpredict 来查看这两个函数的帮助文件，但结果是运行 help svmtrain 在较新版本下得到的是 MATLAB 自带的 svmtrain 函数的帮助文件，而运行 help svmpredict 会有如下报错：

```
svmpredict not found.
```

因为 svmtrain 和 svmpredict 的源代码是 svmtrain.c 和 svmpredict.c，该源代码是用 C++ 写的，编译后生成的文件是 svmtrain.mexw32 和 svmpredict.mexw32（或 svmtrain.mexw64 和 svmpredict.mexw64）。编译后的 *.mexw32（或 *.mexw64）文件是加密过的，打开是乱码，没有帮助文件说明注释，想要查看 svmtrain 和 svmpredict 的源代码可以直接查看 svmtrain.c 和 svmpredict.c。

由于较新版本的 MATLAB 有自带的 SVM 实现，其函数名也为 svmtrain，文件位置在 MATLAB 根目录下（\toolbox\bioinfo\biolearning\svmtrain.m）。为避免 MATLAB 自带的 svmtrain 函数与 LibSVM 工具箱 svmtrain 函数调用错误，可以将 MATLAB 自带的 svmtrain.m 函数备份后改名，比如改成 svmtrain_matlab.m 或 svmtrain.m_backup。

（17）如何恢复 MATLAB 的文件关联？

有时候重装系统或者其他错误操作会导致 MATLAB 文件关联失效，运行如下代码可以恢复 MATLAB 的文件关联：

```
cwd=pwd;
cd([matlabroot '\toolbox\matlab\winfun\private']);
fileassoc('add',{'.m','.mat','.fig','.p','.mdl',['.' mexext]});  %重点
cd(cwd);
disp('Changed Windows file associations. FIG, M, MAT, MDL, MEX, and P files are now associated with MATLAB.')
```

0.3 输入/输出

（18）如何输入一个矩阵并求其转置和逆？

有以下几种方式可以输入一个矩阵。

① 直接输入矩阵。

比如在命令窗口（Command Window）中输入：

```
>> A = [1 2 3 4; 0 1 0 0; 1 1 2 4]
```

可以定义矩阵 $\begin{pmatrix} 1 & 2 & 3 & 4 \\ 0 & 1 & 0 & 0 \\ 1 & 1 & 2 & 4 \end{pmatrix}$。

如果矩阵中的元素间隔是等步长的，则可以使用如下方式输入矩阵：

```
>> A=1:0.1:5
```

表示从 1~5，按照 0.1 步长生成行向量。

② 使用函数生成矩阵。

linspace 函数可以批量生成向量，其用法有两种：

- linspace(a, b)表示将 a~b 等分成 100 份形成向量。
- linspace(a, b, n)表示将 a~b 等分成 n 份形成向量。

ones 函数和 zeros 函数可以分别生成指定维数全为 1 和全为 0 的矩阵，eye 函数可以生成单位矩阵，magic 函数可以生成魔方矩阵，vander 函数可以生成范得蒙（Vandermonde）矩阵，hilb 函数可以生成希尔伯特（Hilbert）矩阵，Toeplitz 函数可以生成托普利兹（Toeplitz）矩阵，company 函数可以生成伴随矩阵，pascal 函数可以生成帕斯卡（Pascal）矩阵。

单引号的作用是求矩阵的转置，inv 函数可以求矩阵的逆，见下例：

```
>> A = [1 2 3 4; 0 1 0 0; 1 1 2 4;3 1 2 4]
A =
     1     2     3     4
     0     1     0     0
     1     1     2     4
     3     1     2     4
```

```
>> A'
ans =
    1    0    1    3
    2    1    1    1
    3    0    2    2
    4    0    4    4
>> inv(A)
ans =
         0   -0.0000   -0.5000    0.5000
         0    1.0000         0         0
    1.0000   -1.0000   -1.0000         0
   -0.5000    0.2500    0.8750   -0.1250
```

（19）MATLAB 可以读取 Excel 的数据吗？

可以。MATLAB 不但可以直接读取 Excel 文件，还可以向 Excel 文件中写入数据。使用 xlsread 和 xlswrite 函数可以达到 MATLAB 与 Excel 通信的目的，见下例：

```
values = {1, 2, 3 ; 4, 5, 'x' ; 7, 8, 9};
headers = {'First', 'Second', 'Third'};
xlswrite('eg_Mat2Excel.xlsx', [headers; values]);

A = xlsread('eg_Mat2Excel.xlsx')
```

运行的结果是通过 xlswrite 函数建立了 eg_Mat2Excel.xlsx 文件，其内容为：

First	Second	Third
1	2	3
4	5	x
7	8	9

通过 xlsread 函数可以读取 eg_Mat2Excel.xlsx 的内容：

```
A =
    1    2    3
    4    5   NaN
    7    8    9
```

（20）可以将 MATLAB 命令窗口（Commond Window）中显示的结果输出到文件吗？

可以。使用 diary 函数可以将命令窗口（Commond Window）中显示的结果输出到文件。

（21）MATLAB 可以从系统剪切板（Clipboard）中读取数据吗？

可以。使用 clipboard 函数可以从系统剪切板中读取数据，使用方法如下：

```
clipboard('copy', data)
str = clipboard('paste')
data = clipboard('pastespecial')
```

（22）MATLAB 可以直接从数据库读取数据吗？

可以。MATLAB 专门有一个数据库工具箱（Database Toolbox），可以通过 ODBC/JDBC 接口访问具体的数据库。以 MATLAB 通过 ODBC 建立到 Oracle 数据库的连接为例进行介绍。

① 在 Windows 下选择"开始"→"控制面板"→"性能和维护"→"管理工具"，单击"数据源（ODBC）"。

② 选择"系统 DSN"→"添加"→选择"Oracle in OraClient11g_home1"，单击"完成"。

③ 配置 Oracle ODBC 驱动。

④ 单击"确定"。

⑤ 在 MATLAB 中建立到 Oracle 的 JDBC 连接测试。

```
>> conn = database(instance,username,password);
```

0.4　数据处理

（23）如何删除缺失值？

在 MATLAB 中使用 NaN（Not-a-Number）表示缺失值，例如：

```
A = [1 NaN 3]
```

判断矩阵（向量）某一元素是否为 NaN 时不能使用如下方式：

```
A(2) == NaN
```

需要使用 isnan 函数。使用如下方式可以删除缺失值：

```
A( isnan(A) ) = []
```

运行结果为：

```
A =
     1     3
```

可以看到缺失值已经被删除了。

（24）如何将字符串转变为命令执行？

使用 eval 函数可以将字符串转变为命令执行，参考下例：

```
A = 3;
B = 5;
string = [num2str(A),'+',num2str(B)]
eval(string);
```

运行结果为：

```
string =
3+5
ans =
    8
```

有时候巧妙地使用 eval 函数会使某些程序实现起来更加方便灵活。

（25）如何向一个向量追加元素？

这在 MATLAB 中非常容易实现，见下例：

```
A = [1 2 3 4]
A(end+1) = 5
```

运行结果为：

```
A =
    1    2    3    4
A =
    1    2    3    4    5
```

（26）如何移除矩阵的某行（列）数据？

这涉及 MATLAB 中矩阵的一些操作，见下例：

```
A = magic(5)
B = A;
C = A;

B(5,:) = []
C(:,5) = []
```

运行结果为：

```
A =
    17    24     1     8    15
    23     5     7    14    16
     4     6    13    20    22
    10    12    19    21     3
    11    18    25     2     9
B =
    17    24     1     8    15
    23     5     7    14    16
     4     6    13    20    22
    10    12    19    21     3
C =
    17    24     1     8
    23     5     7    14
     4     6    13    20
    10    12    19    21
    11    18    25     2
```

(27) 如何比较两个矩阵是否相同？

比较每个元素是否相同，如果每个元素都相同，那么这两个矩阵也相同。可以使用循环达到这一目的，但使用 all 函数可以更方便地实现这一目的。all 函数会检查一个矩阵的每一列是否都为非零或者逻辑真，见下例：

```
A = magic(5)
B = A;

B(1) = 888

whetherAequalsB = all( all( A == B ) )
```

运行结果为：

```
A =
    17    24     1     8    15
    23     5     7    14    16
     4     6    13    20    22
    10    12    19    21     3
    11    18    25     2     9
B =
   888    24     1     8    15
    23     5     7    14    16
     4     6    13    20    22
    10    12    19    21     3
```

```
    11    18    25     2     9
whetherAequalsB =
    0
```

(28) 如何去掉数据中的重复元素？

参考 unique 函数，unique 函数可以去掉矩阵中的重复元素，见下例：

```
A = [1 1 2 2 3 4 5 6 6]

A_unique = unique(A)
```

运行结果为：

```
A =
    1    1    2    2    3    4    5    6    6
A_unique =
    1    2    3    4    5    6
```

(29) 如何求数据的极值？

使用 min 和 max 函数可以分别求数据的极小值和极大值，见下例：

```
A = 1:10;

A_min = min(A)

A_max = max(A)
```

运行结果为：

```
A =
    1    2    3    4    5    6    7    8    9    10
A_min =
    1
A_max =
    10
```

(30) 如何求矩阵最大（小）值并返回其行列号？

主要有几种方式，见下面的实例：

```
% 方法1
disp('方法1');
A=[0 17 50;-12 40 3;5 -10 2;30 4 3]
[C,I]=max(A(:))
[m,n]=ind2sub(size(A),I)
% 方法2
disp('方法2');
```

```
A=[0 17 50;-12 40 3;5 -10 2;30 4 3]
[M,I]=max(A)
[N,J]=max(M)
[I(J),J]
% 方法3
disp('方法3');
A=[0 17 50;-12 40 3;5 -10 2;30 4 3]
N=max(max(A))         %或者N=max(A(:))
[r,c]=find(N==A)
% 方法4
disp('方法4');
A=[0 17 50;-12 40 3;5 -10 2;30 4 3]
[Y_col,Ind_row]=max(A)      %每列的最大值及行号
[Y_row,Ind_col]=max(A')     %每行的最大值及列号
```

运行结果如下：

```
% 方法1
A =
     0    17    50
   -12    40     3
     5   -10     2
    30     4     3
C =
    50
I =
    9
m =
    1
n =
    3
% 方法2
A =
     0    17    50
   -12    40     3
     5   -10     2
    30     4     3
M =
    30    40    50
I =
     4     2     1
N =
    50
```

```
J =
    3
ans =
    1    3
% 方法3
A =
    0    17    50
   -12   40     3
    5   -10     2
   30    4      3
N =
   50
r =
    1
c =
    3
% 方法4
A =
    0    17    50
   -12   40     3
    5   -10     2
   30    4      3
Y_col =
   30    40    50
Ind_row =
    4    2     1
Y_row =
   50    40    5    30
Ind_col =
    3    2    1    1
```

(31) 如何判断数据是否为数字？

参考 isnumeric 函数。

(32) 如何从一组数据中随机抽取数据？

使用 randsrc 函数可以从一组数据中按照指定概率随机抽取数据,其用法之一如下:

```
out = randsrc(m,n,[alphabet; prob])
```

是从 alphabet 数据中按照概率 prob 抽取数据生成一个 $m \times n$ 的矩阵。见下例:

```
out = randsrc(5,5,[-3 -1 1 3; .2 .3 .3 .2])
```

即从[-3 -1 1 3]中抽取数据生成 5×5 的矩阵,并且使得-3 和 3 出现的概率为 0.2,-1

和 1 出现的概率为 0.3。运行结果（由于是随机抽取数据，所以多次运行结果可能不同）为：

```
out =
    3   -3    3   -1   -1
   -1    1   -1   -1   -1
    1    1    1    3    1
    1   -3   -3   -3    3
    3    3    1   -1   -3
```

（33）如何将数据标准化？

使用 zscore 函数可以将数据标准化，这里标准化的定义是将数据减去其均值再除以其标准差，见下例：

```
x = [1 1 2 3 5 8 11]
Z = zscore(x)

Ztemp = ( x-mean(x) )./std(x)
```

运行结果如下：

```
x =
    1    1    2    3    5    8   11
Z =
  -0.8967  -0.8967  -0.6352  -0.3736   0.1495   0.9341   1.7187
Ztemp =
  -0.8967  -0.8967  -0.6352  -0.3736   0.1495   0.9341   1.7187
```

0.5 数学运算

（34）如何计算积分？

符号积分可以使用 int 函数来实现。比如计算 $\sin(x)$ 的积分，见下例：

```
syms x
int(sin(x))
```

运行结果为：

```
ans =
-cos(x)
```

数值积分可以使用 integral 函数实现。比如计算 $\sin(x)$ 从 0 到 π 的积分，见下例：

```
integral(@sin,0,pi)
```

运行结果为：

```
ans =
    2.0000
```

（35）MATLAB 如何进行复数计算？

参看 complex 函数，见下例：

```
Z = complex(3,4)

% 实部
Z_real = real(Z)
% 虚部
Z_imag = imag(Z)
% 模
Z_abs = abs(Z)
% 辐角
Z_angle = angle(Z)
% 共轭
ZC = conj(Z)
```

运行结果为：

```
Z =
   3.0000 + 4.0000i
Z_real =
    3
Z_imag =
    4
Z_abs =
    5
Z_angle =
    0.9273
ZC =
   3.0000-4.0000i
```

（36）如何生成对角矩阵？

使用 diag 函数可以构造对角矩阵或者取得一个矩阵的对角元素，见下例：

```
X = diag([1 1 2 3 5 8])
x = magic(5);
x_diag = diag(x)
```

运行结果为:

```
X =
     1     0     0     0     0     0
     0     1     0     0     0     0
     0     0     2     0     0     0
     0     0     0     3     0     0
     0     0     0     0     5     0
     0     0     0     0     0     8
x =
    17    24     1     8    15
    23     5     7    14    16
     4     6    13    20    22
    10    12    19    21     3
    11    18    25     2     9
x_diag =
    17
     5
    13
    21
     9
```

（37）求矩阵的特征值和特征向量的函数是什么？

参考 eig 函数。

（38）如何构造上（下）三角矩阵？

参考 tril 和 triu 函数，见下例：

```
tl = tril(ones(4,4),-1)
tu = triu(ones(4,4),-1)
```

运行结果为：

```
tl =
     0     0     0     0
     1     0     0     0
     1     1     0     0
     1     1     1     0
tu =
     1     1     1     1
     1     1     1     1
     0     1     1     1
     0     0     1     1
```

（39）MATLAB 常用的运算符号有哪些？

除了常见的加（+）、减（-）、乘（*）、除（分为左除"\"和右除"/"）、幂次方（^）运算外，MATLAB 还有点乘（.*）、点除（分为点左除".\"和点右除"./"）、点幂次方（.^）运算。

这里要特别说明的是，当 A、B 为矩阵，n 为标量数值时，$A+B$、$A-B$、$A*B$、$A\backslash B$、A/B、$A\wedge n$ 表示的是相关的矩阵运算（A、B 的维数需要满足相关矩阵运算的要求），其中 $A\backslash B$、A/B、$A\wedge n$ 的定义分别为：

① 当 A 是一个方阵时，则 $A\backslash B=\text{inv}(A)*B$，其中 inv 为 MATLAB 的函数，表示求矩阵的逆。

② 当 A 是一个 $m\times n$ 的矩阵（$m\neq n$），B 是一个 $m\times 1$ 的列向量时，则 $X=A\backslash B$ 是线性系统 $AX=B$ 的最小二乘解。

③ 当 B 是一个方阵时，则 $A/B=A*\text{inv}(B)$，其中 inv 为 MATLAB 的函数，表示求矩阵的逆。

④ 当 A 是一个 $m\times n$ 的矩阵（$m\neq n$），B 是一个 $m\times 1$ 的列向量时，则 $X=A/B$ 是线性系统 $XB=A$ 的最小二乘解。

⑤ $A\backslash B$ 与 A/B 的转换关系为 $A/B=(B'\backslash A')'$。

⑥ $A\wedge n$ 表示 n 个矩阵 A 相乘。

当 A、B 为矩阵时，点乘（.*）、点除（分为点左除".\"和点右除"./"）和点幂次方（.^）运算表示的是相关矩阵的元素之间的运算。

看下例，加深一下对 MATLAB 常用的运算符号的理解：

```
a=magic(3)
b=pascal(3)

disp('a/b')
a/b
disp('a*inv(b)')
a*inv(b)

disp('a\b')
a\b
disp('inv(a)*b')
inv(a)*b

a/b-(b'\a')'
```

```
disp('a^3')
a^3
disp('a*a*a')
a*a*a

disp('a.*b')
a.*b
disp('a.\b')
a.\b
disp('a./b')
a./b
disp('a.^b')
a.^b
```

运行结果为:

```
a =
     8     1     6
     3     5     7
     4     9     2
b =
     1     1     1
     1     2     3
     1     3     6
a/b
ans =
    27   -31    12
     1     2     0
   -13    29   -12
a*inv(b)
ans =
   27.0000  -31.0000   12.0000
    1.0000    2.0000    0.0000
  -13.0000   29.0000  -12.0000
a\b
ans =
    0.0667    0.0500    0.0972
    0.0667    0.3000    0.6389
    0.0667    0.0500   -0.0694
inv(a)*b
ans =
    0.0667    0.0500    0.0972
```

```
         0.0667    0.3000    0.6389
         0.0667    0.0500   -0.0694
ans =
     0     0     0
     0     0     0
     0     0     0
a^3
ans =
      1197        1029        1149
      1077        1125        1173
      1101        1221        1053
a*a*a
ans =
      1197        1029        1149
      1077        1125        1173
      1101        1221        1053
a.*b
ans =
     8     1     6
     3    10    21
     4    27    12
a.\b
ans =
    0.1250    1.0000    0.1667
    0.3333    0.4000    0.4286
    0.2500    0.3333    3.0000
a./b
ans =
    8.0000    1.0000    6.0000
    3.0000    2.5000    2.3333
    4.0000    3.0000    0.3333
a.^b
ans =
     8     1     6
     3    25   343
     4   729    64
```

（40）如何求矩阵各行（列）的均值？

使用 mean 函数可以进行均值的计算，见下例：

```
a = magic(4)
% 各行均值
```

```
a_rowmean = mean(a, 2)
% 各列均值
a_colmean = mean(a, 1)
```

运行结果为:

```
a =
    16     2     3    13
     5    11    10     8
     9     7     6    12
     4    14    15     1
a_rowmean =
    8.5000
    8.5000
    8.5000
    8.5000
a_colmean =
    8.5000    8.5000    8.5000    8.5000
```

（41）如何计算组合数或得到所有组合？

nchoosek 函数可以用来计算组合数，并给出所有元素的组合；factorial 函数可以用来计算阶乘。见下例：

```
combnum = nchoosek(4, 2)


comb = nchoosek([1 2 3 4], 2)


fac = factorial(4)
```

运行结果为：

```
combnum =
     6
comb =
     1     2
     1     3
     1     4
     2     3
     2     4
     3     4
fac =
    24
```

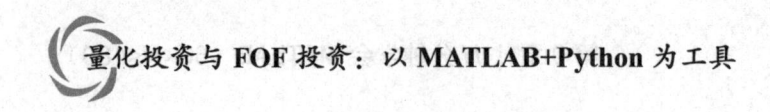

（42）如何在 MATLAB 里面求（偏）导数？

使用 diff 函数，见下例：

```
syms x
dy_dx = diff( sin(x)/x )
```

运行结果为：

```
dy_dx =
cos(x)/x - sin(x)/x^2
```

（43）如何求一元方程的根？

使用 solve 函数可以求解方程的根，见下例：

```
syms x

s1 = solve( x^2-1 )

s2 = solve(x^2+4*x+1== 0)

s3 = solve(x^4 +1==2*x^2-1)
```

运行结果为：

```
s1 =
    1
    -1
s2 =
    3^(1/2)-2
    -3^(1/2)-2
s3 =
     (1+i)^(1/2)
     (1-i)^(1/2)
    -(1+i)^(1/2)
    -(1-i)^(1/2)
```

（44）如何模拟高斯（正态）分布数据？

使用 random('Normal', Mean_Value, STD_Value, N, M)可以产生 $N×M$ 个来自均值为 Mean_Value、标准差为 STD_Value 的高斯（正态）分布数据。

其中"Normal"是一个参数选项，改变这个参数可以生成其他的分布数据（相应地，后面的分布参数也需要修改）。主要的分布如表 0-1 所示。

表 0-1 主要分布

参　　数	分　布　名　称
'beta' or 'Beta'	Beta Distribution
'bino' or 'Binomial'	Binomial Distribution
'chi2' or 'Chisquare'	Chi-Square Distribution
'exp' or 'Exponential'	Exponential Distribution
'ev' or 'Extreme Value'	Extreme Value Distribution
'f' or 'F'	F Distribution
'gam' or 'Gamma'	Gamma Distribution
'gev' or 'Generalized Extreme Value'	Generalized Extreme Value Distribution
'gp' or 'Generalized Pareto'	Generalized Pareto Distribution
'geo' or 'Geometric'	Geometric Distribution
'hyge' or 'Hypergeometric'	Hypergeometric Distribution
'logn' or 'Lognormal'	Lognormal Distribution
'nbin' or 'Negative Binomial'	Negative Binomial Distribution
'ncf' or 'Noncentral F'	Noncentral F Distribution
'nct' or 'Noncentral t'	Noncentral t Distribution
'ncx2' or 'Noncentral Chi-Square'	Noncentral Chi-Square Distribution
'norm' or 'Normal'	Normal Distribution
'poiss' or 'Poisson'	Poisson Distribution
'rayl' or 'Rayleigh'	Rayleigh Distribution
't' or 'T'	Student's t-Distribution
'unif' or 'Uniform'	Uniform Distribution (Continuous)
'unid' or 'Discrete Uniform'	Uniform Distribution (Discrete)
'wbl' or 'Weibull'	Weibull Distribution

0.6　字符操作

（45）MATLAB 对大小写敏感吗？

MATLAB 对大小写是敏感的，可以使用 lower、upper 等函数对字符进行转化。

（46）如何在 MATLAB 中定义带引号的字符串？

在 MATLAB 编程中，如果想得到带有引号的字符串（字符串本身带有引号），该如何实现？输入 str = 'string' 得到的是：

```
>> str = 'string'
str =
     string
```

其中 str 里没有单引号。如果像下面这样：

```
>> str = ''string''
??? str = ''string''
Error: Unexpected MATLAB expression.
```

又会出现报错，原因是 MATLAB 进行匹配时是一个单引号对一个单引号。如果字符串中有单引号，按照一般的方式输入就会造成匹配的错误，出现上面的错误提示。正确的解决方式是：

```
>> str = '''string'''
str =
     'string'
```

输入三个单引号就可以实现了。如果想要双引号，比如 str = "string"，此时直接输入双引号就可以了：

```
>> str = ' "string" '
str =
     "string"
```

注意：此处不是三个单引号，而是一对单引号和一对双引号，在 MATLAB 中能很容易看清楚。

（47）在 MATLAB 中如何使用正则表达式（Regular Expressions）？

正则表达式是一个表达式（也是一串字符），它定义了某种字符串模式，利用正则表达式，可以对大段的文字进行复杂的查找、替换等。MATLAB 提供的正则表达式主要有以下三个。

- regexp：用于对字符串进行查找，大小写敏感。
- regexpi：用于对字符串进行查找，大小写不敏感。
- regexprep：用于对字符串进行查找并替换。

详细用法可以参考 MATLAB 官方帮助文件及下面这个帖子：

《MATLAB 正则表达式零基础起步教程》，MATLAB 技术论坛。

（48）如何在字符串中选取特定位置的字符？

只需根据相应的下标就可以获取特定位置的字符，见下例：

```
str = 'abcdef'
```

```
substr1 = str( [2 4] )

substr2 = str( 1:3 )
```

运行结果为:

```
str =
       abcdef
substr1 =
       bd
substr2 =
       abc
```

(49) 如何返回字符个数?

使用 length 函数可以计算字符的个数。

0.7 日期时间

(50) 日期可以做算术运算吗?

可以,但需要使用 datenum 函数将日期(字符串)转化为 MATLAB 可识别的数值类数据,进而可以进行算术运算,见下例:

```
n1 = datenum( '01/08/2013', 'dd/mm/yyyy' )
n2 = datenum( '08/08/2013', 'dd/mm/yyyy' )
n3 = n1 + 2
d1 = datestr( n1, 'dd/mm/yyyy' )
d2 = datestr( n2, 'dd/mm/yyyy' )
d3 = datestr( n3, 'dd/mm/yyyy' )
```

运行结果为:

```
n1 =
    735447
n2 =
    735454
n3 =
    735449
d1 =
    01/08/2013
```

```
d2 =
    08/08/2013
d3 =
    03/08/2013
```

（51）如何将日期表示为"07-Aug-2013"这种格式？

结合使用 datenum 函数和 datestr 函数可以实现日期格式的转换，见下例：

```
d = datestr( datenum( '07/08/2013', 'dd/mm/yyyy' ), 'dd-mmm-yyyy' )
```

运行结果为：

```
d =
    07-Aug-2013
```

0.8 绘图相关

（52）如何在同一画面中画出多张图？

使用 subplot 函数可以在同一画面中画出多张图，见下例：

```
figure;
income = [3.2,4.1,5.0,5.6];
outgo = [2.5,4.0,3.35,4.9];

subplot(2,1,1);
plot(income);
title('Income');

subplot(2,1,2);
plot(outgo);
title('Outgo');
```

运行结果如图 0-3 所示。

（53）如何增加图例？

使用 legend 函数可以增加图例。

（54）怎样绘制饼图？

使用 pie 函数可以制作二维的饼图，使用 pie3 函数可以制作三维的饼图，见下例：

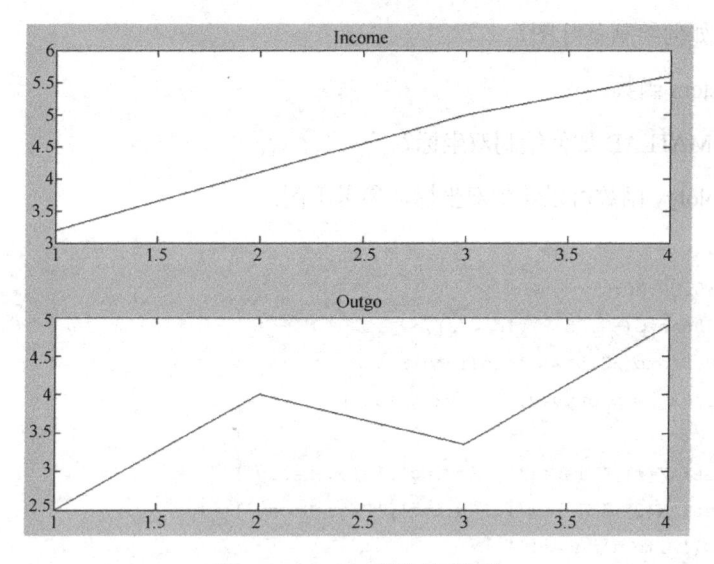

图 0-3 subplot 函数运行样例

```
x = [1 3 0.5 2.5 2];
explode = [0 1 0 0 0];

figure;
subplot(2,1,1);
pie(x,explode);
title('二维饼图');
colormap jet

subplot(2,1,2);
pie3(x,explode);
title('三维饼图');
colormap hsv
```

运行结果如图 0-4 所示。

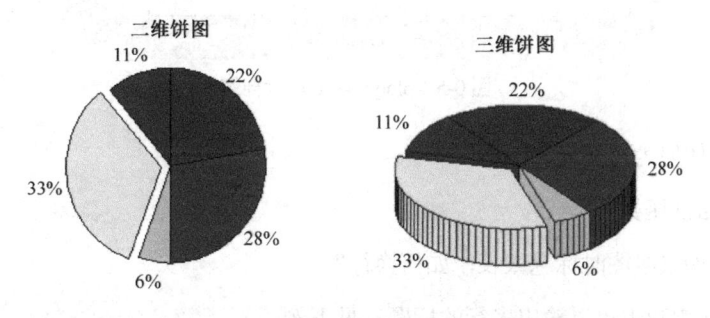

图 0-4 pie 函数、pie3 函数运行样例

（55）如何绘制茎叶图？

参考 stem 函数。

（56）MATLAB 如何绘制双坐标？

使用 plotyy 函数可以绘制双坐标，参考下例：

```
figure
x = 0:0.01:20;
y1 = 200*exp(-0.05*x).*sin(x);
y2 = 0.8*exp(-0.5*x).*sin(10*x);
[AX,H1,H2] = plotyy(x,y1,x,y2,'plot');

set(get(AX(1),'Ylabel'),'String','Slow Decay')
set(get(AX(2),'Ylabel'),'String','Fast Decay')
xlabel('Time (\musec)')
title('Multiple Decay Rates')
set(H1,'LineStyle','--')
set(H2,'LineStyle',':')
```

运行结果如图 0-5 所示。

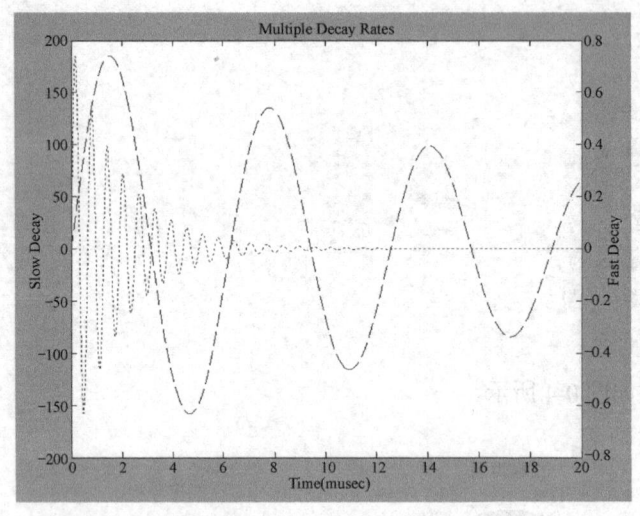

图 0-5 plotyy 函数运行样例

（57）如何为绘图加入网格？

参考 grid 函数。

（58）如果绘图时标题太长，如何换行？

使用元胞数组可以输出多行的标题，见下例：

```
figure
subplot(2,1,1);
ezplot( @sin );
title('First line+Second line');

subplot(2,1,2);
ezplot( @sin );
str = {'First line';'Second line'};
title( str );
```

运行结果如图0-6所示。

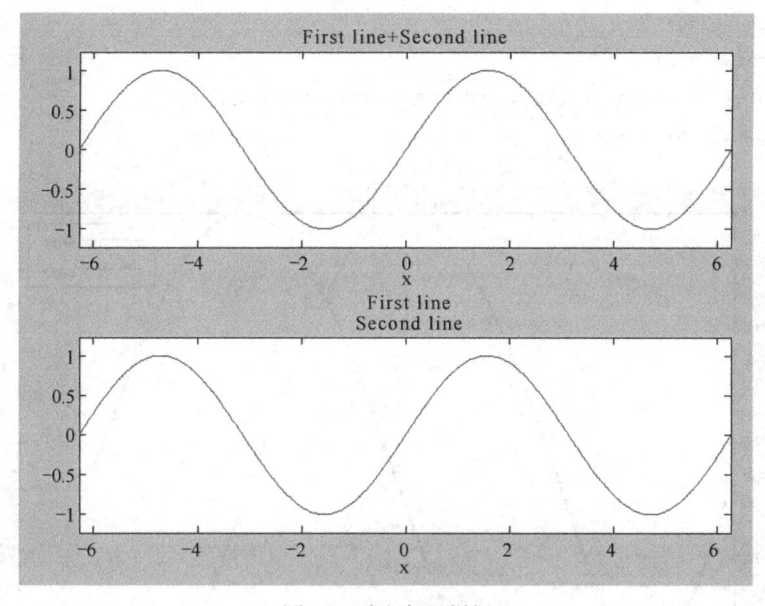

图0-6 多行标题样例

（59）如何绘制雷达图？

参考 polar 函数。

（60）如何用不同的颜色来代表数据？

可以通过调整 Color 选项参数[R, G, B]来调整数据绘制的颜色，见下例：

```
figure;
x = -pi:.1:pi;
y = sin(x);
z = cos(x);
RGB = [1 0 0];
plot( y, 'Color', RGB ,'LineWidth',2, 'LineStyle','--');
hold on;
```

```
RGB = [0 0.5 0.5];
plot( z, 'Color', RGB ,'LineWidth',2);
legend('sinx', 'cosx');
```

运行结果如图 0-7 所示。

（61）如何调整所绘图形的大小？

初始化图形窗口时，可以通过调整 Position 参数选项[left, bottom, width, height]来控制图形窗口的位置和大小，见下例：

```
left = 100;
bottom = 100;
width = 500;
height = 500;
figure( 'Position', [left, bottom, width, height]);
ezplot(@sin)
```

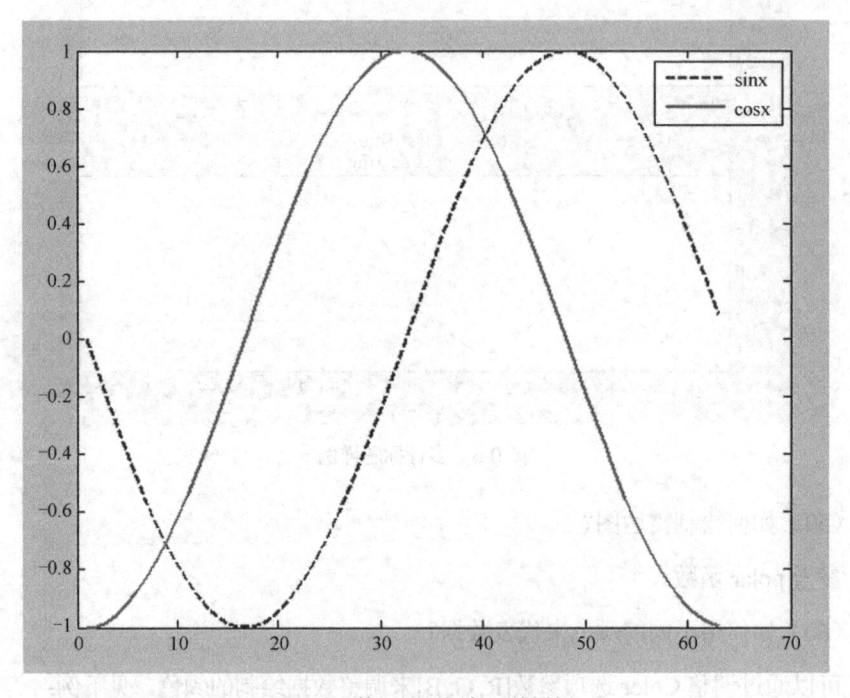

图 0-7 数据绘制颜色调整样例

（62）如何绘制三维图？

参考 plot3 函数。

（63）如何绘制椭圆或双曲线？

根据函数公式进行基本绘图，直角坐标系下可使用参数方程：

$$\left(\frac{x}{a}\right)^2 + \left(\frac{y}{b}\right)^2 = 1 \Rightarrow x = a\sin\theta, y = b\cos\theta, 0 < \theta < 2\pi$$

实例如下:

```
t = 0:0.01:2*pi;
a = 1;
b = 2;
x = a*sin(t);
y = b*cos(t);
figure;
plot(x,y);
xlim( [-pi/2, pi/2] );
ylim( [-3, 3] );
```

运行结果如图 0-8 所示。

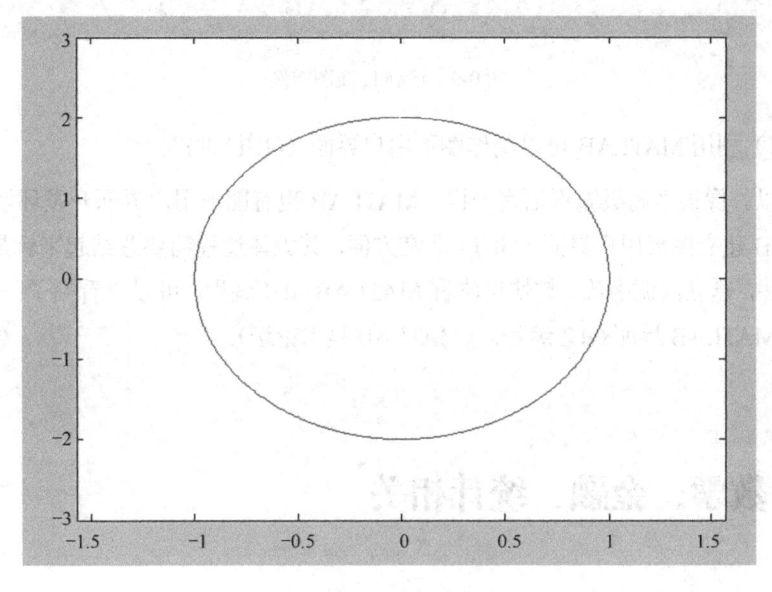

图 0-8 绘制椭圆样例

(64) 在 MATLAB 中如何绘制 K 线图?

在 MATLAB 中可以使用 candle 函数来绘制 K 线图,见下例:

```
load disney;
candle(dis_HIGH(end-20:end), dis_LOW(end-20:end), dis_CLOSE(end-20:end),...
    dis_OPEN(end-20:end), 'b');
```

运行结果如图 0-9 所示。

35

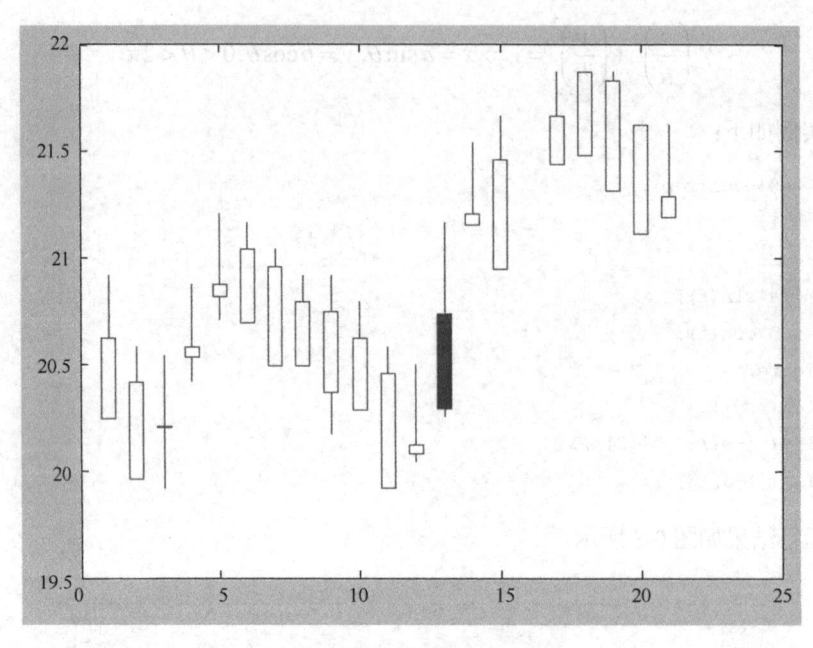

图 0-9　绘制 K 线图样例

（65）利用 MATLAB 可以制作图形用户界面（GUI）吗？

可以。像很多高级编程语言一样，MATLAB 也有图形用户界面开发环境，利用 MATLAB 建立图形用户界面（GUI）非常方便，其大体过程简要总结起来就是：拖曳放置组件，建立回调函数。想快速掌握 MATLAB GUI 编程，可以参看帖子：《一个实例搞定 MATLAB 界面 GUI 编程》（MATLAB 技术论坛）。

0.9　数学、金融、统计相关

（66）有没有直接计算峰度和偏度的函数？

使用 kurtosis 函数和 skewness 函数可以直接计算峰度和偏度。

（67）如何构建线性回归模型？

使用 lscov 函数（或左除"\"运算）可以直接求解线性回归模型。lscov 函数的简要用法如下：

```
x = lscov(A,b)
```

lscov 函数的返回值 x 是线性系统 $A \times x = b$ 的最小二乘解，即 $x = A \backslash b$，见下例：

```
x1 = [.2 .5 .6 .8 1.0 1.1]';
x2 = [.1 .3 .4 .9 1.1 1.4]';

A = [ones(size(x1)) x1 x2]
b = [.17 .26 .28 .23 .27 .34]'
a1 = A\b
a2 = lscov(A, b)
```

运行结果为:

```
A =
    1.0000    0.2000    0.1000
    1.0000    0.5000    0.3000
    1.0000    0.6000    0.4000
    1.0000    0.8000    0.9000
    1.0000    1.0000    1.1000
    1.0000    1.1000    1.4000
b =
    0.1700
    0.2600
    0.2800
    0.2300
    0.2700
    0.3400
a1 =
    0.1203
    0.3284
   -0.1312
a2 =
    0.1203
    0.3284
   -0.1312
```

（68）如何使用逐步回归？

参考 Stepwise Regression 函数，或者在 MATLAB 命令窗口中输入"stepwise"开启逐步回归 GUI 界面，如图 0-10 所示。

（69）如何做聚类分析？

K 均值聚类算法可以用 kmeans 函数实现，具体算法过程在这里不详述，可以参考相关书籍，见下例：

```
X = [randn(100,2)+ones(100,2);...
     randn(100,2)-ones(100,2)];
```

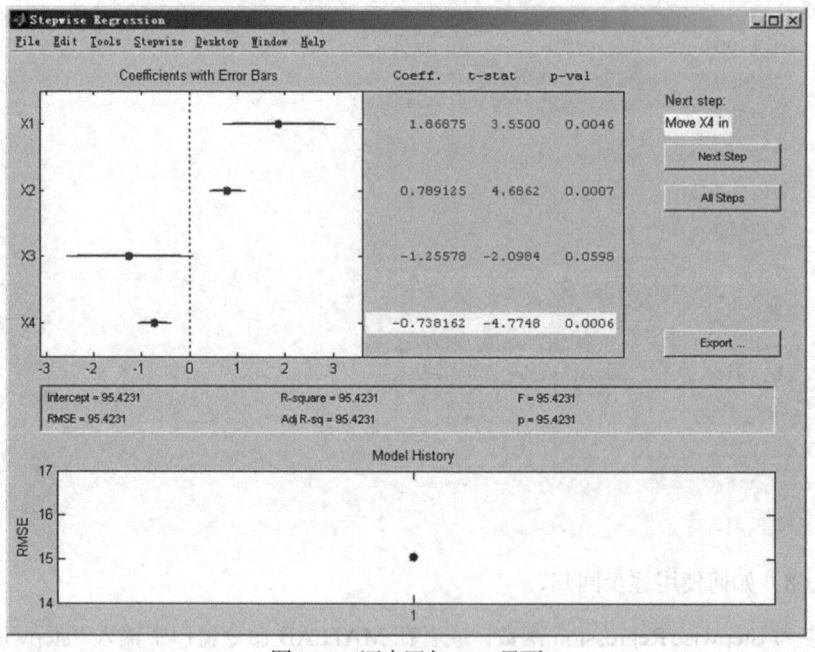

```
opts = statset('Display','final');

[idx,ctrs] = kmeans(X,2,...
                'Distance','city',...
                'Replicates',5,...
                'Options',opts);
figure;
plot(X(idx==1,1),X(idx==1,2),'r.','MarkerSize',12)
hold on
plot(X(idx==2,1),X(idx==2,2),'b.','MarkerSize',12)
plot(ctrs(:,1),ctrs(:,2),'kx',...
    'MarkerSize',12,'LineWidth',2)
plot(ctrs(:,1),ctrs(:,2),'ko',...
    'MarkerSize',12,'LineWidth',2)
legend('Cluster 1','Cluster 2','Centroids',...
     'Location','NW')
```

图 0-10　逐步回归 GUI 界面

运行结果为：

```
4 iterations, total sum of distances = 310.651.
9 iterations, total sum of distances = 310.651.
5 iterations, total sum of distances = 310.651.
6 iterations, total sum of distances = 310.651.
9 iterations, total sum of distances = 310.651.
```

kmeans 函数实现的效果图如图 0-11 所示。

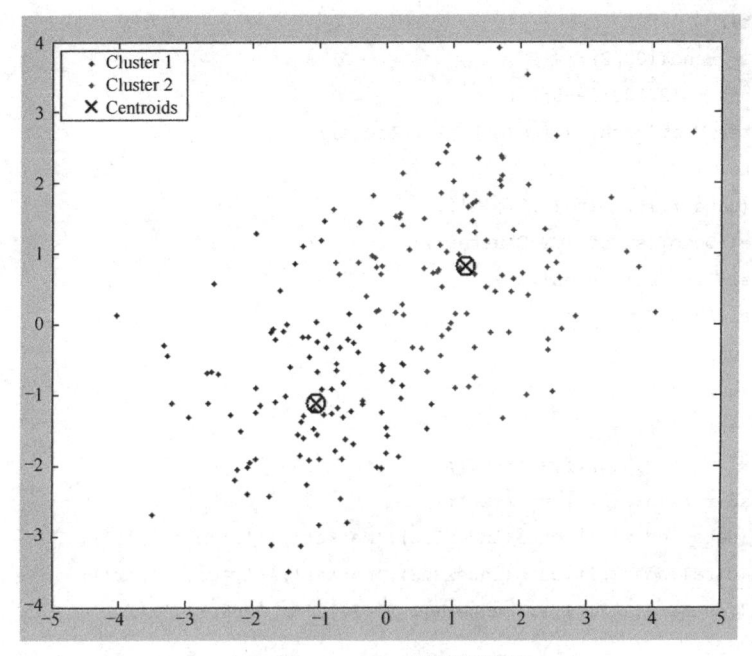

图 0-11　kmeans 函数聚类样例

模糊 C 均值聚类算法可以用 fcm 函数实现，其语法格式如下：

```
[center, U, obj_fcn] = fcm(data, cluster_n, options)
```

用法如下：

```
1. [center,U,obj_fcn] = fcm(Data,N_cluster,options);
2. [center,U,obj_fcn] = fcm(Data,N_cluster);
```

输入变量：

```
data ---- n×m 矩阵，表示 n 个样本，每个样本具有 m 维特征值
cluster_n ---- 标量，表示聚合中心数目，即类别数
options ---- 4×1 列向量，其中
            options(1)：隶属度矩阵 U 的指数，>1(默认值：2.0)
            options(2)：最大迭代次数(默认值：100)
            options(3)：隶属度最小变化量，迭代终止条件(默认值：1e-5)
            options(4)：每次迭代是否输出信息标志(默认值：0)
```

输出变量：

```
center ---- 聚类中心
U ---- 隶属度矩阵
obj_fcn ---- 目标函数值
```

具体实例如下：

```
figure;
data = rand(100,2);
options = [2;100;1e-5;1];
[center,U,obj_fcn] = fcm(data,2,options);
figure;
plot(data(:,1), data(:,2),'o');
title('DemoTest of FCM Cluster');
xlabel('1st Dimension');
ylabel('2nd Dimension');
grid on;
hold on;
maxU = max(U);
index1 = find(U(1,:) == maxU);
index2 = find(U(2,:) == maxU);
line(data(index1,1),data(index1,2),'marker','*','color','g');
line(data(index2,1),data(index2,2),'marker','*','color','r');
plot([center([1 2],1)],[center([1 2],2)],'*','color','k')
hold off;
```

运行结果为：

```
Iteration count = 1, obj.fcn = 10.952410
Iteration count = 2, obj.fcn = 8.426638
Iteration count = 3, obj.fcn = 8.275895
Iteration count = 4, obj.fcn = 7.879591
Iteration count = 5, obj.fcn = 7.361839
Iteration count = 6, obj.fcn = 7.095500
Iteration count = 7, obj.fcn = 7.014874
Iteration count = 8, obj.fcn = 6.982787
Iteration count = 9, obj.fcn = 6.965558
Iteration count = 10, obj.fcn = 6.955622
Iteration count = 11, obj.fcn = 6.949833
Iteration count = 12, obj.fcn = 6.946453
Iteration count = 13, obj.fcn = 6.944479
Iteration count = 14, obj.fcn = 6.943325
Iteration count = 15, obj.fcn = 6.942650
Iteration count = 16, obj.fcn = 6.942254
Iteration count = 17, obj.fcn = 6.942023
Iteration count = 18, obj.fcn = 6.941887
Iteration count = 19, obj.fcn = 6.941808
Iteration count = 20, obj.fcn = 6.941761
```

```
Iteration count = 21, obj.fcn = 6.941733
Iteration count = 22, obj.fcn = 6.941717
Iteration count = 23, obj.fcn = 6.941708
```

以上实例形成的效果图如图 0-12 所示。

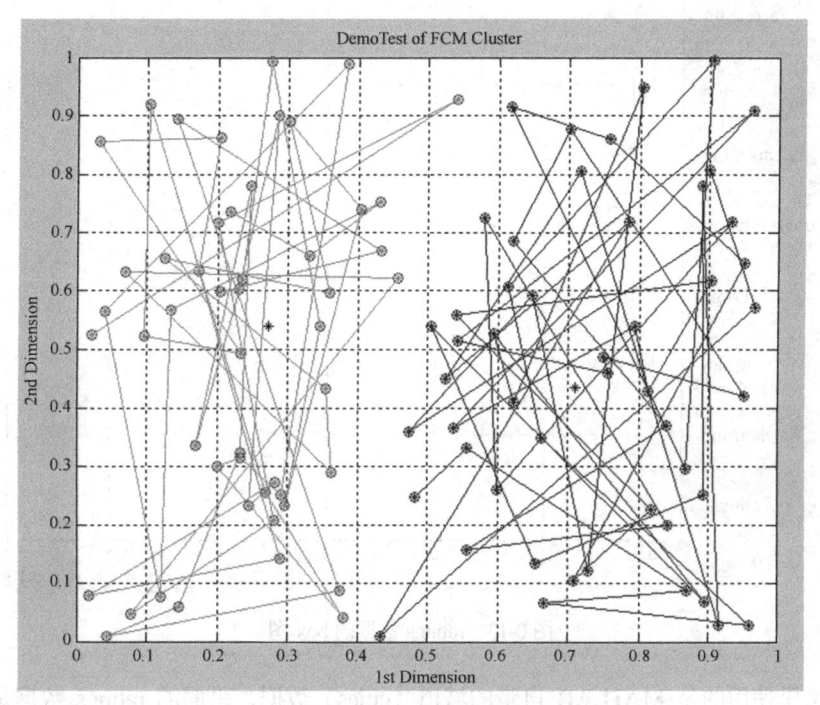

图 0-12 fcm 函数聚类样例

(70) 如何做主成分分析？

princomp 函数可以进行主成分分析，具体过程可以参看下例：

```
% 载入数据
load cities;

% whos
%   Name          Size        Bytes     Class
%   categories    9x14        252       char array
%   names         329x4       28294     char array
%   ratings       329x9       23688     double array


% % ratings 数据的 box 图
figure;
boxplot(ratings,'orientation','horizontal','labels',categories);
grid on;
```

运行结果如图 0-13 所示。

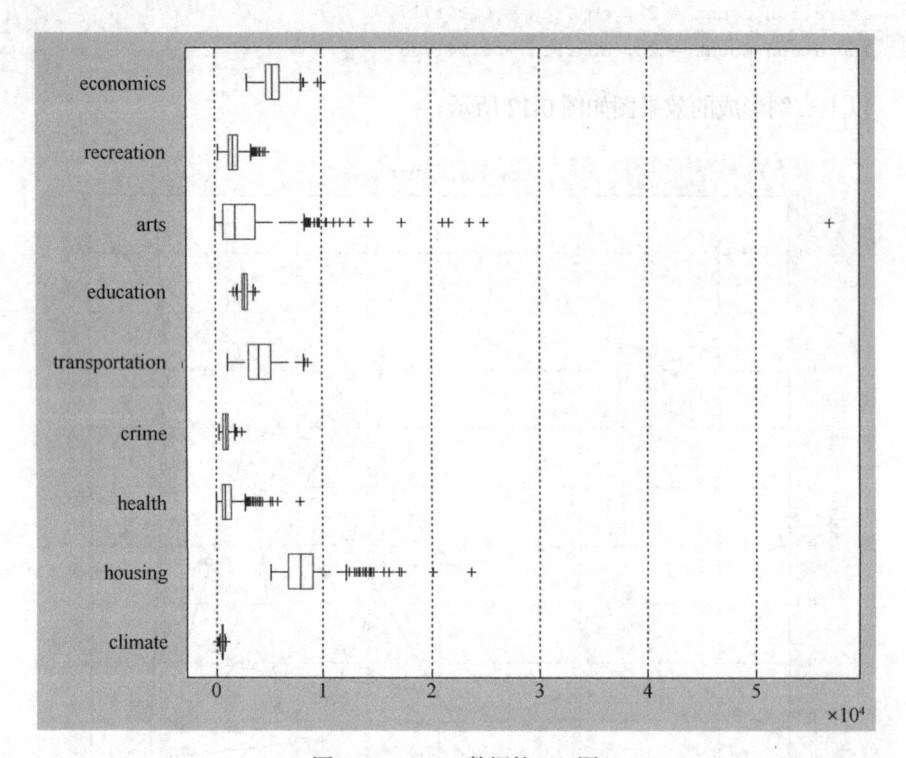

图 0-13 ratings 数据的 box 图

这里使用的是 MATLAB 自带的城市（cities）数据，里面的 ratings 数据是一个 329×9 的矩阵，表示 329 个城市的数据，每个城市有 9 个属性描述。上面是 ratings 数据的箱式图，下面使用 princomp 函数进行主成分分析。

```
% % 标准化预处理
stdr = std(ratings);
sr = ratings./repmat(stdr,329,1);
% % 使用princomp函数进行主成分分析
[coef,score,latent,t2] = princomp(sr);

% % 输出参数讲解

% coef:9×9 矩阵
% 主成分系数:即原始数据线性组合生成主成分数据中每一维数据前面的系数
% coef 的每一列代表一个新生成的主成分的系数
% 比如你想取出前三个主成分的系数,如下可实现: pca3 = coef(:,1:3);

% score:329×9 矩阵
```

```
% 字面理解：主成分得分，即原始数据在新生成的主成分空间里的坐标值

% latent:9×1 矩阵
% 一个列向量,由sr的协方差矩阵的特征值组成,即 latent = sort(eig(cov(sr)),'descend');
% 测试如下：
% sort(eig(cov(sr)),'descend') =
%                            3.4083
%                            1.2140
%                            1.1415
%                            0.9209
%                            0.7533
%                            0.6306
%                            0.4930
%                            0.3180
%                            0.1204
% latent =
%           3.4083
%           1.2140
%           1.1415
%           0.9209
%           0.7533
%           0.6306
%           0.4930
%           0.3180
%           0.1204

% t2:329×1 矩阵
% 其中多元统计距离记录的是每一个观察量到中心的距离

% % 如何提取主成分，达到降维的目的
% 通过 latent，能够知道提取前几个主成分就可以了
figure;
percent_explained = 100*latent/sum(latent);
pareto(percent_explained);
xlabel('Principal Component');
ylabel('Variance Explained (%)');
```

代码运行结果如图 0-14 所示。

图 0-14 中的线表示累积变量解释程度，可以看出前 7 个主成分可以表示出原始数据的 90%，所以在 90%的意义下只需提取前 7 个主成分即可达到主成分提取的目的。下面进行一些结果的可视化：

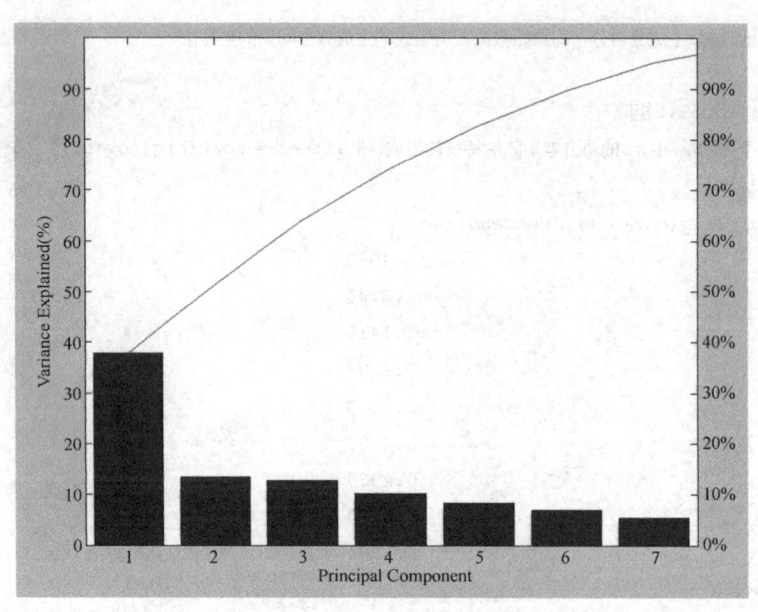

图 0-14 累积变量解释程度

```
% % 结果的可视化
figure;
biplot(coef(:,1:2), 'scores',score(:,1:2),... 'varlabels',categories);
axis([-.26 1 -.51 .51]);
% 横坐标和纵坐标分别表示第一主成分和第二主成分
% 红色的点代表329个观察量，其坐标就是score
% 蓝色向量的方向和长度表示了每个原始变量对新的主成分的贡献，其坐标就是coef
```

运行结果如图 0-15 所示。

（71）如何对样本数据进行正态检验？

参考 jbtest 函数。MATLAB 统计工具箱中主要的分布检验函数如下。

- jbtest：正态性的 Jarque-Bera 检验。
- kstest：单样本 Kolmogorov-Smirnov 检验。
- kstest2：双样本 Kolmogorov-Smirnov 检验。
- lillietest：正态性的 Lilliefors 检验。

（72）如何做配对 t 检验？

参考 ttest、ttest2 函数。MATLAB 统计工具箱中主要的假设检验函数如下。

- ranksum：秩和检验。
- signrank：符号秩检验。

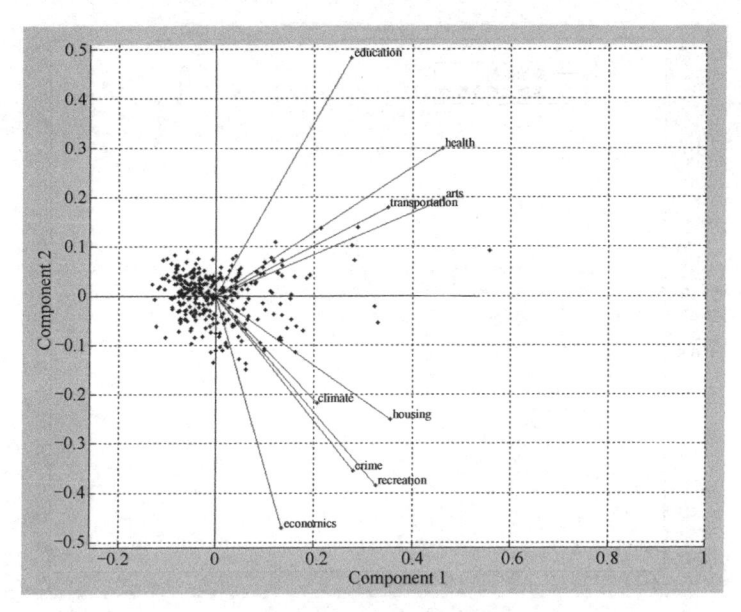

图 0-15 主成分分析结果可视化

- signtest：符号检验。
- ttest：单样本 t 检验。
- ttest2：双样本 t 检验。
- ztest：z 检验。

（73）多项式回归应该用什么函数？

使用 polyfit 函数可以进行多项式拟合，见下例：

```
x = (-pi: 0.1: pi)';
y = sin(x);
p = polyfit(x,y,3)
f = polyval(p,x);

figure;
plot(x,y,'-', x,f,'ro');
legend('原始数据', '多项式拟合数据');
```

运行结果为：

```
p =
    -0.0931   -0.0020    0.8557    0.0041
```

即最后求出的拟合多项式为 $-0.0931 \times x^3 - 0.002 \times x^2 + 0.8557 \times x + 0.0041$，拟合结果如图 0-16 所示。

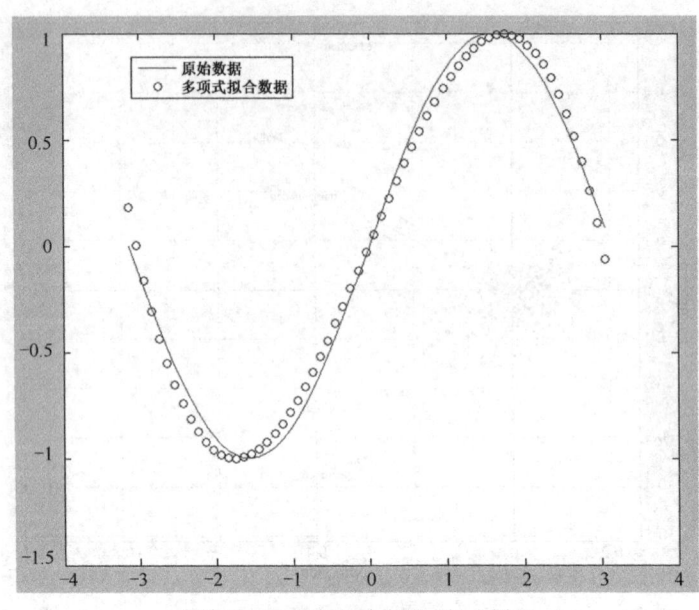

图 0-16　polyfit 函数多项式拟合样例

（74）如何使用方差分析（ANOVA）？

方差分析的目的是确定在因素的不同处理（方法、变量）下，相应变量（类别、结果）的均值是否有显著差异。MATLAB 提供了适用于单因素方差分析的函数 anova1 及双因素方差分析的函数 anova2。

（75）logistic 回归相关函数是什么？

logistic 回归是关于相应变量为 0-1 定性变量的广义线性回归问题。在 MATLAB 中广义线性回归模型可以用 glmfit 函数实现，将广义线性回归模型的分布族设为二项分布（binomial）即可实现 logistic 回归，具体参看 glmfit 函数。

（76）如何做 Decision Tree？

决策树（Decision Tree）学习是以实例为基础的归纳学习算法。该算法从一组无序的、无规则的事例中推理出决策树表示形式的分类规则，决策树也能表示为多个 If-Then 规则。一般在决策树中采用"自顶向下，分而治之"的递归方式，将搜索空间分为若干互不相交的子集，在决策树的内部节点（非叶子节点）进行属性值的比较，并根据不同的属性值判断从该节点向下的分支，在树的叶子节点得到结论。

MATLAB 统计工具箱中的 ClassificationTree.fit 函数可实现基于训练集数据创建一个决策树分类器。

（77）Box-Cox 如何变换？

参考 boxcox 函数。

（78）如何使用 MATLAB 进行生存分析？

参考 coxphfit 函数。

（79）如何利用 MATLAB 获取免费的金融数据？

MATLAB 有一个数据获取工具箱（Datafeed Toolbox），用于从主要的金融数据提供商处获取当天、历史和实时的金融数据。将金融数据与 MATLAB 集成起来，用户可开发实时模型反映当前金融市场行为。这个工具箱也提供导出 MATLAB 数据到数据服务提供商的函数，用户可建立从 MATLAB 到数据服务提供商提供的历史数据或者预定实时数据流的连接。证券查找对话框可以使工程师在 MATLAB 环境中查找指定证券的代码（仅针对 Bloomberg）。工程师可以使用证券的简要缩写码和代码来表示一只证券。

Datafeed Toolbox 支持如下的金融数据服务提供商：

- Bloomberg®。
- eSignal。
- Factset®。
- Federal Reserve Economic Data（FRED）。
- Haver Analytics。
- Interactive Data。
- Kx Systems®。
- Reuters® Market Data System。
- Thomson® Datastream。
- Yahoo!® Finance。

其中，雅虎财经（Yahoo! Finance）的数据接口是完全免费的，可以从雅虎财经下载全球的股票与期货数据进行建模测试。比如下载中国股市的数据，只需知道相应股票的代码（在 Yahoo! Finance 中上海证券交易所股票代码后需要加一个".SS"，深圳证券交易所股票代码后需要加一个".SZ"）。见下例，获取三友化工（600409.SS, Sanyou Chemical）在某一时段的股票日收盘数据：

```
conn = yahoo;
test = fetch(conn,{'600409.SS'},{'Close'},'08/01/13','08/08/13','d');
d = fints(test(:,1), test(:,2), 'Close', 'D', '600409.SS_Close')
close(yahoo)
```

运行结果为：

```
d =
  desc: 600409.SS_Close
  freq: Daily (1)

  'dates: (6)'      'Close: (6)'
  '01-Aug-2013'     [    4.2100]
  '02-Aug-2013'     [    4.2100]
  '05-Aug-2013'     [    4.3200]
  '06-Aug-2013'     [    4.3900]
  '07-Aug-2013'     [    4.3500]
  '08-Aug-2013'     [    4.3600]
```

上述操作也可以在 Datafeed Toolbox GUI 界面上完成。在 MATLAB 命令窗口中输入 "dftool" 可以调出 Datafeed Toolbox GUI 界面，如图 0-17 所示。

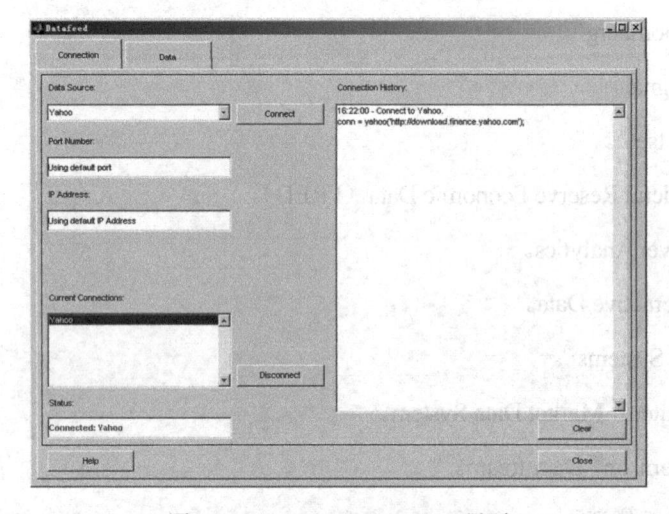

图 0-17 Datafeed Toolbox GUI 界面

（80）利用 MATLAB 可以实现支持向量机（SVM）模型吗？

较新版本的 MATLAB 中有 svmtrain、svmclassify 等函数可以实现 SVM，但笔者推荐使用 LibSVM 工具箱，其能更方便、自由地实现 SVM 模型。

更多关于 SVM 的理论和应用方面的知识可以查看下面的免费视频链接进行学习：

《支持向量机（SVM）相关免费学习视频集锦》，MATLAB 技术论坛。

（81）如何计算一个资金流的最大回撤？

根据最大回撤的定义，设 Equity 为资金流，在索引（下标）Index 处可以找出之前的资金流的最大值，设该最大值为 Max。如果 Index 处的资金流为最大值，则 Index 处的最大回撤为 0；否则 Index 处的最大回撤为(Equtity(Index)-Max)/Max。

下面的 RetraceRatio.m 函数可以实现最大回撤的计算：

```matlab
function [DrawDownPercent,DrawDownAbs] = RetraceRatio(Equity)
% 计算最大回撤比例
% by liyang 2012/5/25
% farutoliyang@gmail.com
%% 初始化
len = numel(Equity);
DrawDownPercent = zeros(len, 1);
DrawDownAbs = zeros(len, 1);
%% 计算最大回撤比例
C = Equity(1);
for i = 2:len
    C = max(Equity(i),C);
    if C == Equity(i)
        DrawDownPercent(i) = 0;
    else
        DrawDownPercent(i) = (Equity(i)-C)/C;
    end
end
%% 计算最大回撤绝对数值
C = Equity(1);
for i = 2:len
    C = max(Equity(i),C);
    if C == Equity(i)
        DrawDownAbs(i) = 0;
    else
        DrawDownAbs(i) = (Equity(i)-C);
    end
end
```

下面使用该函数计算某一资金流（权益）的最大回撤，见下例：

```matlab
load FundMarketCash
fund = TestData(:,1);
[DrawDownPercent,DrawDownAbs] = RetraceRatio(fund);

figure;
subplot(3,1,1:2);
plot(fund);
xlim([1 length(fund)]);
title('Fund', 'FontWeight', 'Bold');
```

```
subplot(313);
plot( DrawDownPercent );
xlim([1 length(fund)]);
title('最大回撤比例', 'FontWeight', 'Bold');
```

运行结果如图 0-18 所示。

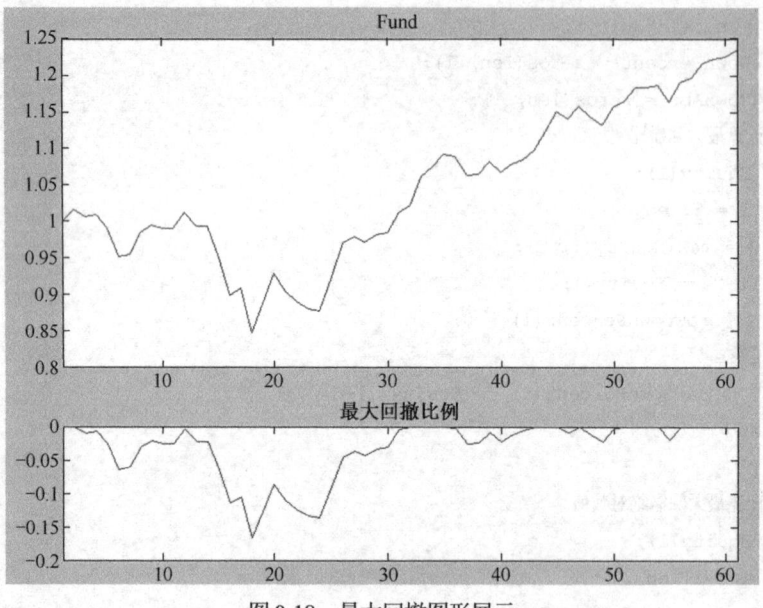

图 0-18　最大回撤图形展示

0.10　其他

（82）Cell 编程模式（Cell Mode）是什么？

在 MATLAB 文件编辑器（Editor）中，开启 Cell 编程模式后，可以使用两个百分号"%%"将代码分块展示，也可以直接插入 HTML 代码和 Latex 代码等进行代码注释和讲解。

（83）MATLAB 可以用网页显示结果吗？

可以。在 MATLAB 文件编辑器中，选择 File→Publish 可以直接生成代码及测试结果的网页，结合 Cell 编程模式可以直接生成精美的网页，方便代码及测试结果的交流分享。图 0-19 为示例文档的相应代码和测试结果生成的网页截图。

图 0-19 Publish 网页截图

结合 Cell 编程模式生成网页时，MATLAB 会自动生成内容目录，并添加超链接，单击目录可以直接跳转到相关内容，如图 0-20 所示。

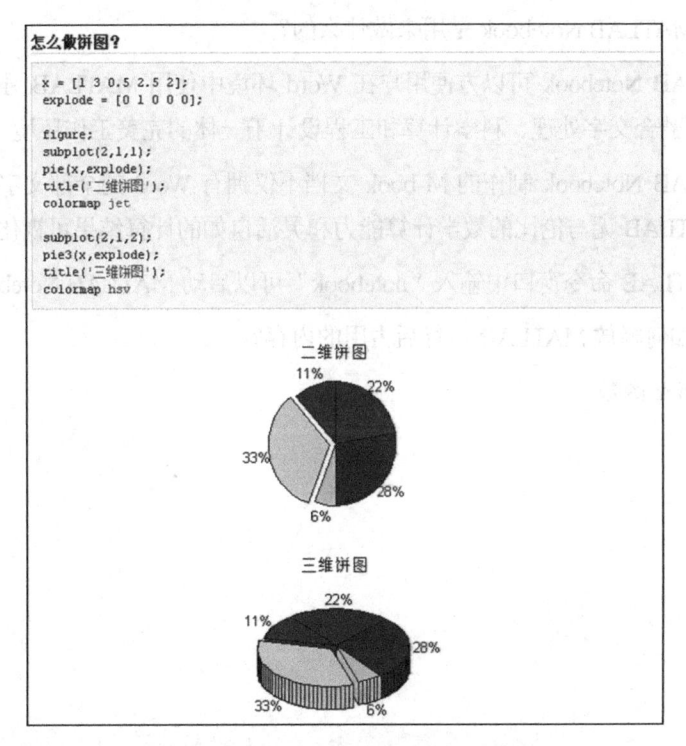

图 0-20 Publish 网页目录跳转内容截图

（84）如何计算函数运行使用的时间？

参考 tic 函数和 toc 函数。

（85）在 MATLAB 中如何处理地图数据？

MATLAB 有一个地图工具箱（Mapping Toolbox），可以用来处理地图数据和进行图形展示，参考下面的简单例子：

```
% 世界地图
figure;
ax = worldmap('World');
% setm(ax, 'Origin', [0 180 0])
land = shaperead('landareas', 'UseGeoCoords', true);
geoshow(ax, land, 'FaceColor', [0.5 0.7 0.5])
lakes = shaperead('worldlakes', 'UseGeoCoords', true);
geoshow(lakes, 'FaceColor', 'blue')
rivers = shaperead('worldrivers', 'UseGeoCoords', true);
geoshow(rivers, 'Color', 'blue')
cities = shaperead('worldcities', 'UseGeoCoords', true);
geoshow(cities, 'Marker', '.', 'Color', 'red')
title('世界地图','FontSize',14,'FontWeight','Bold');
```

（86）MATLAB Notebook 是用来做什么的？

MATLAB Notebook 可以方便用户在 Word 环境中使用 MATLAB 强大的资源，为用户营造融合文字处理、科学计算和工程设计于一体的完美工作环境。

MATLAB Notebook 制作的 M-book 文档不仅拥有 Word 的全部文字处理功能，还具备 MATLAB 无与伦比的数学计算能力和灵活自如的计算结果可视化能力。

在 MATLAB 命令窗口中输入"notebook"可以启动 MATLAB Notebook。

（87）如何释放 MATLAB 运行后占用的内存？

参考 pack 函数。

第 1 章　Python 快速入门与进阶提高

1.1 快速入门

1.1.1 环境准备

相对于直接安装原版 Python，推荐使用 Anaconda 发行版，已经预先打包了科学计算的大量工具包。直接选择 64 位最新版即可，32 位可以通过虚拟环境支持。

安装选项 "Add Anaconda to my PATH environment variable" 推荐勾选，否则无法直接在控制台中使用 conda 命令。

而空间不足、技术能力强、全盘虚拟环境的读者，也可以考虑安装 miniconda，只有基础的 Python 与 conda 功能，安装包更精简。

1.1.2 开发工具

4 种主流的 Python 开发工具：

（1）Spyder 适合从 MATLAB 迁移过来的用户（Anaconda 中已内置）；

（2）Jupyter Notebook 适合做数据分析、分享展示（Anaconda 中已内置）；

（3）PyCharm 适合大型项目开发；

（4）Visual Studio Code 与 PyCharm Community 版不相上下。

笔者都是混合使用的：

（1）使用 PyCharm 来编写 NumPy 风格的 docstring，它的注释自动完成功能目前比 VS Code 好用。

（2）Notebook 的 ipynb 格式不方便用 git 进行源代码对比，所以本人更喜欢 py 格式。"#%%" 可对 py 脚本分块，Spyder、VS Code 都有此功能，PyCharm Pro 版在 Scientific Mode 下才支持（注：%是 MATLAB 的注释，%%是 MATLAB 的代码分块，#是 Python 的注释，#%%是 Python 的代码分块。分块功能需要 IDE 支持）。

（3）VS Code 可以将分块运行的结果导出成 Notebook 进行展示分享。

（4）VS Code 可对分块进行断点调试，而在 Spyder 中调试难以使用。

1.1.3　一张图学 Python

网上流传着一张图学习 Python，通过它可以快速了解基础语法，直接百度"一张图 Python"，但原版针对的是 Python 2。在那张图中，由于涉及的语法不多，因此改动简单，只要将 print 改成 print() 即可。

网上也有专为 Python 3 版编写的图，还添加了更多的语法。

下面的代码将 Python 2 改成了 Python 3，读者需要对照网上的图片进行学习。

```python
#!/usr/bin/env python
#-*- coding: utf-8 -*-
# Quick Python Script Explanation for Programmers
# 给程序员的超快速 Py 脚本解说
import os


def main():
    print('Hello World!')

    print("这是Alice\'的问候。")
    print('这是Bob\'的问候。')

    foo(5, 10)

    print('=' * 10)
    print('这将直接执行' + os.getcwd())

    counter = 0
    counter += 1
```

```python
food = ['苹果', '杏子', '李子', '梨']
for i in food:
    print('俺就爱整只：' + i)

print('数到10')
for i in range(10):
    print(i)


def foo(param1, secondParam):
    res = param1 + secondParam
    print('%s 加 %s 等于 %s' % (param1, secondParam, res))
    if res < 50:
        print('这个')
    elif (res >= 50) and ((param1 == 42) or (secondParam == 24)):
        print('那个')
    else:
        print('嗯...')
    return res  # 这是单行注释
    '''这是多
行注释……'''


if __name__ == '__main__':
    main()
```

1.1.4 Jupyter Notebook 启动目录

直接通过菜单启动 Jupyter Notebook 将进入用户目录，容易产生困惑。可以在控制台中先切换到项目目录，然后再启动 Notebook：

```
C:\Users\Kan>d:
D:\>cd book
D:\book>jupyter notebook
```

更快捷的方法是先在文件资源管理器中打开项目目录，然后在地址栏中输入"cmd"，回车启动控制台。

```
D:\book>jupyter notebook
```

1.1.5 国内镜像源

直接通过国外下载安装实在太慢,可以切换成国内源。这里演示的是清华源,读者也可以使用中科大等其他源,速度可能更快。

conda 镜像源默认使用:

```
conda config --add channels https://mirrors.tuna.tsinghua.edu.cn/anaconda/pkgs/free/
conda config --add channels https://mirrors.tuna.tsinghua.edu.cn/anaconda/pkgs/main/
conda config --set show_channel_urls yes
```

pip 镜像源默认使用:

```
pip config set global.index-url https://pypi.tuna.tsinghua.edu.cn/simple
```

pip 镜像源临时使用:

```
pip install -i https://pypi.tuna.tsinghua.edu.cn/simple xx
```

1.1.6 虚拟环境

当使用的包越来越多时,依赖包的版本冲突问题将十分严重,常常会出现一个包装好后,其他的包就不能用了。所以良好的开发实践是一个项目一个虚拟环境。

以下示例创建了名为 py38 的虚拟环境,安装 Python 3.8.x 的最新版,然后在 py38 环境下安装 Pandas 最新版,再启动对应内核的 Notebook:

```
D:\book>conda create -n py38 python=3.8
D:\book>conda activate py38
(py38) D:\book>conda install pandas
(py38) D:\book>jupyter notebook
```

每次创建虚拟环境时都安装 Python、Pandas 等包也挺费时的,可以平时维护一个虚拟环境模板,以后使用时直接克隆即可:

```
D:\book>conda create -n py38_book --clone py38
```

如果要安装 32 位环境,则只需要设置 CONDA_FORCE_32BIT 即可,只对当前会话有效果。

```
D:\book>set CONDA_FORCE_32BIT=1
```

```
D:\book>echo %CONDA_FORCE_32BIT%
1
D:\book>conda create -n py36_32 python=3.6
```

1.1.7 包的安装

conda install 和 pip install 都可以用来进行包的安装，一般推荐先用 conda，安装不上时再用 pip。安装方法可参考对应包的帮助文档。

- 有些包需要 C++的编译环境才能安装，如果能找到对应的 whl 文件，可以通过 pip install xx.whl 安装，如 TA-Lib。
- 文件夹中提供了 setup.py，可以通过 python setup.py install 或 pip install. 安装（注意：有一个英文句号，表示当前目录）。
- 压缩包中提供了 setup.py，可以通过 pip install xx.zip 安装。
- pip 源可能没有 GitHub 更新及时，可以通过 pip install git+https://github.com/xx/xx.git 从仓库直接安装。

包将自动安装到 base 或虚拟环境下的 site-packages 目录下。

1.1.8 TA-Lib 安装

TA-Lib 就是典型的需要 C++编译才能安装的库，需要以下条件：

- 安装 VC++开发环境；
- 下载 ta-lib-0.4.0-msvc.zip，并解压到指定目录。

有些复杂，所以建议从网络下载已经编译好的 whl 文件，通过 pip install TA_Lib-0.4.19-cp38-cp38-win_amd64.whl 直接安装。请根据自己的实际情况下载正确版本。

苹果 M1 芯片的笔记本可以通过 conda install -c conda-forge ta-lib 安装。

1.1.9 Pandas 显示控制选项

常用的一些控制选项如下：

```
# 取消科学计数法
```

```
pd.set_option('display.float_format', lambda x: f'{x:.3f}')

# None 将显示所有行，默认 60
pd.set_option('display.max_rows', 500)

# None 将显示所有列，默认 20
pd.set_option('display.max_columns', 100)
```

1.1.10　Notebook 显示控制

每个单元格的最后一行默认会显示，如果不想显示，最后一行末尾使用分号（;）即可。若要其他行也显示，可使用 display。它们的显示还是有细微区别的，主要是 display 和 print 显示在 In 区，而最后一行显示在 Out 区，如图 1-1 所示。

用 display 显示、clear_output 清除输出，可以实现定时刷新显示功能：

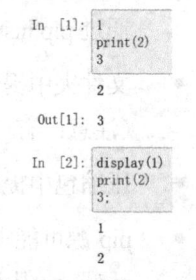

图 1-1　控制台输出显示

```
import time

from IPython.display import clear_output, display

for i in range(10):
    display(i)
    time.sleep(1)
    clear_output(True)  # True，等待更新，显示会更流畅
```

1.2　进阶提高

1.2.1　批处理中切换到虚拟环境

需要每天定时执行脚本的读者通常会遇到此问题。直接运行 Python 实际使用的是 base 环境，需要提前切换环境。例如，创建 demo1.bat 文件，内容如下：

```
REM demo1.bat 切换虚拟环境，请根据自己实际情况修改
CALL d:\Users\Kan\miniconda3\Scripts\activate.bat D:\Users\Kan\miniconda3\envs\py38
python demo.py
pause
```

它会切换到 py38 环境，然后执行 demo.py，最后到 pause 暂停，等待用户单击任意键退出。注意：在 Windows 的计划任务中千万不要使用 pause 或其他等待用户输入或运行时间长的指令，否则当前控制台没有退出，计划任务不会触发第二次。

可以由另一脚本（demo2.bat）触发此脚本（demo1.bat）规避。例如：

```
REM demo2.bat 启动demo1.bat 后，自己立即结束
start demo1.bat
```

1.2.2 GitHub 仓库包的安装

使用 pip install git+https://github.com/xx/xx.git 可能实在太慢，因为 git 同步的是整个仓库包括历史提交，下载 zip 文件安装反而更快。当然还有另一种方案，那就是使用国内的 gitee 拉取 GitHub 项目，然后执行 pip install git+https://gitee.com/xx/xx.git。

1.2.3 包的引入

平时常用的 import xx 等能导入是因为在 sys.path 所指的路径下存在。这个路径分别有当前目录、site-packages 等。

如果包没有安装在 site-packages 下，可以手工将它添加到 sys.path 中，也能被搜索到：

```
import sys
sys.path.append(r'd:\book')
```

但这种方法只是运行时正常，在 PyCharm 中将显示警告，自动完成功能也会失效。可在 site-packages 下创建 xx.pth 文本文件，内容为包所在路径，PyCharm 能提前识别包就能使用自动完成功能。例如，Cython 编译的自定义包就推荐使用 .pth 文件引入。

通常使用 import xx 或 from xx import yy 引入，但遇到以下情况就需要变通了：

（1）源代码中没有直接使用包，但通过 eval('xx.yy') 等方式动态地使用了某包。可能不小心在 IDE 中调用了移除未使用的引入功能。

（2）需要动态地引入各种包。

（3）包名不是标准的标识符，如以数字开头的文件 123_abc.py，可以使用以下方法引入。

```
xx = __import__('xx')
```

1.2.4　在线平台引入自定义包

随着聚宽、米筐这类在线平台的火爆，一些问题也浮出水面：如何自己安装包？如何使用自定义包？

（1）安装到自己的用户下。在 Notebook 中执行下列语句：

```
!pip install --user xx
```

（2）在策略环境中使用研究环境中的自定义包。利用 sys.path 支持 zip 文件的特性：

```
import sys

"""
使用方法
1. 将文件夹压缩成 zip 包，文件名：research_pkg.zip
2. 上传到研究环境
3. 按需导入
"""

# 从研究环境中复制文件到策略环境
# read_file 为聚宽的函数
with open('local_pkg.zip', 'wb') as f:
    f.write(read_file('research_pkg.zip'))

# 将 zip 添加到搜索路径
sys.path.append('local_pkg.zip')

# 导入
from xx import yy

# 打印测试
print(yy)
```

1.2.5　pd.read_csv 编码

文件内出现中文时，编码方式可能需要进行指定，中文常用编码有 gbk、utf-8、utf-8-sig 等。而 utf-8-sig 编码在文件开头有 3 字节的 BOM 头（EF BB BF），BOM 头是 Windows 中的习惯。

Excel 只能正确解析 gbk 和 utf-8-sig 编码的中文，utf-8 中文会显示乱码，而金山 WPS 三种编码都能正常显示，建议保存时都用 utf-8。

read_csv 如果报错、出现格式错误，可以用各格式替换一下。engine='c' 与 engine='python' 对中文的默认编码不同，建议指定 encoding。

1.2.6　pd.read_csv 中文路径

在 Windows 下，可能会遇到中文路径无法读取的问题。有多种解决方案：

（1）修改中文路径为英文路径。不光文件名，文件夹也不能用中文，或使用相对路径回避中文文件夹。

（2）使用 open 提前打开文件，即 pd.read_csv(open('中文文件名.csv'))。

（3）使用 engine 参数，Python 引擎会慢一些，如 pd.read_csv('中文文件名.csv', engine='python')。

（4）升级 Pandas 版本。

（5）将文件系统编码由 utf-8 设置成 mbcs。

```
import sys

print(sys.getfilesystemencoding()) # utf-8

# read_hdf 有中文路径问题
# read_csv 有中文路径可以用 engine='python'
# read_pickle 没有中文路径问题
sys._enablelegacywindowsfsencoding()
print(sys.getfilesystemencoding()) # mbcs
```

pd.read_hdf 目前只能通过 sys._enablelegacywindowsfsencoding() 来支持中文路径。

1.2.7 pd.read_csv 示例

加载数据是数据分析的第一步，如果能灵活使用 read_csv 的参数，则可以大大简化代码。

在 ipython 环境下，可以使用问号（?）查看帮助，使用两个问号（??）查看源代码。通常问号加在后面即 pd.read_csv?，也可以写在前面即?pd.read_csv。在某些情况下写在后面不生效，可以试着写在前面。探索变量还可以使用 dir()、vars()、type()。

```python
from io import StringIO
import pandas as pd

file_csv = """
date	time		stock_code	qty
2018/1/1	9:30		1	200
20180102	10:10		600000	100
"""

# 可能是其他系统将stock_code当成了数字再存成csv时丢失了前面的0，如Excel就存在这个问题
df = pd.read_csv(
    StringIO(file_csv),
    sep='\t',
    parse_dates=[['date', 'time']],
    index_col='date_time',
    converters={'stock_code': lambda x:x.zfill(6)}
)
df
```

输出如下：

```
                     stock_code  qty
date_time
2018-01-01 09:30:00  000001      200
2018-01-02 10:10:00  600000      100
```

1.2.8 pd.read_csv 高级玩法

在线平台一般可以通过 !cat demo.py 直接显示代码，就算部分平台做了限制，灵活应用各种工具还是能将源代码显示出来。

```python
import pandas as pd

# 将源代码读到 DataFrame 中
df = pd.read_csv('/opt/conda/lib/python3.6/WindPy.py',
            engine='python', header=None, encoding='utf-8',
            sep='\r', skip_blank_lines=False, doublequote=False)

string = df.to_csv(index=None, header=None, quotechar='\1').replace('\1','')

# 平台限制了显示长度，只能拆分显示
for s in string.split('\n'):
    print(s)
```

1.2.9　pickle 技巧

直接读/写 pickle 文件比较大，可以压缩一下，compression 支持 "gzip" "bz2" "zip" "xz" 四种压缩算法。

可以写成以下形式：

```
pd.read_pickle('file.pkl', compression='zip')
```

但更推荐使用文件扩展名进行自动推导，这样更方便：

```
pd.read_pickle('file.pkl.bz2')
```

其实 to_csv/read_csv 也有 compression 参数，用法完全一样：

```
pd.to_csv('file.csv.gzip')
```

1.2.10　MultiIndex 多重索引的切片

进行切片时按以下规则更易理解。

（1）df.loc[行, 列]，先行后列。

（2）多重索引看成 tuple 组成的 list，切片要用 tuple。

（3）tuple 中无法使用冒号（:），可用 slice(None)代替。

loc 不是函数，而是对象。函数不能使用中括号[]，对象可以使用__getitem__实现中括号的功能。

此处补充说明，本章代码部分穿插的图表，皆由运行代码后直接输出，故不做额外说明，也不进行编号。

```
class Loc:
    def __getitem__(self, key):
        return key

loc = Loc()
print(loc[2:4])  # slice(2, 4, None)
```

复杂演示：

```
import numpy as np
import pandas as pd

index = pd.MultiIndex.from_arrays([["上半年","上半年","下半年","下半年"],
["第一季度","第二季度","第三季度","第四季度"]])
columns = pd.MultiIndex.from_tuples([("水果","苹果"),("水果","葡萄"),("蔬菜",
"白菜"),("蔬菜","萝卜")])
df = pd.DataFrame(np.random.random(size=(4, 4)), index=index, columns=columns)
df.index.names = ["年度","季度"]
df.columns.names = ["大类别","小类别"]
df
```

大类别		水果	水果	蔬菜	蔬菜
	小类别	苹果	葡萄	白菜	萝卜
年度	季度				
上半年	第一季度	0.505238	0.350606	0.045494	0.403998
	第二季度	0.815622	0.212264	0.587574	0.098024
下半年	第三季度	0.737108	0.039856	0.351829	0.843636
	第四季度	0.623678	0.982168	0.788500	0.989631

```
df.loc[('上半年', slice(None)), (slice(None), ['葡萄', '萝卜'])]
```

大类别		水果	蔬菜
	小类别	葡萄	萝卜
年度	季度		
上半年	第一季度	0.350606	0.403998
	第二季度	0.212264	0.098024

1.2.11 星期

不同 API 的定义不同：

（1）第一天是星期一还是星期日；

（2）第一天从数字 0 开始，还是从数字 1 开始。

两两组合共有 4 种情况。例如：QuantLib 第一天是星期日，从数字 1 开始。所以针对不同的 API，在没有提供星期枚举的情况下，一定要先测试，防止过滤星期时出错。

```python
import pandas as pd
# pip install QuantLib-Python
import QuantLib as ql

pd_list = pd.date_range(start='2018-01-01', periods=7)
dt_list = pd_list.date.tolist()
ql_list = [ql.Date(1, 1, 2018) + x for x in range(0,7)]

df = pd.DataFrame({
    # 星期一从 0 开始
    'weekday': pd_list.weekday,
    # 星期一从 1 开始
    'strftime(%w)': pd_list.strftime('%w'),
    # 星期一是第 1 天，第一天为 0
    'isoweekday':list(map(lambda x:x.isoweekday(), pd_list)),
    # 星期日是第 1 天，第一天为 1
    'ql.Date.weekday':list(map(lambda x:x.weekday(), ql_list)),

    'strftime(%A)': pd_list.strftime('%A'),

    'date':pd_list,
})

df
```

	weekday	strftime(%w)	isoweekday	ql.Date.weekday	strftime(%A)	date
0	0	0	1	1	2	Monday	2018-01-01
1	1	1	2	2	3	Tuesday	2018-01-02
2	2	2	3	3	4	Wednesday	2018-01-03
3	3	3	4	4	5	Thursday	2018-01-04
4	4	4	5	5	6	Friday	2018-01-05
5	5	5	6	6	7	Saturday	2018-01-06
6	6	6	0	7	1	Sunday	2018-01-07

周还有特别的地方是跨年。一年的最后几天有可能归到第二年的第一周，一年的前几天也有可能归到前一年的最后一周。所以如果要按周进行 groupby，不能直接用 year*100+weekofyear，要用 isocalendar() 下的 year*100+week。resample(rule='W-SUM') 已经正确处理了此问题。

```
import pandas as pd
dr = pd.date_range(start='2020-12-27', periods=16).isocalendar()
dr


dr = pd.date_range(start='2019-12-27', periods=16).isocalendar()
dr
```

	year	week	day		year	week	day
2020-12-27	2020	52	7	2019-12-27	2019	52	5
2020-12-28	2020	53	1	2019-12-28	2019	52	6
2020-12-29	2020	53	2	2019-12-29	2019	52	7
2020-12-30	2020	53	3	2019-12-30	2020	1	1
2020-12-31	2020	53	4	2019-12-31	2020	1	2
2021-01-01	2020	53	5	2020-01-01	2020	1	3
2021-01-02	2020	53	6	2020-01-02	2020	1	4
2021-01-03	2020	53	7	2020-01-03	2020	1	5
2021-01-04	2021	1	1	2020-01-04	2020	1	6
2021-01-05	2021	1	2	2020-01-05	2020	1	7
2021-01-06	2021	1	3	2020-01-06	2020	2	1
2021-01-07	2021	1	4	2020-01-07	2020	2	2
2021-01-08	2021	1	5	2020-01-08	2020	2	3
2021-01-09	2021	1	6	2020-01-09	2020	2	4
2021-01-10	2021	1	7	2020-01-10	2020	2	5
2021-01-11	2021	2	1	2020-01-11	2020	2	6

```
dr.resample('W-SUN').last()
```

	year	week	day
2019-12-29	2019	52	7
2020-01-05	2020	1	7
2020-01-12	2020	2	6

1.2.12 魔术命令

魔术命令也是常用的功能。%表示单行命令，%%表示单元格命令。常用的命令有 %time、%%timeit、%%prun、%matplotlib 等，可以通过 %lsmagic 查看支持的命令。

? 和 ?? 都可用于魔术命令，但只能放在命令前，如 ?%%!、??%%html。

1.2.13 隐藏 Notebook 代码区

利用强大的魔术命令，我们来演示如何隐藏代码区。利用 Notebook 本质也是网页，可以用 JavaScript 进行控制的特点，将所有的代码区隐藏起来。

以下代码使用了 ipython 的魔术命令 %%html、jQuery 的 $ 选择器：

```
%%html
<button onclick="$('.input').toggle()">隐藏显示代码</button>
```

```
In [1]: %%html
        <button onclick="$('.input').toggle()">隐藏显示代码</button>
        [隐藏显示代码]
```

其实通过 Notebook 的扩展也可以实现隐藏代码区。安装好后，选择 Hide input 和 Hide input all 扩展：

```
(py38) D:\book>pip install jupyter_contrib_nbextensions
(py38) D:\book>jupyter contrib nbextension install --user
(py38) D:\book>jupyter notebook
```

1.2.14 完全屏蔽 Jupter Notebook 源代码

这里要利用一个 Jupter Notebook 部署成网页应用的工具——Voila，它与 Jupter

Notebook 一样都是网页应用服务器，只是在打开时自动执行了 Jupter Notebook 的内容，默认情况下只显示 Out 区，同时还支持 ipywidgets 交互控件。用它向客户提供网页展示极为便捷。

安装代码如下：

```
pip install voila
```

应用如下：

```
D:\book>voila
D:\book>voila demo.ipynb
```

1.2.15　Python 源代码保护

当前阶段难以破解的源代码保护方案之一是 Cython。原理是，将 .py 编译为 .c 文件，再将 .c 文件编译为 .so 或者 .pyd。Cython 更重要的特性是加速，缺点是针对不同的操作系统和不同的 Python 版本需要分别编译。

安装代码如下：

```
pip install cython
```

准备 setup.py：

```python
from distutils.core import setup, Extension

from Cython.Distutils import build_ext
from Cython.Build import cythonize

import numpy

extensions = [
    Extension("*", sources=[r"demo.py"], include_dirs=[numpy.get_include()]),
]

setup(
    name='my cython lib',
    cmdclass={'build_ext': build_ext},
    ext_modules=cythonize(extensions, language_level=3),
)
```

编译成 .pyd 或 .so：

```
python setup.py build_ext --inplace
```

部署分发时,只复制 demo.pyd 或 demo.so 即可,复制到 site-packages 下,或将 .pth 复制到此目录,PyCharm 自动完成就正常了。

1.2.16　Python 加速

(1) 前面提到的 Cython 加速是一种方案,但编译成 .so 后部署不便,想更快还是要翻译成 .pyx。需要一定的 C 语言功底。

(2) numba 加速使用简单,只要在函数中加上 @jit 或 @njit 装饰器即可。但不支持 class、推导式等。

(3) Pandas 代码改成 numpy,也能大大提速。但 Pandas 切片太慢,不要在循环中使用。

(4) 使用多进程。

1.2.17　多进程

由于 GIL 的原因,Python 的多线程并不能多核并行,所以 Python 并行一般是用多进程技术。以下演示了多进程、多参数、进度条:

```
import multiprocessing
from tqdm import tqdm
import time
from itertools import product

def func(args):
    # 可以做一些大计算量的工作
    (x, y), z = args
    # print(x, y, z)
    time.sleep(3)


if __name__ == '__main__':
    # 单进程版可以调试
    # 多进程版调试不便。注意:不能直接在 Notebook 下运行
    n_jobs = 1 # multiprocessing.cpu_count() - 1
    # tqdm 进度条在 Pool.imap 和 map 下正常,在 Pool.map 下不正常
```

```
_map = multiprocessing.Pool(processes=n_jobs).imap if n_jobs > 1 else map

# 演示一个复杂的参数组
iterable = product(zip(range(10), range(0, 20, 2)), [100])
list(tqdm(_map(func, iterable)))
```

1.2.18 绘图内存泄露问题

大规模计算时常常发现内存不够，无论怎样优化内存还是占用过高。测试后发现只要图片保存内存就涨了无法释放。后来发现一定要再调用一下 **fig.clf()**：

```
ax = df.plot()
fig = ax.get_figure()
fig.savefig('demo.png')
# 回收内存，一定要调用，否则会导致内存泄露
fig.clf()
```

1.2.19 ipynb 转 html

之前我们学习的 Notebook 都是手工执行，手工转成静态报表。遇到大批量的任务时，就需要自动执行了。此时使用多个文件配合。

（1）demo.ipynb：Notebook 报表模板。需要从外部传入参数，这里用环境变量来传递，并将结果保存起来。

（2）demo.py：多进程任务。读取任务列表后构造命令，并用多进程的方式触发。

（3）all.py：将生成的多个结果予以合并。

以下只展示核心部分：

```
# demo.ipynb
import os

# 测试时使用，正式运行时请注释掉。统一用大写，因为小写会变成大写
# os.environ.setdefault('P1', r'123')
# os.environ.setdefault('P2', r'abc');

P1 = os.environ.get('P1')
P2 = os.environ.get('P2')
```

```
# 将结果保存到指定目录
# results.to_pickle(f'output/pkl/{P2}.pkl')
# demo.py
import os
import sys


def execute_cmd(x, y, z):
    """设置环境变量后执行"""
    is_linux = sys.platform != 'win32'
    set_export = 'export' if is_linux else 'set'
    cmd = f'{set_export} P1={x}&&' \
          f'{set_export} P2={y}&&' \
          f'jupyter nbconvert demo.ipynb' \
          f' --ExecutePreprocessor.timeout=600 --ExecutePreprocessor.allow_errors=True' \
          f' --execute --to html' \
          f' --output outputs/html/{z}.html'
    print(cmd)
    os.system(cmd)
```

上述代码主要利用了 jupyter nbconvert 进行转换。

- ExecutePreprocessor.timeout：大项目运行时间可能很长，但 jupyter nbconvert 默认超时 30s，需要指定，以防止报错。

- ExecutePreprocessor.allow_errors：遇到错误后不中断，继续运行。

- execute：全文执行。

- to html：转换格式为 html。

- output demo.html：指定输出文件名。

1.2.20　TA-Lib 中的 EMA 计算

TA-Lib 中的 EMA 算法与国内的股票软件算法不一样，可通过 set_compatibility 进行设置（注：TA-Lib 0.4.18 版才开始有的功能）：

```
import numpy as np
import pandas as pd

import talib as ta
```

```
df = pd.DataFrame({'close':np.arange(5, dtype=float)})
ta.set_compatibility(0) # DEFAULT == 0
df['ema_0'] = ta.EMA(np.arange(5, dtype=float), timeperiod=3)
ta.set_compatibility(1) # METASTOCK == 1
df['ema_1'] = ta.EMA(np.arange(5, dtype=float), timeperiod=3)
df
```

输出如下：

```
   close  ema_0   ema_1
0  0.0    NaN     NaN
1  1.0    NaN     NaN
2  2.0    1.0     1.2500
3  3.0    2.0     2.1250
4  4.0    3.0     3.0625
```

（1）CLASSIC 算法。EMA 第一个有效值是前 N 个数据的平均值：

```
NaN
NaN
(0.0+1.0+2.0)/3=1.0
1.00*(4-2)/4+3.0*2/4=2.0
```

（2）METASTOCK 算法。EMA 第一个值是数据第一个值，然后迭代算出之后的值。只是显示时 $N-1$ 个值都设为了 NaN：

```
0
0.00*(4-2)/4+1.0*2/4=0.5
0.50*(4-2)/4+2.0*2/4=1.25
1.25*(4-2)/4+3.0*2/4=2.125
```

MACD、STOCH 内部都调用了 EMA，另外 CMO、RSI 也受 set_compatibility 的影响。

1.2.21 绩效指标计算

绩效指标如夏普、最大回撤等，有工具可以直接得到结果，只要提供一条曲线即可。常用的库有 ffn 和 empyrical。这里演示一下 ffn：

```
%matplotlib inline
import numpy as np
import pandas as pd
```

```python
import ffn

names = ['foo','bar','rf']
dates = pd.date_range(start='2020-01-01',end='2020-12-31', freq=pd.tseries.offsets.BDay())
n = len(dates)
df = pd.DataFrame(
    index = dates,
    columns = names
)

np.random.seed(1)
df['foo'] = np.random.normal(loc=0.1/n, scale=0.2/np.sqrt(n), size=n)
df['bar'] = np.random.normal(loc=0.04/n, scale=0.05/np.sqrt(n), size=n)
df['rf'] = np.random.normal(loc=0.02/n, scale=0.01/np.sqrt(n), size=n)

df = 100*np.cumprod(1+df)

df.plot();
```

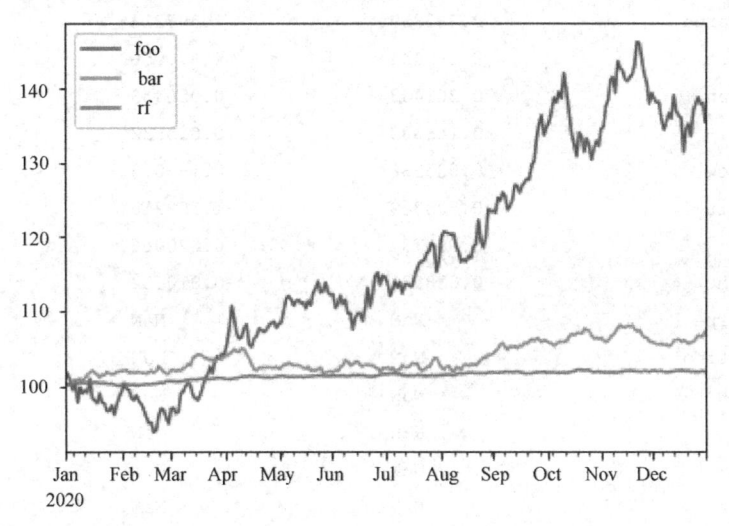

```
perf = df.calc_stats()
perf.stats
```

	foo	bar	rf
start	2020-01-01 00:00:00	2020-01-01 00:00:00	2020-01-01 00:00:00
end	2020-12-31 00:00:00	2020-12-31 00:00:00	2020-12-31 00:00:00
rf	0.0	0.0	0.0
total_return	0.327471	0.069423	0.017453
cagr	0.327728	0.069472	0.017465

max_drawdown	-0.101839	-0.033102	-0.004014
calmar	3.2181	2.098729	4.350546
mtd	-0.017566	0.012905	-0.000049
three_month	0.013425	0.01092	0.000235
six_month	0.181129	0.047303	0.002829
ytd	0.327471	0.069423	0.017453
one_year	NaN	NaN	NaN
three_year	NaN	NaN	NaN
five_year	NaN	NaN	NaN
ten_year	NaN	NaN	NaN
incep	0.327728	0.069472	0.017465
daily_sharpe	1.532569	1.350329	1.649231
daily_sortino	2.783388	2.399496	2.969545
daily_mean	0.291679	0.066003	0.016757
daily_vol	0.190321	0.048879	0.010161
daily_skew	0.000751	-0.098493	0.049726
daily_kurt	-0.03976	-0.017511	0.515933
best_day	0.031622	0.009515	0.002522
worst_day	-0.03413	-0.008443	-0.001648
monthly_sharpe	2.483859	1.597216	2.452884
monthly_sortino	8.595444	4.676056	10.972907
monthly_mean	0.361483	0.056433	0.019302
monthly_vol	0.145533	0.035332	0.007869
monthly_skew	0.025386	0.166073	0.475974
monthly_kurt	-0.525369	-1.159218	-0.835801
best_month	0.099737	0.020066	0.005541
worst_month	-0.038031	-0.010422	-0.001683
yearly_sharpe	NaN	NaN	NaN
yearly_sortino	NaN	NaN	NaN
yearly_mean	NaN	NaN	NaN
yearly_vol	NaN	NaN	NaN
yearly_skew	NaN	NaN	NaN
yearly_kurt	NaN	NaN	NaN
best_year	NaN	NaN	NaN
worst_year	NaN	NaN	NaN
avg_drawdown	-0.027674	-0.008255	-0.001586
avg_drawdown_days	13.954545	18.941176	16.0
avg_up_month	0.049759	0.010705	0.002477
avg_down_month	-0.022237	-0.005801	-0.000708
win_year_perc	NaN	NaN	NaN
twelve_month_win_perc	NaN	NaN	NaN

ffn 已经默认注册到了 pd.DataFrame 上，可以直接使用。例如：df.calc_calmar_ratio()。

dir(ffn)用于查看可用的方法。需要注意输入参数是 returns 还是 prices，例如：ffn.calc_sharpe? 的输入参数是 returns，而 ffn.calc_max_drawdown? 的输入参数是 prices。

1.2.22 动态图表

动态图表特别适合用于研究分析。比如支持缩放、支持显示隐藏线条、支持鼠标悬浮显示。常用的动态图表有 pyecharts、bokeh、plotly。对于研究人员来说，plotly 使用起来更简单，因为 Pandas 1.0 版后支持 backend 功能。

```
# Pandas 1.0 后才支持的功能
pd.options.plotting.backend = 'plotly' # 默认使用的backend是 'matplotlib'

df.plot() # 显示动态图
```

因为底层调用的是完全不同的对象，所以两种 backend 代码并不是完全兼容的。主要区别如下：

backend	matplotlib	plotly
图像大小	figsize=(8, 6)	width=800, height=400
Y轴对数坐标	ax.set_yscale('log')	ax.update_layout(yaxis_type='log')
保存图片	fig.savefig('1.png')	ax.write_image(file='1.png')

高 级 篇

第 2 章 基于 Python 的优化问题

2.1 数值优化

在做参数敏感性分析时，我们一般用的是穷举法（全部计算）或网格法（间隔计算），得到所有值后，通过排序、绘制热力图或 3D 表面图的方式筛选出合适的参数。我们需要的并不是最优值，而是综合考虑下的最合适的区间，它带有一定的主观因素。

而在函数求根、求最大值/最小值等问题中却有所不同，需要的是最优值，中间的结果并不重要，只要快速收敛到最优值即可。

为了最优化工具能正常运行，通常都需要对最优化问题做一定的调整以满足参数要求。求最大值问题要将函数取负数转换成求最小值问题。函数极值处的导数必为 0，所以求最小值问题也可以转换成求导数函数的根。

优化时搜索的初始位置很重要，选择不当会导致只能找出局部最优。

2.1.1 线性规划

我们以线性规划为例子，介绍 linprog 与 minimize 的用法。

$$\max 7x + 5y$$
$$4x + 3y \leqslant 240$$
$$2x + y \leqslant 100$$
$$x \geqslant 0$$
$$y \geqslant 0$$

1. linprog

(1) 需要将求 max 调整成求 min，即 min-(7x+5y)。

(2) 只支持小于或等于，需要将≥调整成≤。

```
# 前面添加了负号
c = -np.array([7, 5])
A = [
    [4, 3],
    [2, 1],
]
b = [240, 100]
bnds = ((0, None), (0, None))

res = sco.linprog(c, A_ub=A, b_ub=b, bounds=bnds)
# 得到x=30, y=40, max:410
print(res)
print('x =', res.x[0])
print('y =', res.x[1])
```

输出如下：

```
    con: array([], dtype=float64)
    fun: -409.99999962710336
message: 'Optimization terminated successfully.'
    nit: 5
  slack: array([2.18131959e-07, 9.13973395e-08])
 status: 0
success: True
      x: array([29.99999997, 39.99999996])

x = 29.99999997196998
y = 39.9999999646627
```

2. minimize

目标函数：min-(7x+5y)。

约束条件分为两种：eq 表示=0，ineq 表示≥0。这里与 linprog 不同，约束条件也需要调整：

$$-(4x+3y-240) \geqslant 0$$
$$-(2x+1y-100) \geqslant 0$$

```python
def fun(X):
    return -(7 * X[0] + 5 * X[1])


cons = (
    {'type': 'ineq', 'fun': lambda x: -(4 * x[0] + 3 * x[1] - 240)},
    {'type': 'ineq', 'fun': lambda x: -(2 * x[0] + 1 * x[1] - 100)},
)

# 取值范围的左边界与右边界，如果某一边没有限制，使用None
bnds = ((0, None), (0, None))

# 需要指定一个优化的起点，起点很重要，有可能进入局部最优
x0 = (0, 0)

res = sco.minimize(fun, x0, method='SLSQP',
                   bounds=bnds, constraints=cons)
print(res)

print('x =', res.x[0])
print('y =', res.x[1])

# 需要取负数得到最大值
# 得到的x中的数据是局部最优
print(-fun(res.x))
```

输出如下：

```
     fun: -409.9999999999927
     jac: array([-7., -5.])
 message: 'Optimization terminated successfully'
    nfev: 18
     nit: 6
    njev: 6
  status: 0
 success: True
       x: array([30., 40.])

x = 29.999999999996923
y = 40.000000000002856
409.9999999999927
```

2.1.2 非线性优化

minimize 是各种优化算法的统一入口，后面是交给了具体的算法来实现。对于无约束非线性优化算法常用 BFGS 算法。L-BFGS 算法是 BFGS 的改进版，在高维度问题时占用的内存少，而 L-BFGS-B 算法可用于有界限问题。

更多细节可参考 https://docs.scipy.org/doc/scipy/reference/optimize.html。

2.1.1 节示例的线性函数无法演示 BFGS，我们换成非线性函数。

```
# 非线性函数
def fun(x):
    return x ** 2 - 4 * x + 8

# 注意，这里要用 tuple，所以逗号不能少
x0 = (3,)
```

BFGS 算法：

```
res = sco.minimize(fun, x0, method='BFGS')
# 对于整个函数，最小值为 x=2,y=4
print(res)

      fun: 4.0
 hess_inv: array([[0.5]])
      jac: array([0.])
  message: 'Optimization terminated successfully.'
     nfev: 6
      nit: 2
     njev: 3
   status: 0
  success: True
        x: array([1.99999999])
```

L-BFGS-B 算法：

```
# 注意，这里要用 tuple，所以逗号不能少
bnds = ((3, None),)
res = sco.minimize(fun, x0, method='L-BFGS-B', bounds=bnds)
# 对于整个函数，最小值为 x=2,y=4
# 但因为限制了 x≥3，所以新区间的最小值为 x=3,y=5
print(res)
```

```
     fun: array([5.])
hess_inv: <1x1 LbfgsInvHessProduct with dtype=float64>
     jac: array([2.])
 message: 'CONVERGENCE: NORM_OF_PROJECTED_GRADIENT_<=_PGTOL'
    nfev: 2
     nit: 0
    njev: 1
  status: 0
 success: True
       x: array([3.])
```

SLSQP 算法:

```
# 注意，这里要用 tuple，所以逗号不能少
bnds = ((3, None),)
res = sco.minimize(fun, x0, method='SLSQP', bounds=bnds)
# 对于整个函数，最小值为 x=2,y=4
# 但因为限制了 x≥3，所以新区间的最小值为 x=3,y=5
print(res)

     fun: 5.0
     jac: array([2.])
 message: 'Optimization terminated successfully'
    nfev: 2
     nit: 1
    njev: 1
  status: 0
 success: True
       x: array([3.])
```

2.2 组合优化

2.2.1 风险预算

投资组合优化是一个有约束条件的非线性规划问题，常见的优化目标有最小方差、最大收益、最大夏普、风险平价、风险预算等。前三种优化方法网上有很多示例，我们将介绍风险预算，而风险平价只是风险预算的特例。

- 风险：通常用收益率的标准差来衡量，也有使用其他指标来度量风险的情况。
- 风险平价：也叫风险均衡、等风险权重。每种资产对总体的风险贡献度是相等的，都是 1/N。
- 风险预算：风险贡献的比例是人工指定的，总和是 1。
- 边际风险贡献：对组合标准差求某类资产权重的偏导数。可把组合波动率分解为各类资产边际风险贡献×资产权重之和。

此处补充说明，本章代码部分穿插的图表，皆由运行代码后直接输出，故不做额外说明，也不进行编号。

```
% matplotlib inline

import numpy as np
import pandas as pd
import scipy.optimize as sco
import matplotlib.pyplot as plt
import seaborn as sns

plt.rcParams['font.family'] = ['sans-serif']
plt.rcParams['font.sans-serif'] = ['SimHei']  # 显示中文
plt.rcParams['axes.unicode_minus'] = False  # 显示负号
# 先构造测试数据用来演示，后面将引入实际数据

# 收益率的协方差矩阵
V = np.matrix('123 37.5 70 30;37.5 122 72 13.5;70 72 321 -32;30 13.5 -32 52')
V = np.array(V) / 100
V
```

输出如下：

```
array([[ 1.23 ,  0.375,  0.7  ,  0.3  ],
       [ 0.375,  1.22 ,  0.72 ,  0.135],
       [ 0.7  ,  0.72 ,  3.21 , -0.32 ],
       [ 0.3  ,  0.135, -0.32 ,  0.52 ]])
```

```
# 进行矩阵计算时，避免使用星号，容易混淆
def calc_var(w, v):
    # 计算方差
    # print(w.shape) (4,)
    # print(v.shape) (4,4)
    # (4,4)*(4,) = (4,)
```

```python
        # (4,)*(4,) = ()
        return np.dot(np.dot(v, w), w)

def calc_std(w, v):
    # 计算标准差
    return np.sqrt(calc_var(w, v))

def calc_mrc(w, v):
    # 计算边际风险贡献
    sigma = calc_std(w, v)
    return np.dot(v, w) / sigma

def calc_rc(w, v):
    # 计算风险贡献
    mrc = calc_mrc(w, v)
    return np.multiply(mrc, w)

def objective_risk_budget(w, v, b):
    # 目标函数
    rc = calc_rc(w, v)
    # 如果做了归一化，直接target = b即可
    # target = np.multiply(calc_std(w,v),b)
    target = b

    # 由于中间的计算结果太小，导致优化失效，归一化再优化
    rc = rc / np.nansum(np.abs(rc))
    target = target / np.nansum(target)

    return np.sum(np.square(rc - target))
# 根据协方差矩阵得到品种数量
def calc_weight(v, b):
    n = len(v)

    # 目标风险归一化
    b = np.array(b)
    b = b / np.nansum(b)

    # 搜索起点最开始设置为等权，但是在使用2012—2013年的示例数据测试时出错
    # 债券权重为一个极度逼近于0的负数
    # 最后参考bt库，使用波动率倒数才解决
    # 因为风险平价的权重正好在波动率倒数附近
    # b = [0.1,0.1,0.1,0.1,0.4,0.1,0.1]
```

```python
# 搜索起点
# w0 = np.ones(n)/n
inv_vol = 1. / np.sqrt(np.diagonal(v))
inv_vol = inv_vol * b  # 额外添加，希望能尽量让初值在可能值附近
w0 = inv_vol / inv_vol.sum()

cons = (
    # 权重和为1
    {'type': 'eq', 'fun': lambda x: np.nansum(x) - 1},
)

# 权重的取值范围
# 0~0.4，由于债权重约为0.7，因此通过限制，可以减小债占比
bnds = ((0, 0.4),) * n
# 0~1，相当于无限制
bnds = ((0, 1),) * n

maximum_iterations = 1000
options = {
    'maxiter': maximum_iterations,
    'disp': False
}

# 注意：此处相当重要，精度不够将无法优化
tolerance = 1e-9

res = sco.minimize(objective_risk_budget, w0, args=(v,b), method='SLSQP',
            constraints=cons, bounds=bnds,
            options=options,
            tol=tolerance
            )

if not res.success:
    raise Exception(res.message)

return res

# 测试
n = len(V)

# 指定风险预算的初值等同于风险平价
budget = [1 / n, ] * n
# budget = [0.4,0.4,0.1,0.1,0.4,0.1,0.1]
```

```python
res = calc_weight(V, budget)
print(res)

# 计算风险贡献度
print(calc_rc(res.x, V))
```

输出如下：

```
fun: 1.6760074470716902e-10
    jac: array([-9.86506106e-06, 2.74438384e-05, 2.85976723e-05, -2.01484403e-05])
message: 'Optimization terminated successfully'
   nfev: 34
    nit: 6
   njev: 6
 status: 0
success: True
      x: array([0.19536556, 0.2153595 , 0.16247519, 0.42679975])

array([0.16579872, 0.16580586, 0.1658027 , 0.16579442])
```

2.2.2 风险平价

风险平价是边际风险贡献都一样的风险预算。

```python
## 投资组合优化实例
import pandas as pd

df_close = pd.read_pickle("大类资产_日线数据.pkl")
print(list(df_close.columns))
df_close.columns = ['沪深300', '中证500', '恒生指数', '标普500', '中证全债', '黄金', '原油']

# 原油的数据到 2006-02-24 才有
# 注意：不同交易所的交易日期不同
# 当前这份数据的索引是按上交所的交易日，美国和中国香港不交易时使用上证交易日的数据，而我们在
长假时，其他交易所数据丢失，所以会出现长假时收益率毛刺的现象


df_close = df_close.dropna()

returns = df_close.pct_change().iloc[1:]
returns.head()
```

```
['000300.SH', '000905.SH', 'HSI.HI', 'SPX.GI', 'H11001.CSI', 'AU9999.SGE', 'B.IPE']
```

	沪深300	中证500	恒生指数	标普500	中证全债	黄金	原油
2006-02-27	-0.001624	-0.003912	0.005918	0.003637	0.000884	0.003350	-0.015290
2006-02-28	0.004929	0.001398	-0.001969	-0.010401	-0.000530	-0.002226	0.009591
2006-03-01	0.003427	0.007609	-0.006307	0.008261	0.000619	0.009272	0.000000
2006-03-02	-0.016991	-0.019235	0.004069	-0.001626	0.000972	0.005388	0.000000
2006-03-03	0.002899	0.001141	-0.005065	-0.001482	-0.000265	0.007832	0.022316

```python
n = len(df_close.columns)

# 指定风险平价
budgets = {
    2006: [1 / n, ] * n,
    2007: [1 / n, ] * n,
    2008: [1 / n, ] * n,
    2009: [1 / n, ] * n,
    2010: [1 / n, ] * n,
    2011: [1 / n, ] * n,
    2012: [1 / n, ] * n,
    2013: [1 / n, ] * n,
    2014: [1 / n, ] * n,
    2015: [1 / n, ] * n,
    2016: [1 / n, ] * n,
    2017: [1 / n, ] * n,
    2018: [1 / n, ] * n,
}

# 查看全时间段的资产日收益率的相关系数
plt.figure(figsize=(8, 8))
sns.heatmap(returns.corr(), square=True, annot=True, cmap='Reds', vmax=1)
dict_weights = {}
# 用上两年的协方差指导下一年的投资
for i in range(2006, 2018):
    _ret = returns[str(i - 1):str(i)]
    v = _ret.cov().values
    n = len(v)
    print(i)
    
    # 相关性高时，就算指定了差距明显的预算，得到的权重也类似于等权
    # 所以组合优化主要用在相关性低的大类资产配置上
    budget = budgets[i]
```

```
res = calc_weight(v, budget)
# print("通过%d-%d年的协方差，得到%d年的权重为："%(i-1, i, i+1), res.x)

dict_weights[returns[str(i + 1)].index[0]] = res.x

df_weights = pd.DataFrame(dict_weights).T
df_weights.columns = df_close.columns
df_weights

df_weights.plot(kind='area', stacked=True, figsize=(15, 5))
```

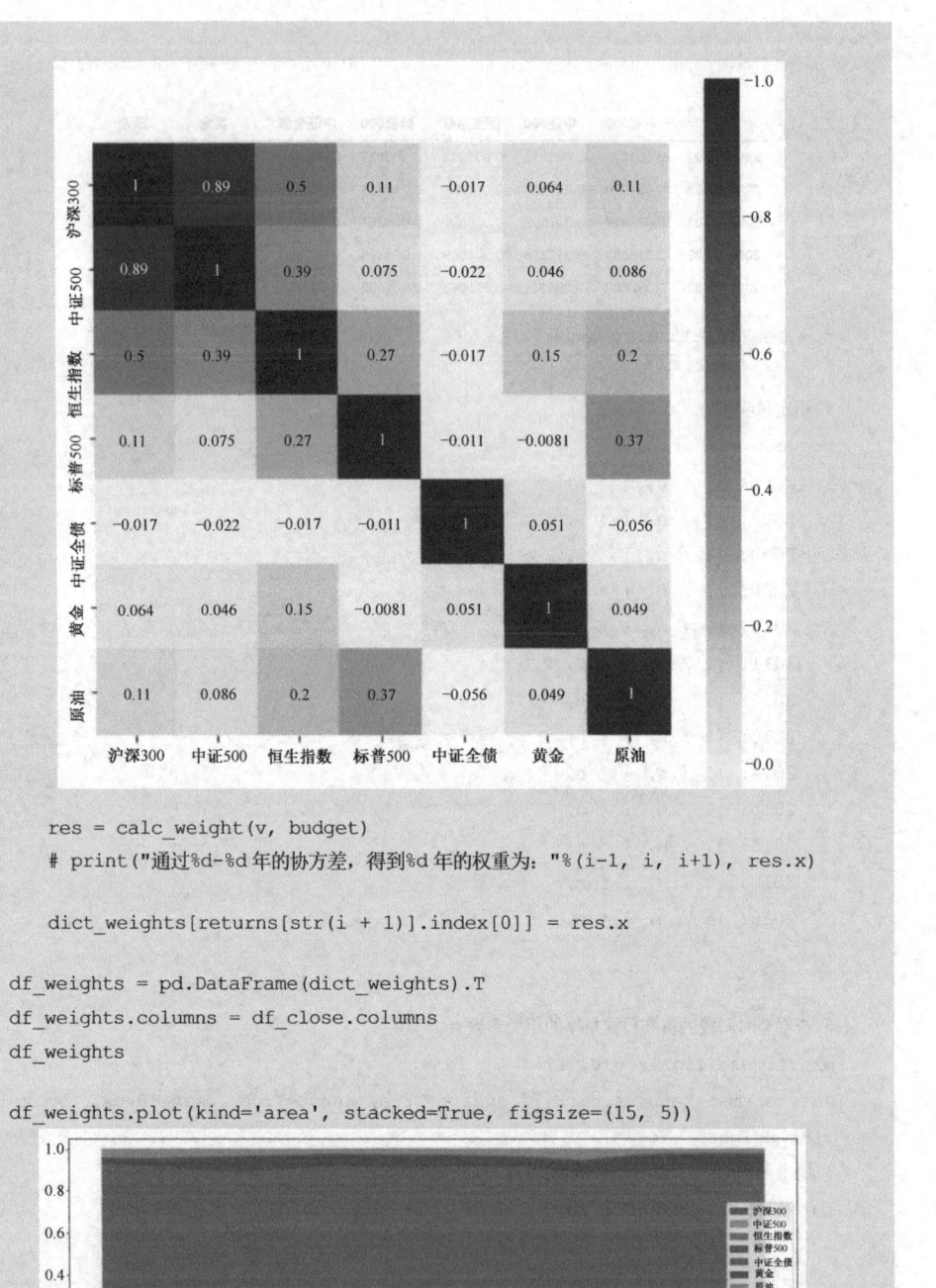

2.2.3 bt 库风险平价示例

我们再利用一个开源库来实现风险平价。

```python
# !pip install bt
import bt

# 每月月初执行一次再平衡

# 方法1：风险平价指标需要收益率来计算协方差，至少需要两天的行情
# run_on_first_date = True 是取第一天与前一天的行情，导致出错
# 但就算 run_on_first_date = False，如果数据正好是月初开始，也会出错
runMonthlyAlgo = bt.algos.RunQuarterly(run_on_first_date=False)
selectAlgo = bt.algos.SelectAll()

# 方法2：发现数据完整后再处理，完整至少需要两天（推荐）
# SelectHasData 默认检查是否有三个月的数据，它推算三个月数据应当是多长
# 但因为中国的长假比较长，会导致部分数据断层，所以最好指定 min_count
runMonthlyAlgo = bt.algos.RunYearly(run_on_first_date=False)
selectAlgo = bt.algos.SelectHasData(min_count=2)

weighERCAlgo = bt.algos.WeighERC(
    lookback=pd.DateOffset(days=250 * 2),
    covar_method='standard',
    risk_parity_method='slsqp',
    maximum_iterations=1000,
    tolerance=1e-9,
    lag=pd.DateOffset(days=1),
)

# 由于债券波动小，风险小，导致权重占70%以上，需要限制一下
# 在计算上，它将多出的权重记录下来，然后根据比例分配到其他权重中，例如
# [0.7,0,2,0.1]要限制为0.5，超出的0.2不是平均分配到另两项
# [0.5,0,3,0.2]是错的，[0.5,0,333,0.167]才是对的
# 注意：这种限制权重方法与优化时设置边界是不同的，这种方法并不一定是全局最优，也可能不是局部最优
# 仅仅是将被限制部分按比例分配到别的资产上
limitAlgo = bt.algos.LimitWeights(limit=0.4)

rebalAlgo = bt.algos.Rebalance()

strat = bt.Strategy(
    'ERC',
    [
        runMonthlyAlgo,
        selectAlgo,
        weighERCAlgo,
        # limitAlgo, # 请根据需求开启
        rebalAlgo
```

```
        ]
)

backtest = bt.Backtest(
    strat,
    df_close,
    integer_positions=False
)

res = bt.run(backtest)

# 绘制权重堆积图
res.get_security_weights().plot(kind='area', stacked=True, figsize=(15, 5))
```

两次画的图有区别，bt 显示日频权重，而 2.2.2 节的实现只显示再平衡日的权重；计算波动率 bt 使用的是 500 交易日，而 2.2.2 节使用的是两年。

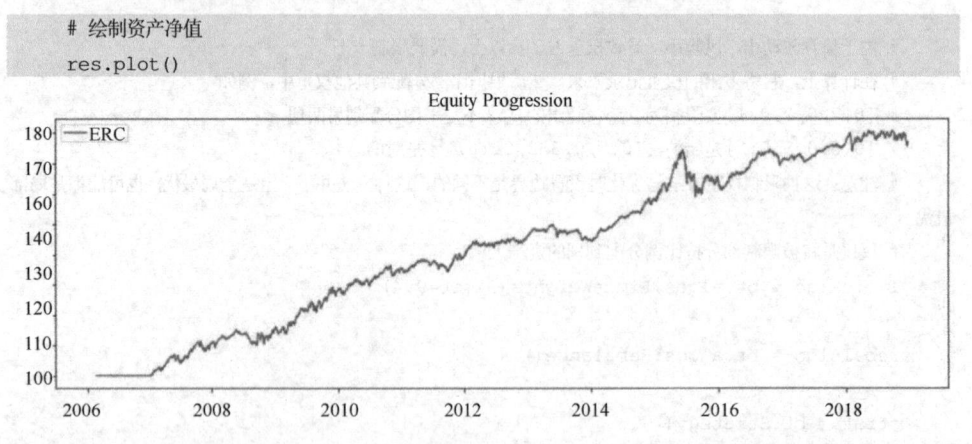

```
# 绘制资产净值
res.plot()
```

除了 bt 回测库中带有简单的投资组合功能，网上还有很多开源的投资组合库。推荐的有：

- PyPortfolioOpt；
- Riskfolio-Lib。

通过它们可以大幅度简化工作，有兴趣的读者可查阅在线文档。

第 3 章　资产配置中如何分配资金

3.1　由分配奖金说起

一家公司业绩不俗，年底利润颇丰，老板准备拿出一部分资金作为奖金分发给全体员工。发奖金是一项技术活，很考验老板的智商和情商，稍有不慎容易造成不良影响。究竟如何分配呢？老板陷入沉思……如果论资排辈来分，会打击年轻人的积极性和热情；如果按个人业绩来分，对有的资深员工不利；如果一视同仁平均分配，又体现不出多劳多得的原则。在分配奖金这个问题上，合理的分配方案既很必要，也很重要。

同理，无论是散户贸然入场，还是基金经理精心设计组合，都会面临类似的问题，即每一个证券买多少。唯一不同的是，公司老板要让每个人都满意，而投资者要让组合更合理。如何科学合理地分配资金，让投资组合满足特定的目标，就是投资组合优化问题。

本章分为 5 个部分，第一部分为引子，第二部分介绍目标函数的具体类型，第三部分详细梳理各种各样的目标函数，第四部分讨论协方差、约束条件和多优化器，第五部分进行总结。

3.2　整体框架

无论是 FOF 投资经理口中的 BL 模型，还是桥水基金的粉丝眼中迷离的风险平价，都属于典型的优化问题。换句话说，即在满足一定的约束条件时，使得组合目标最大化，表示成数学公式如下：

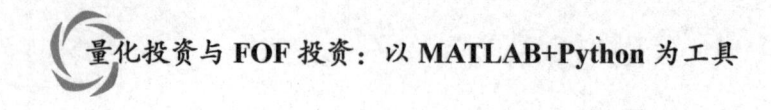

$$\text{Max } f(w)$$
$$\text{st. condition 1}$$
$$\text{condition 2}$$
$$\text{condition 3}$$
$$...$$

式中，$f(w)$ 称为目标函数，condition 为各种约束条件。

组合优化在金融领域是一个特别宏大的问题，由于直接的应用价值，吸引和积累了大量的成果、形形色色的目标函数，构成了组合优化动物园，如图3-1所示。

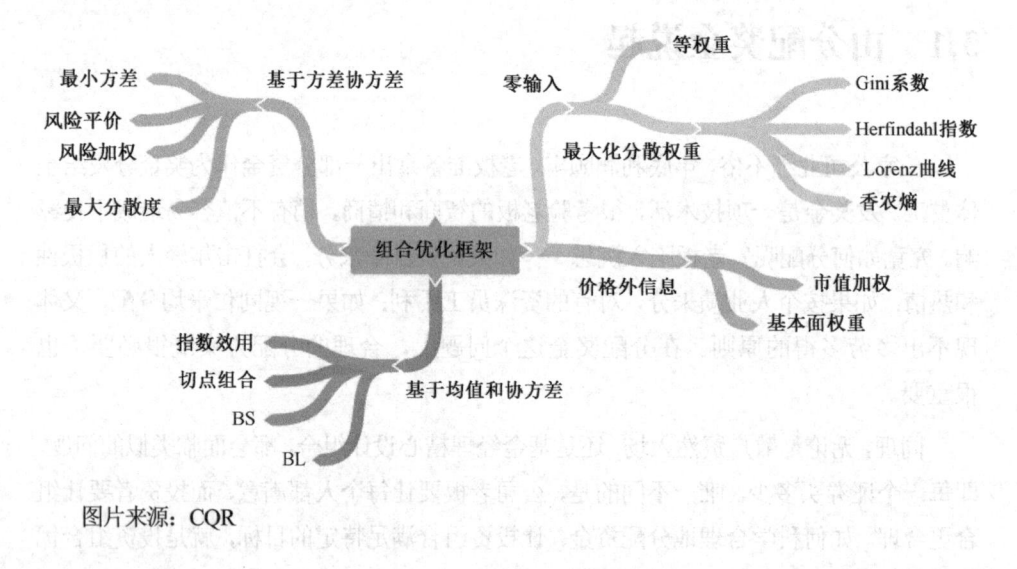

图片来源：CQR

图3-1 组合优化动物园

按照目标函数输入参数的不同，可以将其分为 4 类：零输入、参数为价格外信息、只需要方差协方差，以及均值-方差优化。零输入，即目标函数中不需要任何参数估计，典型的如等权重；参数为价格外信息，顾名思义，目标函数需要输入参数，但参数和价格无关，如 GDP 加权；只需要方差协方差，即需要估计收益率的方差协方差矩阵，但不必考虑收益率，如最小方差组合；均值-方差优化，除方差协方差外，还要对收益率进行估计，如经典的切点组合。

接下来详细介绍各类优化方法，既琐碎又有趣。在正式展开之前，需要对常见的数学符号进行约定，具体如表3-1所示。

表 3-1 数学符号约定

符　号	含　义
N	组合内证券数量
ω	权重向量（$N \times 1$）
ω_i	证券 i 的权重
μ	预期收益率向量（$N \times 1$）
σ	证券波动率向量（$N \times 1$）
σ_i	证券 i 的波动率
σ_{ij}	证券 i 和证券 j 之间的协方差
Σ	方差协方差矩阵（$N \times N$）
σ_p	组合波动率
μ_p	组合收益率
λ	风险厌恶系数
r_f	无风险收益率

数据来源：CQR

3.3 组合优化动物园

3.3.1 零输入

零输入是所有目标函数中最朴素的一类，不需要任何参数估计，因此不会受到估计误差的影响。常见的零输入目标函数有两个：等权重和最大化分散权重。

1. 等权重（Equal Weight）

当没有任何信息或者偏好时，等权重是最简单的办法。等权重认为组合中每个证券具有同等的重要性，每个证券权重为：

$$\omega_i = \frac{1}{N}$$

等权重不需要进行任何预测，也不需要进行复杂的数学求解，常被用来作为比较基准。Gray（2014）讨论过 Markowitz 的一件趣事，非常有意思。Markowitz 虽然提出了精细的均值方差模型，但考虑到市场情绪和后悔偏差[①]，他做投资时并没有使用

[①] 后悔偏差（regret bias）很常见，即投资者决策失误或者错过机会带来心理失落。例如，大盘涨了，后悔没有及时入场，大盘跌了，后悔没有及时止损。

这个模型，而是将资金等分到股票和债券中。

> I should have computed the historical covariance of the asset classes and drawn an efficient frontier…I split my contributions 50/50 between bonds and equities.

等权重虽然看起来简单，但业绩表现十分抢眼，最经典的研究要属 DeMiguel、Garlappi 和 Uppal（2009）。DeMiguel et al. 利用 7 组不同数据，检验了 14 个组合优化模型相对于等权重组合的表现。结果表明，基于历史数据的均值方差组合，由于估计误差的存在，在样本外的表现很难超越等权重组合；即使考虑对历史均值方差优化模型的各种调整（贝叶斯压缩、权重限制和卖空限制等），也鲜有能持续好于等权重的方案。

Plyakha、Uppal 和 Vikov（2012）利用标普 500 成分股 40 年的数据比较了等权重、市值加权和价格加权三种方式，结果发现，无论从总收益、阿尔法还是夏普比率来看，等权重皆优于另外两个组合，虽然组合波动、偏度和峰度会更高；等权重组合相对于市值加权和价格加权的超额收益率，是因为其在市场贝塔、市值和价值因子上有更多的暴露，在动量因子上暴露为负并且在反转因子上暴露为正；月度再平衡也是等权重获得更高收益的原因，通过每月重新调整组合至资金等权重，本质上是一个利用反转因子的反转策略。

DeMiguel et al.（2009）和 Plyakha et al.（2012）的讨论主要集中在股票资产，Jacobs、Müller 和 Weber（2014）将研究范围扩展到了多类资产。Jacobs et al. 利用全球股票指数（新兴市场、欧洲、北美和环太平洋）和大类资产（全球股票指数、债券和商品）数据，比较了 11 个常见的组合优化模型和简单模型（包括 GDP 加权、等权重、市值加权和固定权重），结果发现，无论是股票指数组合还是多资产组合，复杂的数学优化方法效果有限，甚至不能带来任何价值，个人投资者可以利用等权重等简单加权方式实现较高的风险调整后收益。

2. 最大化分散权重（Diversification Index）

如果能精确预测某些证券的未来走势，那么持有一个分散组合将变得毫无意义，只要全部押注看好的少量证券即可。然而，在投资领域精确预测只是奢望，外行才会拍胸脯说预测十拿九稳。此时，持有一个分散化的组合，不将鸡蛋放在同一个篮子里，或者多准备几个篮子，可以减小集中持仓被一锅端的风险。

那么，什么样的组合才能被称为分散组合呢？按照 Meucci（2010）的定义：

> … a portfolio is diversified if "it is not heavily exposed to individual shocks" …

即组合不会因为单一冲击受到过多的影响，如债券违约或者股票财务造假，如果重仓持有则会遭到灭顶之灾，但对充分分散的组合来说拖累就十分有限。

衡量组合分散性的指标有很多，可以从资金权重、风险分配和因子配置等角度度量组合的分散程度。资金权重指标只依赖于组合成分持仓占比，不需要收益率预测和方差协方差估计，简单明了、易于计算，如常见的基尼系数；风险分配指标往往依赖于成分的波动率和相关系数估计，如后面要介绍的分散比率（Diversification Ratio）；因子配置是较为前沿的研究，认为组合的收益和风险来源于少量因子，这些因子可以是证券的基本特征（如 AQR 提出的价值、防御、动量和 Carry），也可以是宏观因素（如桥水对冲基金推崇的经济增长和通货膨胀）。表3-2展示了常见的几个分散性指标。

表 3-2 分散性指标

指 标 名 称	指 标 介 绍	指标类型
Herfindahl 指数	赫芬达尔指数常用来度量产业集中度，在经济学中广泛使用	资金权重
Lorenz 曲线	洛伦兹曲线常用来度量国民收入在国民之间的分配问题	资金权重
Gini 系数	基尼系数常用来度量收入分配平等程度，表现一个国家或地区的财富分配状况	资金权重
香农熵	熵本来是物理学概念，标识复杂系统的混乱程度或者可预测程度，熵越大可预测性越小。香农熵（Shannon Entropy）常用来衡量投资组合的分散程度	资金权重
分散比率	分散比率由 Choueifaty 和 Coignard 在 2008 年提出，详细介绍见后面最大分散度优化	风险分配
风险因子个数	不同类型驱动因子的个数，越多说明组合越分散	因子配置

数据来源：CQR

在做投资组合优化时，如果目标函数为基于资金权重的分散指标，此时并不需要额外的参数输入，使得结果对参数估计完全免疫。以香农熵为例，其目标函数可以表示为：

$$\text{Max} - \exp\left(-\sum_{i=1}^{N} \omega_i \ln \omega_i\right)$$

实证方面，任瞳和王武蕾（2017）利用股票、债券和商品数据，比较了组合波动在 3% 时不同分散指标（基尼系数、赫芬达尔指数和香农熵）的效果，结果发现无论从收益、回撤还是换手率来衡量，基于香农熵的配置方案都最为稳健。

3.3.2 价格外信息加权

实际上，价格外的信息非常丰富，常见信息包括市值、风格因子、基本面数据和宏观指标等，只要是可获得并且有用的，都可以用来指导组合资金分配。如果既想利

用已有信息，又不想引入过多误差，则价格外信息是不错的选择。

1. 市值加权（Market Capitalization）

对于股票组合来说，市值加权方式已经深入人心，其反映了投资者在投资范围内可以获得的平均收益，在 CAPM 条件满足时是 Markowitz 均值方差最优解。20 世纪下半叶市值加权在金融领域长期占据主导地位，为被动投资提供了坚实的理论支撑。

然而，越来越多的研究发现，市值加权并没有理想中那么有效。Haugen 和 Baker（1991）从理论到实例，验证了由于投资者对预期收益和风险的不一致、卖空受到限制及税收等原因，市值加权组合并不是均值-方差最优的；并且存在一些组合，收益和市值加权差不多，但波动更小。Vogel（2015）利用 1927—2014 年美国的股票数据，选出 250 只最大的股票，研究了等权重、市值加权、动量加权和波动率加权的效果。结果发现，等权重、动量加权和波动率加权，在 CAGR、夏普比率和索提诺比率等多个指标下都好于市值加权，其中波动率加权的夏普和索提诺比率最高，动量加权的收益率最高。

2. 基本面权重（Fundamental Index）

Arnott、Hsu 和 Moore（2004）认为，市值加权会给予高估值股票过多权重，给予低估值股票过少权重，因此结果并不占优。Arnott et al. 提出了一个另类加权方法，通过综合账面价值、现金流、营业收入、股利发放和雇员数量，计算每只股票的基本面得分，并利用该得分进行加权，即基本面质量越高权重越大。使用 1962—2004 年的美国数据回测发现，基本面加权实现了年化收益率 12.47%、夏普 0.455，同期标普 500 指数两个指标分别为 10.53% 和 0.315，基本面加权能有效提升市值加权效果。

3.3.3 方差协方差

1. 最小方差组合（Global Minimum Variance Portfolio，GMVP）

在所有可能的结果里，风险最小的点即为最小方差组合。如图 3-2 所示，最小方差组合在有效前沿上具有唯一性，处于有效前沿最左边，对应的预期收益率也最低。因为处于有效前沿，所以在马科维茨均值-方差框架下是最优的。

事实上，该组合是马科维茨均值-方差优化的特殊情况，其目标函数和约束条件不包含任何预期收益率预测，追求组合总体的方差最小：

$$\text{Min } \sigma_p = \omega' \Sigma \omega$$

图片来源：CQR

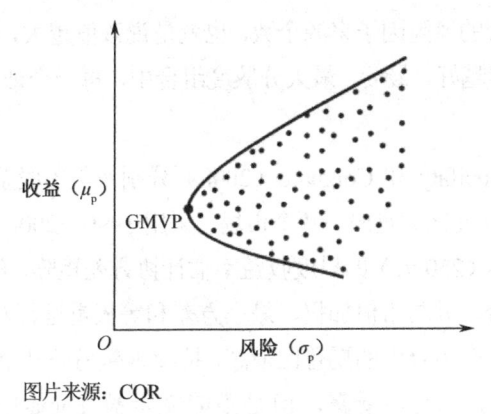

图 3-2 最小方差组合

在股票市场，最小方差组合是一类流行的 Smart Beta 策略。Clarke、De Silva 和 Thorley（2006）使用 1968 年 1 月—2005 年 12 月的数据，每月的月末对美国市值最大的 1000 只股票，计算样本协方差，并用贝叶斯压缩或主成分方法进行修正，然后构造最小方差组合。研究结果表明，不依赖于收益率预测的最小方差组合，相对于市值加权组合，确实能带来信息增量，实现波动率降低了 1/4，组合的贝塔系数降低了 1/3。

另外，几乎所有的指数公司都有编制最小方差指数，如 MSCI 的 MSCI World Minimum Volatility（USD）Index 和标普道琼斯的 S&P 500 Minimum Volatility Index，并且都有相应的 ETF 跟踪。

2. 最大分散度（Maximum Diversification，MD）

最大分散度优化由 Choueifaty 和 Coignard 在 2008 年提出，其目标函数如下：

$$\text{Max } D(w) = \frac{\omega'\sigma}{\sqrt{\omega'\Sigma\omega}}$$

式中，目标函数称为分散比率（Diversification Ratio，DR），分母为组合波动率，分子为成分的波动率加权平均。从直觉上看，当资产预期收益率与其波动率成正比时，最大分散度就等价于最大夏普比，此时能达到马科维茨均值-方差最优；同时，当所有证券波动率都相等时，最大多元化又等同于最小方差。

Choueifaty、Froidure 和 Reynier（2013）进一步讨论了分散比率（DR）和最大分散组合（MDP）的性质。首先，由于证券之间的相关性，波动率的加权平均要大于组合标准差，DR 指标总是大于或等于 1；极端情形下，如果所有证券相关系数都为 1，此时所有资产等同，那么 DR 即为 1，分散度最低。其次，可以将 DR 分解为证券相关系数和证券集中度，组合内证券之间的相关系数越低，持仓数量越分散，则分散比率越大，即 DR 随着证券平均相关系数（或集中度指标）的减小而增加。然后，DR

的平方近似等于组合的风险因子来源个数,也就是说该值越大,独立的风险来源越丰富,组合的分散作用越好。最后,最大分散度组合中,每一个证券和最大分散度组合的相关系数都相等。

实证方面,Choueifaty 和 Coignard(2008)分别在美国股票(S&P 500 成分股)和欧元区股票(DJ 欧元区大盘股)两个市场,采用 1990—2008 年的数据,在每个月月末,利用过去 1 年(250 天)的日度收益率估计协方差矩阵,约束最小/最大权重下计算最大分散度组合,并与市值加权、最小方差和等权重进行对比分析。结果发现,最大分散组合在这 4 个组合中的夏普比最高,持续跑赢另外几个组合;最大分散组合的收益在市值因子上有明显暴露,但是不能完全被 Fama-French 三因子模型和 LLehman 多因子模型解释,存在较为显著的阿尔法收益;另外,最大分散组合的解比较稳健,实现的分散度比率随着协方差的改变而改变,是市值加权组合的 1.5 倍左右。

Choueifaty et al.(2013)将研究范围拓展到了全球股票,利用 MSCI World 成分股中市值最大的前 50%,构造了市值加权、风险平价、等权重、最大分散度和最小方差组合。结果发现,风险平价、最小方差和最大分散度 3 个组合收益较高波动却很低,夏普比优于其他组合,其中最大分散度组合的夏普比最高;风险平价、最小方差、等权重和最大分散度在 SMB 上有显著的正暴露,在 HML 上也有显著的正暴露,最大分散度组合在这 4 个模型中的阿尔法收益最大。

3. 风险加权(Naive Risk Parity)

在股票因子领域,低风险异象广泛存在[①],即低风险股票相对于高风险股票有更好的表现,因此可以用个股风险进行加权,给予低(高)波动股票更多(少)的权重。拓展开来,采用证券的风险倒数确定权重,即为风险加权。其表达式为:

$$\omega_i = \frac{(\sigma_i^k)^{-1}}{\sum_{n=1}^{N}(\sigma_n^k)^{-1}}$$

式中,σ_i^k 为风险定义,当 $k=1$ 时,为波动率倒数加权;当 $k=2$ 时,为方差倒数加权。波动率倒数加权是最常见的形式,如 Moskowitz、Yao 和 Pedersen(2012)在研究时间序列动量组合时,就采用了该方法确定每一个期货品种的权重。

风险加权只需要考虑每个证券的风险,不需要对证券之间的相关关系进行预测,因此也被称为 Naive Risk Parity。风险加权是风险平价的简化形式,当证券之间的相关系数相等时,波动率倒数加权等同于风险平价。

---

① 见 Ang、Hodrick、Xing 和 Zhang(2006,2009)、Blitz 和 Van Vliet(2007),以及刀疤连(2019)。

4. 风险平价（Risk Parity）

风险平价模型近些年比较流行，部分原因是 Ray Dalio 及全天候基金的风靡，以至于很多人错误地将全天候等同于风险平价。风险平价最早由磐安基金的 Qian（2005）提出，理解起来比较容易，和常见的从资金等权重分配不同，其从风险的角度进行均衡配置，以追求所有证券对组合的风险贡献相同。

Kazemi（2012）以经典的万金油 60/40 组合为例，详细介绍了风险平价策略。如图 3-3 所示，将 60% 的资金配置股票和 40% 的资产配置债券，看起来是一个完美的分散组合，但从风险的视角来看，90% 的风险都由股票资产贡献，整个组合的波动还是由股票主导的；如果从风险的视角进行资金分配，将大约 3/4 的资金分配给债券，将 1/4 的资金分配给股票，就能实现股票和债券的风险平价。

数据来源：Kazemi（2012）

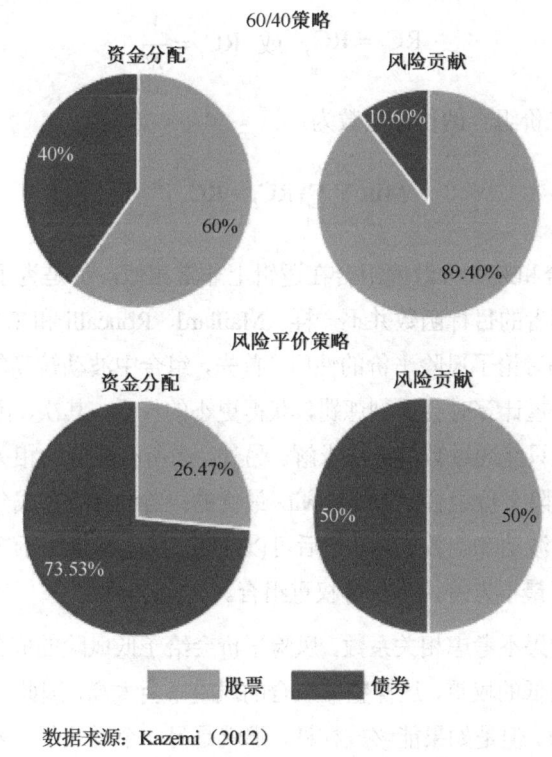

图 3-3 风险平价介绍

风险平价的构建思想非常简单，首先定义边际风险贡献（Marginal Risk Contribution，MRC）：

$$\text{MRC}_i = \frac{\partial \sigma_p}{\partial \omega_i} = \frac{\omega_i \sigma_i^2 + \sum_{j \neq i} \omega_j \sigma_{ij}}{\sigma_p}$$

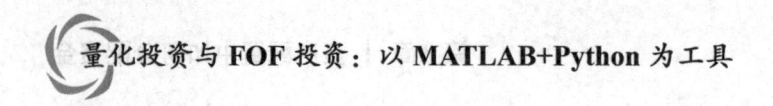

即组合风险对证券 i 的权重的一阶导数，反映了证券 i 每增加一单位权重，对组合风险的影响大小。知道了证券 i 的边际风险贡献后，乘以其权重就可以得到风险贡献：

$$\mathrm{RC}_i = \omega_i \times \mathrm{MRC}_i = \omega_i \frac{\partial \sigma_p}{\partial \omega_i} = \frac{\omega_i^2 \sigma_i^2 + \sum_{j \neq i} \omega_i \omega_j \sigma_{ij}}{\sigma_p}$$

风险贡献可以理解为组合总风险中证券 i 的贡献比例。所有成分的风险贡献之和即为组合风险：

$$\sigma_p = \sum_{i=1}^{N} \mathrm{RC}_i$$

风险平价组合要实现的是，组合内所有证券对组合的风险贡献相同，即

$$\mathrm{RC}_i = \mathrm{RC}_j \quad \text{或} \quad \mathrm{RC}_i = \frac{1}{N}$$

因此，风险平价组合的目标函数为：

$$\mathrm{Min} \sum_{i=1}^{N} \sum_{j=1}^{N} (\mathrm{RC}_i - \mathrm{RC}_j)^2$$

风险平价组合和最大分散度组合在逻辑上非常相似，都是为了达到组合的最大分散作用，但是两者的目标函数并不一样。Maillard、Roncalli 和 Teïletche（2008）在他们的研究中详细讨论了风险平价的性质。首先，组合中波动较高的证券（或者相关性高的证券）在权重计算时会受到惩罚，获得更小的权重；其次，因为风险平价的解是内生性的，因此只能通过数值方法求解。另外，当所有成分的相关系数相同并且夏普比也相等时，风险平价组合是 Markowitz 最优的；当组合所有成分的相关系数相等时，风险平价即为波动率倒数加权。最后可以证明，风险平价介于等权重和最小方差之间，其波动大于最小方差，小于等权重组合。

总体来说，如果不考虑相关系数，风险平价会给予低风险的成分较高的权重，给予高风险的成分较低的权重，这样整体组合的风险不会太高，因此从收益的角度来看可能并没有吸引力。但是如果能够放杠杆，那就是另一个说法了。风险平价组合往往处于可行域中风险较低和收益较小的位置，如果融资受限或者成本较高，那么提高收益的唯一途径便是偏离风险平价组合，给予高风险资产更大的资金分配，此时组合的夏普比跟着降低；如果融资比较容易，则在不降低夏普比的条件下，可以通过杠杆提高收益。因此，CTA 相关的投资组合，天然适合采用风险平价策略（Baltas，2015）。

实证结果表明，不同的证券类型，风险平价的效果可能存在差异。Maillard et al.（2008）利用美国行业数据、农业商品数据和全球资产数据回测了等权重、最小方差

和风险平价策略,每月再平衡,协方差采用滚动一年进行估计。结果发现,首先,在波动率和相关系数近似的美国行业中,等权重和风险平价的结果差不多,但风险平价在风险上更加分散,而等权重在权重上更加分散,两者的夏普比略低于最小方差组合,但分散度指标显著占优;其次,在农业商品中,所有资产的波动差异较大但相关性很接近,此时风险平价组合接近波动率倒数加权。风险平价在收益和风险上的表现都比等权重更好,但略输于最小方差组合。而从短期稳定性来看,风险平价组合回撤最小,在风险和权重配置上都比较均衡。最后在全球资产中比较这三个组合,无论是波动性还是相关性,差别都较大,是最常见的应用场景,此时风险平价组合在收益和夏普比上碾压等权重与最小方差组合。

3.3.4 均值-方差优化

1. 均值-方差优化(Mean Variance Optimization,MVO)

均值-方差优化算是组合优化问题的佼佼者了,也是组合优化领域的标准框架。1952 年,Markowitz 才 25 岁,就完成了论文《资产选择:有效的多样化》,以期望收益率表示组合收益,以收益率方差表示组合风险,开启了现代投资组合管理理论的大门。

在所有优化模型中,MVO 可能是大家最熟悉的一个,只要是有过一点金融相关背景的,都知道如何去表述 MVO:给定风险水平下实现组合收益最大化,或者给定收益水平下实现组合风险最小化。不同投资者的风险承受能力也不同,常用风险厌恶系数 λ 来衡量风险承受能力,即激进型的投资者拥有较大的 λ,保守型的投资者拥有较小的 λ。学术界和实业界常用指数效用函数来衡量投资者的目标函数,即

$$\text{Max } \omega^T \mu - \frac{\lambda}{2} \omega^T \Sigma \omega$$

理论上讲,组合成分间存在无数种混搭方式,每种方式得到一个收益风险对,将所有结果集合在一起,就形成了可行域,即图 3-4 中的黑点区域。然而,可行域中并不是所有点都是"好结果",只有处于可行域上侧边缘的点才是真正的最优值,即 MVO 的解,如图 3-4 中 A 到 D 之间的连线,这条线称为有效前沿。任何异于有效前沿的点,均能找到相同风险(收益)下收益(风险)更高(低)的组合。

有效前沿上有两种特殊情况:最小方差组合(点 A)和切点组合(点 B)。前者位于有效前沿的左端,是所有可行域中风险最小的,详细讨论可见最小方差组合部分。

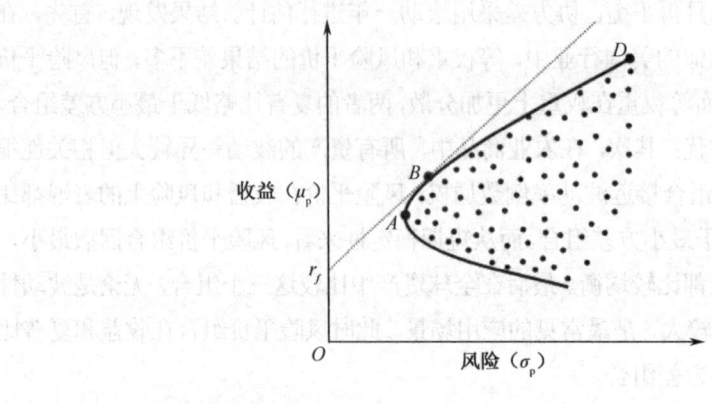

图片来源：CQR

图 3-4　MVO

切点组合，顾名思义，即以无风险收益率为起点的射线，同有效前沿相切时的组合。切点组合最大的特点是，其在所有可行域中的夏普比最大，因此也被称为最大夏普组合。如果投资者使用杠杆受到限制或者杠杆成本很高，则提高收益的唯一方式就是沿着有效前沿放大风险，但这么做会牺牲组合的夏普比，看起来并不是非常划算；相反，如果可以轻松利用杠杆，那么可以通过放大杠杆的方式，保持夏普比始终最优。因此，另外一个常见的 MVO 即最大化组合的夏普比，其目标函数为：

$$\text{Max} \frac{\omega'\mu}{\sqrt{\omega'\Sigma\omega}}$$

MVO 在预期收益率和组合风险之间进行权衡，理论结构上看起来非常漂亮和完美，潜在的应用价值也让人垂涎三尺。正如王帅和王建渗（2018）的研究所说，如果对资产未来的收益有较为准确的预测，则应考虑收益类配置模型，如 BL 和 MVO 等，以获取对收益准确预测而带来的高收益。但是并没有这样的好事，MVO 在实际应用时面临很多问题。

总体来说，MVO 背负着"六宗罪"。第一，参数估计误差大。Chopra 和 Ziemba（1993）的研究表明，在风险厌恶系数为 50[①]的情况下，均值估计误差带来的效用损失远远高于方差和协方差；风险厌恶系数越高，对均值的估计误差越敏感，效用损失越大。参数尤其是预期收益的估计误差，会给结果带来巨大的不确定性，带来"垃圾进、垃圾出"的后果。第二，结果对参数输入非常敏感。Michaud（1989）在讨论 MVO 的缺点时发现，其结果可能极其不稳定，输入参数的较小改变，可能会使结果大相径庭。第三，优化结果可能过于集中。Broadie（1993）的测试表明，在约束条件欠缺时，MVO

[①] 一般机构投资者的风险厌恶系数为 40～60。

的结果容易集中在少数证券甚至一个证券上。第四,换手率高,交易成本太大。De Carvalho、Lu 和 Moulin(2012)比较了 6 个组合优化模型(市值加权、等权重、风险平价、波动率倒数、MVO 和最大分散度),结果表明 MVO 换手率较高,在不加卖空约束时换手率更高。第五,容易得到极端的分配结果。Best 和 Grauer(1991)的研究表明,MVO 容易算出极端大或极端小的权重,且结果对输入均值异常敏感。第六,较差的样本外表现。DeMiguel et al.(2009)得出的结果表明,基于历史数据的均值-方差组合,由于估计误差的存在,在样本外表现上很难超越等权重组合。

2. Black-Litterman 模型(BL)

因为均值-方差优化面临一系列问题,所以对其的改进也慢慢被提了出来,Black-Litterman 模型算是名气最大的一个。BL 模型由 Black 和 Litterman(1990)提出,尝试从预期收益率的角度进行优化,将投资者的主观观点考虑进来,以减小预期收益率的估计误差。具体而言,假设投资者对组合内的一个或多个证券收益率具有一定的预测能力,通过贝叶斯方法将这些主观的预期收益率和先验分布下的均衡收益率进行加权平均,形成一个新的后验收益率估计值,最后使用后验收益率进行均值-方差优化,即可得到蕴含投资者观点的解。

Idzorek(2005)详细介绍了 BL 模型的计算步骤和细节。

首先,计算组合所有证券的先验均衡收益率。假设其服从正态分布,预期收益率向量为 Π,由风险厌恶系数、历史协方差矩阵和初始权重向量计算而成。这里初始权重向量可以为任何指定权重,如市值加权或最小方差组合权重;成分间预期协方差等于某个常数 τ 乘以历史协方差。

然后,估计主观收益率的分布。同样假设其服从正态分布,预期收益率向量为 Q,如果投资者对 k 个证券具有预测观点,那么 Q 为这 k 个收益率预测的看法向量;预期协方差矩阵为 Ω,即观点的误差矩阵,代表预测观点的信心水平,可以有多种构造方式,参见 Satchell 和 Scowcroft(2000)。

最后,将先验均衡收益率和主观收益率按照一定的比例进行加权,得到新的后验收益率预测收益向量 μ_{BL} 及其协方差矩阵 Σ_{BL}。接下来的做法与均值-方差优化一样,即把新的参数代入优化器,得到 Markowitz 最优解。

实证方面,Bessler、Opfer 和 Wolff(2012)利用 1993—2011 年的大类资产数据,对比了 8 个优化模型,包括 3 个 BL 模型、等权重、固定权重、均值-方差、BS 模型和最小方差组合。结果发现,由于引入了更为可靠的收益率估计,BL 模型持续优于最小方差、BS 模型和 MVO,具有更高的样本外风险调整后收益、更低的组合风险和更分散的组合持仓。

3. Bayes-Stein 模型（BS）

对收益率预测的另一个改进方向是 Stein 在 1955 年提出的压缩估计法，并由 Jobson、Korkie 和 Ratti（1979）引入组合分析领域，Jorion 在 1984 年做了进一步发展。这个估计方法认为每个组合成分的均值都应该向一个共同的值压缩（world mean），这样能很好地降低参数估计的不确定性，提升组合的样本外表现。具体来看，BS 的计算公式如下[①]：

$$E(R) = k \cdot R_g + (1-k)R_o$$

式中，R_g 为压缩目标，k 为压缩强度，R_o 为成分历史均值。压缩目标和压缩强度直接用样本数据估计。压缩目标假设所有资产收益率相同，通常让其等于最小方差组合的收益率；压缩强度由样本大小、资产数量、压缩目标、样本均值和协方差等决定。当压缩强度为 0 时，即不进行压缩估计，结果为传统的均值-方差优化；当压缩强度为 1 时，即假设所有证券的收益率相同，则优化结果蜕化为最小方差组合。

对比 BS 模型和 BL 模型，两者均使用贝叶斯压缩方法，试图减小收益率的估计误差，使均值-方差优化结果更加稳健和合理。两者最大的不同是，BS 压缩估计向一个相同的常数压缩，并不会改变收益率均值的原有排序；而 BL 模型由于吸收了投资者的主观观点，原有的收益率排序可能被打乱，结果更加灵活多样。

Jorion（1985）使用 7 个国家 1971—1983 年的股票指数数据，比较了等权重、均值-方差优化、BS 压缩估计和最小方差组合的表现。结果发现，组合收益率的事前估计值和事后实现值差异较大，而组合波动率的事前和事后差异较小，侧面说明了收益率估计误差减小的重要性；相比于传统的均值方差组合，BS 压缩估计结果改善明显，收益率和夏普比都明显提高；最小方差组合的夏普比最高，但是和 BS 的结果没有显著性差异。

Stevenson（2001）利用 11 个国家 1976—1998 年的 REITs 数据，讨论了 BS 压缩估计对传统均值方差的改善。首先，检验了均值、方差和协方差估计误差可能带来的影响，发现收益均值估计误差带来的影响比方差和协方差大得多，因此收益均值的改进提升空间可能比较大；接着，比较了传统均值-方差组合、BS 均值-方差组合、最小方差组合和等权重组合的表现，发现传统的均值-方差优化表现最差，BS 压缩后的均值-方差优化效果确实有所提高，表现为收益更大、波动更小；最后，比较了 4 个组合的夏普比是否有显著性差异，发现 BS 组合和最小方差组合相对传统的均值-方差组合，夏普比有显著的提高，而 BS 组合、最小方差组合和等权重三者之间没有明显差异。

[①] 更为清晰和详细的计算公式，见 Stevenson（2001）和 Bessler et al.（2012）。

3.4 其他

3.4.1 权重约束

在讨论 MVO 的"六宗罪"时我们谈到,如果不对权重做任何约束,任由其"裸奔",得出来的结果可能千奇百怪。例如,出现极端值和过度集中,导致不符合实际的应用逻辑。其实不只是 MVO,其他目标函数也面临同样的问题。因此,在进行组合优化时,除了选择合适的目标函数,各种各样的权重约束也必不可少。例如,限制卖空、上限/下限和全资金投入。Michaud(1989)在讨论 MVO 的缺陷时认为,一般来说引入有意义的权重限制,如机构投资者常面对的卖空约束,确实能改善组合优化的结果,至少会使结果更稳健。

另一个有趣的研究,可以参考 Behr、Guettler 和 Miebs(2013),其从权重约束的角度对最小方差组合进行了改进。由于最小方差模型持仓过于集中,换手率高,Behr et al. 尝试进行了改进,一方面试图超越 $1/N$ 组合,另一方面降低换手率。具体来说,通过最小化协方差矩阵的 MSE 得到上限和下限,即将样本协方差向一个特定的协方差压缩,这个特定的协方差由上限和下限决定。在获得权重上限和下限后,再代入最小方差组合求解最小方差解。利用 5 个数据集,评估权重约束最小方差组合的表现。结果发现,权重约束最小方差组合的夏普比比等权重组合高 30%,比市值加权高 60%,相较于简单的卖空约束组合和单因子协方差组合也实现了更高的夏普比;与 Demiguel et al.(2009)提出的 PMV 相比,同样是少数跑赢 $1/N$ 组合的方案,权重约束最小方差组合的换手率更低。

3.4.2 方差协方差估计

一旦涉及参数估计,就会存在估计误差。在讨论 MVO 时,均值的估计误差比方差和协方差大得多,因此出现了 BL 模型和 BS 模型,从收益率的角度进行改进,尽量减少这个"磨人小妖精"带来的干扰。对于最小方差等只需要方差协方差的优化模型,虽然暗自庆幸逃过了均值估计的干扰,但并不是就能高枕无忧,因为方差协方差也不是"省油的灯",虽然其估计误差比均值小,但终究不可忽略。

Hoffstein（2013）在讨论均值、方差和相关系数的估计稳健性时，画了一个非常精致的图。其中横轴表示样本长度，纵轴可以理解为估计误差。可以看到，在相同样本长度的情况下，均值的估计误差远高于相关系数，相关系数高于方差；在样本长度很短的情况下，三个估计值之间的差距尤其明显；随着样本长度的增加，估计误差也逐渐降低，但依然维持在一定的水平，并不会消失。

方差协方差的改进方法很多，常见的有三种：采用压缩估计、因子模型和高频数据。

压缩估计，即将样本方差协方差矩阵 S 向一个已有的先验矩阵 F 进行压缩，经典的研究可以参考 Ledoit 和 Wolf（2003）。样本方差协方差理论上是无偏估计，但是存在较大的估计误差；F 是一个事先设定的矩阵（例如假设所有成分间的相关系数相同），没有估计误差但存在模型设定误差，是一个有偏估计。压缩估计可以表达为 $\Sigma_{shrink} = (1-k)F + k \cdot S$，直观上来看即在估计误差和设定误差之间权衡，为样本估计和先验矩阵的加权结果，权重由压缩强度 k 决定。

建立多因子模型，将证券的风险来源降维到少数因子上，通过估计因子之间的方差协方差矩阵，从而间接推出证券的方差协方差矩阵，是近年来越来越时髦的方式。在股票和债券等投资领域，由于证券数量众多，传统基于历史样本的估计方法越来越差强人意，因此多因子模型开始受到人们的欢迎。目前已经有很多公司提供专业的因子模型解决方案，如国外的 Barra 和国内的 RiceQuant。以 Barra 的 CNE5 为例，其将 A 股收益分解为 1 个国家因子、10 个风格因子和 32 个行业因子，从而将参数估计的数量大幅减少，减小了方差协方差的估计误差。

学术研究喜欢用月度收益率估计方差协方差矩阵，数据易得并且没有日历对齐问题。相对低频数据，高频数据的样本量更加丰富，蕴含的信息量也更多，近年来在方差协方差估计上越来越常见。如果熟悉 Barra，应该对此并不陌生，在其最新版本的风险模型中，已经完全用日度数据代替月度数据。Gosier、Madhavan、Serbin 和 Yang（2005）的研究也详细讨论过这个问题，使用日频数据估计出的波动率，要比月频结果更加稳健和精确。

3.4.3 多优化器

DeMiguel et al.（2009）在比较各个优化器时，提出可以将多个优化器进行结合。例如，最终的目标配置，可以同时考虑等权重和最小方差组合，将两者按照一定方式进行加权：

$$\omega_{\text{target}} = \alpha \frac{1}{N} + (1-\alpha)\omega_{\text{gmvp}}$$

虽然 DeMiguel et al. 的结论并不支持多优化器一定更好，但从直觉上讲，综合考虑多个优化器时，确实能弥补单一优化器的不足，使得结果更加稳定。无论如何，这是一个值得探索的方向。

3.5 总结

本章围绕"如何分配资金"这一话题，详细讨论了各类优化模型及其改进方案。首先，根据目标函数需要的参数输入，将其分为4种类型，包括零输入、价格外信息加权、方差协方差和均值-方差优化；然后，从权重约束、协方差估计和多优化器等角度，介绍了一些优化思路。组合优化模型理论上可以设计得相当漂亮，在实际应用场景中也可以包装得光彩夺目，但真正落地的时候，却依然会存在瑕疵。在量化投资领域，无论是出于一种执念，还是故意卖弄玄虚，总觉得模型越复杂越好，仿佛复杂才能带来价值，这在组合优化领域尤其常见。

第4章　K线图及常用技术指标的MATLAB实现

技术分析是指研究金融市场过去的资讯（主要使用图表）来预测价格的趋势与决定投资的策略。从理论上讲，技术分析只考虑市场或金融工具真实的价格行为，并假设其价格会反映所有投资者经由其他渠道得知前的相关因素。技术分析是与基本面分析相对应的一种证券交易分析方法，也是实际操作中运用最多的分析方法。关于利用技术分析进行市场交易的有效性问题，学术界和实务界历来都争议不断，姑且不论其最终结果如何，单从实际操作来看，较好地理解和运用技术分析，对于实现投资收益、减小波动风险都是十分有意义的。

从实际运用的角度来看，不同的技术分析方法，不论其产生的历史背景和基本原理如何，都是在证券交易的价量等历史资料的基础上，通过统计分析、数学计算乃至绘制图表等方法来预测证券未来价格走势，从而为投资决策服务。一般来说，可以将技术分析方法分为5类：K线类、指标类、切线类、形态类和波浪类。

在技术分析中，K线图分析无疑是最基本也是最重要的。K线是构成其他复杂技术指标的基础，同时单纯K线及K线组合的分析也是技术分析的重要组成部分。K线图源于日本德川幕府时代（1603—1867年），当时日本米市的商人用其记录米市的行情与价格波动，后因其细腻独到的标画方式而被引入股市及期货市场。所谓K线图，就是将某一金融标的在某一周期内的开盘价、收盘价、最高价、最低价等涨跌变化状况用图形的方式表现出来。K线图具有直观、立体感强、携带信息量大的特点，预测未来价格走向较准确，是现今应用较为广泛的技术分析手段。本章将介绍如何使用MATLAB来绘制K线图。

采用技术指标是技术分析中使用最多的一种方法，通过考虑市场行为的多个方面建立一个数学模型，并给出完整的数学计算公式，从而得到一个体现证券市场某个方面内在实质的数字，即技术指标值。该指标值的具体数值和相互间的关系直接反映证券市场所处的状态，为投资者的操作行为提供指导方向。本章将介绍一些常见的技术指标。

4.1　K 线图的 MATLAB 实现

4.1.1　MATLAB 内置函数 candle 实现

在 MATLAB 的金融工具箱（Financial Toolbox）中有一个内置函数 candle，可以用来进行 K 线图的绘制，使用语法如下：

```
candle(HighPrices, LowPrices, ClosePrices, OpenPrices)
candle(HighPrices, LowPrices, ClosePrices, OpenPrices, Color, Dates, Dateform)
candle(tsobj)
candle(tsobj, color)
candle(tsobj, color, dateform)
candle(tsobj, color, dateform, ParameterName, ParameterValue, ...)
hcdl = candle(tsobj, color, dateform, ParameterName, ParameterValue, ...)
```

前两个语法是输入开盘价、收盘价、最高价、最低价后进行 K 线图的绘制；后 5 个语法是专门针对 MATLAB 的金融时序数据（Financial Time Series，FTS）格式设计的形式。

如下是 candle 函数的使用例子，使用的测试数据是 MATLAB 内置的测试数据。

```
load disney;
scrsz = get(0,'ScreenSize');
figure('Position',[scrsz(3)*1/4 scrsz(4)*1/6 scrsz(3)*4/5 scrsz(4)]*3/4);

candle(dis_HIGH(end-20:end), dis_LOW(end-20:end), dis_CLOSE(end-20:end),...
    dis_OPEN(end-20:end),'b');
title('K线图Demo-MATLAB内置函数candle实现','FontWeight','Bold','FontSize',15);
```

运行结果如图 4-1 所示。

关于 candle 函数的更多用法这里不详细介绍，因为在实际使用中，在进行大数据量化绘图时，candle 函数运行速度较慢，且无法灵活地设置阴线和阳线的颜色。这里推荐作者编写的相关函数进行 K 线图的绘制，详细操作见 4.1.2 节。

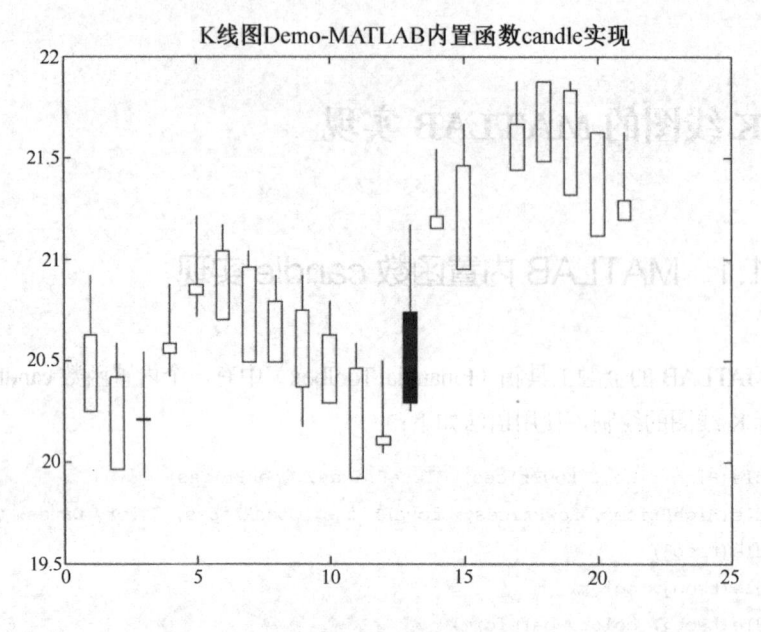

图 4-1 candle 函数运行样例

4.1.2 自己编写函数实现

【例 4-1】下面给出一个实现函数 Kplot。

```
function Kplot(varargin)
%% fun help
% function cndlV2(O,H,L,C)
%       cndlV2(O,H,L,C,date)
%       cndlV2(O,H,L,C,date,colorUp,colorDown,colorLine)
%       cndlV2(OHLC)
%       cndlV2(OHLC,date)
%       cndlV2(OHLC,date,colorUp,colorDown,colorLine)
isMat = size(varargin{1},2);
indexShift = 0;
useDate = 0;

if isMat == 4,
    O = varargin{1}(:,1);
    H = varargin{1}(:,2);
    L = varargin{1}(:,3);
    C = varargin{1}(:,4);
```

```
    else
        O = varargin{1};
        H = varargin{2};
        L = varargin{3};
        C = varargin{4};
        indexShift = 3;
    end
    if nargin+isMat < 7,
        colorDown = 'k';
        colorUp = 'w';
        colorLine = 'k';
    else
        colorUp = varargin{3+indexShift};
        colorDown = varargin{4+indexShift};
        colorLine = varargin{5+indexShift};
    end
    if nargin+isMat < 6,
        date = (1:length(O))';
    else
        if varargin{2+indexShift} ~= 0
            date = varargin{2+indexShift};
            useDate = 1;
        else
            date = (1:length(O))';
        end
    end

    % w = Width of body, change multiplier to draw body thicker or thinner
    % the 'min' ensures no errors on weekends ('time gap Fri. Mon.' > wantedspacing)
    w=.3*min([(date(2)-date(1)) (date(3)-date(2))]);
    %%%%%%%%%%%%Find up and down days%%%%%%%%%%%%%%%%%%%%
    d=C-O;
    l=length(d);
    hold on
    %%%%%%%%%draw line from Low to High%%%%%%%%%%%%%%%%%%%
    for i=1:l
        line([date(i) date(i)],[L(i) H(i)],'Color',colorLine)
    end
    %%%%%%%%%%%draw white (or user defined) body (down day)%%%%%%%%%%%%%%%%%%
    n=find(d<0);
    for i=1:length(n)
```

```
    x=[date(n(i))-w date(n(i))-w date(n(i))+w date(n(i))+w date(n(i))-w];
    y=[O(n(i)) C(n(i)) C(n(i)) O(n(i)) O(n(i))];
    fill(x,y,colorDown)
end
%%%%%%%%%%draw black (or user defined) body(up day)%%%%%%%%%%%%%%%%%%%
n=find(d>=0);
for i=1:length(n)
    x=[date(n(i))-w date(n(i))-w date(n(i))+w date(n(i))+w date(n(i))-w];
    y=[O(n(i)) C(n(i)) C(n(i)) O(n(i)) O(n(i))];
    fill(x,y,colorUp)
end

if (nargin+isMat > 5) && useDate,
%     tlabel('x');
    dynamicDateTicks
end
%%%%%%%%%%%%%%%%%%%%%%%%%%%%%%%%%%%%%%%%%%%%%%%%%%
hold off
```

Kplot 函数实现的核心是使用 line 函数进行上下影线的绘制，使用 fill 函数进行 K 线实体的绘制，只需给出开盘价、收盘价、最高价和最低价就可以快速进行 K 线图的绘制，并且可以指定阴线和阳线的颜色，如将阴线实体设为蓝色，阳线实体设为红色，上下影线设为黑色。

【例 4-2】使用股指期货 IF 在某日的主力数据的 1 分钟线（存储在 IF-20120104.mat 文件中）进行 Kplot 函数的测试，数据的形式如图 4-2 所示。

	日期	时间	开	高	低	收	成交量	持仓量
	1	2	3	4	5	6	7	8
1	20120104	916	2381	2383.8000...		2378	2379.6000...	2113	37942
2	20120104	917	2380	2380.8000...	2377.8000...	2378	1706	38236
3	20120104	918	2378.4000...	2378.8000...	2377.2000...	2378.8000...	714	38409
4	20120104	919	2379	2379.4000...	2377.6000...	2378.4000...	573	38599
5	20120104	920	2378.4000...	2378.6000...	2377.8000...	2378	407	38742
6	20120104	921	2378	2378	2373.2000...	2373.6000...	1323	39152

图 4-2 测试数据展示

图中的数据共有 8 列，分别表示日期、时间、开盘价、最高价、最低价、收盘价、成交量和持仓量。使用 Kplot 函数绘制 K 线图，测试代码如下：

```
%% K线图MATLAB实现Demo-Kplot函数
scrsz = get(0,'ScreenSize');
figure('Position',[scrsz(3)*1/4 scrsz(4)*1/6 scrsz(3)*4/5 scrsz(4)]*3/4);
```

```matlab
load IF-20120104.mat;
F = F(1:100, :);

subplot(3,1,[1 2]);
OHLC = F(:,3:6);
Kplot(OHLC,0,'r','b','k');
xlim([1,length( OHLC )]);

%% Tick Label Set
XTick = [];
XTickLabel = [];

XTick = [XTick; 1];
str = [num2str(F(1,1)),'-',num2str(F(1,2))];
XTickLabel{numel(XTickLabel)+1, 1} = str;

ind = find(F(:,2) == 1000, 1);
if ~isempty(ind)
    XTick = [XTick; ind ];
    str = [num2str(F(ind, 1)),'-',num2str(F(ind, 2))];
    XTickLabel{numel(XTickLabel)+1, 1} = str;
end

ind = find(F(:,2) == 1130, 1);
if ~isempty(ind)
    XTick = [XTick; ind ];
    str = [num2str(F(ind, 1)),'-',num2str(F(ind, 2))];
    XTickLabel{numel(XTickLabel)+1, 1} = str;
end

ind = find(F(:,2) == 1400, 1);
if ~isempty(ind)
    XTick = [XTick; ind ];
    str = [num2str(F(ind, 1)),'-',num2str(F(ind, 2))];
    XTickLabel{numel(XTickLabel)+1, 1} = str;
end

ind = length(F(:,1));
if XTick(end) ~= ind
    XTick = [XTick; ind ];
    str = [num2str(F(ind, 1)),'-',num2str(F(ind, 2))];
```

```matlab
        XTickLabel{numel(XTickLabel)+1, 1} = str;
    end

    set(gca,'XTick', XTick);
    set(gca,'XTickLabel', XTickLabel);
    TickLabelRotate(gca, 'x', 30, 'right');

title('K线图MATLAB实现Demo', 'FontWeight','Bold', 'FontSize', 15);

subplot(313);
bar( F(:,7) );
xlim([1,length( OHLC )]);
title('成交量', 'FontWeight','Bold', 'FontSize', 15);

    set(gca,'XTick', XTick);
    set(gca,'XTickLabel', XTickLabel);
    TickLabelRotate(gca, 'x', 30, 'right');
```

上述代码还进行了 X 轴的 label 调整，在横轴上显示相应的日期和时间，运行结果如图 4-3 所示。

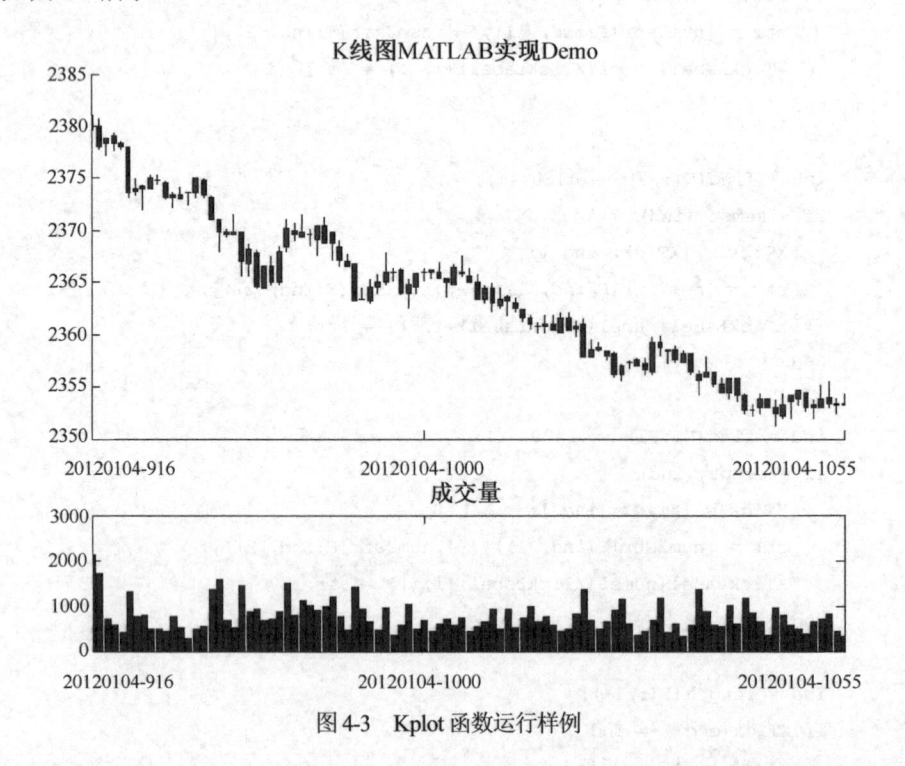

图 4-3 Kplot 函数运行样例

通过 Kplot 函数可以快速地进行 K 线图绘制，并可灵活设置阴线和阳线的颜色。

4.2 常用技术指标的 MATLAB 实现

目前证券市场上的技术指标数不胜数，如相对强弱指标（RSI）、随机指标（KDJ）、趋向指标（DMI）、平滑异同移动平均线（MACD）、能量潮（OBV）、心理线（PSY）等。根据指标的设计原理和应用法则，可以将技术指标分为趋势型指标、反趋势指标、能量指标、大盘指标、压力支撑指标等类别。

趋势型指标是投资者运用最多、也最容易在市场中获利的方法。市场中的著名格言"让利润充分增长，限制损失"是趋势型指标的真实反映。趋势型指标通常利用两根线的交叉作为交易信号，并以此作为买卖时点的判断。

常用的趋势型指标包括简单移动平均线（SMA）、指数移动平均线（EMA）、自适应移动平均线（AMA）、振动升降指标（ASI）、佳庆指标（CHAIKIN）、平均差（DMA）、趋向指标（DMI）、区间震荡指标（DPO）、简易波动指标（EMV）、指数平滑异同移动平均线（MACD）、三重指数平滑平均线（TRIX）、终极指标（UOS）、十字滤线（VHF）、量价曲线（VPT）、威廉变异离散量（WVAD）等。

这里主要介绍一下简单移动平均线（SMA）、指数移动平均线（EMA）、自适应移动平均线（AMA）、指数平滑异同移动平均线（MACD）和平均差（DMA）这几个指标，包括指标的定义、实现、图像展示。

4.2.1 简单移动平均线（SMA）和指数移动平均线（EMA）

简单移动平均线（SMA）和指数移动平均线（EMA）都属于移动平均线。移动平均分析是利用统计学上移动平均的原理，对每天的股价或成交数据进行平均化处理，以消除偶然变动，减弱季节和循环变动的影响。移动平均线是以道·琼斯的平均成本概念为理论基础，采用移动平均分析的方法，将一段时期内的股票价格平均值连成曲线，用来显示股价的历史波动情况，进而反映股价指数未来发展趋势的技术分析方法。

股价移动平均线是目前股票市场上使用最简单、应用最广泛的技术分析方法，由于移动平均线客观精确、适应性强，因而成为绝大多数研究运行趋势的基础。按照计算时间区间的不同，移动平均线可分为短期、长期等类型，一般来说，计算期间在 20 天以内称为短期，在 20 天以上称为长期。不同计算长度的移动平均线可以用来判断不同时段市场的趋势。这里要说明的是，移动平均线不仅可以用于长周期级别（比如日线级别）的金融数据，也可以用于短周期级别（比如分钟级别）的金融数据和高频数据。

简单移动平均就是算术移动平均，其计算方法如下：

$$\mathrm{SMA}(N)_t = \frac{\sum_{i=0}^{N-1} P_{t-i}}{N}$$

式中，N 为移动平均的窗口长度，$\mathrm{SMA}(N)_t$ 为 t 时刻的简单移动平均值，P_{t-i} 为 $t-i$ 时刻的待求移动平均线的金融数据的价格。

MATLAB 有内置的 movavg 函数可以计算移动平均线，其使用语法如下：

```
[Short, Long] = movavg(Asset, Lead, Lag, Alpha)
```

【例4-3】只需给出金融数据的移动平均线的长度（其中 Lead 为短期均线长度参数，Lag 为长期均线长度参数），movavg 函数就可以给出长短期的移动平均线，测试代码如下，使用的数据仍为股指期货 IF 在某日的主力数据的 1 分钟线。

```
%% SMA
load IF-20120104.mat;
F = F(1:100, :);
Data = F(:,6);
scrsz = get(0,'ScreenSize');
figure('Position',[scrsz(3)*1/4 scrsz(4)*1/6 scrsz(3)*4/5 scrsz(4)]*3/4);


% subplot(221);

S = 5;
L = 20;
[SMA, LMA] = movavg(Data, S, L);
SMA(1:S-1) = NaN;
LMA(1:L-1) = NaN;


OHLC = F(:,3:6);
Kplot(OHLC,0,'r','b','k');
xlim([1,length( OHLC )]);
    set(gca,'XTick', XTick);
    set(gca,'XTickLabel', XTickLabel);
    TickLabelRotate(gca, 'x', 30, 'right');


hold on;
```

```
H1 = plot(SMA,'g','LineWidth',1.5);
H2 = plot(LMA,'r','LineWidth',1.5);
title('常见技术指标 SMA(简单移动平均线)MATLAB 实现 Demo', 'FontWeight','Bold',
'FontSize', 15);
M = {'MA5';'MA20'};
legend([H1,H2],M);
```

运行结果如图 4-4 所示。

图 4-4　简单移动平均线（SMA）测试

由图 4-4 可以看出，对于分钟级别的数据，使用移动平均线也可以有效地对趋势进行捕捉。

由于简单移动平均线在求均值时对于所有价格的权重设置是一样的（都为移动平均的窗口长度的倒数），但时间越靠近当下的时刻，其价格的信息含量应该越大。指数移动平均线考虑了这一点，以指数式递减加权进行移动平均，其计算公式如下：

$$\mathrm{EMA}(N)_t = k \times P_t + (1-k) \times \mathrm{EMA}_{t-1} = k \times (P_t - \mathrm{EMA}_{t-1}) + \mathrm{EMA}_{t-1}$$

式中，N 为移动平均的窗口长度，$\mathrm{EMA}(N)_t$ 为 t 时刻的指数移动平均值，P_t 为 t 时刻的待求指数移动平均线的金融数据的价格，k 为平滑指数，一般 $k = 2/(N+1)$，平滑指数 k 也可以单独设定。

通过上式可以看到，指数移动平均线使用递归的方式进行定义，将其定义展开可得：

$$\text{EMA}(N)_t = k \times [P_t + (1-k)P_{t-1} + (1-k)^2 P_{t-2} + \cdots]$$

由于 $1/k = 1 + (1-k) + (1-k)^2 + \cdots$，故有：

$$\text{EMA}(N)_t = \frac{P_t + (1-k)P_{t-1} + (1-k)^2 P_{t-2} + \cdots}{1 + (1-k) + (1-k)^2 + \cdots}$$

从上式可以更清楚地看出 EMA 加权平均的特性。在 EMA 指标中，价格的权重系数以指数等比形式缩小。时间越靠近当今时刻，它的权重越大，说明 EMA 函数对近期的价格加强了权重比，能及时反映近期价格波动情况。在指数移动平均线中，均线长度 N 仅仅是用来计算平滑系数的参数，其意义和在简单移动平均线中大不相同。

【例 4-4】根据指数移动平均线的定义，可以编写函数。如下的 EMA 函数可以实现指数移动平均线的计算：

```matlab
function EMAvalue = EMA(Price, len, coef)
% 指数移动平均线函数
% Last Modified by LiYang 2014/5/1
% E-mail:faruto@163.com

%% 输入参数检查
error(nargchk(1, 3, nargin))
if nargin < 3
    coef = [];
end
if nargin< 2
    len = 2;
end
%% 指定EMA系数
if isempty(coef)
    k = 2/(len + 1);
else
    k = coef;
end
%% 计算EMAvalue
EMAvalue = zeros(length(Price), 1);
EMAvalue(1:len-1) = Price(1:len-1);
for i = len:length(Price)
    EMAvalue(i) = k*( Price(i)-EMAvalue(i-1) ) + EMAvalue(i-1);
end
```

【例 4-5】对指数移动平均线进行测试，并和简单移动平均线进行对比，测试代码如下：

```
%% SMA EMA
load IF-20120104.mat;
F = F(1:100, :);
Data = F(:,6);

scrsz = get(0,'ScreenSize');
figure('Position',[scrsz(3)*1/4 scrsz(4)*1/6 scrsz(3)*4/5 scrsz(4)]*3/4);

% subplot(221);

S = 5;
L = 20;
[SMA, LMA] = movavg(Data, S, L);
SMA(1:S-1) = NaN;
LMA(1:L-1) = NaN;
EMAvalue = EMA(Data, S);
OHLC = F(:,3:6);
Kplot(OHLC,0,'r','b','k');
xlim([1,length( OHLC )]);
    set(gca,'XTick', XTick);
    set(gca,'XTickLabel', XTickLabel);
    TickLabelRotate(gca, 'x', 30, 'right');

hold on;
H1 = plot(SMA,'g','LineWidth',1.5);
H2 = plot(EMAvalue,'k','LineWidth',1.5);
title('常见技术指标 EMA(指数移动平均线)MATLAB 实现 Demo', 'FontWeight','Bold', 'FontSize', 15);
M = {'SMA5';'EMA5'};
legend([H1,H2],M);
```

运行结果如图 4-5 所示。

利用移动平均线进行择时交易的方法有很多，其中最为著名的是葛南维移动平均线八大法则。该法则中有 4 条均线用来研判买进时机，4 条均线用来研判卖出时机。简单来说，移动平均线在价格线之下，而且又呈上升趋势时是买进时机；反之，平均线在价格线之上，而且又呈下降趋势时则是卖出时机。

利用移动平均线择时的另一种常用方法是交叉择时法则，即当一条短期均线从下向上穿过长期均线时，形成所谓金叉，此时应该做多；而当一条短期均线从上向下穿过长期均线时，形成所谓死叉，此时应该做空或空仓。

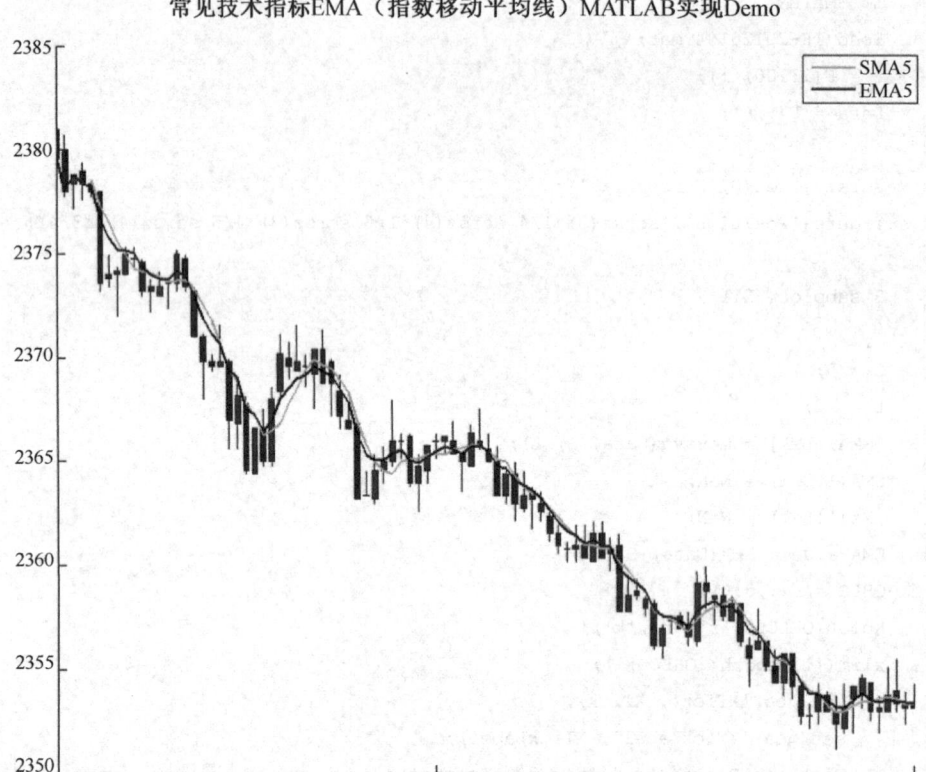

常见技术指标EMA（指数移动平均线）MATLAB实现Demo

图4-5 指数移动平均线（EMA）测试

利用金叉和死叉进行择时不仅在移动平均线中运用广泛，而且是趋势型指标的一个通用法则。

4.2.2 自适应移动平均线（AMA）

自适应移动平均线又叫作卡夫曼自适应移动平均线，该均线系统最早出现在卡夫曼（Perry J.Kaufman）的《精明交易者》（*Smarter Trading*）一书中。自适应移动平均线与指数移动平均线的定义类似，也采用递归形式定义，只不过其平滑系数（平滑指数）不是固定不变的，而是动态变动的。自适应移动平均线的具体算法过程如下。

Step 01 价格方向。

价格方向被表示为整个时间段中的净价格变化。比如使用 n 天的间隔（或 n 小时）：

```
direction = price – price[n]
```

其中，direction 是当前价格差或方向数值，price 是当前价格（当日收盘价或小时收盘价），price[n] 是 n 日前或 n 个周期前的收盘价。

Step 02 波动性。

波动性是市场噪声的总数量，它可以用许多不同的方法定义，但是这个计算在同样的 n 个周期中，使用了所有"日到日"或"小时到小时"的价格变化总和（每一个都作为一个正数）。其表达式如下：

$$\text{volatility} = @\text{sum}(@\text{abs}(\text{price} - \text{price}[1]), n)$$

其中，volatility 是指今日的波动性数值，@abs 是绝对值函数，@sum(value, n) 是 n 个周期中的数值之和函数。

Step 03 效率系数（ER）。

以上两个成分组合起来表示方向移动对噪声之比，称为效率系数（ER）。其表达式如下：

$$\text{Efficiency\_Ratio} = \text{direction}/\text{volatility}$$

用"方向性"除以"噪声"，该系数的值从 0 到 1 变化。当市场在全部 n 日以同一方向移动时，移动方向=波动性，ER=1。如果波动对于同样的价格移动增加了，则"波动性"就变得较大，且 ER 向趋于 0 的方向移动。如果价格不变化，则方向为 0，ER=0。

这个结果作为指数式平滑系数是方便的，它每天改变趋势线的一个百分比，ER=1 就等效于 100%，对应最快的移动平均线并能有效运作，因为价格在一个方向上移动而没有回撤。当 ER=0 时，一个非常慢的移动平均值是最好的，可以在市场趋势不明时避免贸然止损离场。

Step 04 变换上述系数为趋势速度。

为了应用于指数式移动平均值，比率将被变换为平滑系数 c，每天的均线速度可以简单地通过改变平滑系数来改变，成为自适应性的。该公式如下：

$$\text{EXPMA} = \text{EXPMA}[1] + c \times (\text{price} - \text{EXPMA}[1])$$

测试表明，平滑系数的平方数值大大地改进了结果，这依靠的是在横盘的市场中阻止趋势线的移动。在横盘的市场中，这个过程选择了非常慢的趋势，而在高度趋势化的周期中加速至非常快的趋势（但不是 100%）。这个平滑系数是：

fastest=2/(N+1)=2/(2+1)≈0.6667

slowest=2/(N+1)=2/(30+1)≈0.0645

smooth=ER × (fastest−slowest)+slowest

c = smooth × smooth

平方平滑系数迫使 c 的数值趋向于 0，这意味着较慢的移动平均线将比快速移动平均值用得更多，这和在出现不确定状况时投资者倾向于保守是一样的道理。

AMA=AMA[1]+c× (price−AMA[1])

1. 自调节式过滤器设计

为了与系统的自适应特性相一致，当价格波动变得更多或更少时，过滤器也要相应取较大或较小值。为了完成这点，过滤器被定义为 AMA 变化的一个小的百分数：过滤器= percentage×@std(AMA−AMA[1], n)。其中，@std(series, n)是价格系列 n 个周期的标准差。

最小的过滤器百分数 0.1 可被用于较快的交易，而较大的百分数 1.0 将可以选择出更有意义的价格移动交易。典型例证是外汇和期货市场交易较快，股票和利率市场交易较慢。通常过滤器大小是依据 20 天的数据计算出来的。

2. 向交易规则中添加过滤器

向交易规则中添加过滤器：

当 AMA−@lowest(AMA, n)＞过滤器时，买入；

当@highest(AMA, n)−AMA＞过滤器时，卖出。

上面的自适应移动平均线的算法过程描述不但给出了自适应移动平均线的定义，也给出了基于自适应移动平均线开发交易系统的一个大体框架。可以看出，自适应移动平均线的关键是效率系数的定义，通过效率系数可以描述当下市场的趋势性强弱，进而通过效率系数来计算平滑系数（平滑指数）可以给出调整均线的快慢程度，自适应地跟随市场的趋势。

【例 4-6】根据自适应移动平均线的定义，可以编写函数来实现。以下的 AMA 函数可以实现自适应移动平均线的计算：

```
function AMAvalue = AMA(Price, len, fastlen, slowlen)
% 卡夫曼自适应移动平均线函数
% Last Modified by LiYang 2014/5/1
% E-mail:faruto@163.com

%% 输入参数检查
error(nargchk(1, 4, nargin))
if nargin < 4
```

```
        slowlen = 30;
    end
    if nargin < 3
        fastlen = 2;
    end
    if nargin < 2
        len = 10;
    end

    %% 指定AMA系数
    fast = 2/(fastlen+1);
    slow = 2/(slowlen+1);

    %% 计算AMAvalue
    AMAvalue = zeros(length(Price), 1);
    AMAvalue(1:len) = Price(1:len);

    for i = len+1:length(Price)

        direction = abs( Price(i)-Price(i-len) );
        p1 = Price( (i-len+1):i );
        p2 = Price( (i-len):(i-1) );
        volatility = sum( abs(p1-p2) );
        % Efficiency_Ratio
        ER = direction/volatility;

        smooth = ER*(fast-slow)+slow;
        c = smooth*smooth;

        AMAvalue(i) = AMAvalue(i-1)+c*( Price(i)-AMAvalue(i-1) );
    end
```

【例 4-7】进行自适应移动平均线的测试，并与简单移动平均线和指数移动平均线进行对比。测试代码如下，使用的数据仍为股指期货 IF 在某日的主力数据的 1 分钟线。

```
%% SMA EMA AMA
load IF-20120104.mat;
F = F(1:100, :);
Data = F(:,6);
scrsz = get(0,'ScreenSize');
figure('Position',[scrsz(3)*1/4 scrsz(4)*1/6 scrsz(3)*4/5 scrsz(4)]*3/4);
```

```
% subplot(221);

S = 5;
L = 20;
[SMA, LMA] = movavg(Data, S, L);
SMA(1:S-1) = NaN;
LMA(1:L-1) = NaN;
EMAvalue = EMA(Data, S);
AMAvalue = AMA(Data, S);
OHLC = F(:,3:6);
Kplot(OHLC,0,'r','b','k');
xlim([1,length( OHLC )]);
    set(gca,'XTick', XTick);
    set(gca,'XTickLabel', XTickLabel);
    TickLabelRotate(gca, 'x', 30, 'right');

hold on;
H1 = plot(SMA,'g','LineWidth',1.5);
H2 = plot(EMAvalue,'k','LineWidth',1.5);
H3 = plot(AMAvalue,'r','LineWidth',1.5);

title('常见技术指标 AMA(自适应移动平均线)MATLAB 实现 Demo', 'FontWeight','Bold','FontSize', 15);
M = {'SMA5';'EMA5'; 'AMA5'};
legend([H1,H2,H3],M);
```

运行结果如图 4-6 所示。

这里要说明的是，不同的均线各有利弊，不能说哪种均线就一定是最佳的。当盘整行情到来时，如果均线参数选择不适当，那么任何一种均线都会一定程度地失效，无法有效捕捉行情。一定要深入了解相应均线的定义及适用条件，尽量发挥相应均线的优势。

4.2.3　指数平滑异同移动平均线（MACD）

MACD 指标是根据均线的构造原理，通过分析短期指数移动平均线和长期指数移动平均线之间的聚合与分离状况，对买进、卖出时机做出判断的技术指标。

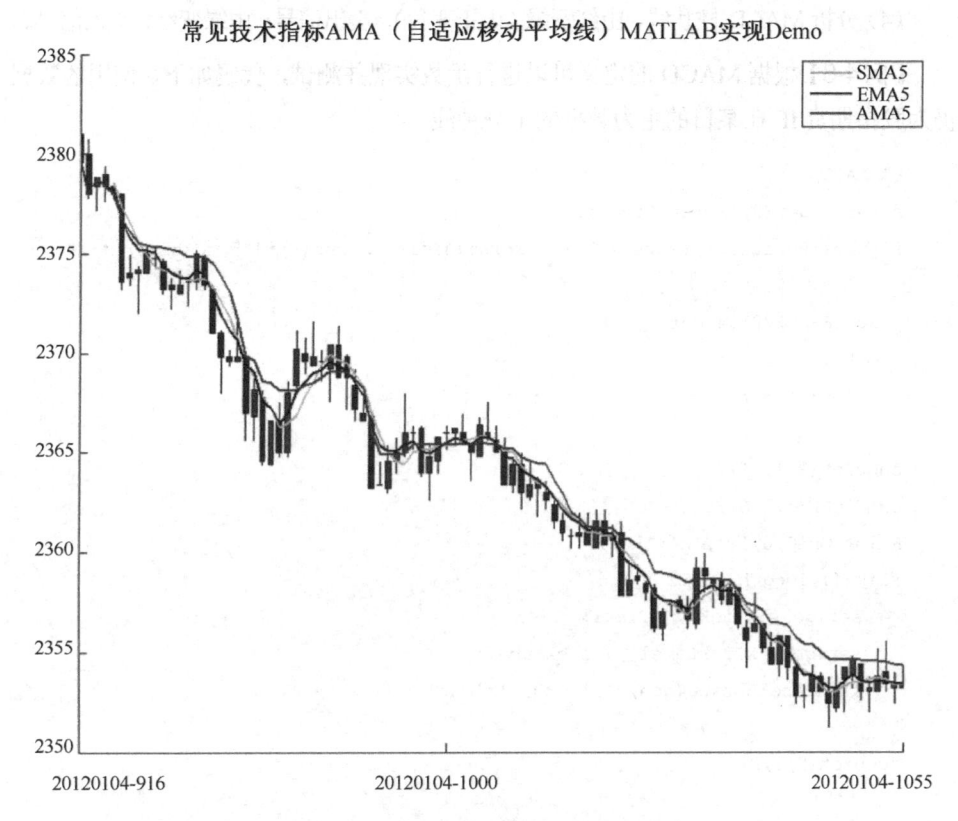

图 4-6 自适应移动平均线（AMA）测试

MACD 的计算：

（1）计算短期（参数 S）指数移动平均线和长期（参数 L）指数移动平均线 EMA1、EMA2。

（2）计算离差值 DIFF=EMA1−EMA2。

（3）计算 DIF 的指数移动平均线（参数 M），即 DEA。

（4）计算 MACD=2×(DIFF−DEA)。

在 MACD 的计算和测试中，需要设定的参数主要包括短期均线和长期均线的计算参数 S 和 L，以及 DEA 的计算长度参数 M。

MACD 的运用：

（1）DIFF、DEA 均为正，DIFF 向上突破 DEA，买入信号。

（2）DIFF、DEA 均为负，DIFF 向下跌破 DEA，卖出信号。

（3）DEA 线与 K 线发生背离，行情反转信号。

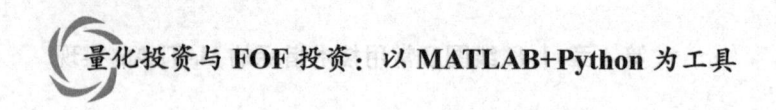

(4) 分析 MACD 柱状线，由红变绿（由正变负），卖出信号；由绿变红，买入信号。

【例 4-8】根据 MACD 的定义可以进行函数实现并测试，代码如下，使用的数据仍为股指期货 IF 在某日的主力数据的 1 分钟线。

```matlab
%% MACD
scrsz = get(0,'ScreenSize');
figure('Position',[scrsz(3)*1/4 scrsz(4)*1/6 scrsz(3)*4/5 scrsz(4)]*3/4);

load IF-20120104.mat;
F = F(1:100, :);
Data = F(:,6);

subplot(2,1, 1);
OHLC = F(:,3:6);
Kplot(OHLC,0,'r','b','k');
xlim([1,length( OHLC )]);
    set(gca,'XTick', XTick);
    set(gca,'XTickLabel', XTickLabel);
    TickLabelRotate(gca, 'x', 30, 'right');

subplot(2,1,2);

S = 12;
L = 26;
EMA1 = EMA(Data, S);
EMA2 = EMA(Data, L);
DIFF = EMA1-EMA2;
DIFF(1:L-1) = 0;
M = 10;
DEA = EMA(DIFF, M);
MACD = 2*(DIFF-DEA);
MACD_p = MACD;
MACD_n = MACD;
MACD_p(MACD_p<0) = 0;
MACD_n(MACD_n>0) = 0;
bar(MACD_p,'r','EdgeColor','r');
hold on;
bar(MACD_n,'b','EdgeColor','b');
plot(DIFF,'k','LineWidth',1.5);

plot(DEA,'g','LineWidth',1.5);
```

```
xlim([1,length( OHLC )]);
    set(gca,'XTick', XTick);
    set(gca,'XTickLabel', XTickLabel);
    TickLabelRotate(gca, 'x', 30, 'right');
    title(' 常见技术指标 MACD( 指数平滑异同移动平均线 )MATLAB 实现 Demo',
'FontWeight','Bold', 'FontSize', 15);
```

运行结果如图 4-7 所示。

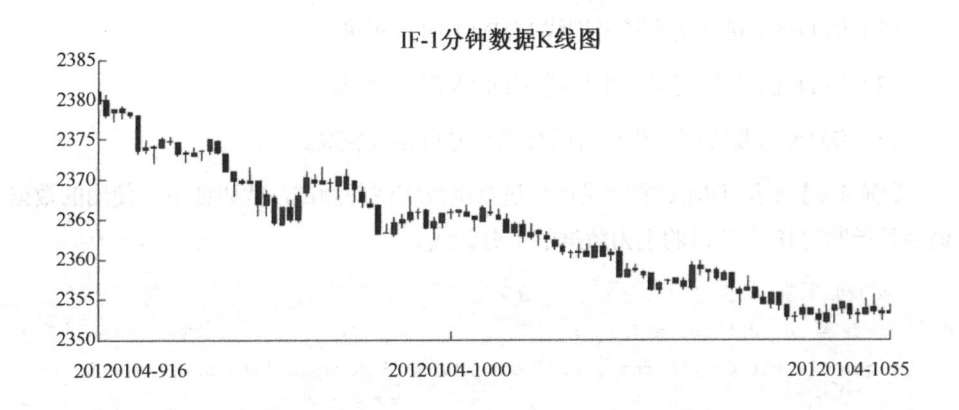

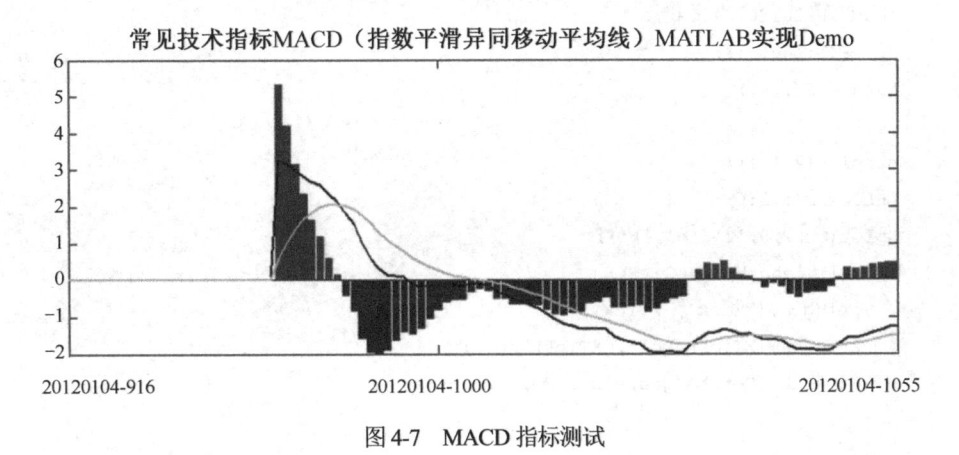

图 4-7 MACD 指标测试

4.2.4 平均差（DMA）

DMA 指标即所谓的平均线差指标，是依据快慢两条移动平均线的差值情况来分析价格趋势的一种技术分析指标。它主要通过计算两条基准周期不同的移动平均线的差值，来判断当前买入/卖出的能量大小和未来价格走势。

DMA 的计算：

（1）计算短期（参数 S）移动平均线和长期（参数 L）移动平均线 MA1、MA2。

（2）计算平均线差 DMA=MA1-MA2。

（3）计算 DMA 的 M 日移动平均线，即 MDMA。

在 DMA 的计算中，需要设定的参数主要是短期均线和长期均线的计算参数 S、L，以及 MDMA 的计算参数 M。

DMA 的运用：

（1）当 DMA 向上交叉其平均线 MDMA 时，买进。

（2）当 DMA 向下交叉其平均线 MDMA 时，卖出。

（3）DMA 与股价产生背离时的交叉信号可信度较高。

【例 4-9】根据 DMA 的定义可以进行函数实现并测试，代码如下，使用的数据仍为股指期货 IF 在某日的主力数据的 1 分钟线。

```
%% DMA
scrsz = get(0,'ScreenSize');
figure('Position',[scrsz(3)*1/4 scrsz(4)*1/6 scrsz(3)*4/5 scrsz(4)]*3/4);

load IF-20120104.mat;
F = F(1:100, :);
Data = F(:,6);


subplot(2,1,1);
OHLC = F(:,3:6);
Kplot(OHLC,0,'r','b','k');
xlim([1,length( OHLC )]);
    set(gca,'XTick', XTick);
    set(gca,'XTickLabel', XTickLabel);
    TickLabelRotate(gca, 'x', 30, 'right');


subplot(2,1,2);

S = 5;
L = 20;
[MA1, MA2] = movavg(Data, S, L);
MA1(1:S-1) = NaN;
MA2(1:L-1) = NaN;
DMA = MA1-MA2;
M = 5;
MDMA = movavg(DMA, M, M);
```

第 4 章 ｜ K 线图及常用技术指标的 MATLAB 实现

```
MDMA(1:M-1) = NaN;

hold on;
plot(DMA,'k','LineWidth',1.5);
plot(MDMA,'r','LineWidth',1.5);
title('常见技术指标 DMA(平均线差指标)MATLAB 实现 Demo', 'FontWeight','Bold', 'FontSize', 15);
legend('DMA','MDMA');
xlim([1,length( OHLC )]);
    set(gca,'XTick', XTick);
    set(gca,'XTickLabel', XTickLabel);
    TickLabelRotate(gca, 'x', 30, 'right');
```

运行结果如图 4-8 所示。

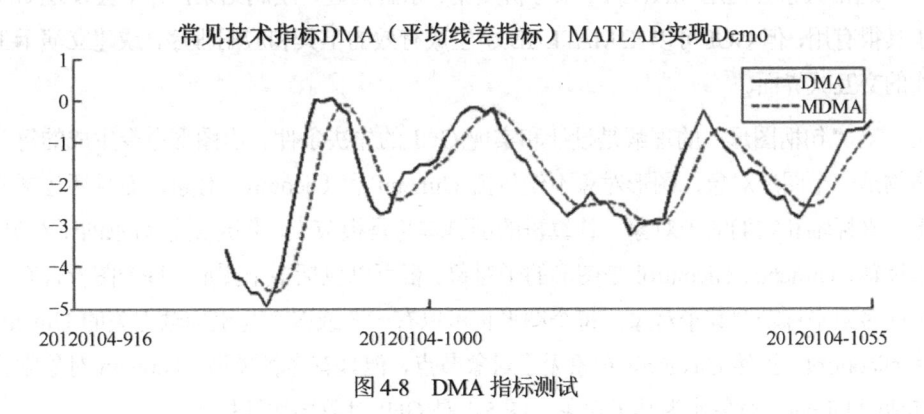

图 4-8 DMA 指标测试

第 5 章　基于 MATLAB 的行情软件

本章主要讲解 MATLAB 的图形用户界面（GUI）功能，通过使用 MATLAB GUI，可以自己设计建立一个股票行情软件。首先来了解一下 MATLAB GUI。

图形用户界面是用户与计算机程序之间的交互方式，是用户与计算机进行信息交流的方式。计算机的屏幕显示图形和文本，若有扬声器还可产生声音。用户通过输入设备，如键盘、鼠标、跟踪球、绘制板或扬声器与计算机通信。用户界面设定了如何观看和感知计算机、操作系统或应用程序，通常多是根据美观的结构和用户界面功能的有效性来选择计算机或程序的。图形用户界面是包含图形对象，如窗口、图标、菜单和文本的用户界面。以某种方式选择或激活这些对象，会引起动作或变化。最常见的激活方法是用鼠标或其他单击设备去控制屏幕上的鼠标指针运动。按下鼠标按钮，标志着对象的选择或其他动作。

通常大家会使用 MATLAB 来分析数据、求解问题、绘制结果，并不会发现 GUI 工具很有用，但 GUI 可以在 MATLAB 中生成有效的工具和应用程序，或建立演示工作的交互式界面。

对"句柄图形"的理解是设计和实现 GUI 的先决条件。由图形命令生成的每一事物是一个图形对象，图形对象不仅包括 Uimenu 和 Uicontrol 对象，而且还包括图形、坐标轴和它们的子对象。计算机的屏幕本身是根节点，图形是根对象的子对象，坐标轴、Uimenu、Uicontrol 是图形的子对象。根可以包括多个图形，每个图形含有一组或多组坐标轴及其子对象，每个图形也可以有一个或多个与坐标轴无关的 Uimenu 和 Uicontrol。虽然 Uicontrol 对象无子对象节点，但具有多种类型。Uimenu 对象常将其他的 Uimenu 对象作为其子对象。图 5-1 是 GUI 对象层次结构示意图。

MATLAB GUI 编写起来简单且容易上手，与 VC++ 6.0 或其他图形用户设计语言相比，MATLAB GUI 把界面布局代码和函数代码分开，使得编程人员可以更容易地整体把握 GUI，而不会被大量的界面布局代码阻隔，导致整体思路不清晰。

第 5 章 | 基于 MATLAB 的行情软件

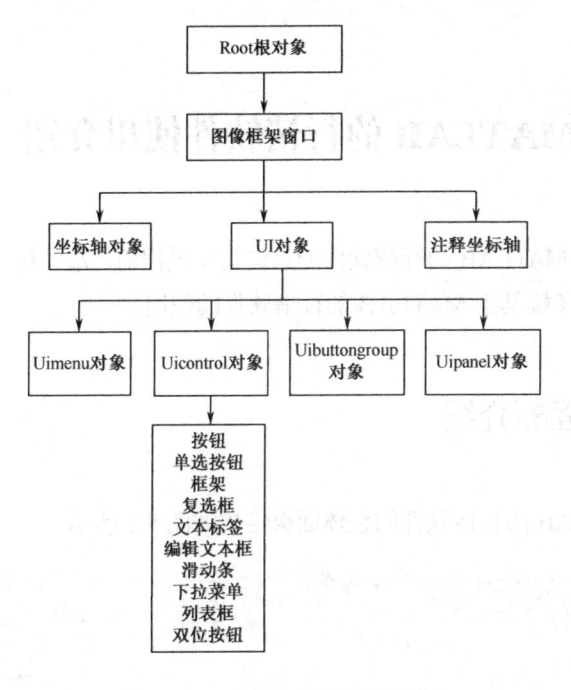

图 5-1　GUI 对象层次结构示意图

用 MATLAB 编写 GUI 可视化界面的步骤有：①设计前台界面；②写出每个组件的回调函数，以便单击或双击该组件时有相应的回调函数相关联。当然，具体实施中还有一些细节需要填充，比如前台的设计需要相关的美化、函数设计需要全局考虑，以及该回调函数是否已与相关组件相关联等。

在 MATLAB 中，可以使用命令行进行 GUI 的编写，也可以使用 GUIDE 工具进行可视化编写。图 5-2 是 GUIDE 的可视化编写界面。

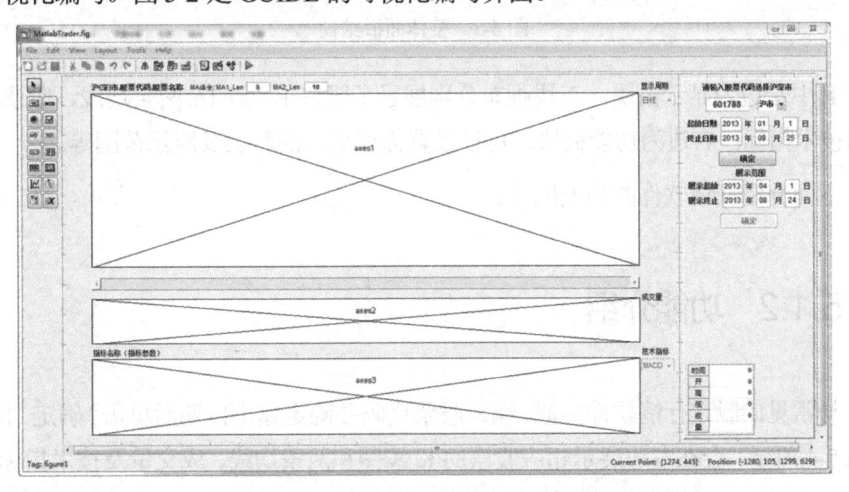

图 5-2　GUIDE 的可视化编写界面

5.1 基于 MATLAB 的行情软件使用介绍

在介绍基于 MATLAB 的行情软件的具体建立过程前，先来看一下建成后的 GUI 成型结果，以便了解基于 MATLAB 的行情软件的使用。

5.1.1 面板介绍

基于 MATLAB 的行情软件的整体面板结构如图 5-3 所示。

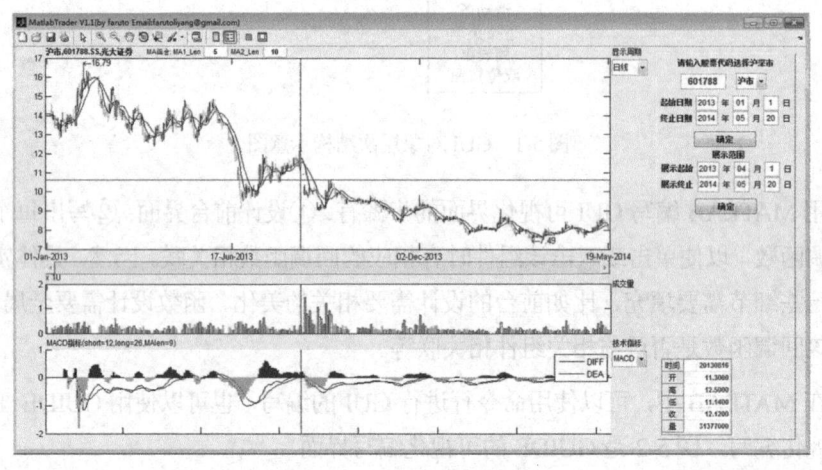

图 5-3　整体面板结构

其中左边为显示板块，三块画布分别展示了股票 K 线图及两条均线、股票成交量和技术指标；右边为功能板块，可以设置需要展示的股票及展示范围等。

下面介绍行情软件的功能细节。

5.1.2 功能介绍

与常见的股票行情软件类似，输入股票代码并确定起止日期后单击"确定"按钮，如图 5-4 所示，会在左边展示相应股票的 K 线图和两条均线、成交量及技术指标。这里后台使用的数据是雅虎财经的股票数据，通过网络直接获取（有关雅虎财经的股票数据获取方法将在 5.2.2 节介绍）。

在 K 线图的上面会显示相应股票的代码和名称，可以手动设置 K 线图上展示的两条均线的长度参数（默认参数为 5 和 10），如图 5-5 所示。

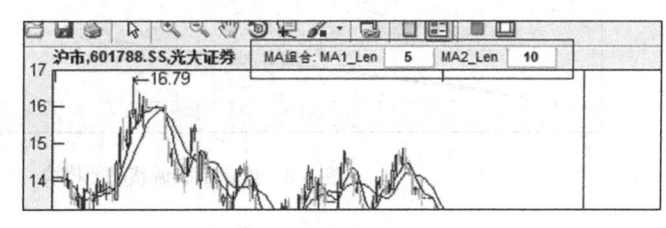

图 5-4　获取股票数据功能模块　　　　图 5-5　均线长度调整功能模块

这里还做了一些异常检测，例如，当输入的均线长度参数不是数值时会给出警告，如图 5-6 所示。

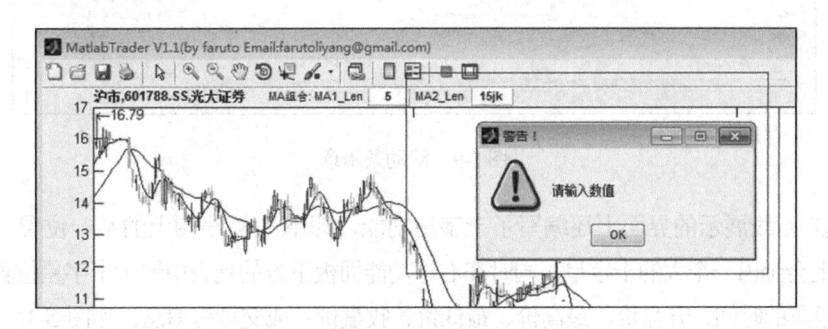

图 5-6　警告展示

K 线图的显示周期可以通过右上角的 Pop-up Menu 进行调整，如图 5-7 所示。

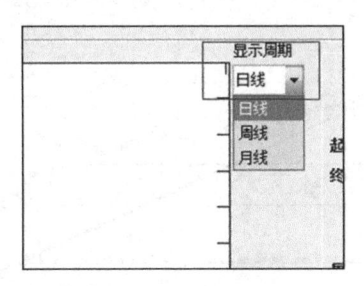

图 5-7　显示周期调整

如果设置的股票起止日期过长，则展示的 K 线可能过于紧凑，不方便查看。可以通过"展示范围"功能来调整需要展示的时间范围，如图 5-8 所示。

可以拖动 K 线图下面的滚动条展示其他时间范围内的 K 线走势，如图 5-9 所示。

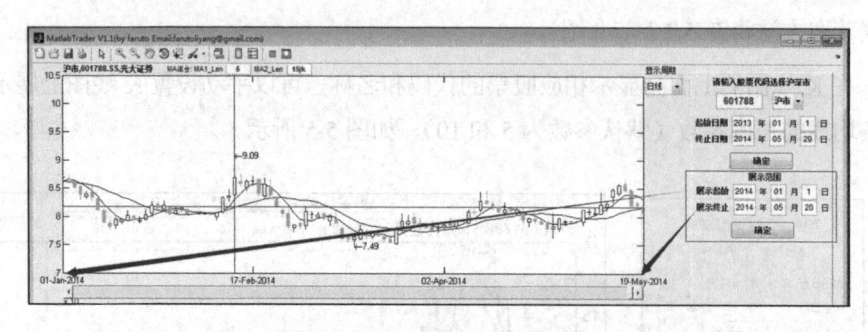

图 5-8 展示范围调整功能模块

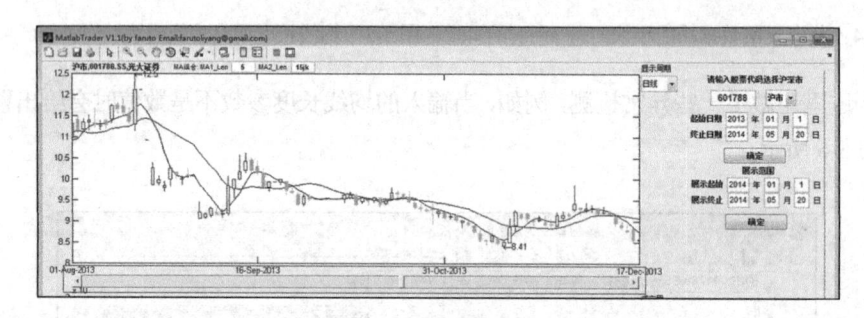

图 5-9 滚动条示意

在 K 线展示的界面上还编写了十字星功能，即单击 K 线图上的某一位置，在 K 线图上会画出一个大的十字星，同时在右边功能面板下方的列表中展示十字星位置所对应的股票的时间、开盘价、最高价、最低价、收盘价、成交量等信息，如图 5-10 所示。

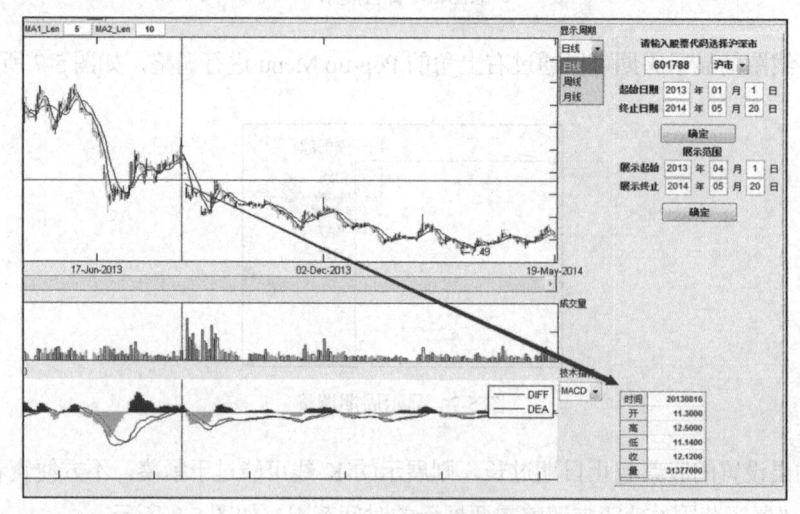

图 5-10 十字星功能示意

技术指标展示板块的右上角有一个 Pop-up Menu，通过它可以调整需要展示的技术指标。主要技术指标如图 5-11 所示。

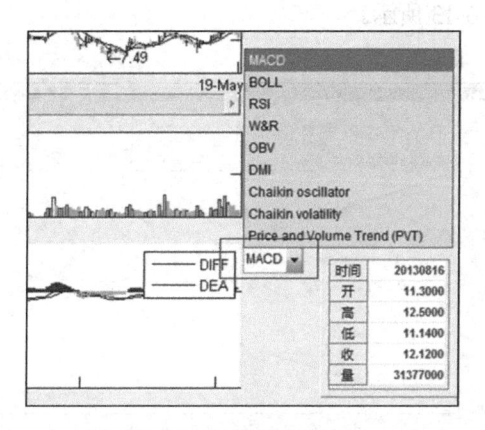

图 5-11　主要技术指标

至此，基于 MATLAB 的行情软件的基本功能已经介绍完毕，下一节会介绍行情软件的详细建立过程，包括 GUI 版面布局的设计、核心函数的编写及相关组件的回调函数的关联等。

5.2　基于 MATLAB 的行情软件建立过程

MATLAB GUI 的设计简单来说只需两步：前台界面的设计和每个组件的回调函数的编写。前台界面的设计是"表"，即 GUI 成型后展示给人们的样子；每个组件的回调函数是"里"，即界面背后功能实现的核心函数，比如单击一个按钮，后台需要运行哪些函数来实现相关的功能。

5.2.1　GUI 版面布局设计

UI 设计是指对软件的人机交互、操作逻辑、界面美观的整体设计。好的 UI 设计不仅会让软件变得有个性和品位，还会让软件的操作变得舒适、简单、自由，充分体现软件的定位和特点。

MATLAB GUI 的组件在图形设计环境的左边（GUIDE），如图 5-12 所示，可以直接拖曳需要的组件到右边，进行组件布局的设计和调整。相关组件的属性这里不进行详细介绍，有兴趣的读者可以参看相关书籍。

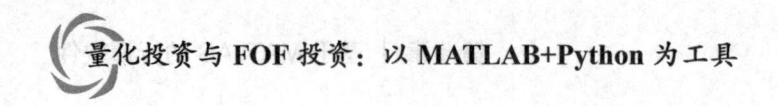

对于基于 MATLAB 的行情软件，这里主要以简易性和实用性为主来进行 GUI 版面的布局设计，如图 5-13 所示。

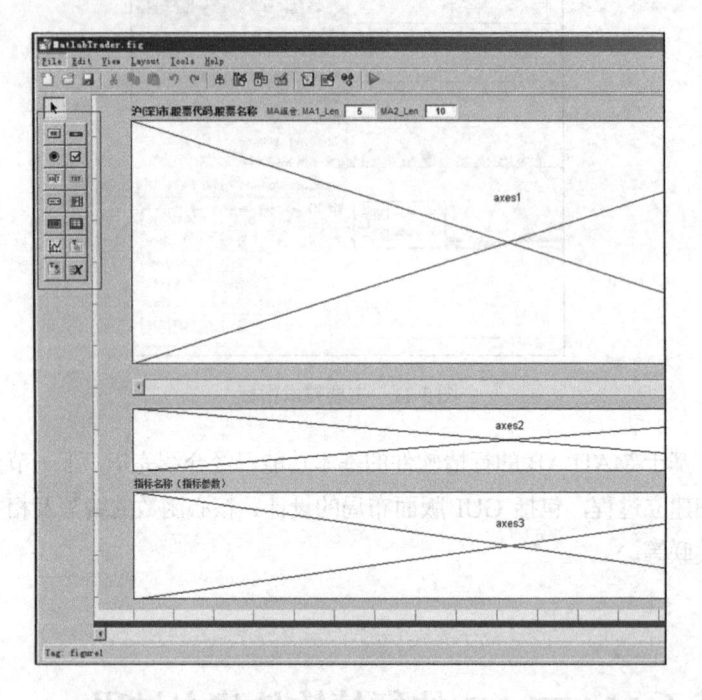

图 5-12 GUIDE 中可拖曳的组件（左上方框内）

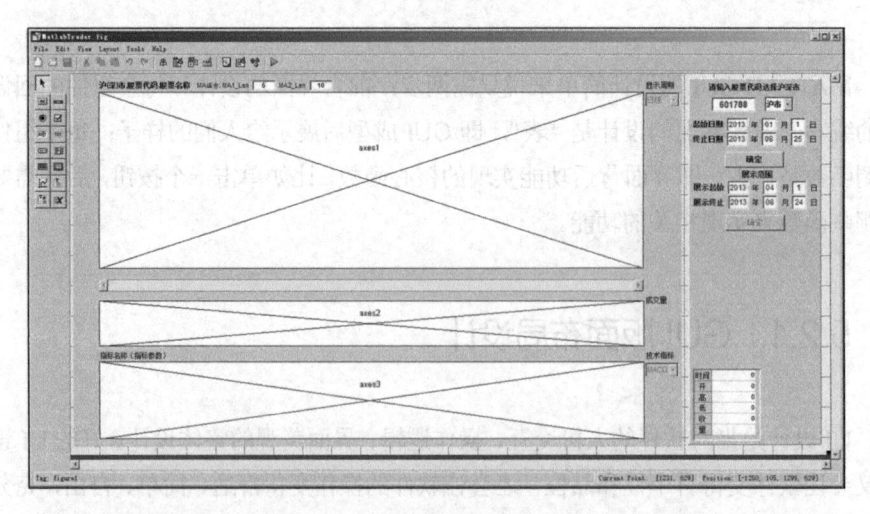

图 5-13 基于 MATLAB 的行情软件 GUI 版面布局设计

主要的设计思路是：参照常见的商业化的股票行情软件，左边的三块画布分别展示股票 K 线图、成交量和相关的技术指标，右边是相应的功能按钮。

5.2.2 核心函数编写

基于 MATLAB 的行情软件核心功能主要有股票数据的获取、各种图形的展示和展示范围的调整。

1. 股票数据的获取

通过 MATLAB 获取金融数据的方法主要有两种：付费数据平台接口和免费数据平台接口。付费数据平台接口主要是指一些商业化终端平台，比如 Wind 平台、DataHouse 平台、彭博（Bloomberg）平台、路透（Reuters）平台等，这些商业化终端平台都可以直接通过 MATLAB 接口获取相关数据。这里使用的免费数据接口是利用 MATLAB 的 Datafeed 工具箱中的 fetch 函数，通过雅虎财经获取股票的数据。fetch 函数的使用语法如下：

```
data = fetch(Connect, 'Security')
data = fetch(Connect, 'Security', 'Fields')
data = fetch(Connect, 'Security', 'Date')
data = fetch(Connect, 'Security', 'Fields', 'Date')
data = fetch(Connect, 'Security', 'FromDate', 'ToDate')
data = fetch(Connect, 'Security', 'Fields', 'FromDate', 'ToDate')
data = fetch(Connect, 'Security', 'FromDate', 'ToDate', 'Period')
```

fetch 函数的输入参数如下。

- Connect：连接的数据接口，使用雅虎财经的数据，可令 Connect = yahoo。
- Security：相应的符合雅虎财经数据服务器格式的金融数据的代码。对于 A 股市场，上交所股票需在代码后面添加 .ss，深交所股票需在代码后面添加 .sz。
- Fields：需要获取的股票的字段，常用的有 Open、High、Low、Close、Volume。
- FromDate、ToDate：历史数据的起始日期、终止日期。
- Period：获取的数据的周期，参数选项为 d=日线、w=周线、m=月线。

输出参数 data：获取的股票数据，按时间倒序排列（越靠近现在的时间越靠前）。

解决了股票数据的获取方式后，就可以编写如图 5-14 所示的行情软件中获取股票的"确定"按钮的回调函数（Callback Function）了。

图 5-14 行情软件中获取股票的"确定"按钮

"确定"按钮的回调函数获取数据的代码段如下:

```matlab
% --- Executes on button press in pushbutton1.
function pushbutton1_Callback(hObject, eventdata, handles)
% hObject    handle to pushbutton1 (see GCBO)
% eventdata  reserved - to be defined in a future version of MATLAB
% handles    structure with handles and user data (see GUIDATA)

%% 全局变量-pushbutton1_Callback
global IDName;
global stockmat;
global DatesNum;
global Open;
global High;
global Low;
global Close;
global Vol;
global WBDF_OnOff;

% 日线、周线、月线
global stockmatD;
global stockmatW;
global stockmatM;

%% 从Yahoo!获取数据
SecID = get(handles.edit1,'String');
HS = get(handles.popupmenu1,'Value');

if HS == 1
    SecID = [SecID,'.SS'];
else
    SecID = [SecID,'.SZ'];
end

if sum(strcmp(IDName(:,1),SecID)) == 0
    errordlg('请检查输入的代码是否有误或者沪深市是否选择错误');
    return;
end

SecName = IDName{strcmp(IDName(:,1),SecID) == 1, 2};
if HS == 1
    strtemp = ['沪市,',SecID,',',SecName];
```

```matlab
    else
        strtemp = ['深市,',SecID,',',SecName];
    end
    set(handles.text10,'String',strtemp);

    Connect = yahoo;
    if isconnection(Connect) == 0
        errordlg('请检查您的网络是否连接正常');
        return;
    end
    FromDate = [get(handles.edit2,'String'),'/', get(handles.edit3,'String'),'/', get(handles.edit4,'String')];
    ToDate = [get(handles.edit5,'String'),'/', get(handles.edit6,'String'),'/', get (handles.edit7,'String')];
    Fields = {'Open';'High';'Low';'Close';'Volume'};

    % stock = fetch(Connect, SecID, Fields, FromDate, ToDate);
    % stock = stock( end:(-1):1, : );

        stockmatD = fetch(Connect, SecID, Fields, FromDate, ToDate,'d');
        stockmatD = stockmatD( end:(-1):1, : );

        stockmatW = fetch(Connect, SecID, Fields, FromDate, ToDate,'w');
        stockmatW = stockmatW( end:(-1):1, : );

        stockmatM = fetch(Connect, SecID, Fields, FromDate, ToDate,'m');
        stockmatM = stockmatM( end:(-1):1, : );

    % stockfts = fints(stock(:,1),stock(:,2:end),Fields,'D',SecID);

    disp('==数据提取完成==');
    %% 提取 Open High Low Close Volume
    % stockmat = fts2mat(stockfts,1);
    temp = get(handles.popupmenu2,'Value');
    switch temp
        case 1
            stockmat = stockmatD;
        case 2
            stockmat = stockmatW;
        case 3
            stockmat = stockmatM;
    end
```

```
DatesNum = stockmat(:,1);
Open = stockmat(:,2);
High = stockmat(:,3);
Low = stockmat(:,4);
Close = stockmat(:,5);
Vol = stockmat(:,6);

xlim_min = 1;
xlim_max = size(stockmat, 1);
```

整个过程就是从可编辑文本框中获取股票代码和股票历史数据的起止日期，然后通过 fetch 函数从雅虎服务器上获取数据，提取开盘价、最高价、最低价、收盘价、成交量等信息，并把相关变量用全局变量存储以方便后续使用。

2. 各种图形的展示

图形展示主要涉及 K 线图展示、成交量展示和技术指标展示，其中有关使用 MATLAB 进行 K 线图的绘制及相关技术指标的实现在本书的相关章节已经详细介绍，具体可以参看相关章节，成交量的展示使用 bar 函数即可实现。

这里使用的技术指标主要为 MACD、BOLL、RSI、W&R（威廉指标）、OBV、DMI、Price and Volume Trend（PVT）等，具体如图 5-15 所示。

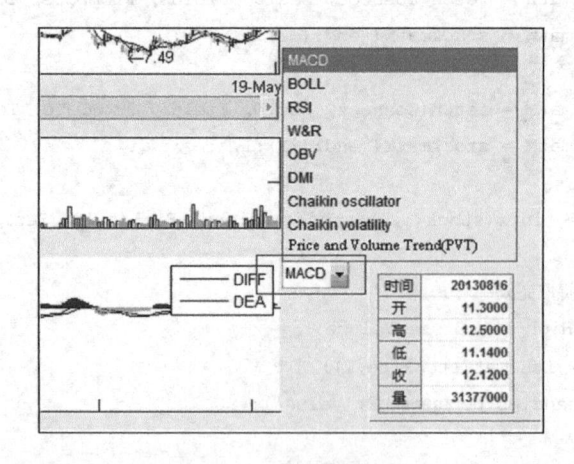

图 5-15 可选技术指标

除 MACD、DMI 为单独编写外，其他技术指标均使用 MATLAB 金融工具箱（Financial Toolbox）中的内置函数，涉及的技术指标函数的语法如下：

```
[mid, uppr, lowr] = bollinger(data, wsize, wts, nstd)
rsi = rsindex(closep, nperiods)
```

```
wpctr = willpctr(highp, lowp, closep, nperiods)
obv = onbalvol(closep, tvolume)
chosc = chaikosc(highp, lowp, closep, tvolume)
chvol = chaikvolat(highp, lowp)
pvt = pvtrend(closep, tvolume)
```

图 5-15 中的技术指标的 Pop-up Menu 的回调函数如下：

```
% --- Executes on selection change in popupmenu3.
function popupmenu3_Callback(hObject, eventdata, handles)
% hObject    handle to popupmenu3 (see GCBO)
% eventdata  reserved - to be defined in a future version of MATLAB
% handles    structure with handles and user data (see GUIDATA)

% Hints: contents = cellstr(get(hObject,'String')) returns popupmenu3 contents as cell array
%        contents{get(hObject,'Value')} returns selected item from popupmenu3
%% 计算指标展示-popupmenu3_Callback
global IDName;
global stockmat;
global DatesNum;
global Open;
global High;
global Low;
global Close;
global Vol;

% 日线、周线、月线
global stockmatD;
global stockmatW;
global stockmatM;

cla(handles.axes3,'reset');
axes(handles.axes3);
set(gca,'XTickLabel',[]);

temp = get(handles.popupmenu3,'Value');
switch temp
    % MACD
    case 1
        short = 12;
        long = 26;
        Mlen = 9;
```

```matlab
        if max([short long Mlen])<length(Close)
            MT_MACD(Close,short,long,Mlen);
            str = ['MACD指标(','short=',num2str(short), ...
                ',long=',num2str(long),',MAlen=',num2str(Mlen),')'];
            set(handles.text16,'String',str);
        end

    % Boll
    case 2
        wsize = 20;
        nstd = 2;
        wts = 0;
        if wsize<length(Close)
            [mid, uppr, lowr] = bollinger(Close, wsize, wts, nstd);
            MT_candle(High,Low,Close,Open,[],DatesNum);
            hold on;
            plot([uppr,mid,lowr]);
            str = ['Bollinger band指标(','wsize=',num2str(wsize), ...
                ',nstd=',num2str(nstd), ')'];
            set(handles.text16,'String',str);
        end

    % RSI
    case 3
        nperiods = 14;
        if nperiods<length(Close)
            rsi = rsindex(Close, nperiods);
            plot(rsi);
            str = ['RSI指标(','nperiods=',num2str(nperiods), ')'];
            set(handles.text16,'String',str);
        end

    % W&R
    case 4
        nperiods = 14;
        if nperiods<length(Close)
            wpctr = willpctr(High, Low, Close, nperiods);

            plot(wpctr);
            str = ['Williams %R指标(','nperiods=',num2str(nperiods), ')'];
            set(handles.text16,'String',str);
        end
```

```matlab
% OBV
case 5
   if 1
       obv = onbalvol(Close, Vol);
       plot(obv);
       str = ['OBV指标'];
       set(handles.text16,'String',str);
   end

% DMI
case 6
   N = 14;
   M = 6;
   if max(N,M)<length(Close)
       [PDI, MDI, DX, ADX, ADXR] = DMI_General(Open,High,Low,Close,N,M);
       plot([PDI, MDI,ADX,ADXR]);
       legend('PDI', 'MDI','ADX','ADXR');
       str = ['DMI指标(','N=',num2str(N), ...
           ',M=',num2str(M), ')'];
       set(handles.text16,'String',str);
   end

% Chaikin oscillator
case 7
   if 1
       chosc = chaikosc(High, Low, Close, Vol);
       plot([chosc]);
       str = ['Chaikin oscillator指标'];
       set(handles.text16,'String',str);
   end

% Chaikin volatility
case 8
   if 1
       chvol = chaikvolat(High, Low);
       plot([chvol]);
       str = ['Chaikin volatility指标'];
       set(handles.text16,'String',str);
   end

% Price and Volume Trend (PVT)
```

```
    case 9
        if 1
            pvt = pvtrend(Close, Vol);
            plot([pvt]);
            str = ['Price and Volume Trend (PVT)指标'];
            set(handles.text16,'String',str);
        end
end
set(gca,'XTickLabel',[]);
set( handles.axes3, 'XLim', get(handles.axes1,'XLim') );


% Update handles structure
guidata(hObject, handles);
```

3. 展示范围的调整

展示范围的调整涉及对 axes 控件的相关属性的调整,实现过程为:单击展示范围功能中的"确定"按钮后,获取待展示的起止日期,通过 xlim 函数同时调整 K 线展示图、成交量展示图和技术指标展示图的横轴的范围,如图 5-16 所示。

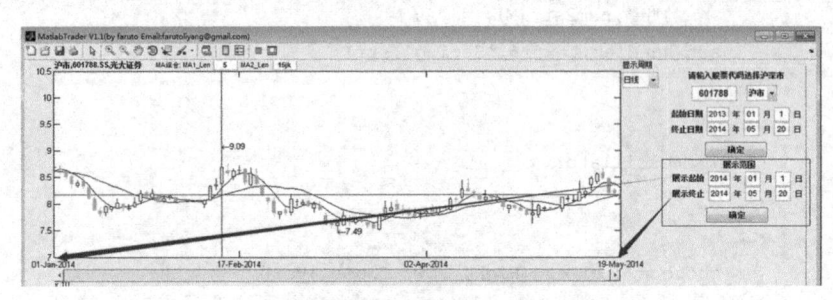

图 5-16 展示范围调整功能

其回调函数如下:

```
% --- Executes on slider movement.
function slider_TimeControl_Callback(hObject, eventdata, handles)
% hObject    handle to slider_TimeControl (see GCBO)
% eventdata  reserved - to be defined in a future version of MATLAB
% handles    structure with handles and user data (see GUIDATA)

% Hints: get(hObject,'Value') returns position of slider
%        get(hObject,'Min') and get(hObject,'Max') to determine range of slider

%% slider_TimeControl_Callback
global IDName;
```

```
    global stockmat;
    global DatesNum;
    global Open;
    global High;
    global Low;
    global Close;
    global Vol;

    DemoFromDate = ...
    [get(handles.edit10,'String'),'/',get(handles.edit11,'String'),'/',get(handles.edit12,'String')];
    DemoToDate = ...
    [get(handles.edit13,'String'),'/',get(handles.edit14,'String'),'/',get(handles.edit15,'String')];

    DemoFromDateNum = datenum( DemoFromDate, 'yyyy/mm/dd' );
    DemoToDateNum = datenum( DemoToDate, 'yyyy/mm/dd' );

    xlim_min = 1;
    xlim_max = size(stockmat, 1);

    indtemp = find( DatesNum >= DemoFromDateNum );
    xlimL_Demo = indtemp(1);
    indtemp = find( DatesNum <= DemoToDateNum );
    xlimR_Demo = indtemp(end);

    SliderValue = get( handles.slider_TimeControl, 'Value' );
    xlimR = floor( SliderValue );
    xlimL = xlimR - ( xlimR_Demo-xlimL_Demo );
    if xlimR >xlim_max
        xlimR = xlim_max;
    end
    if xlimL < xlim_min
        xlimL = xlim_min;
    end

    % 调整 xlim
    xlim(handles.axes1,[xlimL, xlimR]);
    xlim(handles.axes2,[xlimL, xlimR]);
    xlim(handles.axes3,[xlimL, xlimR]);
```

```matlab
% xtick 重新绘制
newTick = linspace(xlimL,xlimR,4)';
newTick = floor(newTick);
newTickChar = datestr(DatesNum(newTick));
newTickLabel = cell(4,1);
for i = 1:4
    newTickLabel{i,1} = newTickChar(i,:);
end

set(handles.axes1,'XTick',newTick);
set(handles.axes1,'XTickLabel',newTickLabel);

% 高低点重新绘制
Htemp = findobj(handles.axes1,'Type','Text');
if ~isempty(Htemp)
    delete(Htemp);
end

Hightemp = High(xlimL:xlimR);
Lowtemp = Low(xlimL:xlimR);

[Highest,hind] = max(Hightemp);
[Lowest,lind] = min(Lowtemp);
axes(handles.axes1);
hold on;
text(hind+xlimL-1,Highest,['\leftarrow',num2str(Highest)]);
text(lind+xlimL-1,Lowest,['\leftarrow',num2str(Lowest)]);

% Update handles structure
guidata(hObject, handles);
```

5.3 扩展阅读

免费获取股票数据的方法除上文介绍的使用 MATLAB 的 Datafeed 工具箱中的 fetch 函数外，还可以通过网页抓取的方式从雅虎网站获取股票历史数据和从新浪网站获取股票实时数据。使用 MATLAB 通过网络爬虫的方式直接从网络上获取数据的大体过程为分析网址的 URL 形式，使用 MATLAB 中的 urlread 函数获取网址内容，使用正则方法提取需要的数据。

5.3.1 MATLAB 通过网页抓取从雅虎网站获取股票历史数据

通过雅虎财经网站获取股票的历史数据，首先需要分析其 URL 形式。结合 MATLAB 字符串表达式，雅虎财经网址的 URL 形式为：

```
url2Read=sprintf(...
'http://ichart.finance.yahoo.com/table.csv?s=%s&a=%s&b=%s&c=%s&d=%s&e=%s&f=%s&g=%s&ignore=.csv', StockName, ms, ds, ys, me, de, ye, Freq);
```

其中，StockName 表示雅虎网站格式的股票代码，代码格式为上交所股票代码后添加 .ss，深交所股票代码后添加 .sz；ys、ms、ds 表示起始日期年、月、日（月份的起始索引为 0）；ye、me、de 表示结束日期年、月、日（月份的起始索引为 0）；Freq 表示时间周期，可选参数为 d=每日、w=每周、m=每月、v=只返回除权数据。

有了雅虎财经网址的 URL 形式后，就可以编写函数实现从雅虎网站获取股票历史数据了。下面的 YahooData.m 函数可以实现该功能，函数代码如下：

```
function [Data, Date_datenum, Head]=YahooData(StockName, StartDate, EndDate, Freq)
% by LiYang(faruto) @http://www.matlabsky.com
% 用来通过 Yahoo!获取股票历史数据
% 历史数据通过 Yahoo!接口获得
%% 输入参数
% StockName：证券代码（上海 .ss，深圳 .sz）
% StartDate, EndDate：时间段的起始日与结束日
% Freq：频率
%% 测试函数
% StockName = '600036.ss';
% StartDate = today-200;
% EndDate = today;
% Freq = 'd';
% [DataYahoo, Date_datenum, Head]=YahooData(StockName, StartDate, EndDate, Freq);

%% 数据时间区间
startdate=StartDate;
enddate=EndDate;
% 字符串变化
ms=num2str(str2double(datestr(startdate, 'mm'))-1);
ds=datestr(startdate, 'dd');
ys=datestr(startdate, 'yyyy');
me=num2str(str2double(datestr(enddate, 'mm'))-1);
```

```
            de=datestr(enddate, 'dd');
            ye=datestr(enddate, 'yyyy');

            % s: 股票代码 (e.g. 002036.SZ、300072.SZ、600036.SS 等)
            % c-a-b: 起始日期年、月、日 (月份的起始索引为0) 2010-5-11 = 2010年6月11日
            % f-d-e: 结束日期年、月、日 (月份的起始索引为0) 2010-7-23 = 2010年8月23日
            % g: 时间周期。d=每日, w=每周, m=每月, v=只返回除权数据
            % 省略所有参数, 只在指定股票代码时, 返回所有历史数据
            url2Read=sprintf(...'http://ichart.finance.yahoo.com/table.csv?s=%s&a=%s&b=%s&c=%s&d=%s&e=%s&f=%s&g=%s&ignore=.csv', StockName, ms, ds, ys, me, de, ye, Freq);

            s=urlread_General(url2Read);

            Head = ['Date Open High Low Close Volume AdjClose'];
            Result=textscan(s, '%s %s %s %s %s %s %s', 'delimiter', ',');

            temp = Result{1,1};
            Date_datestr = temp(2:end);
            Date_datestr = Date_datestr(end:(-1):1);

            temp = Result{1,2};
            temp = cellfun(@str2double, temp(2:end));
            temp = temp(end:(-1):1);
            Open = temp;

            temp = Result{1,3};
            temp = cellfun(@str2double, temp(2:end));
            temp = temp(end:(-1):1);
            High = temp;

            temp = Result{1,4};
            temp = cellfun(@str2double, temp(2:end));
            temp = temp(end:(-1):1);
            Low = temp;

            temp = Result{1,5};
            temp = cellfun(@str2double, temp(2:end));
            temp = temp(end:(-1):1);
            Close = temp;

            temp = Result{1,6};
            temp = cellfun(@str2double, temp(2:end));
```

```
temp = temp(end:(-1):1);
Volume = temp;


temp = Result{1,7};
temp = cellfun(@str2double, temp(2:end));
temp = temp(end:(-1):1);
AdjClose = temp;

Date_datenum = datenum(Date_datestr);
Date_double = str2num( datestr(Date_datenum, 'yyyymmdd') );

Data = [Date_double, Open, High, Low, Close, Volume, AdjClose];
end
```

测试上述函数获取某只股票的历史数据并进行 K 线展示，代码如下：

```
%% 获取历史数据测试
% 历史数据通过 Yahoo!接口获得（历史数据为未复权数据，使用时请注意）
% Yahoo!中证券代码为上海 .ss、深圳 .sz，例如，招商银行为 600036.ss

StockName = '600036.ss';
StartDate = today-200;
EndDate = today;
Freq = 'd';
[DataYahoo, Date_datenum, Head]=YahooData(StockName, StartDate, EndDate, Freq);

% K 线展示
scrsz = get(0,'ScreenSize');
figure('Position',[scrsz(3)*1/4 scrsz(4)*1/6 scrsz(3)*4/5 scrsz(4)]*3/4);

Open = DataYahoo(:,2);
High = DataYahoo(:,3);
Low = DataYahoo(:,4);
Close = DataYahoo(:,5);
MT_candle(High,Low,Close,Open,[],Date_datenum);
xlim( [0 length(Open)+1] );
title(StockName, 'FontWeight','Bold', 'FontSize', 15);
```

运行结果如图 5-17 所示。

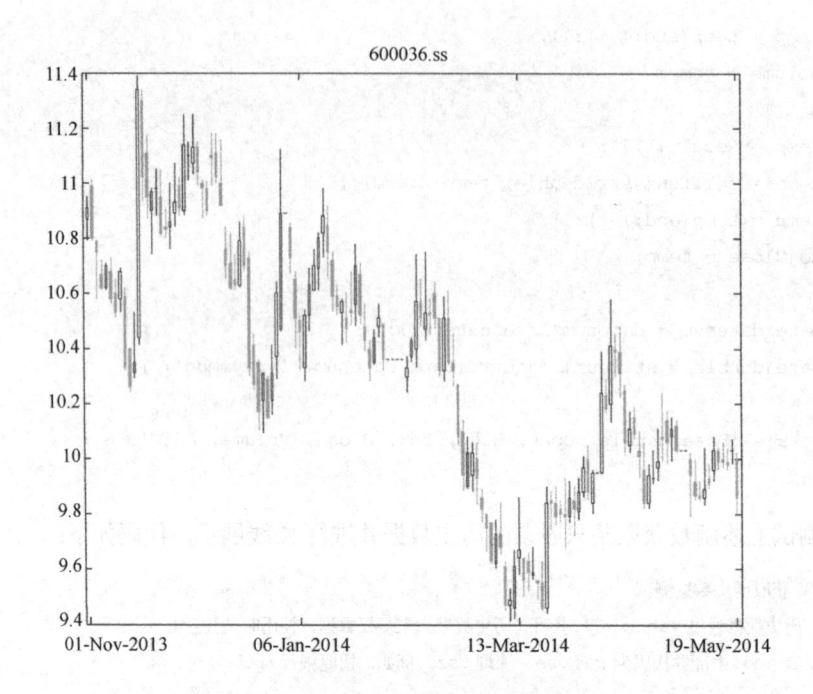

图 5-17 从雅虎网站获取股票数据样例

注：雅虎财经虽然是不错的免费数据源，但其数据质量不是特别好，使用时需要注意。

5.3.2 MATLAB 通过网页抓取从新浪网站获取股票实时数据

通过新浪网站获取股票的实时数据，首先需要分析其 URL 形式。结合 MATLAB 字符串表达式，新浪网址的 URL 形式为：

```
url2Read=['http://hq.sinajs.cn/list=',StockCode];
```

其中，StockCode 表示新浪网站格式的股票代码，代码格式为上交所股票代码前添加 sh，深交所股票代码前添加 sz。

有了新浪网址的 URL 形式，就可以编写函数实现从新浪网站获取股票实时数据了。下面的 SinaData.m 函数可以实现该功能，函数代码如下：

```
function [Data, DataCell]=SinaData(StockCode)
% by LiYang(faruto) @http://www.matlabsky.com
% 用来通过Sina获取股票实时数据
%% 输入参数
```

```matlab
% StockCode: 证券代码（上海 sh+code，深圳 sz+code）
%% 测试函数
% 提取数据 招商银行（上海交易所）
% StockCode='sh600036';
% [Data, DataCell]=SinaData(StockCode);

%% Sina URL
url2Read=['http://hq.sinajs.cn/list=',StockCode];
s=urlread_General(url2Read);
result=textscan(s,'%s','delimiter', ',');
result = result{1,1};
DataCell = result;
Data = cellfun(@str2double, DataCell(2:30));
temp = cell2mat(DataCell(1));
StockName = temp(22:end);
StockID = temp(12:19);
DataCell{1, 1} = [StockName, '_', StockID];
StockDate = cell2mat( DataCell(31) );
StockTime = cell2mat( DataCell(32) );
DataCell{2, 1} = StockDate;
DataCell{3, 1} = StockTime;
DataCell(4:end-1) = mat2cell( Data, ones(length(Data), 1) );
temp = DataCell(1:32);
DataCell = temp;
ind = 1;
DataCell{ind, 2} = '股票名称代码';
ind = ind + 1;
DataCell{ind, 2} = '日期';
ind = ind + 1;
DataCell{ind, 2} = '时间';
ind = ind + 1;
DataCell{ind, 2} = '今开盘';
ind = ind + 1;
DataCell{ind, 2} = '昨收盘';
ind = ind + 1;
DataCell{ind, 2} = '当前价';
ind = ind + 1;
DataCell{ind, 2} = '今最高';
ind = ind + 1;
DataCell{ind, 2} = '今最低';
ind = ind + 1;
DataCell{ind, 2} = '竞买价，即"买一"报价';
```

```
ind = ind + 1;
DataCell{ind, 2} = '竞卖价,即"卖一"报价';
ind = ind + 1;
DataCell{ind, 2} = '成交量,单位"股"';
ind = ind + 1;
DataCell{ind, 2} = '成交额,单位"元"';
ind = ind + 1;
DataCell{ind, 2} = '买一量';
ind = ind + 1;
DataCell{ind, 2} = '买一价';
ind = ind + 1;
DataCell{ind, 2} = '买二量';
ind = ind + 1;
DataCell{ind, 2} = '买二价';
ind = ind + 1;
DataCell{ind, 2} = '买三量';
ind = ind + 1;
DataCell{ind, 2} = '买三价';
ind = ind + 1;
DataCell{ind, 2} = '买四量';
ind = ind + 1;
DataCell{ind, 2} = '买四价';
ind = ind + 1;
DataCell{ind, 2} = '买五量';
ind = ind + 1;
DataCell{ind, 2} = '买五价';
ind = ind + 1;
DataCell{ind, 2} = '卖一量';
ind = ind + 1;
DataCell{ind, 2} = '卖一价';
ind = ind + 1;
DataCell{ind, 2} = '卖二量';
ind = ind + 1;
DataCell{ind, 2} = '卖二价';
ind = ind + 1;
DataCell{ind, 2} = '卖三量';
ind = ind + 1;
DataCell{ind, 2} = '卖三价';
ind = ind + 1;
DataCell{ind, 2} = '卖四量';
ind = ind + 1;
DataCell{ind, 2} = '卖四价';
```

```
ind = ind + 1;
DataCell{ind, 2} = '卖五量';
ind = ind + 1;
DataCell{ind, 2} = '卖五价';
end
```

测试上述函数获取某只股票的实时数据，代码如下：

```
%% 获取实时数据测试
% Sina 中证券代码为 (sh 上海，sz 深圳)，例如，招商银行为 sh600036
StockCode='sh600036';
[DataSina, DataCell]=SinaData(StockCode);
DataCell
```

运行结果如下：

```
DataCell =
    '招商银行_sh600036'    '股票名称代码'
    '2013-11-27'           '日期'
    '10:28:22'             '时间'
    [       10.8400]       '今开盘'
    [       10.8300]       '昨收盘'
    [       10.7800]       '当前价'
    [       10.8500]       '今最高'
    [       10.7600]       '今最低'
    [       10.7700]       '竞买价，即"买一"报价'
    [       10.7800]       '竞卖价，即"卖一"报价'
    [      11165602]       '成交量，单位"股"'
    [     120618712]       '成交额，单位"元"'
    [         17119]       '买一量'
    [       10.7700]       '买一价'
    [        348053]       '买二量'
    [       10.7600]       '买二价'
    [        509400]       '买三量'
    [       10.7500]       '买三价'
    [        129800]       '买四量'
    [       10.7400]       '买四价'
    [        236600]       '买五量'
    [       10.7300]       '买五价'
    [         36790]       '卖一量'
    [       10.7800]       '卖一价'
    [         50257]       '卖二量'
    [       10.7900]       '卖二价'
    [        158371]       '卖三量'
```

[	10.8000]	'卖三价'
[	143496]	'卖四量'
[	10.8100]	'卖四价'
[	33665]	'卖五量'
[	10.8200]	'卖五价'

注：上面是历史上某个时间的运行结果，由于获取的是股票的实时数据，不同的时间运行结果会有所不同。通过上述方法可以获取股票的实时数据，再结合MATLAB中的timer函数就可以获取某只股票当天的实时行情，这里不展开介绍。

第 6 章 含衍生品的投资组合风险度量——基于嵌套随机仿真方法

6.1 金融风险度量

金融风险度量是银行等金融机构进行风险管理的重要工具。当风险较大时，金融机构需要持有更多的资金来减小破产的可能性。2008 年美国金融危机中很多金融机构破产，凸显了度量金融风险的重要性。金融风险度量通常是用一个数字来反映投资组合的风险，往往是建立在投资组合损失的基础上。从数学上讲，金融风险度量就是将投资组合损失或其分布映射到一个实数。例如，目前广泛使用的金融风险度量——风险价值（Value at Risk，VaR），定义为投资组合损失的分位数，它"试图为高级管理人员提供一个囊括资产组合全部风险，并以单一数字来表达的风险度量"[1]。

当投资组合包含期权等金融衍生品时，其损失具有条件期望的形式。如果衍生品类型较为复杂，例如路径依赖的期权（亚式期权、障碍期权等），这个条件期望通常不能直接计算得到，而需要通过随机仿真模拟获得。目前常用的方法是嵌套随机仿真（Nested Simulation，NS）[2]方法，本章将详细介绍这一方法及其在衍生品投资组合风险度量中的应用。

6.1.1 常见的几种金融风险度量

本章主要考虑 5 个重要的金融风险度量，分别如下所述。

---

[1] 见约翰·赫尔（John C. Hull）著，王勇、索吾林译. 2009. 期权、期货及其他衍生产品（原书第 7 版），机械工业出版社. 第 20 章 风险价值度.

[2] 见 Gordy, Michael B., Juneja, Sandeep. 2010. Nested Simulation in Portfolio Risk Measurement. *Management Science*, 56(10), 1833-1848.

(1) 风险价值（Value at Risk，VaR）。它定义为投资组合损失的分位数，即
$$\mathrm{VaR}(L) = \inf\{x : F_L(x) \geq \beta\}$$
称为 β-VaR，其中 $F_L(x)$ 是投资组合损失 L 的分布函数。

(2) 条件风险价值（Conditional Value at Risk，CVaR）。它定义为大于 VaR(L) 的那部分 L 的均值，即
$$\mathrm{CVaR}(L) = E[L|L > \mathrm{VaR}(L)]$$
称为 β-CVaR，当 L 为连续性随机变量时，CVaR 也可以定义为：
$$\mathrm{CVaR}(L) = \frac{1}{1-\beta} E\{[L - \mathrm{VaR}(L)]^+ \mathbf{1}\{L \geq \mathrm{VaR}(L)\}\}$$
$$= \inf_{u \in R}\left\{u + \frac{1}{1-\beta} E\left[(L-u)^+\right]\right\}$$
其中取得极小值时的 $u = \mathrm{VaR}(L)$。

(3) 形如 $E_g(L)$ 的风险度量[①]，分为以下三种情况：

① 当 $g(x) = (x-c)^2$ 时，其中 c 为某一参考值，该风险度量称为平方追踪误差（Square Tracking Error，STE）；

② 当 $g(x) = (x-c)^+$ 时，该风险度量称为预期超额损失（Expected Excess Loss，EEL）；

③ 当 $g(x) = \mathbf{1}\{x \geq c\}$ 时，该风险度量称为巨额损失风险（Probability of Large Losses，PLL）。

这三个函数分别代表了三类函数，即光滑函数、不可微函数及不连续函数。第②、③种情况对应的风险度量也可称为上偏矩（Upper Partial Moments，UPM）[②]。

当投资组合包含期权等金融衍生品时，其损失为一个条件期望，因此上面 5 个风险度量可以抽象为：
$$\rho(L) = \rho(E[Y|X])$$
其中，ρ 代表 VaR、CVaR 及 $E_g(\cdot)$ 等风险度量。以风险度量 STE 为例，它的值为：

[①] 见 Hong L. J., Juneja S., Liu G. 2017. Kernel Smoothing for Nested Estimation with Application to Portfolio Risk Measurement. *Operations Research*, 65(3): 657-673.

[②] 见 McNeil, A. J., Frey, R., & Embrechts, P. (2005). Quantitative Risk Management: Concepts, Techniques and Tools-revised Edition. Princeton University Press. 上偏矩定义为 UPM$(k,c) = E[(x-c)^k \mathbf{1}\{x \geq c\}]$，其中 $k \geq 0$。当 $k = 0$ 时，上偏矩即为 PLL；当 $k = 1$ 时，上偏矩即为 EEL。

$$\rho(L) = E\left(E[Y|X] - c\right)^2$$

估计这样的风险度量，需要分别估计内、外层的期望。

若其中的投资组合损失即条件期望的概率分布未知或没有显式表达式，则这类问题往往需要先估计这个条件期望，再估计外面的期望，因此通常称为嵌套估计问题（Nested Estimation）。

6.1.2 衍生品投资组合的损失及风险

我们通过一个简单的例子来引入包含期权等金融衍生品的投资组合的损失。考虑一个投资组合，其只含有一个普通欧式看涨期权。设该看涨期权的到期日是 T，执行价格是 K，标的资产 t 时刻的价格为 X_t，服从几何布朗运动。该期权在 T 时刻的支付函数为：

$$p(X_T) = (X_T - K)^+$$

其中 $x^+ = \max\{x, 0\}$，即当 $x > 0$ 时，$x^+ = x$，反之 $x^+ = 0$。该期权在 0 时刻的价格为：

$$V_0 = E[p(X_T)]$$

t 时刻的价格为：

$$V_t = E[p(X_T)|X_t]$$

则该投资组合在 t 时刻的损失为：

$$V_0 - V_t = V_0 - E[p(X_T)|X_t] = E[V_0 - p(X_T)|X_t]$$

记被积函数 $V_0 - p(X_T) = Y$，则投资组合的损失函数为：

$$L(X_t) = E[Y|X_t]$$

由此可见，包含期权等衍生产品的投资组合的损失是一个条件期望。

若我们考察该投资组合的巨额损失风险（Probability of Large Losses，PLL），则它的值为：

$$E\left[\mathbf{1}\{L(X_t) \geqslant c\}\right] = E\left[\mathbf{1}\{E[Y|X_t] \geqslant c\}\right]$$

其中 $\mathbf{1}\{x \geqslant c\}$ 为示性函数，即当 $x \geqslant c$ 时函数值是 1，否则是 0。PLL 衡量了投资组合损失超过某一给定阈值 c 的概率。

6.2 嵌套随机仿真方法

6.2.1 嵌套随机仿真的框架

处理嵌套估计问题的方法是嵌套随机仿真（Nested Simulation，NS）[①]，简单起见，我们仍以风险度量 STE 为例来阐述 NS 方法。我们的目标是估计：

$$\rho(L) = E(L(X)-c)^2 = E\left(E[Y|X]-c\right)^2$$

NS 方法分为外层仿真和内层仿真，如图 6-1 所示。

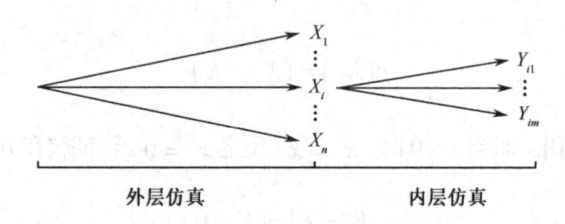

图 6-1 嵌套随机仿真示意图

① 外层仿真：生成 n 个 X 的独立同分布（IID）样本 $\{X_1,\cdots,X_n\}$，进而能得到损失函数的 n 个 IID 样本 $\{L(X_1),\cdots,L(X_n)\}$。由于衍生品的复杂性，这些损失函数的样本往往不能被观测，而只能通过估计得到，所以需要进一步的内层仿真。

② 内层仿真：给定每一个外层样本 X_i，生成 m 个 IID 的内层样本 $\{Y_{i1},\cdots,Y_{im}\}$。我们用这些内层样本的均值来近似内层的条件期望，即

$$L(X_i) \approx \hat{L}_m(X_i) = \frac{1}{m}\sum_{j=1}^{m} Y_{ij}$$

进而，风险度量 STE 的 NS 估计量为：

$$E\left(E[Y|X]-c\right)^2 \approx \frac{1}{n}\sum_{i=1}^{n}\left(\hat{L}_m(X_i)-c\right)^2 = \frac{1}{n}\sum_{i=1}^{n}\left(\frac{1}{m}\sum_{j=1}^{m}Y_{ij}-c\right)^2 \triangleq \rho_{mn}$$

本章中，不同类型的 NS 估计量统一记为 α_{mn}，对应的真实值简记为 α。类似的，

[①] 见 Gordy, Michael B., Juneja, Sandeep. 2010. Nested Simulation in Portfolio Risk Measurement. *Management Science*, 56(10), 1833-1848.

EEL 的估计量为：

$$E\left(E[Y|X]-c\right)^+ \approx \frac{1}{n}\sum_{i=1}^{n}\left(\hat{L}_m(X_i)-c\right)^+ = \frac{1}{n}\sum_{i=1}^{n}\left(\frac{1}{m}\sum_{j=1}^{m}Y_{ij}-c\right)^+ \triangleq \alpha_{mn}$$

PLL 的估计量为：

$$E\left[\mathbf{1}\{E[Y|X]\geqslant c\}\right] \approx \frac{1}{n}\sum_{i=1}^{n}\mathbf{1}\{\hat{L}_m(X_i)\geqslant c\} = \frac{1}{n}\sum_{i=1}^{n}\mathbf{1}\left\{\frac{1}{m}\sum_{j=1}^{m}Y_{ij}\geqslant c\right\} \triangleq \alpha_{mn}$$

VaR 的估计量为 $\{\hat{L}_m(X_1),\cdots,\hat{L}_m(X_n)\}$ 的样本分位数，记为 $\hat{L}_{m,\lceil\beta n\rceil} \triangleq \alpha_{mn}$；CVaR 的估计量为：

$$\text{CVaR}(L) \approx \frac{1}{1-\beta}\frac{1}{n}\sum_{i=1}^{n}\left[\left(\hat{L}_m(X_i)-\hat{L}_{m,\lceil\beta n\rceil}\right)^+\mathbf{1}\{\hat{L}_m(X_i)\geqslant\hat{L}_{m,\lceil\beta n\rceil}\}\right] \triangleq \alpha_{mn}$$

由此可见，NS 方法就是用样本均值近似条件期望或者期望。这个方法因其简单直观，且易于并行计算，被越来越多的金融机构使用。然而，NS 方法的一个主要问题是如何确定外层和内层的样本量，即 n 和 m。换句话说，在使用 NS 方法时，如何设定 n 和 m 的值。金融从业者认为使用 NS 方法估计衍生品投资组合风险度量时，为了估计条件期望更准确，m 的值要非常大，这样就造成 NS 方法的计算量太大。因此，金融从业者使用一些简单的近似方法（如 Delta-Gamma 方法[1]）来估计条件期望，从而避免使用 NS 方法。这显然制约了 NS 方法在金融风险管理中的应用。

NS 方法的计算量可简单理解为外层和内层的样本量的乘积，即 $n\cdot m$。Gordy 和 Juneja（2010）[2]这篇文章指出，当 n 和 m 充分大时，n 是 m^2 的常数倍使得估计量的均方误差（Mean Squared Error，MSE）最小，即 $n=cm^2$，其中 c 是一个未知的确定常数[3]。也就是说，当 n 和 m 充分大时，m 的值要比 n 小很多，所以金融从业者不必太担心 NS 方法的计算量会很大。

然而，现实中给定计算量，如何确定 n 和 m 的值是很困难的，因为不能忽略常数 c 的存在。例如，$n\cdot m=1000$ 时，若 $c=1$，则 n 和 m 的最优分配为 $n=100$ 和 $m=10$，显然 c 的值不同，n 和 m 的分配也不同。但是，c 的计算需要知道条件期望 $E[Y|X]$ 的密度函数及其导数值，因此很难通过计算得到。下面通过两个简单的例子来阐释不同的 n 和 m 的值对估计量的影响。

---

[1] 见 Hull J. C. 2015. Options, Futures, and Other Derivatives. 9th ed.: Pearson. 第 22 章。

[2] 见 Gordy, Michael B., Juneja, Sandeep. 2010. Nested Simulation in Portfolio Risk Measurement. *Management Science*, 56(10), 1833-1848.

[3] Zhang K., Liu G., Wang S. 2021. Bootstrap-based Budget Allocation for Nested Simulation. *Operations Research*, preprint.

【例6-1】考虑一个投资组合包含3个向上敲出的看涨障碍期权（Up and Out Call Barrier Option），敲定价格分别为90、100和110，障碍值为120。每个期权的标的资产均是一维的几何布朗运动，其收益率为8%，波动率为8%。设无风险利率为5%，期权的到期日为1年以后，我们考察3/50时刻的风险。在这个设定下，上述5个风险度量的值可以被精确地估计，该值可被视为风险度量的真实值，并作为衡量NS估计值表现的标准。我们进行1000次随机仿真，得到1000个风险度量的估计量，进而计算得到的RRMSE，其结果见表6-1。其中RRMSE是$MSE^{1/2}$与真实风险度量值的比值，这是一个相对的量，用来衡量估计量表现的好坏。RRMSE的值越小，说明估计量的表现越好。

表6-1 不同的外层、内层样本量分配情况下风险度量估计量的RRMSE（例6-1）

$n \cdot m = 10^5$	风险度量	100×1000	200×500	250×400	400×250	500×200
RRMSE（%）	SRE	17.61	**17.43**	19.12	27.23	32.98
	EEL	42.42	32.08	**30.85**	32.50	35.36
	PLL	31.03	23.72	**22.00**	22.08	24.46
	VaR	16.31	11.63	**10.96**	11.38	12.55
	CVaR	12.60	9.03	**8.34**	8.62	9.49
$n \cdot m = 10^6$	风险度量	500×2000	800×1250	1000×1000	2000×500	4000×250
RRMSE（%）	SRE	7.82	**7.75**	8.11	13.49	25.83
	EEL	18.82	15.94	**14.06**	15.15	24.02
	PLL	13.90	11.33	**10.44**	11.03	16.90
	VaR	7.40	5.97	**5.62**	5.92	9.12
	CVaR	5.99	4.46	**4.37**	4.55	7.00

在表6-1中，不同的外层、内层样本量分配情况下，风险度量估计量的RRMSE相对较小的标注为粗体。由表可见，在例6-1的设定下，最优的RRMSE对应的外层、内层样本量分配均为$n \leq m$，这是因为常数c在发挥作用。

【例6-2】设定与例6-1相同，只有如下参数不同：设几何布朗运动波动率为20%，期权的到期日为1个月以后，我们考察1/52时刻的风险。[此例的设定和结果来自Zhang等（2021）[1]]

---

[1] Zhang K., Liu G., Wang S. 2021. Bootstrap-based Budget Allocation for Nested Simulation. *Operations Research*, preprint.

表6-2 不同的外层、内层样本量分配情况下风险度量估计量的 RRMSE（例6-2）

$n \cdot m = 10^5$	风险度量	200×500	400×250	500×200	1000×100	2000×50
RRMSE（%）	SRE	10.25	7.59	6.73	**5.94**	8.49
	EEL	29.02	19.21	18.34	**14.92**	18.40
	PLL	21.30	14.80	13.97	**10.52**	11.86
	VaR	8.65	5.90	5.47	**4.12**	4.61
	CVaR	6.59	4.26	4.01	**3.16**	3.85
$n \cdot m = 10^6$	风险度量	500×2000	1000×1000	2000×500	5000×200	10000×100
RRMSE（%）	SRE	6.59	4.74	3.38	**2.93**	4.14
	EEL	17.73	11.95	9.00	**6.88**	8.68
	PLL	13.61	9.20	6.87	**4.98**	5.67
	VaR	5.30	3.65	2.72	**1.95**	2.22
	CVaR	4.07	2.70	2.02	**1.50**	1.90

由表 6-1 和表 6-2 中的结果可见，对于不同的参数设定、不同的风险度量，n 和 m 的分配都不尽相同。所以，如果确定 n 和 m 是 NS 方法中的一个突出问题，我们将在下一节中讲述。

6.2.2 基于自助采样法的计算量分配方法

通过上一节中的例 6-1 和例 6-2，我们发现了将计算量正确分配给 n 和 m 的重要性。这个问题自 Gordy 和 Juneja 于 2010 年正式提出以来[1]，一直是学术界和金融业界关注的问题。最近，中国人民大学统计与大数据研究院的张琨助理教授、香港城市大学商学院的刘光梧教授及王诗雨研究员（现就职于前海金控）在嵌套随机仿真的计算量分配问题上取得了重要进展[2]。本节我们将介绍这一最新研究成果——基于自助采样法（Bootstrap）的嵌套随机仿真计算量分配算法。嵌套随机仿真计算量分配算法的基本思路是用少量的样本将未知常数 c 估计出来，但是样本量太小的时候，c 的估计量的方差和偏差都会很大，这样的估计量用于计算量分配问题也会造成较大的方差和偏差；所以引入自助采样法，在样本量小时，增加 c 的估计量的准确性。下面，我们先叙述一个理论事实，然后引入计算量分配算法。

如前面提到的，我们记不同的风险度量 STE、EEL、PLL、VaR 和 CVaR 的真实

---

[1] 见 Gordy, Michael B., Juneja, Sandeep. 2010. Nested Simulation in Portfolio Risk Measurement. *Management Science*, 56(10), 1833-1848.

[2] Zhang K., Liu G., Wang S. 2021. Bootstrap-based Budget Allocation for Nested Simulation. *Operations Research*, preprint.

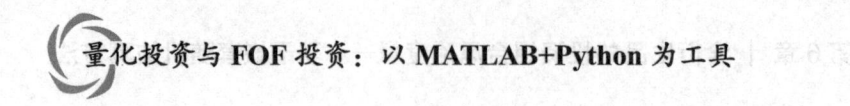

值为 α，它们对应的 NS 估计量记为 α_{mn}。Gordy 和 Juneja（2010）、Zhang 等（2021）两篇文章中证明了，在满足一些基本假设的条件下，对于不同类型风险度量，它们的偏差（Bias）和方差（Variance）都有如下的统计性质：

$$E\alpha_{mn} - \alpha = \frac{A}{m} + o\left(\frac{1}{m}\right)$$

$$\text{Var}(\alpha_{mn}) = \frac{B}{n} + o\left(\frac{1}{n}\right)$$

当 $n, m \to \infty$，其中 n 和 m 即为随机仿真的外层和内层的样本量，A 和 B 是与风险度量类型、损失分布有关的未知常数。我们只考虑偏差和方差的主项，则均方误差（Mean Squared Error，MSE）为：

$$\text{MSE}(\alpha_{mn}) = (E\alpha_{mn} - \alpha)^2 + \text{Var}(\alpha_{mn}) = \frac{A^2}{m^2} + \frac{B}{n}$$

给定总的计算量 $\Gamma = n \cdot m$，最小化均方误差，即

$$\min_{m,n} \text{MSE}(\alpha_{mn})$$
$$\text{s.t. } \Gamma = n \cdot m$$

解这个优化问题，即得到最优的 n 和 m 的值为：

$$n^* = \left(\frac{B}{2A^2}\right)^{1/3} \Gamma^{2/3}, \quad m^* = \left(\frac{2A^2}{B}\right)^{1/3} \Gamma^{1/3}$$

6.2.1 节 $n = cm^2$ 中的 c 即为 $(2A^2/B)^{1/3}$。由以上结论可知，要想确定 n 和 m 的理论最优值，只需要计算 A 和 B 的值。而我们的主要工作是要估计风险度量，只能用少量的计算量来估计 A 和 B 的值。下面我们先介绍如何利用自助采样法估计 A 和 B 的值，进而给出计算量在 n 和 m 之间的分配，最后估计金融风险度量。

观察上面的公式可以发现，$E\alpha_{mn}$、$\text{Var}(\alpha_{mn})$ 与 $1/m$、$1/n$ 都是线性关系，若我们能估计 $E\alpha_{mn}$ 和 $\text{Var}(\alpha_{mn})$ 的值，再利用它们的估计值分别与 $1/m$ 和 $1/n$ 做最小二乘回归，则回归系数即为 A 和 B。如上所述，我们只能用少量的计算量来估计 $E\alpha_{mn}$ 和 $\text{Var}(\alpha_{mn})$ 的值。那么，如何利用少量的计算量得到它们尽量精确的估计值呢？统计学中的自助采样法提供了一项行之有效的技术。具体的，通过在少量的计算量中重复有放回抽样，计算得到 ρ 的多个估计值，将它们取样本平均或取样本方差，即为 $E\alpha_{mn}$ 和 $\text{Var}(\alpha_{mn})$ 的估计值。将它们的估计值分别与 $1/m$ 和 $1/n$ 做最小二乘回归，即得到 A 和 B 的估计值。再将 A 和 B 的估计值代入上面的公式，获得 n 和 m 的理论最优值的估计值，记为 $\hat{n}$ 和 $\hat{m}$。最后，生成 $\hat{n}$ 个外层样本，每个外层样本生成 $\hat{m}$ 个内层样本，计算金融风险度量的估计值。具体的算法如下。

（1）输入：

总计算量 Γ；

初始计算量 Γ_0；

初始外层和内层样本量分别为 n_0 和 m_0，且 $\Gamma_0 = n_0 \cdot m_0$；

K_1 个正整数 $1 < m_1 < \cdots < m_{K_1} = m_0$，$K_2$ 个正整数 $1 < n_1 < \cdots < n_{K_2} = n_0$；

自助采样次数 I。

（2）生成初始样本：外层 $\{X_1, \cdots, X_{n_0}\}$，给定每个外层样本 X_i，生成 m_0 个内层样本 $\{Y_{i1}, \cdots, Y_{im_0}\} \triangleq \boldsymbol{Y}_i$。

（3）自助采样法估计 $E\alpha_{mn}$：

```
for q = 1,···,I
    for k = 1,···,K₁
        % 对每个外层样本 Xᵢ 对应的内层样本 Yᵢ 进行有放回抽样，获得 mₖ 个样本，记为
        Y*ᵢ = {Y*ᵢ₁,···,Y*ᵢmₖ}
        % 取平均即获得自助采样的损失函数估计量，记为
        L̂*mₖ(Xᵢ) = (1/mₖ) Σⱼ₌₁ᵐ Y*ᵢⱼ
        % 进而获得自助采样的风险度量估计量，记为
        α*mₖ,n(q)
    end
end
```

$E\alpha_{mn}$ 的自助采样估计量为 $\bar{\alpha}^*_{m_k,n} = \dfrac{1}{I} \sum_{q=1}^{I} \alpha^*_{m_k,n}(q)$，$k = 1, \cdots, K_1$。

（4）自助采样法估计 $\mathrm{Var}(\alpha_{mn})$：

```
for q = 1,···,I
    for k = 1,···,K₂
        % 对外层样本 {X₁,···,X_{n₀}} 进行有放回抽样，获得 nₖ 个样本，记为
        {X*₁,···,X*_{nₖ}},
        % 将对应的内层样本取平均即获得自助采样的损失函数估计量，记为
        L̂ₘ(X*ᵢ),
        % 进而获得自助采样的风险度量估计量，记为
        α̃*m,nₖ(q)
    end
end
```

$\mathrm{Var}(\alpha_{mn})$ 的自助采样估计量为 $s^2_{m,n_k} = \dfrac{1}{I} \sum_{q=1}^{I} \left[\tilde{\alpha}^*_{m,n_k}(q) - \dfrac{1}{I} \sum_{q=1}^{I} \tilde{\alpha}^*_{m,n_k}(q) \right]^2$，$k = 1, \cdots, K_2$。

(5) 最小二乘回归估计 A 和 B 的值：

将 $\{\bar{\alpha}^*_{m_1,n},\cdots,\bar{\alpha}^*_{m_{K_1},n}\}$ 和 $\{s^2_{m,n_1},\cdots,s^2_{m,n_{K_2}}\}$ 分别对 $\{1,\cdots,1;1/m_1,\cdots,1/m_{K_1}\}$ 和 $\{1/n_1,\cdots,1/n_{K_2}\}$ 作回归，即可得到 A 和 B 的估计值。

(6) 将步骤 (5) 中 A 和 B 的估计值代入 (3) 式，此时 (3) 式中的 Γ 被替换为 $\Gamma-\Gamma_0$，获得 n 和 m 的理论最优值的估计值，记为 $\hat{n}$ 和 $\hat{m}$。利用 $\hat{n}$ 和 $\hat{m}$ 生成相应的外层、内层样本，估计风险度量 α。

关于上述算法在实践中的两点说明如下。

- Γ_0 的取值要适当：Γ_0 的取值太小，会导致 A 和 B 的估计值偏差较大；取值太大虽然会使得 A 和 B 的估计值更精确，但也会使用来生成估计风险度量的样本量变小。一般情况下，取 Γ_0 小于 Γ 的 10%即可。例如，当 $\Gamma=10^5$ 时，取 $\Gamma_0=10^4=10\%\Gamma$，再取 $n_0=m_0=100$，此时取 $\{m_1,\cdots,m_{K_1}\}=\{n_1,\cdots,n_{K_2}\}=\{50,55,60,65,\cdots,100\}$；当 $\Gamma=10^6$ 时，取 $\Gamma_0=4\times10^4=4\%\Gamma$，再取 $n_0=m_0=200$，此时取 $\{m_1,\cdots,m_{K_1}\}=\{n_1,\cdots,n_{K_2}\}=\{50,60,70,\cdots,200\}$。

- 自助采样次数 I 的取值：一般情况下，取 200~1000 次即可。

【例 6-3】继续 6.2.1 节中的例 6-1，运行基于自助采样法的嵌套随机仿真计算量分配算法，其中 Γ_0 的设定根据上面说明中的第一条，自助采样次数 $I=500$。进行 1000 次随机仿真，得到 1000 个风险度量的估计量，进而计算得到的 RRMSE，结果展示于表 6-3 的最后一列。运行 1000 次基于自助采样法的计算量分配算法，得到 1000 个估计量。表 6-3 的最后一列是由 1000 个估计量计算得到的 RRMSE。

表 6-3 不同的外层、内层样本量分配情况下，风险度量估计量的 RRMSE 与自助采样法所得 RRMSE（例 6-3）

	$n\cdot m=10^5$	风险度量	100×1000	200×500	250×400	400×250	500×200	自助采样法
RRMSE (%)		SRE	17.61	**17.43**	19.12	27.23	32.98	18.95
		EEL	42.42	32.08	**30.85**	32.50	35.36	33.15
		PLL	31.03	23.72	**22.00**	22.08	24.46	24.30
		VaR	16.31	11.63	**10.96**	11.38	12.55	11.94
		CVaR	12.60	9.03	**8.34**	8.62	9.49	8.24
	$n\cdot m=10^6$	风险度量	500×2000	800×1250	1000×1000	2000×500	4000×250	自助采样法
RRMSE (%)		SRE	7.82	**7.75**	8.11	13.49	25.83	8.12
		EEL	18.82	15.94	**14.06**	15.15	24.02	13.73
		PLL	13.90	11.33	**10.44**	11.03	16.90	10.16
		VaR	7.40	5.97	**5.62**	5.92	9.12	5.34
		CVaR	5.99	4.46	**4.37**	4.55	7.00	4.14

表 6-3 的结果表明，基于自助采样法的嵌套随机仿真计算量分配算法，获得的估计量的 RRMSE，与前面的固定计算量分配方法中的 RRMSE 的最小值很接近，尤其是当总计算量是 10^6 时。此时，VaR 和 CVaR 的估计量的 RRMSE 均小于前面所列出的固定计算量分配方法中的 RRMSE 的最小值。

【例 6-4】（此例的设定和结果同例 6-2）继续 6.2.1 节中的例 6-2，运行基于自助采样法的嵌套随机仿真计算量分配算法，其中 $\varGamma_0$ 的设定同例 6-3，自助采样次数 $I=500$。进行 1000 次随机仿真，得到 1000 个风险度量的估计量，进而计算得到的 RRMSE，结果展示于表 6-4 的最后两列。运行 1000 次基于自助采样法的计算量分配算法，得到 1000 个估计量和 1000 个 n 和 m 的估计值。表 6-4 的倒数第二列是由 1000 个估计量计算得到的 RRMSE，最后一列是 1000 个 m 的估计值的均值。

表 6-4 不同的外层、内层样本量分配情况下，风险度量估计量的 RRMSE 与自助采样法所得 RRMSE（例 6-4）

	$n\cdot m=10^5$	风险度量	200×500	400×250	500×200	1000×100	2000×50	自助采样法	$\hat{m}$ 的均值
RRMSE (%)		SRE	10.25	7.59	6.73	**5.94**	8.49	6.15	110
		EEL	29.02	19.21	18.34	**14.92**	18.40	15.47	96
		PLL	21.30	14.80	13.97	**10.52**	11.86	14.93	76
		VaR	8.65	5.90	5.47	**4.12**	4.61	6.35	76
		CVaR	6.59	4.26	4.01	**3.16**	3.85	3.21	91
	$n\cdot m=10^6$	风险度量	500×2000	1000×1000	2000×500	5000×200	10000×100	自助采样法	$\hat{m}$ 的均值
RRMSE (%)		SRE	6.59	4.74	3.38	**2.93**	4.14	2.82	167
		EEL	17.73	11.95	9.00	**6.88**	8.68	7.09	201
		PLL	13.61	9.20	6.87	**4.98**	5.67	7.29	238
		VaR	5.30	3.65	2.72	**1.95**	2.22	2.49	166
		CVaR	4.07	2.70	2.02	**1.50**	1.90	1.51	195

与表 6-3 的结果类似，表 6-4 的倒数第二列中的 RRMSE 也与前面的固定计算量分配方法中的 RRMSE 的最小值很接近。此外，表 6-4 最后一列中的 $\hat{m}$ 的均值表明，对于不同的风险度量，总计算量在 n 和 m 之间的分配应该不同，而基于自助采样法的嵌套随机仿真计算量分配算法恰恰能根据不同的风险度量计算不同的计算量分配方案。

第 7 章 基于 MATLAB 的风险管理

7.1 背景介绍

风险管理作为商业银行维持正常经营的重要手段，19 世纪初就已在世界范围内得到广泛使用。西方发达国家早已建立起一套成熟的风险管理体系，其运作的依据通常都是某种统计或数学模型。虽然我国的风险管理才刚刚起步，但近年来在风险管理方面进行了大量探究。我国过去的风险管理理念建立在定性和主观经验的基础上，现阶段侧重于对定量的数学模型的引进及探讨。VaR 作为风险管理的重要模型之一，尤其需要学者和风险管理者的重视，本章将对其进行简单介绍。

1993 年 7 月，G30 国成员曾发表了一篇关于金融衍生工具的报告，首次建议用"风险价值系统"（Value at Risk System，VaRS）来评估金融风险。1999 年的《新巴塞尔协议》征求意见稿中，巴塞尔委员会极力提倡商业银行用 VaR 模型度量其所面临的信用风险。2004 年发布的《新巴塞尔协议》把风险管理的对象扩大到市场风险、信用风险和操作风险的总和，并进一步主张用 VaR 模型对商业银行面临的风险进行综合管理。委员会也鼓励商业银行在满足监管和审计要求的前提下，可以自己建立以 VaR 为基础的内部模型。自此，VaR 模型作为一个很好的风险管理工具开始被应用和推广，并逐步奠定了其在风险管理领域的元老地位。

7.1.1 VaR 模型

1. VaR 模型的含义

VaR（Value at Risk），直译为"风险价值"，其内涵是在正常情况下，一定时期 Δt 内，一定的置信水平 $1-\alpha$ 下，某种资产组合面临的最大损失。统计学表达为：

$$\text{Prob}(\Delta p \leqslant \text{VaR}) = 1-\alpha$$

式中，Δp 是指在一定时期 Δt 内某种资产组合市场价值的变化，$1-\alpha$ 为给定的概率。即在一定的持有期 Δt 内，在给定的置信水平 $1-\alpha$ 下，该资产组合的最大损失不会超过 VaR。用 VaR 进行风险衡量时，首先要确定持有期和置信水平。巴塞尔委员会规定的持有期标准为 10 天，置信水平为 99%，但各个商业银行可以确定自己的标准。如 J.P.Morgan 公司在 1994 年的年报中规定持有期为 1 天，置信水平为 95%，VaR 值为 1500 万美元，其含义为 J.P.Morgan 公司在一天内所持有的风险头寸的损失小于 1500 万美元的概率为 95%，超过 1500 万美元的概率为 5%。当然，投资者也可以根据自己的喜好选择持有期和置信水平，一般而言，置信水平直接反映投资者的风险偏好水平。

2. VaR 的主要性质

VaR 的主要性质有以下几点。

（1）变换不变性：满足 $\text{VaR}(X+a) = \text{VaR}(X) + a$，$a \in \mathbf{R}$。

（2）正齐次性：满足 $\text{VaR}(hX) = h\text{VaR}(X)$，$h<0$，保证资产的风险与其持有的头寸成正比。

（3）协单调可加性：$\text{VaR}(X_1+X_2) = \text{VaR}(X_1) + \text{VaR}(X_2)$。

（4）不满足次可加性和凸性：不满足次可加性意味着资产组合的风险不一定小于各资产风险之和，这一点是不合理的，因为它意味着一个金融机构不能通过计算其分支机构的 VaR 来推导整个机构的 VaR。不满足凸性意味着以 VaR 为目标函数的规划问题一般不是凸规划，其局部最优解不一定是全局最优解，在基于 VaR 对资产组合进行优化时，可能存在多个局部极值，因此无法求得最佳资产组合，这也是 VaR 用于研究资产组合风险时的主要障碍。

（5）满足一阶随机占优。

（6）VaR 关于概率水平 $1-\alpha$ 不是连续的。

Artzner（1999）指出，好的风险度量方法需满足一致性，满足一致性意味着其能同时满足次可加性、正齐次性、单调性和变换不变性 4 个性质。显然，VaR 不具有这个特性。

3. VaR 模型的优点与缺点

VaR 模型作为现代商业银行风险管理的重要方法之一，有不少优点。首先，VaR 使用规范的数理统计技术和现代工程方法来度量银行风险，与以往靠定性和主观经验的风险度量技术相比更具客观性；其次，它使用单一指标对风险进行衡量，具有直观性，即使没有专业背景的投资者和管理者，也能通过这一指标评价风险的大小；再次，它不仅可以衡量单一的金融资产的风险，还能衡量投资组合的风险，而且它对风险的衡量具有前瞻性，是对未来风险的衡量，不像以往对风险的衡量都是在事后进行；最后，VaR 把对未来预期损失的规模和发生的可能性结合起来，使管理者不仅能了解损失的规模，还能了解在这一规模上损失的概率，并且通过对不同的置信区间的选择可以得到不同的最大损失规模，便于管理者了解在不同可能程度上的风险大小。

VaR 模型当然也有一些缺点。首先，VaR 模型是对正常市场环境中的金融资产的风险衡量，一旦金融环境出现动荡，即当极端情况发生时，VaR 模型所代表的风险大小就失去了参考价值。因此，为了完善对所有市场状况下的风险衡量，通常在 VaR 模型的基础上引入 Stress Test（压力试验）和极值分析两种方法进行辅助。压力试验主要是在违背模型假设的极端市场情景下，对资产组合收益的不利影响进行评价；对 VaR 进行辅助的极值分析的方法有 BMM 和 POT 两种，其中最常用的是 POT 模型。极值分析是当风险规模超过某一最大值时进行建模，直接处理风险概率分布的尾部，事先不对数据的分布作假设，在利用设定参数建立模型的基础上，对极端情况下的风险规模和概率进行衡量。其次，VaR 模型是在收益分布为正态分布情况下的衡量。但在实际中，资产收益的尾部比正态分布的尾部更厚，通常称为厚尾性，且其与正态分布的对称性也不一致。在这种情况下，VaR 模型就不会产生一致性度量的结果。所谓一致性风险度量，即风险衡量得出的度量值大小与风险的实际大小具有一致性，对风险大的金融资产衡量得出的风险值大于对风险小的金融资产衡量得出的风险值，相同风险的金融资产具有相同的风险度量值，风险不同的金融资产具有不同的风险度量值。针对 VaR 模型度量的不一致性，可以引进 ES（Expected Shortfall）或者 CVaR（Conditional Value at Risk）模型对其进行修正，二者是同一概念的不同说法。CVaR 称为条件风险价值，是当资产组合的损失超过给定的 VaR 值时，资产组合损失的期望，用数学公式表达为：

$$CVaR_\alpha = E(-X | -X \leq VaR_\alpha(x))$$

其中，X 表示资产的损益。

CVaR 满足以下性质。

（1）是一致连续的。

（2）满足次可加性，$\forall X, Y$ 满足 $\rho(X+Y) \leq \rho(X)+\rho(Y)$。

（3）满足二阶随机占优。

（4）满足单调性，$\forall X, Y$ 满足 $\rho(X) \leq \rho(Y)$，如果 $X \leq Y$。

7.1.2　VaR 计算方法

VaR 的计算主要有三种方法。

1. 历史模拟法

历史模拟法的基本思想是：用给定的历史中观测到的市场因子的变化来表示市场因子的未来变化。在估计市场因子模型时，采用全值估计方法，即根据市场因子的未来价格水平对头寸进行重新估值，计算出头寸的价值变化（损益），最后将组合的损益从小到大排序，得到损益分布，通过给定的置信度下的分位数求出 VaR。

2. 分析方法

分析方法的基本思想是：利用证券组合的价值函数与市场因子间的近似关系，推断市场因子的统计分布（方差–协方差矩阵），进而简化 VaR 的计算。分析方法的数据易于收集，计算方法简单，计算速度快，也比较容易为监管机构所接受。

3. 蒙特卡罗（Monte Carlo）模拟方法

该方法的基本步骤是：①选择市场因子变化的随机过程和分布，估计其中相应的参数；②模拟市场因子的变化路径，建立市场因子未来变化的情景；③对市场因子的每个情景，利用定价公式或其他方法计算组合的价值及其变化；④根据组合价值变化分布的模拟结果，计算出特定置信度下的 VaR。

注：不同的计算方法、不同的计算参数计算出来的 VaR 值不同。若某机构宣称其产品的 VaR 值较低，则聪明的投资者需要在购买产品前搞清楚其计算方法与计算的参数。

7.2　MATLAB 实现

7.2.1　数据读取

以 2011 年 11 月 1 日到 2012 年 3 月 22 日期间的沪深 300 指数成分股价格序列为分析目标，采用三种方法计算投资组合的 VaR 值。下面将从数据提取、数据处理、模型计算等方面分步骤讲解 MATLAB 的编程计算。相关程序代码在 Solution1.m 与 Solution2.m 中。

1. 数据提取

从 Excel 中读取沪深 300 指数成分股相关数据。文件 CSI300.xlsx 中存储有三张 Sheet 数据，分别为成分股价格序列 CSI300、成分股自由流通股本[①] Portfolio Positions 和沪深 300 指数价格序列 CSI300-Index。成分股价格序列格式如表 7-1 所示。

表 7-1　沪深 300 指数成分股价格序列（片段）　　　　　　　　　　单位：元

日期	000001.SZ 深发展 A 收盘价	000002.SZ 万科 A 收盘价	000009.SZ 中国宝安 收盘价	000012.SZ 南玻 A 收盘价	000021.SZ 长城开发 收盘价	000024.SZ 招商地产 收盘价	000027.SZ 深圳能源 收盘价
2011-11-01	16.85	7.76	16.51	12.55	6.84	17.14	6.98
2011-11-02	17.12	7.9	16.5	12.59	7.15	17.71	7.05
2011-11-03	16.88	7.76	16.57	12.77	7.87	17.43	6.9
2011-11-04	16.98	7.84	16.75	12.91	7.77	17.67	6.89
2011-11-07	16.72	7.68	16.75	12.53	7.57	17.39	6.86
2011-11-08	16.74	7.68	18.43	12.32	7.62	17.14	6.91
2011-11-09	16.94	7.67	19.48	12.35	7.76	17.2	6.9
2011-11-10	16.78	7.57	18.61	12.14	7.5	16.8	6.86
2011-11-11	16.57	7.52	19.9	12.18	7.42	16.9	6.95
2011-11-14	16.73	7.63	19.9	12.49	7.6	17.44	7.17

MATLAB 从 Excel 中读取数据的程序如下：

```
%% Import data from Excel
% 从 Excel 中读取数据
%  文件 CSI300.xlsx 中有三张表，分别为沪深 300 指数成分股价格序列、沪深 300 指数成分股权重（股数）、沪深 300 指数价格
% 从文件 CSI300.xlsx 的 CSI300 中读取数据
[num,txt]=xlsread('CSI300.xlsx', 'CSI300');
CSI300Dates=txt(4:end,1);           % 时间
CSI300Tickers=txt(2,2:end);         % 股票名称
CSI300HistPrices=num;               % 成分股历史价格
% 从文件 CSI300.xlsx 的 Portfolio Positions 中读取数据
[num,txt]=xlsread('CSI300.xlsx', 'Portfolio Positions');
positionsPortfolio=num;    % positionsPortfolio 股票数量
% 从文件 CSI300.xlsx 的 CSI300-Index 中读取数据
[num,txt]=xlsread('CSI300.xlsx', 'CSI300-Index');
pricesIndex=num;       % 指数价格
```

[①] 关于自由流通股本的定义与沪深 300 指数编制方法，可以通过中证指数公司网站获得。

```
save CSI300Prices CSI300Dates CSI300Tickers CSI300HistPrices positionsPortfolio
pricesIndex
% 将时间、股票名称、股票价格、自由流通股本、指数价格等数据存储到CSI300Prices文件中
```

运行上述程序可以发现，在 MATLAB 的工作文件中出现了 CSI300Prices.mat 文件，即通过数据提取方法将 Excel 的 .xls 格式的数据转换为 MATLAB 的 .mat 格式文件。在计算中可能需要重复使用相关数据，只需一次性将其存储为 .mat 格式，在重复计算中载入 .mat 文件中的数据即可。

如果安装有 DataHouse 软件，则可以直接从 DataHouse 中获悉所需数据。在实际工作中，常常需要根据最新的市场数据进行计算分析。相比数据源→Excel→MATLAB 或数据源→SQL→MATLAB 的方式，DataHouse→MATLAB 方式更快捷。

MATLAB 从 DataHouse 中读取数据的程序如下：

```
%% Import data from Excel
% 沪深300指数成分股价格序列、沪深300指数成分股权重（股数）、沪深300指数价格
% 获取'2011-01-01','2011-12-31'之间的交易日时间
% 公式：DH_D_TR_DateSerial(证券代码,起始日期,截止日期)
CSI300Dates=DH_D_TR_DateSerial ('000300.SH', '2011-01-01', '2011-12-31');
% 获取'2011-12-31'时刻沪深300指数成分股代码
% 公式：DH_E_S_IndexComps (指数代码,日期)
CSI300Tickers=DH_E_S_IndexComps ('000300.SH', '2011-12-31');
% 根据股票代码与时间获取历史价格序列
% 公式：DH_Q_DQ_Stock (证券代码,日期,指标名称,复权选项)
% 成分股历史价格（依次获得300只股票的历史价格序列）
for i=1:300
    CSI300HistPrices(:,i)=DH_Q_DQ_Stock(CSI300Tickers(i),CSI300Dates,'Close');
end
pricesIndex=DH_Q_DQ_Stock ('000300.SH',CSI300Dates, 'Close',1);
% 获取'2011-12-31'日沪深300指数成分股自由流通股本
% 函数格式：dhfetch ('S_SHARE_FREESHARES',证券代码,日期)
positionsPortfolio=fetch ('S_SHARE_FREESHARES',CSI300Tickers, '2011-12-31');
% fetch函数返回的格式为cell格式，将cell格式转换为mat格式
positionsPortfolio=cell2mat (positionsPortfolio);
% 将时间、股票名称、股票价格、自由流通股本、指数价格等数据存储到CSI300Prices文件中
save CSI300Prices CSI300Dates CSI300Tickers CSI300HistPrices positionsPortfolio
pricesIndex
```

2. 数据可视化与标准化

```
%% Convert price series to return series and visualize historical returns
% 将数据转为收益率序列并画出历史收益曲线
```

```matlab
% 清空变量空间,避免以前计算变量影响本次计算
clear variables
% 如果数据已存储,即非第一次运行,当前工作文件夹中已存在CSI300Prices.mat 文件
Load ('CSI300Prices.mat')
%% Visualize price series
% 可视化价格序列
% 标准化价格,初始价格为1.00
normPrices = ret2tick (tick2ret (CSI300HistPrices));

% 绘制选定股票的标准化价格,'万科A', '潍柴动力','上海能源'
% 选定股票
mypick = strcmpi (CSI300Tickers, '万科A') | strcmpi (CSI300Tickers, '潍柴动力') ...
        | strcmpi (CSI300Tickers, '上海能源');
% 选定股票价格序列
mypickStockPrices = CSI300HistPrices (:, mypick);
% 选定股票的标准价格
mypickNormPrices = normPrices (:, mypick);
% 选定股票的名称
mypickCSI300Tickers = CSI300Tickers(mypick);
% 绘制图形
Plot(mypickNormPrices,'DisplayName','mypickNormPrices','YDataSource','mypickNormPrices');figure(gcf)
% 添加图示
legend(mypickCSI300Tickers)
% 指数标准价格
normIndexPrice = ret2tick (tick2ret(pricesIndex));
% 在上图中添加指数曲线
hold all
plot (normIndexPrice, 'DisplayName', 'Index','YDataSource', 'normIndexPrice');figure(gcf)
```

结果如图7-1所示。

注:如果计算样本时间周期较长,如一年以上,建议在提取股票价格序列时,提取复权价格数据。所谓复权,就是对股价和成交量进行权息修复,按照股票的实际涨跌绘制股价走势图,并把成交量调整为相同的股本口径。例如,某股票除权前日流通盘为5000万股,价格为10元,成交量为500万股,换手率为10%;10送10之后除权报价为5元,流通盘为1亿股,除权当日走出填权行情,收盘于5.5元,上涨10%,成交量为1000万股,换手率也是10%(和前一交易日相比具有同样的成交量水平);复权处理后股价为11元,相对于前一日的10元上涨了10%,成交量为500万股。这样,在股价走势图上真实反映了股价涨跌,同时成交量在除权前后也具有可比性。

图 7-1 标准化股票价格序列图

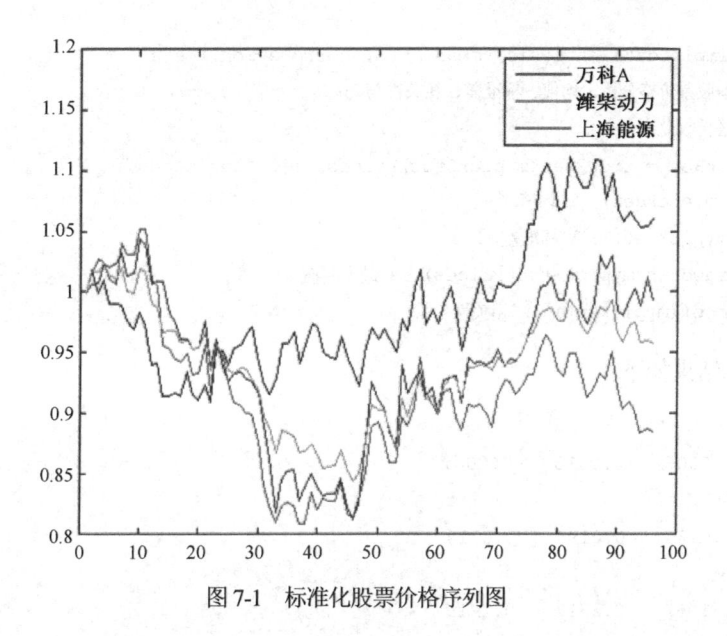

另外，也可调用 strcmpi 函数，该函数语法如下。

- TF = strcmpi(string, string)：比较两个字符串是否相同，返回一个变量。

- TF = strcmpi(string, cellstr)：比较一个字符串与一组字符串是否相同，返回一个向量。

- TF = strcmpi(cellstr, cellstr)：比较一组字符串与一组字符串是否相同，返回一个矩阵。

测试函数程序如下：

```
A={'a', 'b', 'c'};
Idx1= strcmpi('a')
Idx1=strcmpi('a',A)
Idx2=strcmpi('b',A)|strcmpi('a',A)
```

运行结果为：

```
Idx1 =
     1    0    0
Idx2 =
     1    1    0
```

3. 数据简单处理与分析

计算选中的股票的均值、标准差、相关性与 Beta 等指标，其程序代码如下：

```
%% Simple data analysis, mean, std, correlation, beta
% 样本股票价格分析,均值、标准差、相关性与 Beta
% 价格转收益率
mypickRet = tick2ret(mypickStockPrices, [],'Continuous');
mean(mypickRet)    % 均值
std(mypickRet)     % 标准差
maxdrawdown(mypickStockPrices)    % 最大回撤
corrcoef(mypickRet)    % 相关性
```

计算结果如下:

```
ans =
   0.0006   -0.0013   -0.0001
ans =
   0.0185    0.0194    0.0214
ans =
   0.1063    0.2317    0.2219
ans =
   1.0000    0.7046    0.6492
   0.7046    1.0000    0.7420
   0.6492    0.7420    1.0000
```

可调用 tick2ret 和 maxdrawdown 函数,这两个函数的说明如下。

(1) tick2ret 函数计算价格序列对应的收益率序列,其语法格式为:

```
[RetSeries,RetIntervals] = tick2ret(TickSeries,TickTimes,Method)
```

输入参数如下。

- TickSeries:价格序列。
- TickTimes:时间序列。
- Method:计算方法。
   - Continuous:表示收益率的计算方式为 $\log(x)-\log(y)$。
   - Simple:表示收益率的计算方式为 $(x-y)/y$。

输出参数如下。

- RetSeries:收益率序列。
- RetIntervals:收益率对应的时间间隔。

(2) maxdrawdown 函数计算价格序列的最大回撤。T 日组合最大回撤(Maximum Drawdown)的公式为:

```
[MaxDD,MaxDDIndex] = maxdrawdown(Data,Format)
```

输入参数如下。

- Data：组合每日总收益序列。
- Format：模型类别，return = 收益率序列（默认），arithmetic = 算术布朗运动，geometric = 几何布朗运动。

输出参数如下。

- MaxDD：最大回撤值。
- MaxDDIndex：最大回撤位置。

计算选中的股票的 Beta。根据 CAPM 模型中 Beta 的定义：股票收益率=Beta×市场收益率+Alpha。可以通过回归的方式计算 Beta，代码如下：

```
% 简单Beta计算
IndexRet = tick2ret(pricesIndex);              % 指数收益率
SZ02 = tick2ret(mypickStockPrices(:,1));       % 选中股票价格转为收益率
% 自动生成图片(cftool)
[fitresult, gof] = createFit(IndexRet, SZ02)
```

计算结果如下：

```
fitresult =                                    % 回归结果
    Linear model Poly1:
    fitresult(x) = p1*x + p2                   % 回归模型
    Coefficients (with 95% confidence bounds):
% 回归结果与置信区间
p1 = 0.9757  (0.8063, 1.145)
p2 = 0.00113  (-0.001312, 0.003571)
% 回归指标计算
gof =
sse: 0.0134
rsquare: 0.5847
dfe: 93
adjrsquare: 0.5802
rmse: 0.0120
```

生成的结果如图 7-2 所示。

使用 Heat Map 展示，可以通过 2D 图形更加形象地展示市场的整体概况或者投资组合的表现。Heat Map 的展示方法相对通常列表模式更加直观，信息量更大。

```
%% Calculate return from price series
% 计算价格序列的收益率
% 成分股历史收益率'Continuous'形式
```

```
returnsSecurity = tick2ret(CSI300HistPrices,[], 'Continuous');
% 累计收益率
totalReturns = sum(returnsSecurity);
numDays = size(CSI300HistPrices, 1);
% 绘制股票热感图（二维）
% For more information edit the M-file "makeHeatmap.m"
makeHeatmap(totalReturns(end, :), CSI300Tickers, numDays, 'returns', 'matlab');
```

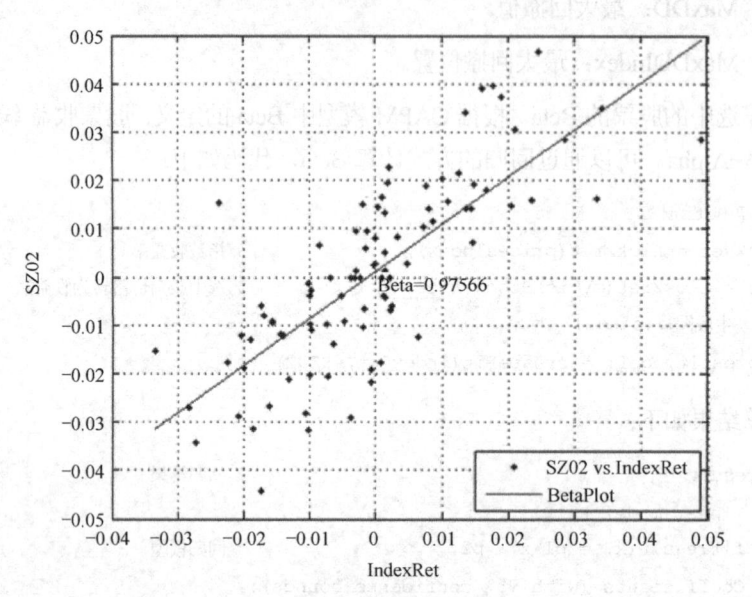

图 7-2　万科 A 的 Beta 计算结果

计算结果如图 7-3 所示。

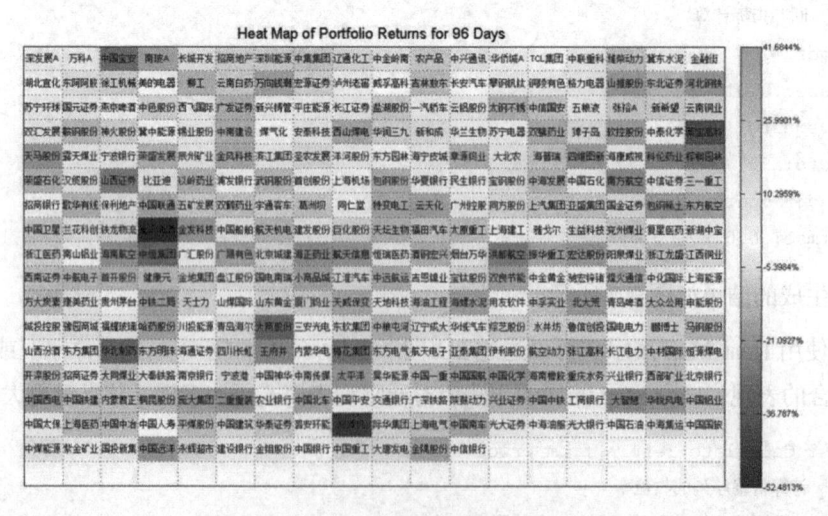

图 7-3　沪深 300 指数成分股 Heat Map 图

程序中调用了 **makeHeatmap** 函数，其代码如下：

```
function pixels = makeHeatmap(returnsPeriod,tickerSymbols,numDays,inputType,varargin)
% Inputs
%   returnsPeriod = Row vector of values 收益率
%   tickerSymbols = Row vector of lables 名称
if strcmpi(inputType, 'prices')
    returns = tick2ret(returnsPeriod, [],'continuous');
    returnsPeriod = sum(returns);
end
% Convert continuous returns to simple return percentage
returnsPeriod = -(1-exp(returnsPeriod))*100;
% for colormap
% zero point
zeroPoint = round(abs(min(sort(returnsPeriod))));
% max point
maxPoint = max(returnsPeriod);
% min point
minPoint = min(returnsPeriod);

% Determine the dimensions for the square
mapDimensions = ceil(sqrt(size(returnsPeriod,2)));
% 颜色
heatmap =zeros(mapDimensions);

% If the inputs aren't square, pad the vectors to be square
numZeros = mapDimensions^2-length(returnsPeriod);
if numZeros > 0
    returnsPeriod(end+numZeros) = 0;
    tickerSymbols{end+numZeros} ='';
end

% reshape the vectors to square matrices
heatmap = reshape(returnsPeriod, size(heatmap))';
labels = reshape(tickerSymbols, size(heatmap))';

% plot the heatmap values
h = figure;
imagesc(heatmap);

% add the text for the securities
xInd = 1:mapDimensions;
```

```matlab
    for yInd = 1:mapDimensions
      text(xInd,repmat(yInd,size(xInd)),labels(yInd,:), 'FontSize',8,
'HorizontalAlignment','Center');
    end

    axis on;
    grid on;

    % Add the color bar to the figure
    c = moneymap(zeroPoint,maxPoint);
    set(gcf, 'Colormap',c);
    % cb = colorbar('ytick',yt);

    % Get the ticks from the colorbar to rewrite them as percentages
    % yt = [-100:10:40];
    yt = linspace(minPoint, maxPoint, 7);
    cb = colorbar('ytick', yt);
    % set(cb, 'Ytick', yt)

    percentLabels = arrayfun(@(x) [num2str(x) '%'], yt, 'uniformoutput', 0);
    set(cb, 'YTickLabel', percentLabels);
    set(gca, 'FontSize',8);

    % Add the title to the heatmap
    title(['Heat Map of Portfolio Returns for ' num2str(numDays) ' Days'],
'FontSize',14);

    % Add the dashed lines to smaxPointarate the blocks
    ticks = [0 .5:1:mapDimensions+.5];
    set(gca, 'Ytick',ticks, 'Xtick',ticks, 'YTicklabel',[], 'XTicklabel',[],
'TickLength',[0 0])

    % Make a copy of the image for Excel to grab
    if nargin == 5
       print -dmeta;
       pixels = [];
    else
    % Make a webfigure for Java
       pixels = webfigure(h);
    end

    function cmap = moneymap(zeroPoint, maxPoint)
```

```matlab
% Function to make the heatmap have the green, white and red effect

colors = [1 0 0; 1 1 1;0 1 0];
% stmaxPoints = [1 zeroPoint zeroPoint+maxPoint];

redPercentage = zeroPoint/(zeroPoint+maxPoint);
stmaxPoints = [1 redPercentage*256 256];

cmap = zeros(256,3);
for k = 1:3
    interpMap = interp1(stmaxPoints',colors(:,k),1:256);
    cmap(:,k) = interpMap';
end
```

7.2.2 数据处理

将沪深 300 指数成分股作为投资组合，投资组合中的股票数量为自由流通股本（positionsPortfolio）。为计算投资组合的风险价值，需要计算投资组合的净值序列、收益率序列等。

```matlab
% 数据准备
clear variables % 清空变量空间
load('CSI300Prices.mat')    % 载入 CSI300Prices.mat 文件中的数据
% 在前面的程序中我们已经将时间、股票名称、股票价格、自由流通股本、指数价格等数据存储到 CSI300Prices 文件中
%% Calculate return from price series
% 根据价格序列计算收益率
returnsSecurity = tick2ret(CSI300HistPrices,[],'Continuous');
%% Historical Simulation visually
% 历史模拟方法，计算投资组合价值
% 投资组合价值=股票价格×股票数量
pricesPortfolio = CSI300HistPrices*positionsPortfolio;
% 投资组合的收益率
returnsPortfolio = tick2ret(pricesPortfolio, [],'continuous');

% 投资组合最后一日的市值
marketValuePortfolio = pricesPortfolio(end);
% 历史数据的 Hist 图
simulationResults = visualizeVar(returnsPortfolio, marketValuePortfolio);
```

结果如图 7-4 所示。

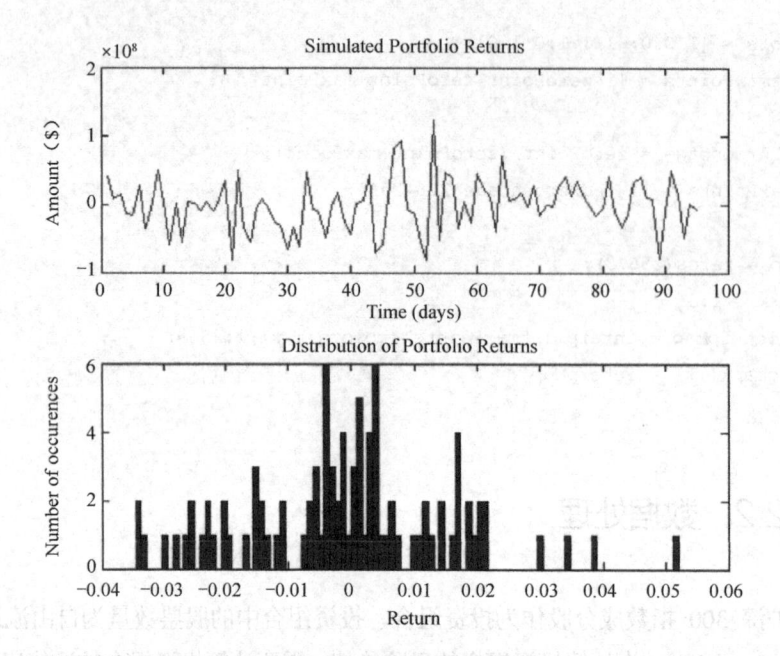

图 7-4　投资组合净值与收益率分布

程序中调用了 visualizeVar 函数，其代码如下：

```
function simulationResults = visualizeVar(returnsPortfolio, marketValuePortfolio)
% Create a single variable and plot with subplots to allow for data
% brushing to select returns and see dollar amount losses.
%
% Copyright 2008-2009 The MathWorks, Inc.
% Edited: Jeremy Barry 02/10/2009
pricesPortfolioSimulated = returnsPortfolio*marketValuePortfolio;
simulationResults = [pricesPortfolioSimulated, returnsPortfolio];

subplot(2,1,1)
plot(simulationResults(:,1))
title('Simulated Portfolio Returns')
xlabel('Time (days) ')
ylabel('Amount ($)')
subplot(2,1,2)
hist(simulationResults(:,2), 100)
title('Distribution of Portfolio Returns')
xlabel('Return')
ylabel('Number of occurences')
```

7.2.3 历史模拟法程序

程序如下：

```
%% Historical Simulation programatically
% 历史模拟法程序
% 收益率在 1% 与 5% 的置信水平
confidence = prctile(returnsPortfolio, [1 5]);
% 历史模拟法的可视化
figure;
hist2color(returnsPortfolio, confidence(2), 'r', 'b');
% 具体见 hist2color 程序
% 历史方法 99% 与 95% 水平的风险价值
hVar = -marketValuePortfolio*confidence;
displayVar(hVar(1), hVar(2), 'hs');
```

计算结果如下：

```
Value at Risk method: Historical Simulation
% 置信度为 99%的 Var 值
Value at Risk @ 99% = $82,091,887.30
% 置信度为 95%的 Var 值
Value at Risk @ 95% = $66,214,101.16
```

结果如图 7-5 所示。

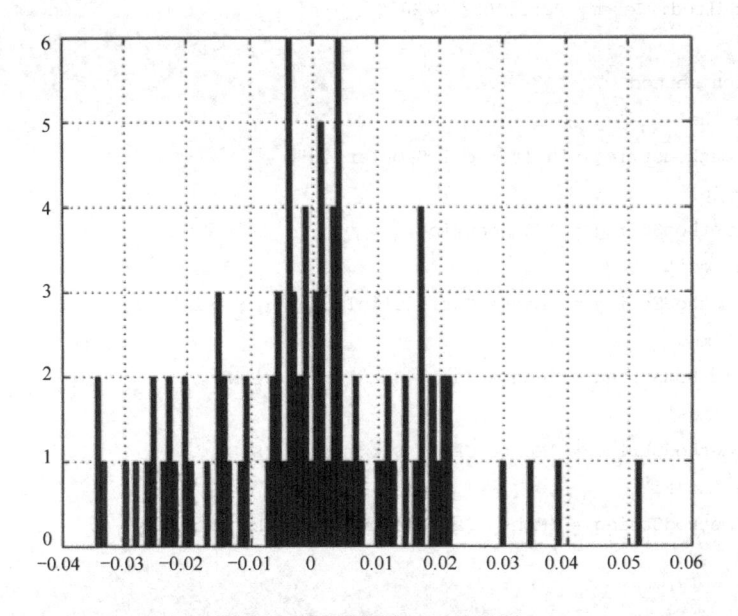

图 7-5 历史模拟法 VaR 结果图

程序中调用了 prctile、hist2color 与 displayVar 函数。$Y = \text{prctile}(X, p)$，给定一个向量 X 与一组分位数 p，prctile 函数返回分位数对应向量中的值。

hist2color 函数代码如下：

```
function hist2color(Y,cutoff,left_color,right_color)
% Highlight a specific set of bins in a histogram.
%   Copyright 2008-2009 The MathWorks, Inc.
%   Edited: Jeremy Barry 02/10/2009
% Organize Returns into historgram bins
[count,bins] = hist(Y,100);
% Create 2nd data set that is zero above cutoff point
count_cutoff = count.*(bins < cutoff);
% Plot full data set
bar(bins,count,right_color);
hold on;
% Plot cutoff data set
bar(bins,count_cutoff,left_color);
grid on;
hold off;
```

displayVar 函数如下：

```
function displayVar(onePercent, fivePercent, method)
% Display the Value at Risk as with a percentage and dollar amount.
%   Copyright 2008-2009 The MathWorks, Inc.
%   Edited: Jeremy Barry 02/10/2009

switch method
case 'hs'
    methodString ='Historical Simulation';
case 'p'
    methodString = 'Parametric';
case 'mcp'
    methodString = 'Monte Carlo Simulation (portsim) ';
case 'mcg'
    methodString = 'Monte Carlo Simulation (GBM) ';
case 'mcs'
    methodString = 'Monte Carlo Simulation (SDE) ';
case 'mcsec'
    methodString = 'Monte Carlo Simulation (by security) ';
end

outString = sprintf('Value at Risk method: %s \n', methodString);
```

```
outString = [outString sprintf('Value at Risk @ 99%% = %s \n', ...
    formatCurrency(onePercent))];
outString = [outString sprintf('Value at Risk @ 95%% = %s \n', ...
    formatCurrency(fivePercent))];
disp(outString)
```

7.2.4 参数模型法程序

在使用 MATLAB 进行风险价值（VaR 值）计算时，可通过 portvrisk 函数采用参数模型法计算。该函数的语法格式为：

```
ValueAtRisk = portvrisk(PortReturn,PortRisk,RiskThreshold,PortValue)
```

输入参数如下。

- PortReturn：组合收益率。
- PortRisk：组合风险（标准差）。
- RiskThreshold（可选）：置信度阈值，默认为 5%。
- PortValue（可选）：组合资产价值，默认为 1。

输出参数如下。

- ValueAtRisk：风险价值。

```
%% Parametric
% 参数模型法
% 计算 99% 与 95% 水平的风险价值，假设收益率服从正态分布
% 输入 mean(returnsPortfolio)组合收益率
% 输入 std(returnsPortfolio) 组合风险（标准差）
% 输入[.01 .05] 置信度阈值
% 输入 marketValuePortfolio 组合资产价值
pVar = portvrisk(mean(returnsPortfolio), std(returnsPortfolio), [.01 .05],...
    marketValuePortfolio);
% 画图
confidence=-pVar/marketValuePortfolio;
hist2color(returnsPortfolio, confidence(2), 'r', 'b');
displayVar(pVar(1), pVar(2), 'p')
```

计算结果如下：

```
Value at Risk method: Parametric
% 置信度为99%的VaR值
```

```
Value at Risk @ 99% = $90,981,251.06
% 置信度为95%的VaR值
Value at Risk @ 95% = $64,856,171.58
```

该模型生成的结果如图 7-6 所示。

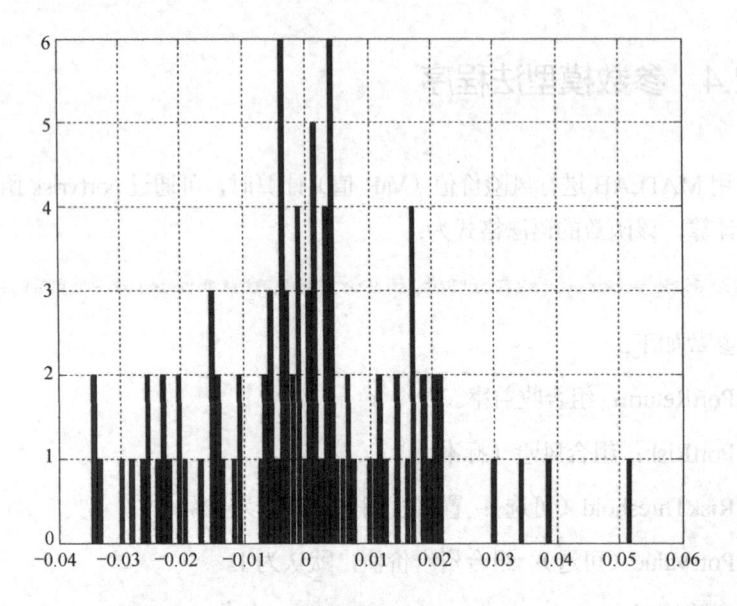

图 7-6 参数模型法 VaR 结果图

7.2.5 蒙特卡罗模拟程序

1. 基于随机收益率序列的蒙特卡罗风险价值计算

程序如下：

```
%% Monte Carlo using portsim
% 蒙特卡罗方法
% 根据组合中的股票价格与股票数量，计算组合资产价值与权重
[marketValuePortfolio, weightsPortfolio] = getPortfolioWeights(...
    CSI300HistPrices, positionsPortfolio);
% 具体参见getPortfolioWeights程序


numObs = 1;          % 样本个数
numSim = 10000;      % 模拟次数
% 预期期望与方差
expReturn = mean(returnsSecurity);
```

```
expCov = cov(returnsSecurity);
% rng Control the random number generator
% 随机生成数值设置，数值越大越好
rng(12345)
% 生成资产收益率矩阵
simulatedAssetReturns = portsim(expReturn,expCov,numObs,1,numSim,'Exact');
% 具体参见 portsim 程序

% 计算每个随机序列的收益率
simulatedAssetReturns = exp(squeeze(simulatedAssetReturns))-1;
% 模拟次数 numSim = 10000 个投资组合收益率
mVals = weightsPortfolio*simulatedAssetReturns;
% 计算 99%与 95%分位数的收益率
mVar = -prctile(mVals*marketValuePortfolio, [1 5]);
% 可视化模拟组合
plotMonteCarlo(mVals)
% 风险价值
displayVar(mVar(1), mVar(2), 'mcp')
```

计算结果如下：

```
Value at Risk method: Monte Carlo Simulation (portsim)
% 置信度为 99%的 VaR 值
Value at Risk @ 99% = $91,176,882.64
% 置信度为 95%的 VaR 值
Value at Risk @ 95% = $64,618,603.59
```

该程序生成的结果如图 7-7 所示。

程序中调用了 getPortfolioWeights、portsim 与 plotMonteCarlo 函数。

（1）getPortfolioWeights 函数代码如下：

```
function [portfolioMarketValue portfolioWeights securityMarketValue lastPrice]
    = getPortfolioWeights(prices, positions)
% Compute the portfolio market value, the security market value, the weight
for each security in the portfolio and the last price of the security.

%   Copyright 2008-2009 The MathWorks, Inc.
%   Edited: Jeremy Barry 02/10/2009
% 根据股票最后的价格，计算投资组合最终的资产价值
portfolioMarketValue = prices(end,:)*positions;
% 根据股票最后的价格，计算投资组合中每只股票的价值
securityMarketValue = prices(end,:) .* positions';
% 计算每只股票的权重
```

```
portfolioWeights = securityMarketValue / portfolioMarketValue;
lastPrice = prices(end,:);
```

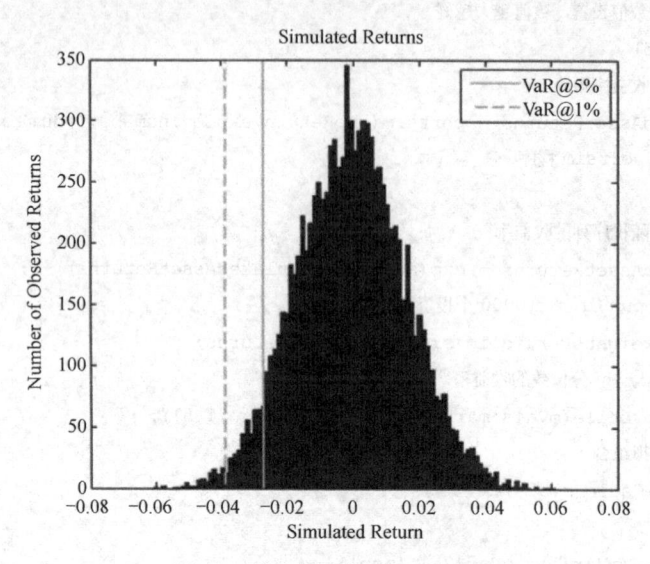

图 7-7　蒙特卡罗模拟方法结果图

（2）portsim 函数的功能为根据随机过程 $\dfrac{\mathrm{d}S}{S} = \mu\mathrm{d}t + \sigma\mathrm{d}z = \mu\mathrm{d}t + \sigma\varepsilon\sqrt{\mathrm{d}t}$，生成随机收益率序列。

portsim 函数的语法为：

```
RetSeries=portsim(ExpReturn,ExpCovariance,NumObs,RetIntervals,NumSim,Method)
```

输入参数如下。

- ExpReturn：预期收益率。
- ExpCovariance：预期协方差矩阵。
- NumObs：样本个数。
- RetIntervals：收益率间隔，一般为 1（每日）。
- NumSim：模拟次数。
- Method：模拟方法，默认为 Expected。
    - Exact：生成均值、方差等于 ExpReturn、ExpCovariance 的随机收益率序列。
    - Expected：生成均值，方差统计意义上等于 ExpReturn、ExpCovariance 的随机收益率序列。

输出参数如下。

- RetSeries：收益率序列。

（3）plotMonteCarlo 函数代码如下：

```
function plotMonteCarlo(returnSeries)
% Plot all of the simulation returns from the Monte Carlo simulation.
% Copyright 2008-2009 The MathWorks, Inc.
% Edited: Jeremy Barry 02/10/2009

percentiles = prctile(returnSeries, [1 5]) ;
hist(returnSeries,100)
% VaR 线
var1 = line([percentiles(2) percentiles(2)], ylim, 'color', 'g',
'linewidth',2, 'displayname', 'VaR @ 5%');
% VaR 线
var2=line([percentiles(1) percentiles(1)], ylim, 'linestyle', '--', 'color',
'g', 'linewidth', 2 , 'displayname', 'VaR @ 1%');
title('Simulated Returns')
xlabel('Simulated Return')
ylabel('Number of Observed Returns')
legend([var1 var2])
```

2. 基于几何布朗运动的蒙特卡罗模拟

程序如下：

```
%% 使用 GBM 对象进行蒙特卡罗模拟
expReturn = mean(returnsSecurity);
sigma = std(returnsSecurity);
correlation = corrcoef(returnsSecurity);
X = CSI300HistPrices(end,:)';
dt = 1;
numObs = 1;  % Number of observation
numSim = 10000;  % Number of simulation

rng(12345)
GBM = gbm(diag(expReturn),diag(sigma),'Correlation',correlation,'StartState',X);
% Simulate for numSim trials
simulatedAssetPrices = GBM.simulate(numObs, 'DeltaTime', dt, 'ntrials', numSim);
simulatedAssetReturns = tick2ret(simulatedAssetPrices, [],'continuous');
% simulatedAssetReturns = squeeze(simulatedAssetReturns);
simulatedAssetReturns = exp(squeeze(simulatedAssetReturns))-1;
gbmVals = weightsPortfolio*simulatedAssetReturns;
```

```
gbmVar = -prctile(gbmVals*marketValuePortfolio, [1 5]);
% Visualize the simulated portfolios
plotMonteCarlo(gbmVals)
% Value at Risk
displayVar(gbmVar(1), gbmVar(2), 'mcg')
```

计算结果如下:

```
Value at Risk method: Monte Carlo Simulation (GBM)
% 置信度为99%的VaR值
Value at Risk @ 99% = $91,413,589.30
% 置信度为95%的VaR值
Value at Risk @ 95% = $65,665,337.55
```

计算结果如图 7-8 所示。

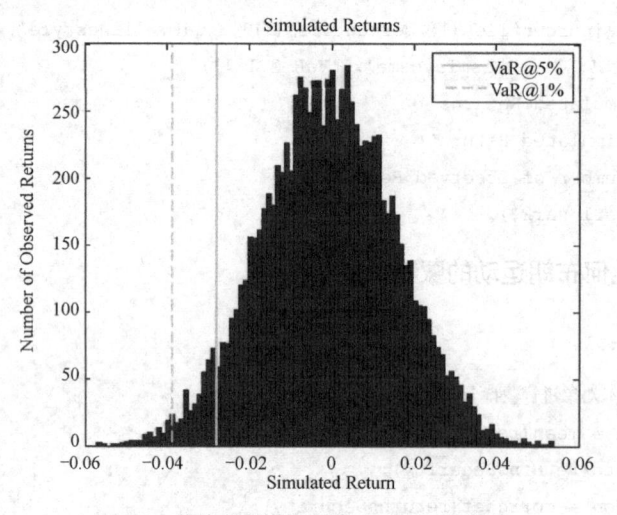

图 7-8 蒙特卡罗模拟方法（GBM）结果图

7.2.6 计算结果比较

不同的 VaR 计算方法的结果对比如表 7-2 所示。

表 7-2 风险价值计算结果对比

方 法	历史模拟法	参数模型法	蒙特卡罗	蒙特卡罗（GBM）
99%置信度	82091887.30	90981251.06	91176882.64	91413589.30
95%置信度	66214101.16	64856171.58	64618603.59	65665337.55

第 8 章　期权定价模型的 MATLAB 实现

8.1　概述

> 最好的纯粹研究来自解决应用中的问题的努力,而解决问题的最好的应用研究则来自智力思维中的好奇心。
>
> ——费希尔·布莱克

1997 年,瑞典皇家科学院决定将诺贝尔经济学奖授予哈佛大学的莫顿(Robert C. Merton)教授和斯坦福大学的斯科尔斯(Myron S. Scholes)教授,以表彰他们与布莱克(Fischer S. Black Jr., 1938—1995)教授合作推导并发展的期权定价模型——著名的 Black-Scholes(以下简称 B-S)公式——所做出的贡献。布莱克已于 1995 年 8 月去世,未能与他们共享此奖,但是公告多次强调了他的贡献。

布莱克与斯科尔斯及莫顿在 1973 年发表的两篇开创性的论文推动了数理金融学的实质性发展。B-S 模型的重要贡献之一在于期权定价公式不依赖于人的偏好,把所有投资者都引入同一个风险中性的世界中,这为衍生产品的定价和交易提供了理论依据。

本章主要介绍 B-S 模型及模型的敏感性分析(希腊字母),并进行相应的 MATLAB 仿真测试。对于 B-S 模型的详细数学推导过程,本章没有涉及,感兴趣的读者可以参看相关资料。

8.1.1　关于布莱克、斯科尔斯和莫顿的故事

在介绍 B-S 模型前,首先了解一下布莱克、斯科尔斯和莫顿这三个伟大人物,如图 8-1 所示。

费希尔·布莱克是美国经济学家,1959 年从哈佛大学物理系毕业,1964 年取得

哈佛大学应用数学博士学位。他的第一份工作是用博士论文中的结果研究 21 世纪计算机科学在图书馆和医院中的信息处理问题,翌年他去了 Arthur D. Little 公司从事金融方面的理论与制度的咨询工作。据他自己说,他转向金融的动机是希望在应用问题方面工作并可以获得更直接的收益。1968 年,他结识了刚在芝加哥大学获得经济学博士学位并在 MIT 任教的斯科尔斯,两人从此开始了长达 1/4 世纪的合作研究。1969 年,布莱克离开 Arthur D. Little 公司开办了自己的金融咨询公司,这使他有可能每周至少抽出一天的时间来进行研究工作。

图 8-1 布莱克、斯科尔斯和莫顿(从左至右)

布莱克研究生涯的另一件大事是 1970 年通过斯科尔斯的介绍结识了 MIT 的新同事莫顿。莫顿是加利福尼亚工学院电机系的毕业生,之后专修应用数学,毕业后立志做一名经济学家。1971 年,布莱克和斯科尔斯在期权定价研究方面取得了重大进展,布莱克接受了经济学家米勒(Miller)的邀请,到芝加哥大学经济系担任教授。

布莱克的一生充满了传奇,他在生活中处处规避风险,却在学术研究和商业实践中勇敢挑战前沿。他获得芝加哥大学和 MIT 的终身教授头衔,之后放弃并再次投身到金融衍生产品革命的大潮。他在象牙塔和华尔街之间频繁地穿梭、游弋,给那些以为理论和实践是两个截然不同世界的人出了大大的难题。

8.1.2 Black-Scholes 定价模型

期权定价理论的最新革命始于 1973 年,这一年,布莱克和斯科尔斯发表了期权定价的经典论文 *The Pricing of Options and Corporate Liabilities*(见图 8-2),提出了著名的 B-S 期权定价公式。同年,莫顿发表了 *Theory of rational option pricing*(见图 8-3),在若干方面做了重要推广,使得期权定价理论取得了突破性的进展。

B-S 期权定价模型是现代分析型金融学的杰出成就之一,是经济学中唯一一个先于实践的理论。这三个伟大人物提出的方法在理论及实践中都得到广泛接受,为其他金融衍生工具的定价奠定了基础,也为其他领域的经济估算铺平了道路。

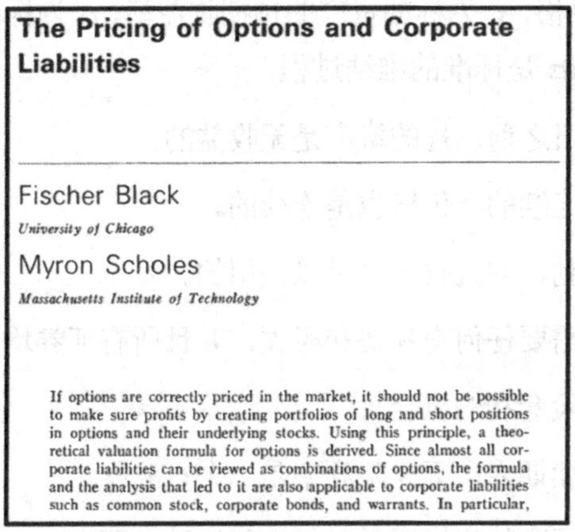

The Pricing of Options and Corporate Liabilities

Fischer Black
University of Chicago
Myron Scholes
Massachusetts Institute of Technology

If options are correctly priced in the market, it should not be possible to make sure profits by creating portfolios of long and short positions in options and their underlying stocks. Using this principle, a theoretical valuation formula for options is derived. Since almost all corporate liabilities can be viewed as combinations of options, the formula and the analysis that led to it are also applicable to corporate liabilities such as common stock, corporate bonds, and warrants. In particular,

图 8-2　论文 *The Pricing of Options and Corporate Liabilities* 截图

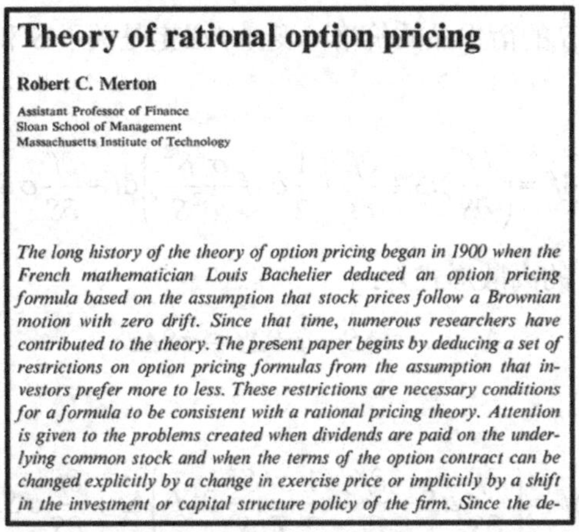

Theory of rational option pricing

Robert C. Merton
Assistant Professor of Finance
Sloan School of Management
Massachusetts Institute of Technology

The long history of the theory of option pricing began in 1900 when the French mathematician Louis Bachelier deduced an option pricing formula based on the assumption that stock prices follow a Brownian motion with zero drift. Since that time, numerous researchers have contributed to the theory. The present paper begins by deducing a set of restrictions on option pricing formulas from the assumption that investors prefer more to less. These restrictions are necessary conditions for a formula to be consistent with a rational pricing theory. Attention is given to the problems created when dividends are paid on the underlying common stock and when the terms of the option contract can be changed explicitly by a change in exercise price or implicitly by a shift in the investment or capital structure policy of the firm. Since the de-

图 8-3　论文 *Theory of rational option pricing* 截图

8.2　Black-Scholes 定价模型及希腊字母研究

8.2.1　Black-Scholes 微分方程的推导

在推导 B-S 微分方程前，先进行如下假设。

（1）标的资产的价格服从几何布朗运动，即

$$\mathrm{d}S = \mu S\mathrm{d}t + \sigma S\mathrm{d}z$$

式中，S 为标的资产价格，μ 为标的资产的预期收益率，σ 为标的资产价格的波动率，且 μ 和 σ 均为常数，dz 是标准的维纳过程。

(2) 在期权到期日之前，标的资产是无收益的。

(3) 证券交易是连续的，价格也是连续的。

(4) 存在卖空机制，并且收入是可以使用的。

(5) 买卖证券不需要任何交易费和税收，并且所有证券均可以无限分割。

(6) 不存在无风险套利的机会。

(7) 在期权的存续期内，无风险利率是一个 r 常数。

按照假设，标的资产的价格服从几何布朗运动，即

$$dS = \mu S dt + \sigma S dz \tag{8-1}$$

假定 f 为依赖于 S 的衍生品的价格，变量 f 必定是关于 S 和 t 的函数，由伊藤引理可得：

$$df = \left(\frac{\partial f}{\partial S}\mu S + \frac{\partial f}{\partial t} + \frac{1}{2}\partial^2 f \frac{\sigma^2 S^2}{\partial^2 S}\right)dt + \frac{\partial f}{\partial S}\sigma S dz \tag{8-2}$$

(8-1) 和 (8-2) 的离散形式为：

$$\Delta S = \mu S \Delta t + \sigma S \Delta z \tag{8-3}$$

和

$$\Delta f = \left(\frac{\partial f}{\partial S}\mu S + \frac{\partial f}{\partial t} + \frac{1}{2}\frac{\sigma^2 S^2}{\partial^2 S}\partial^2 f\right)\Delta t + \frac{\partial f}{\partial S}\sigma S \Delta z \tag{8-4}$$

由于 dz 是标准的维纳过程，所以 f 和 S 中的维纳过程是一样的，即式 (8-3) 和式 (8-4) 中的 $\Delta z(=\varepsilon\sqrt{\Delta t})$ 项是一样的，这样就可以通过选择合适的组合来消除 Δz。

构造一个投资组合：卖空一单位衍生品，同时买入 $\frac{\partial f}{\partial S}$ 单位标的证券。定义 Π 为该组合的价值，则

$$\Pi = -f + \frac{\partial f}{\partial S}S \tag{8-5}$$

该组合在 Δt 时间内的变化量可表示为：

$$\Delta\Pi = -\Delta f + \frac{\partial f}{\partial S}\Delta S \tag{8-6}$$

将式（8-3）和式（8-4）带入式（8-6）得：

$$\Delta \Pi = \left(-\frac{\partial f}{\partial t} - \frac{1}{2}\frac{\partial^2 f}{\partial S^2}\sigma^2 S^2\right)\Delta t \tag{8-7}$$

可以看到式（8-7）的右端不含 Δz 项，该组合在 Δt 时间内一定是无风险的，即该组合在 Δt 时间内的收益率等于无风险收益率，也就是说套利者可以无风险套利。在无套利机会的情况下有：

$$\Delta \Pi = r\Pi \Delta t \tag{8-8}$$

式中，r 为无风险利率。将式（8-5）和式（8-7）代入式（8-8）有：

$$\left(\frac{\partial f}{\partial t} + \frac{1}{2}\frac{\sigma^2 S^2}{\partial^2 S}\partial^2 f\right)\Delta t = r\left(f - \frac{\partial f}{\partial S}S\right)\Delta t \tag{8-9}$$

整理得：

$$\frac{\partial f}{\partial t} + rS\frac{\partial f}{\partial S} + \frac{1}{2}\sigma^2 S^2 \frac{\partial^2 f}{\partial S^2} = rf \tag{8-10}$$

式（8-10）就是著名的 Black-Scholes 微分方程，此方程的解不唯一，方程的解与边界条件有关，边界条件定义了衍生品在 S 和 t 的边界上的取值。

欧式看涨期权的边界条件为：

$$f = \max(S - K, 0), \ t = T \tag{8-11}$$

欧式看跌期权的边界条件为：

$$f = \max(K - S, 0), \ t = T \tag{8-12}$$

式中，K 为期权的行权价格，T 为到期时间。式（8-10）结合边界条件式（8-11）或式（8-12），经过适当的数学变换可以转换为热传导方程，进而求出欧式看涨期权或看跌期权的解析解。其详细的数学推导过程过于复杂，感兴趣的读者可以参看相关资料。

需要说明的是，用于导出式（8-10）的组合并不是永远无风险的，它只是在一个无穷小的时间区间内无风险。当 S 和 t 变化时，$\frac{\partial f}{\partial S}$ 也会随之变化。为了保证组合无风险，需要经常对组合中的标的证券和衍生品的比例做出调整，这一部分涉及希腊字母 Δ（Delta）对冲，会在下文进行介绍。

1. Black-Scholes 期权定价公式

Black-Scholes 期权定价公式可以给出无连续股息支付的股票欧式看涨期权和看跌期权的价格。在风险中性的前提条件下，无连续股息支付的股票欧式看涨期权的 Black-Scholes 定价公式为：

$$c = S_0 N(d_1) - Ke^{-rT} N(d_2) \qquad (8\text{-}13)$$

式中

$$d_1 = \frac{\ln(S_0/K) + (r + \sigma^2/2)T}{\sigma\sqrt{T}} \qquad (8\text{-}14)$$

$$d_2 = \frac{\ln(S_0/K) + (r - \sigma^2/2)T}{\sigma\sqrt{T}} = d_1 - \sigma\sqrt{T} \qquad (8\text{-}15)$$

Black-Scholes 期权定价公式的推导有多种方法：一种方法是直接运用数学方法求解微分方程；另一种方法是利用风险中性定价的方法巧妙地给出期权定价公式，这里不再赘述。

由股票期权的性质可知无连续股息支付的股票期权看跌-看涨期权平价关系式（Put-Call Parity）：

$$c + Ke^{-rT} = p + S_0 \qquad (8\text{-}16)$$

进而可以得出无连续股息支付的股票欧式看跌期权的 Black-Scholes 定价公式为：

$$\begin{aligned} p &= Ke^{-rT} N(-d_2) - S_0 N(-d_1) \\ &= c + Ke^{-rT} - S_0 \\ &= Ke^{-rT}\left[1 - N(d_2)\right] - S_0\left[1 - N(d_1)\right] \end{aligned} \qquad (8\text{-}17)$$

式中，c 和 p 分别为欧式看涨期权和看跌期权的价格，S_0 为标的资产的价格，K 为执行价格，r 为连续复利的无风险利率，σ 为标的资产的波动率，T 为期权的期限，函数 $N(x)$ 为标准正态分布变量的累积概率分布函数。

2. Black-Scholes-Merton 期权定价公式

莫顿将 B-S 公式予以推广，给出有连续股息支付的股票欧式期权定价公式。

Black-Scholes-Merton 期权定价公式可以给有连续股息收益率 q 的股票欧式期权、股指期权和货币期权定价。其实有连续股息收益率 q 的股票欧式期权、股指期权和货币期权可以做如下简化处理。

（1）当对期限为 T 且支付股息收益率为 q 的股票欧式期权定价时，可以将标的资产的价格由 S_0 降至 $S_0 e^{-qT}$，然后将期权按无股息股票期权来处理。

（2）股指可以看作支付已知息票收益率的股票。

（3）外币与支付连续股息的股票类似，一个外币持有者收入的股息收益率等于外币无风险利率，即 $q = r_f$（以外币计）。

这样就可以直接由 B-S 公式得到关于有连续股息收益率 q 的股票欧式期权的平价公式：

$$c + Ke^{-rT} = p + S_0 e^{-qT} \tag{8-18}$$

定价公式为:

$$c = S_0 e^{-qT} N(d_1) - Ke^{-rT} N(d_2) \tag{8-19}$$

$$p = Ke^{-rT} N(-d_2) - S_0 e^{-qT} N(-d_1) \tag{8-20}$$

$$d_1 = \frac{\ln(S_0/K) + (r - q + \sigma^2/2)T}{\sigma\sqrt{T}} \tag{8-21}$$

$$d_2 = \frac{\ln(S_0/K) + (r - q - \sigma^2/2)T}{\sigma\sqrt{T}} = d_1 - \sigma\sqrt{T} \tag{8-22}$$

式(8-19)~式(8-22)便是 Black-Scholes-Merton 期权定价公式。式中,c 和 p 分别为欧式看涨期权和看跌期权的价格,S_0 为标的资产的价格,K 为执行价格,r 为连续复利的无风险利率,σ 为标的资产的波动率,T 为期权的期限,函数 $N(x)$ 为标准正态分布变量的累积概率分布函数。

3. Black 期权定价公式

布莱克在 1976 年针对期货期权给出 Black 期权定价公式。Black 期权定价公式可以给期货欧式期权定价。

在风险中性世界里,期货价格的行为等价于支付连续股息收益率为无风险利率 r 的股票。这样由 Black-Scholes-Merton 期权定价公式就可以得到对于期货欧式期权的平价公式:

$$c + Ke^{-rT} = p + F_0 e^{-rT} \tag{8-23}$$

定价公式为:

$$c = e^{-rT}[F_0 N(d_1) - KN(d_2)] \tag{8-24}$$

$$p = e^{-rT}[KN(-d_2) - F_0 N(-d_1)] \tag{8-25}$$

$$d_1 = \frac{\ln(F_0/K) + \sigma^2 T/2}{\sigma\sqrt{T}} \tag{8-26}$$

$$d_2 = \frac{\ln(F_0/K) - \sigma^2 T/2}{\sigma\sqrt{T}} = d_1 - \sigma\sqrt{T} \tag{8-27}$$

式(8-24)~式(8-27)便是 Black 期权定价公式。式中,c 和 p 分别为欧式看涨期权和看跌期权的价格,F_0 为标的资产(期货)的价格,K 为执行价格,r 为连续复利的无风险利率,σ 为标的资产的波动率,T 为期权的期限,函数 $N(x)$ 为标准正态分布变量的累积概率分布函数。

4. 期权定价模型的 MATLAB 实现

由于上面的期权定价公式都是解析解，所以很容易通过编程实现。MATLAB 内置的 blsprice 函数可以实现 Black-Scholes、Black-Scholes-Merton 和 Black 期权定价公式，其函数语法为：

```
[Call, Put] = blsprice(Price, Strike, Rate, Time, Volatility, Yield)
```

输入参数如下。

- Price：标的资产价格。
- Strike：期权到期执行价格。
- Rate：无风险利率（年化）。
- Time：距离到期时间（以年为单位）。
- Volatility：标的资产价格波动率（年化）。
- Yield（可选）：资产连续贴现利率，默认为 0。

输出参数如下。

- Call：欧式看涨期权价格。
- Put：欧式看跌期权价格。

假设某欧式股指期权两个月后到期，期权到期执行价格为 2100 点，指数当前为 2200 点，股指年化波动率为 20%，无风险利率为 5%，则相应的欧式股指期权的价格可以使用 blsprice 函数进行计算，如下所示：

```
% 标的资产价格
Price = 2200;
% 期权到期执行价格
Strike = 2100;
% 无风险利率（年化）
Rate = 0.05;
% 距离到期时间（以年为单位）
Time = 2/12 ;
% 标的资产价格波动率（年化）
Volatility = 0.2;
% 资产连续贴现利率
Yield = 0;
[Call, Put] = blsprice(Price, Strike, Rate, Time, Volatility, Yield)
Call =
      143.5998
Put =
      26.1726
```

还可以分析期权价格与影响期权价格因素（标的资产价格、行权价格、到期时间、无风险利率、标的资产波动率）之间的关系。比如，分析期权价格与标的资产价格的关系，如图8-4所示。

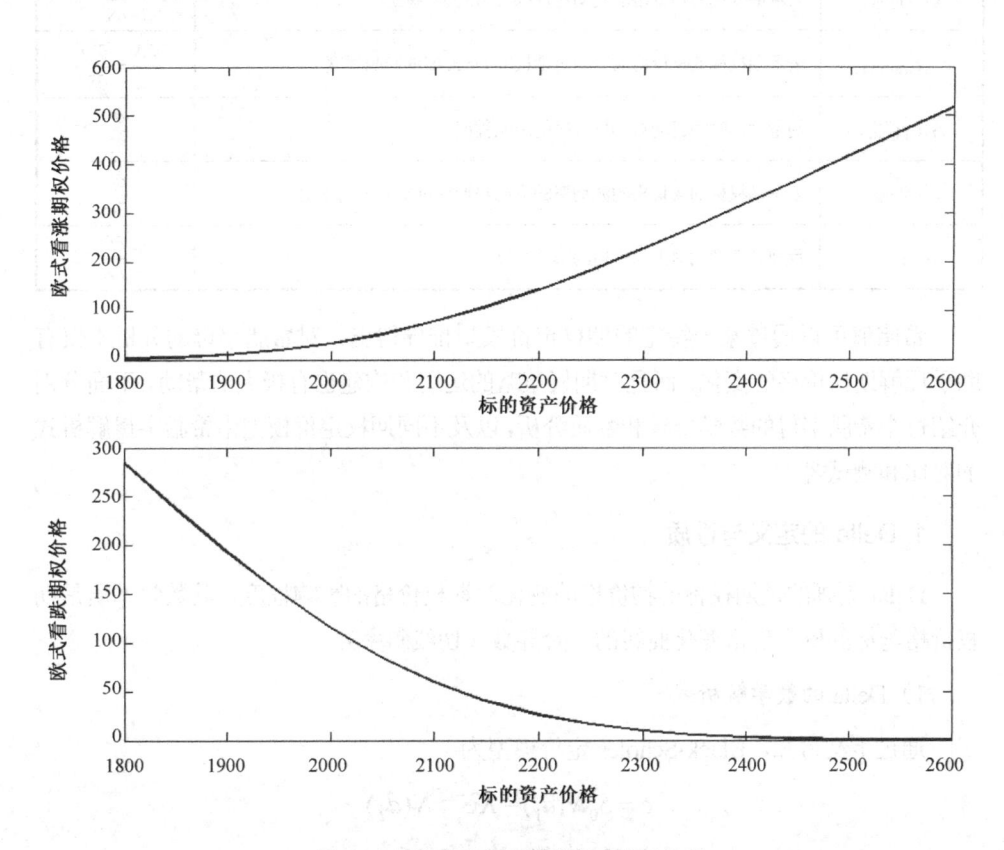

图8-4 期权价格与标的资产价格的关系

8.2.2 希腊字母研究及 MATLAB 仿真测试

了解了期权定价公式后，下面分析期权价格的敏感性。期权价格敏感性分析或强度测试是在基本变量变动一个单位的情况下观察结果的变化，即期权价格关于参数的变化率的分析。这些过程的计算都隐含一个假定，即影响期权价格的其他因素都保持不变。

期权价格的敏感性分析可以由希腊值来刻画，常用的希腊字母包括 Delta、Gamma、Theta、Vega 和 Rho，其含义如表8-1所示。

表 8-1 希腊字母含义

希腊字母	含 义	数学定义
Δ（Delta）	表示期权标的物价格的变动对期权价格的影响程度	$\dfrac{\partial f}{\partial S}$
Γ（Gamma）	表示期权标的物价格的变动对期权的 Delta 值的影响程度	$\dfrac{\partial \Delta}{\partial S}=\dfrac{\partial^2 f}{\partial S^2}$
Θ（Theta）	衡量到期时间变动对期权价格的影响程度	$\dfrac{\partial f}{\partial T}$
ν（Vega）	表示期权标的物价格的波动率的变动对期权价格的影响程度	$\dfrac{\partial f}{\partial \sigma}$
ρ（Rho）	反映利率变动对期权价格的影响程度	$\dfrac{\partial f}{\partial r}$

希腊值可以通过某一特定的期权定价模型推导得出，对希腊字母的分析不仅有助于理解期权价格的变化，而且对期权策略的运用和构建也有极大的帮助。下面分别介绍每个希腊字母的数学推导和性质分析，以及不同期权定价模型中希腊字母解析式的对比和测试等。

1. Delta 的定义与性质

Delta 刻画的是期权标的物价格的变化对期权价格的影响程度，其数学本质是期权价格与标的资产价格变化曲线的一阶导数（切线斜率）。

1）Delta 的数学解析式

通过上文得知，Black-Scholes 定价模型为：

$$c = S_0 N(d_1) - Ke^{-rT} N(d_2)$$

$$p = Ke^{-rT} N(-d_2) - S_0 N(-d_1)$$

$$d_1 = \frac{\ln(S_0/K) + (r + \sigma^2/2)T}{\sigma\sqrt{T}}$$

$$d_2 = \frac{\ln(S_0/K) + (r - \sigma^2/2)T}{\sigma\sqrt{T}} = d_1 - \sigma\sqrt{T}$$

式中，c 和 p 分别为欧式看涨期权和看跌期权的价格，S_0 为标的资产的价格，K 为执行价格，r 为连续复利的无风险利率，σ 为标的资产的波动率，T 为期权的期限，函数 $N(x)$ 为标准正态分布变量的累积概率分布函数，其密度函数 $N'(x)$ 解析式为 $N'(x) = \dfrac{1}{\sqrt{2\pi}} e^{-x^2/2}$。

以 Black-Scholes 定价模型为例，根据定义可以推导看涨期权的 Delta 的解析式：

$$\Delta_c = \frac{\partial c}{\partial S_0} = N(d_1) + S_0 N'(d_1)\frac{\partial d_1}{\partial S} - Ke^{-rT} N'(d_2)\frac{\partial d_2}{\partial S} = N(d_1) + \left[S_0 N'(d_1) - Ke^{-rT} N'(d_2)\right]\frac{\partial d_1}{\partial S}$$

将 $N'(d_1) = \frac{1}{\sqrt{2\pi}} e^{-d_1^2/2}$ 和 $N'(d_2) = \frac{1}{\sqrt{2\pi}} e^{-d_2^2/2}$ 代入上式整理得：

$$\Delta_c = N(d_1)$$

类似可以求出看跌期权的 Delta 的解析式：

$$\Delta_p = N(d_1) - 1$$

从概率分布的性质可知 $0 \leq N(d_1) \leq 1$，故 $0 \leq \Delta_c \leq 1$，$-1 \leq \Delta_p \leq 0$。

同理可以求出 Black-Scholes-Merton 定价模型及 Black 定价模型下相应的 Delta 的解析式，整理结果如表 8-2 所示。

表 8-2 不同定价模型的 Delta 的数学解析式

模型名称	Black-Scholes 模型		Black-Scholes-Merton 模型		Black 模型	
希腊字母	看涨期权	看跌期权	看涨期权	看跌期权	看涨期权	看跌期权
Δ（Delta）	$N(d_1)$	$N(d_1)-1$	$e^{-qT}N(d_1)$	$e^{-qT}[N(d_1)-1]$	$e^{-rT}N(d_1)$	$e^{-rT}[N(d_1)-1]$

注意，不同模型中 d_1 和 d_2 的表达式是不同的。在 Black-Scholes 模型中：

$$d_1 = \frac{\ln(S_0/K) + (r + \sigma^2/2)T}{\sigma\sqrt{T}}, \quad d_2 = \frac{\ln(S_0/K) + (r - \sigma^2/2)T}{\sigma\sqrt{T}} = d_1 - \sigma\sqrt{T}$$

在 Black-Scholes-Merton 模型中：

$$d_1 = \frac{\ln(S_0/K) + (r - q + \sigma^2/2)T}{\sigma\sqrt{T}}, \quad d_2 = \frac{\ln(S_0/K) + (r - q - \sigma^2/2)T}{\sigma\sqrt{T}} = d_1 - \sigma\sqrt{T}$$

在 Black 模型中：

$$d_1 = \frac{\ln(F_0/K) + \sigma^2 T/2}{\sigma\sqrt{T}}, \quad d_2 = \frac{\ln(F_0/K) - \sigma^2 T/2}{\sigma\sqrt{T}} = d_1 - \sigma\sqrt{T}$$

2）Delta 的性质和特征分析

在 Black-Scholes 模型中，$0 \leq \Delta_c \leq 1$，$-1 \leq \Delta_p \leq 0$，即 Delta 的绝对值在 0~1 之间。从统计概率来看，Delta 的绝对值可以表示期权到期时收在价内的可能性，Delta 的绝对值越大，其收在价内的可能性越大；Delta 绝对值接近 1，期权收在价内的概率接近 100%；Delta 绝对值接近 0，期权收在价内的概率接近 0。通常实值期权（In The Money，ITM）Delta 的绝对值大于 0.5，虚值期权（Out of The Money，OTM）Delta 的绝对值小于 0.5，平值期权（At The Money，ATM）Delta 的绝对值在 0.5 附近。

对于 Black-Scholes 模型，从 d_1 的定义可知，Delta 的值取决于标的资产价格（S_0）、行权价格（K）、无风险利率（r）、到期时间（T）、标的资产波动率（σ）。其中，Delta 相对于标的资产价格是递增函数，相对于行权价格是递减函数，相对于无风险利率是递增函数。它们之间的关系如图 8-5~图 8-7 所示。

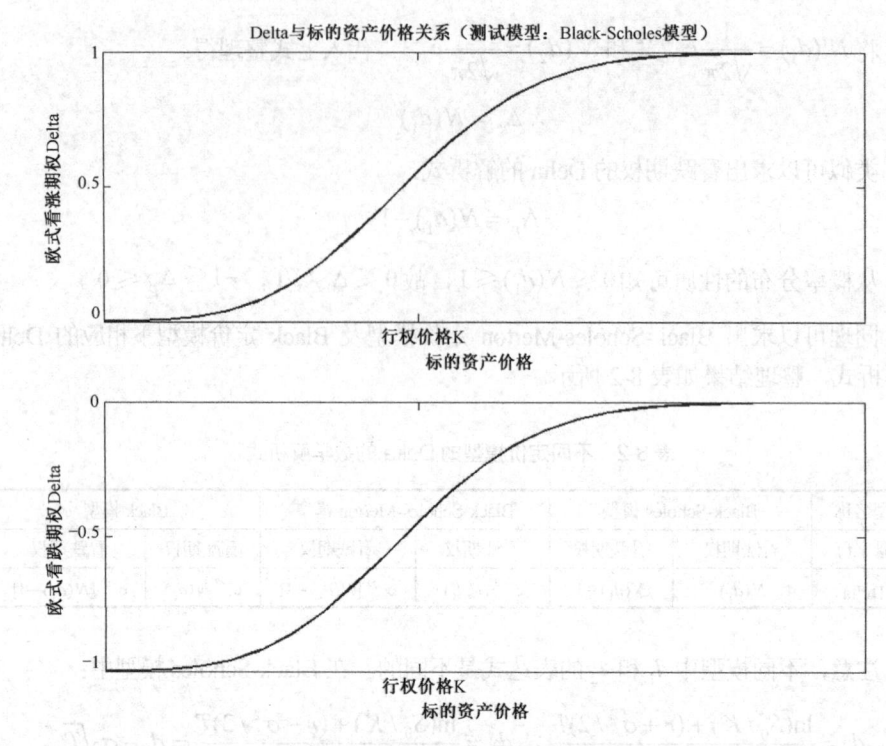

图 8-5 Delta 与标的资产价格的关系

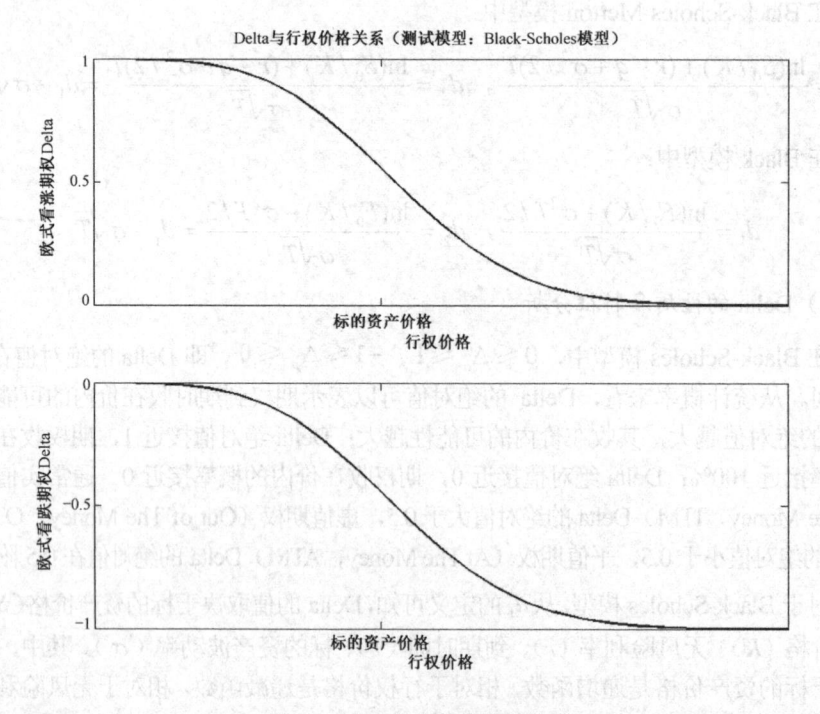

图 8-6 Delta 与行权价格的关系

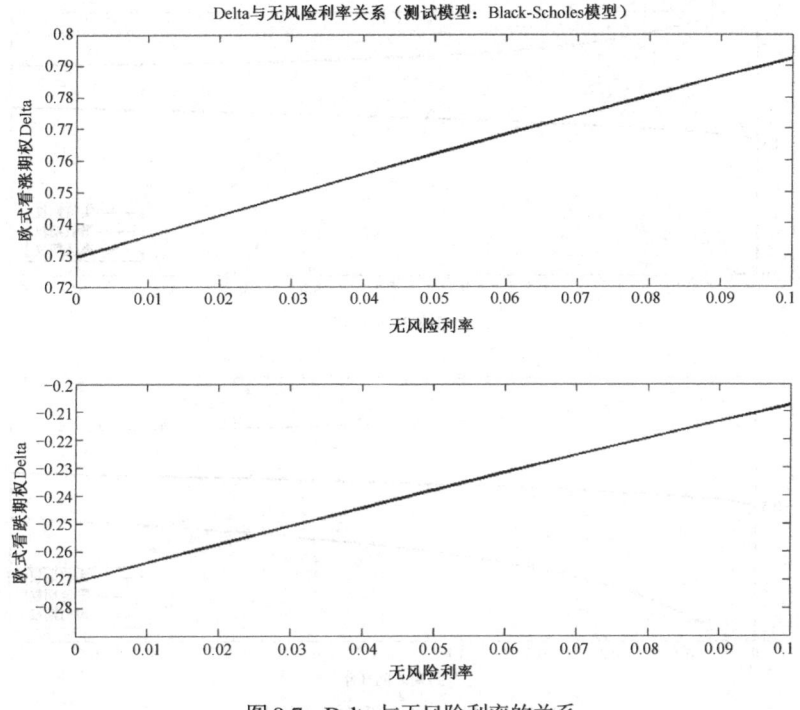

图 8-7　Delta 与无风险利率的关系

注：由图 8-5 可知，标的资产价格越大，看涨期权的 Delta 绝对值越接近 1，看跌期权的 Delta 绝对值越接近 0，即标的资产价格越大，看涨期权收在价内的可能性越大，看跌期权收在价内的可能性越小。

在图 8-6 中行权价格与标的资产价格正好相反，行权价格越大，看涨期权的 Delta 绝对值越接近 0，看跌期权的 Delta 绝对值越接近 1，即行权价格越大，看涨期权收在价内的可能性越小，看跌期权收在价内的可能性越大。

在图 8-7 中显示的利率不同于其他参数变量，利率的变化通常是一次性的，利率变化的同时往往会引起其他参数的联动变化。

Delta 相对于到期时间、标的资产波动率的关系稍显复杂，这与期权的虚实值情况相关，其与到期时间和标的资产波动率的关系分别如图 8-8 和图 8-9 所示。直观来看，到期时间越远，期权到期时收在价内还是价外就越不确定，即 Delta 就越接近 0.5。同时看涨期权和看跌期权平值时 Delta 并不严格等于 0.5，而是在 0.5 附近。对于波动率也可得出类似的直观理解。

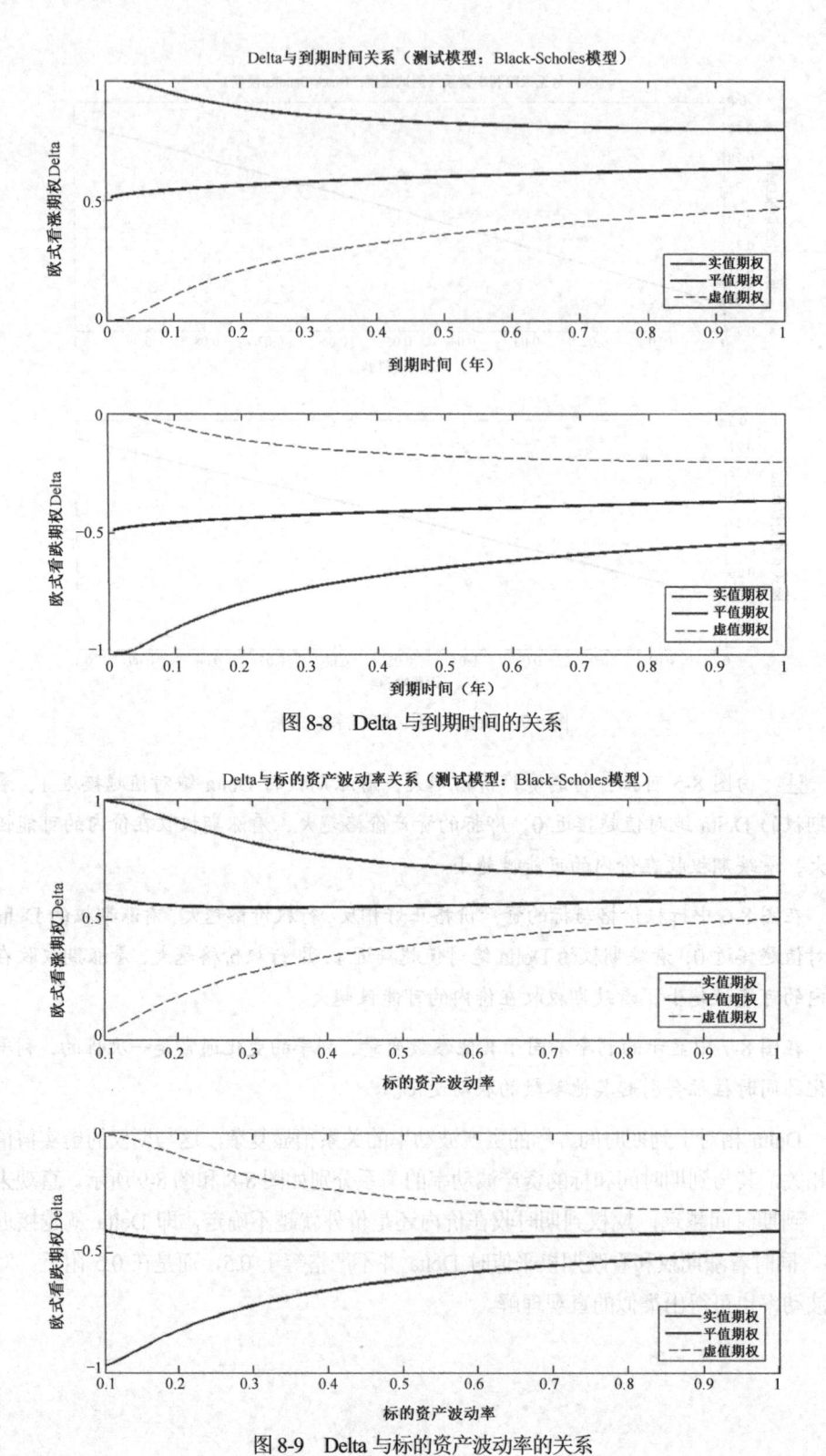

图 8-8　Delta 与到期时间的关系

图 8-9　Delta 与标的资产波动率的关系

3）Delta 对冲

由于标的资产和相应的衍生品可取多头或空头，因此其 Delta 可正可负。若组合内标的资产和期权及其他衍生品数量配合适当，则整个组合的 Delta 值就可能等于 0，此时称 Delta 值为 0 的组合处于 Delta 中性状态（Delta 对冲）。

当组合处于 Delta 中性状态时，组合的价值显然不受标的资产价格波动的影响，从而实现相对于标的资产价格的套期保值。需要强调的是，除了现货资产和远期合约的 Delta 值恒等于 1 外，期权及其他衍生品的 Delta 值可能随时不断变化。因此，组合处于 Delta 中性状态只能维持一个很短的时间，该组合价值在一个"短时间"内不受标的资产价格波动的影响，从而实现"瞬时"套期保值。

当手中拥有某种投资组合时，可以通过相应的标的资产、期货、期权等进行相互套期保值，使整体组合的 Delta 等于 0，这种套期保值方法称为 Delta 中性保值法。因为 Delta 中性保值只是在瞬间完成的，随着标的资产价格、到期时间、无风险利率、标的资产波动率等变化，Delta 值也在不断变化，需要不断调整保值头寸以使保值组合重新处于 Delta 中性状态，这种调整称为再均衡（Rebalancing），属于"动态套期保值"。

2. Gamma 的定义与性质

Gamma 描述的是期权标的物价格的变动对期权的 Delta 值的影响程度，其数学本质是期权价格与标的资产价格变化曲线的二阶导数。

1）Gamma 的数学解析式

以 Black-Scholes 定价模型为例，根据定义可以推导看涨期权的 Gamma 解析式：

$$\Gamma_c = \frac{\partial \Delta_c}{\partial S_0} = \frac{\partial^2 c}{\partial^2 S_0} = \frac{N'(d_1)}{S_0 \sigma \sqrt{T}}$$

类似可以求出看跌期权的 Gamma 解析式：

$$\Gamma_p = \frac{\partial \Delta_p}{\partial S_0} = \frac{\partial^2 p}{\partial^2 S_0} = \frac{N'(d_1)}{S_0 \sigma \sqrt{T}}$$

同理可以求出 Black-Scholes-Merton 定价模型和 Black 定价模型下相应的 Gamma 的解析式，整理结果如表 8-3 所示。

表 8-3　不同定价模型的 Gamma 数学解析式

希腊字母	Black-Scholes 模型		Black-Scholes-Merton 模型		Black 模型	
	看涨期权	看跌期权	看涨期权	看跌期权	看涨期权	看跌期权
Γ（Gamma）	$\dfrac{N'(d_1)}{S_0 \sigma \sqrt{T}}$		$\dfrac{N'(d_1) e^{-qT}}{S_0 \sigma \sqrt{T}}$		$\dfrac{N'(d_1) e^{-rT}}{F_0 \sigma \sqrt{T}}$	

其中，函数 $N'(x)$ 为标准正态分布变量的密度函数 $N'(x) = \dfrac{1}{\sqrt{2\pi}} e^{-x^2/2}$。另外，注意不同模型中 d_1 和 d_2 的表达式是不同的。

2）Gamma 的性质和特征分析

以 Black-Scholes 模型为例，Gamma 的值会随着标的资产价格（S_0）、行权价格（K）、无风险利率（r）、到期时间（T）、标的资产波动率（σ）的变化而变化。图 8-10 展示了 Gamma 与标的资产价格的关系。

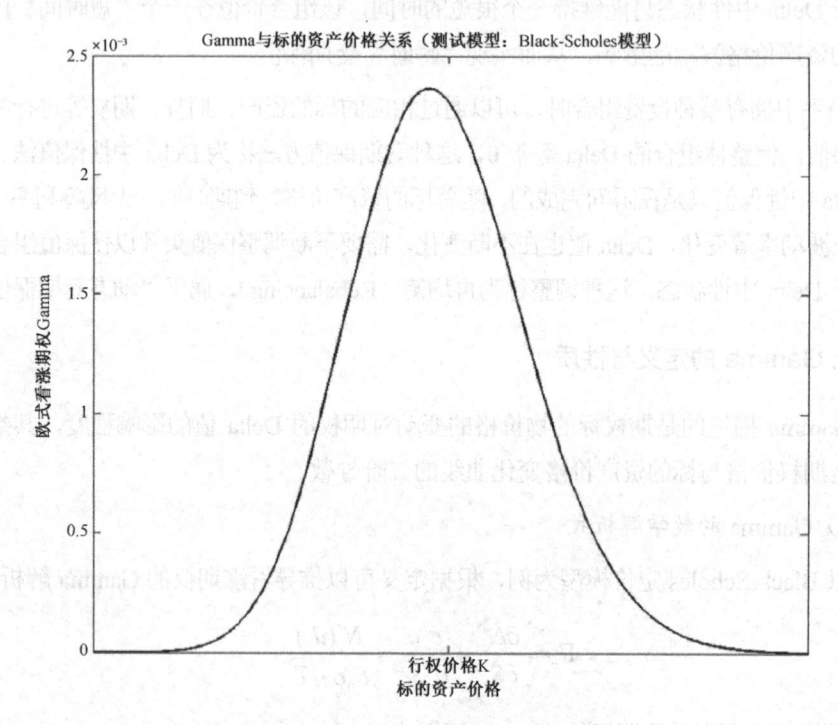

图 8-10　Gamma 与标的资产价格的关系

从图 8-10 可以看出，当标的资产价格远离行权价格时，Gamma 值较小；当标的资产价格 $S_0 = Ke^{-(r+1.5\sigma^2)T}$ 时（Gamma 的极值点可以通过令 Gamma 对 S_0 一阶导数为 0 求出），Gamma 值最大。

下面再变动一下到期时间，观察 Gamma 的变化，如图 8-11 和图 8-12 所示。

对比可以看出，越接近到期日，Gamma 峰值越高，尾部越扁。对于波动率也有类似的情况（波动率越小，Gamma 峰值越高，尾部越扁），如图 8-13 和图 8-14 所示。

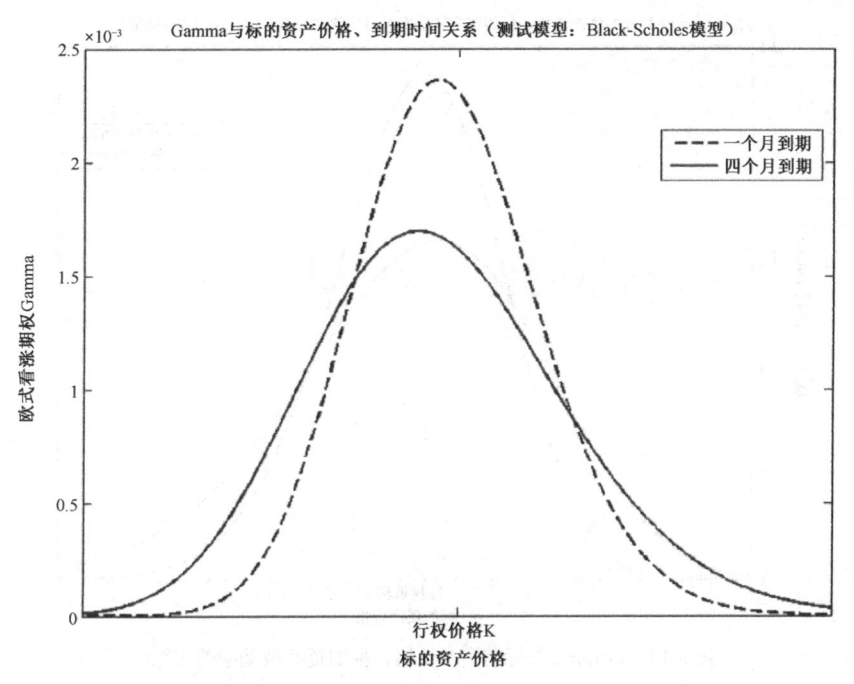

图 8-11　Gamma 与标的资产价格、到期时间的关系

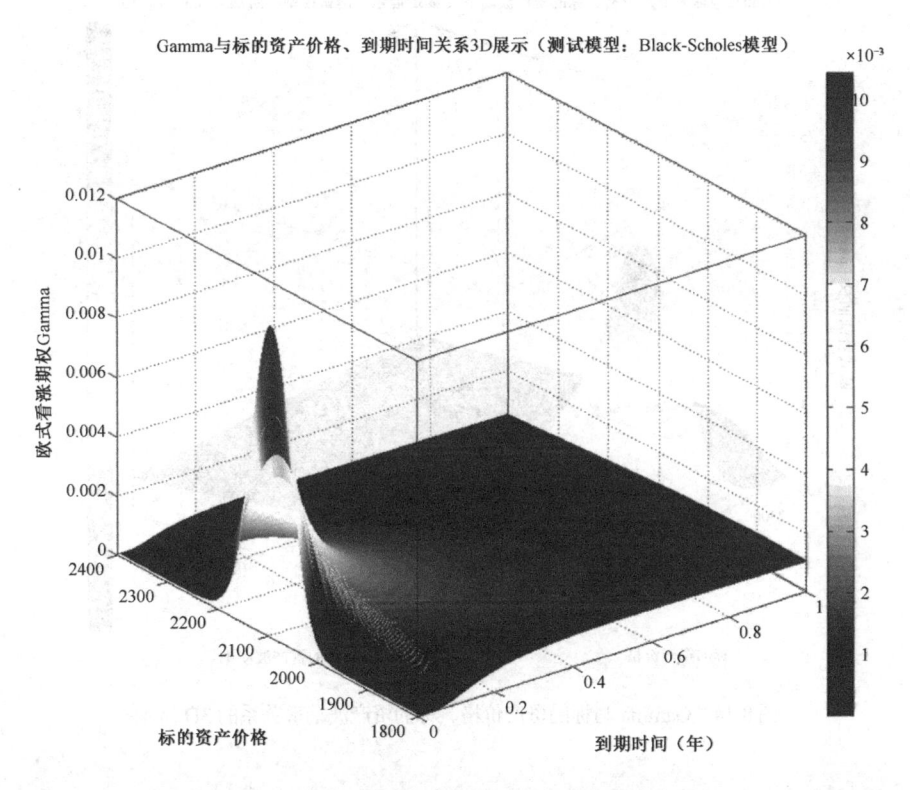

图 8-12　Gamma 与标的资产价格、到期时间关系的 3D 展示

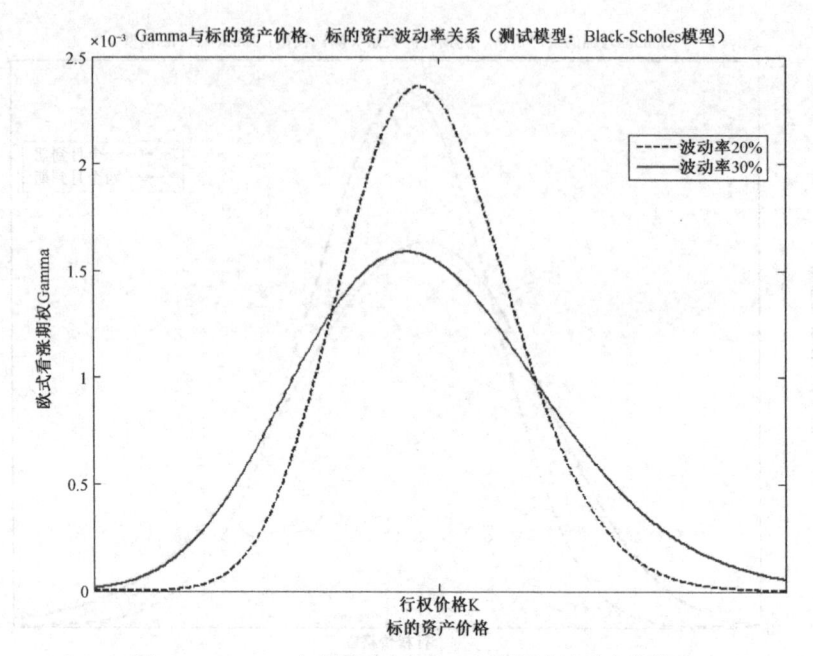

图 8-13　Gamma 与标的资产价格、标的资产波动率的关系

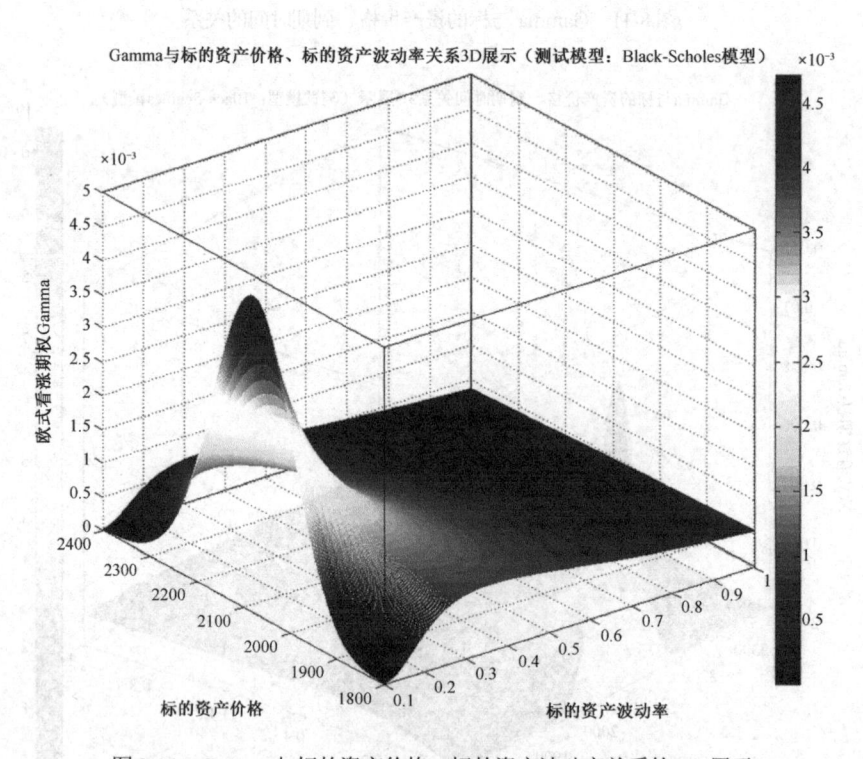

图 8-14　Gamma 与标的资产价格、标的资产波动率关系的 3D 展示

3) Gamma 对冲

由于期权多头的 Gamma 值总是正的,而期权空头的 Gamma 值总是负的,因此,若期权多头和空头数量配合适当,组合的 Gamma 值就等于 0,称 Gamma 值为 0 的组合处于 Gamma 中性状态（Gamma 对冲）。

计算组合的 Gamma 值对于套期保值的重要意义体现在可用于衡量 Delta 中性保值法的保值误差。这是因为期权的 Delta 值仅仅衡量了标的资产价格微小变动时期权价格的变动量,而期权价格与标的资产的关系是非线性的,当标的资产价格变动较大时,用 Delta 估计出的期权价格的变动量与期权价格的实际变动量就会有偏差。

为了消除 Delta 中性保值的误差,应使保值组合的 Gamma 中性化。由于组合的 Gamma 会随时间变化而变化,因此需要不断调整期权头寸和标的资产头寸,才能使保值组合处于 Gamma 中性状态。需要指出的是,保持 Gamma 中性只能通过期权头寸的调整获得,实现 Gamma 中性的结果往往是 Delta 非中性,因此常常还需要进行标的资产调整,才能使组合同时实现 Gamma 中性和 Delta 中性。

3. Theta 的定义与性质

Theta 衡量到期时间变动对期权价格的影响程度,其数学本质是期权价格关于时间的一阶导数,Theta 也因此被称为时间损耗。

1) Theta 的数学解析式

以 Black-Scholes 定价模型为例,根据定义可以推导期权 Theta 的解析式:

$$\Theta_c = \frac{\partial c}{\partial T} = -S_0 N'(d_1)\sigma/(2\sqrt{T}) - rKe^{-rT}N(d_2)$$

$$\Theta_p = \frac{\partial p}{\partial T} = -S_0 N'(d_1)\sigma/(2\sqrt{T}) + rKe^{-rT}N(-d_2)$$
$$= -S_0 N'(d_1)\sigma/(2\sqrt{T}) + rKe^{-rT}[1 - N(d_2)]$$

同理可以求出 Black-Scholes-Merton 定价模型和 Black 定价模型下相应的 Theta 的解析式,整理结果如表 8-4 所示。

表 8-4　不同定价模型的 Theta 的数学解析式

模型名称	希腊字母	Θ （Theta）
Black-Scholes 模型	看涨期权	$-S_0 N'(d_1)\sigma/(2\sqrt{T}) - rKe^{-rT}N(d_2)$
	看跌期权	$-S_0 N'(d_1)\sigma/(2\sqrt{T}) + rKe^{-rT}N(-d_2)$
Black-Scholes-Merton 模型	看涨期权	$-S_0 N'(d_1)\sigma e^{-qT}/(2\sqrt{T}) - rKe^{-rT}N(d_2) + qS_0 N(d_1)e^{-qT}$
	看跌期权	$-S_0 N'(d_1)\sigma e^{-qT}/(2\sqrt{T}) + rKe^{-rT}N(-d_2) - qS_0 N(-d_1)e^{-qT}$
Black 模型	看涨期权	$-F_0 N'(d_1)\sigma e^{-rT}/(2\sqrt{T}) - rKe^{-rT}N(d_2) + rS_0 N(d_1)e^{-rT}$
	看跌期权	$-F_0 N'(d_1)\sigma e^{-rT}/(2\sqrt{T}) + rKe^{-rT}N(-d_2) - rS_0 N(-d_1)e^{-rT}$

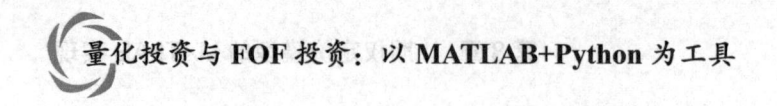

其中，函数 $N'(x)$ 为标准正态分布变量的密度函数 $N'(x) = \dfrac{1}{\sqrt{2\pi}} e^{-x^2/2}$。另外，注意不同模型中 d_1 和 d_2 的表达式是不同的。

2）Theta 的性质和特征分析

对于 Black-Scholes 定价模型，由看涨期权和看跌期权的 Theta 解析式可以看出看涨期权的 Theta 一般为负值，看跌期权比相应的看涨期权的 Theta 值多了一个 rKe^{-rT} 的数量，看跌期权的 Theta 也基本都为负值。Theta 与标的资产价格的关系如图 8-15 所示。

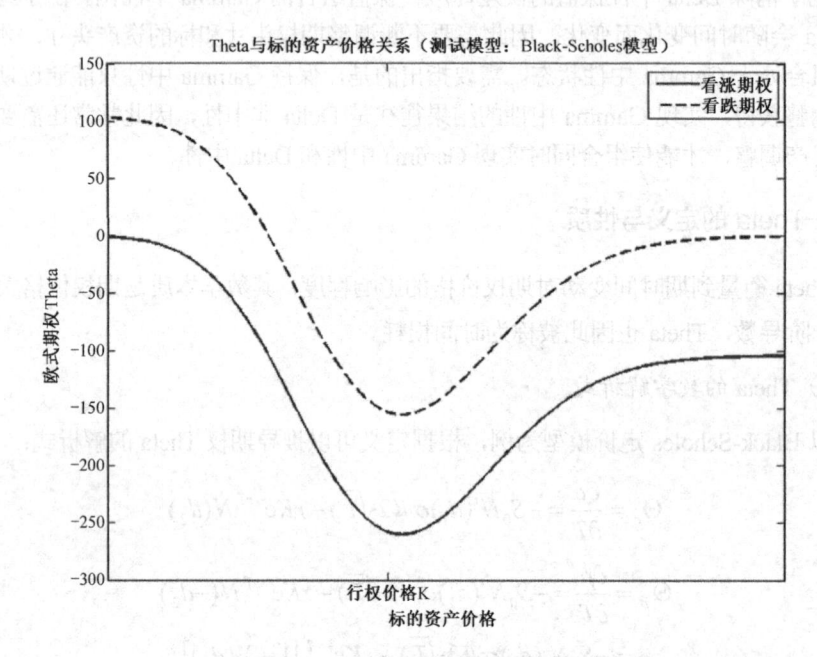

图 8-15 Theta 与标的资产价格的关系

Theta 与到期时间的关系跟在值程度有很大关系，如图 8-16 所示。

4. Delta、Gamma 和 Theta 之间的关系

由上文可知 B-S 微分方程如下：

$$\frac{\partial f}{\partial t} + rS\frac{\partial f}{\partial S} + \frac{1}{2}\sigma^2 S^2 \frac{\partial^2 f}{\partial S^2} = rf$$

由希腊字母定义知：

$$\frac{\partial f}{\partial t} = \Theta, \quad \frac{\partial f}{\partial S} = \Delta, \quad \frac{\partial^2 f}{\partial S^2} = \Gamma$$

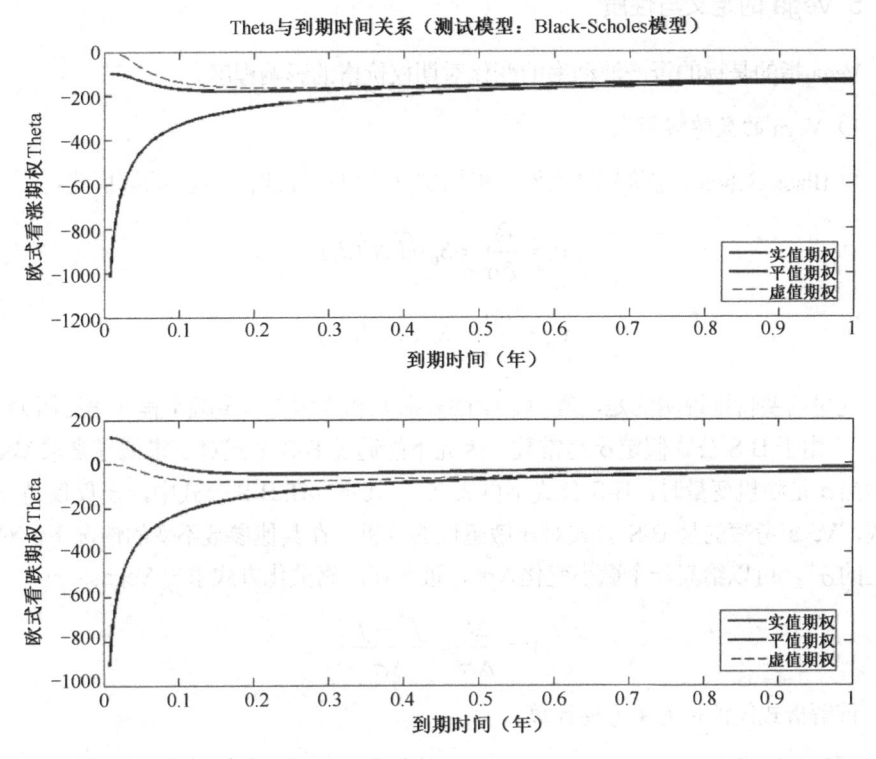

图 8-16 Theta 与到期时间的关系

因此上式可以表示为：

$$\Theta + rS\Delta + \frac{1}{2}\sigma^2 S^2 \Gamma = rf$$

对于 Delta 中性的组合来说，有 $\Theta + \frac{1}{2}\sigma^2 S^2 \Gamma = rf$，即在一个 Delta 中性组合中，若 Theta 为负值并且很大时，Gamma 将会为正值并且也很大。对于处于 Delta 中性和 Gamma 中性状态的组合来说，$\Theta = rf$，即 Delta 中性和 Gamma 中性的组合价值将随时间以无风险连续复利的速度增长。Delta、Theta 和 Gamma 三者之间的一般符号关系如表 8-5 所示。

表 8-5 Delta、Theta 和 Gamma 三者之间的符号关系

	Delta	Theta	Gamma
多头看涨期权	+	−	+
多头看跌期权	−	−	+
空头看涨期权	−	+	−
空头看跌期权	+	+	−

5. Vega 的定义与性质

Vega 指的是标的资产波动率的变化对期权价格的影响程度。

1）Vega 的数学解析式

以 Black-Scholes 定价模型为例，根据定义可以推导期权 Vega 的解析式：

$$\nu_c = \frac{\partial c}{\partial \sigma} = S_0 \sqrt{T} N'(d_1)$$

$$\nu_p = \frac{\partial p}{\partial \sigma} = S_0 \sqrt{T} N'(d_1)$$

这里需要特别说明的是，厦门大学的郑振龙和陈蓉在《金融工程（第三版）》中指出："由于 B-S 公式假定 σ 是常数，因此不能通过 B-S 公式对 σ 求偏导来求 Vega，因为当 σ 是随机变量时，B-S 公式不再成立。"其实，在 B-S 公式中，σ 仅仅是一个参数，Vega 考察的是 B-S 公式对 σ 敏感性的分析。在其他参数不变的情况下，对于给定的 σ^*，可以给其一个微小变化 $\Delta\sigma$，进而使用离散化方式求出 Vega：

$$\nu = \frac{\Delta f}{\Delta \sigma} = \frac{f^* - f}{\Delta \sigma}$$

该解析式仅仅是为了方便计算。

同理可以求出 Black-Scholes-Merton 定价模型和 Black 定价模型下相应的 Vega 的解析式，整理结果如表 8-6 所示。

表 8-6　不同定价模型的 Vega 的数学解析式

模型名称	Black-Scholes 模型		Black-Scholes-Merton 模型		Black 模型	
希腊字母	看涨期权	看跌期权	看涨期权	看跌期权	看涨期权	看跌期权
ν（Vega）	$S_0\sqrt{T}N'(d_1)$		$S_0\sqrt{T}N'(d_1)e^{-qT}$		$F_0\sqrt{T}N'(d_1)e^{-rT}$	

其中，函数 $N'(x)$ 为标准正态分布变量的密度函数 $N'(x) = \frac{1}{\sqrt{2\pi}} e^{-x^2/2}$。另外，注意不同模型中 d_1 和 d_2 的表达式是不同的。

2）Vega 的性质和特征分析

对于 Black-Scholes 定价模型，由看涨期权和看跌期权的 Vega 解析式可以看出欧式看涨期权和看跌期权的多头头寸的 Vega 总为正，Vega 与标的资产价格、到期时间、波动率的关系如图 8-17～图 8-21 所示。

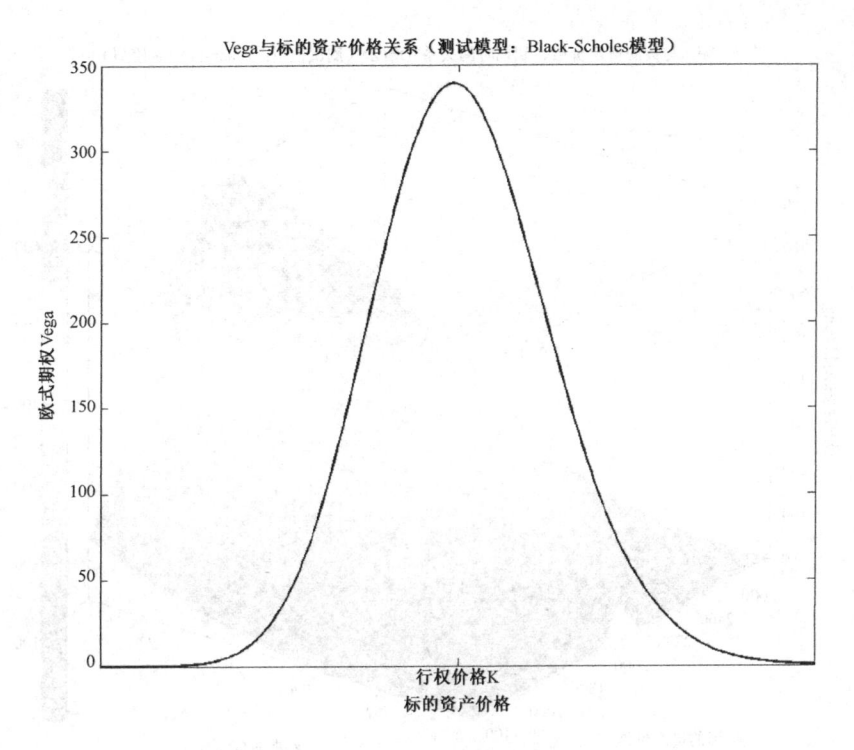

图 8-17 Vega 与标的资产价格的关系

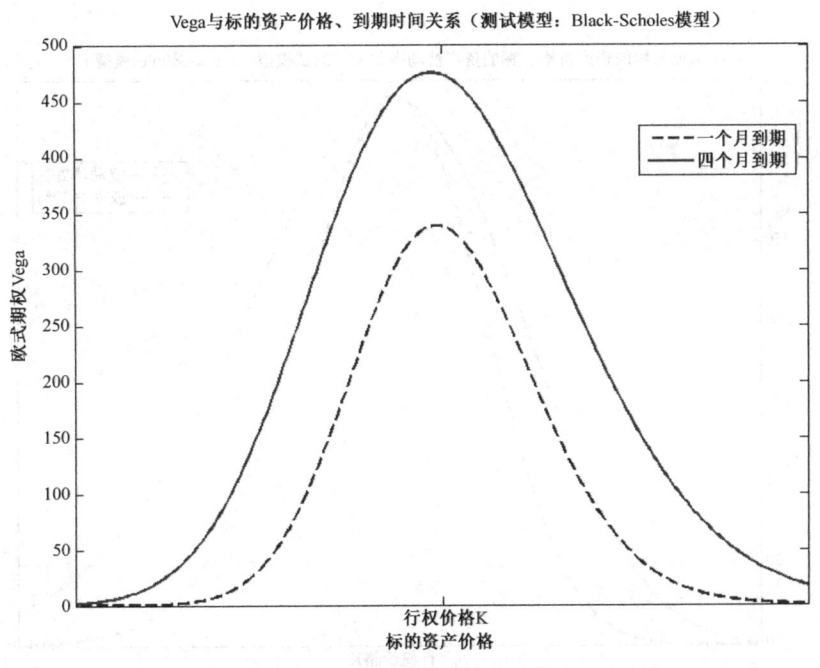

图 8-18 Vega 与标的资产价格、到期时间的关系

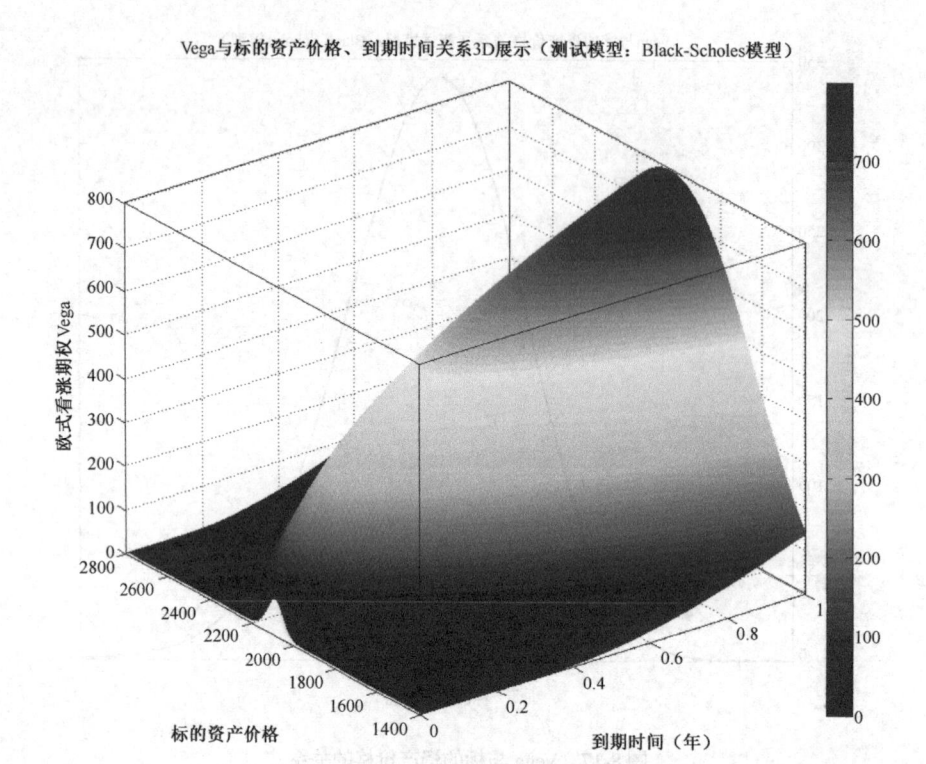

图 8-19　Vega 与标的资产价格、到期时间关系的 3D 展示

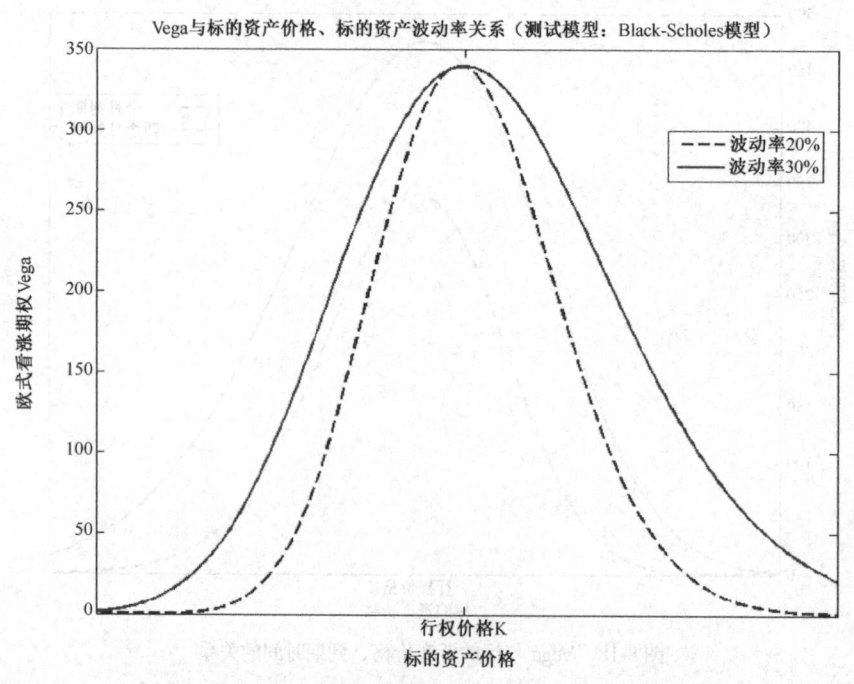

图 8-20　Vega 与标的资产价格、标的资产波动率的关系

Vega 与标的资产价格、标的资产波动率关系3D展示（测试模型：Black-Scholes模型）

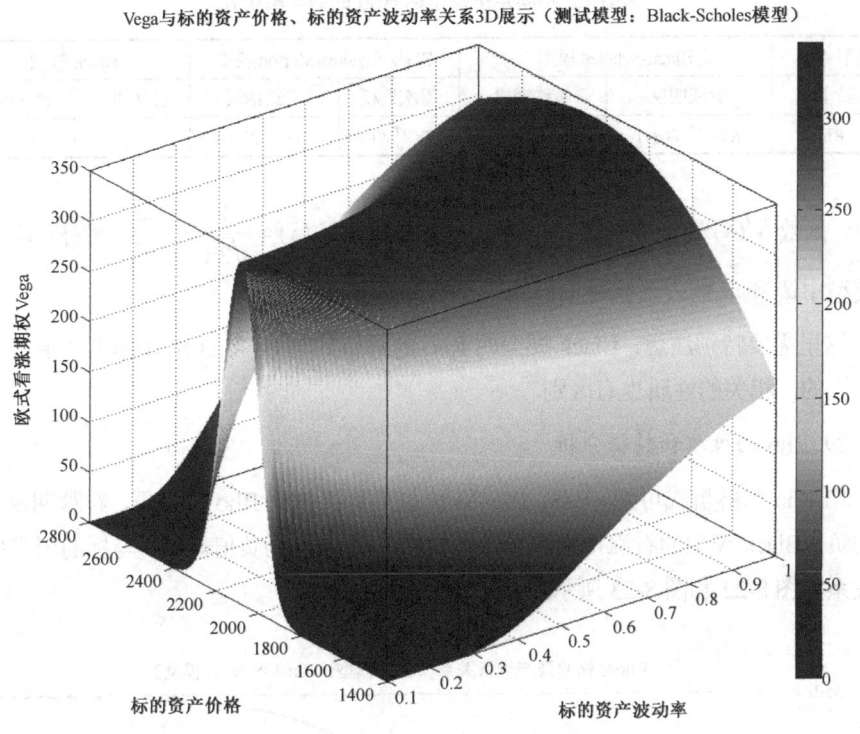

图 8-21　Vega 与标的资产价格、标的资产波动率关系的 3D 展示

6. Rho 的定义与性质

Rho 反映利率变动对期权价格的影响程度，其数学本质是期权价格关于无风险利率的一阶导数。Rho 是希腊字母中相对应用范围最小的一个，主要原因是利率变化不频繁，但 Rho 对于长期到期期权的交易仍有重要的意义。

1）Rho 的数学解析式

以 Black-Scholes 定价模型为例，根据定义可以推导期权 Rho 的解析式：

$$\rho_c = \frac{\partial c}{\partial r} = KT\mathrm{e}^{-rT}N(d_2)$$

$$\rho_p = \frac{\partial p}{\partial r} = -KT\mathrm{e}^{-rT}N(-d_2)$$

由于 B-S 公式中也假定利率为常数，故这里求出的 Rho 的解析式的具体理解与 Vega 的类似。

同理可以求出 Black-Scholes-Merton 定价模型和 Black 定价模型下相应的 Rho 的解析式，整理结果如表 8-7 所示。

表 8-7 不同定价模型的 Rho 的数学解析式

模型名称	Black-Scholes 模型		Black-Scholes-Merton 模型		Black 模型	
希腊字母	看涨期权	看跌期权	看涨期权	看跌期权	看涨期权	看跌期权
ρ（Rho）	$KTe^{-rT}N(d_2)$	$-KTe^{-rT}N(-d_2)$	$KTe^{-rT}N(d_2)$	$-KTe^{-rT}N(-d_2)$	$-cT$	$-pT$

其中，函数 $N'(x)$ 为标准正态分布变量的密度函数 $N'(x) = \frac{1}{\sqrt{2\pi}}e^{-x^2/2}$。另外，注意不同模型中 d_1 和 d_2 的表达式是不同的。

这里需要特别注意，Black 模型的 Rho 的解析式与 B-S、B-S-M 模型在形式上是不一样的，相关的性质也有区别。

2）Rho 的性质和特征分析

由 Rho 的解析式可知，B-S、B-S-M 模型的看涨期权 Rho 值为正，看跌期权 Rho 值为负，Black 模型的看涨期权和看跌期权的 Rho 值均为负值。Rho 与标的资产价格的关系如图 8-22 和图 8-23 所示。

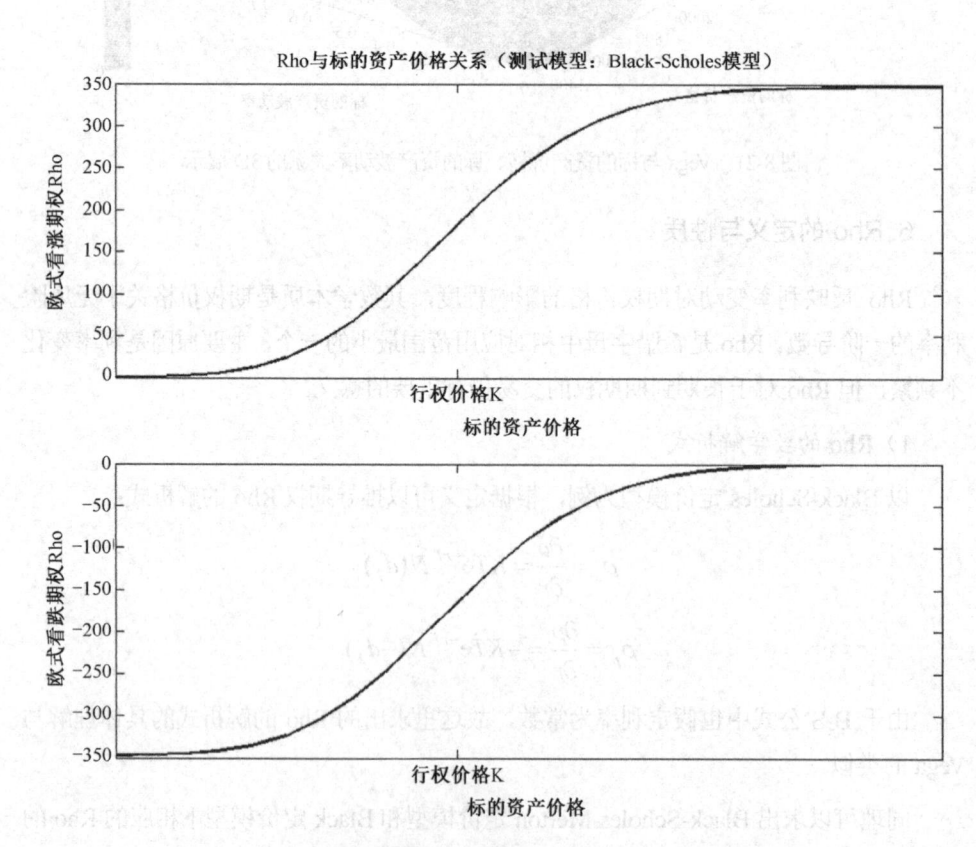

图 8-22 Rho 与标的资产价格的关系（B-S 模型）

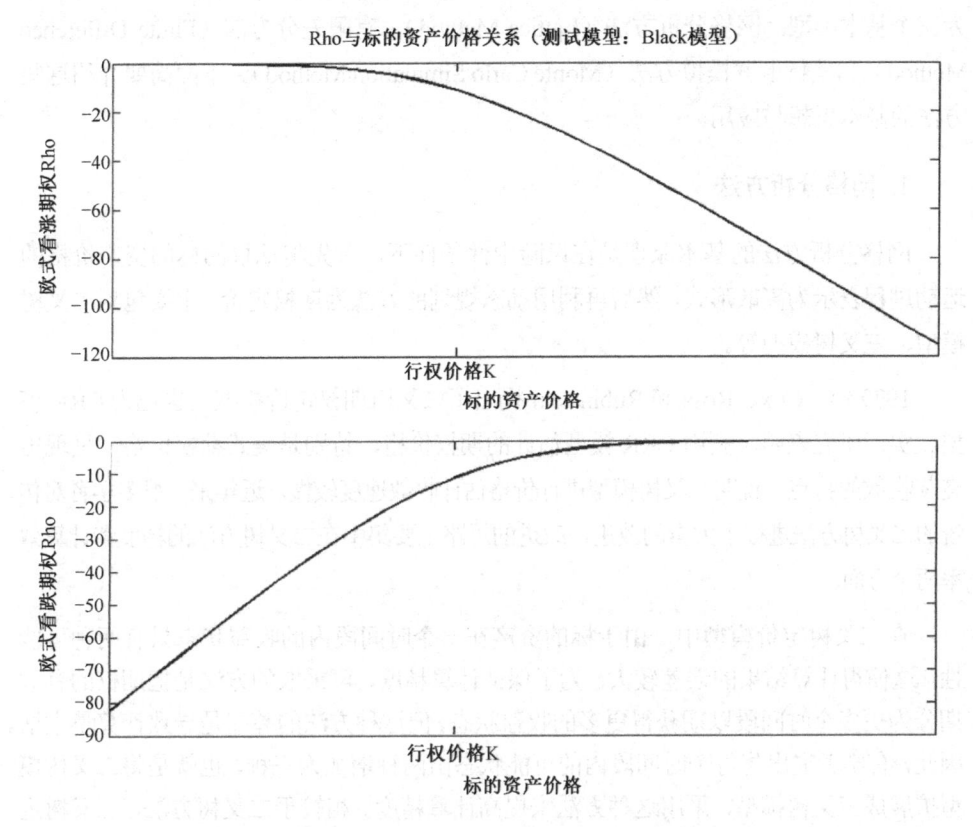

图 8-23　Rho 与标的资产价格的关系（Black 模型）

8.3　二叉树定价模型研究

8.3.1　期权定价的数值方法概述

在介绍二叉树定价模型之前，先来了解一下常用的期权定价的数值方法。

在金融市场中，只有少数的期权品种可以得到相对简单的解析式定价公式，绝大部分期权的价格无法通过解析方法求得。即使理论上可以得到比较完整的计算模型，但通常由于计算模型过于复杂，实现起来非常困难，有时是不可能实现的，所以数值分析方法就成为解决期权定价问题的重要方法之一。近年来，许多数学家、经济学家针对该问题进行了大量的研究和探讨，得出了很多有效的数值分析方法，大体可以分为三个基本类型：网格分析方法（Lattice Method）、有限差分方法（Finite Difference Method）和蒙特卡罗模拟方法（Monte Carlo Simulation Method）。下面简要介绍这些方法的基本思想与应用。

1. 网格分析方法

网格分析方法的基本原理是在风险中性条件下，首先将期权的标的资产价格的运动过程表示为离散形式，然后再利用动态规划的方法为期权定价，主要包括二叉树模型、三叉树模型等。

1979年，Cox、Ross和Rubinstein提出了二叉树期权定价模型，也记为CRR模型。实证研究表明，利用CRR模型估计的期权价格，特别是美式期权价格，呈现出震荡收敛的特点，说明二叉树模型进行价格估计收敛速度较慢。近年来，很多学者对传统的二叉树方法进行了大量的改进，改进的思路主要集中在二叉树方法的精度和计算效率两个方面。

在二叉树定价模型中，由于标的资产在一个时间段内的收益状态只有两种可能性，这使得计算结果的误差较大。为了保证计算精度，可采取的方法是把期权的有效期分为更多个时间段以期获得更多的收益状态，但这种方法的弊端是导致计算量大增。因此，有学者提出将每个时间段内的可能状态由两种增加为三种，也就是将二叉树模型扩展成三叉树模型，采用这种方法来提高计算精度。相较于二叉树方法，三叉树定价模型的构造更加复杂：第一，从每个节点有三个分支发出，而不再是两个；第二，对于三叉树树图上的不同部分而言，其分支的概率不相同；第三，分支的变化模式可能会发生变化。上述特点使得三叉树方法比二叉树方法复杂很多，如果为同一个期权定价，三叉树模型的计算复杂度大约为$O(3/2n^2)$，这个结果明显高于二叉树方法的计算复杂度。但对于比较复杂的期权如障碍期权，三叉树定价方法求解则更具优势。

二叉树和三叉树等基本定价模型可以为欧式期权和普通的美式期权及具有多标的变量的期权品种定价，尤其是在一维问题中得到了广泛的应用。但是这两种模型本身也存在局限性，在很多情况下无法得到理想的估计效果。例如，利用传统的CRR模型对美式期权或利用普通的三叉树模型对障碍期权定价的时候，定价过程都呈现出明显的震荡。虽然对模型的改进在一定程度上改善了震荡性，但并没有从根本上解决问题。此外，这类网格定价模型在对高维的美式期权定价时，随着处理问题的维数增加，计算工作量和数据处理量都将呈指数型增长。因此，网格定价模型对于较低维数期权的价格估计能取得较理想的效果，但解决高维问题还存在非常大的困难。

2. 有限差分方法

有限差分方法的主要原理是：首先将期权满足的微分方程按照一定方式转化为

许多个差分方程,接着再利用逐步迭代法求出这些差分方程的解,主要包括内含差分方法和外推差分方法两大类。

有限差分方法能够处理欧式期权和美式期权,但在处理多标的变量的期权定价时也会出现"维数灾难"问题。

3. 蒙特卡罗模拟方法

蒙特卡罗模拟方法的基本原理是:在风险中性条件下,首先模拟出标的资产在期权的有效期内价格变化的一系列样本路径,再对每一条路径的收益进行贴现,最后对每一条路径的贴现收益求平均值,由此求得该期权价格的估计值。

相对于网格分析和有限差分方法而言,蒙特卡罗模拟方法具有两个优点:一是比较灵活,易于实现;二是能更好地解决高维的期权定价问题。蒙特卡罗模拟法的缺点是,在处理一些复杂的期权问题时,需要通过多次模拟的方式来增加估计精度,因而将产生较大的估计方差。针对这一问题,专家、学者提出了很多有效的改进措施,主要有三个方面:一是方差减少技术,主要包括控制变量技术、对偶变量技术、矩匹配方法、重要性抽样技术、分层抽样技术和条件蒙特卡罗模拟等;二是在低偏差率序列的基础上提出的拟蒙特卡罗模拟;三是引入了动态规划理论及图论原理的美式期权定价的蒙特卡罗模拟。这些技术提高了蒙特卡罗模拟方法的估计效率,进一步扩大了其应用范围。

4. 小结

不同的数值方法针对不同的期权定价,在计算精度和计算效率上各有利弊,本章重点介绍二叉树模型和相关的数学过程,以及在二叉树模型下相应希腊字母的估计,并给出二叉树模型与 Black-Scholes 模型的对比测试、欧式期权与美式期权的相关性质的对比测试等。

8.3.2 二叉树定价模型

二叉树定价模型由 Cox、Ross 和 Rubinstein 首先提出(论文截图如图 8-24 所示),目前已经成为金融界基本的期权定价方法之一,其优点是比较简单、直观,不需要太多的数学知识即可应用。

```
        Option Pricing: A Simplified Approach†
                      John C. Cox
        Massachusetts Institute of Technology and Stanford University

                     Stephen A. Ross
                       Yale University

                     Mark Rubinstein
                University of California, Berkeley

                  March 1979 (revised July 1979)
    (published under the same title in Journal of Financial Economics (September 1979))

     [1978 winner of the Pomeranze Prize of the Chicago Board Options Exchange]
```

图 8-24　论文 *Option Pricing：A Simplified Approach* 截图

1. 二叉树模型的数学过程

直观理解，二叉树方法就是用离散的模型模拟资产价格的连续运动，利用均值和方差匹配来确定相关参数，然后从二叉树的末端开始倒推即可计算出期权价格。

1）单步二叉树模型

首先来看一下单步二叉树模型。

假设一只无红利支付的股票，当前时刻 t 的股票价格为 S，基于该股票的某个期权价值是 f，期权的有效期是 T。在这个有效期内，股票价格或者上升到 S_u，或者下降到 S_d（$u>1$，$d<1$）。当股票价格上升到 S_u 时，假设期权的回报为 f_u；当股票的价格下降到 S_d 时，期权的回报为 f_d，如图 8-25 所示。

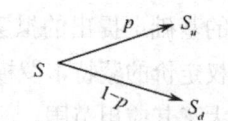

图 8-25　单步二叉树展示

可以在二叉树模型中应用风险中性定价原理为期权定价。在风险中性世界中，假定股票上涨概率为 p，则股票下跌概率为 $1-p$。由于股票未来期望值按无风险利率贴现的现值必须等于该股票目前的价格，因此可由下式求出 p：

$$S = e^{-rT}[S_u p + S_d(1-p)]$$

即

$$p = \frac{e^{rT}-d}{u-d}$$

进而可以求出期权的价格，如下：

$$f = e^{-rT}[pf_u + (1-p)f_d]$$

2）资产价格的树形结构

当时间间隔非常小的时候，比如在每个瞬间，资产价格只有这两个运动方向的假设是可以接受的。但是在较大的时间间隔内，上面的二值运动的假设显然不符合实际。

因此，二叉树模型实际上是在用大量离散的小幅度二值运动来模拟连续的资产价格运动。由统计学原理可知，当 n 趋于无穷大时（n 为二项分布参数），二项分布就趋于正态分布。因此，将一段时间分割成足够多的小时间间隔时，二项分布就逼近正态分布。

应用多步二叉树模型来表示资产价格变化的树形结构示意图如图 8-26 所示。

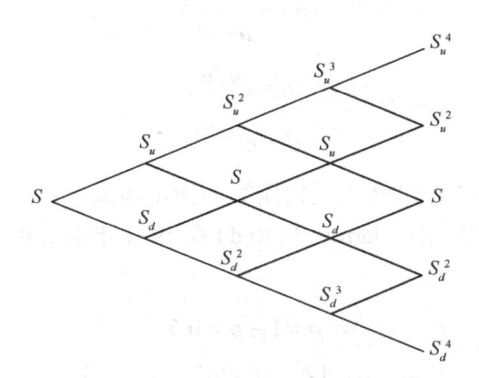

图 8-26 资产价格树形结构示意图

当时间为 0 时，资产价格为 S。当时间为 Δt 时，资产价格要么上涨到 S_u，要么下降到 S_d，相应的期权价格估计值为 $f_{1,1}$ 和 $f_{1,0}$。当时间为 $2\Delta t$ 时，资产价格有三种可能：S_u^2、S_{ud}（$S_{ud}=S$，$ud=1$ 时）和 S_d^2，相应的期权价格估计值为 $f_{2,2}$、$f_{2,1}$ 和 $f_{2,0}$。以此类推，一般而言，在 $i\Delta t$ 时刻，资产价格有 $i+1$ 种可能，可用如下符号表示：

$$S_{u^j d^{i-j}}, \quad j=0,1,\cdots,i$$

相应的基于该资产的期权价格估计值为 $f_{i,j}, j=0,1,\cdots,i$。

3）参数的确定

在建立二叉树的过程中，最重要的是参数 p、u 和 d 的确定。衡量资产价格的树形结构好坏的标准是它能否逼近资产价格的真实分布，因此 u 和 d 的确定必须与资产价格的漂移率（μ）和波动率（σ）相吻合。

在风险中性世界中，若期初的资产价格为 S，则在很短的时间间隔 Δt 末，资产价格的期望值应为 $Se^{r\Delta t}$。因此，参数 p、u 和 d 首先必须满足以下要求，即

$$Se^{r\Delta t} = pS_u + (1-p)S_d \tag{8-28}$$

此外，当股票价格遵循几何布朗运动时，在很短的时间间隔 Δt 内，股票价格变化的方差为 $S^2\sigma^2\Delta t$，根据方差的性质，变量 Q 的方差等于 $E(Q^2)-[E(Q)]^2$，故有：

$$S^2\sigma^2\Delta t = pS^2u^2 + (1-p)S^2d^2 - S^2[pu+(1-p)d]^2$$

$$\Rightarrow \sigma^2\Delta t = pu^2 + (1-p)d^2 - [pu+(1-p)d]^2 \tag{8-29}$$

式（8-28）和式（8-29）给出了计算 p、u 和 d 的两个条件。第三个条件的设定

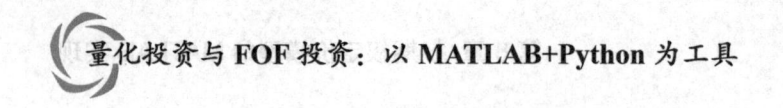

可能会有不同，Cox、Ross 和 Rubinstein 所用的条件是：

$$ud = 1 \tag{8-30}$$

从式（8-28）、式（8-29）和式（8-30）三个条件可以求出：

$$p = \frac{e^{r\Delta t} - d}{u - d}$$

$$u = e^{\sigma\sqrt{\Delta t}}$$

$$d = e^{-\sigma\sqrt{\Delta t}}$$

此时得到的模型称为 CRR 二叉树模型（CRR 模型）。第三个条件 $ud=1$ 是最常用的条件，但并不是唯一的。Jarrow 和 Rudd 在 1983 年给出 $p=0.5$ 这个条件，也可以求出：

$$p = 1 - p = 0.5$$

$$u = \exp\left[\left(r - \frac{\sigma^2}{2}\right)\Delta t + \sigma\sqrt{\Delta t}\right]$$

$$d = \exp\left[\left(r - \frac{\sigma^2}{2}\right)\Delta t - \sigma\sqrt{\Delta t}\right]$$

此时得到的模型为 JR 二叉树模型（JR 模型），也称为 EQP 模型（Equal Probabilities Model，等概率模型）。这种方法的优点在于无论 σ 和 Δt 如何变化，概率不变；缺点是二叉树图中心线上的标的资产价格不会再和初始中心值相等。

本章若无特殊说明，主要使用 CRR 模型进行测试，下文中二叉树模型均指 CRR 模型。参数 p、u 和 d 确定之后，就可以得到每个节点的资产价格，这样就可以在二叉树模型中采用倒推定价法，从树形结构图的末端时刻开始往回倒推得出期权定价。

4）二叉树模型的一般定价过程

下面给出用数学符号表示的二叉树期权定价方法，这里以无收益证券的美式看跌期权为例。假设把该期权有效期划分为 N 个长度为 Δt 的小区间，令 f_{ij} 表示在时间 $i\Delta t$ 时第 j 个节点处的美式看跌期权的价值，其中 $0 \leqslant i \leqslant N, 0 \leqslant j \leqslant i$，将 f_{ij} 称为节点 (i,j) 的期权价值，同时用 $S_{u^j d^{i-j}}$ 表示节点 (i,j) 处的证券价格。由于美式看跌期权在到期时的价值是 $\max(X - S_T, 0)$，其中 X 为期权的执行价格，S_T 为证券到期时价格，所以有：

$$f_{N,j} = \max(X - S_{u^j d^{N-j}}),\ j = 0, 1, \cdots, N$$

假定在风险中性世界中，从节点 (i,j) 移动到节点 $(i+1, j+1)$ 的概率为 p，移动到节点 $(i+1, j)$ 的概率为 $1-p$。期权不被提前执行，则节点 (i,j) 的期权价值为：

$$f_{i,j} = e^{-r\Delta t}[pf_{i+1,j+1} + (1-p)f_{i+1,j}]$$

其中，$0 \leqslant i \leqslant N-1, 0 \leqslant j \leqslant i$，该式事实上是欧式期权在节点$(i,j)$处的期权价值。由于美式期权有可能被提前执行，因此式中求出的$f_{i,j}$必须与该节点提前执行期权的收益$(X - S_{u^j d^{i-j}})$比较，并取二者中的较大者。因此：

$$f_{i,j} = \max\{X - S_{u^j d^{i-j}}, \mathrm{e}^{-r\Delta t}[pf_{i+1,j+1} + (1-p)f_{i+1,j}]\}$$

按这种倒推法计算，当时间区间的划分趋于无穷大，或者当每一区间Δt趋于0时，就可以求出美式看跌期权的准确价值。若仅求期权价值，一般将时间区间分成50步及以上就可以得到较理想的结果；但如果还要使用二叉树模型估计相应的风险指标，那么就需要更多的步数才能保证结果更精确，下文会有一些相关测试。

2. 二叉树模型的MATLAB测试

由于二叉树模型过程比较清晰明了，所以很容易编程实现，MATLAB内置的binprice函数可以直接实现二叉树模型（CRR模型）。

图8-27给出了二叉树模型的一个树形结构图形展示，其中每个方框内的左边数值为每个节点的标的资产价格，右边数值为每个节点的期权价格，横轴为二叉树模型步数，纵轴为标的资产价格。

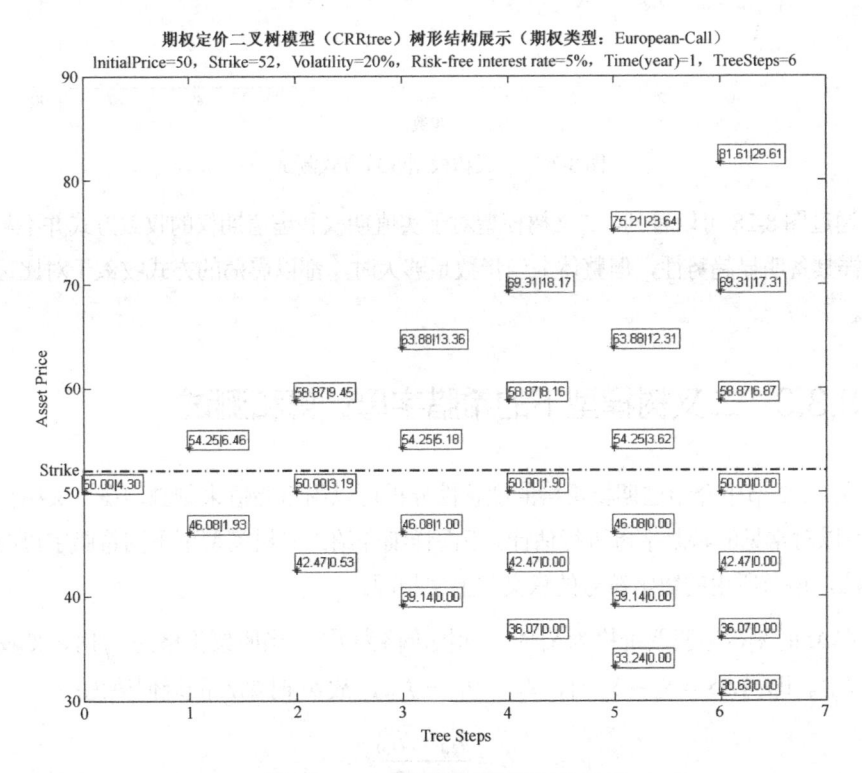

图8-27　CRR定价模型树形结构展示

通过变动二叉树模型的步长数，可以测试二叉树模型的精度和收敛方式。由于

Black-Scholes 定价模型可以给出欧式期权的精确解，故这里以 Black-Scholes 模型给出的欧式看涨期权为对比标准价格，步长设置为 1~100 步，如图 8-28 所示。

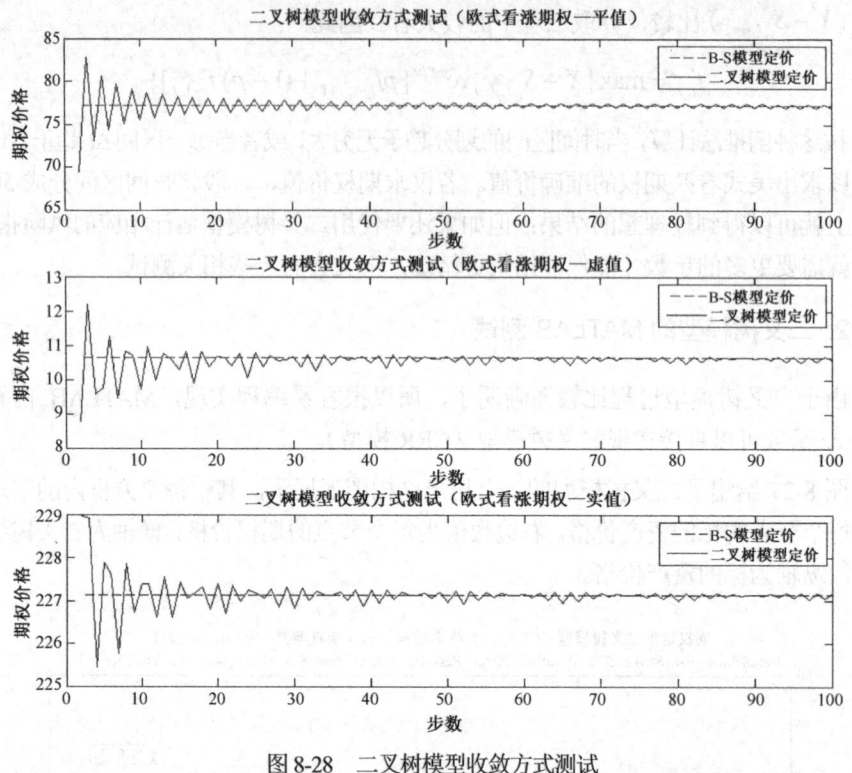

图 8-28 二叉树模型收敛方式测试

通过图 8-28 可以看到，二叉树模型对于实值期权和虚值期权的收敛方式并不与平值一样具备明显趋势性，但整体上当步数足够大时，都以震荡的方式收敛于对比标准价格。

8.3.3 二叉树模型下的希腊字母计算和测试

在 8.2.2 节中介绍过期权价格的敏感性分析可以由希腊值来刻画，在二叉树模型下，可以对常见的希腊字母进行估计。下面详细介绍二叉树模型下不同希腊字母的计算方法，该节所用的数学符号的意义与上文相同。

在 Δt 时刻，当股票价格为 S_u 时，期权价格为 $f_{1,1}$；当股票价格为 S_d 时，期权价格为 $f_{1,0}$。即当 $\Delta S = S_u - S_d$ 时，$\Delta f = f_{1,1} - f_{1,0}$，故 Δt 时刻 Δ 的近似值为：

$$\Delta = \frac{f_{1,1} - f_{1,0}}{S_u - S_d}$$

对于 Γ，在 $2\Delta t$ 时刻有两个 Δ 的估计。由于 Gamma 等于 Delta 相对于标的资产

的变化量,故

$$\Gamma = \frac{[(f_{2,2} - f_{2,1})/(S_u^2 - S)] - [(f_{2,1} - f_{2,0})/(S - S_d^2)]}{(S_u^2 - S_d^2)/2}$$

上面的计算给出了在 Δt 时刻 Delta 的估计值和在 $2\Delta t$ 时刻 Gamma 的估计值,在实际操作中,这些估计值可以用作 0 时刻 Delta 和 Gamma 的估计。

对于 Θ,根据定义可求得其估计值为:

$$\Theta = \frac{f_{2,1} - f_{0,0}}{2\Delta t}$$

Vega 的计算在对波动率进行微小变化后得出。当 σ 变动一个微小值 $\Delta\sigma$ 时,可以重新构造二叉树(相应的 Δt 不变),并对期权重新定价得到 f^*,则 Vega 的估计值为:

$$\nu = \frac{f^* - f}{\Delta \sigma}$$

使用类似的方法可以进行 Rho 的估计。

下面在相同的参数设置下,对比二叉树模型和 B-S 模型下的欧式现货期权希腊字母的差异。由于在 B-S 模型下相关希腊字母都有解析解,故将 B-S 模型下得到的希腊字母作为对比标准,测试中二叉树模型步数采用 100 步和 1000 步两组进行对比。各希腊字母的对比测试结果如图 8-29～图 8-33 所示。

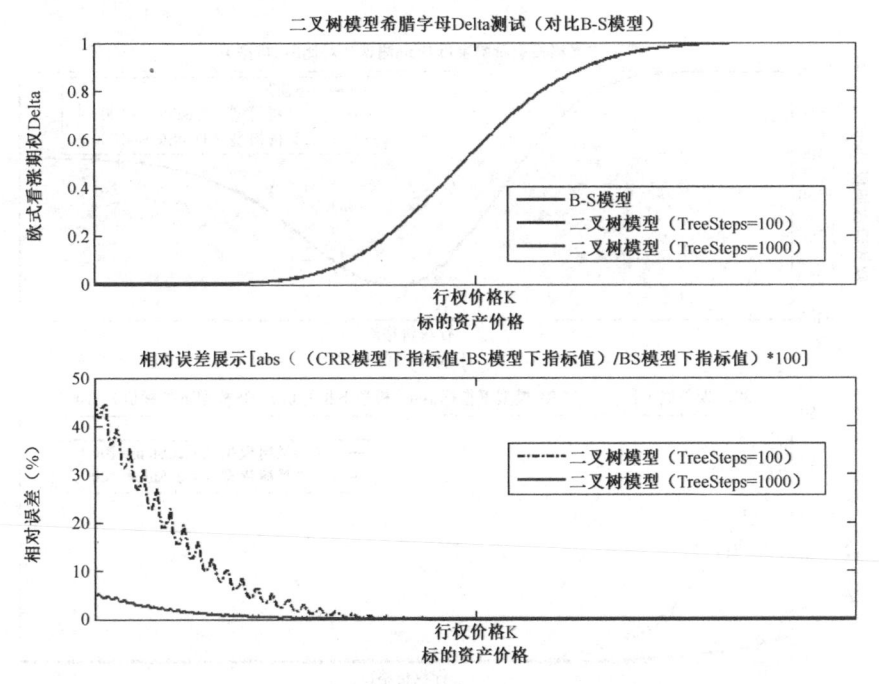

图 8-29 二叉树模型希腊字母 Delta 对比测试

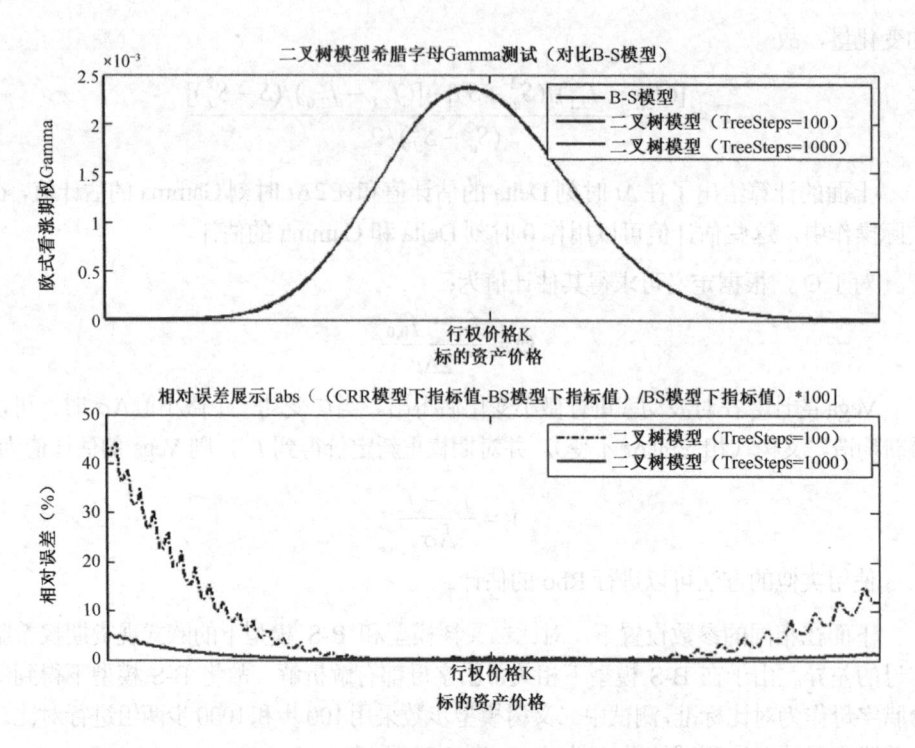

图 8-30　二叉树模型希腊字母 Gamma 对比测试

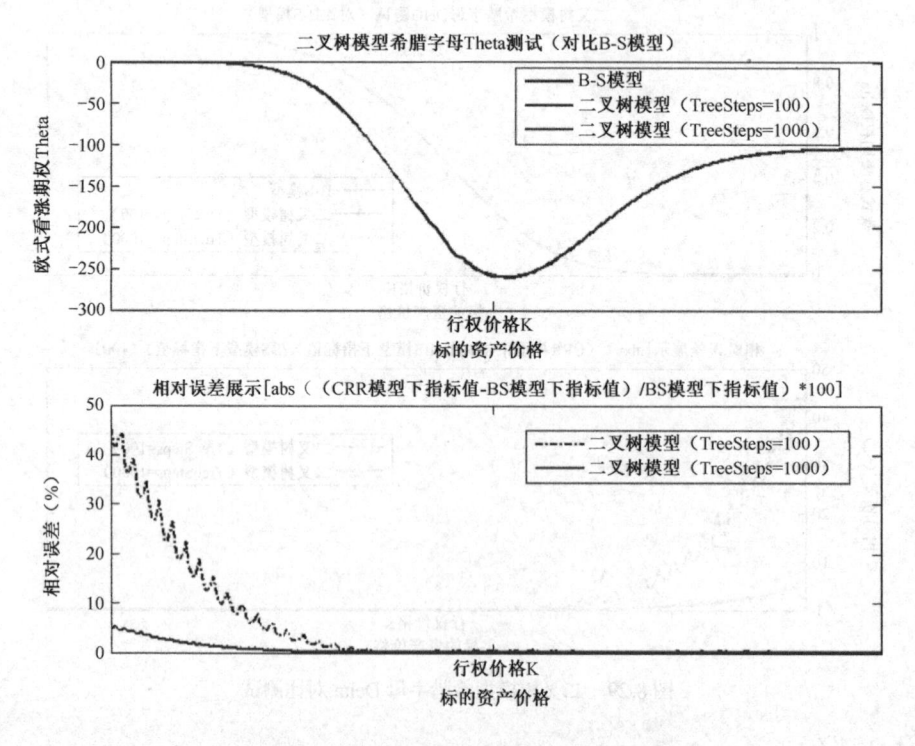

图 8-31　二叉树模型希腊字母 Theta 对比测试

图 8-32　二叉树模型希腊字母 Vega 对比测试

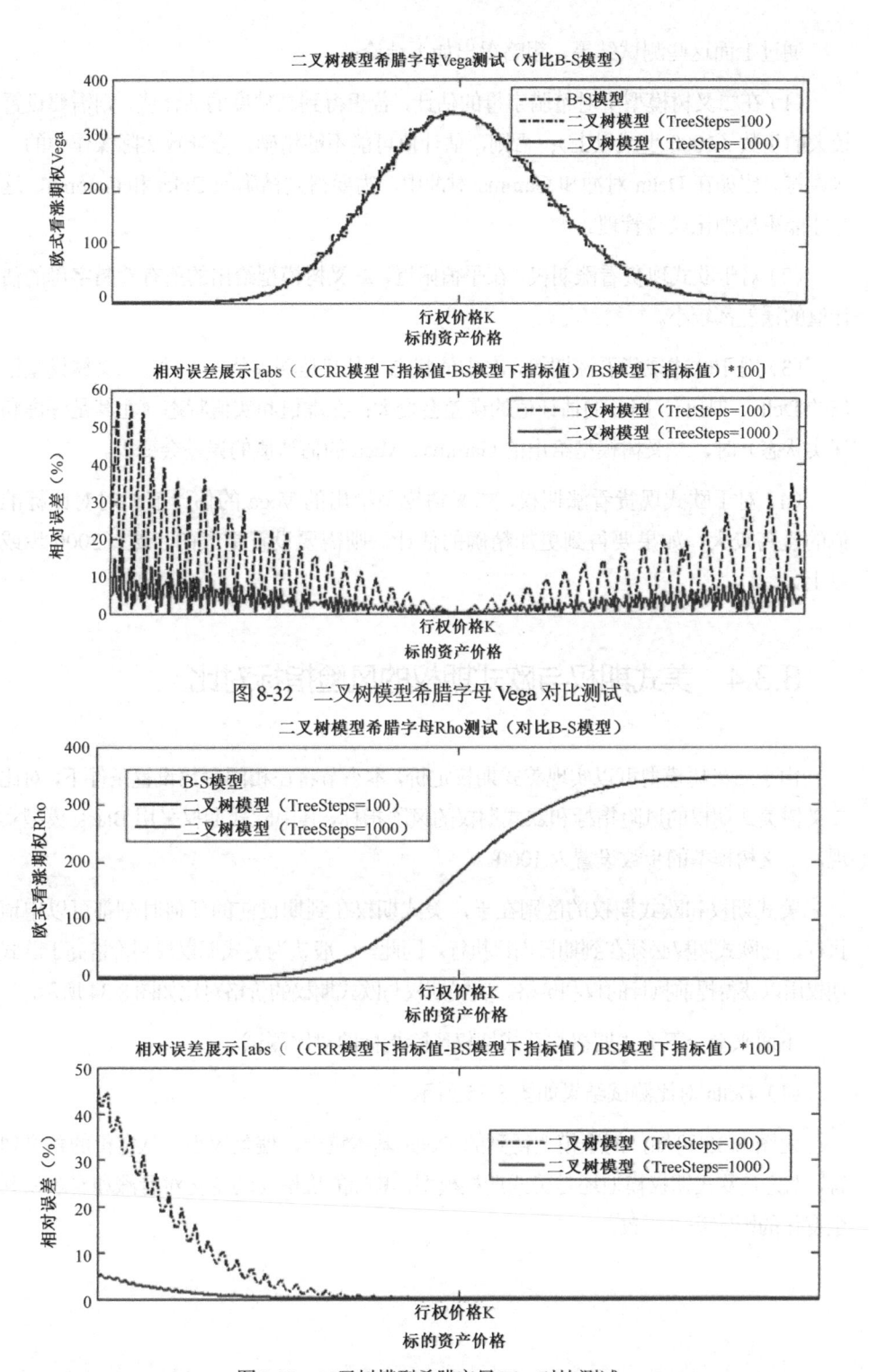

图 8-33　二叉树模型希腊字母 Rho 对比测试

通过上面这些测试结果，粗略得出如下结论：

（1）在二叉树模型下对希腊字母的估计，若想得到高精度的估计值，则需要设置较大的步数（1000步或以上）；否则，估计值可能不够精确，会导致实际操作中的一些误差。比如在 Delta 对冲和 Gamma 对冲中，需要得到精确的 Delta 和 Gamma，这样才能更加细化风险管理。

（2）对于欧式现货看涨期权，在平值附近，二叉树模型给出的所有希腊字母的估计值的误差都较小。

（3）对于欧式现货看涨期权，在虚值状态（尤其是深虚状态）时，二叉树模型给出的 Delta、Theta、Rho 的估计值的误差会变大；在虚值和实值状态（尤其是深虚和深实状态）时，二叉树模型给出的 Gamma、Vega 的估计值的误差会变大。

（4）对于欧式现货看涨期权，二叉树模型给出的 Vega 的估计值相对对比标准值的震荡较大。如果要得到更加精确的估计，则需要设置更大的步数（2000步或以上）。

8.3.4 美式期权与欧式期权的风险指标对比

由于二叉树模型可以实现美式期权定价，本小节将在相同参数设置条件下，对比二叉树美式期权的风险指标和欧式期权的风险指标，其中欧式期权采用 Black 模型实现，二叉树模型的步数设置为1000。

美式期权和欧式期权的区别在于，美式期权在到期日前的任何时刻都可以申请执行，而欧式期权必须在到期日当日执行。因此，一般认为美式期权权利价格高于欧式期权用以获得提前执行的权利价格。美式期权与欧式期权的价格对比如图 8-34 所示。

下面来看一下美式期权与欧式期权风险指标的对比测试。

（1）Delta 对比测试结果如图 8-35 所示。

由图 8-35 可知，两个模型得到的 Delta 基本重合，偏差较小。从定价的角度理解，无论是欧式期权模型还是美式期权模型，其标的价格变动变化对看涨和看跌权利金变化的影响基本一致。

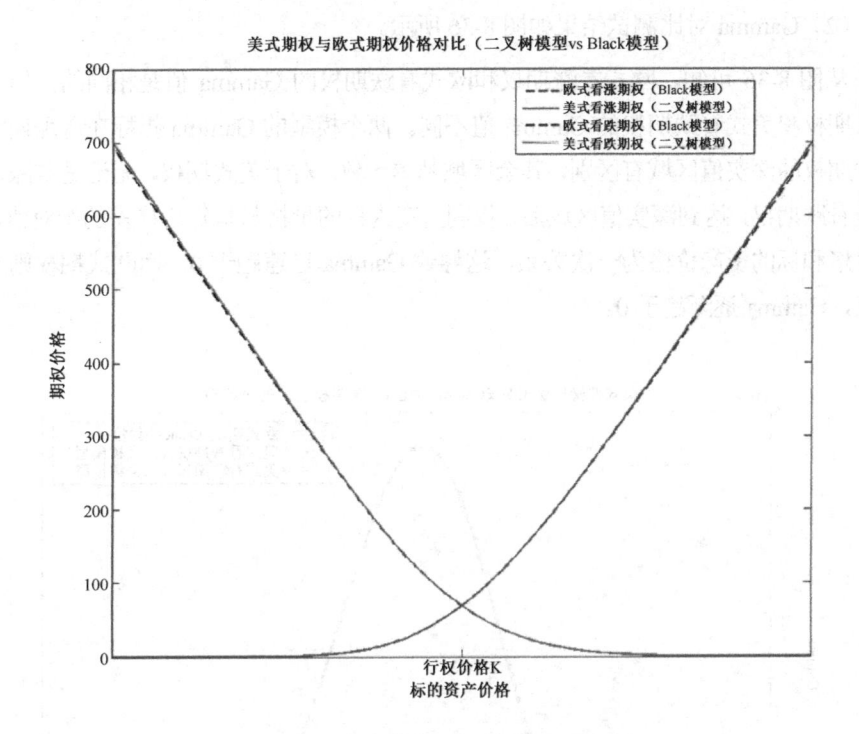

图 8-34　美式期权与欧式期权的价格对比

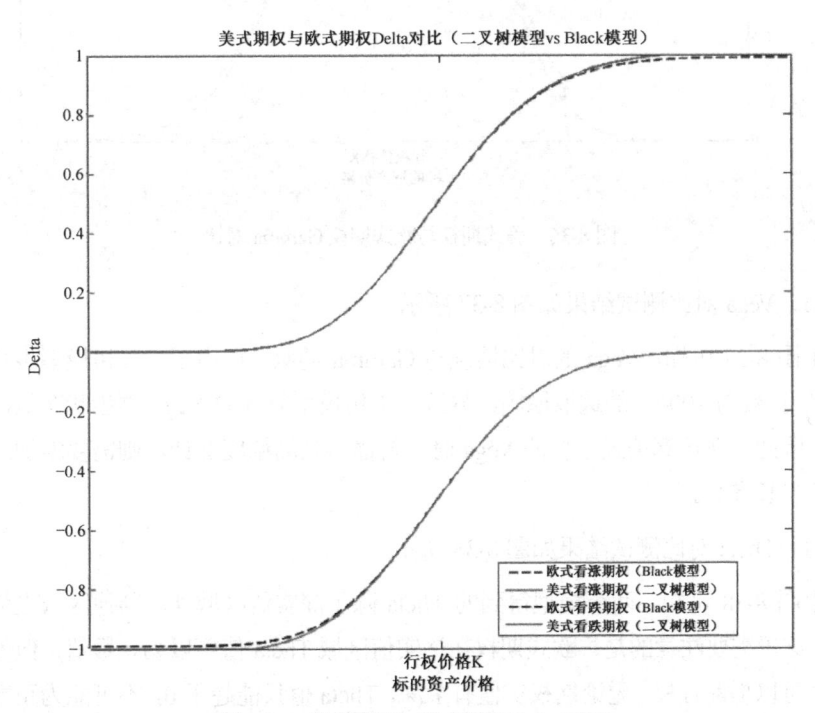

图 8-35　美式期权与欧式期权 Delta 对比

（2）Gamma 对比测试结果如图 8-36 所示。

从图 8-36 可知，欧式看涨期权和欧式看跌期权的 Gamma 值是相同的，但美式看涨期权和美式看跌期权的 Gamma 值不同。两个模型的 Gamma 指标在看涨期权和看跌期权的深实值区域有区别，其余区域基本一致。对于美式期权，无论是看涨期权还是看跌期权，达到深实值区域后，权利金变为标的价格与执行价格差的绝对值，期权价格和标的资产价格为一次关系，这导致 Gamma 迅速趋于 0。而欧式期权则无此特点，Gamma 逐渐趋于 0。

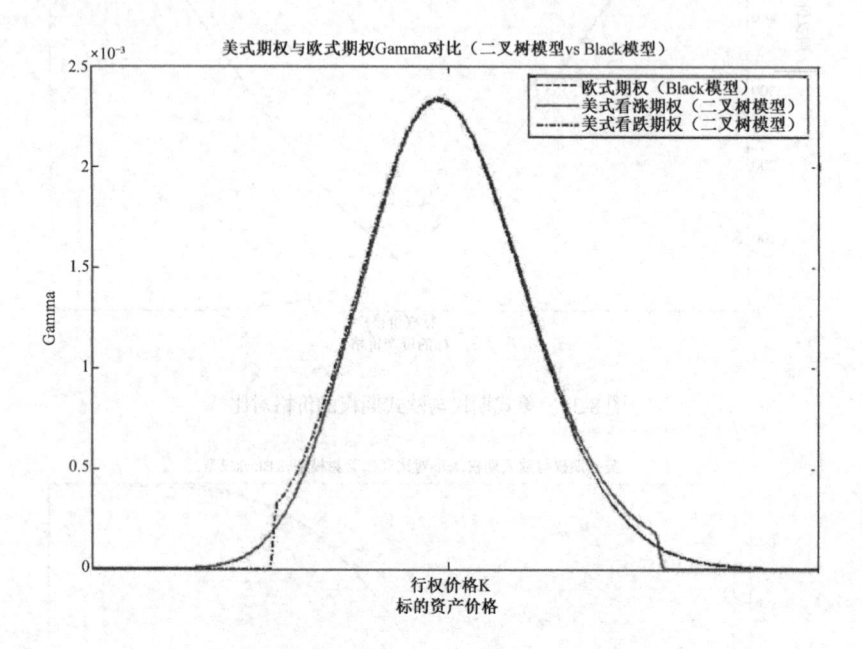

图 8-36　美式期权与欧式期权 Gamma 对比

（3）Vega 对比测试结果如图 8-37 所示。

由图 8-37 可知，Vega 的对比情况与 Gamma 类似，但由于二叉树模型步长参数（该图步数为 1000）的选取原因，导致二叉树模型得到的 Vega 锯齿状明显，不够平滑。因此，在计算美式期权的 Vega 时，若需得到高精度估计，则需要增加二叉树模型的步长参数。

（4）Theta 对比测试结果如图 8-38 所示。

由图 8-38 可知，两个模型得到的 Theta 除了深实值区域外，其他区域走势基本一致。这里需要注意的是，欧式期权在深实值区域 Theta 值可以为正数值，但美式期权由于可以提前行权，无论期权实值有多深，Theta 值只能趋于 0，不可能为正数值。

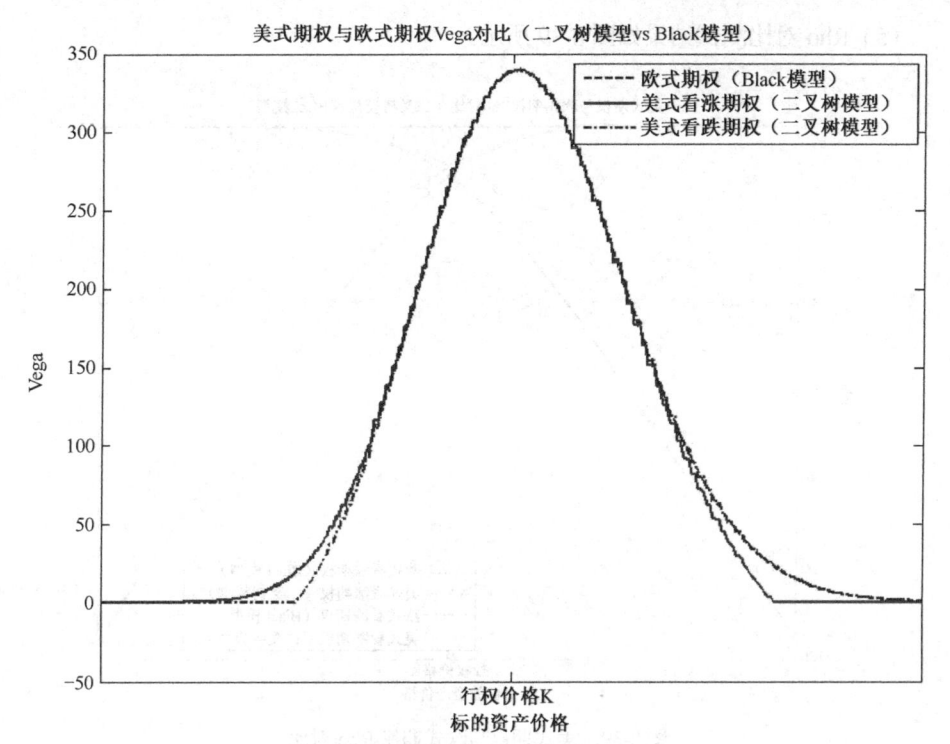

图 8-37　美式期权与欧式期权 Vega 对比

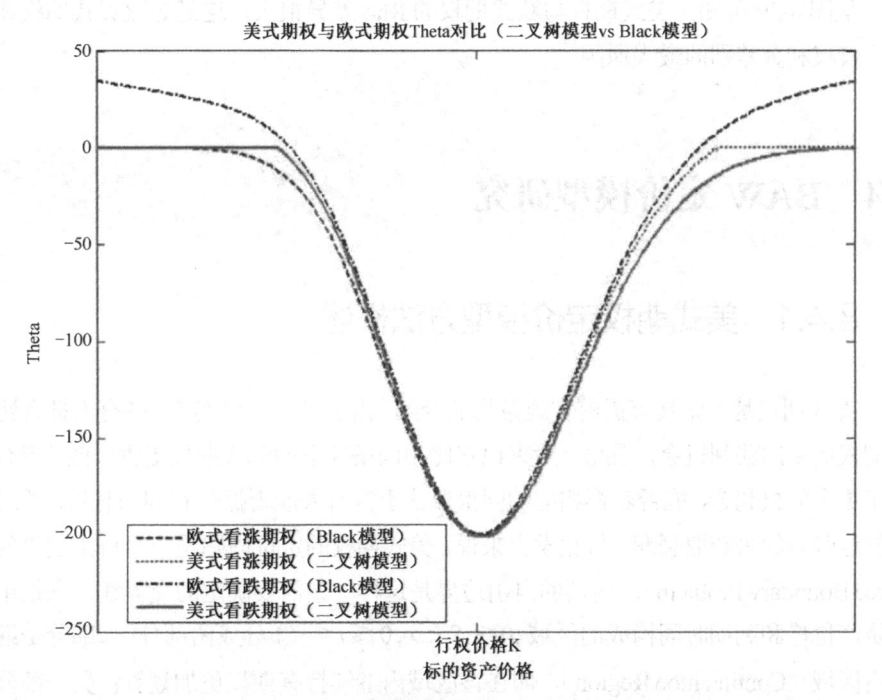

图 8-38　美式期权与欧式期权 Theta 对比

（5）Rho 对比测试结果如图 8-39 所示。

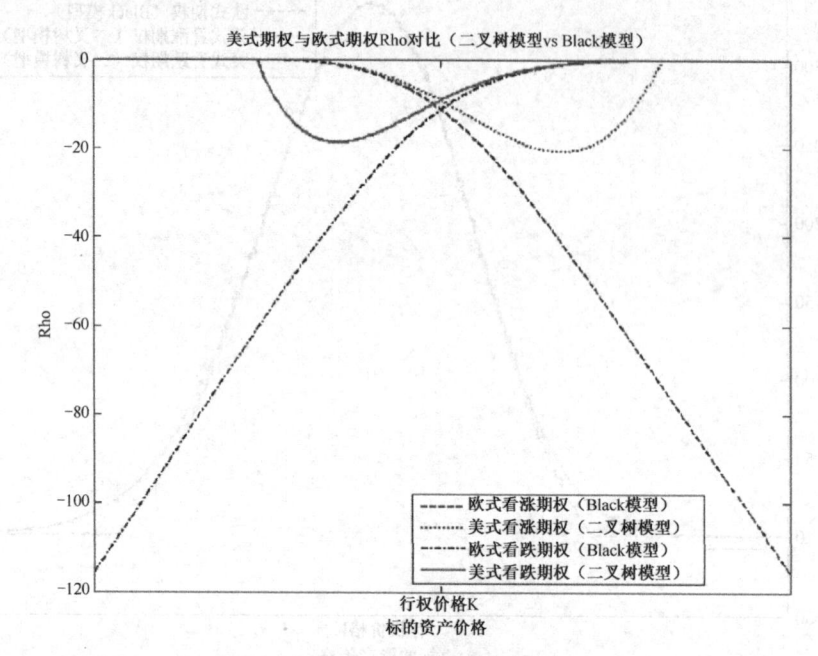

图 8-39　美式期权与欧式期权 Rho 对比

从图 8-39 可知，美式期权与欧式期权的 Rho 差异很大，这是导致美式期权和欧式期权权利金差别的最大原因。

8.4　BAW 定价模型研究

8.4.1　美式期权定价模型方法概述

美式期权是一张具有提前实施条约的合约。由于可以提前实施，持有人拥有比欧式期权更多的获利机会，因此一般来说它比相同条件下的欧式期权更贵一些。持有人花了更多的权利金，能否获得相应的回报取决于持有人能否抓住有利的时机，适时地实施这张合约来获取利润。从数学上来说，美式期权的定价问题是一个自由边界问题（Free Boundary Problem），所谓的自由边界是这样一条需要确定的交界线，它把由标的资产价格和到期时间构成的区域 $\{0 \leqslant S < \infty, 0 \leqslant t \leqslant T\}$ 分成两部分：一部分是继续持有区域（Continuation Region），即在该区域内继续持有期权更加划算；另一部分是终止持有区域（Stopping Region），即在该区域内应该选择提前行权。这条自由边界在

金融领域被称为最佳实施边界（Optimal Exercise Boundary）。对于美式期权的持有人来说，知道曲线的位置可以帮助制定出最佳的实施方案。但令人遗憾的是，美式期权与欧式期权不同，它不能得到解的精确表达式，所以对美式期权的定价方法的研究主要集中在数值解、近似解析解及解本身（特别是自由边界）的一些性质上。

美式期权定价的数值方法主要有二叉树模型、三叉树模型、有限差分方法和最小二乘蒙特卡罗模拟法等，其中部分数值方法在前面已有介绍。

除了数值方法外，部分学者通过美式期权的自由边界所满足的积分表达式来求期权的价格，以及在得到美式期权的最高价和最低价的估计的基础上利用回归技术求得期权的价格，还有就是近似解析解方法。

以上方法各有利弊，适用于不同的定价条件，本文主要研究介绍的是近似解析解方法，这种方法最大的优点是计算速度快，缺点是在不同条件下精确度会有差异，下文会给出相关模型的推导和仿真测试。

8.4.2 BAW 定价模型

由于美式期权不存在封闭解，所以一个可行的近似解析解是很有必要的。首先，近似解析逼近在计算上是很有效的；其次，这样的逼近不需要使用回归技术求回归系数，回归系数需要不断调整，会导致效率不高。

由 Barone-Adesi 和 Whaley 提出的美式期权近似解模型被称为 BAW 模型，论文截图如图 8-40 所示。

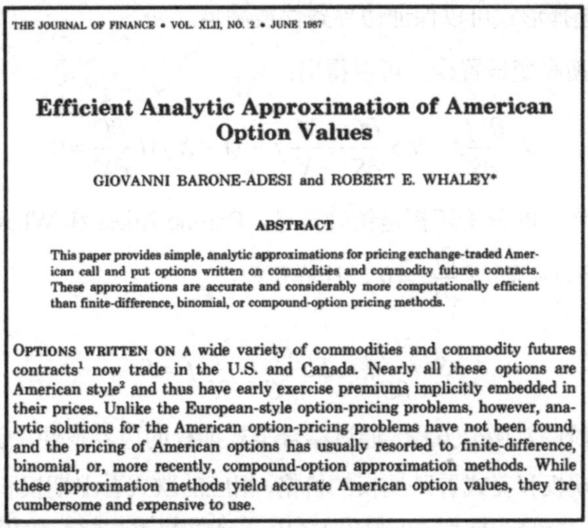
THE JOURNAL OF FINANCE • VOL. XLII, NO. 2 • JUNE 1987

Efficient Analytic Approximation of American Option Values

GIOVANNI BARONE-ADESI and ROBERT E. WHALEY*

ABSTRACT

This paper provides simple, analytic approximations for pricing exchange-traded American call and put options written on commodities and commodity futures contracts. These approximations are accurate and considerably more computationally efficient than finite-difference, binomial, or compound-option pricing methods.

OPTIONS WRITTEN ON A wide variety of commodities and commodity futures contracts[1] now trade in the U.S. and Canada. Nearly all these options are American style[2] and thus have early exercise premiums implicitly embedded in their prices. Unlike the European-style option-pricing problems, however, analytic solutions for the American option-pricing problems have not been found, and the pricing of American options has usually resorted to finite-difference, binomial, or, more recently, compound-option approximation methods. While these approximation methods yield accurate American option values, they are cumbersome and expensive to use.

图 8-40　论文 *Efficient Analytic Approximation of American Option Values* 截图

按照金融意义，美式期权可以分解为两部分：一部分是欧式期权，另一部分是由于合约增加提前实施条款而需要增付的权利金。

考虑一个红利率为 q 的支付连续红利的股票期权，令 $e(S,t)$ 表示美式期权和欧式期权的价格之差，即提前实施金，见下式：

$$f_A(S,t) = f_E(S,t) + e(S,t)$$

式中，f_A 为美式期权价格，f_E 为欧式期权价格。由于 f_A 和 f_E 都满足 Black-Scholes 微分方程，即

$$\frac{\partial f_A}{\partial t} + (r-q)S\frac{\partial f_A}{\partial S} + \frac{1}{2}\sigma^2 S^2 \frac{\partial^2 f_A}{\partial S^2} = rf_A$$

$$\frac{\partial f_E}{\partial t} + (r-q)S\frac{\partial f_E}{\partial S} + \frac{1}{2}\sigma^2 S^2 \frac{\partial^2 f_E}{\partial S^2} = rf_E$$

故 $e(S,t)$ 也必须满足 Black-Scholes 微分方程，即

$$\frac{\partial e}{\partial t} + (r-q)S\frac{\partial e}{\partial S} + \frac{1}{2}\sigma^2 S^2 \frac{\partial^2 e}{\partial S^2} - re = 0$$

对于欧式看跌期权和美式看跌期权而言，满足边界条件：

$$f_A(S,T) = \max(K-S,0) = f_E(S,T)$$

所以提前实施金需要满足下面两个条件，才能保证边界条件被满足：

$$e(S,T) = 0, \quad \lim_{t \to T} e(S,t) = 0$$

令 $\tau = T - t$，$X(\tau) = 1 - e^{-r\tau}$，$e(S,X) = X(\tau)f(S,X)$，$M = \dfrac{2r}{\sigma^2}$，$L = \dfrac{2(r-q)}{\sigma^2}$，则提前实施金 e 的选择形式可以保证边界条件被满足。

通过数学代换和变量置换，可以得出：

$$S^2 \frac{\partial^2 f_A}{\partial S^2} + LS\frac{\partial f}{\partial S} - \frac{M}{X}f - (1-X)M\frac{\partial f}{\partial X} = 0$$

到此为止，所有的分析还都是精确推导，Barone-Adesi 和 Whaley 在这里假设最后一项为 0，即令 $(1-X)M\dfrac{\partial f}{\partial X} = 0$，这样可得：

$$S^2 \frac{\partial^2 f_A}{\partial S^2} + LS\frac{\partial f}{\partial S} - \frac{M}{X}f = 0$$

这是一个二阶的常微分方程，通过结合美式期权的边界条件，令 $C(S)$、$P(S)$ 分别表示美式看涨期权和美式看跌期权的价格，相应的欧式看涨期权和欧式看跌期权的价格分别用 $c(S)$、$p(S)$ 表示，可得出 BAW 美式期权近似解定价模型如下：

$$C(S) = \begin{cases} c(S) + A_2(S/S^*)^{\gamma_2}, & S < S^* \\ S - K, & S \geqslant S^* \end{cases}$$

式中，S^* 是股票价格的临界点，当股票价格超过它时，期权应该被提前执行。可以通过迭代求解下面的公式进行 S^* 的估计：

$$S^* - K = c(S^*) + \{1 - e^{-q(T-t)}N\left[d_1(S^*)\right]\}S^*/\gamma_2$$

对于看跌期权，有

$$P(S) = \begin{cases} p(S) + A_1(S/S^{**})^{\gamma_1}, & S > S^{**} \\ K - S, & S \leqslant S^{**} \end{cases}$$

式中，S^{**} 的估计通过迭代求解下面的公式得出：

$$K - S^* = p(S^{**}) - \{1 - e^{-q(T-t)}N\left[-d_1(S^{**})\right]\}S^{**}/\gamma_1$$

在上面的定价公式中，γ_1、γ_2、A_1、A_2、d_1 分别为：

$$\gamma_1 = [-(L-1) - \sqrt{(L-1)^2 + 4M/X}]/2$$

$$\gamma_2 = [-(L-1) + \sqrt{(L-1)^2 + 4M/X}]/2$$

$$A_1 = -(S^{**}/\gamma_1)\{1 - e^{-q(T-t)}N\left[-d_1(S^{**})\right]\}$$

$$A_2 = (S^*/\gamma_2)\{1 - e^{-q(T-t)}N\left[d_1(S^*)\right]\}$$

$$d_1 = \frac{\ln(S/K) + (r - q + \sigma^2/2)(T-t)}{\sigma\sqrt{T-t}}$$

对于 BAW 美式定价模型，这里有两点需要说明。

1. BAW 模型中提前实施金 e 的形式选取

在 BAW 模型中，Barone-Adesi 和 Whaley 假设：

$$e(S, X) = X(\tau)f(S, X), \quad X(\tau) = 1 - e^{-r\tau}$$

这样的选择形式可以保证边界条件被满足，但这种假设并不唯一。选取其他可以保证边界条件被满足的提前实施金 e 形式（比如改变 $X(\tau)$ 的形式），同样可以得到美式期权的近似解析解。事实上，有学者在做基于 BAW 模型的相关改进模型。

2. BAW 模型近似解析解的"近似"由来

在 BAW 模型推导中，可得到如下的微分方程：

$$S^2 \frac{\partial^2 f_A}{\partial S^2} + LS \frac{\partial f}{\partial S} - \frac{M}{X} f - (1-X) M \frac{\partial f}{\partial X} = 0$$

令 $(1-X)M \frac{\partial f}{\partial X} = 0$，可得：

$$S^2 \frac{\partial^2 f_A}{\partial S^2} + LS \frac{\partial f}{\partial S} - \frac{M}{X} f = 0$$

所以这里需要考察 $(1-X)M \frac{\partial f}{\partial X}$ 的性质，看其在什么条件下逼近 0，才能保证 BAW 模型对于美式期权定价的精确性。

由于 $X(\tau) = 1 - e^{-r\tau}$，$e(S,X) = X(\tau) f(S,X)$，$\tau = T - t$，因此有：

$$\lim_{\tau \to \infty} X(\tau) = \lim_{\tau \to \infty} (1 - e^{-r\tau}) = 1 \Rightarrow \lim_{\tau \to \infty} [1 - X(\tau)] = 0$$

$$\lim_{\tau \to 0} \frac{\partial f}{\partial X} = \lim_{\tau \to 0} \frac{\partial [e(S,X)/X(\tau)]}{\partial X} = 0$$

即当距离期权到期时间很短（比如几个月）时（τ 趋向于 0），$\frac{\partial f}{\partial X}$ 趋近于 0；或者当距离期权到期时间非常长时（τ 趋向于无穷大），$(1-X)$ 趋近于 0。所以，只有在这两种情况下，$(1-X)M \frac{\partial f}{\partial X}$ 趋向于 0，BAW 模型给出的美式期权定价的误差会较小；而当距离期权到期时间在这两种情况之间时，比如距离期权到期时间在 1～5 年范围内，BAW 模型给出的美式期权的定价就可能会产生较大误差。

8.4.3 BAW 定价模型仿真测试

首先使用 BAW 定价模型对比一下美式期权和欧式期权价格的区别，如图 8-41 所示。图中的提前行权临界点 S^* 由 BAW 模型给出，可以看到，对于相同标的、相同到期日的看跌期权，美式期权价格一直大于欧式期权价格，随着标的资产价格的降低，当到达价格临界点 S^* 时，美式期权选择提前行权才是最佳实施方案。

下面对比 BAW 模型和二叉树 CRR 模型来测试一下 BAW 模型的精度。这里以美式看跌期权为例，以 10000 步二叉树模型给出的价格为对比标准价格，并且变动期权到期时间（到期时间选取 5 天、10 天、15 天、1 个月、2 个月…12 个月），来测试到期期限对 BAW 定价模型精度的影响，测试结果如图 8-42 所示。

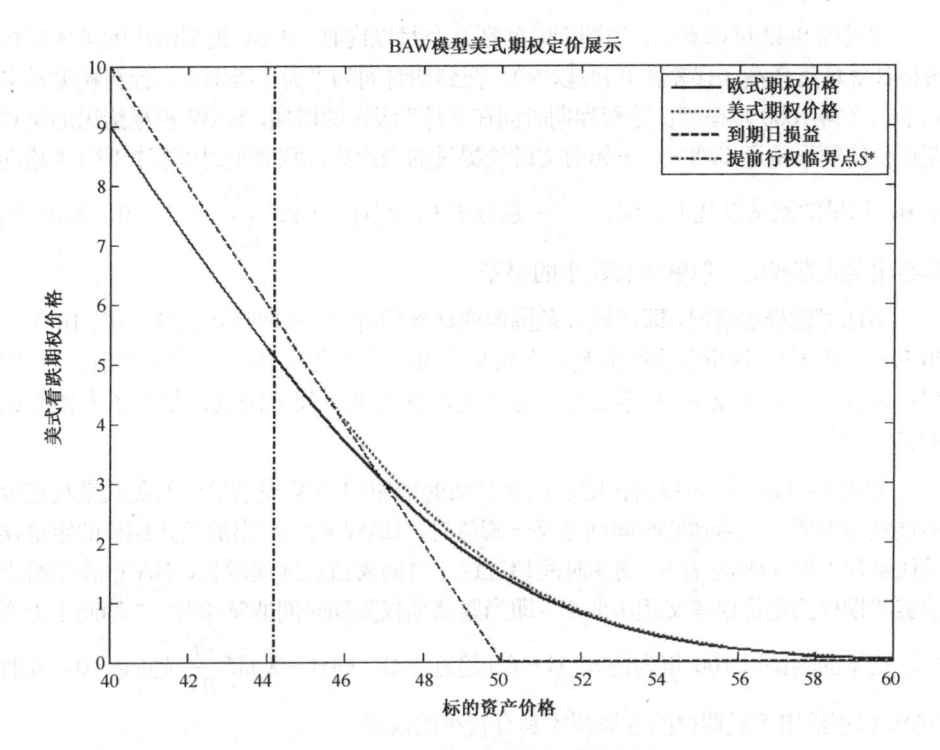

图 8-41　BAW 模型美式期权定价展示

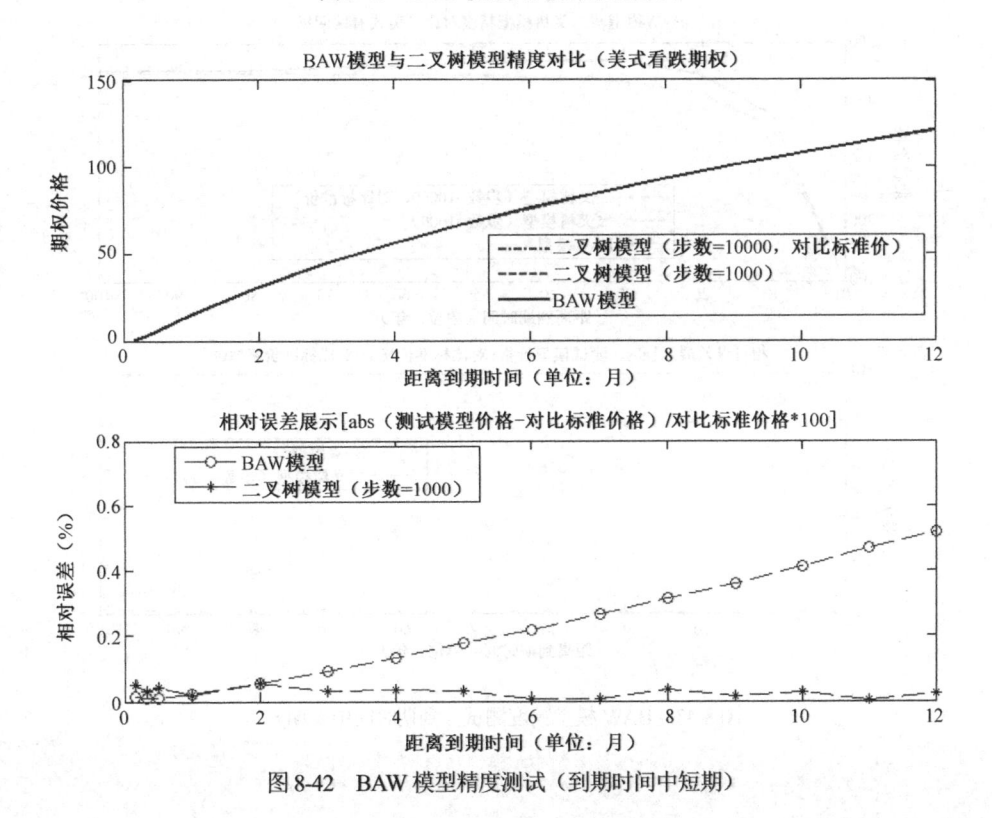

图 8-42　BAW 模型精度测试（到期时间中短期）

通过图 8-42 可以看出，当到期时间在几个月以内时，BAW 模型给出的美式期权价格计算精度较高（误差在 0.1%以内），在到期时间为"天"级别上，计算精度甚至高于二叉树 1000 步模型；随着到期时间在"月"级别的增加，BAW 模型给出的美式期权价格的误差逐步增大。正如前文讨论提过的当距离期权到期时间很短时（τ 趋向于 0，这里的测试以几天为例），$\frac{\partial f}{\partial X}$ 趋近于 0，则 $(1-X)M\frac{\partial f}{\partial X}$ 趋向于 0，BAW 模型给出美式期权的近似解才有较小的误差。

下面考虑极端情况，即在较大范围内变动到期时间（到期时间选取 1 年、10 年、20 年…100 年）。这里要说明的是，在实际中可能并不会有 100 年到期的期权，长期期权的最长期限也仅为 3 年左右，这里选取的到期时间范围仅仅是为了方便测试 BAW 模型。

如图 8-43 所示，可以看出随着到期时间的增加，BAW 模型给出的美式期权定价的误差逐步增大，当到期时间到达某一阈值时，BAW 模型给出的美式期权的定价误差达到最大值（8%左右）；到期时间超过这一时间阈值后继续增长，BAW 模型给出的美式期权的定价误差又逐步变小。即当距离期权到期时间非常长时（τ 趋向于无穷大，这里的测试以 100 年为例），$(1-X)$ 趋近于 0，则 $(1-X)M\frac{\partial f}{\partial X}$ 趋向于 0，此时 BAW 模型给出美式期权的近似解才具有较小的误差。

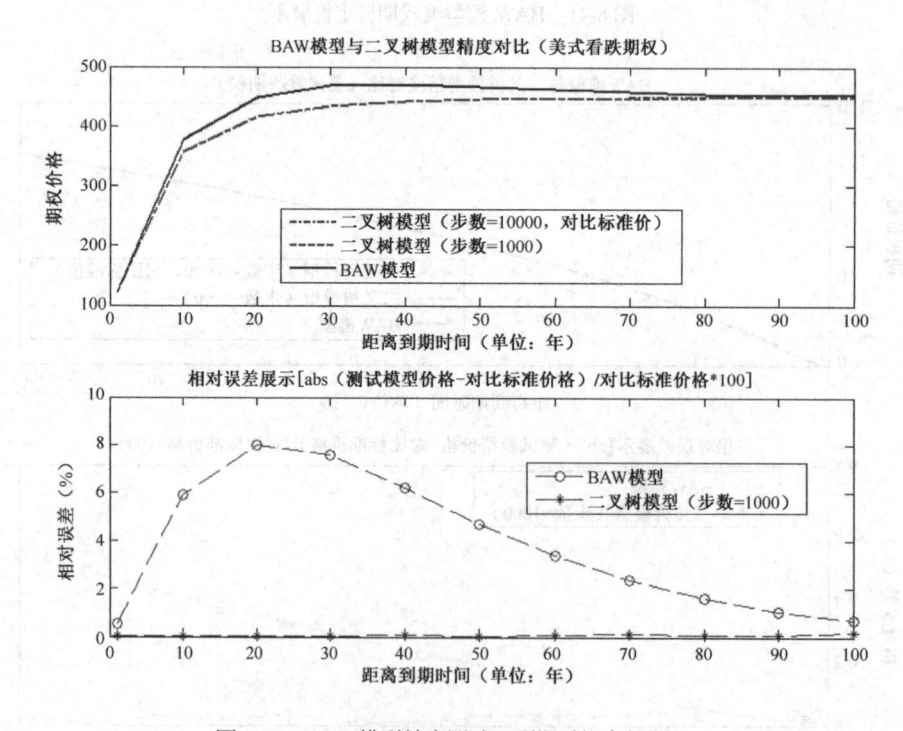

图 8-43 BAW 模型精度测试（到期时间中长期）

第 9 章　基于 MATLAB 的支持向量机（SVM）在量化投资中的应用

9.1　背景介绍

9.1.1　SVM 概述

　　支持向量机（Support Vector Machine，SVM）由 Vapnik 首先提出，像多层感知器网络和径向基函数网络一样，支持向量机可用于模式分类和非线性回归。支持向量机的主要思想是建立一个分类超平面作为决策曲面，使得正例和反例之间的隔离边缘被最大化。支持向量机的理论基础是统计学习理论，更精确地说，支持向量机是结构风险最小化的近似实现。这个原理基于这样的事实：学习机器在测试数据上的误差率（即泛化误差率）以训练误差率和一个依赖于 VC 维数（Vapnik-Chervonenkis Dimension）的项的和为界，在可分模式情况下，支持向量机对于前一项的值为零，并且使第二项最小化。因此，尽管它不利用问题的领域内部问题，但在模式分类问题上支持向量机能提供好的泛化性能，这个属性是支持向量机特有的。

　　支持向量机具有以下优点：

　　（1）通用性（能够在很广的各种函数集中构造函数）；

　　（2）鲁棒性（不需要微调）；

　　（3）有效性（在解决实际问题时总是属于最好的方法之一）；

　　（4）计算简单（方法的实现只需利用简单的优化技术）；

　　（5）理论上完善（基于 VC 推广性理论的框架）。

　　在支持向量 $x(i)$ 和输入空间抽取的向量 x 之间的内积核这一概念是构造支持向量

机学习算法的关键。支持向量机由算法从训练数据中抽取的小子集构成。

支持向量机的体系结构如图9-1所示。

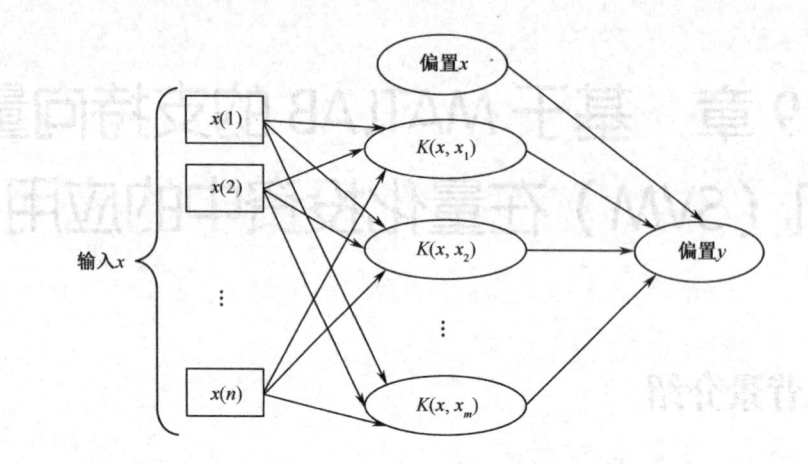

图9-1 支持向量机的体系结构

其中 K 为核函数,其种类主要有:

- 线性核函数 $K(x,x_i) = x^T x_i$;
- 多项式核函数 $K(x,x_i) = (\gamma x^T x_i + r)^p, \gamma > 0$;
- 径向基核函数 $K(x,x_i) = \exp(-\gamma \|x - x_i\|^2), \gamma > 0$;
- 两层感知器核函数 $K(x,x_i) = \tanh(\gamma x^T x_i + r)$。

1. 二分类支持向量机

C-SVC 模型是比较常见的二分类支持向量机模型,其具体形式如下。

(1) 设已知训练集:

$$T = \{(x_1, y_1), \cdots, (x_l, y_l)\} \in (X \times Y)^l$$

其中, $x_i \in X = R^n, y_i \in Y = \{1, -1\}(i = 1, 2, \cdots, l)$, x_i 为特征向量。

(2) 选取适当的核函数 $K(x, x')$ 和适当的参数 C,构造并求解最优化问题:

$$\min_{\alpha} \frac{1}{2} \sum_{i=1}^{j} \sum_{j=1}^{l} y_i y_j \alpha_i \alpha_j K(x_i, x_j) - \sum_{j=1}^{l} \alpha_j$$

$$\text{s.t.} \sum_{i=1}^{l} y_i \alpha_i = 0, 0 \leq \alpha_i \leq C, i = 1, \cdots, l$$

得到最优解 $\alpha^* = (\alpha_1^*, \cdots, \alpha_l^*)^T$。

(3) 选取 α^* 的一个正分量 $0 < \alpha_j^* < C$，并据此计算阈值：

$$b^* = y_j - \sum_{i=1}^{l} y_i \alpha_i^* K(x_i - x_j)$$

(4) 构造决策函数：

$$f(x) = \text{sgn}\left[\sum_{i=1}^{l} \alpha_i^* y_i K(x, x_i) + b^*\right]$$

2. 多分类支持向量机

SVM 算法最初是为二值分类问题设计的，在处理多类问题时需要构造合适的多类分类器。目前构造 SVM 多类分类器的方法主要有两类。一类是直接法，直接在目标函数上进行修改，将多个分类面的参数求解合并到一个最优化问题中，通过求解该最优化问题"一次性"实现多类分类。这种方法看似简单，但计算复杂度比较高，实现起来比较困难，只适用于解决小型问题。另一类是间接法，主要通过组合多个二分类器来实现多分类器的构造，常见的方法有一对多和一对一两种。

(1) 一对多法（one-versus-rest，简称 1-v-r SVMs）。训练时依次把某个类别的样本归为一类，其他剩余的样本归为另一类，这样 k 个类别的样本就构造出了 k 个 SVM。分类时将未知样本归入具有最大分类函数值的那类。

(2) 一对一法（one-versus-one，简称 1-v-1 SVMs）。其做法是在任意两类样本之间设计一个 SVM，因此 k 个类别的样本就需要设计 $k(k-1)/2$ 个 SVM。当对一个未知样本进行分类时，最后得票最多的类别即为该未知样本的类别。下面要介绍的 LIBSVM 工具箱中的多分类就是根据这个方法实现的。

(3) 层次支持向量机（H-SVMs）。层次分类法首先将所有类别分成两个子类，再将子类进一步划分成两个次级子类，如此循环，直到得到一个单独的类别为止。

(4) 其他多类分类方法。除了以上几种方法外，还有有向无环图 SVM（Directed Acyclic Graph SVMs，DAG-SVMs）和对类别进行二进制编码的纠错编码 SVMs。

实现 SVM 的工具箱有很多种，比如较新版本的 MATLAB 自带 SVM 实现、LibSVM、LSSVM、SVMlight、Weka 等，不同的 SVM 实现工具箱或函数各有利弊，本章 SVM 的实现采用的是 LibSVM 工具箱，下面具体介绍 LibSVM 工具箱。

9.1.2 LibSVM 工具箱

LibSVM 是台湾大学林智仁（Lin Chih-Jen）教授等开发设计的一个简单、易于使用和快速有效的 SVM 模式识别与回归的软件包，不但提供了编译好的可在 Windows 系列系统执行的文件，还提供了源代码，方便改进、修改及在其他操作系统上应用。该软件还有一个特点，就是对 SVM 所涉及的参数调节相对比较少，提供了很多默认参数，利用这些默认参数可以解决很多问题；另外也提供了交互检验（Cross Validation）的功能。该软件可以解决 C-SVC（C-Support Vector Classification）、nu-SVC（nu-Support Vector Classification）、one-class SVM（Distribution Estimation）、epsilon-SVR（epsilon-Support Vector Regression）、nu-SVR（nu-Support Vector Regression）等问题，包括基于一对一算法的多类模式识别问题。SVM 用于模式识别或回归时，SVM 方法及其参数、核函数及其参数的选择目前国际上还没有形成一个统一的模式，也就是说最优 SVM 算法参数选择还只能凭借经验、实验对比、大范围的搜寻或者利用软件包提供的交互检验功能进行寻优。

目前，LibSVM 拥有 Java、MATLAB、C#、Ruby、Python、R、Perl、Common LISP、Labview 等数十种语言版本。最常使用的是 MATLAB、Java 和命令行的版本。

下面介绍 LibSVM 工具箱中的主要函数。

1. 训练函数

```
model = svmtrain(train_label, train_data, options);
```

输入参数如下。

- train_data：训练集属性矩阵，大小为 $n \times m$，n 表示样本数，m 表示属性数目（维数），数据类型为 double。
- train_label：训练集标签，大小为 $n \times 1$，n 表示样本数，数据类型为 double。
- options：参数选项，比如 "-c 1 –g 0.1"。

输出参数 model 指训练得到的模型，是一个结构体。当使用-v 参数时，返回的 model 不再是一个结构体，分类问题返回的是交叉验证下的平均分类准确率，回归问题返回的是交叉检验下的平均均方根误差（MSE）。

2. 预测函数

```
[predict_label, accuracy/mse, dec_value] = svmpredict(test_label, test_data, model);
```

输入参数如下。

- test_data：测试集属性矩阵，大小为 $N \times m$，N 表示测试集样本数，m 表示属性数目（维数），数据类型为 double。
- test_label：测试集标签，大小为 $N \times 1$，N 表示样本数，数据类型为 double。

如果没有测试集标签，则可以用任意的 N×1 的列向量代替，此时的输出 accuracy/mse 就没有参考价值。

- model：训练得到的模型。

输出参数如下。

- predict_label：预测的测试集的标签，大小为 N×1，N 表示样本数，数据类型为 double。

- accuracy/mse：一个 3×1 的列向量，第一个数表示分类准确率（分类问题使用），第二个数表示 mse（回归问题使用），第三个数表示平方相关系数（回归问题使用）。如果测试集的真实标签事先无法得知，则此返回值没有参考意义。

- dec_value：决策值。

9.2 上证指数开盘指数预测

9.2.1 模型建立

对于大盘指数的有效预测可以为从整体上观测股市的变化提供强有力的信息，所以对上证指数的预测很有意义。通过对上证指数 1990.12.19—2009.08.19 每日的开盘数进行回归分析，最终拟合的结果是：均方误差 MSE = 2.35705e−005，平方相关系数 R = 99.9195%。SVM 的拟合结果还是比较理想的。

【例 9-1】测试数据：上证指数（1990.12.19—2009.08.19）。整体数据存储在 chapter_sh.mat 中，数据是一个 4579×6 的 double 型的矩阵，记录的是从 1990 年 12 月 19 日开始到 2009 年 8 月 19 日期间 4579 个交易日中每日上证综合指数的各种指标，每一行表示每一交易日的上证指数各种指标，6 列分别表示当天上证指数的开盘指数、指数最高值、指数最低值、收盘指数、当日交易量和当日交易额。

上证指数每日的开盘指数如图 9-2 所示。

模型目的：利用 SVM 建立的回归模型对上证指数每日的开盘数进行回归拟合。

模型假设：假设上证指数每日的开盘数与前一日的开盘指数、指数最高值、指数最低值、收盘指数、交易量和交易额相关，即把前一日的开盘指数、指数最高值、指数最低值、收盘指数、当日交易量和当日交易额作为当日开盘指数的自变量，当日的开盘指数为因变量。

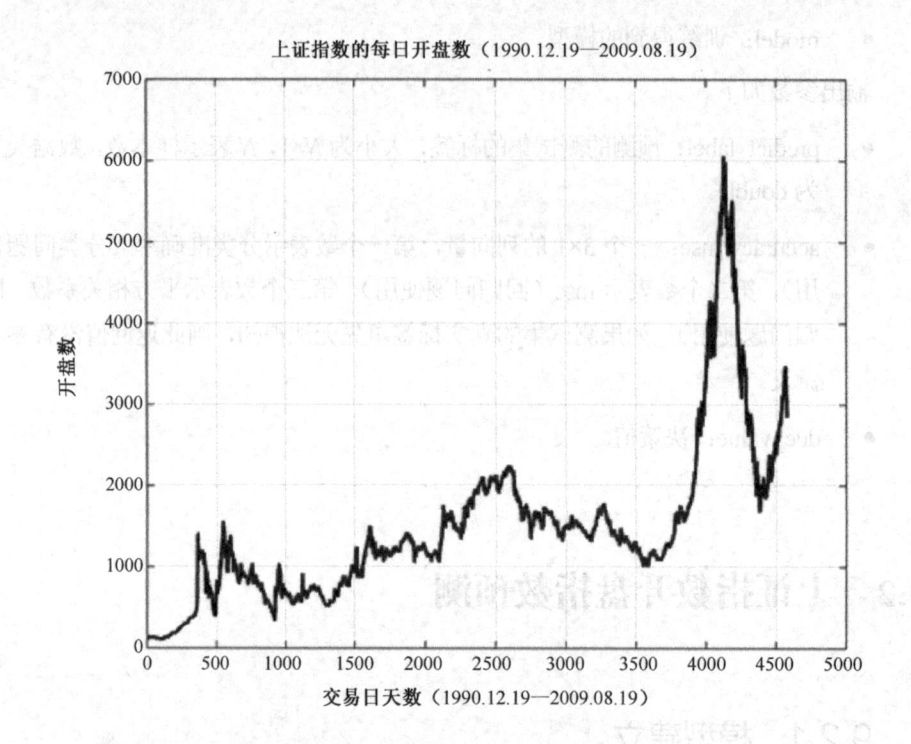

图 9-2 上证指数每日的开盘指数

数据来源：大智慧证券软件。

算法流程如图 9-3 所示。

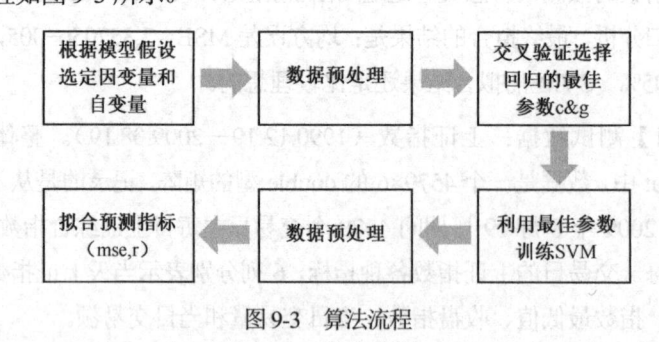

图 9-3 算法流程

9.2.2 MATLAB 实现

这里 SVM 的实现使用的是 LisBVM 工具箱。

1. 根据模型假设选定因变量和自变量

选取第 1~4578 个交易日内每日的开盘指数、指数最高值、指数最低值、收盘指数、当日交易量和当日交易额作为自变量，选取第 2~4579 个交易日内每日的开盘数作为因变量。

MATLAB 实现代码如下：

```
% 载入测试数据上证指数(1990.12.19—2009.08.19)，载入后数据存储在变量 sh 中
% 数据是一个 4579×6 的 double 型的矩阵，每一行表示每一天上证指数的各种指标
% 6 列分别表示当日上证指数的开盘指数、指数最高值、指数最低值、收盘指数、当日交易量和当日交易额
load chapter_sh.mat;
% 提取数据
[m, n] = size(sh);
ts = sh(2: m, 1);
tsx = sh(1: m-1, :);
```

2. 数据预处理

数据归一化预处理使用 mapminmax 函数来实现。需要说明的是，这里不但需要对因变量（上证指数每日的开盘数）做归一化处理，对于自变量也需要进行同样的预处理。

MATLAB 实现代码如下：

```
% 数据预处理，将原始数据进行归一化
ts = ts';
tsx = tsx';
% mapminmax 为 MATLAB 自带的映射函数
% 对 ts 进行归一化
[TS, TSps] = mapminmax(ts, 1, 2);

% mapminmax 为 MATLAB 自带的映射函数
% 对 tsx 进行归一化
[TSX, TSXps] = mapminmax(tsx, 1, 2);
% 对 TSX 进行转置，以符合 LibSVM 工具箱的数据格式要求
TSX = TSX';
```

上证指数每日的开盘数归一化的结果如图 9-4 所示（这里将其归一到[1,2]区间）。

3. 参数选择

参数选择由 **SVMcgForRegress.m** 实现，其函数接口为：

```
[mse, bestc, bestg]= ...
SVMcgForRegress(train_label, train, cmin, cmax, gmin, gmax,v, cstep, gstep, msestep)
```

原始上证指数的每日开盘数归一化后的图像

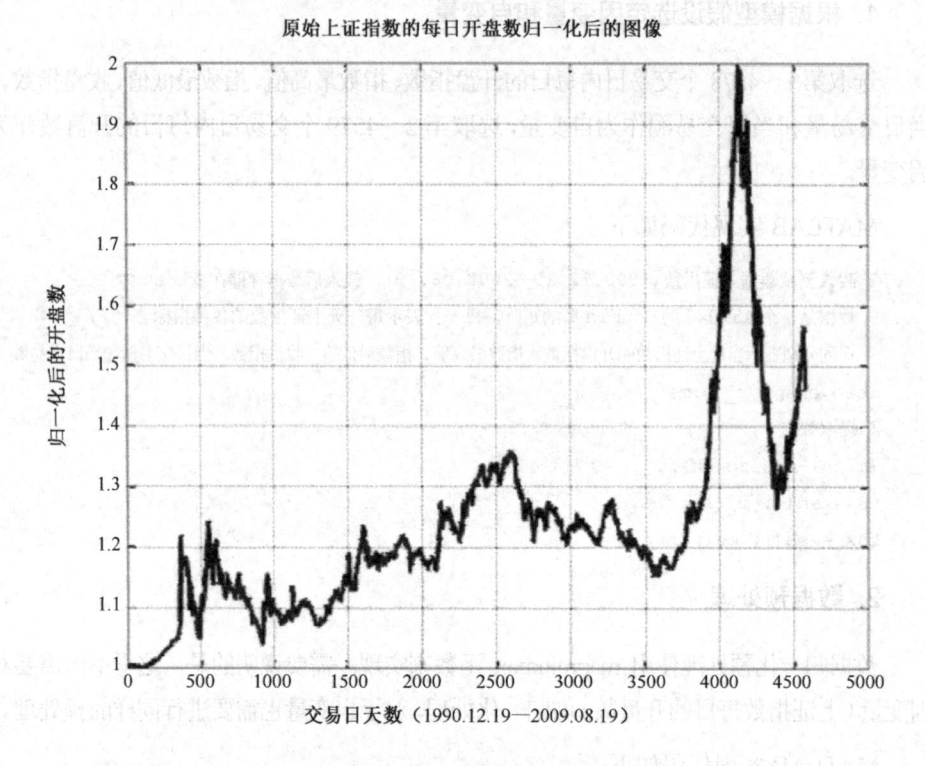

图 9-4　上证指数每日的开盘数归一化的结果

输入参数如下。

- train_label：训练集标签（待回归的变量），与 LibSVM 工具箱中的要求一致。
- train：训练集（自变量），与 LibSVM 工具箱中的要求一致。
- cmin：惩罚参数 c 的变化范围的最小值（取以 2 为底的幂指数后），即 c_min = 2^(cmin)，默认为 –5。
- cmax：惩罚参数 c 的变化范围的最大值（取以 2 为底的幂指数后），即 c_max = 2^(cmax)，默认为 5。
- gmin：参数 g 的变化范围的最小值（取以 2 为底的幂指数后），即 g_min = 2^(gmin)，默认为 –5。
- gmax：参数 g 的变化范围的最大值（取以 2 为底的幂指数后），即 g_max = 2^(gmax)，默认为 5。
- v：Cross Validation 的参数，即将测试集分为几部分进行 Cross Validation，默认为 5。
- cstep：参数 c 步进的大小，默认为 1。

- gstep：参数 g 步进的大小，默认为 1。
- msestep：最后显示 MSE 图时的步进大小，默认为 0.1。

输出参数如下。

- mse：Cross Validation 过程中最低的均方误差。
- bestc：最佳的参数 c。
- bestg：最佳的参数 g。

MATLAB 实现代码如下：

```
% 首先进行粗略选择
[bestmse, bestc, bestg]= ...
SVMcgForRegress(TS, TSX, -8, 8, -8, 8);

% 打印粗略选择结果
disp('打印粗略选择结果');
str = ...
sprintf( 'Best Cross Validation MSE = %g
Best c = %g Best g = %g', bestmse, bestc, bestg);
disp(str);

% 根据粗略选择的结果图再进行精细选择
[bestmse, bestc, bestg]= ...
SVMcgForRegress(TS, TSX, -4, 4, -4, 4, 3, 0.5, 0.5, 0.05);

% 打印精细选择结果
disp('打印精细选择结果');
str= ...
sprintf( 'Best Cross Validation MSE = %g Best c = %g Best g = %g', bestmse, bestc, bestg);
disp(str);
```

打印粗略选择结果：

```
Best Cross Validation MSE = 0.000961388
Best c = 0.25  Best g = 2
```

其实现的参数粗略选择结果如图 9-5 所示。

打印精细选择结果：

```
Best Cross Validation MSE = 0.000948821
Best c = 1  Best g = 1.6245
```

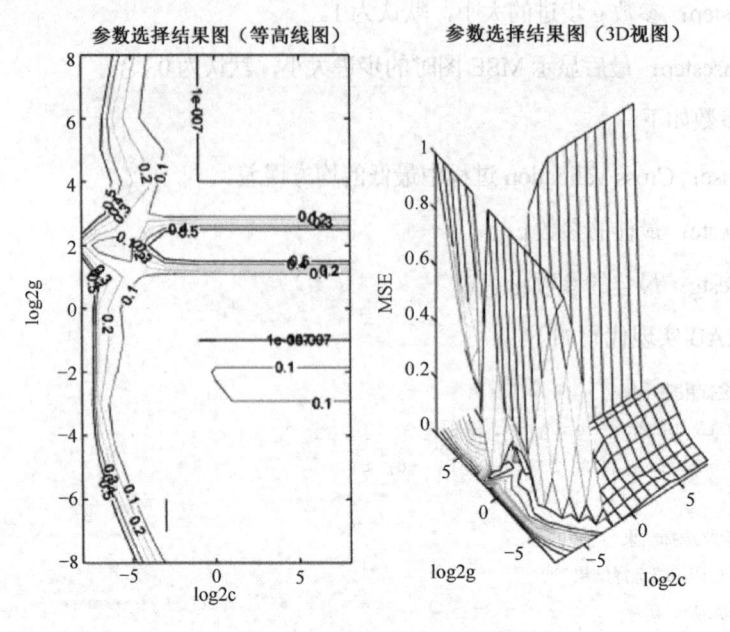

图 9-5　参数粗略选择结果图

其实现的参数精细选择结果如图 9-6 所示。

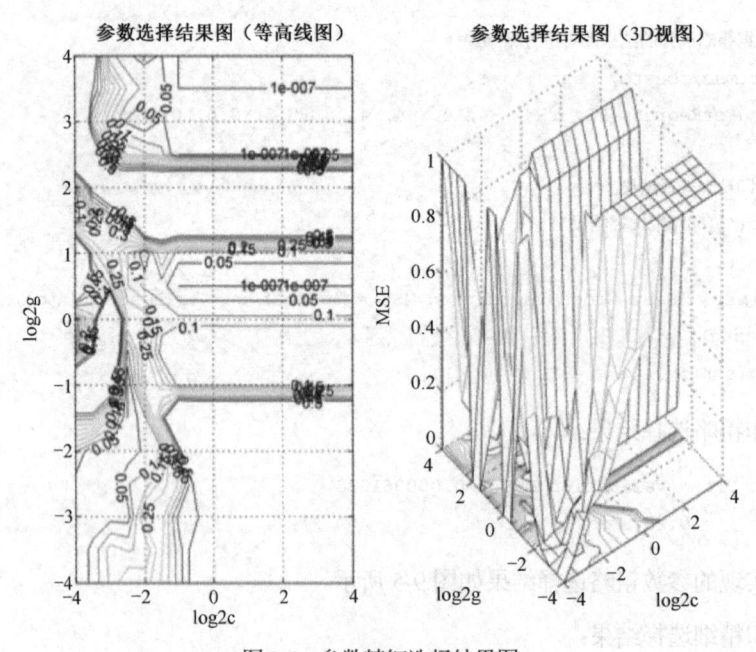

图 9-6　参数精细选择结果图

4. 训练及回归预测

利用上面得到的最佳参数 c 和 g 对 SVM 进行训练，然后再对原始数据进行回归预测。

MATLAB 实现代码如下：

```
%% 利用回归预测分析最佳的参数进行 SVM 网络训练
cmd=
['-c ', num2str(bestc) , ' -g ',num2str(bestg) , ' -s 3 -p 0.01'];
model = svmtrain(TS, TSX, cmd);

%% SVM 网络回归预测
[predict, mse] = svmpredict(TS, TSX, model);
predict = mapminmax('reverse', predict', TSps);
predict = predict';
```

运行结果如下：

```
均方误差 MSE = 2.35705e-005 相关系数 R = 99.9195%
```

最终的回归预测结果、误差和相对误差如图 9-7～图 9-9 所示。

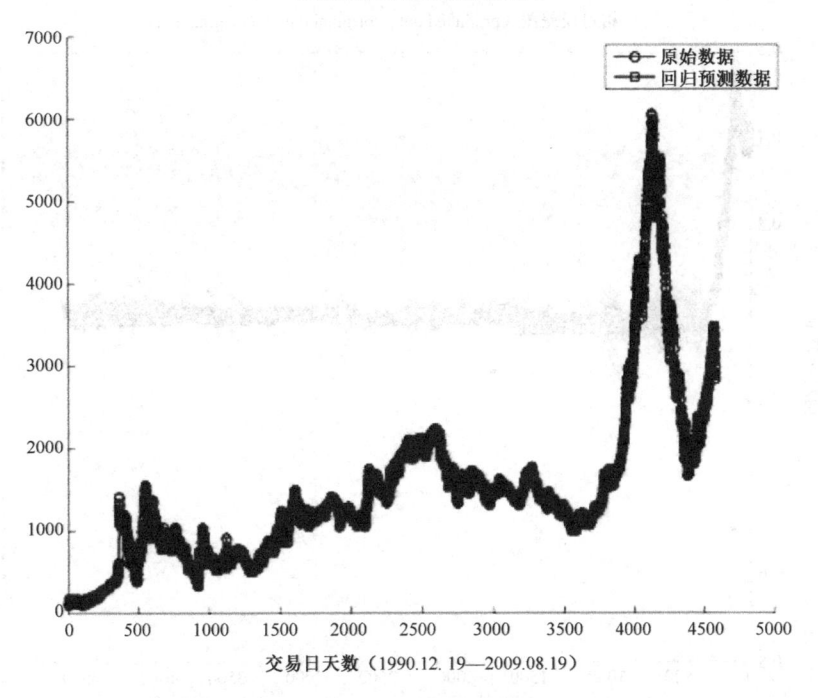

图 9-7 原始数据和回归数据对比

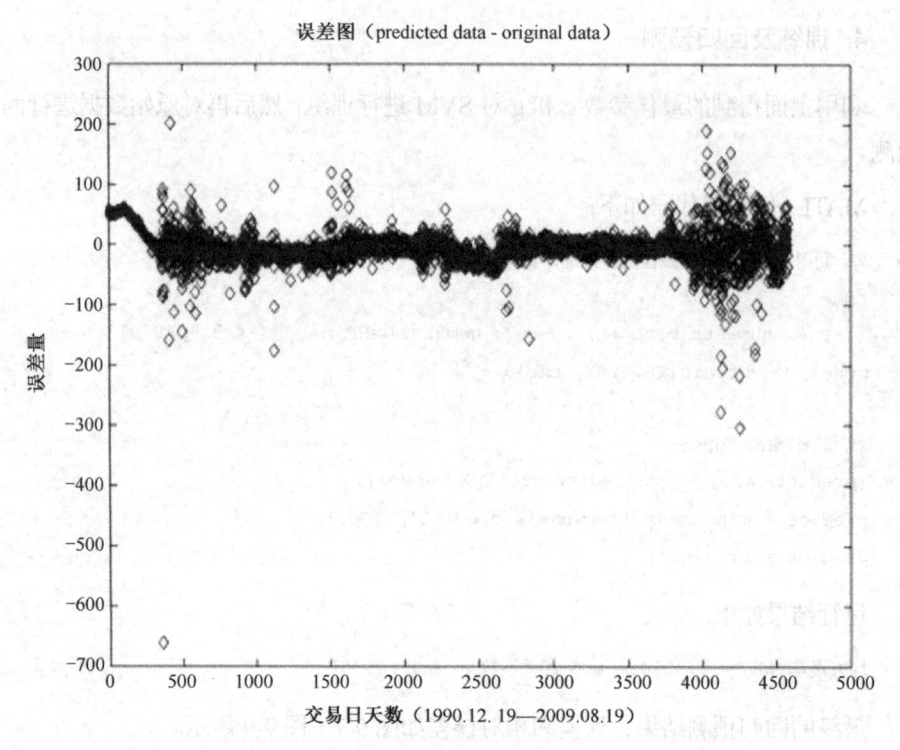

图 9-8　误差图

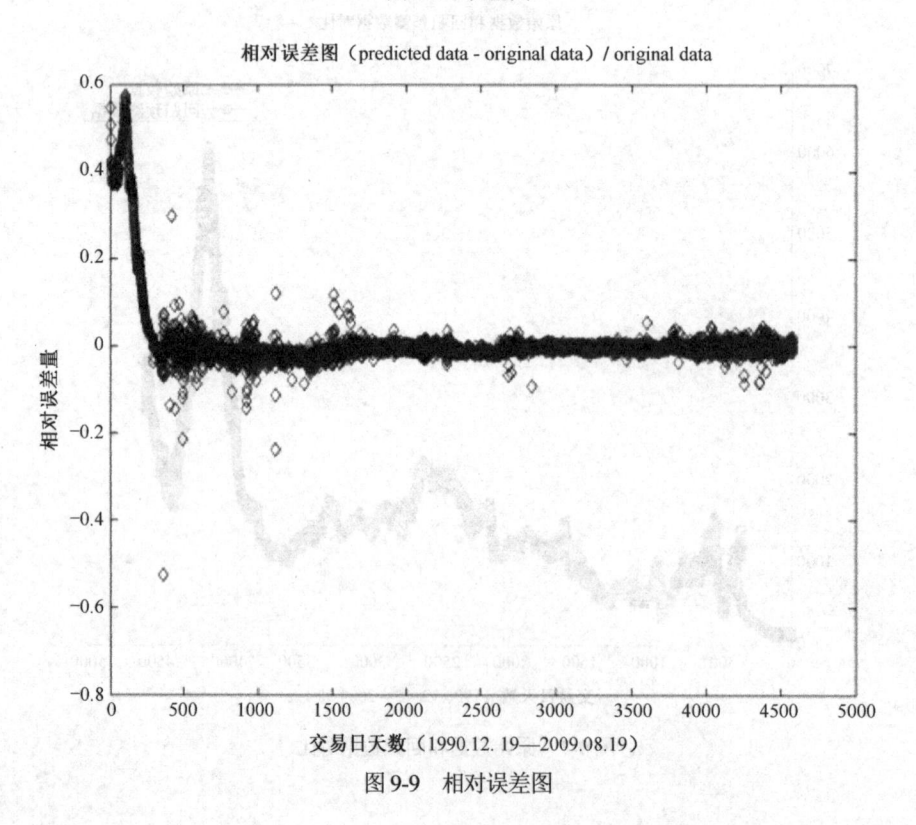

图 9-9　相对误差图

9.3　上证指数开盘指数变化趋势和变化空间预测

前文对上证指数进行了回归预测，但在大多数时候无法对上证指数进行精确预测，这时候如果能对上证指数开盘指数变化趋势和变化空间进行预测就显得很重要。本节将利用 SVM 对进行模糊信息粒化后的上证每日开盘指数进行变化趋势和变化空间预测，通过实际检验会看到这种方法是可行的且结果可靠。

9.3.1　信息粒化简介

1. 信息粒化基本知识

信息粒化（Information Granulation，IG）是粒化计算和词语计算的主要方面，研究信息粒化的形成、表示、粗细、语义解释等。从本质上讲，信息颗粒通过不可区分性、功能相近性、相似性、函数性等来划分对象的集合。粒化计算（Granular Compution，GrC）是信息处理的一种新概念和计算范式，覆盖了所有有关粒化的理论、方法、技术和工具的研究。它是词计算理论、粗糙集理论、商空间理论、区间计算等的超集，也是软计算科学的一个分支，是粗糙及海量信息处理的重要工具和人工智能研究领域的热点之一。

信息粒化这一概念最早是由 Lotfi A. Zadeh（L.A. Zadeh）教授提出的。信息粒化就是将一个整体分解为一个个的部分进行研究，每个部分为一个信息粒。Zadeh 教授指出："信息粒就是一些元素的集合，这些元素由于相似而结合在一起。"

信息粒作为信息的表现形式，在我们的周围无所不在，它是人类认识世界的一个基本概念。人类在认识世界时往往将一部分相似的事物放在一起作为一个整体研究它们所具有的性质或特点，实际上这种处理事物的方式就是信息粒化，所研究的"整体"就称为信息粒。例如，时间信息粒有年、月、日、时等，从时间信息粒中可以看出信息粒在本质上是分层次的，一种信息粒可以细化为更"低"层次的信息粒。

在信息粒化中，粒为非模糊的粒化方式（c-粒化）在众多方法技术中起着重要的作用，但是在几乎所有人的推理及概念形成中，粒都是模糊的（f-粒化），非模糊的粒化没有反映这一事实。模糊信息粒化正是受人类粒化信息方式启发并据此进行推理的。

信息粒化的三种主要模型是基于模糊集理论的模型、基于粗糙集理论的模型和基于商空间理论的模型,这三种模型间存在密切的联系与区别。模糊集理论与粗糙集理论有很强的互补性,这两个理论在优化、整合、处理知识的不确定性和不完全性时显示出强大的功能。商空间理论与粗糙集理论都是利用等价类来描述粒化,再用粒化来描述概念的,但是它们讨论的出发点有所不同。粗糙集理论的论域只是对象的点集,元素之间的拓扑关系不在考虑范围之内;商空间理论是着重研究空间关系的理论,它是在论域元素之间存在拓扑关系的前提下进行研究的,即论域是一个拓扑空间。本节采用的是基于模糊集理论的模型。

20世纪60年代,美国著名数学家L.A. Zadeh提出模糊集合论,在此基础上于1979年首次提出并讨论了模糊信息粒化问题,并给出了一种数据粒的命题刻画:

$$g \triangleq (x \text{ is } G) \text{is } \lambda$$

式中,x是论域U中取值的变量;G是U的模糊子集,由隶属函数μ_G来刻画;λ表示可能性概率。一般假设U为实数集合$R(R^n)$,G是U的凸模糊子集,λ是单位区间的模糊子集。

例如:

$g \triangleq (x$是小的$)$是可能的;

$g \triangleq (x$不是很大$)$是很不可能的;

$g \triangleq (x$比y大得多$)$是不可能的。

另外,模糊信息粒也可以由如下命题刻画:

$$g \triangleq x \text{ is } G$$

L.A. Zadeh认为人类在进行思考、判断、推理时主要是用语言进行的,而语言是一个很粗的粒化,如何利用语言进行推理判断,这就要进行词计算。狭义的模糊词计算理论是指利用通常意义下的数学概念和运算,诸如加、减、乘、除等构造的带有不确定或模糊值的词计算的数学体系。其借助模糊逻辑的概念和经典的群、环、域代数结构,构造出以词为定义域的类似结构。

2. 模糊信息粒化方法模型

非模糊的信息粒化有许多方法,比如区间信息粒化、相空间信息粒化、基于信息密度的信息粒化等。在许多领域,非模糊的信息粒化方法起着重要的作用,但在许多情况下非模糊的信息粒不能明确地反映所描述事物的特性,因此建立模糊信息粒是必要的。

模糊信息粒就是以模糊集形式表示的信息粒。用模糊集方法对时间序列进行模糊粒化,主要分为两个步骤:划分窗口和模糊化。划分窗口就是将时间序列分割成若干小子序列,作为操作窗口;模糊化则是将产生的每一个窗口进行模糊化,生成一个个模糊集,也就是模糊信息粒。这两种广义模式结合在一起就是模糊信息粒化,称为 f-粒化。在 f-粒化中,最为关键的是模糊化的过程,也就是在所给的窗口上建立一个合理的模糊集,使其能够取代原来窗口中的数据,表示人们所关心的相关信息。本节重点采用的是 Witold Pedrycz(W. Pedrycz)的粒化方法。

对于给定的时间序列,考虑单窗口问题,即把整个时序 X 看作一个窗口进行模糊化。模糊化的任务是在 X 上建立一个模糊粒子 P,即一个能够合理描述 X 的模糊概念 G(以 X 为论域的模糊集合),确定了 G 也就确定了模糊粒子 P:

$$g \triangleq x \text{ is } G$$

所以模糊化过程本质上就是确定一个函数 A 的过程,A 是模糊概念 G 的隶属函数,即 $A = \mu_G$。通常粒化时首先确定模糊概念的基本形式,然后确定具体的隶属函数 A。

在后面的论述中,在不做其他声明的情况下,模糊粒子 P 可以代替模糊概念 G,即 P 可简单描述为:

$$P = A(x)$$

常用的模糊粒子有三角形、梯形、高斯形、抛物形等基本形式。其中三角形模糊粒子为本节采用的,其隶属函数如下式所示,图像如图 9-10 所示。

$$A(x,a,m,b) = \begin{cases} 0, & x < a \\ \dfrac{x-a}{m-a}, & a \leqslant x \leqslant m \\ \dfrac{b-x}{b-m}, & m < x \leqslant b \\ 0, & x > b \end{cases}$$

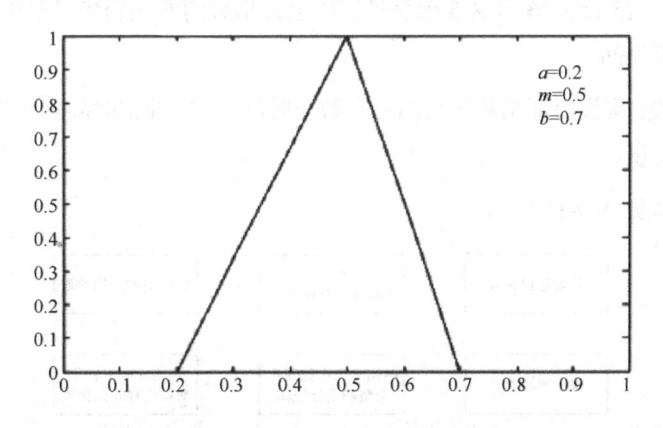

图 9-10 一个三角形模糊粒子的隶属函数例子

3. 本节采用的模糊粒化模型（W. Pedrycz 模糊粒化方法）

建立模糊粒子的基本思想为：

（1）模糊粒子能够合理地代表原始数据；

（2）模糊粒子要有一定的特殊性。

无论使用哪种形式的模糊集来建立模糊粒子，都要满足上面建立模糊粒子的基本思想。为满足上述两个要求，找到二者的最佳平衡，可考虑建立如下的关于 A 的一个函数：

$$Q_A = \frac{M_A}{N_A}$$

式中，M_A 满足建立模糊粒子的基本思想（1），N_A 满足建立模糊粒子的基本思想（2）。当取 $M_A = \sum_{x \in X} A(x)$、$N_A =$ measure $[\text{supp}(A)]$ 时：

$$Q_A = \frac{\sum_{x \in X} A(x)}{\text{measure}[\text{supp}(A)]}$$

则为满足建立模糊粒子的基本思想，只需 Q_A 越大越好。以上模型算法由 FIG_D.m 实现，在下面会有介绍。

9.3.2 模型建立

模型目的：利用从 1990 年 12 月 19 日开始到 2009 年 8 月 19 日期间上证指数每日的开盘数，预测下 5 个交易日内上证指数的变化趋势和变化空间，即预测 20 日、21 日、24 日、25 日、26 日这 5 个交易日内上证指数的变化趋势（整体变大或变小）和变化的范围空间。

模型假设：假设上证指数每日的开盘数与时间相关，即把时间点作为影响上证指数变化的自变量。

算法流程如图 9-11 所示。

图 9-11　模型整体流程

9.3.3 MATLAB 实现

其中 SVM 的实现使用的是 LibSVM 工具箱。

1. 原始数据提取

将第 1~4579 个交易日内每日的上证指数开盘数从原始数据中提取出来。

MATLAB 实现代码如下：

```
% 载入测试数据上证指数(1990.12.19—2009.08.19)
% 载入后上证指数每日开盘数存储在变量 sh_open 中
% 数据是一个 4579×6 的 double 型的矩阵，每一行表示每一天上证指数的各种指标
% 6 列分别表示当日上证指数的开盘指数、指数最高值、指数最低值、收盘指数、当日交易量、当日交易额
load chapter15_sh.mat;
% 提取数据
ts = sh_open;
time = length(ts);
```

2. FIG（Fuzzy Information Granulation，模糊信息粒化）

采用上文介绍的模糊粒化模型对原始数据进行模糊信息粒化，由 FIG_D.m 实现，其函数接口如下：

```
[low,R,up] = FIG_D(XX,MFkind,win_num)
```

输入参数如下。

- XX：待粒化的时间序列。
- MFkind：隶属函数种类，即所采用的模糊粒子类型，本节采用的是三角形的模糊粒子，MFkind = 'triangle'。
- win_num：粒化的窗口数目，即将原始数据划分为多少个窗口，每个窗口将生成一个模糊粒子，这里将 5 个交易日作为一个窗口的大小，则窗口数目为原始数据的长度除以 5 后取整。

输出参数 low、R、up 分别为模糊粒子的三个参数。对于三角形模糊数而言，low、R、up 即为 a、m、b 三个参数，其中 low 参数描述的是相应的原始数据变化的最小值，R 参数描述的是相应的原始数据变化的大体平均水平，up 参数描述的是相应的原始数据变化的最大值。

MATLAB 实现代码如下：

```
%% 对原始数据进行模糊信息粒化
```

```
win_num = floor(time/5);
tsx = 1: win_num;
tsx = tsx';
[Low, R, Up]=FIG_D(ts', 'triangle', win_num);
```

最终粒化的结果可视化如图 9-12 所示。

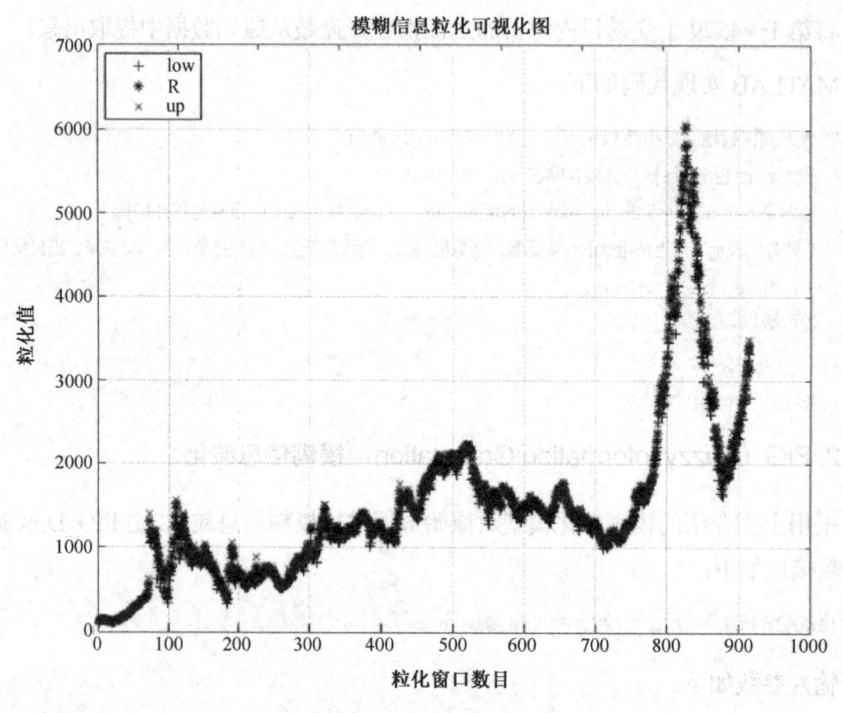

图 9-12 粒化结果图

3. 利用 SVM 对粒化数据进行回归预测

利用 SVM 对 low、R、up 三个模糊粒子的参数进行回归预测的过程类似，这里仅以 low 为例来详细说明。

对 low 进行回归预测的过程与 9.2.2 节中的过程类似，需要先进行数据预处理（归一化，这里将其归一化到[100,500]区间），然后利用 SVMcgForRegress.m 函数来寻找最佳的参数 c 和 g，最后再进行训练和预测。这里仅给出数据预处理和寻参的结果，如图 9-13 所示。

打印粗略选择结果：

```
SVM parameters for Low:
Best Cross Validation MSE = 35.0879
Best c = 256  Best g = 0.03125
```

第 9 章 | 基于 MATLAB 的支持向量机（SVM）在量化投资中的应用

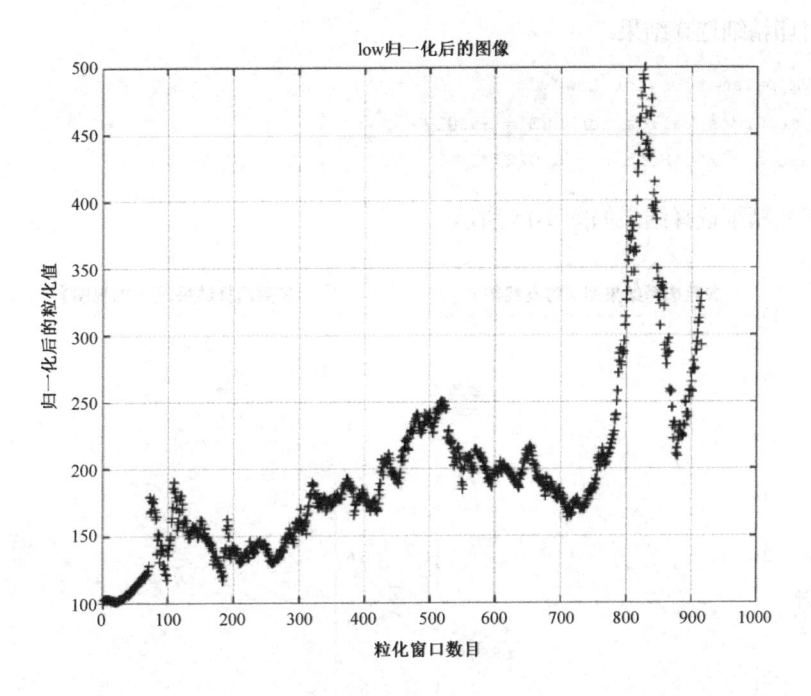

图 9-13 low 归一化后的图像

参数粗略选择结果如图 9-14 所示。

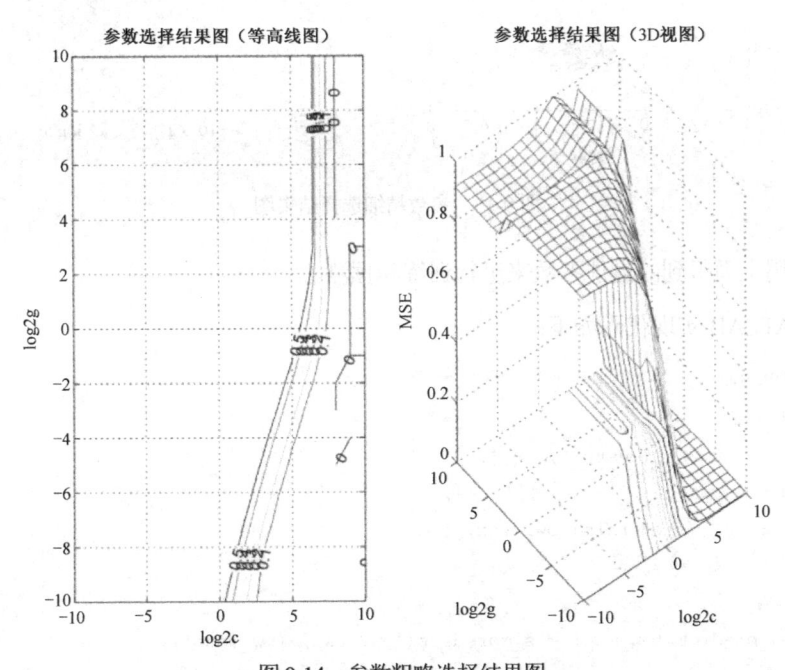

图 9-14 参数粗略选择结果图

打印精细选择结果：

```
SVM parameters for Low:
Best Cross Validation MSE = 35.0177
Best c = 256 Best g = 0.0220971
```

参数精细选择结果如图9-15所示。

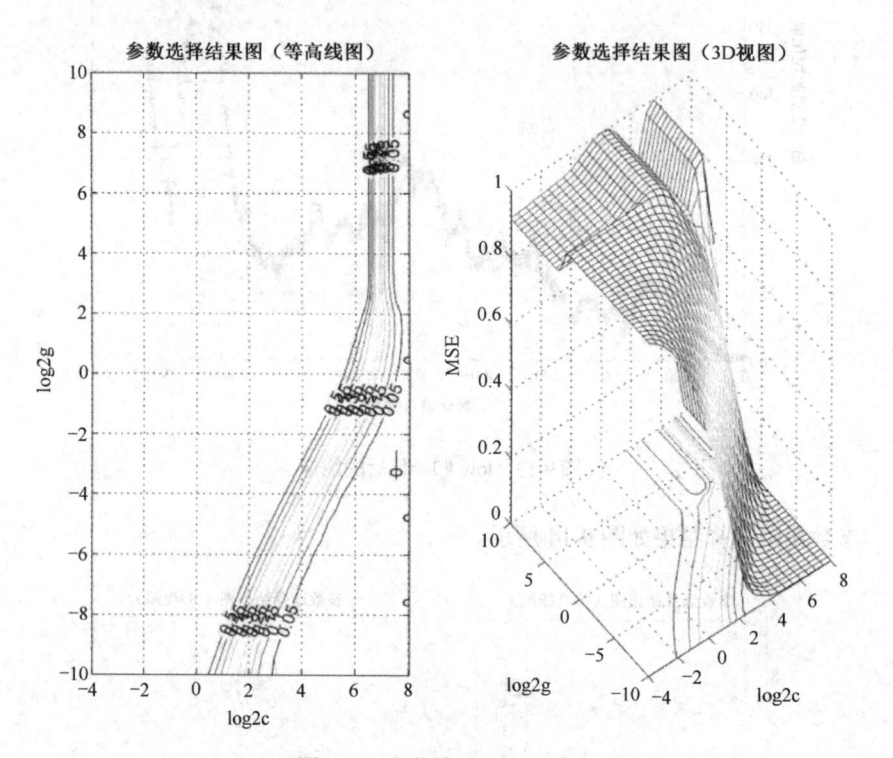

图9-15 参数精细选择结果图

利用上面得到的最佳参数来进行训练和预测。

MATLAB实现代码如下：

```
% 训练SVM
cmd = 
['-c', num2str(bestc) , '-g',
num2str(bestg) , '-s 3 -p 0.1'];
low_model = svmtrain(low, tsx, cmd);

% 预测
[low_predict,low_mse] = svmpredict(low, tsx, low_model);
low_predict = mapminmax('reverse', low_predict, low_ps);
predict_low = svmpredict(1, win_num+1, low_model);
```

第 9 章 | 基于 MATLAB 的支持向量机（SVM）在量化投资中的应用

```
predict_low = mapminmax('reverse', predict_low, low_ps);
predict_low
```

得到关于 low 的拟合结果及误差，如图 9-16 和图 9-17 所示。

```
Mean squared error = 22.0054 (regression)
Squared correlation coefficient = 0.995366 (regression)
```

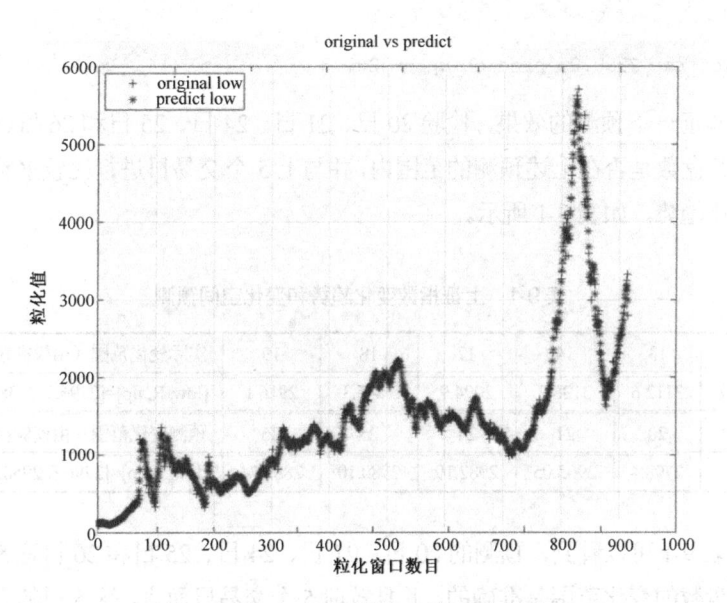

图 9-16 low 的拟合结果图

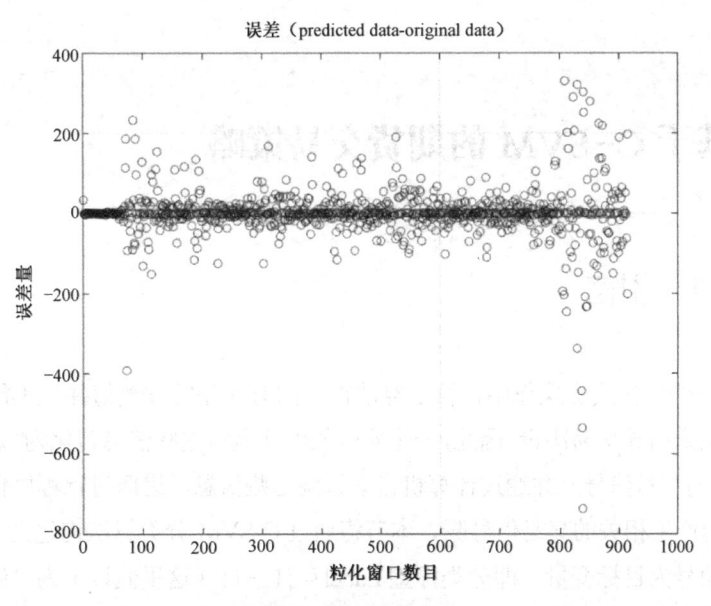

图 9-17 误差图

预测出下 5 个交易日内模糊粒子的 low 参数：

```
predict_low = 2796.8
```

4. 给出上证指数的变化趋势和变化空间及预测效果验证

对于 R 和 up 也进行回归预测，最终得到 5 个交易日内模糊粒子的 r、up 参数分别为：

```
predict_r = 2950.0, predict_up = 3267.3
```

下面验证一下预测的效果，检验 20 日、21 日、24 日、25 日和 26 日这 5 日内上证指数的开盘数是否在上述预测的范围内，并与上 5 个交易日进行比较来整体看上证指数的变化趋势，如表 9-1 所示。

表 9-1　上证指数变化趋势和变化空间预测

日期	13	14	17	18	19	实际变化范围（由模糊粒子描述）
实际开盘数	3112.6	3138.2	2994.9	2845.3	2916.1	[low, R, up]=[2796.3, 3138.2, 3380.2]
日期	20	21	24	25	26	预测变化范围（由模糊粒子描述）
实际开盘数	2798.4	2905.05	2982.19	2980.10	2889.74	[low, R,up]=[2796.8, 2950.0, 3267.3]

通过表 9-1 可以看到，预测的 20 日、21 日、24 日、25 日和 26 日这 5 日上证指数每日开盘数的变化范围是准确的，并且较前 5 个交易日而言，这 5 日的上证指数开盘数整体有下降的趋势。

9.4　基于 C-SVM 的期货交易策略

9.4.1　引言

在实际的量化投资操作中，特定算法得出的有误差的预测值往往不能提供明确的信息依据来指导交易决策。因此，一个明智的做法是将这些信息转化为"是或不是"（买或卖）的交易信号，并通过计算机自动识别这些信息，进而进行程序化的交易。那么，如何产生相关的交易信号呢？本节将通过 C-SVM 分类算法构建交易策略：以当日买卖信号为目标变量，即分类标签 Label $\in \{1, -1\}$（这里假设 1 为"做多"交易信号，-1 为"做空"交易信号），以当日的价格信息或技术指标作为样本属性集合建立交易算法模型,从而将一个较为复杂的时间序列回归问题转化为一个能产生买卖信号的二分类问题。

目前就如何运用 SVM 进行量化投资（程序化交易），很多学者或机构做了大量的研究，根据研究侧重点的不同得出了各种不同的结论。如 Johan Blokker 等认为,如果在一个有效市场（弱势有效）中价格服从随机波动，那么想用 SVM 找出市场的有用信息是不可能的；而一些券商的研究则认为，SVM 算法的预测准确性和市场的价格走势及对交易时间的选择有密切的关系,在趋势中由于价格信息具有"一致性",SVM 能够更好地识别这些信息，但在震荡势中由于价格信息包含过多的"噪声",故 SVM 具有较低的识别能力。但总的来说,由于趋势中的获利可以抵补震荡势中的亏损,因此 SVM 算法对整体行情的预测仍是值得认可的。

不同的结论在不同的前提假设下都具有一定的合理性。虽然在静态仿真过程中,C-SVM 算法能获得一个优异的识别率,但在动态仿真过程中,选取的两种不同的属性集合下得到的 SVM 模型均只能获得一个略优于随机猜测的识别率。当然,这一点并不会使我们感到奇怪,因为实际投资中往往会不尽如人意。那么,如何克服这种低识别率产生的缺陷呢？一种直观的想法是对市场进行分类,比如在趋势时加大 C-SVM 模型给出的持仓比重,在震荡时进行适当减仓,从而保持最大的盈利可能性。但这样做会面临一个更加现实且严酷的问题：在大多数情况下,我们无法事先准确地判断价格的走势何时处于趋势、何时处于震荡。

9.4.2 模型建立

建模过程大致可以分为以下几个部分：

首先,进行数据的选取及预处理。选取 2012 年 10 月 23 日至 2013 年 8 月 20 日期间 200 个交易日的螺纹钢主力合约的价格信息（包括开盘价、最高价、最低价、收盘价、结算价、成交量和持仓量）作为原始的样本属性集合 Train_1，并在此基础上通过运用技术指标衍生出一套新的训练样本属性集合 Train_2。在后续的仿真建模中,将对比两种不同的训练样本属性集合对构建模型的影响。

其次,建立算法模型及仿真系统。针对两种不同类型的样本属性集合 Train_1 和 Train_2,分别通过 C-SVM 算法的训练得到两种不同的模型 model_1 和 model_2，并且通过静态和动态两种不同的仿真过程来检验 model_1 和 model_2 模型交易信号的预测准确率。其中静态仿真指的是在已知当日价格信息的条件下,预测当日的买卖信号,显然这是一种理想状态,但能反映出算法对样本集的敏感程度。动态仿真指的是在已知前

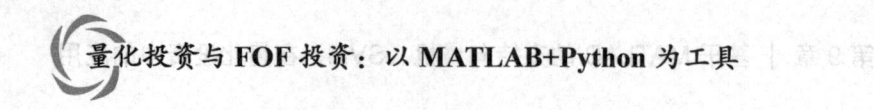

一日价格信息的条件下，预测当日的买卖信号。

最后，一个简单的交易系统将会被建立，相应的预测精准度、最大回撤、夏普比率及信息比率等常见指标会被用来评测交易模型。

9.4.3 MATLAB 实现

1. 数据的选取及预处理

测试数据：螺纹钢主力合约（2012年10月23日至2013年8月20日）日线数据。整体样本数据存储在 luowen.mat 中，其中数据形式为 DataSet 格式，包含了螺纹钢主力合约的开盘价、收盘价、最高价、最低价、平均价、成交量和持仓量7个计量指标，以及一个时间轴信息。

数据来源：Wind 数据库。

数据载入和提取的代码如下：

```
% 载入数据
load luowen.mat
% 获取样本数据
data = [luowen.close, luowen.open, luowen.high, luowen.low, luowen.average, luowen.Volume, luowen.Positions];


% 获取样本数据
high = luowen.high;            % 最高价
low = luowen.low;              % 最低价
Close = luowen.close;          % 收盘价
open = luowen.open;            % 开盘价
average = luowen.average;      % 平均价
volume = luowen.Volume;        % 成交量
positions = luowen.Positions;  % 持仓量
date = datenum(luowen.date1);  % 交易日期
```

可以进行上述数据的 K 线图及成交量和持仓量展示，代码如下：

```
% 画出测试数据的K线图及其对应的成交量和持仓量
scrsz = get(0, 'ScreenSize');
figure('Position', [scrsz(3)*1/4 scrsz(4)*1/6 scrsz(3)*4/5 scrsz(4)]*3/4);
ax(1) = subplot(3, 1, [1, 2]);
MT_candle(high, low, Close, open,'r', date)
xlim([1, length(date)]);
```

第 9 章 | 基于 MATLAB 的支持向量机（SVM）在量化投资中的应用

```
XTick = [1:floor(length(date)/7):length(date)];
XTickLabel = datestr(date(XTick, 1));
set(gca,'XTick', XTick);
set(gca,'XTickLabel', XTickLabel);
hold on
plot(average,'r*')
title('RB 主力合约日 K 线图', 'FontWeight','Bold');
grid on
ax(2) = subplot(3, 1, 3);
bar(volume,'FaceColor', [1 0 0], 'EdgeColor', [1 1 1], 'BarWidth', 1);
hold on
plot(positions,'LineWidth', 2, 'Color', [0 0 1]);
legend('成交量','持仓量')
title('成交量和持仓量走势图','FontWeight','Bold')
XTick = [1:floor(length(date)/7):length(date)];
XTickLabel = datestr(date(XTick, 1));
set(gca,'XTick', XTick);
set(gca,'XTickLabel', XTickLabel);
grid on
linkaxes(ax,'x')
hold off
```

运行结果如图 9-18 所示。

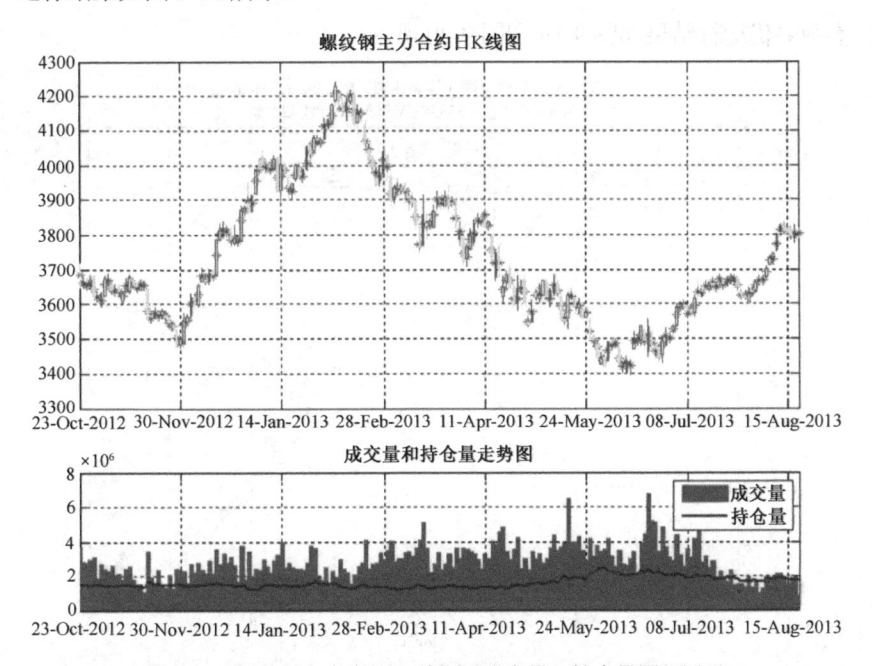

图 9-18　螺纹钢主力合约 K 线图及成交量、持仓量图形展示

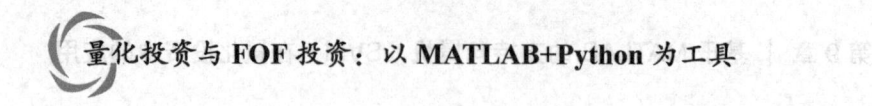

这里首先以价量信息作为样本的属性集合，进行样本的归一化，代码如下：

```
Train = data';
[Train,Train_ps] = mapminmax(Train);  % 归一化
train = Train';
Train1 = train(2:end,:);
% 以交易信号作为标量，1 代表涨，-1 代表跌
Label = sign(Close(2:end,:) - Close(1:end-1,:));
Label( Label == 0 ) = 1;
```

这样就得到了以价量信息作为标量的样本属性集合 Train1 及样本标签 Label。

2. 以价量信息为样本属性集合进行 C-SVM 静态仿真

参数寻优及模型建立过程的代码如下：

```
% 参数寻优
[bestmse1,bestc1,bestg1] = SVMcgForClass(Label,Train1,-8,8,-8,8,5,0.5,0.5,1);
cmd1 = ['-c ', num2str(bestc1), ' -g ', num2str(bestg1) ' -b ', num2str(1)];
% 模型建立，训练 SVM 网络
model = svmtrain(Label,Train1,cmd1);
% 模型预测
[predict_label1, accuracy1, dec_values1] = svmpredict(Label,Train1,model,'-b 1');
roc_label1(Label>=0) = 1;
```

参数寻优运行结果如图 9-19 和图 9-20 所示。

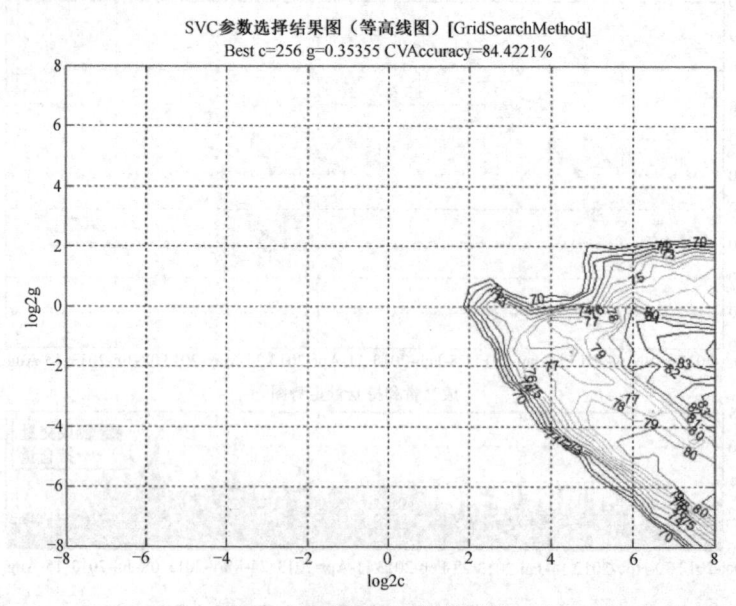

图 9-19　参数选择（等高线图）

第 9 章 | 基于 MATLAB 的支持向量机（SVM）在量化投资中的应用

SVC参数选择结果图（3D视图）[GridSearchMethod]
Best c=256 g=0.35355 CVAccuracy=84.4221%

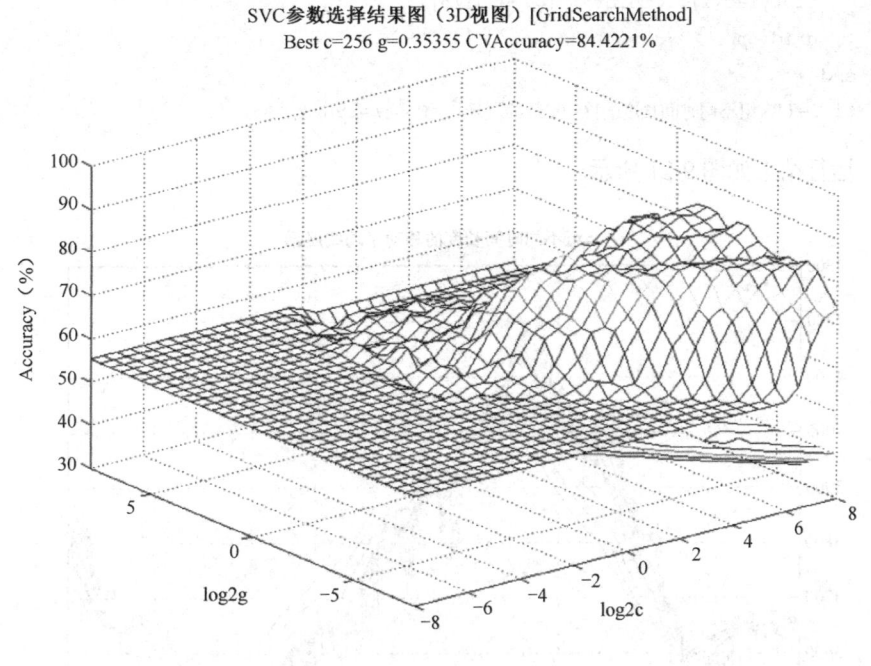

图 9-20　参数选择（3D 视图）

可以看到，在已知当日价格信息的条件下，预测当日的买卖信号，在交叉验证（Cross Validation）下最佳的分类准确率为 84.4221%，最佳参数 c=256，g=0.35355。

3. 以技术指标为样本属性集合进行 C-SVM 静态仿真

下面通过技术指标来构建另外一组样本属性集合。这里使用常见的移动平均线来实现，共选取 5 组长度不同的快慢均线(1,3)、(4,12)、(7,21)、(10,30)和(13,39)来构造样本属性集合，不同的移动平均线参数的选取代表不同的周期结构。均线的生成和展示代码如下：

```
lead = cell(1,5);
lag = cell(1,5);
scrsz = get(0,'ScreenSize');
figure('Position',[scrsz(3)*1/4 scrsz(4)*1/6 scrsz(3)*4/5 scrsz(4)]*3/4);
MT_candle(high,low,Close,open,'r',date);
xlim([1 length(date)]);
hold on;
for i = 1:5
    [lead{i},lag{i}]=movavg(Close,i*3-2,i*9-6,'e');
    plot(lead{i}, 'Color', [i/5, 0, 0]);
```

```
    plot(lag{i}, 'Color', [0, 0, i/5]);
    grid on
end
title('5组不同时间长度的移动平均线展示','FontWeight','Bold');
```

运行结果如图 9-21 所示。

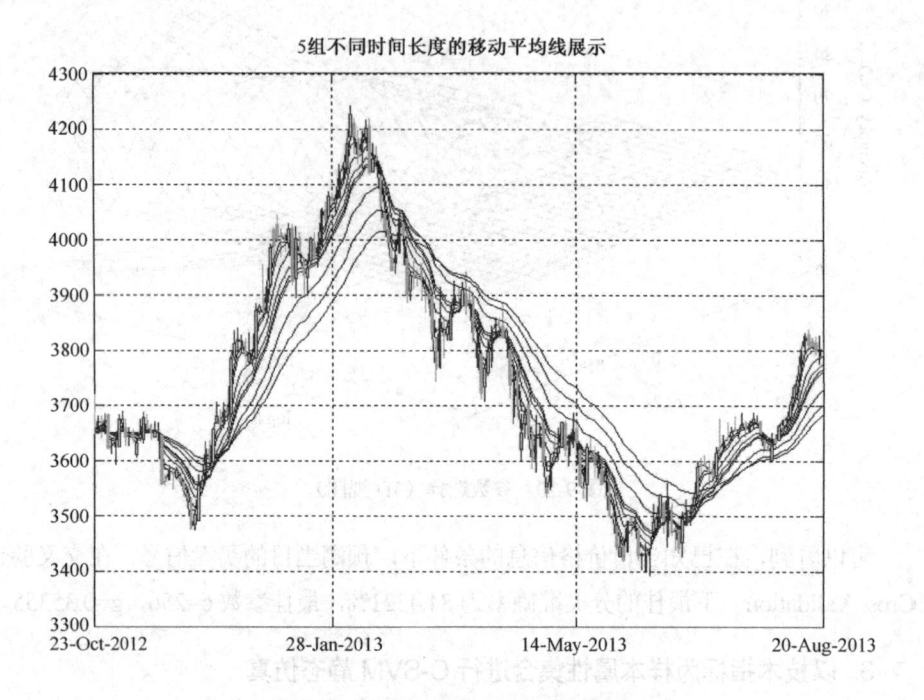

图 9-21 不同长度的移动平均线展示

对于每组均线,利用长短均线的穿插来生成新的样本属性集合 Train2,并进行参数寻优,构建 SVM 模型,代码如下:

```
Train_Signal = cell(1,5);
for i = 1:5
    Train_Signal{i}(lead{i}>=lag{i}) = 1;    % 买(多头)
    Train_Signal{i}(lead{i}<lag{i}) = -1;    % 卖(空头)
end

Train2 = cell2mat(Train_Signal);
Train2 = reshape(Train2,200,5);
% g、c 参数寻优
[bestmse2,bestc2,bestg2] = SVMcgForClass(Label,Train2(2:end,:),-10,10,-10,10,5,0.5,0.5,0.5);
cmd2 = ['-c ', num2str(bestc2), ' -g ', num2str(bestg2) ' -b ', num2str(1)];
cmd2
```

第 9 章 | 基于 MATLAB 的支持向量机（SVM）在量化投资中的应用

```
% 模型建立，训练 SVM 网络
model = svmtrain(Label,Train2(2:end,:),cmd2);
% 模型预测
[predict_label2, accuracy2, dec_values2] = svmpredict(Label,Train2(2:end,:), model,'-b 1');
roc_label2(Label>=0) = 1;
```

参数寻优运行结果如图 9-22 和图 9-23 所示。

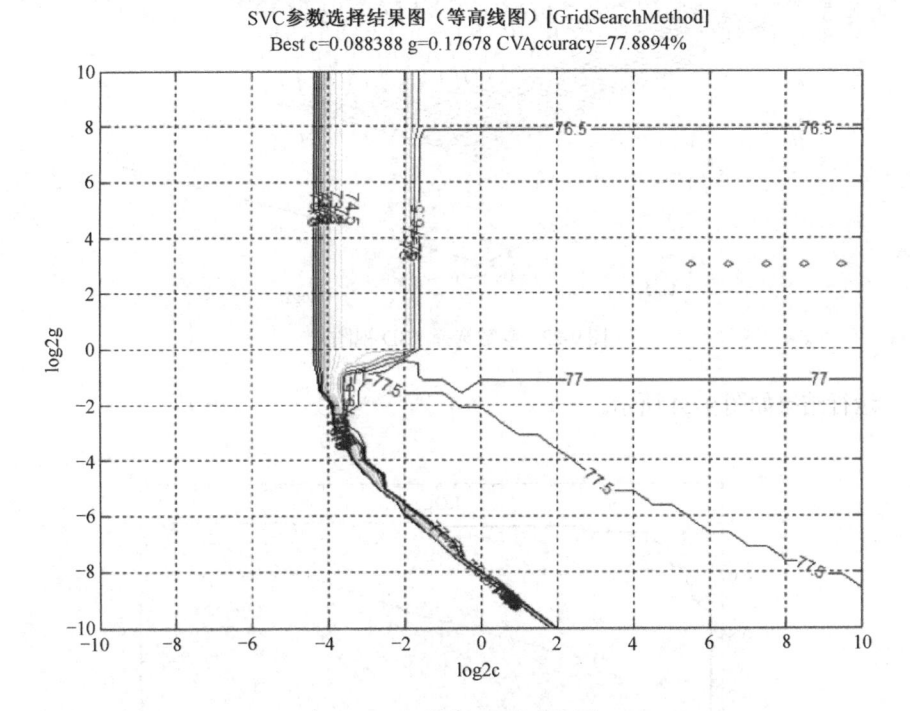

图 9-22　参数选择（等高线图）

由图 9-23 可知，在已知当日价格信息的条件下，预测当日的买卖信号，在交叉验证（Cross Validation）下最佳的分类准确率为 77.8894%，最佳参数 c=0.08838，g=0.17678。

对比以价量信息为样本属性集合构建的 SVM 模型和以技术指标为样本属性集合构建的 SVM 模型，ROC 曲线（Receiver Operating Characteristic Curve）对比如下：

```
%% ROC 曲线对比
roc_label = [roc_label1;roc_label2];
dec_values = [dec_values1(:,1)';dec_values2(:,1)'];
scrsz = get(0,'ScreenSize');
figure('Position',[scrsz(3)*1/4 scrsz(4)*1/6 scrsz(3)*4/5 scrsz(4)]*3/4);
plotroc(roc_label,dec_values);
```

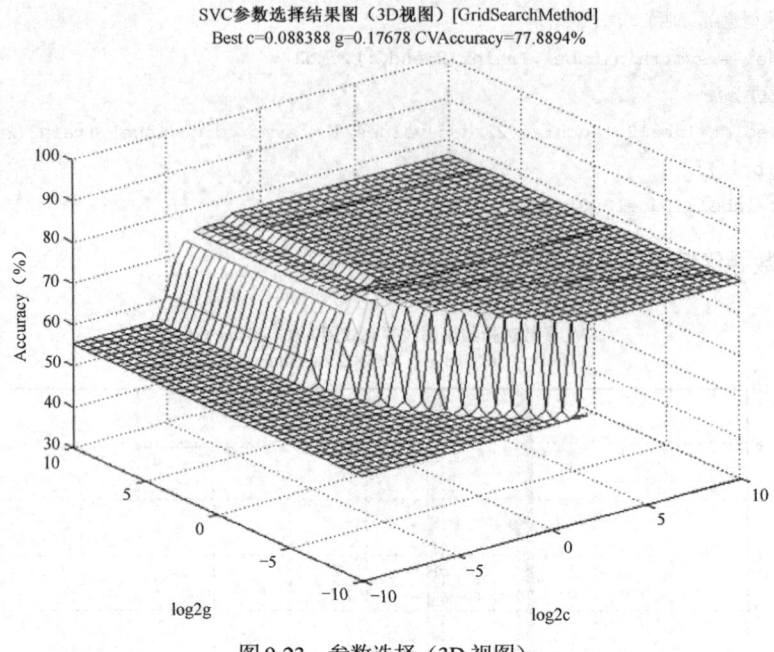

图 9-23 参数选择（3D 视图）

运行结果如图 9-24 所示。

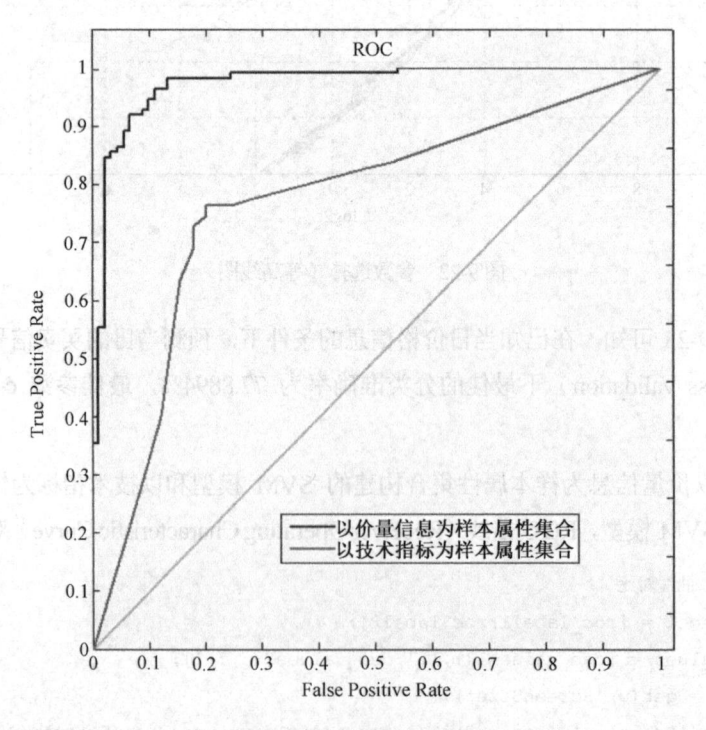

图 9-24 ROC 曲线对比

由图 9-24 可以看到，在静态仿真中，以价量信息为样本属性集合构建的 SVM 模型与以技术指标为样本属性集合构建的 SVM 模型相比，能获得一个更高的买卖信号识别率。若能够有效获得当日价格的所有信息，则两种不同的训练样本属性集合都能获得较好的识别效果。

4. C-SVM 动态仿真

上面的 C-SVM 静态仿真建模得到的买卖信号识别率虽然很高，但并不具有实际操作性。接下来进行 C-SVM 动态仿真建模，该建模过程更符合实际情况，更具有实际的可操作性。

由于是动态建模，就需要给出构建 SVM 模型的最佳时间窗口长度。惩罚参数 c 和核函数参数 g 可以使用静态仿真建模中的最佳参数，最佳时间窗口长度（最优滑窗长度）可由以下代码给出：

```
%  寻找模型中最优的滑窗 window 的大小
Train = cell(1,2);
Train{1} = train(1:end-1,:);
Train{2} = Train2(1:end-1,:);

bestc = cell(1,2);
bestc{1} = bestc1;
bestc{2} = bestc2;
bestg = cell(1,2);
bestg{1} = bestg1;
bestg{2} = bestg2;
window = cell(1,2);
bestaccurate = cell(1,2);
strtemp = {'[以价量信息为样本属性集合]','[以技术指标为样本属性集合]'};
% 窗口设定的范围为：x~y 天
for i = 1:2
    [bestaccurate{i},window{i},Accurate,xlab] = Bestwindow(Label,Train{i},bestc1,bestg1,15,65);
    [bestaccurate{i},window{i},Accurate,xlab]
=Bestwindow(Label,Train{i},bestc{i}, bestg{i},15,65);
    scrsz = get(0,'ScreenSize');
    figure('Position',[scrsz(3)*1/4 scrsz(4)*1/6 scrsz(3)*4/5 scrsz(4)]*3/4);
    plot(xlab,Accurate,'-*');
    xlabel('滑窗的长度');
    ylabel('准确度');
    title(['最优的滑窗长度=',num2str(window{i}),',最佳准确率=',num2str(bestaccurate{i}), ...
```

```
            strtemp{i}], 'FontWeight', 'Bold');
    grid on
    hold on
    scatter(window{i},bestaccurate{i},'MarkerFaceColor',[1 0 0],'Marker','square');
    hold off
end
```

运行结果如图 9-25 和图 9-26 所示。

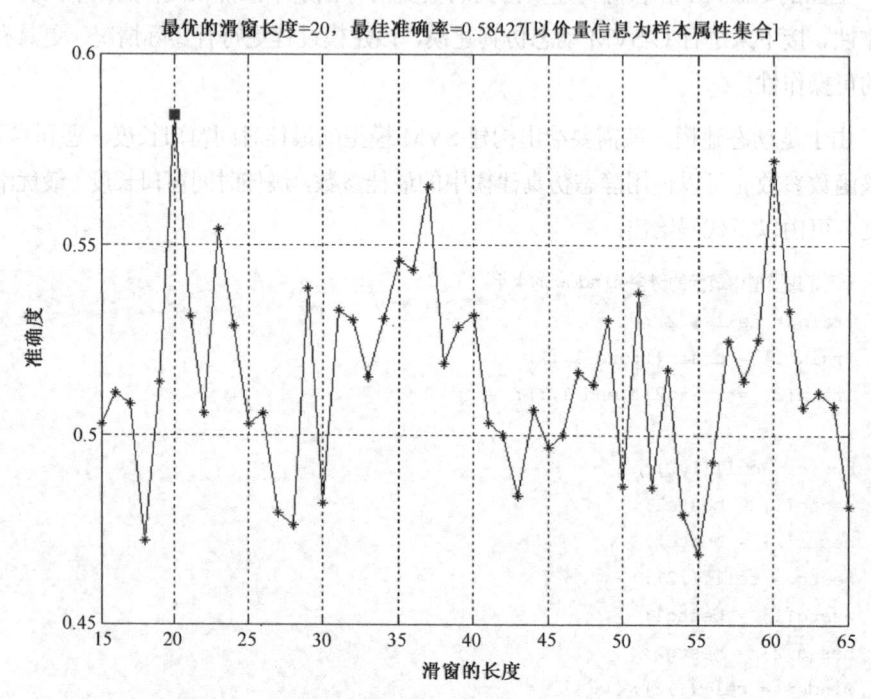

图 9-25　以价量信息为样本属性集合的最优滑窗长度

由图 9-25 和图 9-26 可知，在动态仿真建模中，两个不同的样本属性集合构建的 SVM 模型都只能给出一个略优于随机猜测的"弱可学习器"，其中以价量信息为样本属性集合的最优滑窗长度为 20，最佳准确率为 58.427%；以技术指标为样本属性集合的最优滑窗长度为 24，最佳准确率为 57.471%。其最优滑窗长度基本都为月线级别的时间长度，这一点也比较符合直观性要求。

在得到最佳时间窗口长度的基础上，可以使用得到的 SVM 模型预测交易信号，并与实际的买卖信号进行对比，相关代码如下：

```
% 对两种模型进行回测检验
P_S = cell(1,2);
R_S = cell(1,2);
r = cell(1,2);
```

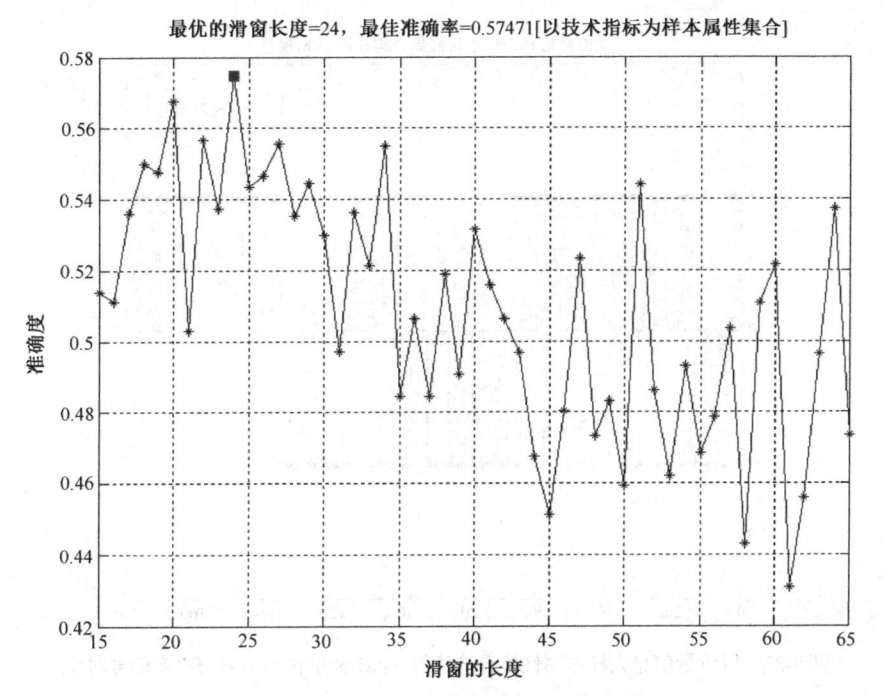

第9章 | 基于 MATLAB 的支持向量机（SVM）在量化投资中的应用

图 9-26　以技术指标为样本属性集合的最优滑窗长度

```
cumr = cell(1,2);
benchmark = cell(1,2);
x = cell(1,2);
ret = cell(1,2);
Maxdrawdown = cell(1,2);
dd = cell(1,2);
for i = 1:2
    % 交易信号确认
    [P_S{i},decvalues] = SVMforecast(Label,Train{i},bestc{i},bestg{i},window{i});  % P_S 为算法预测信号
    R_S{i} = Label(1+window{i}:end-1,:);  % R_S 为真实交易信号

    % 预测信号与实际信号对比
    Signal = [P_S{i} R_S{i}];
    Signalforcast(P_S{i},R_S{i})

    % 每笔盈利及累计收益计算
    r{i} = [0;
P_S{i}.*(Close(window{i}+2:end-1,1)-Close(window{i}+1:end-2,1));];  % 每笔收益
end
```

运行结果如图 9-27 和图 9-28 所示。

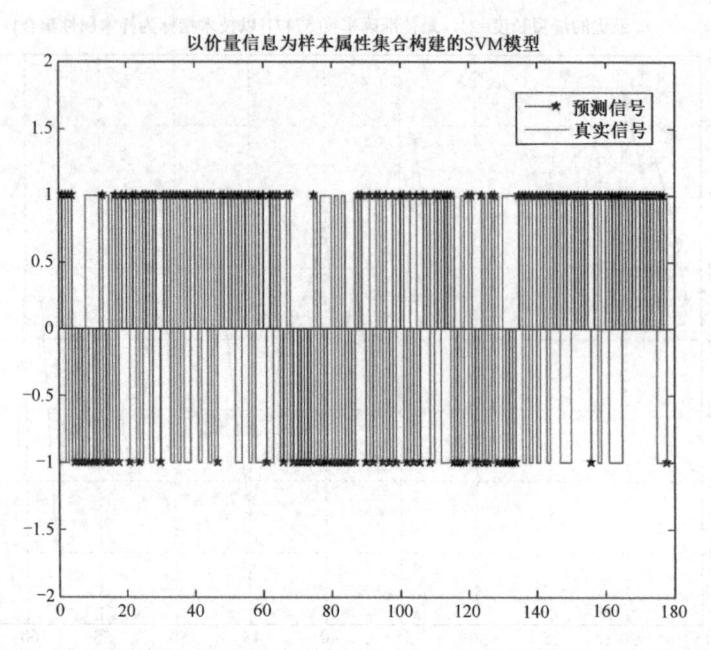

图9-27 以价量信息为样本属性集合构建的SVM模型预测信号与真实信号对比

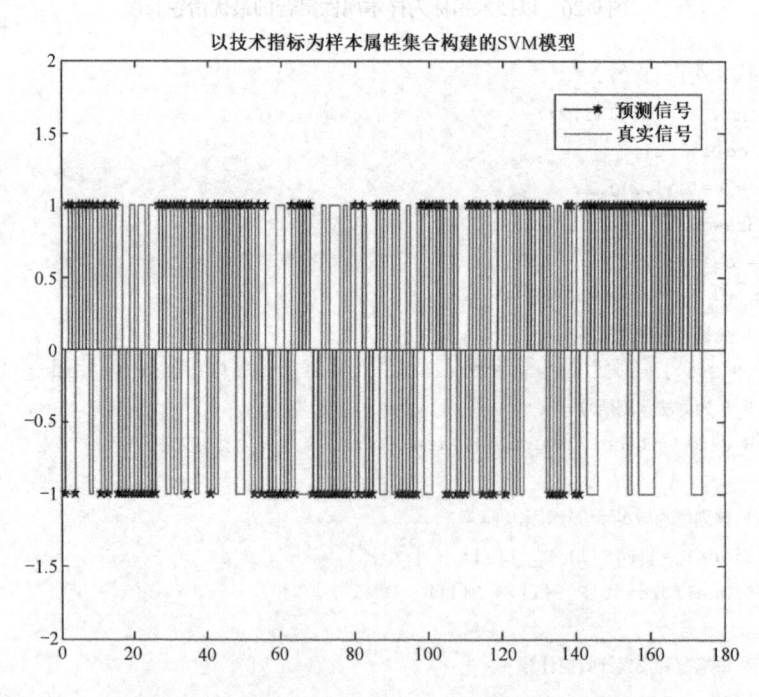

图9-28 以技术指标为样本属性集合构建的SVM模型预测信号与真实信号对比

一个完整的交易系统需要有适当的止损机制,即如果模型给出的交易信号与当日的价格走势相悖,且偏离大于某一阈值时进行止损,该阈值作为参数,这里选取30

个点。止损机制的加入，可以使构建的 SVM 模型在螺纹钢主力合约上得到较好的回测结果。测试代码如下：

```matlab
%% 止损策略
% 设 stop 为止损点，到达时执行止损策略
for i = 1:2
    stop = 30;
    for j = 1:length(r{i})
        if r{i}(j)<-stop
            r{i}(j) = -stop;
        end
    end
    
    cumr{i} = cumsum(r{i}); % 累计获利点数
    benchmark{i} = Close(window{i}+2:end,1); % 价格的基准走势
    x{i} = 1:length(Close(window{i}+2:end,1));
    % 模型的最大回测
    ret{i} = cumr{i}+1000*ones(length(cumr{i}),1);
    [Maxdrawdown{i},dd{i}] = maxdrawdown(ret{i},'return');
end
%% 每笔交易盈亏图
for i = 1:2
    r1 = r{i};
    r2 = r{i};
    for j = 1:length(r{i})
        if r1(j) < 0
            r1(j) = 0;
        end
    end
    for j = 1:length(r{i})
        if r2(j) > 0
            r2(j) = 0;
        end
    end
end
%% 模型可视化结果

% 螺纹钢指数收益率分布与交易策略收益率分布
for i = 1:2
    % 螺纹钢走势及累计收益率曲线图
    createfigure(x{i}, cumr{i}, benchmark{i},dd{i})
    hold off
end
```

运行结果如图 9-29 和图 9-30 所示。

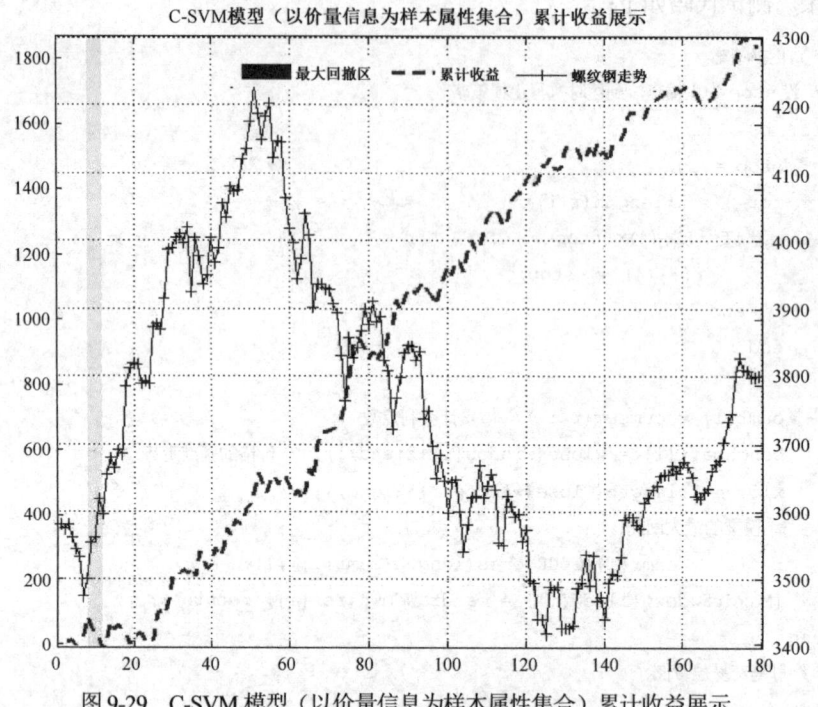

图 9-29　C-SVM 模型（以价量信息为样本属性集合）累计收益展示

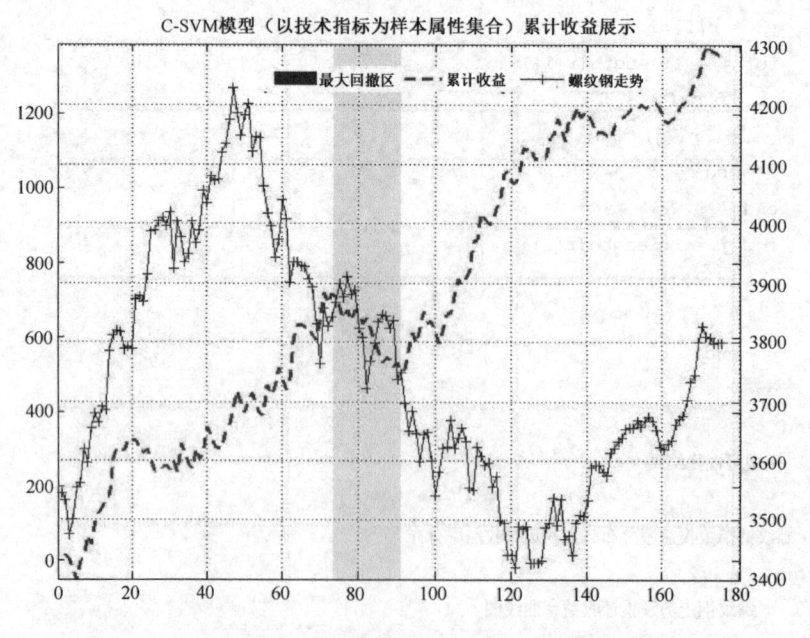

图 9-30　C-SVM 模型（以技术指标为样本属性集合）累计收益展示

第9章 | 基于 MATLAB 的支持向量机（SVM）在量化投资中的应用

从两种模型的累计收益图中可以发现，在加入了适当的止损策略后，两种模型在一段完整的价格走势中均能实现稳定的盈利目标。其中以价量信息为样本属性集合构建的模型表现稍好于以技术指标为样本属性集合构建的模型。可以通过一些常见的评价指标来进行量化对比，代码如下：

```matlab
%% 各项指标的测试结果
% 模型准确率
Accuracy = cell(1,2);
EED = cell(1,2);
SharpeRadio = cell(1,2);
Inforatio = cell(1,2);
for i = 1:2
    R_S{i} = Label(window{i}+1:end-1,:); % 实际交易信号
    k = ones(length(P_S{i}),1);
    z = sum(k(P_S{i}==R_S{i}));
    Accuracy{i} = z/length(k);
    % 预期最大回测
    rm = price2ret(ret{i});
    Return = tick2ret(ret{i});
    [mean,std] = normfit(Return);
    EED{i} = emaxdrawdown(mean,std,5);
    % 年化夏普比率
    SharpeRadio{i} = sqrt(250)*sharpe(rm,0);
    % 信息比率
    Inforatio{i} = inforatio(rm,price2ret(benchmark{i}));
end
%% 打印结果
strtemp = {'[以价量信息为样本属性集合]','[以技术指标为样本属性集合]'};
for i = 1:2
fprintf(1,'-------------------------------\n');
    fprintf(1,'各项指标的测试结果\n');
    fprintf(1,strtemp{i});
    fprintf(1,'\n');
    fprintf(1,['最佳滑窗敞口 =', num2str(window{i})]);
    fprintf(1,'\n');
    fprintf(1,['最优准确度 =', num2str(bestaccurate{i})]);
    fprintf(1,'\n');
    fprintf(1,['夏普比率 =', num2str(SharpeRadio{i})]);
    fprintf(1,'\n');
    fprintf(1,['信息比率 =', num2str(Inforatio{i})]);
    fprintf(1,'\n');
    fprintf(1,['最终获利点数 =', num2str(cumr{i}(end,1))]);
```

```
        fprintf(1,'\n');
        fprintf(1,[' 最 大 回 撤    =', num2str(Maxdrawdown{i}),'  回撤时间为第',
num2str(dd{i} (1,1)),'到',num2str(dd{i}(2,1)),'个交易日']);
        fprintf(1,'\n');
        fprintf(1,['预期未来10日内最大回撤 =', num2str(EED{i})]);
        fprintf(1,'\n');
end
```

运行结果如下：

各项指标的测试结果
[以价量信息为样本属性集合]
最佳滑窗敞口 =20
最优准确度 =0.58427
夏普比率 =4.7044
信息比率 =0.25144
最终获利点数 =1836
最大回撤 =0.087397   回撤时间为第8到12个交易日
预期未来10日内最大回撤 =0.045373

各项指标的测试结果
[以技术指标为样本属性集合]
最佳滑窗敞口 =24
最优准确度 =0.57471
夏普比率 =3.736
信息比率 =0.18908
最终获利点数 =1354
最大回撤 =0.12515   回撤时间为第73到91个交易日
预期未来10日内最大回撤 =0.049973

5. 小结

本节建立了一个基于C-SVM算法的期货量化交易模型，并通过在模型中引入相应的止损机制，实现在分类"低"准确率下的交易高胜率，从而达到构建的SVM模型在整体市场价格走势中稳定盈利的目的。对整个模型的验证及仿真结果显示，加入止损机制后的C-SVM算法对不同的样本属性集合构建的模型均能产生一个有效的收益。

需要说明的是，在C-SVM动态建模回测过程中并没有考虑手续费和冲击成本等因素，这里给出的仅仅是一个大概的测试结果，目的是说明使用SVM进行交易策略建模的思想和过程。另外，这里仅选取了螺纹钢主力合约的日线数据进行测试，是为了方便测试和建模，本节提出的模型也可以扩展到小时级别、分钟级别等其他频率的交易数据进行模型的构建，还可以构建 tick 级别的高频模型。

这里给出的模型框架可能有些地方不是很严谨，仅仅是一个比较"粗"的模型，权当抛砖引玉，读者可以循此进行思考和优化。

9.5 扩展阅读

9.5.1 MATLAB 自带的 SVM 实现函数与 LibSVM 的差别

（1）MATLAB 自带的 SVM 实现函数仅有的模型是 C-SVC（C-Support Vector Classification），而 LibSVM 工具箱有 C-SVC（C-Support Vector Classification）、nu-SVC（nu- Support Vector Classification）、one-class SVM（Distribution Estimation）、epsilon-SVR（epsilon-Support Vector Regression）、nu-SVR（nu-Support Vector Regression）等多种模型可供使用。

（2）MATLAB 自带的 SVM 实现函数仅支持分类问题，不支持回归问题（需要自己编写实现）；而 LibSVM 二者都支持。

（3）MATLAB 自带的 SVM 实现函数仅支持二分类问题，不支持多分类问题（需要自己编写实现）；而 LibSVM 默认采用一对一法支持多分类。

（4）MATLAB 自带的 SVM 实现函数采用 RBF 核函数时无法调节核函数的参数 Gamma，仅能使用默认的；而 LibSVM 可以进行该参数的调节。

（5）LibSVM 中最优化问题的解决算法是序列最小最优化算法（Sequential Minimal Optimization，SMO）；而 MATLAB 自带的 SVM 实现函数中最优化问题的解法有三种可以选择，即经典二次规划算法（Quadratic Programming）、序列最小最优化算法和最小二乘法（Least-Squares）。

综合考虑，LibSVM 工具箱使用更加方便，本章的 SVM 实现均使用 LibSVM 工具箱。

9.5.2 关于 SVM 的学习资源汇总

1. 《关于 SVM 的那点破事》帖子

该帖是本书的作者之一李洋多年整理并持续更新的一个有关 SVM 的帖子，涉及

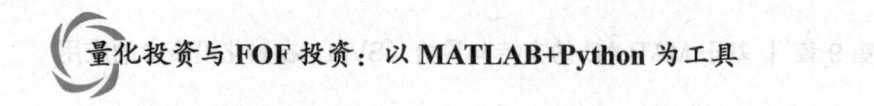

SVM 理论和相关应用，方便读者后续更加系统地学习 SVM，读者有问题可以直接留言和作者面对面交流。帖子地址为 MATLAB 技术论坛。

2. LibSVM-FarutoUltimate 工具箱及 GUI 版本介绍

LibSVM-FarutoUltimate 工具箱是本书的作者之一李洋在 LibSVM 工具箱的基础上进行的完善，添加了一些辅助函数（各种参数寻优方法、数据归一化和降维、图形展示等），其 GUI 版本 SVM_GUI 工具箱是以 LibSVM-FarutoUltimate 工具箱为基础的一个图形使用界面。

LibSVM-FarutoUltimate 工具箱的最新版本为 3.1（截至 2013 年 1 月 1 日），下载地址为其官方网站。

SVM_GUI 工具箱的最新版本为 3.1（截至 2013 年 1 月 1 日），下载地址为其官方网站（使用 SVM_GUI 工具箱需要事先安装 LibSVM-FarutoUltimate 工具箱）。

希望读者在使用 LibSVM-FarutoUltimate 工具箱或转载相关辅助函数时给出如下的引用注明："Li Yang (Faruto), LibSVM-FarutoUltimate:a toolbox with implements for support vector machines based on libsvm,2011. Software available at http://www.matlabsky.com。"

安装了 LibSVM-FarutoUltimate 工具箱和 SVM_GUI 工具箱后，在 MATLAB 的命令窗口（Command Window）中输入 SVM_GUI 命令可以直接启动 SVM_GUI 工具箱，如图 9-31 所示。

图 9-31　SVM_GUI 工具箱启动后界面

单击"SVC""SVR"按钮可以分别启动分类和回归界面，如图 9-32 和图 9-33 所示。

SVM_GUI 工具箱是图形操作界面，只需单击就可以完成数据载入、数据归一化处理、数据降维处理、参数寻优方式选择、结果输出等一系列操作。如图 9-34 和图 9-35 所示分别是分类和回归运行展示。

第 9 章 ｜ 基于 MATLAB 的支持向量机（SVM）在量化投资中的应用

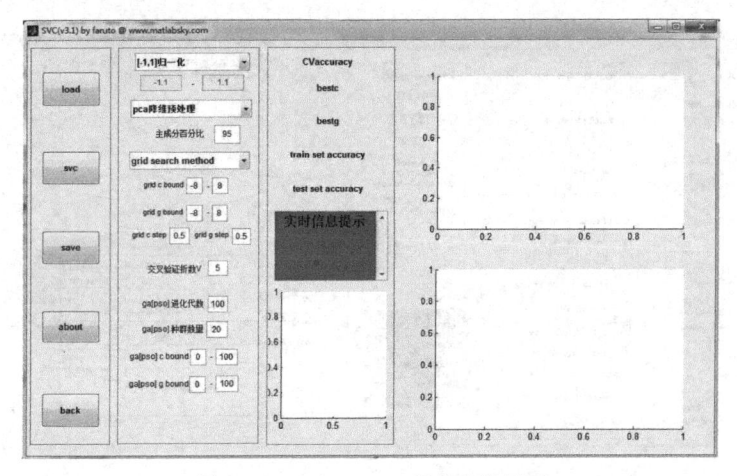

图 9-32　SVM_GUI 工具箱分类界面

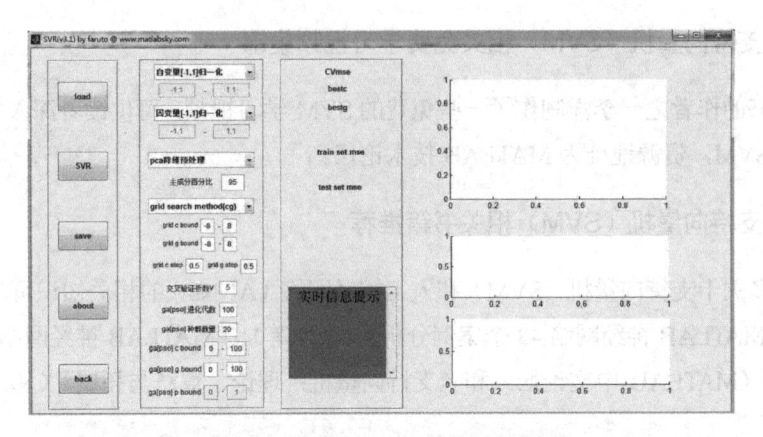

图 9-33　SVM_GUI 工具箱回归界面

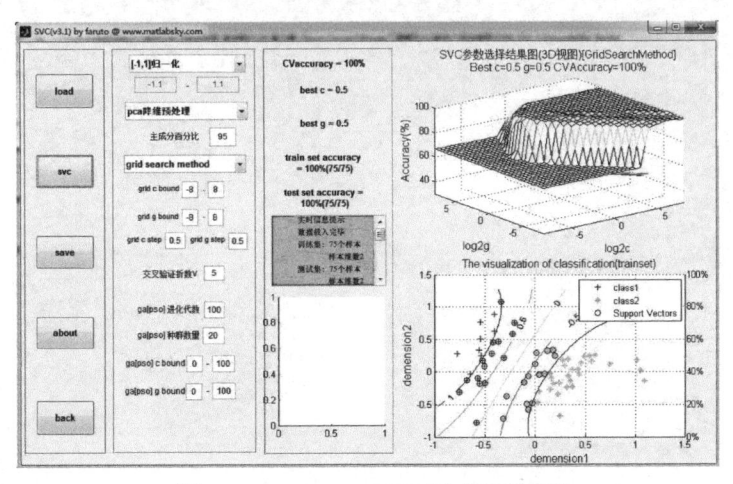

图 9-34　SVM_GUI 工具箱分类运行展示

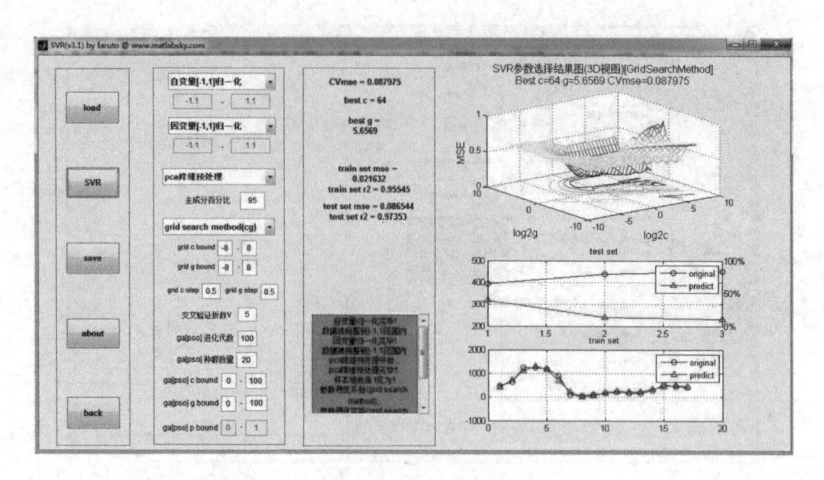

图 9-35　SVM_GUI 工具箱回归运行展示

3. 支持向量机（SVM）相关免费学习视频集锦

本书的作者之一李洋制作了一些免费的 SVM 学习视频，可供读者深入学习、理解使用 SVM，资源地址为 MATLAB 技术论坛。

4. 支持向量机（SVM）相关书籍推荐

更多关于支持向量机（SVM）和人工神经网络（ANNs）的相关知识可参看以下书籍：《MATLAB 神经网络 43 个案例分析》（李洋等）、《MATLAB 神经网络 30 个案例分析》（MATLAB 中文论坛）和《支持向量机：理论、算法与拓展》（邓乃扬、田英杰）。

第 10 章　MATLAB 与其他金融平台终端的通信

通过 MATLAB 获取金融数据的方法主要有两种：付费数据平台接口和免费数据平台接口。付费数据平台接口主要是指一些商业化终端平台，比如 Wind 平台、DataHouse 平台、彭博（Bloomberg）平台、路透（Reuters）平台等，相应的商业化终端平台都有 MATLAB 接口，可以直接通过接口获取相关数据。本章主要介绍 DataHouse 平台和 Wind 平台的 MATLAB 接口，以及通过这些平台的 MATLAB 接口如何获取行情数据和基本面数据等。

10.1　DataHouse 平台 MATLAB 接口介绍

10.1.1　DataHouse 平台简介

恒生聚源 DataHouse（以下简称 DataHouse）是上海恒生聚源数据服务有限公司开发的一款量化投资工具。DataHouse 以恒生聚源丰富和完整的数据库为依托，基于业界通用的 MATLAB 平台，为用户提供全面、准确、及时的金融资讯数据。结合 MATLAB 自带的金融工具箱，用户可以构建自己的专业量化研究平台。

恒生聚源 DataHouse 的数据包括交易所的行情数据、券商的研究报告和财务数据，以及其他机构的各种数据。DataHouse 提供的数据经过专业人员的采集、加工和校对，具有广泛的采集范围和报告深度，能为用户提供高质量的金融领域全息数据。

用户可以通过 DataHouse 客户端查阅所关心的各类金融数据，包括日行情、高频行情、财务报告、研究报告、盈利预测、宏观行业等数据。恒生聚源 DataHouse 客户端提供数据的指标查询、指标说明和参数说明，并能生成可直接在 MATLAB 中使用的表达式。可以将该语句直接在 MATLAB 命令窗口中运行，也可以嵌入 M 文件中，实现一站式开发。

整个过程只需 MATLAB 语言，不需要了解底层数据库结构，也不需要学习 SQL 语法，可以让用户专注于金融分析本身。

DataHouse 具有以下优点。

1. 数据全面、便捷、灵活

研究人员使用 MATLAB 即可对聚源数据库中的各类数据进行提取使用，包括高频行情数据、公司财务数据、盈利预测数据等，如表 10-1 所示。

表 10-1 DataHouse 数据类型列表

数据类型	种类	详情
行情数据	股票	日行情、区间行情、年行情、月行情、周行情
	基金	日行情、区间行情
	股票 高频	沪深 LV1 基础、分时数据
	期货	股指期货高频行情、分时数据
	债券	日行情、区间行情、利率互换行情
财务报表数据	股票	财务报表、旧会计准则、单季财务报表、旧版单季财务报表、同比增长率
	债券	财务报表、旧会计准则、单季财务报表、旧版单季财务报表
	基金	资产负债表、基金收益分配表、经营业绩表、定期报告披露日期、基金净值变动表
研究报告	股票	盈利预测、投资评级、上市公司业绩预告
	债券	信用评级、发债主体授信额度、担保数据
	基金	基金评级、风格分析

2. 紧密结合 MATLAB 分析工具、命名规范，无缝连接 MATLAB 运算环境

DataHouse 的指标以 MATLAB 的语法风格编写，可以看作 MATLAB 的系统函数来使用。以下代码中的函数 DH_E_S_CSRC、DH_Q_DQ_Stock 和 S_SHARE_LIQA 均为 DataHouse 提供的指标函数，可以直接编写在 M 文件中。

```
function output = sac_index( IndustryCode,Date)
stocks = DH_E_S_CSRC(IndustryCode,'2013-1-20');
Prev = DH_Q_DQ_Stock(stocks,Date,'PreClose',1);
Close = DH_Q_DQ_Stock(stocks,Date,'Close',1);
float = fetch('S_SHARE_LIQA',stocks,Date);
growth = (Close'* cell2mat(float) )/( Prev' * cell2mat(float))- 1;
```

```
output = growth;
end
```

3. 界面操作方便

操作界面更符合使用需求；DataHouse 客户端特别设计了指标目录，通过指标目录可以快速查询指标函数；利用参数定义对话框生成 MATLAB 表达式，该表达式可以直接在 MATLAB 命令窗口中运行，也可以嵌入 M 文件中。该目录按金融信息的业务特点，展示了聚源的丰富指标体系。

4. 应用案例丰富

在 DataHouse 平台中，聚源的金融工程团队提供大量应用案例及其原始代码，帮助使用人员更快地熟悉产品。

5. 全面和实时的高频数据

聚源的高频数据来自交易所，经过严格的清洗处理，数据格式整齐。DataHouse 平台提供沪深、股指期货、商品期货的高频分笔数据及高频分时数据。

10.1.2　MATLAB 接口简介

1. DataHouse 指标概况

安装 DataHouse 并登录成功后，可以输入 DHhelp，弹出恒生聚源 DataHouse 客户端。在弹出的客户端面板中，可以单击展开多级目录，如图 10-1 所示。

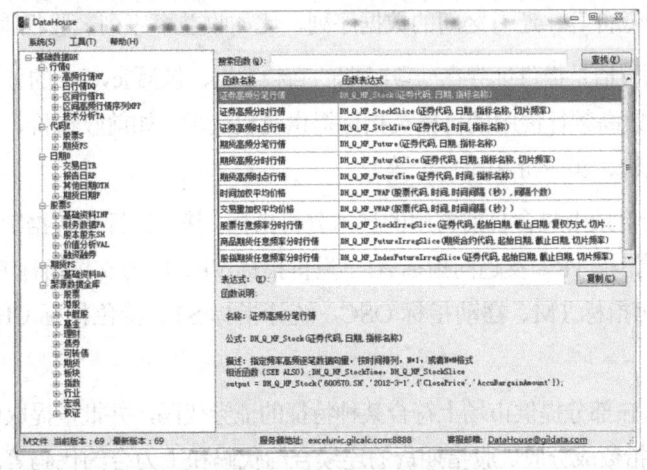

图 10-1　DataHouse 客户端面板

为了方便用户找到需要的指标函数，DataHouse 客户端特别设计了指标目录。该目录按照金融信息的业务特点，分门别类地展示聚源丰富的指标函数。目录按照信息种类、证券品种等标准呈现多级展开的结构。

基础数据 DH 按照使用业务需求分为若干分支，包括行情 Q、代码 E、日期 D、股票 S、期货 FS 和聚源数据全库，全面覆盖金融数据，如图 10-2 所示。

（1）行情 Q 提供金融工程研究所需的最基本的数据，包括下辖高频行情 HF、日行情 DQ、区间行情 PR、区间高频行情序列 HFP 和技术分析 TA。行情中的指标对数据做了清洗处理。根据业务需求，部分指标支持向量化的证券代码输入，以及向量化的日期输入和向量化的参数输入。

高频行情是指证券交易所和期货交易所发布的、频率高于每日一笔的数据。常见的高频数据有逐笔交易数据，1min、5min、10min、15min、30min 和 60min 的分时数据，以及提供任意频率的分时行情。聚源的高频数据接收自交易所，经过严格的清洗处理，具有较高的质量。

图 10-2 DataHouse 基础数据列表

日行情是指每个交易日的某种证券的概要数据，包括开盘价、最高价、最低价和收盘价等。聚源金融数据库结合上市公司的股权变动信息，向用户提供包括复权价格在内的日行情数据。

区间行情是提供证券在一段时期内的数据，比如股票的区间整体数据，或区间最高价、区间最低价等。还有区间的数据序列，比如收益率序列、股权因子序列。

区间高频行情是提供证券在一段时期的高频数据，包括 level-1 的分笔数据和分时数据，并对股票高频行情中的价格类指标提供复权选项，如前收盘价、开盘价、收盘价、最高最低价、买一价和卖一价等。

技术分析目录中包含目前常用的技术分析指标，基于日行情数据制作。该目录下的指标有趋向指标 TR、反趋向指标 AT、量价指标 VP、压力支撑指标 PR、能量指标 EN、超买超卖指标 TM、摆动指标 OSC、统计指标 ST、特色指标 CH 和成交量指标 VOL。

（2）代码 E 部分提供市场上符合某种特征的证券代码，并批量提取证券代码，如行业成分股、指数成分股、股指期货的连续合约代码和主力合约代码等。返回的证券代码含有扩展,能够避免不同市场的代码冲突。

(3)日期 D 部分获取的是证券的交易日、上市日和财务报表披露的日期。这对获取证券的研究分析非常有利。

(4)股票 S 部分提供股票投资分析所需要的财务数据 FA。财务数据目录下包含财务指标 I、单季财务指标 Q 和财务报表 R。财务指标 I 又包含每股指标 PS、盈利能力 EA、偿债能力 DB、成长能力 GR、营运能力 OP、资本结构 CS、收益质量 EQ、现金流量 CF 等。

(5)聚源数据全库部分提供更加丰富的指标函数,业务范围包括股票、港股、中概股、基金、理财、债券、可转债、期货、板块、指数、行业、宏观和权证的数据。

2. 使用 DataHouse 获取行情数据

1)高频数据获取(包括实时)

DataHouse 中的高频行情来源于上海证券交易所、深圳证券交易所、上海期货交易所、郑州商品交易所、大连商品交易所和中国金融期货交易所,涵盖五大交易所所有证券品种。各个品种的数据时间区间如表 10-2 所示。

表 10-2 DataHouse 各个品种数据时间区间

品　　种	时　间　区　间
股票(level-1 分笔,分时)	2002 年至今
股指期货(level-1 分笔,分时)	2010-04-16 至今
商品期货(level-1 分笔,分时)	2011-02-01 至今

提取高频数据的函数分高频行情和区间高频行情两部分。二者的区别在于高频行情提取单日的高频数据,而区间高频行情可以提取一段时间内的高频数据。提取高频数据的主要函数如表 10-3 所示。

表 10-3 DataHouse 提取高频数据函数

股票分笔[①]	DH_Q_HF_Stock
股票分时	DH_Q_HF_StockSlice
股票时点	DH_Q_HF_StockTime
股票任意频率分时	DH_Q_HF_StockIrregSlice
期货分笔	DH_Q_HF_Future
期货分时	DH_Q_HF_FutureSlice

---

① 这里的股票是广义股票,指上交所和深交所交易的所有证券,适用于高频行情部分。

续表

期货时点	DH_Q_HF_FutureTime
股指期货任意频率分时	DH_Q_HF_IndexFutureIrregSlice
商品期货任意频率分时	DH_Q_HF_FutureIrregSlice
区间股票分笔	DH_Q_HFP_Stock
区间股票分时	DH_Q_HFP_StockSlice
区间期货分笔	DH_Q_HFP_Future
区间期货分时	DH_Q_HFP_FutureSlice

（1）股票分笔的函数语法如下：

```
Data = DH_Q_HF_Stock(SecuCode,Date,ColumnName);
```

参数输入如图 10-3 所示。

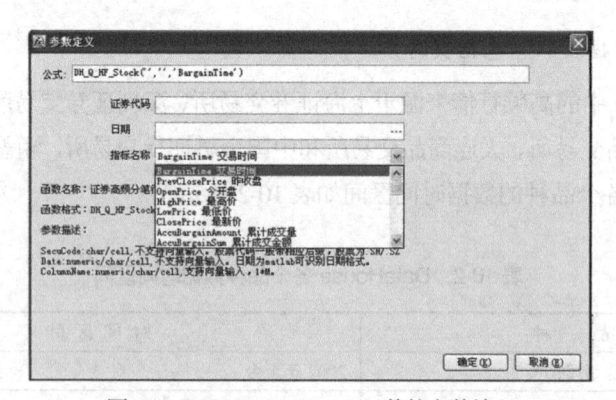

图 10-3　DH_Q_HF_Stock 函数的参数输入

【例 10-1】提取恒生电子（600570.SH）2013 年 4 月 24 日所有分笔交易时间和最新价（收盘价）的数据。

MATLAB 实现代码如下：

```
Data = DH_Q_HF_Stock('600570.SH','2013-04-24',{'BargainTime';'ClosePrice'});
Data = [cellstr(datestr(Data(:,1),31)),num2cell(Data(:,2))];
```

运行结果如图 10-4 所示。

（2）股票分时的函数语法如下：

```
Data = DH_Q_HF_StockSlice(SecuCode,Date,ColumnName,Slice);
```

参数输入的操作与股票分笔相同。

【例 10-2】提取平安银行（000001.SZ）2013 年 4 月 22 日所有 5 分钟的分时交易时间和最新价（收盘价）的数据。

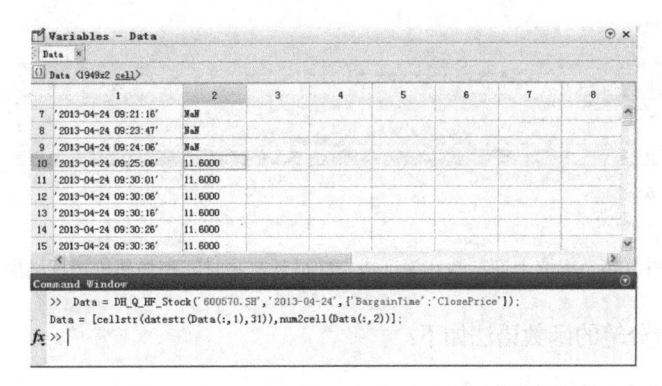

图 10-4 提取恒生电子 2013 年 4 月 24 日所有分笔交易时间和最新价运行结果

MATLAB 实现代码如下：

```
Data=DH_Q_HF_StockSlice('000001.SZ','2013-04-22',{'BargainTime';'ClosePrice'},5);
```

运行结果如图 10-5 所示。

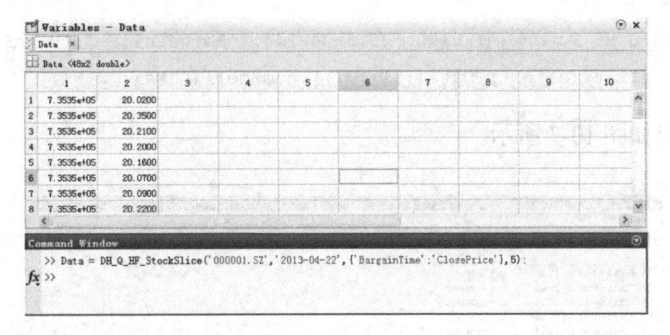

图 10-5 提取平安银行 2013 年 4 月 22 日所有 5 分钟分时交易时间和最新价运行结果

（3）股票时点的函数语法如下：

```
Data = DH_Q_HF_StockTime(SecuCode,DateTime,ColumnName);
```

参数输入的操作与股票分笔相同。

【例 10-3】提取上证指数（000001.SH）和深证成指 2013 年 4 月 22 日上午 11:12 的最新交易时间和最新价（收盘价）数据。

MATLAB 实现代码如下：

```
Data = DH_Q_HF_StockTime({'000001.SH';'399001.SZ'},'2013-04-22 11:12:00',
{'BargainTime'; 'ClosePrice'});
```

运行结果如图 10-6 所示。

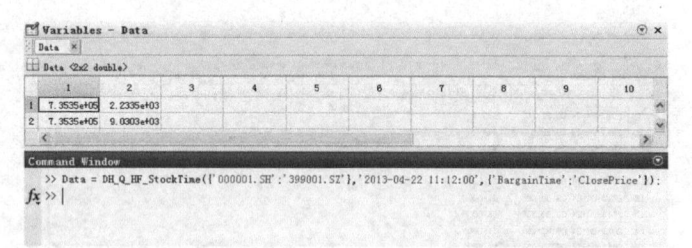

图10-6 提取上证指数和深证成指的最新交易时间和最新价运行结果

（4）期货分笔的函数语法如下：

```
Data = DH_Q_HF_Future(SecuCode,DateTime,ColumnName);
```

参数输入的操作与股票分笔相同。

【例10-4】提取IF0Y00（当月连续合约）2013年4月24日所有分笔交易时间和最高价数据。

MATLAB 实现代码如下：

```
Data = DH_Q_HF_Future('IF0Y00','2013-04-24',{'BargainTime';'HighPrice'});
Data = [cellstr(datestr(Data(:,1),31)),num2cell(Data(:,2))];
```

运行结果如图10-7所示。

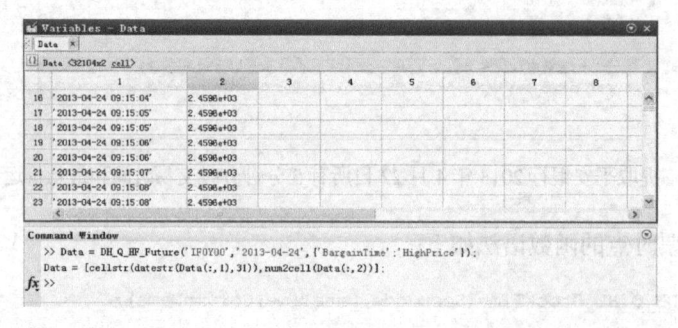

图10-7 提取IF0Y00（当月连续合约）2013年4月24日所有分笔交易时间和最高价运行结果

（5）期货分时的函数语法如下：

```
Data = DH_Q_HF_FutureSlice(SecuCode,Date,ColumnName,Slice);
```

参数输入的操作与股票分笔相同。

【例10-5】提取股指期货IF1306合约2013年4月23日所有10分钟分时交易时间和最高价数据。

MATLAB 实现代码如下：

```
Data = DH_Q_HF_FutureSlice('IF1306','2013-04-23',{'BargainTime';'HighPrice'},10);
```

运行结果如图 10-8 所示。

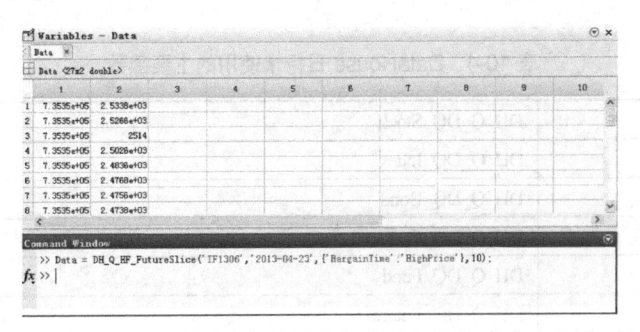

图 10-8　提取股指期货 IF1306 合约 2013 年 4 月 23 日所有 10 分钟分时交易时间和最高价运行结果

（6）期货时点的函数语法如下：

```
Data = DH_Q_HF_FutureTime(SecuCode,DateTime,ColumnName);
```

参数输入的操作与股票分笔相同。

【例 10-6】获取商品期货 CU1401 合约 2013 年 4 月 23 日上午 10 点最新交易时间和最低价数据。

MATLAB 实现代码如下：

```
Data = DH_Q_HF_FutureTime('CU1401','2013-04-23 10:00:00',{'BargainTime'; 'LowPrice'});
```

运行结果如图 10-9 所示。

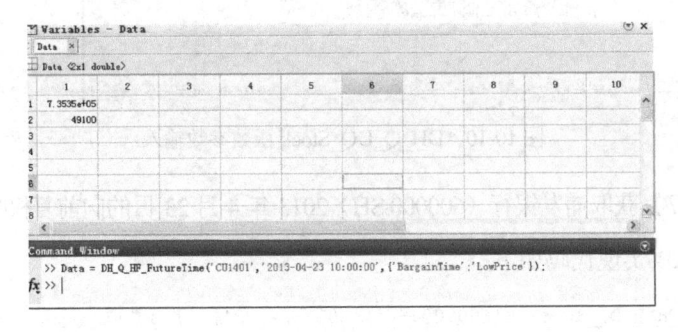

图 10-9　提取 CU1401 合约 2013 年 4 月 23 日上午 10 点最新交易时间和最低价运行结果

区间行情函数 DH_Q_HFP_Stock、DH_Q_HFP_StockSlice、DH_Q_HFP_Future、DH_Q_HFP_FutureSlice 的输入/输出操作与 DH_Q_HF_Stock、DH_Q_HF_StockSlice、DH_Q_HF_Future、DH_Q_HF_FutureSlice 的输入/输出类似，读者可查看相关函数说明，这里不再一一列举。

2）日行情数据获取

DataHouse 可以获取到的日行情数据包括股票、指数、债券、可转债、基金、期货和港股。日行情中使用的主要函数如表 10-4 所示。

表 10-4 DataHouse 日行情使用的主要函数

股票日行情	DH_Q_DQ_Stock
指数日行情	DH_Q_DQ_Index
债券日行情	DH_Q_DQ_Bond
可转债日行情	DH_Q_DQ_Conbond
基金日行情	DH_Q_DQ_Fund
期货日行情	DH_Q_DQ_Future
港股日行情	DH_Q_DQ_HKStock

（1）股票日行情的函数语法如下：

```
Data = DH_Q_DQ_Stock(SecuCode,Date,ColumnName,IR);
```

参数输入的相关操作如图 10-10 所示。

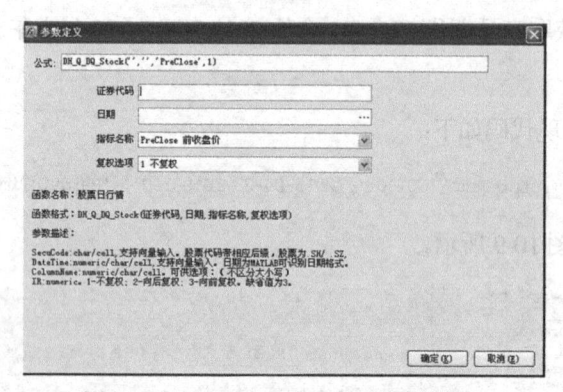

图 10-10 DH_Q_DQ_Stock 函数参数输入

【例 10-7】获取浦发银行（600000.SH）2013 年 4 月 23 日的向前复权收盘价数据。

MATLAB 实现代码如下：

```
Data = DH_Q_DQ_Stock ('600000.SH','2013-04-23','Close');
```

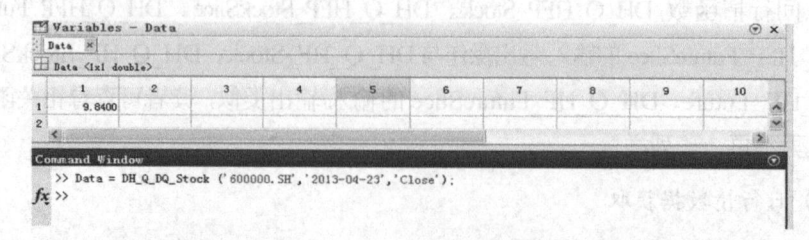

运行结果如图 10-11 所示。

图 10-11 提取浦发银行 2013 年 4 月 23 日向前复权收盘价运行结果

(2)指数日行情的函数语法如下：

```
Data = DH_Q_DQ_Index(SecuCode,Date,ColumnName);
```

参数输入的操作参见股票日行情的操作。

【例10-8】获取申万农林牧渔指数（801010.SI）2013年4月23日的收盘价数据。

MATLAB实现代码如下：

```
Data = DH_Q_DQ_Index ('801010.SI','2013-04-23','Close');
```

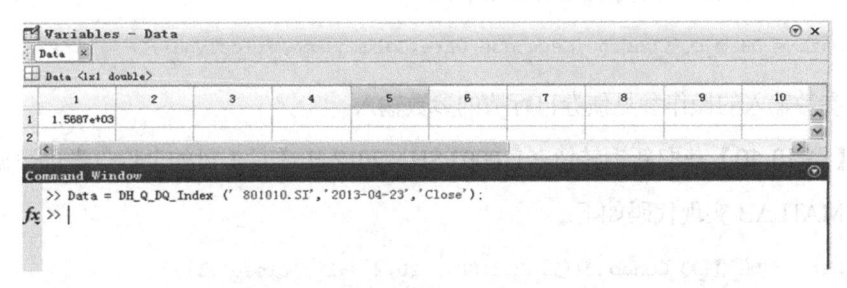

运行结果如图10-12所示。

图10-12　提取申万农林牧渔指数2013年4月23日收盘价运行结果

(3)普通债券日行情的函数语法如下：

```
Data = DH_Q_DQ_Bond(SecuCode,Date,ColumnName,PriceType);
```

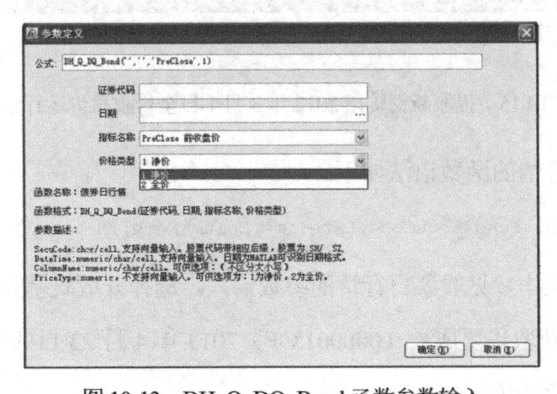

参数输入如图10-13所示。

图10-13　DH_Q_DQ_Bond函数参数输入

【例10-9】获取上证国债（010213.SH）2012年3月1日的全价收盘价数据。

MATLAB实现代码如下：

```
Data = DH_Q_DQ_Bond('010213.SH','2012-03-01','Close',1);
```

运行结果如图 10-14 所示。

图 10-14　提取上证国债 2012 年 3 月 1 日全价收盘价运行结果

（4）可转债日行情的函数语法如下：

```
Data = DH_Q_DQ_Conbond(SecuCode,Date,ColumnName,PriceType);
```

参数输入的操作参见债券日行情的参数输入。

【例 10-10】获取新钢转债（110003.SH）2012 年 3 月 1 日的全价收盘价数据。

MATLAB 实现代码如下：

```
Data = DH_Q_DQ_Conbond('110003.SH','2012-3-1','Close',1);
```

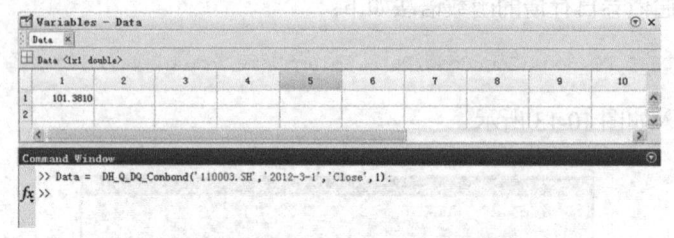

运行结果如图 10-15 所示。

图 10-15　提取新钢转债 2012 年 3 月 1 日全价收盘价运行结果

（5）基金日行情的函数语法如下：

```
Data = DH_Q_DQ_Fund(SecuCode,DateTime,ColumnName,IR);
```

参数输入的操作参见股票日行情的参数输入。选择开放式基金字段均返回 nan。

【例 10-11】获取华夏成长（000001.OF）2013 年 4 月 23 日的单位净值数据。

MATLAB 实现代码如下：

```
Data = DH_Q_DQ_Fund('000001.OF','2013-04-23','Unit');
```

运行结果如图 10-16 所示。

第10章 | MATLAB 与其他金融平台终端的通信

[图：Variables - Data 窗口，显示 1.0170]

```
>> Data = DH_Q_DQ_Fund('000001.OF','2013-04-23','Unit');
```

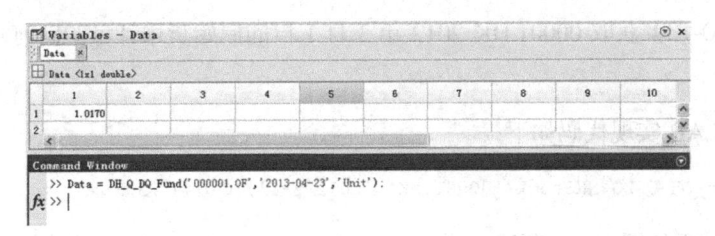

图 10-16 提取华夏成长 2013 年 4 月 23 日单位净值运行结果

(6) 期货日行情的函数语法如下：

```
Data = DH_Q_DQ_Future(SecuCode,Date,ColumnName);
```

参数输入的操作参见指数日行情的参数输入。

【例 10-12】获取商品期货 Cu1308 合约 2013 年 4 月 23 日的收盘价和结算价数据。

MATLAB 实现代码如下：

```
Data = DH_Q_DQ_Future('Cu1308','2013-04-23',{'Close';'Settle'});
```

运行结果如图 10-17 所示。

[图：Variables - Data 窗口，显示 49080 和 49130]

```
>> Data = DH_Q_DQ_Future('Cu1308','2013-04-23',{'Close';'Settle'});
```

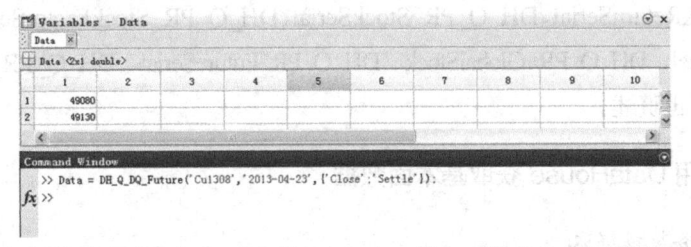

图 10-17 提取商品期货 Cu1308 合约 2013 年 4 月 23 日收盘价和结算价运行结果

(7) 港股日行情的函数语法如下：

```
Data = DH_Q_DQ_HKStock(SecuCode,DateTime,ColumnName,IR,PriceType);
```

参数输入的操作如图 10-18 所示。

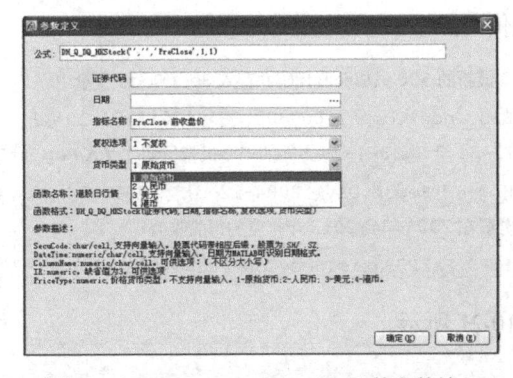

图 10-18 DH_Q_DQ_HKStock 函数参数输入

289

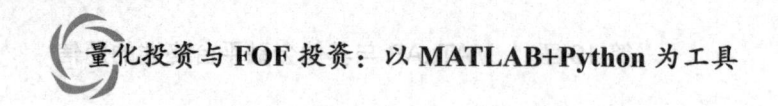

【例10-13】获取00001.HK 2012年3月1日的原始货币计量的向前复权收盘价数据。

MATLAB实现代码如下：

```
Data = DH_Q_DQ_HKStock('00001.HK','2012-3-1','Close',3,1);
```

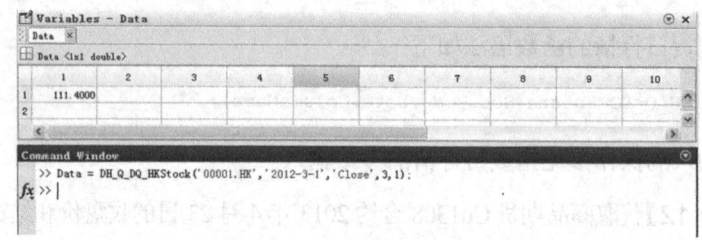

运行结果如图10-19所示。

图10-19 提取00001.HK 2012年3月1日原始货币计量向前复权收盘价运行结果

同高频行情一样，日行情也有相应的区间日行情函数，如DH_Q_PR_StockLow、DH_Q_PR_StockHigh、DH_Q_PR_StockPctChange、DH_Q_PR_StockAvgVolume、DH_Q_PR_StockReturnSerial、DH_Q_PR_StockSerial、DH_Q_PR_StockFactorSerial、DH_Q_PR_StockTotal、DH_Q_PR_GlobalStock、DH_Q_PR_FutureSerial、DH_Q_PR_FutureTotal等，此处不再赘述。

3. 使用DataHouse获取基本面数据

1）财务数据提取

DataHouse提供了全面的常用财务分析指标，目前已封装财务分析指标近200个，包含每股收益指标、盈利能力、偿债能力、营运能力、成长能力、资本结构等分析指标。指标目录树如图10-20所示。

【例10-14】获取沪深300成分股最近8个年度所有的每股收益。

MATLAB实现代码如下：

```
% 批量取出沪深300最新的300只成分股代码并存入SecuCode变量中
SecuCode = DH_E_S_IndexComps('000300.SH','2013-04-19',1);
% 批量取出2004-12-31至2013-4-19之间的年度报告日期并存入ReportDate变量
ReportDate = DH_D_RP_ReportDay('2004-12-31','2013-04-19',4);
% 沪深300最新成分股在2004年到2013年年度的每股收益
EPS = DH_S_FA_I_PS_FaEPSBasic(SecuCode,ReportDate);
```

运行结果如图10-21所示。

图 10-20　DataHouse 财务数据指标目录树

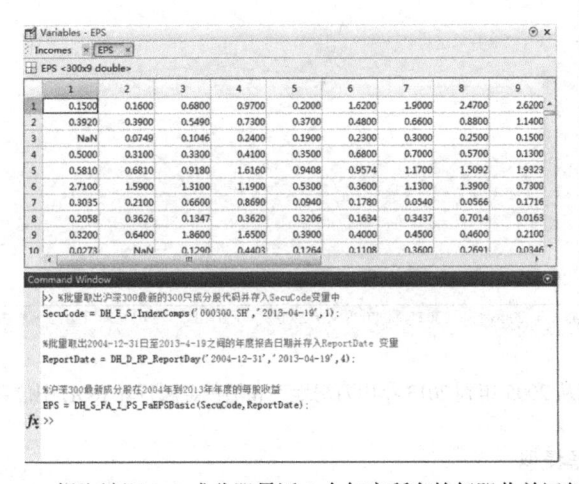

图 10-21　提取沪深 300 成分股最近 8 个年度所有的每股收益运行结果

【例 10-15】获取从 2005 年到 2013 年申万房地产和黑色金属行业 ROE 中位数数据，其代码如下：

```
% 批量取出沪深300最新的300只成分股代码并存入SecuCode变量中
SecuCode_metal=DH_E_S_SW('230000','2005-03-31',1);
SecuCode_estate=DH_E_S_SW('430000','2005-03-31',1);
```

```
% 批量取出2004-12-31至2013-4-19之间的年度报告日期并存入ReportDate变量
ReportDate = DH_D_RP_ReportDay('2004-12-31','2013-04-19',4);
% 沪深300最新成分股在2004年到2013年年度的每股收益
ROE_estate=DH_S_FA_I_EA_FaRoe(SecuCode_estate,ReportDate );
ROE_metal=DH_S_FA_I_EA_FaRoe(SecuCode_metal,ReportDate );
% 求两个行业ROE中值
M_metal =100* nanmedian(ROE_metal);
M_estate= 100*nanmedian(ROE_estate);
```

对以上结果作图：

```
% 作图
plot(datenum(ReportDate),M_metal ,'--',datenum(ReportDate),M_estate,'-')
datetick('x','yyyy')
title('沪深300成分股ROE中位数(%)')
legend('有色金属中位数','房地产中位数');
```

运行结果如图10-22所示。

图10-22 提取从2005年到2013年申万房地产和黑色金属行业ROE中位数数据运行结果

2）宏观数据提取

DataHouse提供了大量的宏观数据，包括重点宏观数据、宏观综合数据、海关贸易数据、行业财务数据和区域经济数据。在DataHouse中按照图10-23操作，可以浏览DataHouse中提供的宏观数据。具体操作步骤有以下两步：

Step 01 选择聚源数据全库→"宏观"，选中"指标数据"并双击。

Step 02 在弹出的参数输入框中，单击"指标代码"，弹出"插入宏观行业代码"对话框。

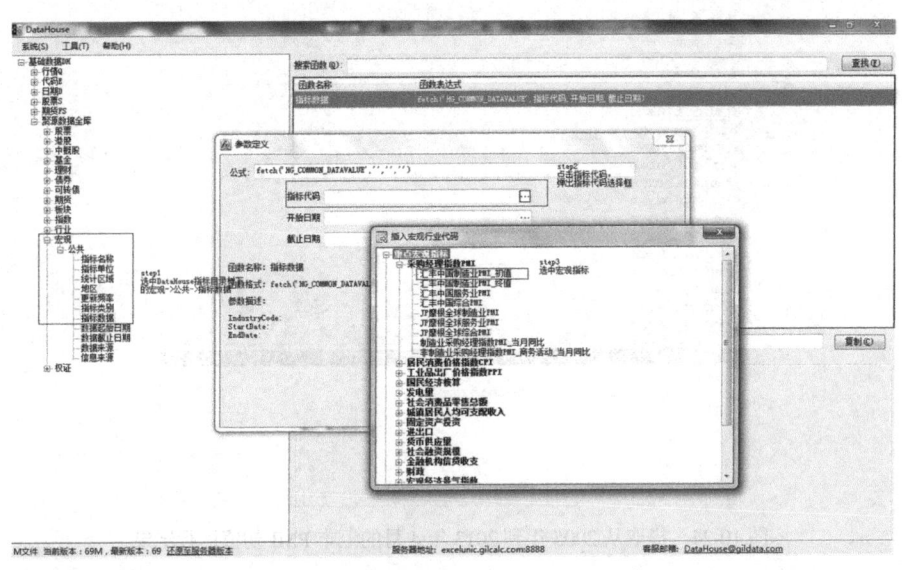

第 10 章 | MATLAB 与其他金融平台终端的通信

图 10-23　DataHouse 宏观行业代码对话框

【例 10-16】提取从 2005 年到 2013 年 4 月的汇丰 PMI 初值数据。

MATLAB 提取宏观数据的指标为 HG_COMMON_DATAVALUE，调取方式为：

```
fetch ('HG_COMMON_DATAVALUE', HGCode, StartDate, EndDate)
```

参数说明如下。

- HGCode：宏观指标代码，每一项宏观指标数据都对应一个代码。
- StartDate：起始日期。
- EndDate：截止日期。

MATLAB 实现代码如下：

```
% 提取 2005-12-29 至 2013-04-19 之间的汇丰 PMI 初值宏观数据
PMI=fetch('HG_COMMON_DATAVALUE',150000082,'2005-12-29','2013-04-19');
```

运行以上命令后，可以看到如图 10-24 所示的结果。

【例 10-17】提取 2005-1-1 至 2013-04-19 之间的进出口额–同比增速宏观数据并作图。

MATLAB 实现代码如下：

```
% 提取 2005-1-1 至 2013-04-19 之间的进出口额–同比增速宏观数据
Temp = fetch('HG_COMMON_DATAVALUE',210032351,'2005-01-01','2013-04-25');
plot(datenum(Temp (:,1)),cell2mat(Temp (:,2)));
datetick('x',12);
```

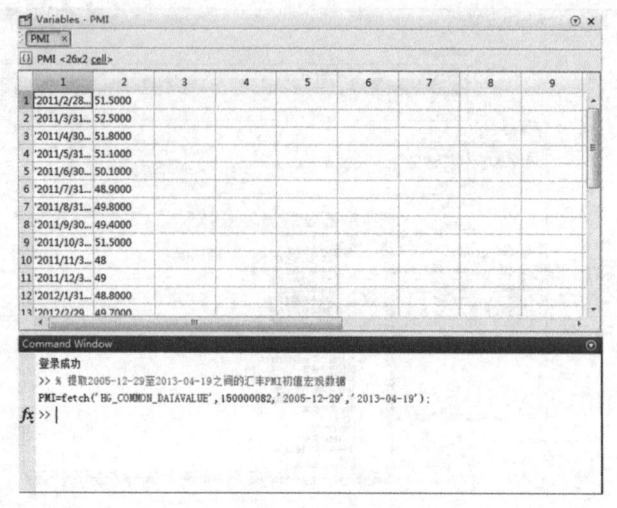

图 10-24 提取从 2005 年到 2013 年 4 月的汇丰 PMI 初值运行结果

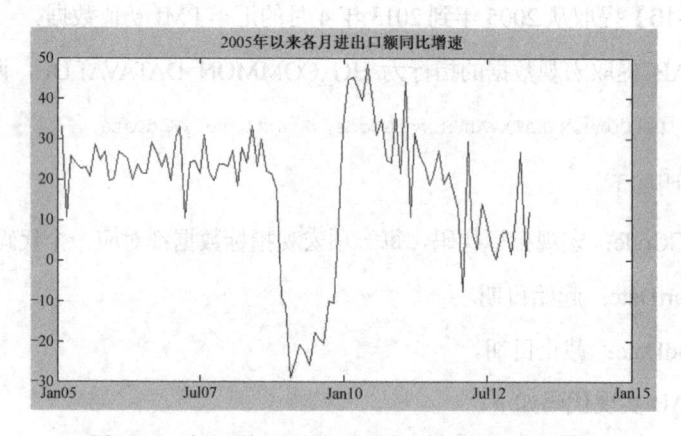

运行结果如图 10-25 所示。

图 10-25 提取进出口额-同比增速宏观数据运行结果

10.2 Wind 平台 MATLAB 接口介绍

10.2.1 Wind 平台简介

  Wind 资讯金融终端是由上海万得信息技术股份有限公司开发的商业化金融终端，其将行情报价、数据提取、分析工具、组合管理、财经信息等多种功能应用融为一体，为专业投资研究人员提供综合性的解决方案，也使客户避免购买多家公司的不同产品，节约了客户的资讯成本。

Wind 资讯金融终端以人性化的界面设计、统一的操作风格、完全兼容传统行情分析软件的操作习惯、灵活的用户自定义板块、在线请求万得资讯的专业服务、强大的命令管理和不同功能间的任意切换、信息之间的相互关联、导航式的功能设计、与 Excel 的完美结合等特点，极大地方便了最终用户的使用。

Wind 资讯金融终端开放式的体系架构和用户接口允许券商、基金管理公司等金融机构在其上构造个性化的研发支持、电子商务、投资决策、信息管理等专业应用，最大限度地节约用户投资。

为满足用户在构建模型、量化研究中对大数据量的需求，Wind 陆续推出了一整套数据接口，如在 Excel 中推出了一系列 WX 多值函数，数据范围涵盖基本面序列数据、日间与日内高频行情数据、历史快照与实时截面数据、日内分钟更新数据等；之后又推出了 MATLAB 数据接口 Beta 版本，方便用户远程访问 Wind 资讯云数据服务，快速提取各类行情与基本面数据。

10.2.2 MATLAB 接口简介

1. MATLAB 接口启动方式及接口界面

升级 Wind 终端程序到最新版本，双击运行 WFT 金融终端程序目录 bin 下的 InitMatlab.exe 文件，注册 MATLAB 控件，操作界面如图 10-26 所示。

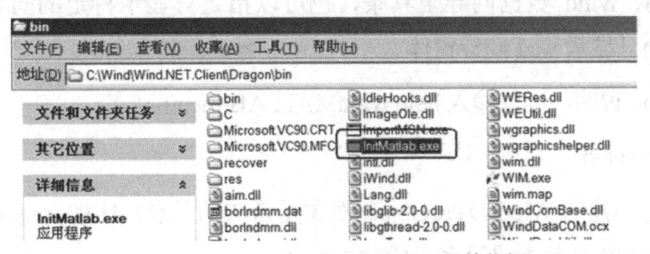

图 10-26 Wind 中 InitMatlab.exe 文件位置

弹出如图 10-27 所示的窗口，表示注册成功。单击"确定"按钮，启动 MATLAB 即可。若注册不成功，请确认是否有管理员权限。

单击 Wind 资讯菜单按钮，即可弹出数据接口向导，如图 10-28 所示。用户可以通过向导来熟悉 Wind MATLAB 数据接口的各项功能，也可以生成提取数据的命令行或者直接提取数据到 MATLAB 变量中。

图 10-27　Wind 注册 MATLAB 成功界面

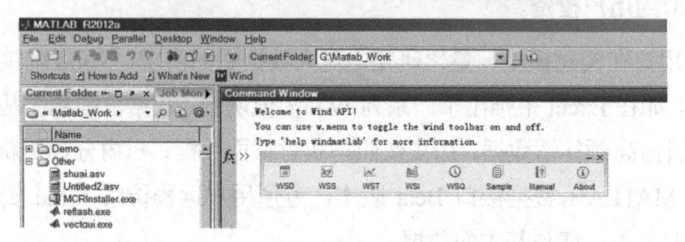

图 10-28　Wind 数据接口向导

2. MATLAB 接口命令

1) windMATLAB

用来创建 windMATLAB 数据提取对象，比如 w=windMATLAB，即可创建 w 对象句柄。help windMATLAB 可查看 windMATLAB 各类接口命令说明。

2) menu

用来显示 Wind 数据向导工具条，也可以指定只显示特定的向导窗体。比如 w.menu ('wsd')只显示 wsd 向导窗体。

查看 menu 说明，可以输入 help windMATLAB/menu。

3) isconnected

用来确定创建的 Wind Data Object 对象是否成功登录，比如 x=isconnected(w)用于判断 Wind 对象 w 是否已经登录成功。

4) cancelRequest

可以根据创建的数据请求 ID 取消数据请求。比如订阅了实时数据后返回 reqid，若想取消订阅，则可以运行命令 w.cancelRequest(reqid)。

5) WSD

返回选定证券品种的历史序列数据，包括日间的行情数据、基本面数据及技术数

据指标。其相关函数语法为:

```
[data,codes,fields,times,errorid,reqid] =w.wsd(windCodes,windFields,startTime,
 endTime,varargin)
```

其中,data 表示返回序列数据结果集,codes 表示返回提取数据的 WindCode 代码,fields 表示返回提取的指标名,times 表示返回时间序列,errorid 表示返回错误 ID,reqid 表示返回请求 ID。

6) WSI

返回指定品种的日内分钟 K 线数据,包括历史数据和当天数据,分钟周期可以指定,技术指标参数可以自定义设置,其相关的函数语法为:

```
[data,codes,fields,times,errorid,reqid] =w.wsi(windCodes,windFields,startTime,
 endTime,varargin)
```

7) WST

返回日内盘口买卖十档快照数据和分时成交数据,其函数语法为:

```
[data,codes,fields,times,errorid,reqid] =w.wst(windCodes,windFields,startTime,
 endTime,varargin)
```

8) WSS

返回指定品种的历史截面数据,比如取沪深 300 只股票 2012 年第 3 季度的净利润财务指标数据,其相关的函数语法为:

```
[data,codes,fields,times,errorid,reqid] = w.wss(windCodes,windFields,varargin)
```

9) WSQ

返回当天实时指标数据,数据可以一次性请求,也可以通过订阅的方式获取当日实时行情数据。一次性请求实时行情数据的函数语法为:

```
[data,codes,fields,times,errorid,reqid] = w.wsq(windCodes,windFields)
```

订阅实时行情数据的函数语法为:

```
[data,codes,fields,times,errorid,reqid] = w.wsq(windCodes,windFields,callback)
```

其中,callback 为回调函数,用来指定实时指标触发时执行相应的回调函数。

3. MATLAB 接口使用案例

在 Wind MATLAB 向导中,Sample 和 Manual 分别为案例程序和使用帮助手册,如图 10-29 所示。

图10-29 Wind MATLAB 向导截图

Sample 指在安装目录下的 MATLAB 文件夹里有数据接口使用的 Demo 程序。Manual 指单击弹出 MATLAB 数据接口帮助手册。

【例10-18】Wind 平台 MATLAB 接口的使用案例。

1）提取历史序列数据

提取 000001.SZ 的高开低收数据，起始时间前推 100 天，截止时间最新的前复权数据。

```
% 创建 windMATLAB 对象，如果已经创建，则不重新创建
answer=who('w');
if(isempty(answer) || ~isa(w,'windMATLAB'))
w= windMATLAB;
end
% 设置起始时间和截止时间，通过 WSD 接口提取序列数据
begintime='20120101';
endtime=today;
wdata= w.wsd('000001.SZ','open,high,low,close','-100d',endtime,'Priceadj','F');
```

2）提取分钟序列数据

提取中金所 IF 股指期货当月连续合约的 3 分钟数据，截止时间最新，起始时间前推 100 天。

```
% 创建 windMATLAB 对象，如果已经创建，则不重新创建
answer=who('w');
if(isempty(answer) || ~isa(w,'windMATLAB'))
w= windMATLAB;
end
% 设置起始时间和截止时间，通过 WSI 接口提取序列数据
codes='IF00.CFE';
fields='open,high,low,close';
begintime=now-100;
endtime=now
wdata= w.wsi(codes,fields,begintime,endtime,'BarSize','3');
```

3）提取历史截面数据

提取若干只股票在 2012 年 11 月 30 日的自由流通股本数据。

```
% 创建 windMATLAB 对象，如果已经创建，则不重新创建
answer=who('w');
if(isempty(answer) || ~isa(w,'windMATLAB'))
w= windMATLAB;
end
codes='600000.SH,000002.SZ,000009.SZ,000012.SZ,000021.SZ';
fields='comp_name,comp_name_eng,ipo_date,float_a_shares,mf_amt,mf_vol';
[wdata, codes, fields, times, errorid, reqid] = w.wss(codes,fields,'tradedate','20121130');
```

第 11 章　基于 MATLAB 的交易品种选择分析

本章涉及的交易品种的选择主要是指期货市场中交易品种的选择。

就交易来说，任何交易策略都需要有一个基本的逻辑，在期货市场中，交易策略的基本逻辑首先是要确定一个交易品种（交易标的）。在策略上线前，大家都希望选择的交易品种一开始交易净值就能来个"开门红"。在策略上线后，由于市场参与者的变化和市场结构的变化等诸多因素，之前某一个比较活跃的品种可能会变得不活跃，这就需要我们动态地监控品种的活跃性。因此，品种的选择是投资中最重要的一环，贯穿整个投资周期。本章的目的就是利用 MATLAB 来构建品种的选择模型，并利用该模型进行交易初期的上线品种选择及交易过程中某一交易品种的仓位动态调整。

这里要说明的是，希望看到非常复杂的数学模型的读者可能会有些失望，下文构建的模型不是很复杂，因为交易本身更像一门艺术，而非科学，并不是复杂的模型才是好模型，实际上往往是简单的模型才更有生命力，更能清楚地描述市场的本质。

构建品种的选择模型，本质上来讲是给交易品种的特征属性一个合理的描述和定义，进而利用品种的特征属性进行品种的选择。本章会从流动性和波动性两个方面来描述品种的特征。

11.1　品种的流动性

品种的流动性是指某一交易品种资金参与的程度，使用成交量除以持仓量来定义，即品种流动性=品种主力合约成交量/品种主力合约持仓量。当然也可以使用其他可以描述品种流动性的指标给出品种的流动性定义，但考虑到在实际的单边交易中具体交易某一品种时，大家选择更多的是该品种的主力合约，因此该定义更能贴近实际交易情况。

根据上述流动性的简单定义，来看一下在确定的日期内全期货市场品种的流动性排序情况，如图 11-1 所示。

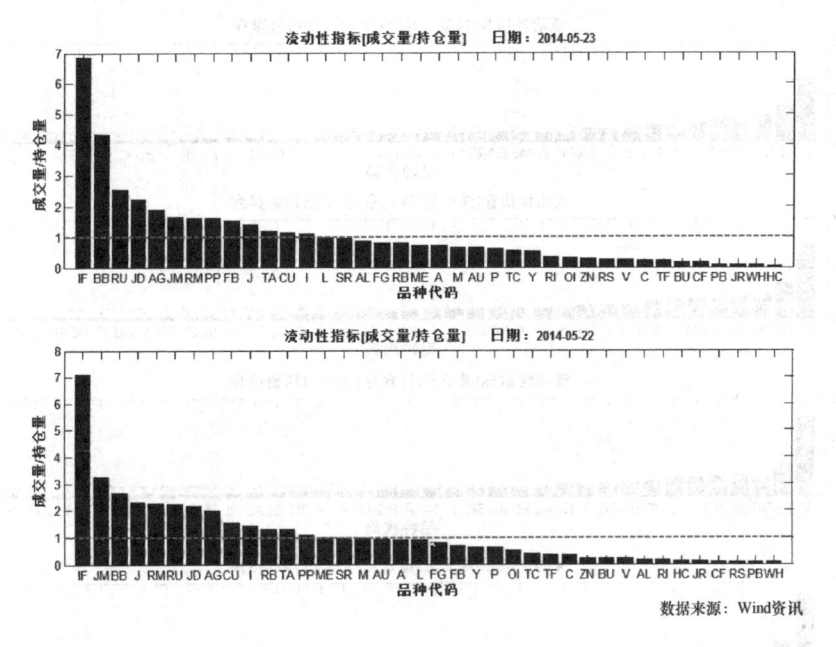

图 11-1　交易品种流动性指标排序

通过图 11-1 可以清楚地看到，2014 年 5 月 23 日，流动性排名前十的期货品种为股指（IF）、胶板（BB）、橡胶（RU）、鸡蛋（JD）、白银（AG）、焦煤（JM）、菜粕（RM）、聚丙烯（PP）、纤板（FB）和焦炭（J）。其中，股指（IF）自上市以来流动性就一直排在前几位，白银（AG）自夜盘开始后流动性变得非常好，橡胶（RU）的流动性排名靠前是毋庸置疑的，因为其一直是很多炒手和做趋势交易的投资者钟爱的品种。焦煤（JM）和焦炭（J）也一直是黑色板块里流动性较好的品种，其趋势连续性也比较好。胶板（BB）、鸡蛋（JD）、聚丙烯（PP）和纤板（FB）属于较新上市的品种，其流动性的稳定性需要更多的时间观察；另外，作为刚上市的新品种能有这样的流动性且趋势的连续性也比较好，趋势交易者可以考虑在组合中加入这些品种的头寸。

按照流动性指标的排序进行的品种筛选属于相对筛选方法，也可以设定流动性指标的阈值进行绝对筛选，如图 11-1 中的横虚线是流动性指标为 1 的阈值，可以通过该阈值进行品种的筛选。对于流动性排名靠后的品种，由于明显缺乏资金关注，这样的品种基本不会带来稳定的收益，实际投资中可以不必花费过多的精力关注。

对比 5 月 22 日和 5 月 23 日的排名情况，可以看出有一些差别。事实上，这个排序名单每天都在动态变动,如果实际投资中按照这个排名进行品种筛选,就意味着每天都需要调整品种,这显然不具有可操作性,所以可以对流动性指标做一个 N 日移动平均处理,如图 11-2 所示。

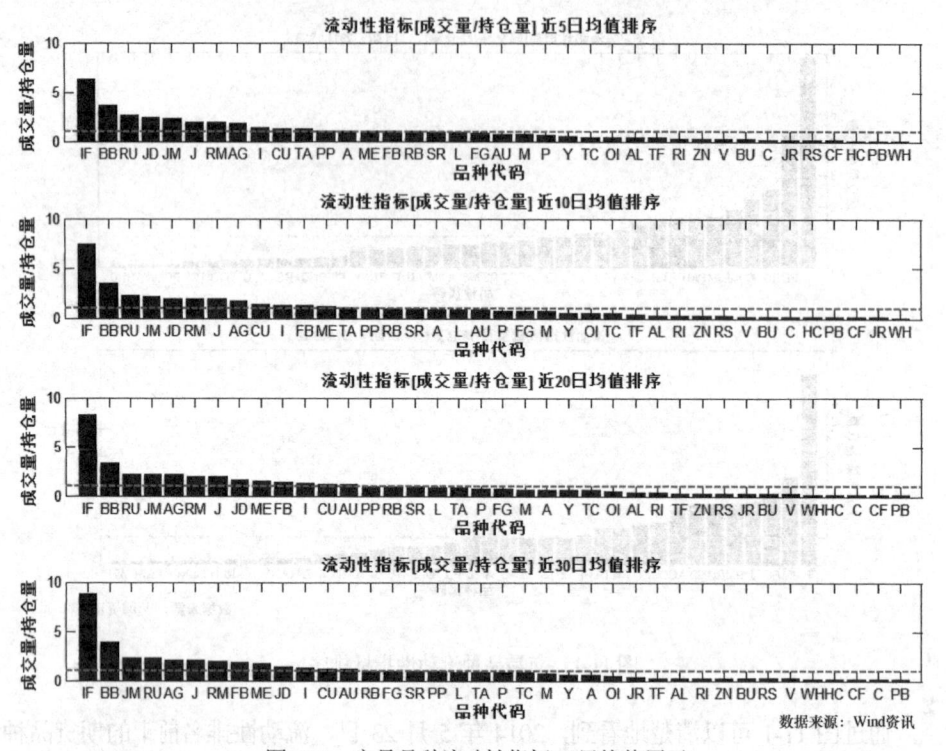

图 11-2 交易品种流动性指标 N 日均值展示

图 11-2 给出的是流动性指标 5 日、10 日、20 日和 30 日均值化后的整体排序,可以从以下两方面进行思考:一是均值化后的排序名单中的品种排序顺序会较稳定,便于实际投资中的操作使用;二是不同均值长度的选取代表着不同时间窗口内品种的流动性的平均水平。事实上,这里的时间窗口的长度选取可以和具体的投资策略的平仓、持仓长度相匹配。如果具体的投资策略是一个偏短线(持仓时间为几天)的趋势类策略,那么可以重点关注流动性指标 5 日均值化后的表现进行品种的筛选;如果具体的投资策略是一个偏中线(持仓时间为几周)的趋势类策略,那么可以重点关注流动性指标 10 日、20 日均值化后的表现进行品种的筛选。

上面给出的是在某一时间截面上全期货市场品种的流动性排序情况和均值化后的排序情况,对于单一品种,往往还需要看其历史时序走势和分布情况,这里以股指期货为例,如图 11-3 所示。

通过图 11-3 可以清楚地看到股指期货自上市以来的流动性时序走势和历史分布,时序走势可以看出大体的流动性发展方向,历史分布可以显示近期的流动性处于历史中的什么位置。其他交易品种也可以做相同处理和展示，再结合在某一时间截面上的排序情况，可以比较综合地使用流动指标进行品种的筛选。

综上所述，依据品种的流动性特征，结合实际投资的操作，可以使用以下两条规则进行品种的筛选。

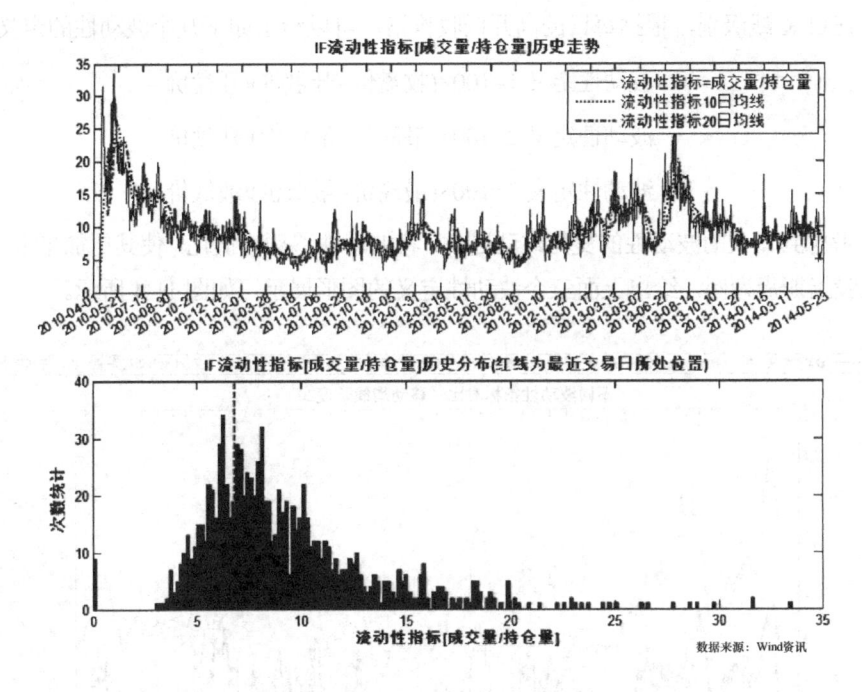

图 11-3　股指流动性指标时序走势和历史分布

流动性规则一：在某一时间截面上，结合具体投资策略的平均持仓周期，给出交易品种流动性指标的 N 日均值化的排序，挑选排名前 M 位的品种进入待交易品种列表，排名后 M 位的品种由于明显缺乏资金关注和流动性可以不必关注，排名在前 M 位和后 M 位之间的品种可以保持适当关注。

流动性规则二：对于已经开始交易的品种，可以监控其流动性指标的时序走势和历史分布，当其流动性持续走低且处于整体分布的左端尾部时，可以考虑降低该交易品种的头寸。

11.2　品种的波动性

11.1 节中品种的流动性的定义仅使用了成交量和持仓量的信息，没有使用盘面价格的信息，本节将会使用盘面的价格信息对品种的波动特征属性进行定义。

趋势类交易系统是单边的主流系统，其获利能力一定是和行情的波动幅度正相关的（可以利用统计和计量的理论进行系统性证明与论证），即行情的波动幅度越大，趋势类交易系统的获利能力越强。

在日 K 线级别，根据每日的高开低收价格，可以给出如下几个波动性的定义：

波动性定义 1=100×(收盘价−开盘价)/开盘价

波动性定义 2=100×(最高价−最低价)/开盘价

波动性定义 3=100×(最高价−最低价)/最低价

考虑到一天的波动性的变化跳动过大，将波动性移动均值化，使其更加平滑。下面以股指期货为例，给出上面三个波动性定义的图形展示，如图 11-4 所示。

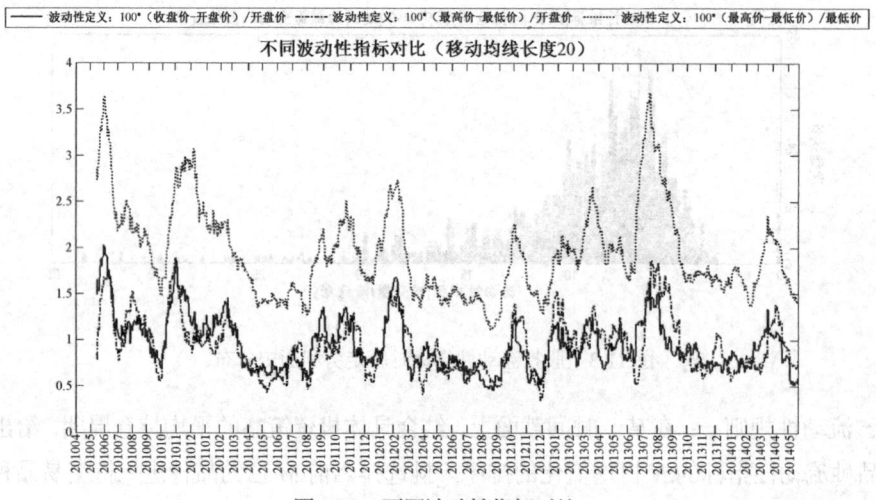

图 11-4 不同波动性指标对比

可以看出，上面给出的三种波动性的走势类似，相关性很高，对品种的波动性描述能力大致类似。

对于趋势交易而言，有大波动才会有大机会，趋势交易系统在一年中的主要收益可能都来源于那两三波比较好的行情，大多数时候是赚赚亏亏，尽量让资金曲线平滑。金融时序的波动具有聚集性，即行情的波动率会在某一阶段一直处于较高水平，在另一阶段会一直处于较低水平，波动幅度具有一定的持续性。如何有效利用波动性这一特性，提高趋势类交易系统的获利能力（仓位控制）？直观的方法就是定义某一种波动率（如振幅、波动幅度），统计历史中该种定义的波动率的分布是：当该波动率小于某一阈值时，降低仓位，避开低迷的行情；当波动率恢复到某一阈值之上时，恢复正常仓位（或加大仓位），有效把握大行情。以股指期货为例，使用波动性定义 3，给出波动性指标的分位数,具体情况如图 11-5 所示。

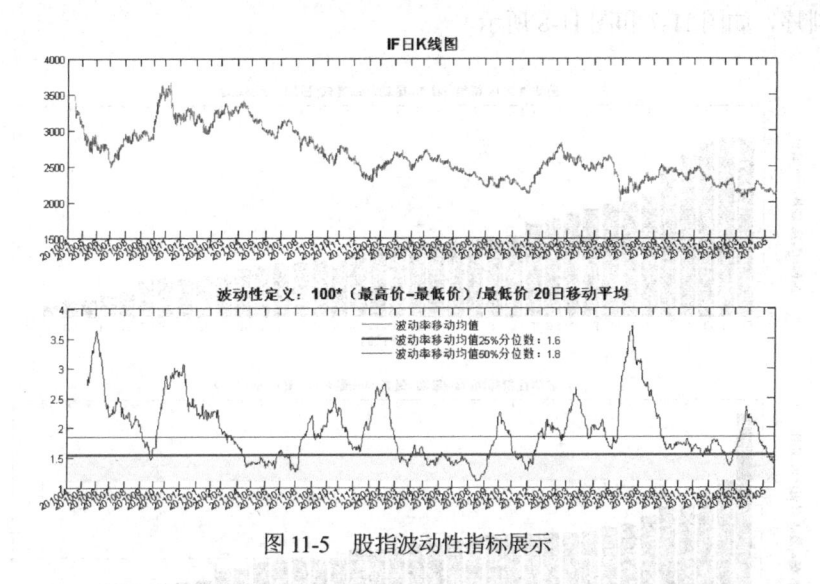

图 11-5　股指波动性指标展示

仔细观察图 11-5,如果以波动性的 20 日移动平均的 25%分位数作为阈值,定义在该阈值以上的行情为活跃行情,在该阈值以下的行情为不活跃行情,那么 2012 年 7 月和 8 月是不活跃行情,对比当时的盘面行情,那一段时间的趋势性并不是非常明显,常规趋势类交易系统并不是很好做。

类似的,也可以给出波动性定义 1 和波动性定义 2 下相应的分位数的阈值作为过滤条件进行行情筛选,可以得到类似效果,如图 11-6 所示。

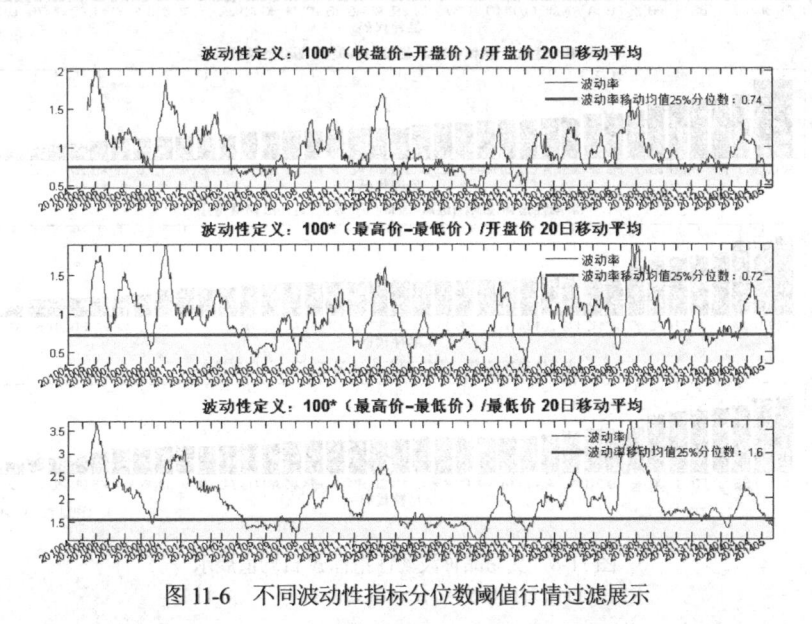

图 11-6　不同波动性指标分位数阈值行情过滤展示

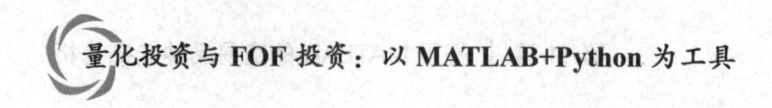

也可以给出在某一时间截面上,全期货市场交易品种波动性的排序及近 N 日均值的排序,如图 11-7 和图 11-8 所示。

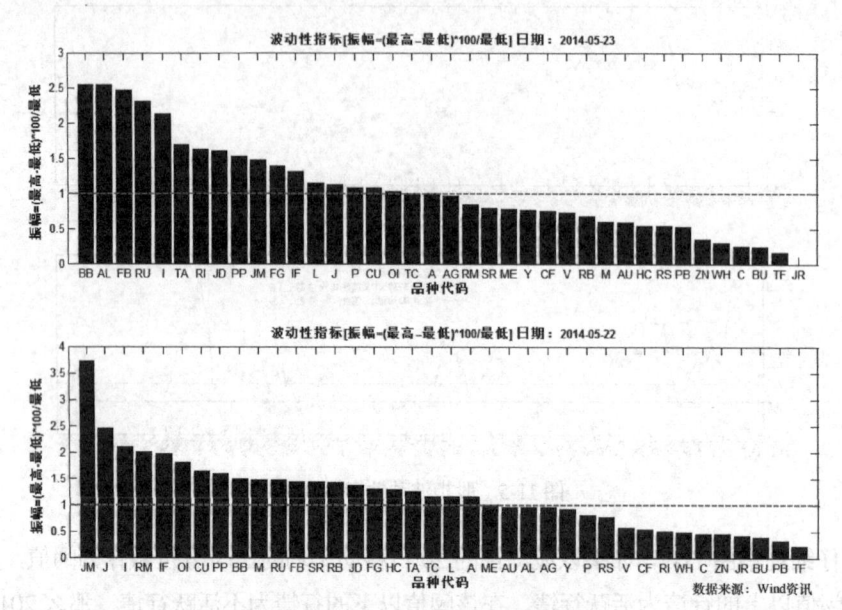

图 11-7　交易品种波动性指标排序

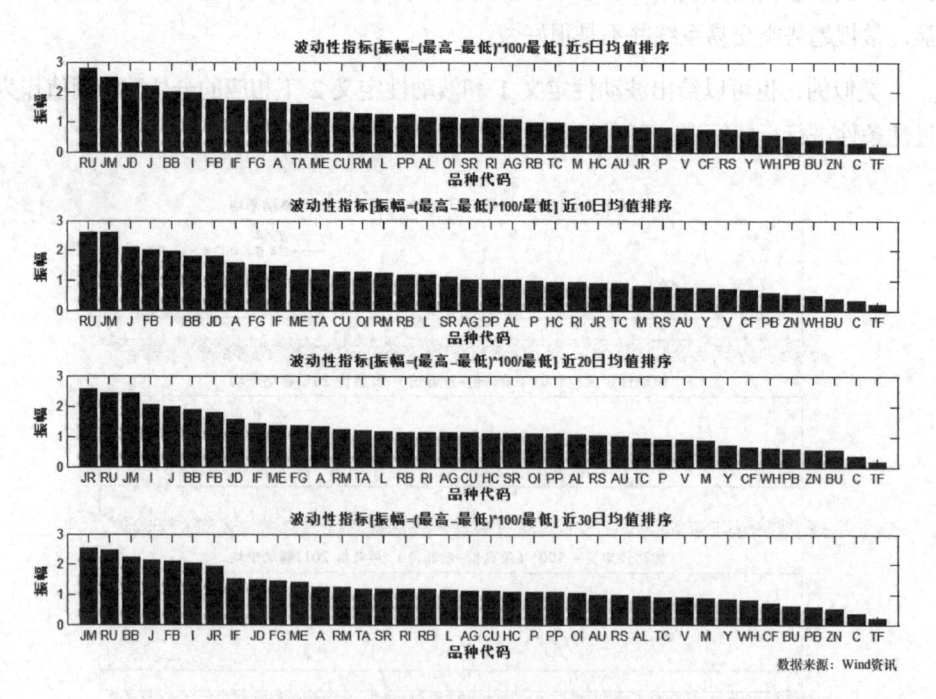

图 11-8　交易品种波动性指标 N 日均值展示

通过图 11-7 和图 11-8 可以监控某一时间截面上品种波动性的排序情况。

综上所述，单就品种的波动性特征，结合实际投资的操作，可以使用以下 4 条规则进行品种选择和仓位管理。

波动性规则一：当交易品种的波动性指标的 20 日移动平均值大于其历史 25%分位数时，开启该品种的交易，即当某个趋势类模型选择交易品种时，选择在某一时点具有如上属性的交易品种进行交易。在开始交易某一品种后，设某一交易品种的仓位最大上限为 P。

波动性规则二：当交易品种的波动性指标的 20 日移动平均值大于其历史 25%分位数时，进行满仓（P）交易。

波动性规则三：当交易品种的波动性指标的 20 日移动平均值小于其历史 25%分位数时，进行半仓（$P/2$）交易或停止交易。

波动性规则四：当交易品种的波动性指标的 20 日移动平均值小于其历史 10%分位数时，停止交易。

需要注意的是，分位数阈值的选取需要满足不过多控制模型原本的交易次数，仅过滤明显的低迷交易日的要求，因为使用波动性指标的移动平均线进行波动性监控有滞后性（所有移动平均线都有滞后性）。

11.3　小结

通过对交易品种的流动性和波动性进行定义，可以给出一个可操作的品种选择模型来进行交易初期的品种选择及交易启动后的仓位管理，具体规则有前文提及的依据品种流动性特征的两条操作规则和依据品种波动性特征的 4 条操作规则。

在实际投资中，可以综合运用上面的规则，但需要结合具体的投资策略和投资风格，采取适当的措施进行操作。

这里要说明的是，上述规则更多地适用于趋势类交易系统。由于震荡类策略的前提假设和策略思路与趋势类策略有一定差别，这些规则可能并不适合震荡类策略的品种筛选和仓位管理。

第12章 基于 MATLAB 的交易品种相关性分析

12.1 背景介绍

在金融市场中有很多交易标的（板块），有时需要进行交易品种（板块）的相关性分析，这样可以帮助挑选相关性高的品种（板块）进行对冲操作，或通过相关性分析监控整个市场的系统性风险。在资产组合层面，也需要对不同的组合进行相关性分析，达到组合的异构性和分散化。

变量间的相关性涉及变量或变量组间的多种相关性，下面分别阐述。

（1）两变量间的相关性。最简单的就是两个变量之间的相关性，通常会定义一个相关系数来量化两个变量之间的相关程度。它常被用于衡量两个指标的相关性或相似性，如在地震勘探中，要对比两个地震记录波形的相似性；在无线电技术中，要将接收信号与某已知信号对比，根据二者之间的相似性做出判断。此外，在对多个变量间的相似性进行分析时，需要根据一定的标准对这些变量进行筛选，而两个变量间的相关性是多个变量间相关性分析的基础。

（2）多元变量的整体相关性。如果考察的变量是一组变量（多于两个变量），则需要考察这一组变量总体的相关性，也可称为多元整体相关性分析。一组变量的多元整体相关性常常采用广义相关系数（相对于两个变量间的相关系数而言）来量化，有时也将广义相关系数称为混合相关系数。例如，对于获得的描述研究对象属性的多个变量指标，首先需要了解这组变量整体是否相关，进而确定是否需要对变量间的相关性进行进一步分析。

（3）复相关性。复相关性分析指多元变量组中某一变量与其他剩余变量间的相关性分析，其量化指标是复相关系数（或多重相关系数）。这种相关性显然不同于多元变量整体相关性，涉及的是一个变量与一组变量之间的相关性问题。

(4) 偏相关性。在讨论一组变量 $y_1, y_2, x_1, x_2, \cdots, x_m$ 内部之间的相关性时，涉及一组变量里某两个变量如 y_1 与 y_2 之间的相关性。这种相关性不同于单独两变量间的相关性，因为 y_1 与 y_2 间的相关性有一部分可能会受到其余变量 $x_1, x_2, \cdots, x_m$ 的共同影响，当把这种影响按照一定的统计原理从 y_1 与 y_2 中消除后所做的相关性分析就是偏相关性分析，常用偏相关系数来量化这种偏相关性。

(5) 典型相关性。该相关性就是将讨论的变量分为两组（一般每组变量多于两个）来考察这两组变量之间的相关性，或者直接讨论两组变量之间的相关性。例如，讨论农作物生长状态指标体系（一组变量）与土壤、肥料、管理等状态指标体系（另一组变量）之间的相关性就属于典型相关性分析。典型相关性分析常用典型相关系数来量化。

明确了变量间各种相关性分析讨论的范围、概念和本质，就可以用这些相关性概念或者相关系数分析问题、解决问题了。

两变量间的简单相关性是最基础、最重要的，也是实践中经常用到的，下面详细介绍。

利用相关系数衡量两个变量之间的相关性的价值在于定量刻画两个数据向量 $\boldsymbol{X} = (x_1, x_2, \cdots, x_n)^T$ 和 $\boldsymbol{Y} = (y_1, y_2, \cdots, y_n)^T$ 的相似程度。从几何上粗略地讲，将两个向量平移至相同起点，如果它们位于同一条直线上，则有理由认为二者完全相似。如果两个向量不重合，但二者间的夹角较小，也可以认为二者较相似。因此，用两向量夹角（希尔伯特空间）的正弦值衡量相似性是科学的，即有：

$$\rho_{XY} = \frac{<\boldsymbol{X}, \boldsymbol{Y}>}{|\boldsymbol{X}||\boldsymbol{Y}|} = \frac{\sum_{i=1}^{n} x_i y_i}{\sqrt{\sum_{i=1}^{n} x_i^2} \sqrt{\sum_{i=1}^{n} y_i^2}}$$

通常称上式为两变量的相似系数。

另一方面，两个变量 $\boldsymbol{X}$ 和 $\boldsymbol{Y}$ 可能是两组数据向量，如 $\{x_k\}_{k=1}^{n}$ 和 $\{y_k\}_{k=1}^{n}$ 是取自某两个随机变量 $\boldsymbol{X}$ 和 $\boldsymbol{Y}$ 的总体抽样数据，这时对衡量它们的线性相关程度可以做如下思考：先由一组数据如 $\boldsymbol{X} = \{x_k\}_{k=1}^{n}$ 确定一条拟合直线 $a + bx$，然后再考察数据组 $\{y_k\}_{k=1}^{n}$ 到该直线距离的平均值的最小性：

$$Q = \min_{a \in \mathbf{R}, b \in \mathbf{R}} \frac{1}{n} \sum_{i=1}^{n} |y_i - a - bx_i|$$

为了方便计算，将绝对值符号去掉，代之以平方和：

$$Q = \min_{a \in \mathbf{R}, b \in \mathbf{R}} \frac{1}{n} \sum_{i=1}^{n} (y_i - a - bx_i)^2$$

如果找到某个参数 a、b 使得上式中的 $Q=0$，就可以认为 X 和 Y 完全相同，否则以 Q 值的大小来衡量其相关程度。为了求出 Q 的值，可应用微分中值定理求解。通过推导（这里略去推导过程，有兴趣的读者可以参看相关文献），问题等价于用公式

$$\rho_1 \stackrel{\text{def}}{=} \rho_1(X,Y) \stackrel{\text{def}}{=} L(X,Y) \stackrel{\text{def}}{=} \frac{\sum_{i=1}^{n}(x_i - \bar{X})(y_i - \bar{Y})}{\sqrt{\sum_{i=1}^{n}(x_i - \bar{X})^2 \sum_{i=1}^{n}(y_i - \bar{Y})^2}}$$

衡量 X 与 Y 的相关程度，上式被称为**相关系数**。显然 $|\rho_1| \leqslant 1$，$|\rho_1|$ 的值越大，说明 X 和 Y 越相关（相似）；$|\rho_1|$ 的值越小（越接近于零），说明 X 和 Y 越不相关（不相似）；当 $|\rho_1|=1$ 时，表示 X 与 Y 线性相关（完全正相关或完全负相关）；当 $|\rho_1|=0$ 时，表示 X 与 Y 最不相关。

最后，还可以从概率出发考察变量 X 与 Y 的相关性。此时将 X 看作某一指标的随机变量，$\{x_k\}_{k=1}^{n}$ 看作样本点。设 X 和 Y 是两个随机变量，两个变量之间的线性相关程度可以用相关系数

$$\rho_1 = \frac{\operatorname{Cov}(X,Y)}{\sqrt{D(X)D(Y)}} = \frac{E\left[(X-E(X))(Y-E(Y))\right]}{\sqrt{E(X-E(X))^2 E(Y-E(Y))^2}}$$

来度量。由概率可知：①当 $0 \leqslant \rho_1 \leqslant 1$ 时，大的 X 值趋于同大的 Y 值相关联，小的 X 值趋于同小的 Y 值相关联，表明变量 X 与 Y 之间正相关；②当 $-1 \leqslant \rho_1 \leqslant 0$ 时，大的 X 值趋于同小的 Y 值相关联，小的 X 值趋于同大的 Y 值相关联，表明变量 X 与 Y 之间负相关；③当 $\rho_1 = 0$ 时，表明 Y 的取值几乎完全不受 X 值的影响，变量 X 与 Y 之间不存在线性相关；④当 $\rho_1 = 1$ 时，变量 X 与 Y 之间完全正相关；⑤当 $\rho_1 = -1$ 时，变量 X 与 Y 之间完全负相关。后两种情况表明变量 X 与 Y 之间实质上是函数关系。需要说明的是，即使出现情形③，也只能说明变量 X 与 Y 之间不存在线性统计关系，但可能存在非线性统计关系。

在实际应用中，判断变量 X 和 Y 之间是否存在线性相关性或相关程度有多大，需要通过统计样本计算判断。这种计算带有一定的随机性，样本容量越小，随机性越大。因此，相关系数的推断涉及显著性检验问题，对总体相关系数 $\rho_1 = 0$ 的假设检验就是对总体是否相关做出推断。

有了这些理论基础，下面给出简单线性相关分析统计检验过程的步骤。

（1）假设检验问题 $H_0: \rho_1 = 0$。

（2）计算相关系数。

(3) 计算统计量：

$$t = \frac{\rho_1}{\sqrt{1-\rho_1^2}}\sqrt{n-2}$$

其中，统计量 $t \sim t(n-2)$。给定显著性水平 α，查 t 分布表以确定相应的临界值 $t_{\alpha/2}$。

(4) 判断。如果通过计算的值满足 $|t|<t_{\alpha/2}$，则接受假设 H_0，表明变量 X 与 Y 之间没有线性相关关系；否则拒绝假设 H_0，变量 X 与 Y 之间有线性相关关系。

至此，大概介绍了一些相关性分析的背景知识，下面讲解相关性分析的具体计算如何通过 MATLAB 实现。

12.2　MATLAB 实现

下文中的测试数据如无特殊说明，均来自 Wind 金融平台。

在具体实践中进行交易品种的相关性分析时，对于给定的两个交易品种的价格序列，可以直接使用价格来计算品种的相关性，也可以使用价格的对数收益时间序列来计算品种的相关性。在 MATLAB 中可以使用 tick2ret 函数计算对数收益率，其语法如下：

```
[RetSeries, RetIntervals] = tick2ret(TickSeries, TickTimes, Method)
```

其中，TickSeries 为输入的价格序列，RetSeries 为输出的收益序列，Method 为指定计算收益序列的方法。当 Method 为 'Simple' 时，返回的 RetSeries 为简单收益率，即 RetSeries(i)=TickSeries(i+1)/TickSeries(i)−1；当 Method 为 'Continuous' 时，返回的 RetSeries 为对数收益率，即 RetSeries(i)=log[TickSeries(i+1)/ TickSeries(i)]。

这里以商品期货豆油（Y）和棕榈油（P）主力连续合约为例进行测试。豆油（Y）和棕榈油（P）主力连续合约的价格序列和对数收益率序列展示如图 12-1 所示。

在进行相关性分析之前需要注意两点。首先，计算品种之间的相关性使用的是历史数据，而这里的"历史"是一个具体的时间，历史相关性意味着资产之间是一种过去关系，相同的关系在未来并不一定成立，即使历史会重演，也不会简单重复，这是所有做量化投资的人士必须正视的问题。事实上，金融相关性会随着时间发生改变，并且这些波动性可能会相当大，这一点会从后面的测试中看到。其次，必须要强调的是，相关性分析得到的仅仅是两个变量之间的线性关系的信息，如两个变量的历史相关性可能为零，但二者并不是相互独立的，还可能存在非线性关系。

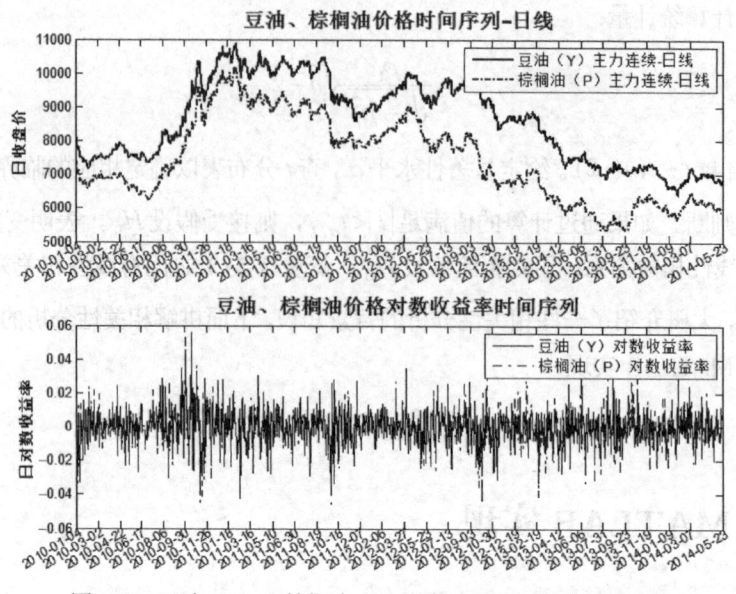

图 12-1　豆油（Y）和棕榈油（P）价格走势和对数收益率走势

在实际中进行相关性分析时，会遇到以下一些细节问题需要处理。

12.2.1　计算相关性的时间长度和时间周期的选择

假如需要计算两个交易品种（资产）之间的相关性，我们分别有这两个品种足够长的每日价格数据，那么需要向后回溯多远计算相关性呢？事实上，可以设定时间窗口的长度，像计算移动平均线一样滑动这个窗口，这样就可以通过计算两个品种的相关性时间序列来具体观察相关性如何随时间发生变化。

以商品期货豆油（Y）和棕榈油（P）主力连续合约为例，分别使用价格序列和价格对数收益率序列计算豆油和棕榈油的相关性，在不同的移动窗口长度下观察相关性随时间的变化，具体如图 12-2 所示。

通过分析图 12-2，可以得到以下信息。

（1）品种之间的相关性会随着时间的变化而变化，而且在某些时间段内的波动幅度会很大。

（2）使用价格的对数收益率序列计算的相关性比单纯使用价格序列计算的相关性更加稳定，在实际投资中更具有可操作性。

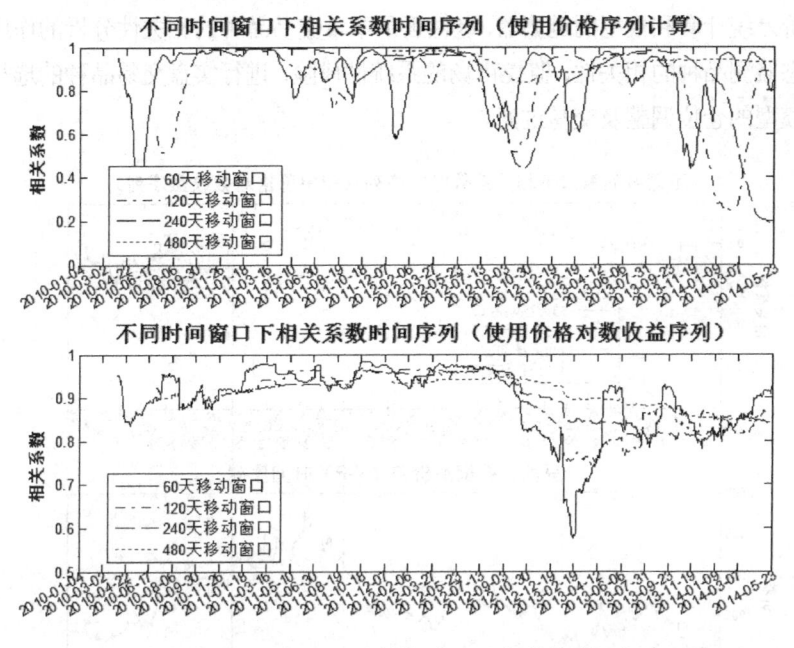

图 12-2 豆油（Y）和棕榈油（P）相关性时间序列

（3）在不同长度的移动窗口下，相关性的时间序列的波动性不同，移动窗口的长度越长，相关性的时间序列波动性越小，即相关性的波动区域较稳定。

所以在计算相关性时，对于时间长度选择这个问题并没有非常确定的一个数值答案。如果关注的是两个品种的长期相关性水平的变化，则可选取年级别的时间长度计算；如果关注的是两个品种的短期相关性水平，则可选取月级别的时间长度计算。通常情况会关注偏长期的相关性水平，所以一般可以选取 1～3 年的时间长度来计算。

在时间周期的选择上，上面的计算使用的是日线数据，当使用更高频的数据时，比如小时线、分钟线等，数据点会更多，计算得出的相关性更具有统计意义，但相应的计算量也会增加。具体问题具体看待，一般情况下使用日线数据应该就能满足要求。

结合图 12-2，在使用价格对数收益率序列计算相关性时，豆油（Y）和棕榈油（P）相关性时间序列在 2012 年下半年和 2013 年年初一度下滑，在 60 天移动窗口下，相关性曾跌至 60%以下，原本相关性很高的品种变得不再"高"相关性。再对比豆油（Y）和棕榈油（P）的价差，可以更深入地了解这一过程，如图 12-3 所示。

通过图 12-3 可以看到，豆油（Y）和棕榈油（P）持续走低的那段时间正是豆油（Y）和棕榈油（P）价差扩大的时间，反观该时间段内的基本面，主要是由于棕榈油基本面发生变化，导致豆棕价差持续扩大，相信在这一时间段内做豆油（Y）和棕榈油（P）价差统计套利的模型可能"不好过"，会出现阶段性的模型失效。事实上，从模型设计角度观察图 12-3，也可以使用某一移动窗口下的相关系数的时间序列作

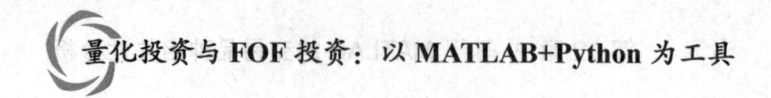

为豆棕价差统计套利模型的过滤器，这也正是本章交易品种的相关性分析的作用之一：通过动态监测品种的相关性，监控市场的系统性风险，进行实盘交易品种的选择和统计套利模型的仓位调整及交易过滤。

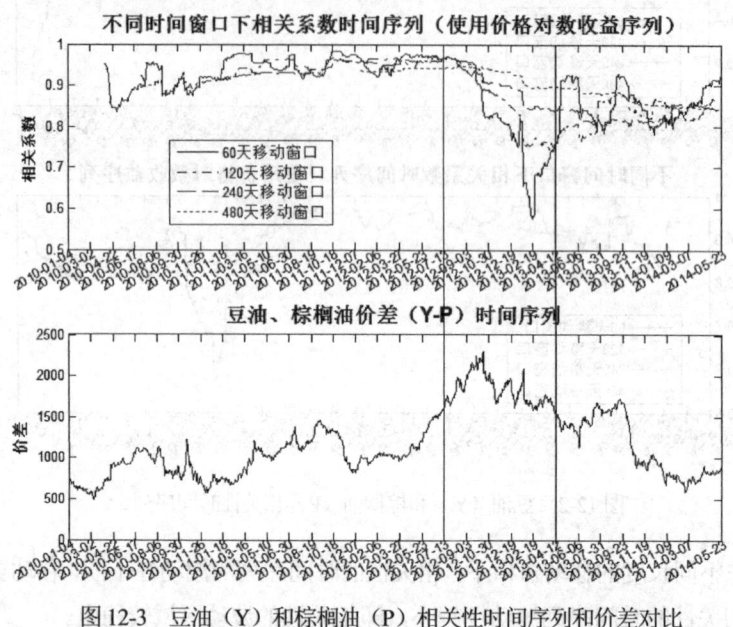

图 12-3 豆油（Y）和棕榈油（P）相关性时间序列和价差对比

12.2.2 不同交易品种（资产）的时间轴校正

在确定时间长度和时间周期后，还需要对两个交易品种的时间轴进行对齐校正等处理。设这两个交易品种分别为 A 和 B，则可能在 A 和 B 的共同时间窗口内，A 在某一时点 T 上有数据，而 B 在这个时点 T 上却没有数据，需要用算法进行一些处理。最简单的方法就是把 A 在时点 T 上的数据剔除，这种方法最简单直观，但也带来一定的问题。如果 A 和 B 的整体数据量相对较多，则这么做没有问题；若 A 和 B 的整体数据量相对较少，则这样做会带来最后的相关性计算失真。对于这种情况，可以在剔除数据时结合采用一些简单的插值计算来处理时间轴的校正对齐问题。

12.2.3 全市场品种的相关性图形展示

解决了上述两个问题后，就可以计算全市场交易品种的相关性并进行图形化展示了。这里采用两年时间长度的日线数据，分别使用价格时间序列和价格对数收益率时间序列计算期货市场交易品种的相关性,最后的相关性矩阵的图形展示如图 12-4～图 12-7 所示。

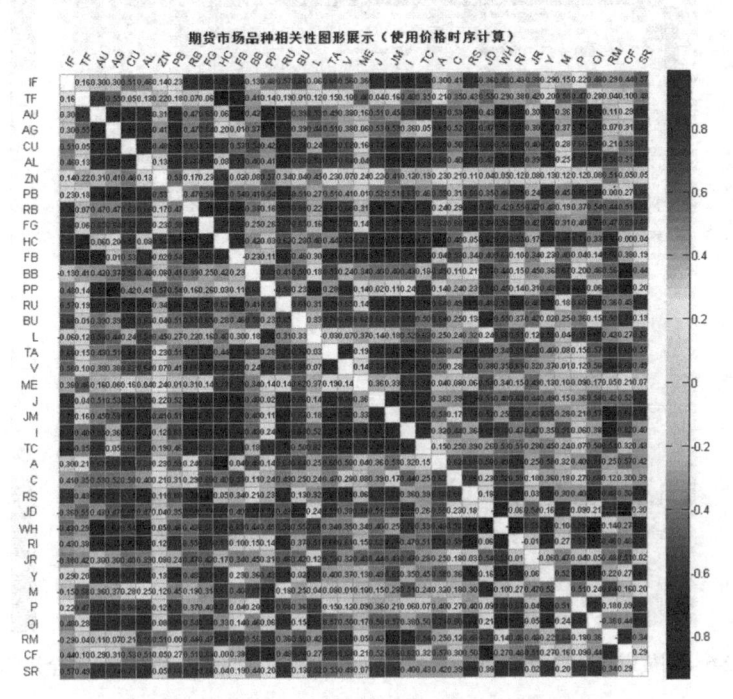

图 12-4　期货市场品种相关性图形展示（使用价格时序计算）全矩阵形式

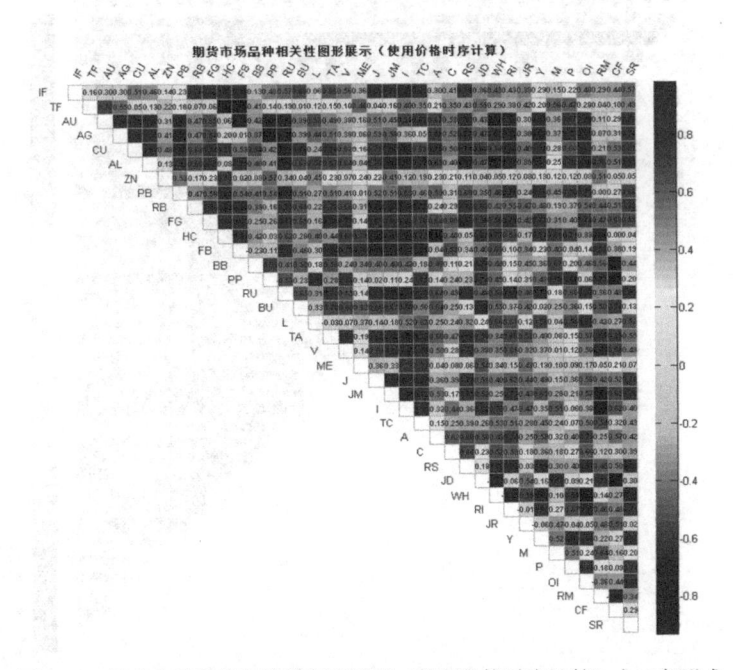

图 12-5　期货市场品种相关性图形展示（使用价格时序计算）上三角形式

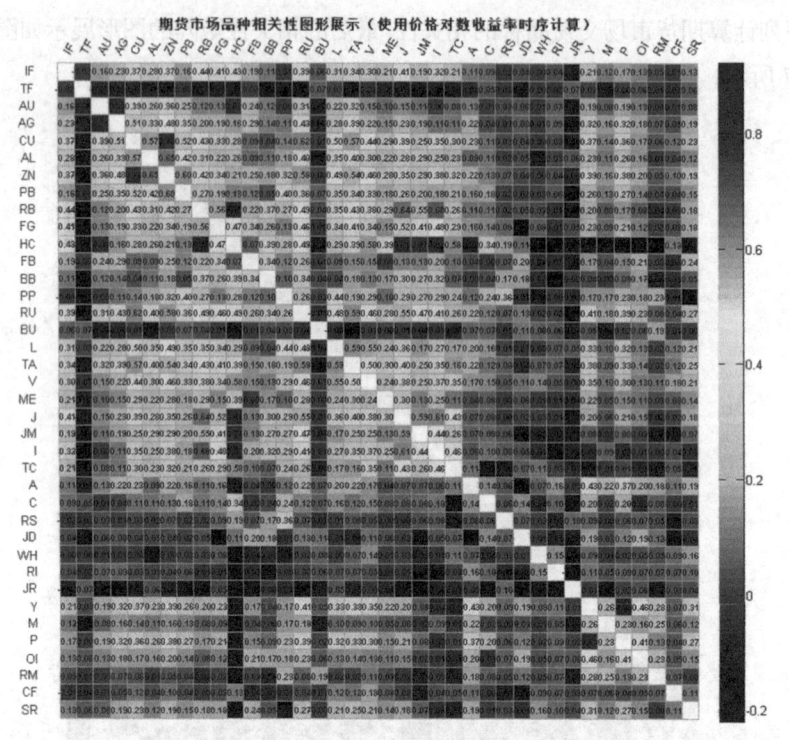

图12-6 期货市场品种相关性图形展示（使用价格对数收益率时序计算）全矩阵形式

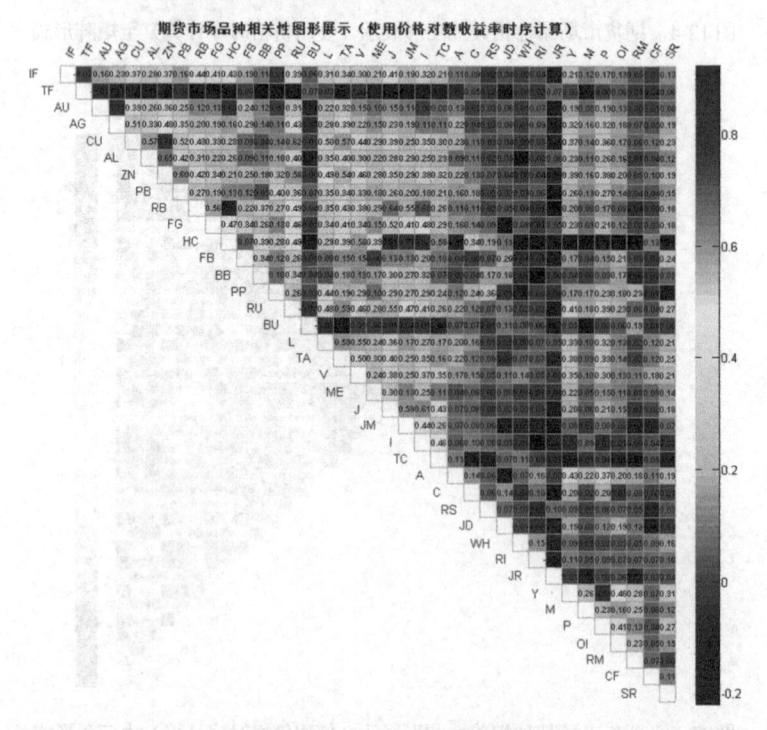

图12-7 期货市场品种相关性图形展示（使用价格对数收益率时序计算）上三角形式

12.3 扩展阅读

在 12.2 节中，最终的相关性图形展示由 matrixplot.m 函数实现，该函数由 MATLAB 技术论坛官方团队成员谢中华老师编写。该函数原帖地址（包括函数源代码）为：《[原创] 利用 MATLAB 绘制矩阵色块图》，MATLAB 技术论坛。

matrixplot.m 函数可以根据实值矩阵绘制色块图，也可以用丰富的颜色和形状形象地展示矩阵元素值的大小，其应用主要有以下几点。

（1）绘制网格线，网格中显示矩阵元素。其测试代码如下：

```
>> x = [1,-0.2,0.3,0.8,-0.5
       -0.2,1,0.6,-0.7,0.2
       0.3,0.6,1,0.5,-0.3
       0.8,-0.7,0.5,1,0.7
       -0.5,0.2,-0.3,0.7,1];
>> XVarNames = {'xiezhh','heping','keda','tust','tianjin'};
>> matrixplot(x,'FillStyle','nofill','XVarNames',XVarNames,'YVarNames', XVarNames);
```

运行效果如图 12-8 所示。

	xiezhh	heping	keda	tust	tianjin
xiezhh	1.00	-0.20	0.30	0.80	-0.50
heping	-0.20	1.00	0.60	-0.70	0.20
keda	0.30	0.60	1.00	0.50	-0.30
tust	0.80	-0.70	0.50	1.00	0.70
tianjin	-0.50	0.20	-0.30	0.70	1.00

图 12-8　matrixplot 测试 1

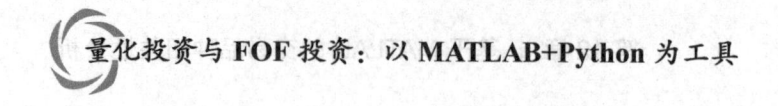

图 12-8 显示的是黑色文字,也可以根据矩阵元素值自动设置文字颜色,代码如下:

```
matrixplot(x,'FillStyle','nofill','XVarNames',XVarNames,'YVarNames',XVarNames,
'TextColor','Auto','ColorBar','on');
```

运行效果如图 12-9 所示。

	xiezhh	heping	keda	tust	tianjin
xiezhh	1.00	-0.20	0.30	0.80	-0.50
heping	-0.20	1.00	0.60	-0.70	0.20
keda	0.30	0.60	1.00	0.50	-0.30
tust	0.80	-0.70	0.50	1.00	0.70
tianjin	-0.50	0.20	-0.30	0.70	1.00

图 12-9 matrixplot 测试 2

(2) 绘制实值矩阵各元素对应的色块,通过不同的"参数/参数值"控制色块的形状、大小、颜色等属性。主要效果图如图 12-10～图 12-13 所示。

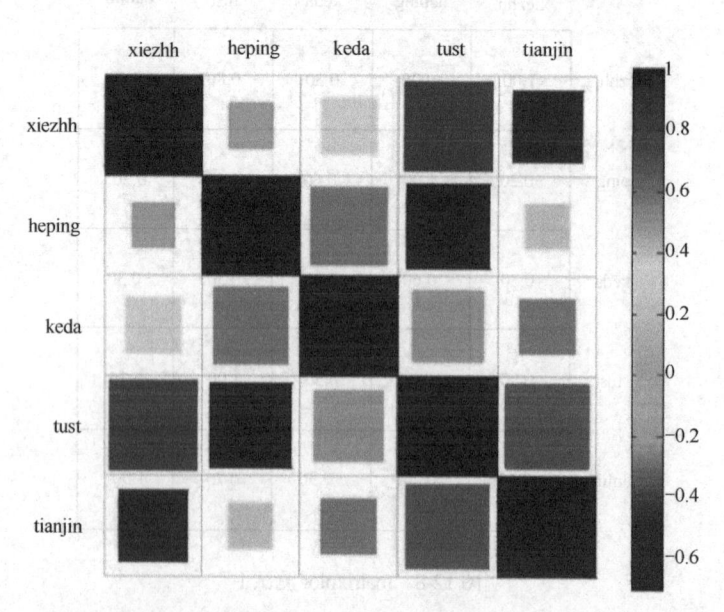

图 12-10 matrixplot 测试 3

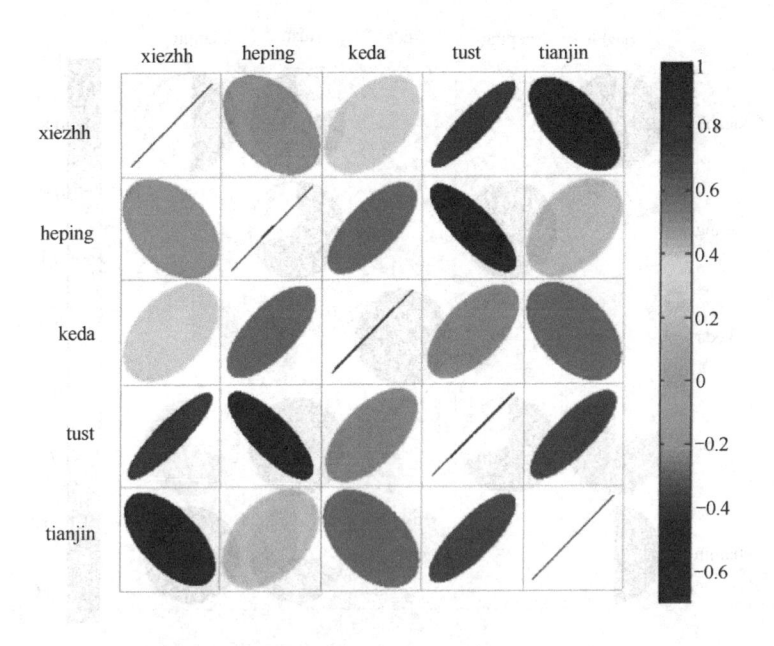

图 12-11 matrixplot 测试 4

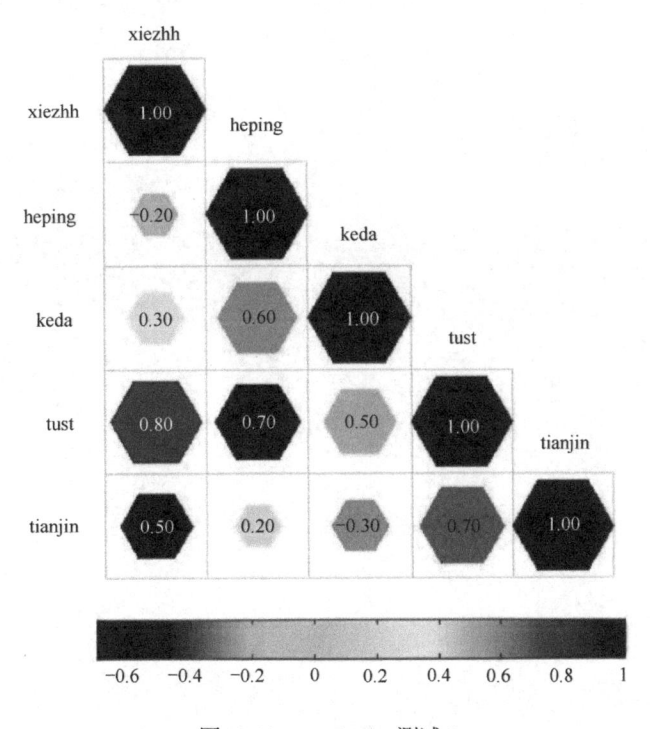

图 12-12 matrixplot 测试 5

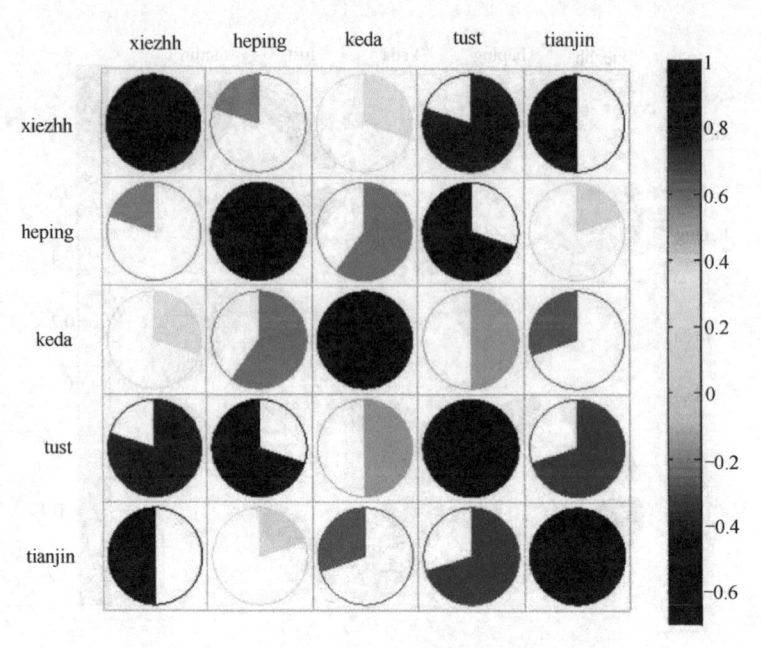

图12-13　matrixplot 测试6

第 13 章　基于 MATLAB 的国内期货证券交易解决方案

MATLAB 为数据分析和数据可视化、算法与应用程序开发提供了大量的数学工具箱和高级图形展示工具箱。在金融领域，人们利用它进行历史行情的分析、成交记录的统计和投资策略的优化。

大多数情况下，量化投资人员通过将 MATLAB 计算得出的相应回测结果在其他平台上重新编写代码，实现最终交易。这种方法的优点是，分别利用了 MATLAB 科学计算的优势与第三方平台针对交易专门优化的长处；缺点是，代码翻译根据目标平台的特点各有不同，特别是有些算法在目标平台上无法实现或实现成本太高，另外因为设计思路的不同，部分细节的差异也会导致代码转换过程中出现差错，并且学习另一平台所需的精力也很大。

如果能在 MATLAB 中直接下单交易，这些问题是否就都解决了？这个问题的答案需要看投资者的需求与取舍。对于纯高频交易，用 MATLAB 可能无法满足要求，但对于短线、中长线交易，使用 MATLAB 是很合适的。在中低频层面的交易中，对于速度的要求并不是特别高，所以在交易 API 的选择上并不一定非得选择最快的交易 API，而应选择方便易用、支持广泛接口的。

本章将介绍如何使用 MATLAB 来对接交易 API，并实现向交易所下单。

13.1　国内期货柜台系统介绍

1. 综合交易平台（CTP）

综合交易平台（Comprehensive Transaction Platform，CTP）是由上海期货信息技

术有限公司（上海期货交易所旗下子公司）开发的期货经纪业务管理系统。CTP 以"新一代交易所系统 NGES（New Generation of Exchange Systems）"的核心技术为基础，是稳定、高速、开放式接口，适合程序化交易软件运用和短线炒单客户使用。

它在 API（Application Programming Interface，应用程序编程接口）的设计、业务模式、开放性上都比国内其他系统走得更远，绝大部分期货公司都支持 CTP，目前已成为国内期货程序化交易接入的事实标准。同时上期技术还规划了 CTP 2.0，支持证券、个股期权、外盘等多种市场。

2. 金仕达（Kingstar）

金仕达是市场占有率极高的柜台系统，最初仅有 B2B（Business to Business，企业对企业）网关，企业接入时必须同期货公司商谈，并在期货公司机房内网架设服务器。由于成本高、权限大，只有行情软件开发商和交易软件开发商才接入。

2012 年发布了 B2C（Business to Customer，企业对客户）版 KSFT_API，它与 CTP 接口相似，仅在一些开发细节上有区别，减少了用户的迁移成本，目前大部分公司同时支持金仕达和 CTP。其存在的问题是出入金不便，CTP 没有提供次席的快速出入金的方案，而金仕达方也不提供，最终在"主席"系统的选项上，期货公司必须做出选择，目前大部分期货公司已将"主席"切换成 CTP。中金所技术公司正在推广一线通平台，多银行托管和出入金问题应当能够得到逐步解决。

金仕达所接入的市场也很多，如期货、个股期权、证券及贵金属现货，还可以做白银 T+D 等贵金属，但接入的人较少。

3. 易盛 Esunny

Esunny 由易盛信息技术有限公司（郑州商品交易所旗下子公司）开发，提供了行情与交易接口，目前仅有部分期货公司部署了对应的程序化交易模块。易盛 API 最大的优点是提供了部分历史数据，这应该是为了满足他们自己的程序化交易客户端所提供的功能；缺点是开发时需申请授权认证码，这限制了不少开发者。

易盛另外提供了外盘的 API，这需要看所接的经纪公司是否支持外盘业务，是否正好使用易盛接入。

4. 飞创信息 X-Speed

大连飞创信息技术有限公司（大连商品交易所旗下子公司）提供了 X-Speed 飞创极速交易平台。如果专做大商所品种，并且是对速度要求很高的用户，可以考虑将交易托管给大商所机房，并使用它们提供的 API。另外 X-Speed 还提供了 Level 2 行情 API。

飞创还提供了证券接口，但使用者比较少。

5. 恒生 UFX

恒生电子是同时提供了证券、期货经纪业务解决方案的提供商，普及面很广。基金公司等大型机构都有风险控制需求，恒生在这方面占有率最高。恒生统一金融接入系统（UFX）支持 API 接入，也支持 FIX（Financial Information eXchange，金融信息交换协议）接入，对于已经在使用国外平台的用户来说，能快速地接入。

因为期货、证券、期权等系统太多，且都有一些区别，所以接入不同系统需要专门进行开发，工作量还是比较大的。不过大部分应用场景由基金公司进行风控，一般来说只需接入恒生 O32 系统。

6. 飞马 FEMAS

中国金融期货信息技术有限公司（简称"中金所技术公司"）是中国金融期货交易所（简称"中金所"）下属全资子公司，前身为中金所下属技术中心。FEMAS（Financial Easy Market Access System，金融易联平台，也称"飞马"）是以中金所金融衍生品为主要交易对象的快速交易通道，针对高频用户，需采用托管方式。它提供了五档行情接入，专做股指期货高频的用户可以考虑。

7. 飞鼠 API

上海飞鼠软件科技有限公司是一家主要提供跨市场交易解决方案的公司，提供了"飞鼠 API"，可以接入期货、外盘、黄金现货。目前需要做黄金 T+D 程序化交易的用户一般会选择此接口。

13.2 MATLAB 对接 CTP 的各种方式

1. MEX 版接口

MEX 文件是一种可在 MATLAB 环境中调用的衍生程序，MEX 的编译结果实际上就是一个带导出函数 mexFunction 的 DLL 文件，运行效率很高，但开发工作量大，要做大量的数据结构转换。目前已经有公司和个人推出了 MEX 版。

2. 进程间通信

这种方式比较灵活，可用到的技术也多种多样，对接 64 位平台或者跨操作系统、

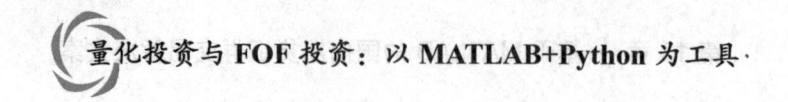

跨主机都是没有问题的，但在运行效率上略为逊色。已经有网友提供了通用版本接口，既可以通过 MATLAB 调用，也可以用 R 语言调用。此种通信方式的数据格式也可以自行约定，在这里建议使用 FIX 网关来实现。

3. COM 版接口

COM Component（COM 组件）是微软公司为了计算机工业的软件生产更符合人类的行为方式而开发的一种新的软件开发技术。MATLAB、Excel 等都可以对接 COM 接口。如果实现了进程外调用 COM 版接口，则可以绕过 64 位与 32 位相互调用的问题。以前从网上可以下载到上海汇朋公司提供的盈佳 COM 接口，但此版本已经很久没有更新了。

4. Java 版接口

目前已经有少量网友开源了 Java 对接 CTP 的接口，但 MATLAB 对接 Java 的接口还没有推出。转换的技术有多种，如 JNA、BridJ。

JNA（Java Native Access）提供了一组 Java 工具类，用于在运行期动态访问系统本地库（Native Library，如 Windows 的 DLL），而不需要编写任何 Native/JNI 代码。

5. NET 版接口

NET 版对接 CTP 的接口版本比较多，网上目前比较知名的版本有以下几种。

- 海风版：最早开源出来的 C# 版接口之一，P/Invoke 封装。
- 马不停蹄版：C++/CLI 版封装。
- XAPI 版：也使用了 P/Invoke 封装，但对 API 做了自己的细节处理。

13.3 开发前准备

13.3.1 文档下载

CTP_API 可从其官方网站下载，此网站还提供了文档的下载。最关键的两个文档分别是《综合交易平台 API 技术开发指南》和《综合交易平台 API 特别说明》，对 API 有所了解能更有助于掌握交易细节。

13.3.2　MATLAB 安装

目前，提供的 CTP_API 有 4 个版本：Linux、Windows、iOS、Android。其中 Linux 和 Windows 都有 32 位和 64 位的 API。

微软官方已经正式声明，在 64 位进程中不能加载 32 位的 DLL，同理，一个 32 位进程也不能加载一个 64 位 DLL。在 CTP 问世的很长一段时间内都只有 32 位版本，而当时笔者使用的对接技术也是利用 .NET 直接调用的，是在同一进程中，所以要求 MATLAB 也要安装 32 位版本。

这里我们使用 .NET 调用的方式。先确保自己安装的是 32 位的 MATLAB，注意 MATLAB 2015b 是最后一版支持 32 位系统的版本，以后只有 64 位版本。请下载 MATLAB 安装包时选择合适的版本。如果你使用的是更早一些的 MATLAB 版本，那么安装包中可能同时提供了 32 位与 64 位。这时你在 64 位 Windows 上直接安装，默认是安装 64 位系统，所以请进入 MATLAB 的安装目录，找到 bin/win32 下的 setup.exe 进行安装。

在 CTP 接口推出 64 位版本后，在 64 位 MATLAB 中通过 .NET 调用 CTP 也是可行的，只要将 XAPI 开源项目按 64 位进行编译即可。

但 MATLAB 对 .NET 的支持并不完美，长时间运行时可能崩溃，崩溃的原因未知，估计是因为行情接收太多，但 .NET 版没有进行垃圾回收，导致内存溢出。同时很多其他 API 没有 64 位版本。经过笔者大量查找国外网站，终于试验出了进程外 COM 的编写方式，解决了以上问题，后面将进行介绍。

这里提示一个 MATLAB 使用的小经验。可能很多人喜欢用英文版的操作系统，结果直接在 command 中输入"disp'中文'"，输出结果是方框，有可能显示的是空白，这要看默认字体是如何设置的；并且直接打开内有中文的 M 文件也显示全是乱码，按网上的教程说明设置"File→Preferences→Font→宋体"仍然无效。对于使用英文版的操作系统 MATLAB 中文显示乱码的问题，这里给出一个解决方法供参考：选择"Control Panel→Region→Formats"，将其中的 English 改成 Chinese，然后重启 MATLAB，中文显示就正常了。

13.3.3　监控工具

必须先介绍监控软件，否则在开发中完全是在摸黑行路。
能实现监控的原理如下。

（1）CTP_API 支持同一账号同时登录多个会话，目前期货公司大多设置的是同

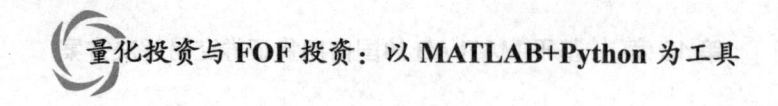

时登录最多 6 个会话。

（2）委托回报与成交回报等信息流会发向所有会话。

所以在进行程序化交易时，选择另外一款比较好的手动交易软件来进行监控是不错的方式，可以查看委托状态、委托价、成交回报等信息，方便查找错误。目前在做期货交易时推荐使用快期。

对接 CTP 平台需要服务器的配置信息，在快期工具所在目录下有 brokers 和 customize 目录，找到三个信息：经纪商编号（BrokerID）、行情服务器地址（MarketData）和交易服务器地址（Trading）。如果找不到，请联系所在期货公司工作人员直接告知配置信息。

这里需要注意，不管配置中地址如何写，若地址开头没有"tcp://"，实际使用 CTP_API 时就要补上。如果以"udp://"开头，改成"tcp://"也能正常使用。"udp://"只在托管机房内网并且期货公司开通功能后才能使用。在 13.6 节的代码中有模拟盘的地址示例。

13.3.4 开发工具

这一项并不是必需的，但 API、C 版和 C# 版都在不断升级，或者想在 64 位 MATLAB 中使用，所以有时需要对源代码进行重新编译或修改。

开发工具推荐使用 Visual Studio 2015（以下简称 VS），Community 社区版是免费的，可以到微软官网下载。

如果觉得开 VS 软件太大，系统资源不够，可以使用开源替代版 SharpDevelop，但它只能编译 C#，不能编译 C++。在 VS 中按快捷键 F12，转到定义，选中 VS 中的代码，按 F12 键会跳转到原始定义处。在 MATLAB 中填写参数时可能需要查询各种取值情况。

13.4 C# 版对接原理

使用.NET 版的好处就是省事，这么多款 .NET 版，选一款能对接 MATLAB、使用简单、用户量大、有持续升级和维护、自己能理解的代码库即可。

如何判断是否能对接 MATLAB？一般异步通知有两种方式：一种是偏底层的函数回调；另一种是偏高层的事件通知。

（1）函数回调。C#版接口不用修改，直接用 P/Invoke 的方式将函数句柄通过赋值的方式传给最底层的 C 版接口。可惜实际测试行不通，表面上运行正常，能输出行情数据，但过不了十几秒 MATLAB 就会"闪退"。推断原因是，回调函数被 MATLAB 清理回收了，C 层记录的函数指针在运行十几秒后就成"野指针"了。

（2）事件通知。此方式也有需要注意的地方。MATLAB 支持 addlistener，但直接模仿上面回调函数的参数接口进行调用会报错，MATLAB 官网中的文档说明了为何会报错。

事件所使用的委托签名必须使用指定的格式：两个参数，第一个参数是 object sender，而第二个参数必须继承于 .NET 的 EventArgs 类。检查这些 C# 版的接口，只要是指定格式的委托签名就可以。

13.5 XAPI 版项目介绍

在多种 MATLAB 对接 CTP 方式中，笔者选择 XAPI 版为例进行介绍。

此项目最初是为了对接国外一款非常有名的软件——OpenQuant 的程序化交易平台而做的前期工作，同时为对接其他语言做了预留。

由于 OpenQuant 插件开发用的是 C#，为了满足项目要求，首先要有 C# 版接口，考虑到还要为其他语言做准备，还必须要有 C 版接口。当时网络上 C 版接口没有开源，附属在一些 C# 版接口中的 C 版在对接其他语言时又不够方便，故 C 层与 C#层需另行开发。

有部分网友希望能提供 MATLAB 版，但笔者在生产环境中并不使用 MATLAB 进行交易，没有编写 MEX 版的动力。不过通过研究，可以使用更简化的方式满足用户的要求，也就是 13.4 节提到的 C# 版与 MATLAB 版对接原理。

Java 版也是在网友的期盼中诞生的，当初是考虑到 C# 版对接 MATLAB 的方案只能在 Windows 中使用，推出 Java 版对接 MATLAB 的方案就能在 Linux 中使用了。可惜 Java 版的测试能用，但 Java 对接 MATLAB 的方案暂时还没有形成。

在飞马 API 和飞创 X-Speed 大力推广后，马上就接到了需要在 OpenQuant 中接入这两个接口的任务。按照 CTP 接口的写法依葫芦画瓢，很快就写出了其他接口，

但很快就发现了局限性。

每套接口分为C、C#、OpenQuant插件三个项目，CTP、Femas、X-Speed三套接口就有9个项目，每次API官方接口一升级，就要同时升级对应的C、C#、OpenQuant插件三个项目。而每次OpenQuant官方接口升级，三套API就要升级三套插件。有时因为发现一个Bug，9个项目同时要改，当API种类越来越多时，已经彻底无法维护。在MATLAB中要做期货和证券时也遇到同样的问题，要为股票和期货分别写不同的调用代码。

所以决定做一套统一的接口，确保不同的API在其他语言中的调用方法是一样的。因为项目既能接多套API又能支持多种语言，再加上以前的QuantBox其实是组织名，推广不易，所以重新更名为XAPI，目前已经升级到了第二代，叫XAPI 2。

当前XAPI 2有以下特点。

（1）支持多API，已经支持的有CTP、LTS、飞马、金仕达、通视等。

（2）支持多语言或平台，如C#、C/C++、Java、Python、MATLAB、VBA、JavaScript等。

（3）支持多操作系统，如Windows、Linux等。

（4）支持多语言操作系统，在英文操作系统和中文繁体版操作系统上中文也显示正常。

另外要说明的是，XAPI版项目提供的C版接口的特点是，没有直接将C++版本的接口进行转换，而是做了一定的处理，就是简化逻辑，让其他语言对接CTP时能更简单。

首先来看CTP接口开发要注意的关键地方，其他网友公布的直接接口转换的封装都要自行处理这些烦琐细节，但XAPI版项目提供的C版接口都进行了屏蔽。

（1）请求ID，同一会话中严格单调递增。

（2）报单引用，同一会话中严格单调递增。

（3）发送请求流量控制，如果有在途的查询，则不允许发送新的查询。1秒钟最多允许发送一个查询。

（4）部分期货公司要求先验证客户端授权然后才能登录。

（5）登录成功后，必须在结算单确认后才能下单。

（6）行情与交易的流文件同目录可能引起数据紊乱。

（7）接收到的响应需立即处理，否则会阻塞后面的数据接收。

XAPI 2 主要添加的功能如下。

（1）报单、撤单直接发送，而其他的请求都先添加到发送队列，由发送线程去发送，发送失败后自动延时重发，解决了 CTP 有流控的问题。

（2）收到响应后，直接存到队列中，立即返回，然后其他线程从队列中提取，解决了用户代码用时过久产生未知错误的问题。

（3）维护请求 ID 与报单引用，自动加锁，不再纠结于细节，不会出现重复报单。

（4）自动进行连接、客户端授权、登录认证、结算单确认等工作，保证用户登录成功后就能直接下单。

（5）断线重连后，行情与交易能重新登录认证，其中行情接口还能自动订阅断线前已经订阅的行情。

（6）对行情与交易流文件自动分目录，解决了数据紊乱问题。

13.6 MATLAB 对接期货接口介绍（XAPI 项目.NET 版）

项目地址下有 C 版、C# 版、MATLAB 版等多个版本，一般来说 C 版、C# 版更新较及时，MATLAB 版更新不那么及时。要想保持最新版，可以编译最新版的 C 版与 C# 版，并复制到与 M 文件同目录。

C 库：thostmduserapi.dll、thosttraderapi.dll 来自上期技术，CTP_Quote_x86.dll、CTP_Trade_x86.dll、Queue_x86.dll（Queue_x86d.dll）是编译产生的。

.NET 库：XAPI_CSharp.dll（XAPI_CSharp.exe）、NLog.dll。

注意：XAPI_CSharp.dll 和 XAPI_CSharp.exe 只是输出类型的区别，内部的代码完全一样，在当前项目中可以混用。

test_CTP.m/test_Kingstar.m 是程序入口，其做了以下工作。

（1）导入 C# 库。

（2）创建行情对象、交易对象的实例。

（3）注册事件。

（4）登录。

（5）下单（请手工执行）。

（6）撤单（请手工执行）。

（7）退出（已经注释，没有执行，需手工输入退出）。

13.6.1 导入 C# 库

```
%% 导入C#库，请按自己的目录进行调整
cd 'D:\Kan\Documents\GitHub\XAPI2\languages\MATLAB\test'
NET.addAssembly(fullfile(cd,'XAPI_CSharp.dll'));

import XAPI.Event.*;
```

首先切换当前目录，然后导入 .NET 库（注意同目录下的其他 C++库和 C 库都没有导入），最后导入库中的命名空间。

13.6.2 启动行情连接

```
%% 行情
global md;
md = XApiWrapper(fullfile(cd,'XAPI\x86\CTP\CTP_Quote_x86.dll'));
md.Server.BrokerID = '9999';
md.Server.Address = 'tcp://180.168.146.187:10010';

md.User.UserID = '123456';
md.User.Password = '123456';

addlistener(md,'OnConnectionStatus',@OnMdConnectionStatus);
addlistener(md,'OnRtnDepthMarketData',@OnRtnDepthMarketData);

md.Connect();
```

很多用户可能会在这一步出错，可能出现的报错如下：

```
Message: An attempt was made to load a program with an incorrect format.
(Exceptionfrom HRESULT: 0x8007000B)
  Source: XAPI_CSharp
  HelpLink:
```

这句话的意思是 XAPI_CSharp 中报了一个错误，试着加载不正确的格式。这是因为 XAPI_CSharp.dll 会加载 CTP_Quote_x86.dll，CTP_Quote_x86.dll 是一个 32 位的库，而 MATLAB 是 64 位的。如何解决这个问题？请参考前面的相关章节，安装 32 位的 MATLAB 或编译 64 位 XAPI 2 项目。

还可能会出现如下的报错：

```
Message: Unable to load DLL ' CTP_Quote_x86.dll ': The specified module could not
befound. (Exception from HRESULT: 0x8007007E)
Source: XAPI_CSharp
HelpLink:
```

这是另一个错误，表示找不到 CTP_Quote_x86.dll，但明明就在当前目录，怎么会找不到呢？如果是自己编译的 CTP_Quote_x86.dll，一般不会出现这个问题，但如果没有安装 Visual Studio 2015 一类的开发工具，出现该问题的可能性就比较大。主要是因为 XAPI 版项目编译的版本可能会有一些依赖库，但计算机中没有安装 Visual Studio 2015，所以这些依赖库都没有。

如何解决呢？可以下载 depends 软件，用它打开 CTP_Quote_x86.dll，看缺少哪些依赖库，然后到网上搜索下载缺少的.dll 即可。如果缺少的文件少，则很容易解决；如果缺少的文件很多，建议直接下载 Visual Studio 的最新版，重新编译一下 CTP_Quote 项目。

global 全局变量在接下来的各函数中都要用到。XApiWrapper 是 .NET 中的类，首先予以创建，然后通过 addlistener 向其中注册各事件的处理函数。

有哪些事件可以注册呢？这就要查看 C# 项目了。打开 XAPI_CSharp 项目，找到 Event 命名空间下的 XApiWrapper.cs，代码开头的部分就是可用的事件：

```
public new event EventHandler<OnConnectionStatusEventArgs> OnConnectionStatus;
public new event EventHandler<OnRtnErrorEventArgs> OnRtnError;
public new event EventHandler<OnLogEventArgs> OnLog;
public new event EventHandler<OnRtnDepthMarketDataNEventArgs> OnRtnDepthMarketData;
...
```

每个事件会传递哪些信息呢？以 OnRtnDepthMarketData 事件为例，EventHandler 就是 MATLAB 所支持的标准事件签名。将光标移动到 OnRtnDepthMarketDataNEventArgs 上，按 F12 键，会跳到 EventArgs.cs 文件。以下是对应的代码：

```
//行情
public class OnRtnDepthMarketDataNEventArgs : EventArgs
{
    public readonly DepthMarketDataNClass marketData;

    public OnRtnDepthMarketDataNEventArgs(ref DepthMarketDataNClass marketData)
    {
        this.marketData = marketData;
    }
}
```

其中最重要的是看 OnRtnDepthMarketDataNEventArgs 有哪些变量可以使用，从代码中可以看到 marketData。再将光标放在 DepthMarketDataNClass 上，按 F12 键，跳转到 Struct.cs 文件，这便是深度行情结构体的定义。注意，由于以上结构体太长，这里只挑选一部分显示。

```csharp
/// <summary>
/// 深度行情
/// </summary>
[ComVisible(false)]
[StructLayout(LayoutKind.Sequential, Pack = 1, CharSet = CharSet.Ansi)]
public class DepthMarketDataNClass
{
    public int TradingDay;
    public int ActionDay;
    public int UpdateTime;
    public int UpdateMillisec;

    /// <summary>
    /// 合约代码
    /// </summary>
    [MarshalAs(UnmanagedType.ByValTStr, SizeConst = 64)]
    public string Symbol;
    /// <summary>
    /// 合约代码
    /// </summary>
    [MarshalAs(UnmanagedType.ByValTStr, SizeConst = 31)]
    public string InstrumentID;
    /// <summary>
    /// 交易所代码
    /// </summary>
    [MarshalAs(UnmanagedType.ByValTStr, SizeConst = 9)]
    public string ExchangeID;


    /// <summary>
    /// 最新价
    /// </summary>
    public double LastPrice;
    /// <summary>
    /// 数量
    /// </summary>
    public double Volume;
```

```csharp
/// <summary>
/// 成交金额
/// </summary>
public double Turnover;
/// <summary>
/// 持仓量
/// </summary>
public double OpenInterest;
/// <summary>
/// 当日均价
/// </summary>
public double AveragePrice;
```

...

```csharp
/// <summary>
/// 今收盘
/// </summary>
public double ClosePrice;
/// <summary>
/// 本次结算价
/// </summary>
public double SettlementPrice;

/// <summary>
/// 涨停板价
/// </summary>
public double UpperLimitPrice;
/// <summary>
/// 跌停板价
/// </summary>
public double LowerLimitPrice;

///交易阶段类型
public TradingPhaseType TradingPhase;

///买档个数
public DepthField[] Bids;
public DepthField[] Asks;
}
```

行情事件的 C#相关代码已经展示完，如何在 MATLAB 中使用呢？打开

OnRtnDepthMarketData.m 文件：

```
function OnRtnDepthMarketData(sender,arg)
% 行情回报

% 打印行情
disp(arg.marketData.Symbol)
disp(arg.marketData.LastPrice)

end
```

通过前面的代码可以知道，在这段代码中，arg 表示的是 OnRtnDepthMarketData NEventArgs，其中可以使用的一个变量是 marketData，而此变量又是一个结构体，其结构体为 DepthMarketDataNClass。那么，如何打印行情到来时的最新价呢？可以通过 arg.marketData.LastPrice 完成。

13.6.3 显示连接状态

前面解释了行情如何打印，但只运行上一段代码并不会立即打印。首先要登录成功，然后订阅指定的合约。如何知道登录成功呢？这就要看 OnConnectionStatus 了。

```
addlistener(md,'OnConnectionStatus',@OnMdConnectionStatus);
```

细心的读者会发现以上函数多了 md，为什么呢？因为交易的连接状态事件也是 OnConnectionStatus，这里是为了分别调用不同的函数而加以区分。

```
function OnMdConnectionStatus(sender,arg)

import XAPI.*;

global md;

disp('MD')
% 交易连接回报
disp(arg.status);

if(arg.size1>0)
    disp(Extensions_GBK.Text(arg.userLogin));

switch arg.status
    case XAPI.ConnectionStatus.Done
```

```
        % 订阅行情,支持";"分隔
        md.Subscribe('IF1602;IF1603;IF1606','');
end

end
```

代码很简单,就是把当前的连接状态打印出来。都有哪些状态呢?打开 XAPI_CSharp 项目,Enum.cs 文件中便是。

```
/// <summary>
/// 连接状态
/// </summary>
[ComVisible(false)]
public enum ConnectionStatus : byte
{
    /// <summary>
    /// 未初始化
    /// </summary>
    [Description("未初始化")]
    Uninitialized = 0,
    /// <summary>
    /// 已经初始化
    /// </summary>
    [Description("已经初始化")]
    Initialized,
    /// <summary>
    /// 连接已经断开
    /// </summary>
    [Description("连接已经断开")]
    Disconnected,
    /// <summary>
    /// 连接中...
    /// </summary>
    [Description("连接中...")]
    Connecting,
    /// <summary>
    /// 连接成功
    /// </summary>
    [Description("连接成功")]
    Connected,
    /// <summary>
    /// 授权中...
```

```
/// </summary>
[Description("授权中...")]
Authorizing,
/// <summary>
/// 授权成功
/// </summary>
[Description("授权成功")]
Authorized,
/// <summary>
/// 登录中...
/// </summary>
[Description("登录中...")]
Logining,
/// <summary>
/// 登录成功
/// </summary>
[Description("登录成功")]
Logined,
/// <summary>
/// 确认中...
/// </summary>
[Description("确认中...")]
Confirming,
/// <summary>
/// 已经确认
/// </summary>
[Description("已经确认")]
Confirmed,
/// <summary>
/// 操作中...
/// </summary>
[Description("操作中...")]
Doing,
/// <summary>
/// 完成
/// </summary>
[Description("完成")]
Done,
/// <summary>
/// 未知
/// </summary>
[Description("未知")]
```

```
        Unknown,
}
```

连接状态可以分为两大类：进行时和完成时。将不同 API 的各种状态都进行统一，Done 表示登录成功，Disconnected 表示登录失败。

CTP 行情服务器目前不检查账号是否有效，所以填写错误的用户名和密码也可以达到 Done 状态。如果打印的最后状态是长时间 Connecting，则表示服务器无法连接，有可能是本地网络断开，也有可能是行情服务器在非交易时间关闭。

交易比较复杂。在出现 Logined 后还会出现 Confirming 和 Confirmed，但只有最后达到 Done 才表示成功。这主要与 API 的设计及监管有关。监管规定结算单必须要确认，所以 API 中在登录成功后还要进行一次结算单的确认才可以下单，否则将被拒绝。另外，由于开发人员的水平参差不齐，给各期货公司带来很多事故，在期货公司的强烈要求下，柜台商加了一个检查客户端授权的功能。如果期货公司设置了该功能，则必须先进行客户端授权检查再进行登录，即先 Authorizing、Authorized 才会到 Logining，最后到 Done。

```
function OnTdConnectionStatus(sender,arg)

import XAPI.*;

global td;

disp('TD')
% 交易连接回报
disp(arg.status);

if(arg.size1>0)
    disp(Extensions_GBK.Text(arg.userLogin));

end
```

这样则会打印出登录失败的原因，需要根据结果对参数进行调整。

注意：Extensions_GBK.Text(arg.userLogin)，其实 userLogin.Text 这个对象是有内容的，内容一般为中文，但因英文和中文繁体版操作系统内码不同，导致中文不能正确解析。为了使中文能在不同语言的操作系统上显示，同时又为了兼顾处理速度，只在必要的时候处理，所以提供了一个扩展方法，将其中的 Text 字段解码出来。后面只要会出现中文的地方都有对应的 Extensions_GBK，而不会出现中文的字段则可以直接打印，如 Symbol。Extensions_GBK 实现代码在 Extensions.cs 中。

13.6.4 订阅行情

行情状态打印出 Done 即表示登录成功,接下来就是订阅行情了。

```
% 订阅行情,支持";"分隔
md.Subscribe('IF1606;ag1609;IF1612','');
```

只要输入以上代码就会立即打印行情。该代码中的第一个参数表示合约列表,支持一次写多个,可用";"分隔。区分大小写,大小写错误时不会有行情返回。上期所和大商所是小写,郑商所和中金所是大写。如果不知道合约代码,可以查看快期中的合约列表。第二个参数表示交易所代号,在期货交易时可以留空,但在证券交易时必须指明交易所。

13.6.5 行情连接参数

前面提到了基本行情显示的方式,查看连接状态是为了在连接遇到问题时能自己检查问题所在。接下来看看连接的参数:

```
global md;
md = XApiWrapper(fullfile(cd,'XAPI\x86\CTP\CTP_Quote_x86.dll'));
md.Server.BrokerID = '9999';
md.Server.Address = 'tcp://180.168.146.187:10010';

md.User.UserID = '123456';
md.User.Password = '123456';
```

- BrokerID:经纪公司代码,因 CTP 最开始设计时支持一个柜台上跑多家经纪公司,而各家公司的客户号有可能重复,所以使用经纪公司代码来区分。
- Address:服务器地址,注意前面有"tcp://",后面有端口号。
- UserID:账号。
- Password:密码,目前 CTP 行情服务器不检查密码是否正确。

13.6.6 启动交易连接

接下来是最复杂的交易部分:

第 13 章 | 基于 MATLAB 的国内期货证券交易解决方案

```
%% 交易
global td;
td = XApiWrapper(fullfile(cd,'XAPI\x86\CTP\CTP_Trade_x86.dll'));
td.Server.BrokerID = '9999';
td.Server.Address = 'tcp://180.168.146.187:10000';

td.User.UserID = '123456';
td.User.Password = '123456';

addlistener(td,'OnConnectionStatus',@OnTdConnectionStatus);
addlistener(td,'OnRtnOrder',@OnRtnOrder);

td.Connect();
```

注意：行情服务器与交易服务器的地址是不一样的。从以上示例来看，行情的端口是 10010，交易的端口是 10000。

13.6.7 交易的相关事件

XApiWrapper 到底支持哪些事件呢？XAPI_CSharp/Event/XApiWrapper.cs 源码中有详细的事件列表。其实 CTP 还提供了很多功能，由于目前只是实现简单程序化工具，用不到那些功能，所以没有提供对应的事件支持。用户可以参与开源项目，一同完善。

```
public new event EventHandler<OnConnectionStatusEventArgs> OnConnectionStatus;
public new event EventHandler<OnRtnErrorEventArgs> OnRtnError;
public new event EventHandler<OnLogEventArgs> OnLog;
...
public new event EventHandler<OnRtnOrderEventArgs> OnRtnOrder;
public new event EventHandler<OnRtnTradeEventArgs> OnRtnTrade;
public new event EventHandler<OnRtnQuoteEventArgs> OnRtnQuote;
```

在下单时，能在 OnRtnOrder 中收到委托变化的回报。如果成交了，就会在 OnRtnTrade 中收到成交回报。

以 OnRtnOrder 为例，其语法如下：

```
function OnRtnOrder(sender,arg)

import XAPI.*;
```

```matlab
% 委托回报
global orders;

% 打印内容
disp(arg.order.InstrumentID);
disp(arg.order.Status);
disp(arg.order.ExecType);
disp(Extensions_GBK.Text(arg.order));

disp(arg.order.LocalID);
disp(arg.order.ID);

end
```

可在委托回报中使用全局的 orders 记录回报信息。同时，还存在 LocalID 与 ID，后面将介绍这两个 ID 的区别和使用方法。

13.6.8 下单

直接调用 C# 版接口来下单还是比较复杂的，下面是一个简单的封装样例。

以买入开仓为例，其语法如下：

```matlab
function OrderRef = BuyLimit(Instrument,Qty,Price)

import XAPI.*;

global td;

% 下单
order = XAPI.OrderField;
order.InstrumentID = Instrument;
order.Type = XAPI.OrderType.Limit;
order.Side = XAPI.OrderSide.Buy;
order.Qty = Qty;
order.Price = Price;
order.OpenClose = XAPI.OpenCloseType.Open;
order.HedgeFlag = XAPI.HedgeFlagType.Speculation;

OrderRef = td.SendOrder(order);

end
```

以上代码的意思为：先创建一个 order 对象，然后设置合约名、订单类型、买卖方向、数量、价格、开平仓、投机套利标志，最后下单。

如何表示开平仓呢？在 Enum.cs 中查找 OpenCloseType，其语法如下：

```
public enum OpenCloseType : byte
{
    Undefined,
    Open,
    Close,
    CloseToday,
};
```

注意：上期所区分平今与平昨，必须指定正确才能平仓，否则提示可平仓位不足。上期所平今用 CloseToday，而平昨用 Close。其他交易所使用 CloseToday 和 Close 都能正常平仓。

套保标记：通过查找 HedgeFlagType 的定义即可。

```
public enum HedgeFlagType : byte
{
    Speculation,
    Arbitrage,
    Hedge,
    Covered,
    MarketMaker,
};
```

注意：普通用户开通的账户只能下投机 Speculation。

Type 可以设置市价单/限价单。

TimeInForce 可以设置 IOC 或 FOK。

下单的代码如下：

```
%% 下单
order1 = BuyLimit('IF1601',1,3000)
disp(order1)
```

下单后会返回一个字符串，其实是 LocalID。

13.6.9 撤单

必须要传入订单的编号，其实一个简单的编号柜台并不能识别，而是要通过好几个字段来进行标识。所以 XAPI 内部其实通过报单回报做了一些映射。这里开始涉及 LocalID 与 ID 了。有部分 API 在下单前可以指定 ID，还有部分 API 只有在下单并等到回报后才知道 ID 是多少，大部分证券接口因为是同步接口，所以存在此问题。为了异步处理订单，只能使用两个编号：一个是本地生成的 LocalID，另一个是柜台返回的 ID。

SendOrder 返回的是 LocalID，而 OnRtnOrder 能返回 ID。只要收到的 OnRtnOrder 中 ID 不为空，就用 ID 来撤单；反之，则用 LocalID 来撤单。

CTP 接口可以提前指定编号，所以 LocalID 与 ID 相等，可以直接用于撤单。

```
%% 撤单
td.CancelOrder(order1);
```

13.6.10　退出

输入以下命令即可退出：

```
%% 退出
md.Disconnect() % 行情退出
td.Disconnect() % 交易退出
```

13.6.11　改进

实际上，实盘中还有更多的工作要做，比如要处理以下细节。

（1）当报单在期货公司前置机参数检测出错时返回，如资金不足等。

（2）在交易所报单出错时返回，如不支持的交易指令等。

（3）当撤单在期货公司前置机参数校验出错时返回，如找不到报单。

（4）在交易所撤单出错时返回，如报单已经成交等。

同时，对于 MATLAB 层调用来说也过于烦琐，建议用户再封装一次。可行的封装方式有以下几种。

（1）Buy/Sell：仅记录净持仓。

（2）OpenLong/CloseLong、OpenShort/CloseShort：区分了双向持仓。

（3）order_target：不管操作，只在乎最后持仓。

13.7　MATLAB 对接期货接口介绍（XAPI 项目 COM 版）

前面提到过 MATLAB 对接 .NET 版有各种局限，特别是"闪退"的问题影响比较严重，所以很多人用它来进行下单交易，用其他接口来接收行情，用它来实时监控行情的人比较少。是否有方法解决呢？那就要靠进程外 COM 版了。利用进程外 COM 不但可以绕过 64 位与 32 位不兼容的问题，上述"闪退"的问题也随之不见了。

由于笔者没有时间完全用 C++ 重新编写 COM 版，所以取巧地使用 C# 来实现 COM。还是前面的.NET 项目，只是在其中添加了兼容 COM 的接口。具体的代码在 XAPI_CSharp/COM 目录下。

COM 版实现了进程内调用和进程外调用。进程内 COM 调用的局限性与 .NET 是一样的，所以只介绍一下二者之间的区别。

13.7.1　COM 组件注册

COM 完全依赖于注册表，按 Win+R 组合键，输入 regedit，打开注册表编辑器。

以下是两条注册表信息。在 64 位操作系统中，当 32 位程序读取第一条注册表信息时，其实会重定向到第二条的键值；而 64 位程序读注册表时就不会重定向。它们之间的区别是多了一个 Wow6432Node。

```
HKEY_CLASSES_ROOT\CLSID\{825E3182-8444-4580-8A8C-965485FBF451}
HKEY_CLASSES_ROOT\Wow6432Node\CLSID\{825E3182-8444-4580-8A8C-965485FBF451}
```

目前此项目的 ProgID（ProgID 是程序员给某个 CLSID 指定的一个易记的名字）是"XAPI.COM"，对应的 CLSID 是"{825E3182-8444-4580-8A8C-965485FBF451}"，即 COM 机制会先通过 ProgID 找到对应的 CLSID，然后按 CLSID 下的设置项来启动对应的服务。将 XAPI_CSharp.exe 编译好后，使用命令 RegAsm.exe 来进行注册。

根据前面注册表重定向的规则，RegAsm.exe 也会有 64 位版和 32 位版两种，在注册时也就分别能写入 HKEY_CLASSES_ROOT\CLSID 或 HKEY_CLASSES_ROOT\Wow6432Node\CLSID 目录下。同样，MATLAB 的 64 位版或 32 位版分别读取的也是这两个注册表键值。

为了方便用户，在 XAPI2\tests\COM 目录下提供了两个版本的 RegAsm。同时提供了一个 RegCOM.bat 用来注册，内容如下：

```
@echo off
echo 此工具完成 XAPI 的 COM 版的注册
echo 单击右键、选择"以管理员方式运行"，否则无权限操作
echo 这是在 64 位注册表和 32 位注册表下都添加 COM 组件
@echo on
cd %~dp0
%~d0
x64\RegAsm.exe XAPI_CSharp.exe /nologo /codebase /tlb
x86\RegAsm.exe XAPI_CSharp.exe /nologo /codebase /tlb
pause
```

注册成功后，在 MATLAB 中可以使用 actxcontrollist 或 actxcontrolselect 查到所注册的 COM 组件。

使用 regedit 命令，可以查看前面提到的注册表键值，有三个键值特别重要。

- LocalServer32：进程外 COM 信息。
- InprocServer32：进程内 COM 信息。
- Control：在 Control 和 InprocServer32 同时存在的情况下才可以使用 actxcontrollist/ actxcontrolselect 查询。

注意：在 XAPI2\tests\COM 目录下还提供了 clear_InprocServer32.reg，内容如下：

```
Windows Registry Editor Version 5.00

[-HKEY_CLASSES_ROOT\CLSID\{825E3182-8444-4580-8A8C-965485FBF451}\InprocServer32]

[-HKEY_CLASSES_ROOT\Wow6432Node\CLSID\{825E3182-8444-4580-8A8C-965485FBF451}\InprocServer32]
```

它很重要，是在进程外运行 COM 的关键，作用是删除 InprocServer32。

13.7.2 COM 组件运行

XAPI2\languages\MATLAB\COM 目录下是调用 COM 版的示例：

```
%% 启动行情
% md = actxcontrol('XAPI.COM');
md = actxserver('XAPI.COM');
```

第 13 章 | 基于 MATLAB 的国内期货证券交易解决方案

```
% 查看所支持的事件
events(md);

md.SetLibPath(fullfile(cd,'XAPI\x86\CTP\CTP_Quote_x86.dll'));

md.SetServerInfo('BrokerID','9999');
md.SetServerInfo('Address','tcp://180.168.146.187:10010');

md.SetServerInfo('BrokerID','4040');
md.SetServerInfo('Address','tcp://yhzx-front2.yhqh.com:51213');

md.SetUserInfo('UserID','123456');
md.SetUserInfo('Password','123456');

registerevent(md,{'OnConnectionStatus' @OnMdConnectionStatus});
registerevent(md,{'OnRtnDepthMarketData' @OnRtnDepthMarketData});
% 查看注册的事件
eventlisteners(md)

md.Connect();
```

可以与前面的 .NET 版进行对比，两个版本的代码是基本类似的，只是 .NET 中对成员变量直接赋值改成了使用 SetXxx 方法。

为何使用这种方法呢？主要是在 COM 中复杂的类并不方便表示，枚举类型也无法按自己的想法表达。例如，开仓的 Open/Close 使用 1/2 来代替，使用起来肯定极不方便。

actxserver 函数用来启动 COM 组件。再通过各种 SetXxx 将一些参数设置到 COM 对象中。各种可用的字段可以参考 COM/Struct.cs 中的代码：

```
>> md = actxserver('XAPI.COM');
Error using feval
Server Creation Failed: An attempt was made to load a program with an incorrect format.

Error in actxserver (line 86)
        h=feval(['COM.' convertedProgID], 'server', machinename, interface);
```

怎么一开始就报错？其实是因为 MATLAB 与 COM 组件 XAPI_CSharp.exe 分别

属于不同的位数,如 MATLAB 是 64 位,而 XAPI_CSharp.exe 是 32 位,或者正好相反。这就奇怪了,进程外 COM 不就是由 XAPI_CSharp.exe 来调用 CTP 的库吗?如果 CTP 库是 32 位,那 XAPI_CSharp.exe 也要是 32 位才对,为什么还会报错呢?

其实问题出在了 InprocServer32。因为 MATLAB 在 InprocServer32 和 LocalServer32 都存在的情况下,优先使用 InprocServer32 即进程内 COM,所以才会报错。可以双击 clear_InprocServer32.reg 利用导入注册表的方式删除它,也可以手工删除。

导入注册表文件一般都是用来添加键值的,怎么还可以用于删除?这是一种特殊的用法。注意 HKEY_CLASSES_ROOT 前有一个 "-",用它来实现删除操作。

删除后再使用 actxcontrollist 或 actxcontrolselect,变成查不到此组件了。

删除后再来运行 md = actxserver('XAPI.COM'),这次弹出了一个黑色控制台窗口,表示以进程外 COM 启动成功。不要关闭它。此时打开进程管理器,可以看到 XAPI_CSharp.exe 进程正在运行。

再运行后面的代码,发现报错:

```
>> md.Connect();
Error using COM.XAPI_COM/Connect
```

前面启动 COM 后,后面都是设置地址与账号信息,不大可能立即报错,就算报错也应当是报连接账号信息错误,一定是出现了很严重的底层错误。再认真看一下,发现是因为 md.SetLibPath 的地址设置错误,上面设置的路径处不存在指定的 .dll,将地址修改正确即可。

13.7.3 COM 事件注册

仅运行 COM 还不够,还需要接收 COM 通知过来的事件。

```
% 查看所支持的事件
events(md);

% 注册
registerevent(md,{'OnConnectionStatus' @OnMdConnectionStatus});
registerevent(md,{'OnRtnDepthMarketData' @OnRtnDepthMarketData});

% 查看注册的事件
eventlisteners(md)
```

以上是三个关键的函数，使用 events 函数查看当前组件支持哪些事件，通过 registerevent 函数注册好后，可以通过 eventlisteners 函数查看注册的结果。导出的事件对应代码 XAPI_CSharp/COM/ IXApiEvents.cs。

再来看看事件处理函数的代码：

```
function OnMdConnectionStatus(varargin)

% varargin 中每个 cell 的意思请参考 doc 中的 COM Event Handlers
event_struct = varargin{1,end-1};
sender = event_struct.sender;
status = event_struct.status_String;

disp(status);

if strcmp(status,'Done')
    sender.Subscribe('IF1608;IF1609;IF1612;ag1609','');
end

end
```

可以发现，它与 .NET 版本的代码基本类似。我们通过 varargin 得到传入的所有参数，其中倒数第二个 cell 就是事件的 struct 信息，只对它进行处理即可。为何是取倒数第二个 cell 呢？进入 Doc 中查找 COM Event Handlers 便可明白，这里不再赘述。

观察上面的代码，为何 status_String 这个字段看起来这么别扭？其实还有一个 Status 字段。这里的 Status 就是在 .NET 中提到的连接状态，是一个枚举类型，但在 COM 中只能转换成数字，而数字的辨识度太差，所以同时给出一个字符串。其他的枚举类型也都是同样的处理方式。

订阅成功后，行情处理函数如下：

```
function OnRtnDepthMarketData(varargin)
% 行情回报

% 打印行情
event_struct = varargin{1,end-1};
marketData = event_struct.marketData;

disp(marketData.Symbol);
disp(marketData.InstrumentID);
disp(marketData.ExchangeID);
disp(marketData.LastPrice);
```

```
disp(marketData.AskPrice1);
disp(marketData.BidPrice1);

end
```

再来看看事件处理函数的代码，其中 InstrumentID 与 ExchangeID 是由所调用的 API 直接返回的，CTP 的期货接口 ExchangeID 字段是空值，而 Symbol 是将 InstrumentID 与 ExchangeID 合并成一个字符串。合并成一个字段的好处是，上层用户可以将 Symbol 当成唯一符号直接存到字典这类数据结构中，方便使用。

13.7.4 下单

下单的方法也是需要先创建一个 Order 对象，然后再对它进行各种参数的设置。有哪些字段可以设置？每个字段又有哪些参数呢？可以参考 XAPI_CSharp\COM 目录下 Struct.cs 中的 OrderClass 类。但对于其中的枚举可以用哪些参数呢？这下就只能用 Visual Studio 打开 XAPI_CSharp\Struct.cs，找到结构体 OrderField，在对应的枚举类型上按 F12 键跳转到对应的地方查看可用的参数。

枚举类型在填写参数时都使用字符串，底层会将字符串解析成对应的值，所以枚举的字符串不要写错，大小写必须与按 F12 键看到的完全一样。

```
function OrderRef = BuyLimit(td,Instrument,Qty,Price)

td.NewOrder();
td.SetOrder('InstrumentID',Instrument);
td.SetOrder('ExchangeID','');
td.SetOrder('Type','Limit');
td.SetOrder('Side','Buy');
td.SetOrder('Qty',Qty);
td.SetOrder('Price',Price);
td.SetOrder('OpenClose','Open');
td.SetOrder('HedgeFlag','Speculation');

OrderRef = td.SendOrder();

end
```

不同于 .NET 版，COM 版中委托回报代码中不需要处理中文显示乱码问题，在底层已经转换完成。如下面的 order.Text，如果使用 .NET 版，则只能写成 Extensions_GBK.Text(order)。

```
function OnRtnOrder(varargin)

event_struct = varargin{1,end-1};
order = event_struct.order;

% 打印内容
disp(order.InstrumentID);
disp(order.Status_String);
disp(order.ExecType_String);
disp(order.OpenClose_String);
disp(order.Text);

disp(order.LocalID);
disp(order.ID);

end
```

撤单与 .NET 版完全一样，参考前面的示例即可。

13.8　MATLAB 对接证券接口

证券接口的开放性有些不够，金证、金仕达、恒生、根网、顶点、飞创都有证券柜台，其中不少都支持 FIX，但目前只有国信证券、方正证券向公众提供了 FIX 接口。2012 年下半年，上期技术推出了 CTP 证券接口。2014 年年初，华宝证券推出了自己的 LTS。2015 年，飞创也推出了证券接口。

如果想对接 LTS 证券，XAPI 相对于其他封装接口的优势马上就显现出来了。下面分别看一下有区别的地方。

.NET 版：

```
% 调用的路径指定 LTS 的 C 封装
md = XApiWrapper(fullfile(cd,'XAPI\x86\LTS_v2\LTS_Quote_v2_x86.dll'));

% 修改地址与账号为 LTS 服务器的地址和账号

% 看情况决定是否设置授权码

% 订阅时指定交易所
md.Subscribe('000001;000002','SZE');
```

```matlab
% 下单时指定交易所
order = XAPI.OrderField;
order.InstrumentID = Instrument;
order.ExchangeID = 'SZE';

OrderRef = td.SendOrder(order);
```

COM 版：

```matlab
% 调用的路径指定 LTS 的 C 封装
md = actxserver('XAPI.COM');
md.SetLibPath(fullfile(cd,'XAPI\x86\LTS_v2\LTS_Quote_v2_x86.dll'));

% 修改地址与账号为 LTS 服务器的地址和账号

% 看情况决定是否设置授权码

% 订阅时指定交易所
md.Subscribe('000001;000002','SZE');

% 下单时指定交易所
td.NewOrder();
td.SetOrder('InstrumentID',Instrument);
td.SetOrder('ExchangeID','SZE');

OrderRef = td.SendOrder();
```

2015 年"股灾"后，证监会打击"配资"，基本上股票接口已经封锁完了。

在网友的帮助和期待下，XAPI 2 项目中集成了某证券接口，测试代码如下：

```matlab
% 调用的路径指定 Tdx 的 C 封装
md = actxserver('XAPI.COM');
md.SetLibPath(fullfile(cd,'XAPI\x86\Tdx\Tdx_Trade_x86.dll'));
```

此接口是试用版，会自动在同目录下生成两个授权文件，每次登录可以下 5 单，超过 5 单会提示失败。一周后过期了可以删除授权文件继续试用。

13.9 MATLAB 对接个股期权接口

LTS 能接入个股期权，但门槛太高，而 13.7 节提到的变通接口在处理个股期权时又太不方便了，主要原因是，委托与成交回报不是由柜台主动推送过来的，而是通过 API 主动查询后分析出订单状态变化。

所以还是有必要介绍一下其他接口。证券公司的个股期权接口被限制后，现在只好去期货公司开个股期权账号进行交易。在这里介绍金仕达的个股期权接口。

test_Kingstar.m 是一个示例。对比一下代码会发现，只是引用的 .dll、服务器和账号不同，其他代码没有区别。

但其实还有一个必须注意的地方，否则无法登录。金仕达接口需要授权证书才能使用，这需要找对应的经纪公司客户经理或技术人员申请。但金仕达接口授权只能从当前主程序所在目录下查找，这下就比较尴尬了。

以 .NET 或进程内 COM 方式运行接口：

```
% 调用的路径指定 Kingstar 的 C 封装
md = XApiWrapper(fullfile(cd,'XAPI\x86\Kingstar\Kingstar_Quote_x86.dll'));
```

许多人以为 MATLAB 双击后运行的主程序是 MATLAB\R2015b\bin\matlab.exe，所以把授权文件 KSInterB2C.lkc 复制到此目录下，但会发现还是无法登录，特别是金仕达找不到授权文件报的错。其实不是找不到授权文件，而是提示授权文件无效，容易让人误解经纪公司提供了一个错误的授权文件。

事实是这个 matlab.exe 只是一个启动器，它启动了其后的另一个主程序 MATLAB\R2015b\bin\win32\MATLAB.exe，应当将授权文件放于此目录下。

这只是笔者计算机中的目录。用户自己如何确定主程序目录呢？打开 MATLAB 程序，然后打开任务管理器，找到 MATLAB 进程，通过右键打开文件位置即可定位到主程序所在路径。

以进程外 COM 运行接口：

```
% 调用的路径指定 Kingstar 的 C 封装
md = actxserver('XAPI.COM');
md.SetLibPath(fullfile(cd,'XAPI\x86\Kingstar\Kingstar_Quote_x86.dll'));
```

很明显，它与 MATLAB 是两个进程，哪个进程实际加载金仕达的接口呢？XAPI_CSharp.exe 便是。若不知道这个.exe 文件在哪里，在启动 actxserver('XAPI.COM') 后，打开任务管理器来定位即可。

第 14 章　构建基于 MATLAB 的回测系统

在量化投资中，定量投资模型的设计好坏无疑是成功的关键。单纯从数学角度来看，一个交易系统（交易模型）仅仅是一个从行情序列到资金曲线的映射：

$$f(ts, para)=E$$

式中，f 是一个交易系统，ts 是某一个投资标的的行情时间序列，$para$ 是交易系统的参数组，E 是资金曲线。如果 f 可以解析表达出来，那么就可以使用泛函分析等数学工具直接在理论层面来研究 f 的一些性质，如连续性、稳健性、对参数的敏感性等。不过实际投资中的交易系统大多数没有显性解析表达式，只能通过数值回测给出该交易系统的表现，通过对资金曲线 E 的一些再处理，可以得到一些评价指标，如年化收益率、夏普比率、最大回撤等，通过这些指标，可以从一定角度来窥探这个交易系统的性能。本章的主要目的是，使用 MATLAB 构建回测系统，并对任意的交易系统进行回测。本章实现的回测平台主要针对的是期货市场的交易品种，对股票、期权、外汇等交易标的暂未做深入讨论。

使用 MATLAB 可以构建更加精细化、自由化的测试交易模型。关于 MATLAB 进行回测的优劣与其他平台语言的对比这里不做过多说明。无论是 MATLAB 还是其他平台语言都仅仅是一个工具，工具的作用是帮助我们快速地实现模型测试来检验模型历史表现的好坏，工具本身并不能帮我们赚钱，投资、量化投资的核心还是策略模型背后的交易逻辑。

14.1　基于 MATLAB 的量化回测平台框架介绍

14.1.1　回测平台实现细节思考

量化投资进行回测的目的是，尽可能真实地还原实际交易过程，进而检测策略的表现。

在介绍回测平台架构前，先对一些相关细节问题进行讨论和思考。

1. 回测标的的选取

与股票数据不同，由于期货不同月份的合约会到期交割，所以相应品种的数据并不连续，那么进行回测时选取什么回测标的呢？有很多种方法将相关品种的期货合约连接起来形成连续数据，但哪种才是比较合理的？

回到实际交易本身，采取不同类型的交易策略（震荡类、对冲类）会有不同选择，这里仅就单边趋势类策略而言，采取单边趋势类策略的大多数投资者会在相关品种的主力合约上进行交易。这里有一个问题：怎么定义"主力合约"？只要给出"主力合约"的定义，那么回测标的的选取就有了答案，即用"主力连续合约"进行回测，这样能真实地反映实际交易过程。主力连续合约的构造按照主力合约的定义给出，比如可以按照成交量×持仓量的最大值来定义主力合约：假设有 A、B、C、D 4 个同一品种不同月份的期货合约，现把这几个不同月份的合约进行连接，设 T 为时间轴，在第 T_i 天计算成交量×持仓量，该值最大的合约为主力合约。但该换月过程不向后换月，只向前换月，即若某一合约 K（属于 A、B、C、D 中的一个）在 T_k 天前做过主力合约，在第 T_k 天换月后的某一天 K 合约的成交量×持仓量为最大值，此时忽略 K。

上面是主力连续合约构造的方式之一，也有一些量化交易员使用某一品种所有合约的加权平均的指数作为回测标的，或者采用在指数上触发信号，在主力合约上交易进行回测的方法。

2. 冲击成本的估计

冲击成本是回测中的未知量，其大小理论上与市场的深度和广度相关，最好的估计方式是，积累大量的实盘交易记录，进而估计某一品种的实际冲击成本的大小。一

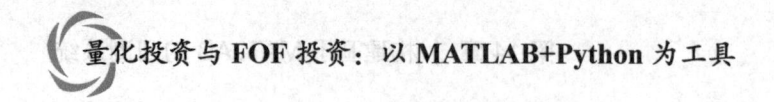

一般而言，流动性好的品种使用 1~2 跳（跳是交易品种基本变动单位）作为冲击成本的估计，流动性不好的品种需要更大的冲击成本。

需要说明的是，冲击成本并不一定对交易系统不利，依据不同的交易思路和策略设计，可能会出现负冲击成本的情况。

3. 手续费的设置

手续费一般是固定的成本，为了严格一些，可以将手续费设得大些，比如设成交易所手续费的 1.5~3 倍。当然也没有必要将手续费设置得过高，因为所有的策略模型在手续费趋于无穷大时都会崩溃，而且手续费设置得过高，会淹没策略本身的某些细节。关于策略对手续费的敏感性，可以单独做敏感性压力测试。

4. 交易系统的评价

全面地评价一个交易系统是很复杂的事情，并不是用几个简单的指标就能很好描述的，有时可以考虑构建一个综合指标来考察交易系统的性能。

当然，检验交易系统的最佳方法就是"实战"，实盘能更加真实地反映某一策略在市场上的表现。

14.1.2 回测平台框架

一个通用的基于 MATLAB 的期货量化回测平台应该具有如下一些特性。

（1）可以实现日内和隔夜策略的回测。

（2）可以实现低频和高频策略的回测。

（3）可以实现简单和复杂策略的回测。

（4）具有丰富的图形展示，可以自动保存相关图形文件。

（5）可以自动生成 Excel 文件，保存交易记录、统计指标、资金流、累计平仓盈亏等数据。

（6）可以实现多目标函数与自定义目标函数参数寻优，以及 2D、3D 参数分布图形展示。

整体的量化回测平台大致框架如图 14-1 所示。

第 14 章 ｜ 构建基于 MATLAB 的回测系统

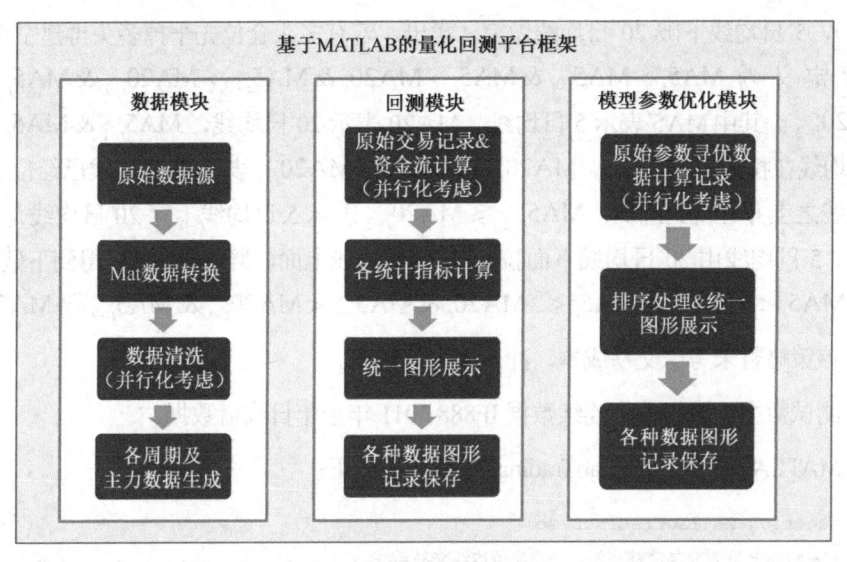

图 14-1 量化回测平台框架

在数据模块中，通过 .mat 数据格式转换后，MATLAB 直接调用 .mat 文件会比从第三方的数据源（数据库）调用数据更加高效，数据的存储格式推荐直接使用 double 型的矩阵。对于大数据量的回测，不建议使用 struct、dataset 等复杂的数据格式。虽然 struct、dataset 等复杂的数据格式在数据的操作上会稍微方便一些，但在进行大数据量的回测时，这些复杂的数据格式的访问（读/写）会比 double 型的耗时很多。

在回测模块中，可以分别实现计算和图形展示，这样系统耦合性不高、扩展性强。

在模型参数寻优模块中，可以考虑使用并行计算（相关 MATLAB 函数 matlabpool、parfor）进行参数寻优，以提高效率。事实上，在数据模块的数据清洗中，也可以考虑并行化的计算处理，这样可以在很大程度上提高整体的工作效率。

这里给出的回测平台框架仅供参考，具体实现时可以根据不同的平台需求进行相关的细节设计。

14.2 简单均线系统的 MATLAB 实现

这里给出一个简单的均线系统并使用 MATLAB 进行回测的展示，一窥使用 MATLAB 进行回测的大体步骤。

交易策略：5 日均线上穿 20 日均线做多（买入，若有空头仓位先平掉空头再建多头），5 日均线下破 20 日均线做空（卖出，若有多头仓位先平掉多头再建空头），上穿定义为 $MA5_t > MA5_{t-1}$ & $MA5_t > MA20_t$ & $MA5_{t-1} > MA20_{t-1}$ & $MA5_{t-2} \leq MA20_{t-2}$。其中 MA5 表示 5 日均线，MA20 表示 20 日均线，$MA5_{t-1}$ & $MA5_t$ 表示 5 日均线在拉升；$MA5_t > MA20_t$ & $MA5_{t-1} > MA20_{t-1}$ 表示 5 日均线已经位于 20 日均线之上并且得到确认；$MA5_{t-2} \leq MA20_{t-2}$ 表示 5 日均线上穿 20 日均线是一个动作，5 日均线由 20 日均线下面拉升到 20 日均线上面。类似的，可以得到下破定义为：$MA5_t < MA5_{t-1}$ & $MA5_t < MA20_t$ & $MA5_{t-1} < MA20_{t-1}$ & $MA5_{t-2} \geq MA20_{t-2}$。

该策略暂未考虑交易成本、冲击成本等影响。

测试数据：股指主力连续数据 IF888 2011 年全年日收盘数据。

MATLAB 代码（MatlabTradingDemo.m）如下：

```
function MatlabTradingDemo
% MATLAB 开发交易策略范例：一个简单均线交易系统
% by LiYang 2014/05/01 farutliyang@foxmail.com

%% 清空工作空间、命令窗口
clc;clear;
close all;
format compact;
%% 载入测试数据：股指连续IF888 2011年全年数据
load IF888-2011.mat
IFdata = IF888(:,2);
%% 选择短期5日均线、长期20日均线
ShortLen = 5;
LongLen = 20;
[MA5, MA20] = movavg(IFdata, ShortLen, LongLen);
MA5(1:ShortLen-1) = IFdata(1:ShortLen-1);
MA20(1:LongLen-1) = IFdata(1:LongLen-1);

scrsz = get(0,'ScreenSize');
figure('Position',[scrsz(3)*1/4 scrsz(4)*1/6 scrsz(3)*4/5 scrsz(4)]*3/4);
plot([IFdata,MA5,MA20]);
grid on;
legend('IF888','MA5','MA20','Location','Best');
title('交易策略回测过程','FontWeight', 'Bold');
hold on;
%% 交易过程仿真

% 仓位 Pos = 1, 多头1手; Pos = 0, 空仓; Pos = -1, 空头1手
Pos = zeros(length(IFdata),1);
```

```matlab
% 初始资金
InitialE = 50e4;
% 日收益记录
ReturnD = zeros(length(IFdata),1);
% 股指乘数
scale = 300;

for t = LongLen:length(IFdata)
    
    % 买入信号：5日均线上穿20日均线
    SignalBuy = MA5(t)>MA5(t-1) && MA5(t)>MA20(t) && MA5(t-1)>MA20(t-1) && MA5(t-2)<=MA20(t-2);
    % 卖出信号：5日均线下破20日均线
    SignalSell = MA5(t)<MA5(t-1) && MA5(t)<MA20(t) && MA5(t-1)<MA20(t-1) && MA5(t-2)>=MA20(t-2);
    
    % 买入条件
    if SignalBuy == 1
        % 空仓开多头1手
        if Pos(t-1) == 0
            Pos(t) = 1;
            text(t,IFdata(t),' \leftarrow开多1手','FontSize',8);
            plot(t,IFdata(t),'ro','markersize',8);
            continue;
        end
        % 平空头开多头1手
        if Pos(t-1) == -1
            Pos(t) = 1;
            ReturnD(t) = (IFdata(t-1)-IFdata(t))*scale;
            text(t,IFdata(t),' \leftarrow平空开多1手','FontSize',8);
            plot(t,IFdata(t),'ro','markersize',8);
            continue;
        end
    end
    
    % 卖出条件
    if SignalSell == 1
        % 空仓开空头1手
        if Pos(t-1) == 0
            Pos(t) = -1;
```

```matlab
            text(t,IFdata(t),' \leftarrow开空1手','FontSize',8);
            plot(t,IFdata(t),'rd','markersize',8);
            continue;
        end
        % 平多头开空头1手
        if Pos(t-1) == 1
            Pos(t) = -1;
            ReturnD(t) = (IFdata(t)-IFdata(t-1))*scale;
            text(t,IFdata(t),' \leftarrow平多开空1手','FontSize',8);
            plot(t,IFdata(t),'rd','markersize',8);
            continue;
        end
end


% 每日盈亏计算
if Pos(t-1) == 1
    Pos(t) = 1;
    ReturnD(t) = (IFdata(t)-IFdata(t-1))*scale;
end
if Pos(t-1) == -1
    Pos(t) = -1;
    ReturnD(t) = (IFdata(t-1)-IFdata(t))*scale;
end
if Pos(t-1) == 0
    Pos(t) = 0;
    ReturnD(t) = 0;
end


% 最后一个交易日如果还有持仓,则进行平仓
if t == length(IFdata) && Pos(t-1) ~= 0
    if Pos(t-1) == 1
        Pos(t) = 0;
        ReturnD(t) = (IFdata(t)-IFdata(t-1))*scale;
        text(t,IFdata(t),' \leftarrow平多1手','FontSize',8);
        plot(t,IFdata(t),'rd','markersize',8);
    end
    if Pos(t-1) == -1
        Pos(t) = 0;
        ReturnD(t) = (IFdata(t-1)-IFdata(t))*scale;
        text(t,IFdata(t),' \leftarrow平空1手','FontSize',8);
```

```matlab
            plot(t,IFdata(t),'ro','markersize',8);
        end
    end
end
%% 累计收益
ReturnCum = cumsum(ReturnD);
ReturnCum = ReturnCum + InitialE;
%% 计算最大回撤
MaxDrawD = zeros(length(IFdata),1);
for t = LongLen:length(IFdata)
    C = max( ReturnCum(1:t) );
    if C == ReturnCum(t)
        MaxDrawD(t) = 0;
    else
        MaxDrawD(t) = (ReturnCum(t)-C)/C;
    end
end
MaxDrawD = abs(MaxDrawD);
%% 图形展示
scrsz = get(0,'ScreenSize');
figure('Position',[scrsz(3)*1/4 scrsz(4)*1/6 scrsz(3)*4/5 scrsz(4)]*3/4);
subplot(3,1,1);
plot(ReturnCum);
grid on;
axis tight;
title('收益曲线','FontWeight', 'Bold');


subplot(3,1,2);
plot(Pos,'LineWidth',1.8);
grid on;
axis tight;
title('仓位','FontWeight', 'Bold');


subplot(3,1,3);
plot(MaxDrawD);
grid on;
axis tight;
title(['最大回撤(初始资金',num2str(InitialE/1e4),'万)'],'FontWeight', 'Bold');
```

最终回测结果如图 14-2 和图 14-3 所示。

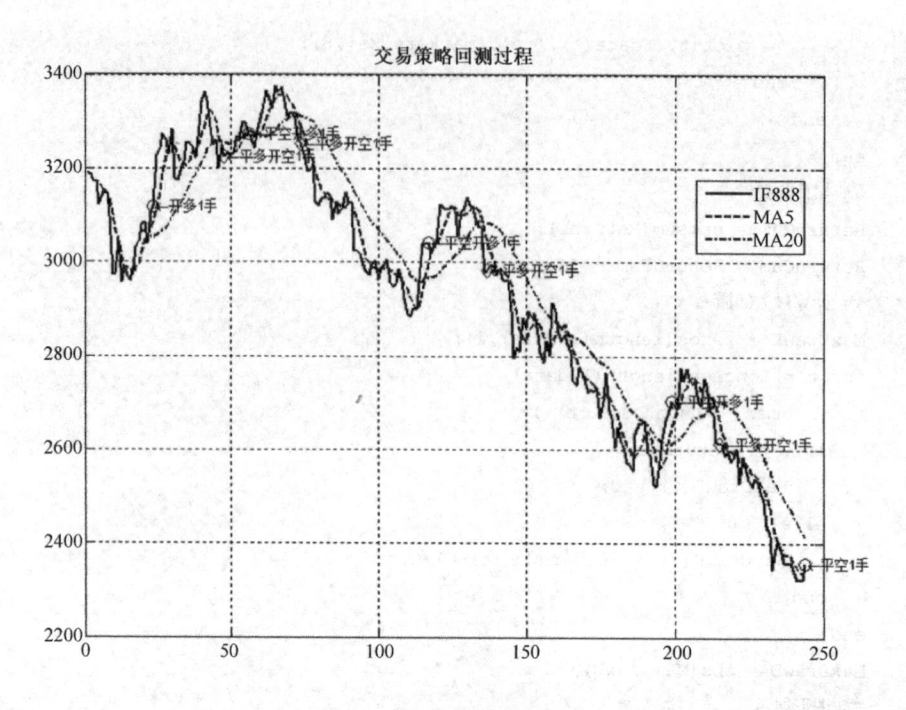

图 14-2 交易策略回测信号

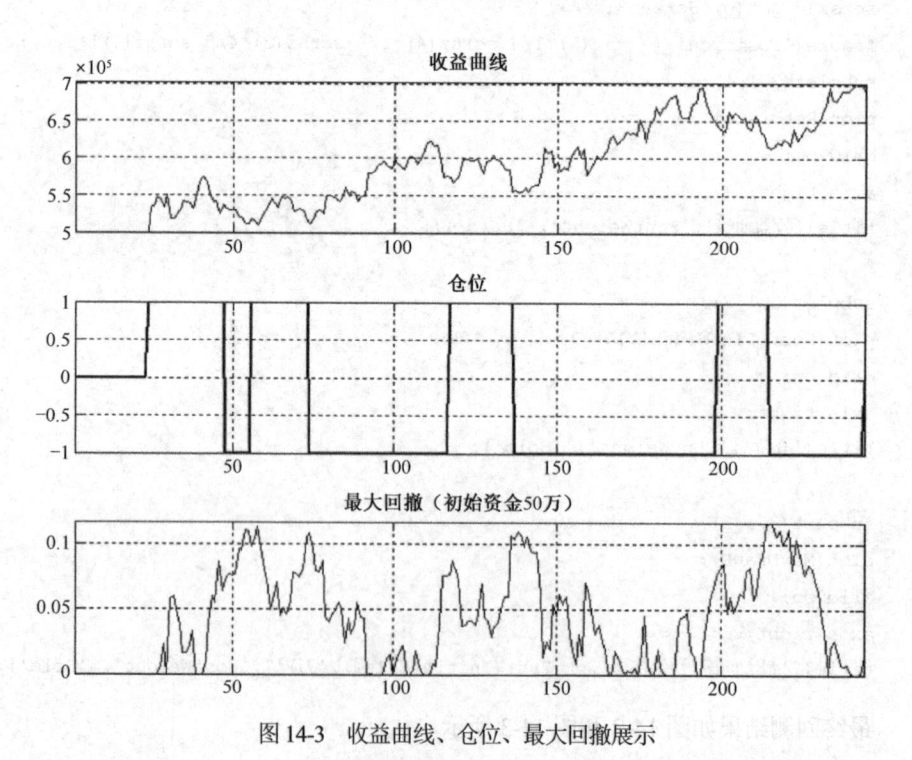

图 14-3 收益曲线、仓位、最大回撤展示

从上面简单均线系统的 MATLAB 回测展示可以看出，一个完整的交易系统回测

需要生成相应的交易信号，进而计算相应的资金流和仓位记录，最后给出相应的图形化显示结果。

14.3 基于 MATLAB 的策略回测模板样例

本节给出一个复杂一些的基于 MATLAB 的策略回测模板样例，读者只需对该模板稍加改造，就可以用来回测其他策略。

14.3.1 模板结构

策略回测模板由三部分组成：数据准备、回测计算和策略评价。

数据准备部分的主要功能是从数据库中提取数据并进行整理。数据存储在 SQL Server 数据库中，通过 ODBC 进行连接。本模板中使用的数据为期货数据，每个品种的每个周期对应一张表，如 RB888_M15 表示螺纹钢连续数据，周期为 15 分钟。每张表中有 7 个字段，分别为日期时间（Date）、开盘价（Open）、最高价（High）、最低价（Low）、收盘价（Close）、成交量（Volume）和持仓量（OpenInterest）。

回测计算部分的主要功能是，对策略进行仿真测试，包括定义主要参数和变量、指标计算、开仓/平仓和止损/止盈等内容。首先，对策略回测需要用到的主要参数和变量进行定义，虽然这不是必需的，但能使使用者做到心中有数。然后做一些预计算，如一些指标的计算。最后，利用预计算的数据进行仿真计算，包括开仓、平仓、止损和止盈等。

策略评价部分是对回测计算部分的总结，该部分能自动将交易记录和资产损益情况输出到外部 Excel 中，并通过计算净利率等一系列指标进行交易汇总。

14.3.2 相关回测变量和指标的定义

在回测实现中，会涉及一些相关的变量和指标，具体的定义如表 14-1 所示。

表 14-1 回测变量和指标的定义

交易成本	建仓价格×交易单位×手数×成本比率+平仓价格×交易单位×手数×成本率
净利	多头：(平仓价格－建仓价格)×交易单位×手数－建仓价格×交易单位×手数×成本比率－平仓价格×交易单位×手数×成本率
	空头：(建仓价格－平仓价格)×交易单位×手数－建仓价格×交易单位×手数×成本比率－平仓价格×交易单位×手数×成本率
累计净利	净利的累计求和
收益率	净利/(建仓价格×交易单位×手数×保证金率)
累计收益率	收益率的累计求和
多头保证金	当前 Bar 收盘价×交易单位×手数×保证金率
空头保证金	当前 Bar 收盘价×交易单位×手数×保证金率
静态权益	持有合约、不持有合约、开仓时：静态权益=上一根 Bar 的静态权益
	平多头时：静态权益=上一根 Bar 的静态权益+(平仓价格－建仓价格)×交易单位×手数－买卖成本
静态权益	平空头时：静态权益=上一根 Bar 的静态权益+(建仓价格－平仓价格)×交易单位×手数－买卖成本
动态权益	多头时：动态权益=静态权益+(收盘价－建仓价)×交易单位×手数（不用减交易成本，因为静态权益中已经考虑过了）
	空头时：动态权益=静态权益+(建仓价－收盘价)×交易单位×手数
	空仓时：动态权益=静态权益
可用资金	可用资金=动态权益－占用保证金
净利润	Σ 净利
总盈利	Σ 大于 0 的净利
总亏损	Σ 小于 0 的净利
总盈利/总亏损	Σ 大于 0 的净利/Σ 小于 0 的净利
盈利比率	盈利手数/总交易手数
平均利润	净利润/交易手数
平均盈利	总盈利金额/盈利交易手数
平均亏损	总亏损金额/亏损交易手数
平均盈利/平均亏损	平均盈利/平均亏损
持仓时间比例	持仓 Bar 数量/总 Bar 数量
持仓时间（天）	总交易时间×持仓时间比例
收益率（%）	净利润/初始资金
有效收益率（%）	净利润/最大使用资金
年化收益率（按 365 天算，%）	(1+有效收益率)^(365/持仓时间)×100%
年度收益率（按 240 天算，%）	(1+有效收益率)^(240/持仓时间)×100%
年度收益率（按日算，%）	mean(日收益率)×365×100%

续表

年度收益率（按周算，%）	mean(周收益率)×52×100%
年度收益率（按月算，%）	mean(月收益率)×12×100%
年度夏普比率 （按日算，%）	[mean(日收益率)×365−无风险收益率]/[std(日收益率)×sqrt(365)]
年度夏普比率 （按周算，%）	[mean(周收益率)×52−无风险收益率]/[std(周收益率)×sqrt(52)]
年度夏普比率 （按月算，%）	[mean(月收益率)×12−无风险收益率]/[std(月收益率)×sqrt(12)]
最大回撤比例（%）	回撤比例绝对值最大值×100%

14.3.3 策略描述

待回测的交易系统基于布林通道（Bollinger Band）原理，是一个趋势追踪系统。布林通道根据该指标的创立者约翰·布林格（John Bollinger）的姓命名，是研判价格运动趋势的一种技术分析工具。一般而言，价格的运动总是围绕某一价值中枢（如均线、成本线等）在一定范围内波动，布林线指标在上述条件的基础上引进了"价格通道"的概念，其认为价格通道的宽窄随着价格波动幅度的大小变化，而且价格通道具有变异性，会随着价格的变化自动调整。当价格突破上轨时，说明价格有向上的动力；当价格跌破下轨时，说明价格有向下的动力。为了过滤掉一些虚假信号，本策略用ROC指标进行过滤。ROC（Rate Of Change）指标又叫变动速率指标，是一种研究价格变动动力大小的中短期技术分析工具。ROC指标是利用物理学上的加速度原理，以当前 Bar 的收盘价和 N 周期前的收盘价进行比较，通过计算价格在某一段时间内收盘价变动的速率，应用价格的波动来测量价格移动的动量，衡量多空双方买卖力量的强弱，达到分析预测价格的趋势及是否具有转势意愿的目的。

本策略为非多即空策略（正反手策略），暂不进行止损/止盈设计，入场及出场条件为：ROC 大于 0 且价格突破布林带上轨就开多仓；ROC 小于 0 且价格跌破布林带下轨就开空仓。其中 Boll 指标和 ROC 指标可由 BOLL.m 和 ROC.m 两个函数实现。

BOLL.m 函数的 MATLAB 代码如下：

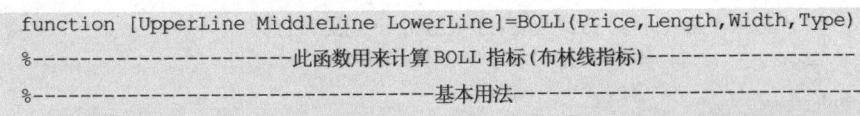

```
function [UpperLine MiddleLine LowerLine]=BOLL(Price,Length,Width,Type)
%-----------------------此函数用来计算BOLL指标(布林线指标)-------------------
%---------------------------------基本用法-----------------------------
%   (1) 当股价在中轨与上轨之间时为多头市场，当股价在中轨与下轨之间时为空头市场
%   (2) 当股价由下向上穿越下轨（或中轨）时，是买进（或加速买仓）信号；当股价由上向下穿越上轨
(或中轨)时，是卖出信号
```

```
%--------------------------------调用函数------------------------------
%[UpperLine MiddleLine LowerLine]=BOLL(Price,Length,Width,Type)
%----------------------------------参数--------------------------------
% Price: 价格序列，常用收盘价
% Length: 计算移动平均的长度，常用20
% Width: 计算布林线上轨和下轨的宽度，即多少个标准差，常用2
% Type: 计算移动平均值的类型，0 为简单移动平均，1 为指数移动平均，默认为0
%----------------------------------输出--------------------------------
% UpperLine: 上轨
% MiddleLine: 中轨
% LowerLine: 下轨

if nargin==3
    Type=0;
end
MiddleLine=zeros(length(Price),1);
UpperLine=zeros(length(Price),1);
LowerLine=zeros(length(Price),1);
% 使用简单移动平均线
if Type==0
    MiddleLine=MA(Price,Length);
    UpperLine(1:Length-1)=MiddleLine(1:Length-1);
    LowerLine(1:Length-1)=MiddleLine(1:Length-1);
    for i=Length:length(Price)
        UpperLine(i)=MiddleLine(i)+Width*std(Price(i-Length+1:i));
        LowerLine(i)=MiddleLine(i)-Width*std(Price(i-Length+1:i));
    end
end
% 使用指数移动平均线
if Type==1
    MiddleLine=EMA(Price,Length);
    UpperLine(1:Length-1)=MiddleLine(1:Length-1);
    LowerLine(1:Length-1)=MiddleLine(1:Length-1);
    for i=Length:length(Price)
        StanDev(i)=sqrt(sum((Price(i-Length+1:i)-MiddleLine(i)).^2)/Length);
        UpperLine(i)=MiddleLine(i)+Width*StanDev(i);
        LowerLine(i)=MiddleLine(i)-Width*StanDev(i);
    end
end
end
```

ROC.m 函数的 MATLAB 代码如下：

```
function ROCValue=ROC(Price,Length)
%----------------------此函数用来计算ROC指标(变动速率)----------------------
%----------------------------------基本用法----------------------------------
%  (1)当ROC线从下往上突破0线时，表明价格的变动动力由下跌动力转为上升动力，多方力量开始强
于空方力量，价格将进入强势区域，是较强的买入信号
%  (2)当ROC线从上向下跌破0线时，表明价格的变动动力由上涨动力转为下跌动力，空方力量开始强
于多方力量，价格将进入弱势区域，是较强的卖出信号
% 该指标和MTM的原理很相似，更多用法查看相关参考
% ----------------------------------调用函数----------------------------------
% ROCValue=ROC(Price,Length)
%----------------------------------参数----------------------------------
% Price: 价格序列，常用收盘价序列
% Length: 计算ROC所考虑的周期，常用12
%----------------------------------输出----------------------------------
% ROCValue: 变动速率
ROCValue=zeros(length(Price),1);
ROCValue(Length+1:end)=(Price(Length+1:end)-Price(1:end-Length))./...
    Price(1:end-Length)*100;
end
```

更多有关技术分析的指标讲解和 MATLAB 代码，可以参考本书其他章节和如下帖子：

《MATLAB 技术分析指标工具箱（近 40 个函数）》，MATLAB 技术论坛。

14.3.4 数据准备

模板通过 ODBC 连接 SQL Server 数据库，连接前需要配置数据源，下述代码中的"Futures_matlab"即配置的数据源。这里待使用的数据已经事先从数据库读取好存储在 data.mat 文件中，可直接载入。

MATLAB 实现代码如下：

```
%% --提取数据--
% user=input('请输入数据库用户名：',',','s');
% password=input('请输入数据库密码：',',','s');
% commodity=input('请输入商品(如RB888)：',',','s');
% Freq=input('请输入周期(如M5)：',',','s');
% conna=database('Futures_matlab',user,password);
% cursor=exec(conna,strcat('select * from ',32,commodity,'_',Freq)); % 32是
指空格的ASCII码
```

```
% cursor=fetch(cursor);
% data=cursor.Data;
commodity = 'RB888';
Freq = 'M15';
load data.mat;
Date=datenum(data(:,1));                    % 日期时间
Open=cell2mat(data(:,2));                   % 开盘价
High=cell2mat(data(:,3));                   % 最高价
Low=cell2mat(data(:,4));                    % 最低价
Close=cell2mat(data(:,5));                  % 收盘价
Volume=cell2mat(data(:,6));                 % 成交量
OpenInterest=cell2mat(data(:,7));           % 持仓量
```

测试数据为螺纹钢（RB）主力连续15分钟周期数据，数据抬头为日期时间、开盘价、最高价、最低价、收盘价、成交量和持仓量，测试数据部分截图如图14-4所示。

	1	2	3	4	5	6	7
1	'2009-03-27 09:00:00.0'	3543	3663	3543	3587	57820	25682
2	'2009-03-27 09:15:00.0'	3586	3623	3582	3603	40506	34082
3	'2009-03-27 09:30:00.0'	3602	3606	3591	3592	25874	41274
4	'2009-03-27 09:45:00.0'	3591	3597	3581	3585	26624	45822
5	'2009-03-27 10:00:00.0'	3586	3595	3583	3593	14956	46478
6	'2009-03-27 10:30:00.0'	3593	3602	3586	3589	18020	50450
7	'2009-03-27 10:45:00.0'	3589	3598	3586	3594	13094	50376
8	'2009-03-27 11:00:00.0'	3594	3597	3590	3592	10538	49460
9	'2009-03-27 11:15:00.0'	3592	3592	3523	3540	28592	49864
10	'2009-03-27 13:30:00.0'	3540	3565	3513	3535	28598	51746
11	'2009-03-27 13:45:00.0'	3535	3545	3521	3537	17984	51170
12	'2009-03-27 14:00:00.0'	3539	3548	3529	3541	11986	51488
13	'2009-03-27 14:15:00.0'	3540	3545	3528	3538	9872	50588

图14-4　测试数据部分截图

14.3.5　回测计算

首先需要定义回测相关的主要参数和变量。需要说明的是，这里的参数本质上也是变量，只不过单独进行某一回测时其取值不变（常量）。MATLAB的相关代码如下：

```
%% --定义参数（常量）--
% 策略参数
Slip=2;                                     % 滑点
BollLength=50;                              % 布林线长度
Offset=1.25;                                % 布林线标准差倍数
```

```matlab
ROCLength=30;                                    % ROC 的周期数

% 品种参数
MinMove=1;                                       % 商品的最小变动量
PriceScale=1;                                    % 商品的计数单位
TradingUnits=10;                                 % 交易单位
Lots=1;                                          % 交易手数
MarginRatio=0.07;                                % 保证金率
TradingCost=0.0003;                              % 交易费用设为成交金额的万分之三
RiskLess=0.035;                                  % 无风险收益率(计算夏普比率时需要)

%% --定义变量--

% 策略变量
UpperLine=zeros(length(data),1);                 % 上轨
LowerLine=zeros(length(data),1);                 % 下轨
MidLine=zeros(length(data),1);                   % 中间线
Std=zeros(length(data),1);                       % 标准差序列
RocValue=zeros(length(data),1);                  % ROC 值


% 交易记录变量
MyEntryPrice=zeros(length(data),1);              % 买卖价格
MarketPosition=0;              % 仓位状态,-1 表示持有空头,0 表示无持仓,1 表示持有多头
pos=zeros(length(data),1);     % 记录仓位情况,-1 表示持有空头,0 表示无持仓,1 表示持有多头
Type=zeros(length(data),1);                      % 买卖类型,1 表示多头,-1 表示空头
OpenPosPrice=zeros(length(data),1);              % 记录建仓价格
ClosePosPrice=zeros(length(data),1);             % 记录平仓价格
OpenPosNum=0;                                    % 建仓价格序号
ClosePosNum=0;                                   % 平仓价格序号
OpenDate=zeros(length(data),1);                  % 建仓时间
CloseDate=zeros(length(data),1);                 % 平仓时间
NetMargin=zeros(length(data),1);                 % 净利
CumNetMargin=zeros(length(data),1);              % 累计净利
RateOfReturn=zeros(length(data),1);              % 收益率
CumRateOfReturn=zeros(length(data),1);           % 累计收益率
CostSeries=zeros(length(data),1);                % 记录交易成本
BackRatio=zeros(length(data),1);                 % 记录回测比例

% 记录资产变化变量
LongMargin=zeros(length(data),1);                % 多头保证金
ShortMargin=zeros(length(data),1);               % 空头保证金
```

```matlab
Cash=repmat(1e6,length(data),1);            % 可用资金,初始资金为100000
DynamicEquity=repmat(1e6,length(data),1);   % 动态权益,初始资金为100000
StaticEquity=repmat(1e6,length(data),1);    % 静态权益,初始资金为100000
```

定义好参数和变量后,就可以使用 BOLL.m 和 ROC.m 函数事先计算好布林指标和 ROC 指标,方便后续交易仿真过程的使用了。代码如下:

```matlab
%% --计算布林带和ROC--
[UpperLine MidLine LowerLine]=BOLL(Close,BollLength,Offset,0);
RocValue=ROC(Close,ROCLength);
```

下面进行的是回测的核心过程——对真实投资过程的仿真模拟。这个过程要比前面的简单均线系统复杂很多,重点是交易信号的生成和通过仓位变量的检测进行交易记录的生成和权益的计算。具体代码如下:

```matlab
%% --策略仿真--

for i=BollLength:length(data)
    if MarketPosition==0
        LongMargin(i)=0;                         % 多头保证金
        ShortMargin(i)=0;                        % 空头保证金
        StaticEquity(i)=StaticEquity(i-1);       % 静态权益
        DynamicEquity(i)=StaticEquity(i);        % 动态权益
        Cash(i)=DynamicEquity(i);                % 可用资金
    end
    if MarketPosition==1
        LongMargin(i)=Close(i)*Lots*TradingUnits*MarginRatio;
        StaticEquity(i)=StaticEquity(i-1);
        DynamicEquity(i)=StaticEquity(i)+(Close(i)-OpenPosPrice(OpenPosNum))*TradingUnits*Lots;
        Cash(i)=DynamicEquity(i)-LongMargin(i);
    end
    if MarketPosition==-1
        ShortMargin(i)=Close(i)*Lots*TradingUnits*MarginRatio;
        StaticEquity(i)=StaticEquity(i-1);
        DynamicEquity(i)=StaticEquity(i)+(OpenPosPrice(OpenPosNum)-Close(i))*TradingUnits*Lots;
        Cash(i)=DynamicEquity(i)-ShortMargin(i);
    end


    % 开仓模块
    % 开多头
```

```matlab
        if MarketPosition~=1 && RocValue(i-1)>0 && High(i)>=UpperLine(i-1)
        % 用i-1，避免未来函数
            % 平空开多
            if MarketPosition==-1
                MarketPosition=1;
                ShortMargin(i)=0;              % 平空后空头保证金为0
                MyEntryPrice(i)=UpperLine(i-1);
                if Open(i)>MyEntryPrice(i)     % 考虑是否跳空
                    MyEntryPrice(i)=Open(i);
                end
                MyEntryPrice(i)=MyEntryPrice(i)+Slip*MinMove*PriceScale;
                % 建仓价格（也是平空仓的价格）
                ClosePosNum=ClosePosNum+1;
                ClosePosPrice(ClosePosNum)=MyEntryPrice(i);    % 记录平仓价格
                CloseDate(ClosePosNum)=Date(i);                % 记录平仓时间
                OpenPosNum=OpenPosNum+1;
                OpenPosPrice(OpenPosNum)=MyEntryPrice(i);      % 记录开仓价格
                OpenDate(OpenPosNum)=Date(i);   % 记录开仓时间
                Type(OpenPosNum)=1;             % 方向为多头
                StaticEquity(i)=StaticEquity(i-1)+(OpenPosPrice(OpenPosNum-1)-
ClosePosPrice(ClosePosNum))...
*TradingUnits*Lots-OpenPosPrice(OpenPosNum-1)*TradingUnits* Lots*TradingCost...
                -ClosePosPrice(ClosePosNum)*TradingUnits*Lots*TradingCost;
                % 平空仓时的静态权益
                DynamicEquity(i)=StaticEquity(i)+(Close(i)-OpenPosPrice (OpenPosNum))*
TradingUnits*Lots;
            end
            % 空仓开多
            if MarketPosition==0
                MarketPosition=1;
                MyEntryPrice(i)=UpperLine(i-1);
                if Open(i)>MyEntryPrice(i)     % 考虑是否跳空
                    MyEntryPrice(i)=Open(i);
                end
                MyEntryPrice(i)=MyEntryPrice(i)+Slip*MinMove*PriceScale; % 建仓价格
                OpenPosNum=OpenPosNum+1;
                OpenPosPrice(OpenPosNum)=MyEntryPrice(i);           % 记录开仓价格
                OpenDate(OpenPosNum)=Date(i);   % 记录开仓时间
                Type(OpenPosNum)=1;             % 方向为多头
                StaticEquity(i)=StaticEquity(i-1);
                DynamicEquity(i)=StaticEquity(i)+(Close(i)-OpenPosPrice
(OpenPosNum))*TradingUnits*Lots;
```

```matlab
        end
        LongMargin(i)=Close(i)*Lots*TradingUnits*MarginRatio;        % 多头保证金
        Cash(i)=DynamicEquity(i)-LongMargin(i);
    end

    % 开空头
    % 平多开空
    if MarketPosition~=-1 && RocValue(i-1)<0 && Low(i)<=LowerLine(i-1)
        if MarketPosition==1
            MarketPosition=-1;
            LongMargin(i)=0;                      % 平多后多头保证金为0
            MyEntryPrice(i)=LowerLine(i-1);
            if Open(i)<MyEntryPrice(i)
                MyEntryPrice(i)=Open(i);
            end
            MyEntryPrice(i)=MyEntryPrice(i)-Slip*MinMove*PriceScale;
            % 建仓价格（也是平多仓的价格）
            ClosePosNum=ClosePosNum+1;
            ClosePosPrice(ClosePosNum)=MyEntryPrice(i); % 记录平仓价格
            CloseDate(ClosePosNum)=Date(i);       % 记录平仓时间
            OpenPosNum=OpenPosNum+1;
            OpenPosPrice(OpenPosNum)=MyEntryPrice(i); % 记录开仓价格
            OpenDate(OpenPosNum)=Date(i); % 记录开仓时间
            Type(OpenPosNum)=-1;   % 方向为空头
            StaticEquity(i)=StaticEquity(i-1)+(ClosePosPrice(ClosePosNum)-OpenPosPrice(OpenPosNum-1))...
                    *TradingUnits*Lots-OpenPosPrice(OpenPosNum-1)*TradingUnits*Lots*TradingCost...
                    -ClosePosPrice(ClosePosNum)*TradingUnits*Lots*TradingCost;
            % 平多仓时的静态权益，算法参考TB
            DynamicEquity(i)=StaticEquity(i)+(OpenPosPrice(OpenPosNum)-Close(i))*TradingUnits*Lots;
        end
        % 空仓开空
        if MarketPosition==0
            MarketPosition=-1;
            MyEntryPrice(i)=LowerLine(i-1);
            if Open(i)<MyEntryPrice(i)
                MyEntryPrice(i)=Open(i);
            end
            MyEntryPrice(i)=MyEntryPrice(i)-Slip*MinMove*PriceScale;
            OpenPosNum=OpenPosNum+1;
```

```matlab
            OpenPosPrice(OpenPosNum)=MyEntryPrice(i);
            OpenDate(OpenPosNum)=Date(i);   % 记录开仓时间
            Type(OpenPosNum)=-1;    % 方向为空头
            StaticEquity(i)=StaticEquity(i-1);
            DynamicEquity(i)=StaticEquity(i)+(OpenPosPrice(OpenPosNum)-
Close(i))*TradingUnits*Lots;
        end
        ShortMargin(i)=Close(i)*Lots*TradingUnits*MarginRatio;
        Cash(i)=DynamicEquity(i)-ShortMargin(i);
    end

    % 如果最后一根 Bar 有持仓，则以收盘价平掉
    if i==length(data)
        % 平多
        if MarketPosition==1
            MarketPosition=0;
            LongMargin(i)=0;
            ClosePosNum=ClosePosNum+1;
            ClosePosPrice(ClosePosNum)=Close(i);      % 记录平仓价格
            CloseDate(ClosePosNum)=Date(i);           % 记录平仓时间
            StaticEquity(i)=StaticEquity(i-1)+(ClosePosPrice(ClosePosNum)-
OpenPosPrice(OpenPosNum))...
                *TradingUnits*Lots-OpenPosPrice(OpenPosNum)*TradingUnits*Lots*
TradingCost...
                -ClosePosPrice(ClosePosNum)*TradingUnits*Lots*TradingCost;
            % 平多仓时的静态权益，算法参考 TB
            DynamicEquity(i)=StaticEquity(i);   % 空仓时动态权益和静态权益相等
            Cash(i)=DynamicEquity(i);   % 空仓时可用资金等于动态权益
        end
        % 平空
        if MarketPosition==-1
            MarketPosition=0;
            ShortMargin(i)=0;
            ClosePosNum=ClosePosNum+1;
            ClosePosPrice(ClosePosNum)=Close(i);
            CloseDate(ClosePosNum)=Date(i);
            StaticEquity(i)=StaticEquity(i-1)+(OpenPosPrice(OpenPosNum)-
ClosePosPrice(ClosePosNum))...
                *TradingUnits*Lots-OpenPosPrice(OpenPosNum)*TradingUnits*
Lots*TradingCost...
                -ClosePosPrice(ClosePosNum)*TradingUnits*Lots*TradingCost;
            % 平空仓时的静态权益，算法参考 TB
```

```
                DynamicEquity(i)=StaticEquity(i);   % 空仓时动态权益和静态权益相等
                Cash(i)=DynamicEquity(i);   % 空仓时可用资金等于动态权益
        end
    end
    pos(i)=MarketPosition;
end
```

14.3.6 策略评价

得到回测计算之后，可以得到每次交易的开仓价、平仓价、静态权益和动态权益等数据，接下来要做的就是利用这些数据生成相关评价指标，对策略效果进行评价。

首先，对仿真交易结果进行汇总，并将各指标输出到外部 Excel 文件的"交易汇总"工作表中。其中绩效计算的部分代码如下：

```
%% -绩效计算--
RecLength=ClosePosNum;  % 记录交易长度
% 净利润和收益率
for i=1:RecLength
    % 交易成本（建仓+平仓）
CostSeries(i)=OpenPosPrice(i)*TradingUnits*Lots*TradingCost+ClosePosPrice(i)*TradingUnits*Lots*TradingCost;
    % 净利润
    % 多头建仓时
    if Type(i)==1
    NetMargin(i)=(ClosePosPrice(i)-OpenPosPrice(i))*TradingUnits*Lots- CostSeries(i);
    end
    % 空头建仓时
    if Type(i)==-1
    NetMargin(i)=(OpenPosPrice(i)-ClosePosPrice(i))*TradingUnits*Lots- CostSeries(i);
    end
    % 收益率
    RateOfReturn(i)=NetMargin(i)/(OpenPosPrice(i)*TradingUnits*Lots*MarginRatio);
end
% 累计净利润
CumNetMargin=cumsum(NetMargin);
% 累计收益率
CumRateOfReturn=cumsum(RateOfReturn);

% 回撤比例
for i=1:length(data)
```

```
        c=max(DynamicEquity(1:i));
        if c==DynamicEquity(i)
            BackRatio(i)=0;
        else
            BackRatio(i)=(DynamicEquity(i)-c)/c;
        end
    end

    % 日收益率
    Daily=Date(hour(Date)==9 & minute(Date)==0 & second(Date)==0);
    DailyEquity=DynamicEquity(hour(Date)==9 & minute(Date)==0 & second(Date) ==0);
    DailyRet=tick2ret(DailyEquity);

    % 周收益率
    WeeklyNum=weeknum(Daily);       % weeknum 返回是一年的第几周
    Weekly=[Daily((WeeklyNum(1:end-1)-WeeklyNum(2:end))~=0);Daily(end)];
    WeeklyEquity=[DailyEquity((WeeklyNum(1:end-1)-WeeklyNum(2:end))~=0);DailyEquity
(end)];
    WeeklyRet=tick2ret(WeeklyEquity);

    % 月收益率
    MonthNum=month(Daily);
    Monthly=[Daily((MonthNum(1:end-1)-MonthNum(2:end))~=0);Daily(end)];
    MonthlyEquity=[DailyEquity((MonthNum(1:end-1)-MonthNum(2:end))~=0);DailyEquity(end)];
    MonthlyRet=tick2ret(MonthlyEquity);

    % 年收益率
    YearNum=year(Daily);
    Yearly=[Daily((YearNum(1:end-1)-YearNum(2:end))~=0);Daily(end)];
    YearlyEquity=[DailyEquity((YearNum(1:end-1)-YearNum(2:end))~=0);DailyEquity (end)];
    YearlyRet=tick2ret(YearlyEquity);
```

最终生成的"交易汇总"工作表如图 14-5 所示。

其次,输出交易记录到外部 Excel 文件。交易记录记录了每次交易的详细情况,包括买卖类型、商品名称、时间周期、建仓时间、建仓价格、平仓时间、平仓价格、数量、交易成本、净利、累计净利、收益率和累计收益率等信息。最终生成的"交易记录"工作表如图 14-6 所示。

	A	B	C	D	E	F	G
1	统计指标	全部交易	多头	空头			
2	净利润	41226.11	19852.83	21373.28		测试时间范围	2009-03-27 09:00:00-2014-02-21 09:45:00
3	总盈利	113435.5	55919.96	57515.54		测试天数	1792
4	总亏损	-72209.4	-36067.1	-36142.3		持仓时间比例	0.997194794
5	总盈利/总亏	1.570925	1.550441	1.591365		持仓时间(天)	1787
6							
7	交易手数	292	146	146		收益率(%)	4.12261101
8	盈利手数	111	57	54		有效收益率(%)	1127.813922
9	亏损手数	181	89	92		年化收益率(按365天算,%)	166.9008405
10	持平手数	0	0	0		年度收益率(按240天算,%)	140.0470928
11	盈利比率	0.380137	0.390411	0.369863		年度收益率(按日算,%)	1.249319969
12						年度收益率(按周算,%)	0.835882775
13	平均利润(净	141.1853	135.9783	146.3923		年度收益率(按月算,%)	0.826966469
14	平均盈利(总	1021.941	981.0519	1065.103		夏普比率(按日算,%)	-2.533837009
15	平均亏损(总	-398.947	-405.249	-392.851		夏普比率(按周算,%)	-3.611584057
16	平均盈利/平	2.561598	2.420864	2.711215		夏普比率(按月算,%)	-3.9349133
17						最大回撤比例(%)	0.743310145
18	最大盈利	9760.593	9760.593	4201.101			
19	最大亏损	-2645.4	-2391.44	-2645.4			
20	最大盈利/总	0.086045	0.174546	0.073043			
21	最大亏损/总	0.036635	0.066305	0.073194			
22	净利润/最大	-15.5841	-8.30161	-8.07942			
23							
24	最大使用资金	3655.4	3655.4	3609.9			
25	交易成本合计	7236.034	3618.245	3617.789			
26							
27							

交易汇总 / 交易记录 / 资产变化

图 14-5 “交易汇总”工作表截图

	A	B	C	D	E	F	G	H	I	J	K	L	M	N
1	#	类型	商品	周期	建仓时间	建仓价格	平仓时间	平仓价格	数量	交易成本	净利	累计净利	收益率	累计收益率
2	1	1	RB888	M15	2009/4/1 10:00	3550	2009/4/2 9:15	3536	1	21.258	-161.258	-161.258	-0.06489	-0.06489
3	2	-1	RB888	M15	2009/4/2 9:15	3536	2009/4/10 9:15	3492.176	1	21.08453	417.1509	255.8929	0.168532	0.10364
4	3	1	RB888	M15	2009/4/10 9:15	3492.176	2009/4/13 14:45	3463	1	20.86553	-312.63	-56.7372	-0.12789	-0.02425
5	4	-1	RB888	M15	2009/4/13 14:45	3463	2009/4/14 9:00	3490.418	1	20.86025	-295.037	-351.774	-0.12171	-0.14596
6	5	1	RB888	M15	2009/4/14 9:00	3490.418	2009/4/21 9:15	3530	1	21.06125	374.7619	22.98774	0.153384	0.007424
7	6	-1	RB888	M15	2009/4/21 9:15	3530	2009/4/29 9:00	3513.885	1	21.13166	140.0139	163.0016	0.056663	0.064087
8	7	1	RB888	M15	2009/4/29 9:00	3513.885	2009/5/14 9:15	3600	1	21.34166	839.8039	1002.805	0.341423	0.405509
9	8	-1	RB888	M15	2009/5/14 9:15	3600	2009/5/19 9:00	3632	1	21.696	-341.696	661.1095	-0.13559	0.269915
10	9	1	RB888	M15	2009/5/19 9:00	3632	2009/5/22 11:15	3612.97	1	21.73491	-212.03	449.0794	-0.0834	0.186518
11	10	-1	RB888	M15	2009/5/22 11:15	3612.97	2009/6/1 9:00	3632	1	21.73491	-212.03	237.0493	-0.08384	0.102681
12	11	1	RB888	M15	2009/6/1 9:00	3632	2009/6/17 9:45	3840.292	1	22.41688	2060.506	2297.556	0.810457	0.913138
13	12	-1	RB888	M15	2009/6/17 9:45	3840.292	2009/6/19 9:15	3882	1	23.16688	-440.244	1857.312	-0.16377	0.74937
14	13	1	RB888	M15	2009/6/19 9:15	3882	2009/6/23 9:45	3842.906	1	23.17472	-414.114	1443.198	-0.15239	0.596976
15	14	-1	RB888	M15	2009/6/23 9:45	3842.906	2009/7/2 9:00	3858	1	23.10272	-174.042	1269.156	-0.0647	0.532277
16	15	1	RB888	M15	2009/7/2 9:00	3858	2009/7/8 9:30	3859.519	1	23.15256	-7.96692	1261.189	-0.00295	0.529327
17	16	-1	RB888	M15	2009/7/8 9:30	3859.519	2009/7/10 9:15	3872.885	1	23.19721	-156.865	1104.323	-0.05806	0.471265
18	17	1	RB888	M15	2009/7/10 9:15	3872.885	2009/8/7 11:15	4851.562	1	26.17334	9760.593	10864.92	3.60034	4.071605
19	18	-1	RB888	M15	2009/8/7 11:15	4851.562	2009/8/13 13:45	4657	1	28.52569	1917.095	12782.01	0.5645	4.636105
20	19	1	RB888	M15	2009/8/13 13:45	4657	2009/8/14 9:00	4597.658	1	27.76397	-621.188	12160.82	-0.19055	4.44555
21	20	-1	RB888	M15	2009/8/14 9:00	4597.658	2009/8/24 9:00	4453	1	27.15197	1419.424	13580.25	0.441039	4.88659
22	21	1	RB888	M15	2009/8/24 9:00	4453	2009/8/25 10:30	4216.456	1	26.00837	-2391.44	11188.8	-0.7672	4.119388
23	22	-1	RB888	M15	2009/8/25 10:30	4216.456	2009/8/28 9:00	4305.444	1	25.5657	-915.445	10273.36	-0.31016	3.809227
24	23	1	RB888	M15	2009/8/28 9:00	4305.444	2009/8/31 9:15	4218	1	25.57033	-900.014	9373.343	-0.29863	3.510597
25	24	-1	RB888	M15	2009/8/31 9:15	4218	2009/9/9 14:45	4026.027	1	24.73208	1895	11268.34	0.641807	4.152404
26	25	1	RB888	M15	2009/9/9 14:45	4026.027	2009/9/11 14:30	3959.501	1	23.95658	-689.216	10579.13	-0.24456	3.907847
27	26	-1	RB888	M15	2009/9/11 14:30	3959.501	2009/9/16 9:45	4010.042	1	23.90863	-529.321	10049.81	-0.19098	3.71687
28	27	1	RB888	M15	2009/9/16 9:45	4010.042	2009/9/18 10:30	3961.781	1	23.91547	-506.522	9543.284	-0.18045	3.536423
29	28	-1	RB888	M15	2009/9/18 10:30	3961.781	2009/10/12 14:45	3700.58	1	22.98708	2589.032	12132.32	0.933574	4.469997
30	29	1	RB888	M15	2009/10/12 14:45	3700.58	2009/10/28 13:30	3899.82	1	22.8012	1969.601	14101.92	0.760345	5.230342

交易汇总 / 交易记录 / 资产变化

图 14-6 “交易记录”工作表截图

再次，输出资产变化到外部 Excel 文件。资产变化记录了资产汇总及资产变化明细，具体包括期初资产、期末资产、交易盈亏、最大资产、最小资产、交易成本合计、多头保证金、空头保证金、可用资金、动态权益和静态权益等信息。最终生成的“资产变化”工作表如图 14-7 所示。

最后，对结果进行画图，并自动保存为图形文件。模板提供了 7 种图形，分别为布林带图、交易盈亏曲线及累计成本图、交易盈亏分布图、权益曲线图、仓位及回撤比例图、多空对比图和收益多周期统计图，分别如图 14-8～图 14-14 所示。

第 14 章 | 构建基于 MATLAB 的回测系统

图 14-7 "资产变化"工作表截图

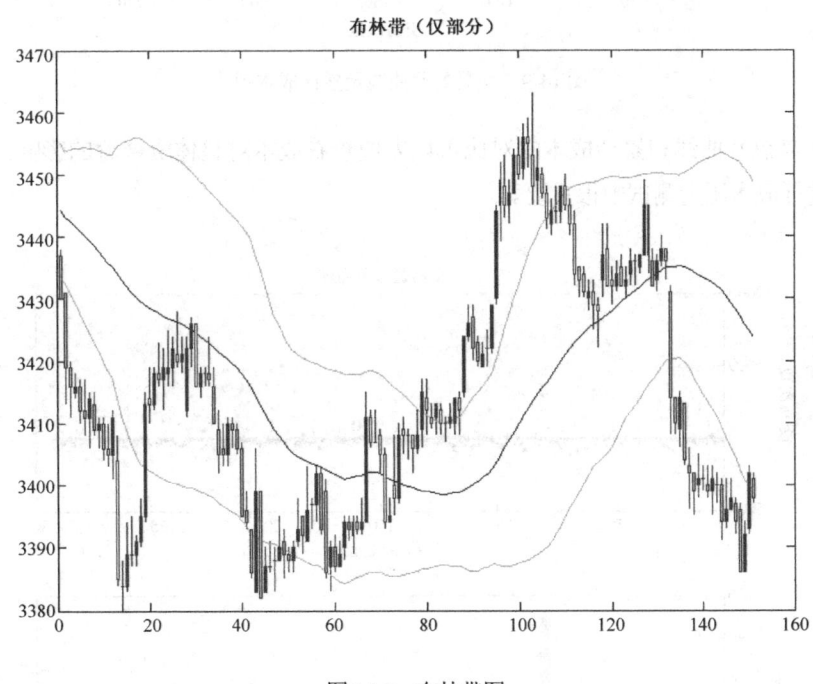

图 14-8 布林带图

交易标的（螺纹钢 RB）的行情图及相应的技术指标的图形展示可以方便结合记录进行交易信号的查看和校对。

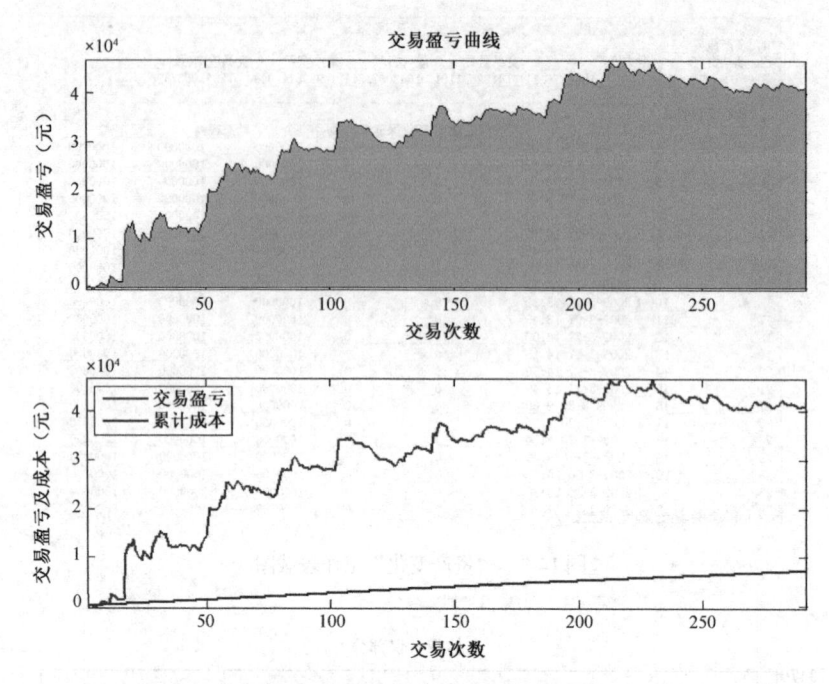

图 14-9 交易盈亏曲线及累计成本图

交易盈亏曲线和累计成本的对比可以方便查看成本对整体资金流的影响，这一点在进行成本压力测试中很重要。

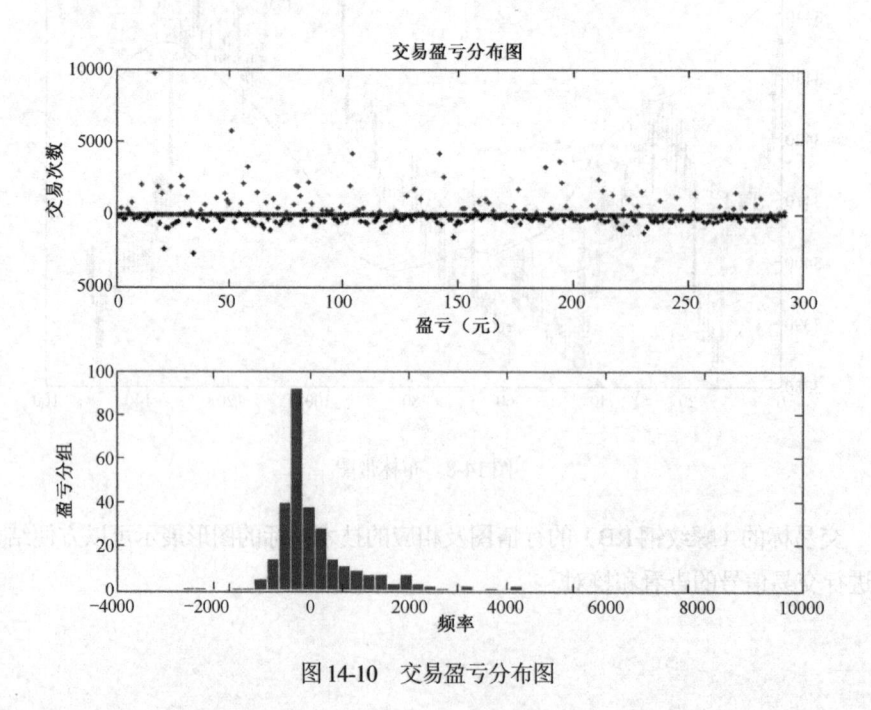

图 14-10 交易盈亏分布图

第 14 章 ｜ 构建基于 MATLAB 的回测系统

通过交易盈亏分布图可以直观地看出回测系统的类型（趋势类、震荡类），一般趋势类策略都是小亏大盈，具有一定的尾部分布。

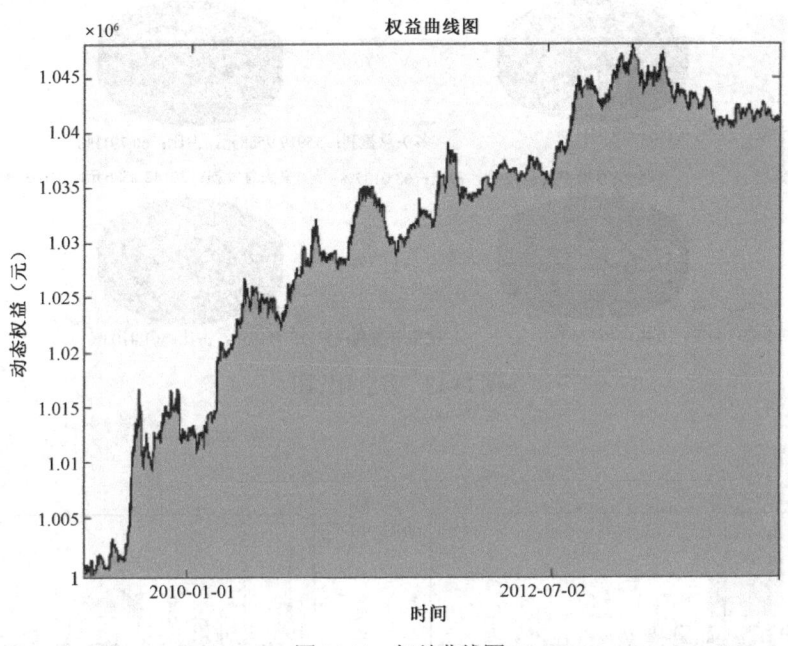

图 14-11　权益曲线图

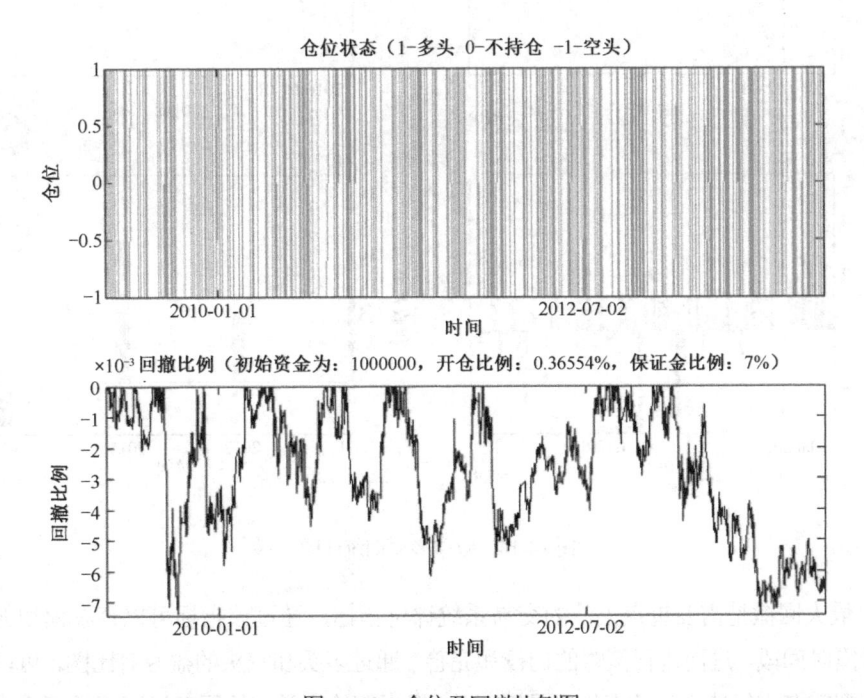

图 14-12　仓位及回撤比例图

图 14-13　多空对比图

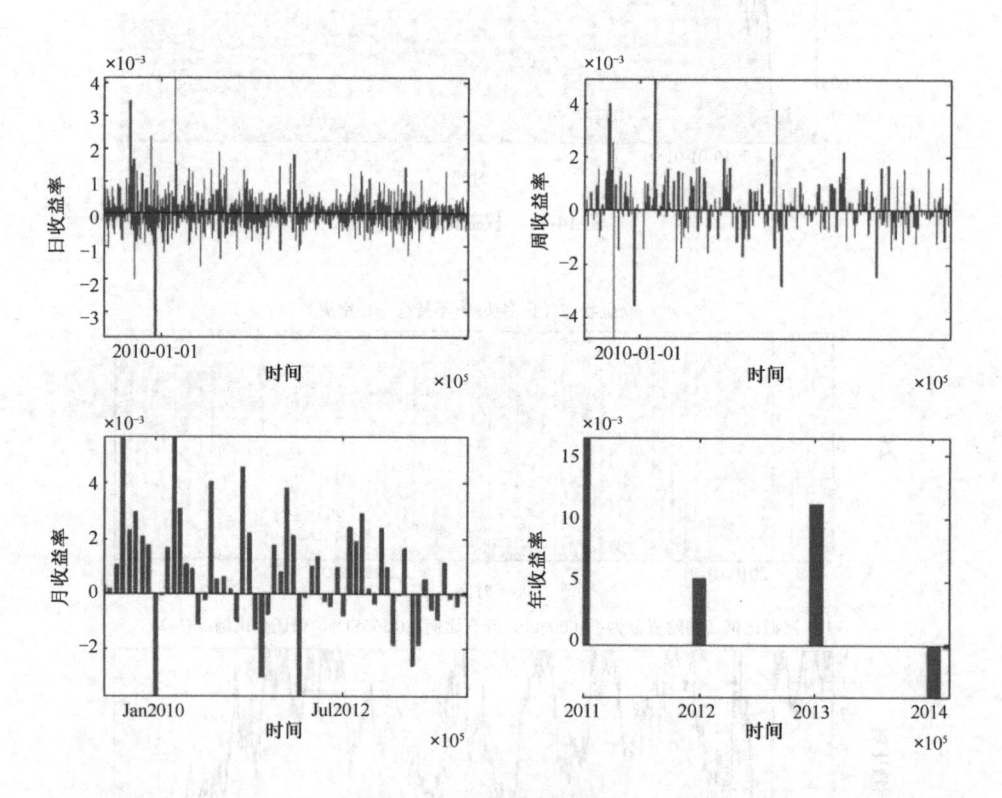

图 14-14　收益多周期统计图

最大回撤是需要重点关注的交易系统评价指标，通过该指标可以查看模型的风险暴露时间段，进而进行策略的调校和完善。通过多头和空头的盈亏对比图，可以考察模型在多空行情中的节奏把握是否对称。多周期的收益统计图可以更好地观察模型在不同周期上的收益情况,观察单独某一年交易系统的收益情况可以看出模型的收益情况趋势及模型的生命周期长短。

14.4 其他基于 MATLAB 的回测平台展示

除了上面给出的基于 MATLAB 的策略回测模板样例外,还有以下几个基于 MATLAB 的回测平台可供参考,方便读者开发自己的基于 MATLAB 的回测系统(该部分内容来源于 MATLAB 技术论坛)。

14.4.1 HTS1.0——基于MATLAB 设计的回测平台体验版

该平台由 MATLAB 技术论坛成员 fosu_cdm(论坛 ID)制作,相关帖子为《HTS 1.0——基于 MATLAB 设计的回测平台体验版(供下载体验)》,地址为 MATLAB 技术论坛。

平台截图如图 14-15～图 14-18 所示。

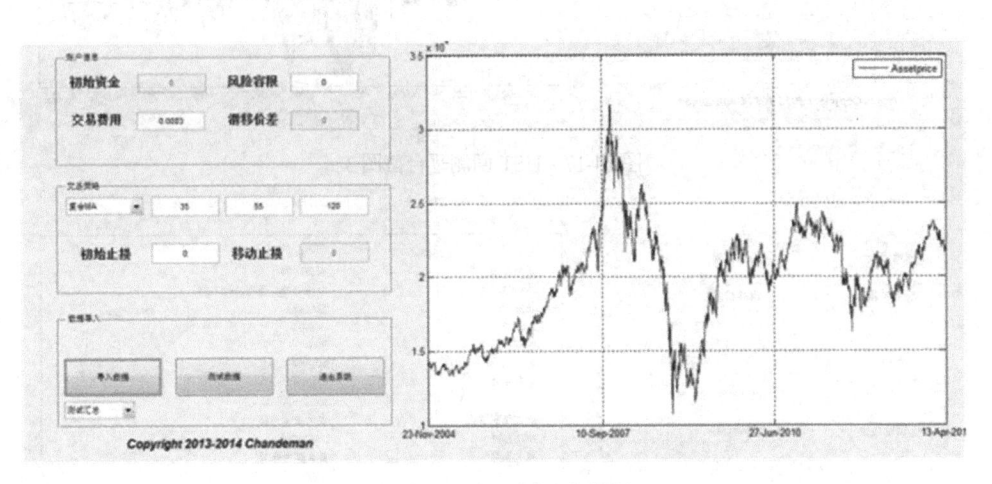

图 14-15 HST 回测平台截图 1

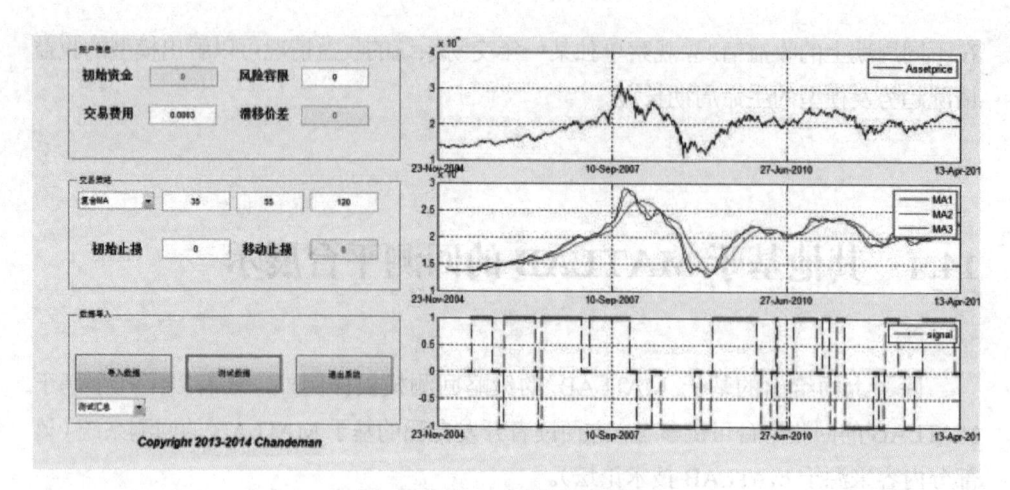

图 14-16　HST 回测平台截图 2

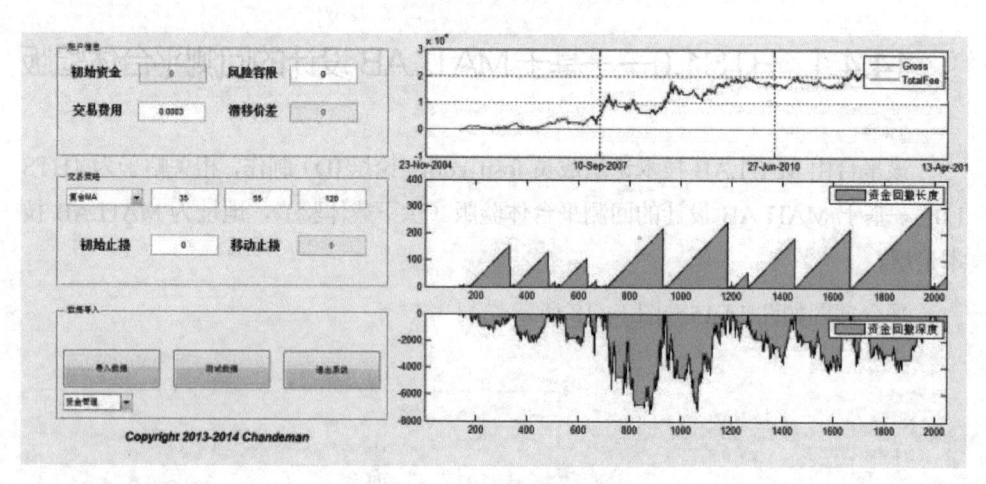

图 14-17　HST 回测平台截图 3

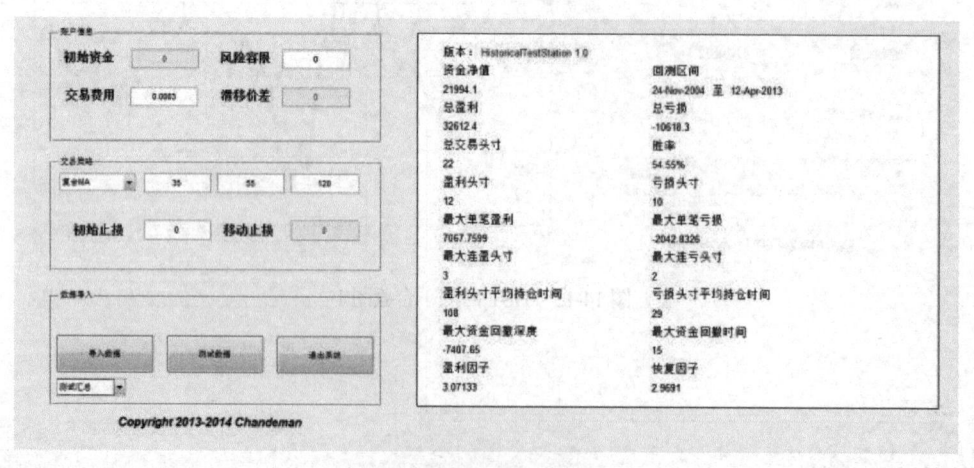

图 14-18　HST 回测平台截图 4

14.4.2　GreenDragon 期货交易算法研发平台

该平台由 MATLAB 技术论坛成员 tigerpan（论坛 ID）制作，相关帖子为《Green Dragon 期货交易算法研发平台》，地址为 MATLAB 技术论坛。

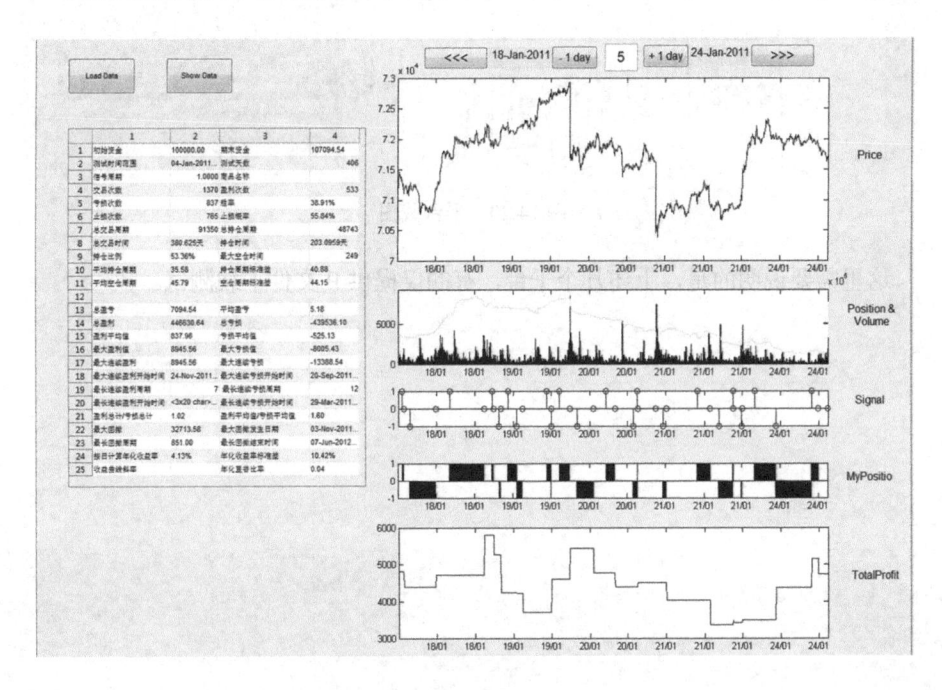

平台截图如图 14-19 所示。

图 14-19　GreenDragon 期货交易算法研发平台截图

14.4.3　交易策略回测 GUI（Trading Strategy Back Tester）

该平台来源于 MathWorks 官方网站的文件交换交流区。

平台截图如图 14-20 所示。

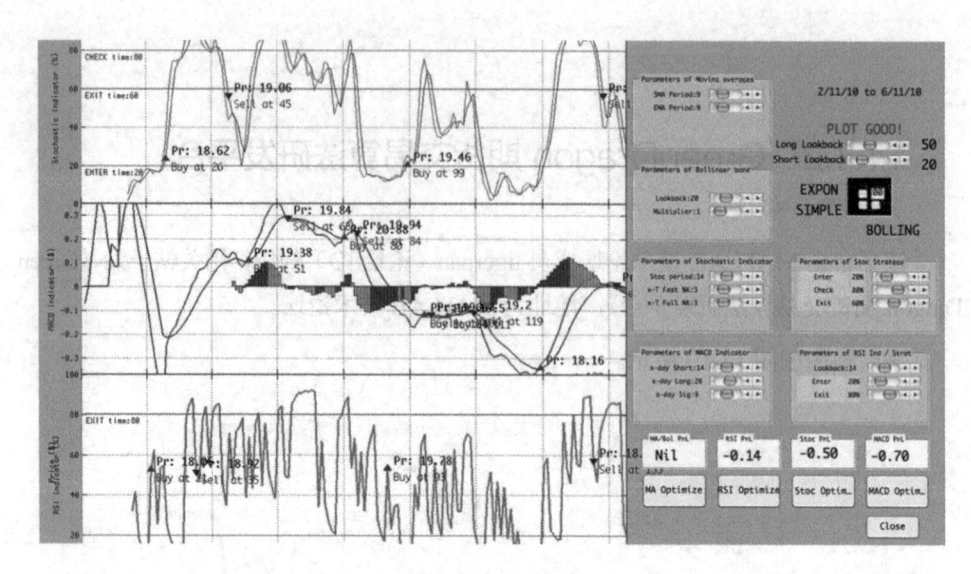

图 14-20 平台截图

这里需要说明的是，上述几个平台，有的仅提供 P 文件下载测试。

第 15 章 基于 MATLAB 的多因子选股模型的实现

15.1 多因子模型介绍

15.1.1 背景

积极管理型基金的收益可以分为两部分：一部分是来自市场的收益（Beta）；另一部分则来自基金经理的投资技巧，即超越市场的超额收益（Alpha）。我们知道，来自市场的收益比较容易获得（例如采用跟踪市场的投资方式即可获得），但是要获取超越市场的 Alpha 则不是一件容易的事情，而这也正是我们最为关注的部分。

多因子研究的目的就是找到那些能够获得 Alpha 的驱动因子，根据这些有效因子构造组合，从而期待在未来能够获取持续稳定的收益。因此，我们将沿着 Alpha 的足迹，寻找、筛选和跟踪可能的 Alpha 来源。

15.1.2 因子种类

因子可分成三大类：基本面因子、统计类因子和舆情大数据因子。

基本面因子是比较传统的因子，包括宏观经济、产业环境和公司经营方面的数据。

统计类因子基于统计模型，是一种衍生计算的因子，如各种根据价量计算的技术分析因子。

舆情大数据因子最近几年比较流行，能反映市场的情绪和关注度，如单只股票的搜索量。

15.1.3 因子库

1. 因子来源

驱动因子的来源有三种：传统因子、寻找新因子和对已有因子的改造。

1）传统因子

已有的卖方分析报告已经对传统的因子做了大量的测试，在广泛阅读这些报告的基础上，归纳总结出传统因子列表。

2）寻找新因子

总有一些因子还没有被挖掘，寻找新的投资逻辑是获取新因子的有效途径。

3）对已有因子的改造

由于因子的有效性是不断变化的，对已有因子进行改造和重构，也是获取因子的重要方式。

2. 因子数值

考虑到不同情景下因子数值的可比性，除了原始的因子数值外，还需要对因子值进行调整。

1）原始因子值

这是因子最初的数值，没有经过任何修正和调整。

2）因子得分

对因子值进行排序，按其分位数对因子进行打分。

3）行业调整因子得分

利用所属行业的均值和标准差对因子值进行调整，用调整后的因子值计算分位数得分。

4）风格调整因子得分

利用所属风格的均值和标准差对因子值进行调整，用调整后的因子值计算分位数得分。

5）市值调整因子

以流通市值为权重调整因子值，用调整后的因子值计算分位数得分。

15.1.4 全局参数

1. 测试区间

测试区间决定多因子选股模型的起始日和终止日。可以选择从 2005 年开始，这样测试区间包含完整的牛市、熊市和震荡市；也可以从 2010 年开始，这样可以加入 IF 进行对冲；还可以在牛市、熊市和震荡市分别进行测试，这样可以考察不同市场形态因子的表现。

2. 成本费用

成本费用包含费用、印花税和冲击成本，一般设为单边 0.25%。

3. 初始资金

初始资金即最初的权益资本，可以设定为 1 亿元人民币。

4. 持有周期

对于固定持有周期的静态模型，每个月或者每周换仓一次。

15.1.5 初始股票池

1. 涨跌停

建仓时，如果股票一开盘就涨停并死死封住涨停板，则实际无法买入，测试中会忽视这些股票。

平仓时，如果股票一开盘就跌停并死死封住跌停板，则实际无法卖出，测试中会继续持有，直到下一个换仓日（或者直到能卖出时就立即卖出，不用等到换仓日）。

2. 停牌

建仓时停牌的，实际中无法买入，所以会在测试中忽略这些股票。

平仓时停牌的，实际中无法卖出，会持续持有，直到下一个换仓日（或者直到复牌时就立即卖出，不用等到换仓日）。

3. ST/PT

当正常股票被 ST 或 PT 时，移除该股票；当恢复正常时，重新纳入该股票。

4. 新股

剔除新股（上市不足半年/三个月，即120/60个交易日）。

5. 异常值和缺失值

有一些特殊情况，例如长期停牌股票复牌后，股票价格可能会大幅变化，这时计算出来的因子值及收益率会失真。为了处理这些异常值，采用3sigma原则[①]识别异常值，然后剔除异常值。

对于那些因子或者价格数据有缺失值的股票，应该剔除。

15.1.6 股票组合

1. 组合数量

根据因子的数值，可以将原始股票池分成10组[②]，每组中的股票数量大致相等。

2. 组合情景

1）普通分法

即在整个初始股票池，按照因子的大小分位数分组。

2）情景分法

即在不同的情景下按照因子大小进行分组，然后构成整个股票池的分组结果。例如，在不同的行业下分成10组，然后进行合并，构成整个初始股票池的分组，这样就使得从数目上看，各个行业是均匀分布的。

3. 组合权重

1）等权重

即组合中的每只股票具有相同的权重。

2）市值加权

即组合中的股票权重取决于股票流通市值的大小。

[①] 3sigma原则：如果有一组数值（如动量因子），计算它们的均值和标准差，若某个数值>均值+3×标准差，或者某个数值<均值-3×标准差，那么这个数值就被视为异常值。

[②] 不同的情形可以不一样，这里"10组"只是一个例子。

3）情景加权

即组合中的股票权重由股票所属情景在指数中所占的权重及市值（或等权重）共同决定，以达到情景中性。这些情景包括行业、风格、价值和成长。

4. 因子权重

对于多因子模型，因子之间的权重可以由以下方式确定。

1）等权重

即多个因子具有相同的权重。

2）主观确定

人为主观确定因子权重。

3）指标确定

根据 IC、收益率等指标确定。

15.1.7 情景分析

在不同的情景下进行因子分析，可以研究不同情景下因子的有效性。这些情景包括但不限于行业、风格、指数成分、阶段、估值和成长。

15.1.8 测试流程

1. 单因子测试

以所有 A 股等权重为例，单因子测试的具体流程如下。

Step 01 原始股票池。

在组合构建时点，确定原始的股票池。具体方法为：在所有 A 股中，剔除所有特别处理和特别转让的股票，纳入当天从特别处理恢复正常的股票，剔除新股，剩余的股票作为原始待选股票池。

Step 02 构造组合。

根据选股逻辑对原始股票池中的因子进行排序（升序或者降序），将原始待选股票池中的股票按因子值分成 10 组，等权重构造投资组合，并在下一个交易日买入组合。

Step 03 调整组合。

对组合进行 M 日调整（扣除交易成本和冲击成本），即持有组合 M 个交易日，然后利用更新后的数据重新确定组合，在下一个交易日对股票账户进行调整。

2. 多因子测试

多因子模型综合考虑 L 个统计因子，从多个维度对个股进行评价，筛选出综合得分最高的股票。具体步骤如下（以所有 A 股等权重为例）。

Step 01 原始股票池。

在组合构建时点，确定原始的股票池。具体方法为：在所有 A 股中，剔除所有特别处理和特别转让的股票，纳入当天从特别处理恢复正常的股票，剔除新股，以剩余的股票作为原始待选股票池。

Step 02 构造组合。

提取每只股票 L 个因子的值，每个因子等权重计算每只股票的综合得分。根据统计得分对原始股票池中的股票进行排序，将原始待选股票池中的股票按因子值分成 10 组，等权重构造股票组合，并在下一个交易日买入组合。

Step 03 调整组合。

对组合进行 M 日调整（扣除交易成本和冲击成本），即持有组合 M 个交易日，然后利用更新后的数据重新确定组合，在下一个交易日对股票账户进行调整。

15.1.9 评价体系

1. 基本评价

基本评价包括以下内容。

（1）业绩表现，即超额收益等指标。

（2）收益率分析，即收益率分布、回撤、月度收益、年度收益和简单线性分析。

（3）风险收益指标，包括 Alpha、Beta、夏普比率、信息比率等指标。

2. 深度评价

深度评价包括以下内容。

（1）换手率分析，包括换手率时序图等。

(2) 自回归分析，展示当期收益和若干历史收益率的关系。

(3) 行业分析，展示组合内不同行业占比情况。

(4) 风格分析，展示组合内不同风格占比情况。

15.2 MATLAB 实现

15.2.1 主脚本

测试脚本分为 5 部分，分别为参数定义、数据提取、股票选择、回测仿真和策略评价。

参数定义部分定义了整个测试必要的关键参数，包括股票范围、起始日、结束日、组合大小、换股频率、成本和初始资本等内容。数据提取部分调用数据提取函数，从数据库中提取股票行情数据、期货行情数据和因子值。股票选择部分利用因子值对股票进行排序，选择排名靠前的股票。回测仿真部分模拟真实交易，在建仓日买入股票卖空期货，在平仓日卖出股票平掉期货。策略评价部分利用回测仿真的返回值，对仿真结果进行全方位的评价分析。

下面以经典动量因子[1]为例进行单因子测试。多因子可以采用综合得分法或回归法[2]，通过类似的方案进行测试。

MATLAB 实现代码如下：

```
%% 测试脚本
%% 定义关键参数
% 股票代码列表，用于提取数据（为所有股票的列表）
load('stkcdlist.mat');
% 股票范围，这是一个矩阵，每行代表一个交易日，每个数字对应一只股票
load('StockPool_CSI300');
% 测试起始日期和结束日期
startdate = '2010-4-16';
enddate = '2014-9-18';
```

---

[1] 动量的计算方法有很多种，这里参考的是百发指数，即计算每只股票最近一个月价格收益率和波动率，利用波动率对收益率进行调整，便得到动量因子值。

[2] 本质上是将多个因子转换为单个因子。

```matlab
% 因子属性，表示因子和收益率的内在逻辑
% Case=1——因子数值越大，收益率越高
% Case=2——因子数值越小，收益率越高
Case = 1;
% 组合股票数量
PortSize = 100;
% 换仓频率，HoldDays=20 表示持有20个交易日后换仓
HoldDays = 5;
% 交易成本，TradingCostofStock 表示股票单边，TradingCostofIF 表示期货单边
TradingCostofStock = 0.0025;
TradingCostofIF = 0.00025;
% 初始资本（如果为1，则收益曲线为净值曲线）
InitialCapital = 1;
% 无风险收益率
RisklessRet = 0.03;
% 因子名称
factorname = 'MAofRetAdjustedByStd20';

%% 提取数据
% 提取股票行情数据
[TradeDate, OpenofStock, HighofStock, LowofStock, CloseofStock] = GetAndMerge
MarketData(stkcdlist, startdate, enddate);
% 提取期货行情数据
[DateofIF, OpenofIF, CloseofIF] = GetTheIF888Data(startdate, enddate);
% 提取沪深300数据
[DateofCSI300, OpenofCSI300, CloseofCSI300] = GetTheCSI300Data(startdate, enddate);
% 提取因子数据
[Factor] = GetAndMergeFactorData(stkcdlist, startdate, enddate, factorname, Case)

%% 选股
[StockIndice] = StockSelection(StockPool, Factor, Case);

%% 回测
[OpenPosDate, OpenPosPriceofStock, OpenPosPriceofIF, ClosePosDate,...
    ClosePosPriceofStock, ClosePosPriceofIF, TradeTimes, RetofStockPortfolio,...
    RetofIF, RetofFund, DynamicEquityofStock, DynamicEquityofIF, DynamicEquityofFund]...
        = FactorBackTest(StockIndice, PortSize, HoldDays, TradeDate, OpenofStock,
HighofStock, LowofStock, CloseofStock, OpenofIF...,
        CloseofIF, TradingCostofStock, TradingCostofIF, InitialCapital);
    disp('back test has been finished');

%% 策略评价
```

```
StrategyEvaluation(CloseofCSI300, TradeDate, OpenPosPriceofStock,...
    OpenPosPriceofIF, ClosePosPriceofStock, ClosePosPriceofIF, TradeTimes,...
    RetofFund, DynamicEquityofStock, DynamicEquityofIF, DynamicEquityofFund,...
    RisklessRet, TradingCostofStock, TradingCostofIF);
disp('plotting has been finished');
```

15.2.2 提取数据

数据提取函数分为股票行情提取函数、期货行情提取函数和因子数值提取函数，用于从 MSSQL 数据库中提取数据，并整理成所需的数据结构。

下面以 GetAndMergeMarketData 函数为例进行说明。该函数通过传入股票列表、起始日期和终止日期等参数，返回交易日期、开盘价表、最高价表、最低价表和收盘价表，连接方式为 JDBC。

MATLAB 实现代码如下：

```
function [TradeDate, OpenofStock, HighofStock, LowofStock, CloseofStock] = GetAndMergeMarketData(stkcdlist, startdate, enddate)
    % 建立连接
    conna = database('stockDB', 'sa', '', 'com.microsoft.sqlserver.jdbc.SQLServerDriver', 'jdbc:sqlserver://localhost:1433;databaseName=stockDB');
    startdate = strcat('''', startdate, '''');
    enddate = strcat('''', enddate, '''');
    % 游标
    cursor = exec(conna, strcat('select date from CSI300 where date>=', startdate, 'and date<=', enddate, 32, 'order by date'));
    % 获取交易日期数据
    cursor = fetch(cursor);
    TradeDate = cursor.Data;
    % 初始化 OHLC 表
    Close1 = cell2dataset(TradeDate, 'VarNames', {'date'});
    Open1 = cell2dataset(TradeDate, 'VarNames', {'date'});
    High1 = cell2dataset(TradeDate, 'VarNames', {'date'});
    Low1 = cell2dataset(TradeDate, 'VarNames', {'date'});

    % 循环每只股票，并将数据分别放入 OHLC 表
    for i = 1 : length(stkcdlist)
        % 获取数据的 SQL 语句
        sqlquery = strcat('select date,[open],high,low,[close] from', 32, cell2mat(stkcdlist(i)), 32, 'where vol is not null and date>=', startdate, 'and
```

```
date<=', enddate, 32, 'order by date');
        % 游标
        cursor = exec(conna, sqlquery);
        cursor = fetch(cursor);
        % 股票数据
        Stock = cursor.Data;
        close(cursor);
        % 股票的交易日和OHLC数据
        Date = Stock(:, 1);
        Open2 = cell2mat(Stock(:, 2));
        High2 = cell2mat(Stock(:, 3));
        Low2 = cell2mat(Stock(:, 4));
        Close2 = cell2mat(Stock(:, 5));
        % 转化为dataset结构, 用于后面合并
        Date = cell2dataset(Date, 'VarNames', {'date'});
        Close2 = mat2dataset(Close2, 'VarNames', {cell2mat(stkcdlist(i))});
        Open2 = mat2dataset(Open2, 'VarNames', {cell2mat(stkcdlist(i))});
        High2 = mat2dataset(High2, 'VarNames', {cell2mat(stkcdlist(i))});
        Low2 = mat2dataset(Low2, 'VarNames', {cell2mat(stkcdlist(i))});
        Close2 = [Date Close2];
        Open2 = [Date Open2];
        High2 = [Date High2];
        Low2 = [Date Low2];
        % 合并(将单只股票数据放入OHLC表)
        Close1 = join(Close1, Close2, 'Keys', 'date', 'Type', 'outer', 'MergeKeys', true);
        Open1 = join(Open1, Open2, 'Keys', 'date', 'Type', 'outer', 'MergeKeys', true);
        High1 = join(High1, High2, 'Keys', 'date', 'Type', 'outer', 'MergeKeys', true);
        Low1 = join(Low1, Low2, 'Keys', 'date', 'Type', 'outer', 'MergeKeys', true);
    end
    % 关闭数据库连接
    close(conna);
    % 将结果转化为矩阵
    temp = dataset2cell(Open1);
    OpenofStock = cell2mat(temp(2 : end, 2 : end));
    temp = dataset2cell(Close1);
    CloseofStock = cell2mat(temp(2 : end, 2 : end));
    temp = dataset2cell(High1);
    HighofStock = cell2mat(temp(2 : end, 2 : end));
    temp = dataset2cell(Low1);
    LowofStock = cell2mat(temp(2 : end, 2 : end));
end
```

15.2.3 因子选股

因子选股主要使用的是 StockSelection 函数。首先获取一个交易日的股票范围，并提取该范围内所有股票的因子值。然后根据因子值的大小，对该交易日内的股票进行排序。

参数说明如下。

- StockPool：股票范围，这是一个矩阵，每行代表一个交易日，每个数字对应一只股票。
- Factor：因子值，每行代表一个交易日，每列代表一只股票的因子取值。
- Case：因子和收益率的逻辑，Case=1 表示因子值越大，收益率可能越高；Case=2 表示因子值越小，收益率可能越低。

MATLAB 实现代码如下：

```matlab
function [StockIndice]=StockSelection(StockPool,Factor,Case)
% 初始化结果
StockIndice = zeros(size(StockPool));
% 循环：每个交易日做一次
for i = 1 : size(StockPool, 1)
    % 股票范围
    SubStockPool = StockPool(i, :);
    SubStockPool(isnan(SubStockPool) == 1) = [];
    % 因子值
    SubFactor = Factor(i, SubStockPool);
    % 情形1
    if Case == 1
        % 将异常值设为-inf
        [OutliersIndice] = OutliersDealing(SubFactor, 3, 'sigma');
        SubFactor(OutliersIndice) = -inf;
        % 因子排序
        [FactorSorted, Ind] = sort(SubFactor, 2, 'descend');
    end
    % 情形2
    if Case == 2
        % 将异常值设为inf
        [OutliersIndice] = OutliersDealing(SubFactor, 3, 'sigma');
        SubFactor(OutliersIndice) = inf;
        % 因子排序
        [FactorSorted, Ind] = sort(SubFactor, 2, 'ascend');
```

```
        end
        StockIndice(i, 1 : length(SubStockPool)) = SubStockPool(Ind);
    end
end
```

15.2.4 回测

回测部分使用函数 FactorBackTest。在建仓日，利用上一个交易日因子选股的结果确定组合股票，以开盘价买入；与此同时，卖空股指主力合约。在平仓日，以收盘价卖出组合所有股票；与此同时，平掉股指空头。在非建仓日和非平仓日，持有组合。

参数说明如下。

- StockIndice：所选股票标识，为一个矩阵，每行表示一个交易日，每个数字表示一只股票，该矩阵由 StockSelection 函数返回。
- PortSize：指定组合内的股票数量。
- HoldDays：持有时间，即换仓频率。
- TradeDate：交易日期。
- OpenofStock：股票开盘价表，行表示交易日，列表示股票。
- CloseofStock：股票收盘价表，行表示交易日，列表示股票。
- LowofStock：股票最低价表，行表示交易日，列表示股票。
- HighofStock：股票最高价表，行表示交易日，列表示股票。
- OpenofIF：股指开盘价，股指为连续合约。
- CloseofIF：股指收盘价，股指为连续合约。
- TradingCostofStock：股票交易成本（手续费+佣金+印花税+滑点）。
- TradingCostofIF：股指交易成本（手续费+滑点）。
- InitialCapital：初始资金（如果为1，则返回的权益就是净值）。

返回值如下。

- OpenPosDate：开仓日期。
- OpenPosPriceofStock：股票开仓价格。
- OpenPosPriceofIF：股指开仓价格。
- ClosePosDate：平仓日期。

- ClosePosPriceofStock：股票平仓价格。
- ClosePosPriceofIF：股指平仓价格。
- TradeTimes：交易次数。
- RetofStockPortfolio：股票组合动态收益率。
- RetofIF：股指动态收益率。
- RetofFund：对冲基金动态收益率。
- DynamicEquityofStock：股票组合动态权益。
- DynamicEquityofIF：股指动态权益。
- DynamicEquityofFund：对冲基金动态权益。

MATLAB 实现代码如下：

```matlab
function [OpenPosDate, OpenPosPriceofStock, OpenPosPriceofIF, ClosePosDate, ...
    ClosePosPriceofStock, ClosePosPriceofIF, TradeTimes, RetofStockPortfolio, ...
    RetofIF, RetofFund, DynamicEquityofStock, DynamicEquityofIF, DynamicEquityofFund]...
    = FactorBackTest(StockIndice, PortSize, HoldDays, TradeDate, OpenofStock, ...
HighofStock, LowofStock, CloseofStock, OpenofIF,...
    CloseofIF, TradingCostofStock, TradingCostofIF, InitialCapital)
% 这个函数用于进行因子回测
% 初始化
col = size(CloseofStock, 1);
OpenPosDate = cell(col, 1);
OpenPosPriceofStock = zeros(size(StockIndice));
OpenPosPriceofIF = zeros(col, 1);
ClosePosDate = cell(col, 1);
ClosePosPriceofStock = zeros(size(StockIndice));
ClosePosPriceofIF = zeros(col, 1);
RetofStockPortfolio = zeros(col, 1);
RetofIF = zeros(col, 1);
RetofFund = zeros(col, 1);
DynamicEquityofFund = zeros(col, 1);
DynamicEquityofStock = zeros(col, 1);
DynamicEquityofIF = zeros(col, 1);
% 开始回测
for i = 1 : col
    % 第一个交易日, continue
    if i == 1
        TradeTimes = 0;
        OpenBarObs = 2;
```

```matlab
            DynamicEquityofStock(i) = InitialCapital;
            DynamicEquityofIF(i) = InitialCapital;
            DynamicEquityofFund(i) = InitialCapital;
            continue;
        % 建仓日
        elseif i == 2 || i == OpenBarObs
            SubStockIndice = StockIndice(i - 1, :);
            % 由于 StockIndice 函数返回的 StockIndice 可能含有 0
            SubStockIndice(SubStockIndice == 0) = [];
            SubOpen = OpenofStock(i, SubStockIndice);
            % 停牌
            SubStockIndice([isnan(SubOpen) == 1]) = [];
            % 剔除当天一直封死停板的股票
            SubStockIndice(HighofStock(i, SubStockIndice) == LowofStock(i, SubStockIndice)) = [];
            % 选取 PortSize 只股票
            Portfolio = SubStockIndice(1 : PortSize);
            % 交易次数增加一次
            TradeTimes = TradeTimes + 1;
            % 记录交易日期
            OpenPosDate(TradeTimes) = TradeDate(i);
            % 记录组合股票的建仓价格（以开盘价建仓）
            OpenPosPriceofStock(TradeTimes, 1 : PortSize) = OpenofStock(i, Portfolio);
            % 记录股指的建仓价格
            OpenPosPriceofIF(TradeTimes) = OpenofIF(i);
            % 下一个平仓 Bar
            CloseBarObs = i + HoldDays - 1;
            % 计算股票组合收益
            OpenPosPriceOfTradeTimes = OpenPosPriceofStock(TradeTimes, 1 : PortSize);
            CloseI = CloseofStock(i, Portfolio);
            RetI = CloseI ./ OpenPosPriceOfTradeTimes - 1;
            RetI(isnan(RetI) == 1) = [];
            RetofStockPortfolio(i) = mean(RetI);
            % 计算股票组合动态权益
            DynamicEquityofStock(i) = DynamicEquityofStock(OpenBarObs - 1) * (1 + RetofStockPortfolio(i));
            % 计算期货账户收益率
            RetofIF(i) = (OpenPosPriceofIF(TradeTimes) - CloseofIF(i)) / OpenPosPriceofIF(TradeTimes);
            % 计算期货账户动态权益
            DynamicEquityofIF(i) = DynamicEquityofIF(OpenBarObs - 1) * (1 + RetofIF(i));
```

```matlab
        % 计算对冲后的收益率和动态权益
        RetofFund(i) = RetofStockPortfolio(i) + RetofIF(i);
        DynamicEquityofFund(i) = DynamicEquityofFund(OpenBarObs - 1) * (1 +
RetofFund(i));
    % 平仓日
    elseif i == CloseBarObs
        SubClose = CloseofStock(i, Portfolio);
        % 如果平仓日停牌,不卖
        for j = 0 : 1 : 100
            if length(SubClose(isnan(SubClose) == 1)) == 0
                break;
            end
            if i + j + 1 > col
                break;
            end
            SubClose(isnan(SubClose) == 1) = CloseofStock(i + j + 1, Portfolio
(isnan(SubClose) == 1));
        end
        % 记录平仓日期
        ClosePosDate(TradeTimes) = TradeDate(i);
        % 记录股票组合平仓价格
        ClosePosPriceofStock(TradeTimes, 1 : PortSize) = SubClose;
        % 记录期货平仓价格
        ClosePosPriceofIF(TradeTimes) = CloseofIF(i);
        % 计算股票组合收益和动态权益
        CloseI = SubClose;
        RetI = CloseI ./ OpenPosPriceOfTradeTimes - 1;
        RetI(isnan(RetI) == 1) = [];
        RetofStockPortfolio(i) = mean(RetI) - 2 * TradingCostofStock;
        DynamicEquityofStock(i) = DynamicEquityofStock(OpenBarObs - 1) *
(1 + RetofStockPortfolio(i));
        % 计算期货收益率和动态权益
        RetofIF(i) = (OpenPosPriceofIF(TradeTimes) - CloseofIF(i)) /
OpenPosPriceofIF(TradeTimes) - 2 * TradingCostofIF;
        DynamicEquityofIF(i) = DynamicEquityofIF(OpenBarObs - 1) * (1 +
RetofIF(i));
        % 计算对冲后的收益率和动态权益
        RetofFund(i) = RetofStockPortfolio(i) + RetofIF(i);
        DynamicEquityofFund(i) = DynamicEquityofFund(OpenBarObs - 1) * (1 +
RetofFund(i));
        % 平仓日的下一个交易日为建仓日
        OpenBarObs = i + 1;
```

```matlab
        % 非建仓日和非平仓日
        else
            % 计算股票组合收益率和动态权益
            CloseI = CloseofStock(i, Portfolio);
            RetI = CloseI ./ OpenPosPriceOfTradeTimes - 1;
            RetI(isnan(RetI) == 1) = [];
            RetofStockPortfolio(i) = mean(RetI);
            DynamicEquityofStock(i) = DynamicEquityofStock(OpenBarObs - 1) * (1 + RetofStockPortfolio(i));
            % 计算期货收益率和动态权益
            RetofIF(i) = (OpenPosPriceofIF(TradeTimes) - CloseofIF(i)) / OpenPosPriceofIF(TradeTimes);
            DynamicEquityofIF(i) = DynamicEquityofIF(OpenBarObs - 1) * (1 + RetofIF(i));
            % 计算对冲后的收益率和动态权益
            RetofFund(i) = RetofStockPortfolio(i) + RetofIF(i);
            DynamicEquityofFund(i) = DynamicEquityofFund(OpenBarObs - 1) * (1 + RetofFund(i));
            continue;
        end
    end
end
```

15.2.5 策略评价

策略评价部分由函数 StrategyEvaluation 完成。首先，计算策略的各个风险收益指标，包括夏普比率、年化收益率、回撤比率和胜率等。然后，画出权益变化、收益率分布、最大回撤和每笔交易收益等图形。

参数请参见函数 FactorBackTest。

该函数的返回值包括 SharpeRatio（夏普比率）、AnnualSimpleRet（年化简单收益率）、AnnualCompoundRet（年化复合收益率）、MaxBackRatio（最大回撤）和 WinningRatio（胜率）。

MATLAB 实现代码如下：

```matlab
function [SharpeRatio, AnnualSimpleRet, AnnualCompoundRet, MaxBackRatio, WinningRatio] = StrategyEvaluation(CloseofCSI300, TradeDate, OpenPosPriceofStock, OpenPosPriceofIF, ClosePosPriceofStock,...
    ClosePosPriceofIF, TradeTimes, RetofFund, DynamicEquityofStock, DynamicEquityofIF,
```

```matlab
DynamicEquityofFund, RisklessRet, TradingCostofStock, TradingCostofIF)
    % 这个函数用于策略评价分析
    % 转换日期格式
    TradeDate_ = datenum(TradeDate);
    % 沪深 300 收益率
    CloseofCSI300_ = CloseofCSI300 ./ CloseofCSI300(1);
    % 调用 ComputeSharpeRatio 计算夏普比率
    [SharpeRatio] = ComputeSharpeRatio(RetofFund, RisklessRet);
    % 调用 ComputeAnnualRet 计算年化收益率
    [AnnualSimpleRet, AnnualCompoundRet] = ComputeAnnualRet(TradeDate, DynamicEquityofFund);
    % 调用 ComputeBackRatio 计算回撤比率
    [BackRatio] = ComputeBackRatio(DynamicEquityofFund);
    % 最大回撤
    [MaxBackRatio, ind] = min(BackRatio);
    % 调用 ComputeRetofEachTrade 计算每次交易收益
    [RetofEachTrade] = ComputeRetofEachTrade(TradeTimes, OpenPosPriceofStock, ClosePosPriceofStock, OpenPosPriceofIF, ClosePosPriceofIF, TradingCostofStock, TradingCostofIF);
    % 调用 ComputeWinningRatio 计算胜率
    [WinningRatio] = ComputeWinningRatio(RetofEachTrade);
    % 开始画图
    figure;
    % 权益变化曲线
    subplot(2, 2, 1);
    plot(TradeDate_, CloseofCSI300_, 'k', TradeDate_, DynamicEquityofStock, 'b', TradeDate_, DynamicEquityofIF, 'g', TradeDate_, DynamicEquityofFund, 'r');
    axis([TradeDate_(1) TradeDate_(end) min([min(CloseofCSI300_), min(DynamicEquityofStock), min(DynamicEquityofIF),...
        min(DynamicEquityofFund)]) max([max(CloseofCSI300_), max(DynamicEquityofStock), max(DynamicEquityofIF), max(DynamicEquityofFund)])]);
    datetick('x',10);
    legend('CSI300', 'Stock', 'IF', 'FundNV', 'Location', 'SouthWest');
    xlabel(strcat('The Sharpe Ratio is ', 32, num2str(SharpeRatio)));
    ylabel('Net Value');
    title('The Net Value of Fund');
    % 收益率分布（对冲后）
    subplot(2, 2, 2);
    hist(RetofFund,50);
    h = findobj(gca, 'Type', 'patch');
    set(h, 'FaceColor', 'r', 'EdgeColor', 'w')
    xlabel(strcat('Annual Simple return is', 32, num2str(100*AnnualSimpleRet), '%', ';Annual Compound return is', 32, num2str(100*AnnualCompoundRet), '%'));
```

```matlab
        ylabel('Frequency');
        title('The distribution of RetofFund');
        % 对冲后收益率分布
        subplot(2, 2, 3);
        plot(TradeDate_, BackRatio);
        area(TradeDate_, BackRatio, 'FaceColor', 'g', 'EdgeColor', 'g');
        axis([TradeDate_(1) TradeDate_(end) min(BackRatio) max(BackRatio)]);
        datetick('x', 10);
        xlabel(strcat('The    Maximum    BackRatio    is', 32, num2str(abs(100 *
MaxBackRatio)), '%', '@', cell2mat(TradeDate(ind))));
        ylabel('BackRatio');
        title('The BackRatio of Fund');
        % 每次交易收益率（对冲后）
        subplot(2, 2, 4);
        bar(RetofEachTrade);
        h = findobj(gca, 'Type', 'patch');
        set(h, 'FaceColor', 'r', 'EdgeColor', 'r');
        axis([1 length(RetofEachTrade) min(RetofEachTrade) max(RetofEachTrade)]);
        xlabel(strcat('The Winning Ratio is ', 32, num2str(100*WinningRatio), '%'));
        ylabel('Return');
        title('The return of each trading');
end
```

15.3 总结

本章介绍了多因子选股模型及其 MATLAB 实现。需要说明的是，这个代码相对来说是比较粗糙的，很多细节还需要修改和完善。构建股票模型比较困难，陷阱很多，只要一个细节没有处理好，就有可能使最终结果失真。所以，笔者的建议是，读者可以参考这些代码，完善细节，最大限度地对真实情况进行仿真。

第 16 章 基于 MATLAB 和 Wind 的量化交易终端 AsTradePlatform 介绍与使用

16.1 背景介绍

本章主要介绍基于 Wind 的行情交易接口，在 MATLAB 上设计的交易系统 AsTradePlatform。Wind 接口是上海万得信息技术股份有限公司提供的集行情和交易于一体的接口，解决了程序化交易中数据获取和交易通道的问题。Wind 接口分为机构版和个人免费版，本章使用的是个人免费版，二者的区别在于个人免费版有一定的功能没有完全开放，需要用另外的方法实现，下文会有解释。

Wind 接口文件可以在网络下载。修复 MATLAB 的接口后，可以在 MATLAB 的命令窗口（Command Window）中输入"w=windmatlab"与 Wind 接口连接。注意，每次打开 MATLAB 都需要连接一次，然后输入"w.menu"，可以打开 Wind 接口的菜单，可以通过该菜单选择函数，获取后会有对应的函数格式，方便参考。

本章从获取数据、数据管理、产生信号、发单交易和信息反馈 5 个方面构建交易系统，主要用到的 Wind 函数有数据类函数，如行情获取函数 WSD/WSQ 和账户信息获取函数 tquery；交易类函数，如账户登录函数 tlogon、账户退出函数 tlogout、下单函数 torder 及撤单函数 tcancel。本交易系统在 Wind 方面主要运用上面所述的函数，更详细的用法将在下文一一叙述。

16.2 面板介绍

系统包括的文件有数据库文件夹、系统程序的 .m 文件、标的序列的 .mat 文件，

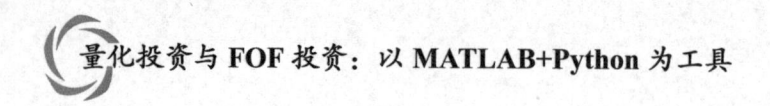

如图 16-1 所示。

图 16-1 系统文件

该系统的主要面板是控制台，控制台主要包括如下几个模块（见图 16-2）。

（1）策略控制模块：可以在这个模块选择对应的策略并修改参数，进行后台数据更新，控制策略图形展示，登录账户并对账户对应的策略进行管理。

（2）标的池模块：添加和删除策略对应标的，并且可以保存标的池，方便以后调用。

（3）策略监控模块：对选取的目标账户进行监控。这里提供两种不同方式的监控，一是股票的仓位监控，监控理论仓位和实际仓位，并提供调仓和追单功能；二是期货日内策略的监控，通过动态数据库监控其变化。

（4）账户信息模块：通过该模块可以了解账户的具体情况。

（5）信息反馈窗口：系统的每一个运行都反映在该窗口中，方便使用。

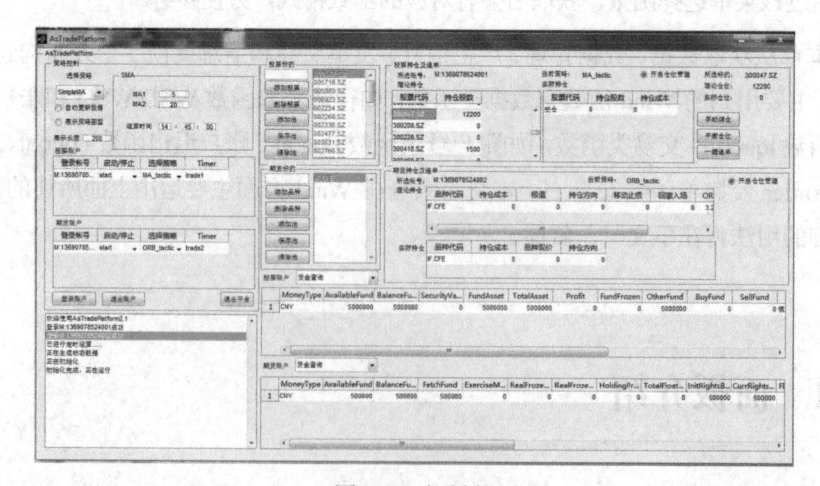

图 16-2 控制台

第 16 章 | 基于 MATLAB 和 Wind 的量化交易终端 AsTradePlatform 介绍与使用

另外，还需要把策略的图形在绘图窗口中展示出来，并且通过获得的数据展示当前标的的实时信息，如图 16-3 所示。

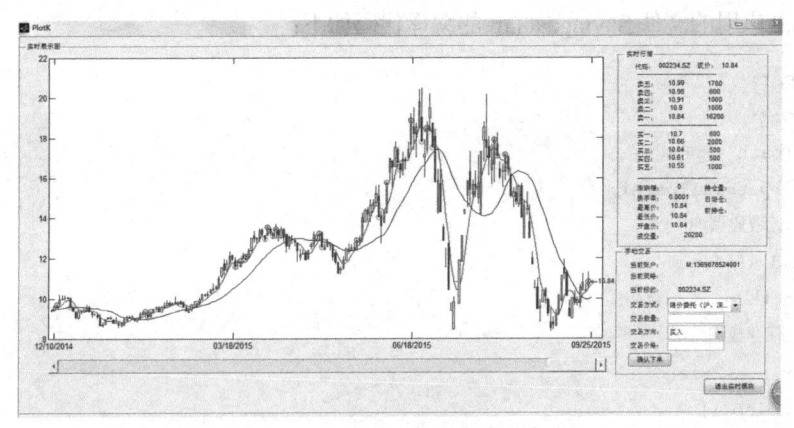

图 16-3 策略图形

可以把不常用的模块做成弹窗模式，如登录模块和退出模块，使系统布局更为简洁，如图 16-4 和图 16-5 所示。

图 16-4 登录模块　　　　　　图 16-5 退出模块

16.3 模块介绍

16.3.1 前期准备

首先需要构建标的的历史本地数据，由于 Wind 个人免费版限制了时间序列 WSD 的使用范围，所以需要另外找历史数据。可以通过通达信行情系统获得，股票数据保存在 originaldata（前复权）文件夹内，期货数据保存在 Foriginaldata（连续合约）文

件夹内。注意，期货的 .txt 文件需要把文件名改为 Wind 期货连续合约代码的形式，如股指改成 IF.CFE.txt，然后把获得的 .txt 格式数据进行标准化，保存到 data 文件夹中。

标准化用的文件 Savingdata.m 的编译代码如下：

```matlab
clear;
clc;
allpath = cd;
userpath(allpath);
%% 读取股票池
load AllA.mat
length = size(txt,1);
%% 保存数据
for i = 2:length
    disp(i)
code = char(txt(i,1));
    if strcmp(code(1),'6')
        market = 'SH';
    else
        market = 'SZ';
    end
    name = strcat(market,code(1:6),'.txt');
    namepath = [allpath,'\','originaldata(前复权)','\',name];
    ex = importdata(namepath);
    ddate = ex.textdata(3:end-1,1);
    open = ex.data(:,1);
    high = ex.data(:,2);
    low = ex.data(:,3);
    close = ex.data(:,4);
    savingname = strcat(code,'.mat');
    savingpath = [allpath,'\','data','\',savingname];
    save(savingpath,'open','close','high','low','ddate')
end

load AFuture.mat
length = size(txt,1);
for i = 2:length
    disp(i)
    code = txt(i,1);
    name = strcat(char(code),'.txt');
    namepath = [allpath,'\','Foriginaldata(连续合约)','\',name];
    ex = importdata(namepath);
    ddate = ex.textdata(3:end-1,1);
```

```
    open = ex.data(:,1);
    high = ex.data(:,2);
    low = ex.data(:,3);
    close = ex.data(:,4);
    savingname = strcat(char(code),'.mat');
    savingpath = [allpath,'\','data','\',savingname];
    save(savingpath,'open','close','high','low','ddate')
end
```

接下来介绍本系统用到的核心函数。

（1）timer 函数：该函数是本系统的核心函数，交易过程是实时地接收和处理数据并做出反应的过程。由于 MATLAB 不能进行多线程运算，因此在并行运算中需要借助 timer 函数，对不同对象的运算创建不同的 timer，达到并行运算的效果。

timer 函数的语法格式为：

```
T = timer('PropertyName1', PropertyValue1, 'PropertyName2', PropertyValue2,...)
```

常用属性和值介绍如下。

- Name：用于命名该 timer。
- TimerFcn：确定目标程序。在 GUI 设计中，需要注意数据在不同模块中的传递。此时，timer 的 TimerFcn 格式应该为{@TimerFcn,handles}，通过 handles 把各 timer 所需的数据进行一一对应的传递。
- Period：上次运行目标函数与下次运行目标函数之间的延迟，以秒为单位，可视为周期。
- ExecutionMode：在忙时，在完成上次 TimerFcn 前，到添加下一 TimerFcn 的模式。
  - ➢ singleShot（默认值）：只运行一次，此时 Period 无效。
  - ➢ fixedDelay：固定延迟。
  - ➢ fixedRate：固定频率。
  - ➢ fixedSpacing：固定间隔。

相关函数介绍如下。

- p = timerfind('Name',',...')：查找对应的 timer。
- start(T)：开启 timer。
- stop(T)：停止 timer。

- delete(T)：删除 timer。
- startat(T,'clock')：定时开启 timer。

以上是本系统的常用属性，更多属性请参考 MATLAB 的 Doc 文件夹。

（2）eval 函数：该函数把括号内的字符串视为运算语句运行。例如：

```
eval(['a = ' '3 + 4'])
```

输出的值是 7。运用此函数，能够先按某些规则命名矩阵名称，然后再赋值。

另外，还需要介绍 Wind 中的内置函数。

（1）账户查询函数 tquery，在账户查询模块会有更详细的例子，其语法格式为：

```
[Data,Fields,error] = w.tequery('查询方式',目标ID)
```

查询方式有以下几种。

- Capital：账户总体情况。
- Position：持仓情况。
- Order：委托单情况。
- Trade：成交情况。

（2）交易函数 torder，其语法格式为：

```
[Data,Fields,ErrorCode]=w.torder('代码','买卖方向','价格','股数','委托方式','登录ID')
```

其中，委托方式有多种，不同的市场需选用不同的委托方式。

- OrderType=LMT：限价委托。
- OrderType=BOC：对方最优价格委托（仅深市可用）。
- OrderType=BOP：本方最优价格委托（仅深市可用）。
- OrderType=ITC：即时成交剩余转撤销（仅深市可用）。
- OrderType=B5TC：最优五档剩余转撤销（仅沪深可用）。
- OrderType=B5TL：最优五档剩余转限价（仅沪市可用）。
- OrderType=FOK：全额成交或撤销委托（仅深市可用）。

（3）数据获取函数 WSD（日期序列）、WSQ（实时行情）和 WSI（分钟序列），语法格式如下：

```
[data,code,field,time,errorid,reqid]=w.wsd('代码','数据名称','起始时间','结束时间','复权处理')

[data,code,field,time,errorid,reqid]=w.wsq('代码','数据名称')
```

```
[data,codes,fields,times,errorid,reqid]=w.wsi('代码','起始时间','结束时间','周期',
'复权处理')
```

个人免费版的 wsd 和 wsi 函数在使用上有所限制，解决方法是把历史数据保存在本地，在分析数据的时候先读取本地历史数据，然后拼接实时数据，从而获得较为完整的数据流。

（4）登录与退出函数 tlogon 和 tlogout，其语法格式为：

```
[data,fields,errorcode]= w.tlogon('经纪商','营业部','资金账户','密码','账号类型');
[data,fields,errorcode]=w.tlogout('登录账号序号')
```

（5）撤单函数 tcancel，其语法格式为：

```
[data,fields,errorcode]=w.tcancel('委托单号','登录账户序号')
```

上述函数的具体使用方法可从下面的例子中获得。

16.3.2 初始化

在系统刚开始启动时，需要进行必要变量的定义，同时创建必要的 timer。

以下是系统初始化时的回调函数：

```
function varargout = AsTradePlatform_OutputFcn(hObject, eventdata, handles)
global w
global Stock_ID
global Stock_Num
global Stock_sel_ID
global Future_ID
global Future_Num
global Future_sel_ID
global SourceAddress
global password
global TargetAddress
global f1
global h1
global As
global n
%% Tradetimer 计数器
n = 1;
%% 打开绘图窗口
h1 = PlotK;
```

```
f1 = guihandles(h1);
As = handles;
set(h1,'Interruptible','off')
%% 信息反馈邮箱信息
SourceAddress = '发件人邮箱';
password = '密码';
TargetAddress = '收件人邮箱';
%% 登录Wind并创建登录记录矩阵
w = windmatlab;
Stock_sel_ID = zeros(0,0);
Future_sel_ID = zeros(0,0);
Stock_ID = cell(0,0);
Stock_Num = cell(0,0);
Future_ID = cell(0,0);
Future_Num = cell(0,0);
%% 创建账户查询timer
timer('Name','Inquiry','TimerFcn',{@Inquiry,handles},'Period',5,'ExecutionMode','fixedSpacing');
%% 创建股票绘图用timer
timer('Name','Stock_plot','TimerFcn',{@Stock_plot,handles},...
            'Period',2,'ExecutionMode','fixedSpacing');
%% 创建期货绘图用timer
timer('Name','Future_plot','TimerFcn',{@Future_plot,handles},...
            'Period',2,'ExecutionMode','fixedSpacing');
%% 创建股票仓位监控用timer
timer('Name','Manage_Stock_pos','TimerFcn',{@Stock_GetPosition,handles},...
            'Period',5,'ExecutionMode','fixedSpacing');
%% 创建期货仓位监控用timer
timer('Name','Manage_Future_pos','TimerFcn',{@Future_GetPosition,handles},...
            'Period',5,'ExecutionMode','fixedSpacing');
%% 创建数据更新用timer
timer('Name','updata','TimerFcn',{@Stock_updata,handles},'ExecutionMode','SingleShot');
varargout{1} = handles.output
```

16.3.3 登录/退出模块

单击登录账户，弹出登录弹窗，输入账户信息，选择需要登录的市场，单击"登录账户"按钮进行账户登录。Wind登录账户时会有两个返回信息：一个是账户号码，另一个是账户序号。这里用两组全局变量Future_ID/Stock_ID和Future_Num/Stock_Num

第 16 章 | 基于 MATLAB 和 Wind 的量化交易终端 AsTradePlatform 介绍与使用

记录登录信息，方便以后调用。成功登录的账户会按顺序展示。

以下是登录按钮的回调函数：

```
global As
global w
global Stock_ID
global Stock_Num
global Future_ID
global Future_Num
%% 获取登录资料
Logon_id = get(handles.Logon_id,'string');
Capital = get(handles.Capital,'string');
Department = get(handles.Department,'string');
Key = get(handles.Key,'string');
Market = get(handles.Market,'value');
switch Market
    case 1
        %% 检查账户是否已经登录
        if ismember(Logon_id,Stock_ID)
            errordlg('该账户已经登录')
        else
            %% 登录账号
            [data,~,~] = w.tlogon(Capital,Department,Logon_id,Key,'SHSZ');
            if size(data,2) > 4
                if cell2mat(data(1,4)) == 0
                    % 记录登录号码
                    Logon_Num_this = data(1,1);
                    Stock_Num = [Stock_Num ; Logon_Num_this];
                    % 记录登录账号
                    Logon_id_this = data(1,2);
                    Stock_ID = [Stock_ID ; Logon_id_this];
                end
                if cell2mat(data(1,4)) == 0
                    %% 记录成功登录信息
                    information = get(As.Information_box,'string');
                    str_information = strcat('登录',Logon_id,'成功');
                    str_information = {str_information};
                    information = [information ; str_information];
                    set(As.Information_box,'string',information);
                    set(As.Information_box,'value',length(information))
                    Acc_table = get(As.Stock_table,'data');
                    %% 添加到股票登录集合
```

```
                    if isempty(Acc_table)
                        Stock_data = [Stock_ID(size(Stock_ID,1)),...
                                        {'stop'},{'MA_tactic'},'未创建'];
                        set(As.Stock_table,'data',Stock_data)
                    else
                        if strcmp(Acc_table(1,1),'')
                            Stock_data = [Stock_ID(size(Stock_ID,1)),...
                                            {'stop'},{'MA_tactic'},'未创建'];
                            set(As.Stock_table,'data',Stock_data)
                        else
                            Stock_data = [Stock_ID(size(Stock_ID,1)),...
                                            {'stop'},{'MA_tactic'},'未创建'];
                            Acc_table = [Acc_table;Stock_data];
                            set(As.Stock_table,'data',Acc_table)
                        end
                    end
                else
                    %% 记录失败登录信息
                    information = get(As.Information_box,'string');
                    str_information = data(1,5);
                    information = [information ; str_information];
                    set(As.Information_box,'string',information);
                    set(As.Information_box,'value',length(information))
                end
            else
                %% 信息反馈
                information = get(As.Information_box,'string');
                str_information = data(1,4);
                information = [information ; str_information];
                set(As.Information_box,'string',information);
                set(As.Information_box,'value',length(information))
            end
        end
    case 2
        %% 查看期货账号是否登录
        if ismember(Logon_id,Future_ID)
            errordlg('该账户已经登录')
        else
            %% 登录期货账号
            [data,~,~] = w.tlogon(Capital,Department,Logon_id,Key,'CFE');
            if size(data,2) > 4
                if cell2mat(data(1,4)) == 0
```

第 16 章 ｜ 基于 MATLAB 和 Wind 的量化交易终端 AsTradePlatform 介绍与使用

```matlab
    % 记录登录号码
    Logon_Num_this = data(1,1);
    Future_Num = [Future_Num ; Logon_Num_this];
    %% 记录登录账号
    Logon_id_this = data(1,2);
    Future_ID = [Future_ID ; Logon_id_this];
end
if cell2mat(data(1,4)) == 0
    %% 记录成功登录信息
    information = get(As.Information_box,'string');
    str_information = strcat('登录',Logon_id,'成功');
    str_information = {str_information};
    information = [information ; str_information];
    set(As.Information_box,'string',information);
    set(As.Information_box,'value',length(information))
    %% 添加到期货登录集合
    Acc_table = get(As.Future_table,'data');
    if isempty(Acc_table)
        Future_data = [Future_ID(size(Future_ID,1)),...
                       {'stop'},{'ORB_tactic'},'未创建'];
        set(As.Future_table,'data',Future_data)
    else
        if strcmp(Acc_table(1,1),'')
            Future_data = [Future_ID(size(Future_ID,1)),...
                           {'stop'},{'ORB_tactic'},'未创建'];
            set(As.Future_table,'data',Future_data)
        else
            Future_data = [Future_ID(size(Future_ID,1)),...
                           {'stop'},{'ORB_tactic'},'未创建'];
            Acc_table = [Acc_table;Future_data];
            set(As.Future_table,'data',Acc_table)
        end
    end
else
    %% 记录失败登录信息
    information = get(As.Information_box,'string');
    str_information = data(1,5);
    information = [information ; str_information];
    set(As.Information_box,'string',information);
    set(As.Information_box,'value',length(information))
end
else
```

```matlab
            %% 信息反馈
            information = get(As.Information_box,'string');
            str_information = data(1,4);
            information = [information ; str_information];
            set(As.Information_box,'string',information);
            set(As.Information_box,'value',length(information))
        end
    end
end
close AccLogon
```

单击"退出账户"按钮,在退出模块的弹窗中,选择要退出的账户并退出。这里需要注意的是,在退出账户时,必须把账户相关的运行全部停止,并删除登录信息,以免产生混淆。

选择市场的回调函数如下:

```matlab
function sel_Market_Callback(hObject, eventdata, handles)
global Future_ID
global Stock_ID
Acc = get(handles.sel_Market,'value');
switch Acc
    case 1
    case 2
       if ~isempty(Stock_ID)
         % 展示全部股票账户
            set(handles.sel_Acc,'string',Stock_ID)
       end
    case 3
       if ~isempty(Future_ID)
         % 展示全部期货账户
            set(handles.sel_Acc,'string',Future_ID)
       end
end
```

退出模块中"退出账户"按钮的回调函数如下:

```matlab
function Logout_Acc_Callback(hObject, eventdata, handles)
global w
global As
global Future_ID
global Stock_ID
global Future_Num
global Stock_Num
```

第 16 章 | 基于 MATLAB 和 Wind 的量化交易终端 AsTradePlatform 介绍与使用

```
global Future_sel_ID
global Stock_sel_ID
% 选择市场和退出的账户
Acc = get(handles.sel_Acc,'string');
sel_Market = get(handles.sel_Market,'value');
switch sel_Market
    case 2
        if ~isempty(Acc)
            Stock_data = get(As.Stock_table,'data');
            val = get(handles.sel_Acc,'value');
            TimerName = Stock_data(val,4);
            % 停止对应股票账户正在运行的策略
            if ~strcmp(TimerName,{'未创建'})
                T = timerfind('Name',TimerName);
                stop(T)
            end
            sel_Stock_ID = Stock_ID(val,1);
            sel_Stock_Num = Stock_Num(val,1);
            [~,~,errorcode] = w.tlogout(sel_Stock_Num);
            % 退出成功时，清除对应账户的相关信息
            if errorcode == 0
                str_information = strcat('退出',char(sel_Stock_ID),'成功');
                if ~strcmp(TimerName,{'未创建'})
                    T = timerfind('Name',char(TimerName));
                    delete(T)
                end
                Stock_Num_val = cell2mat(Stock_Num(val));
                Stock_sel = str2double(Stock_sel_ID(9:end));
                % 若账户正在被监控仓位，停止监控并退出
                if Stock_sel == Stock_Num_val
                    set(As.Stock_h_transfer_pos,'enable','off')
                    set(As.Stock_balance_pos,'enable','off')
                    set(As.Stock_fac,'enable','off')
                    set(As.Manager_Stock_pos,'value',0)
                    T = timerfind('Name','Manage_Stock_pos');
                    stop(T)
                    Stock_sel_ID = '';
                    set(As.Stock_sel,'string','未选择账户')
                    set(As.Stock_tactic_sel,'string','未选择策略')
                end
                % 清除登录信息矩阵中的记录
                Stock_ID(val) = [];
```

```matlab
            Stock_Num(val) = [];
            Stock_data(val,:) = [];
            set(As.Stock_table,'data',Stock_data)
        else
            str_information = strcat('退出',char(sel_Stock_ID),'失败');
        end
        information = get(As.Information_box,'string');
        str_information = {str_information};
        information = [information ; str_information];
        set(As.Information_box,'string',information);
        set(As.Information_box,'value',length(information))
    end
case 3
    if ~isempty(Acc)
        Future_data = get(As.Future_table,'data');
        val = get(handles.sel_Acc,'value');
        TimerName = Future_data(val,4);
        % 停止对应期货账户正在运行的策略
        if ~strcmp(TimerName,{'未创建'})
            T = timerfind('Name',char(TimerName));
            stop(T)
        end
        sel_Future_ID = Future_ID(val,1);
        sel_Future_Num = Future_Num(val,1);
        [dss,~,errorcode] = w.tlogout(sel_Future_Num);
        disp(dss(1,3))
        % 退出成功时，清除对应账户的相关信息
        if errorcode == 0
            str_information = strcat('退出',char(sel_Future_ID),'成功');
            if ~strcmp(TimerName,{'未创建'})
                T = timerfind('Name',TimerName);
                delete(T)
            end
            Future_Num_val = cell2mat(Future_Num(val));
            Future_sel = str2double(Future_sel_ID(9:end));
            % 若账户正在被监控仓位，停止监控并退出
            if Future_sel == Future_Num_val
                Future_sel_ID = '';
                set(As.Future_sel,'string','未选择账户')
                set(As.Future_tactic_sel,'string','未选择策略')
            end
            Future_ID(val) = [];
```

```
                Future_Num(val) = [];
                Future_data(val,:) = [];
                set(As.Future_table,'data',Future_data)
            else
                str_information = strcat('退出',char(sel_Future_ID),'失败');
            end
            information = get(As.Information_box,'string');
            str_information = {str_information};
            information = [information ; str_information];
            set(As.Information_box,'string',information);
            set(As.Information_box,'value',length(information))
        end
end
close AccLogout
```

16.3.4 策略控制模块

策略控制模块提供了指标参数的修改、后台数据自动更新、策略图形展示，以及策略的开启与停止等功能，如图16-6所示。

图16-6 策略控制模块

首先对账户对应策略的开启与停止进行介绍。在账户登录后，账户号码和相关信息会按顺序记录在 Stock_table 和 Future_table 中。单击 table 中的账户号码作为目标账户，并以全局变量 Future_sel_ID/Stock_sel_ID 记录目标账户。这里所记录的账户是后面账户策略监控、手动交易和账户信息查询的目标账户，后面所提及的选定账户便是该账户。

以下是 Stock_table 的 CellSelection 的回调函数：

```matlab
function Stock_table_CellSelectionCallback(hObject, eventdata, handles)
global Stock_sel_ID
global Stock_Num
global Stock_sel
global Ssl
% 停止账户监控的 timer
T = timerfind('Name','pos');
statu = get(T,'Running');
if strcmp(statu,'on');
    stop(T)
end
if numel(eventdata.Indices) > 0
    row = eventdata.Indices(1);
    cul = eventdata.Indices(2);
    if ~isempty(Stock_Num)
        if cul == 1
            Stock_Acc = get(handles.Stock_table,'data');
            Stock_sel = Stock_Acc(row,1);
            tactic_sel = Stock_Acc(row,3);
            set(handles.Stock_sel,'string',Stock_sel)
            set(handles.Stock_tactic_sel,'string',tactic_sel);
            sel_ID = Stock_Num(row,1);
            Ssl = sel_ID;
            sel_ID = cell2mat(sel_ID);
            sel_ID = num2str(sel_ID);
            %记录股票选定账户
            Stock_sel_ID = strcat('LogonID=',sel_ID);
        end
    end
end
% 重新开启账户监控的 timer
if strcmp(statu,'on');
    start(T)
end
```

以下是 Future_table 的 CellSelection 的回调函数：

```matlab
global Future_sel_ID
global Fsl
global Future_Num
global Future_sel
```

第 16 章 ｜ 基于 MATLAB 和 Wind 的量化交易终端 AsTradePlatform 介绍与使用

```
if numel(eventdata.Indices) > 0
    row = eventdata.Indices(1);
    cul = eventdata.Indices(2);
    if ~isempty(Future_Num)
        if cul == 1
            Future_Acc = get(handles.Future_table,'data');
            Future_sel = Future_Acc(row,1);
            tactic_sel = Future_Acc(row,3);
            set(handles.Future_tactic_sel,'string',tactic_sel);
            set(handles.Future_sel,'string',Future_sel)
            sel_ID = Future_Num(row,1);
            Fsl = sel_ID;
            sel_ID = cell2mat(sel_ID);
            sel_ID = num2str(sel_ID);
            % 记录期货选定账户
            Future_sel_ID = strcat('LogonID=',sel_ID);
            if strcmp(tactic_sel,{'未创建'})
                set(handles.Manage_Future_pos,'value',0)
                set(handles.Manage_Future_pos,'enable','off')
            else
                set(handles.Manage_Future_pos,'enable','on')
            end
        end
    end
end
```

接下来是策略的启动与停止，通过单击"启动/停止"按钮进行策略的控制。Stock_table 的 CellEdit 回调函数如下：

```
function Stock_table_CellEditCallback(hObject, eventdata, handles)
global Stock_tactic_sel
global Stock_Num
global n
global cs
% 获取 Stock_table 的信息
Stock_Acc = get(handles.Stock_table,'data');
if numel(eventdata.Indices) > 0
    row = eventdata.Indices(1);
    cul = eventdata.Indices(2);
    Stock_pool = get(handles.Stock_pool,'string');
    if ~isempty(Stock_Num)
        if cul == 2
```

```matlab
ss = Stock_Acc(row,cul);
handles.Acc_sel = Stock_Num(row);
Tactic_sel = Stock_Acc(row,3);
% 获取选择策略的数据
if strcmp(Tactic_sel,'MA_tactic')
    Stock_tactic_sel = 'MA_tactic';
    tactic = {@MA_tactic,handles};
    time1 = get(handles.time1_1,'string');
    time2 = get(handles.time1_2,'string');
    time3 = get(handles.time1_3,'string');
    run_time = strcat(time1,':',time2,':',time3);
end
% 创建策略对应的timer
TimerName = Stock_Acc(row,4);
if ~strcmp(TimerName,'未创建')
    TimerName = Stock_Acc(row,4);
    T = timerfind('Name',char(TimerName));
else
    TimerName = strcat('trade',num2str(n));
    disp(Stock_Acc(row,4))
    Stock_Acc(row,4) = {TimerName};
    n = n+1;
    T = timer('Name',TimerName,'TimerFcn',tactic,...
              'Period',3,'ExecutionMode','fixedSpacing');
    set(handles.Stock_table,'data',Stock_Acc)
end
if strcmp(ss,'start')
    % 由于股票市场是T+1制度，所以对策略进行定时运算
    if strcmp(Tactic_sel,'MA_tactic')
        Tp = strcat(datestr(today),'_',run_time);
        if datenum(Tp) > now
            startat(T,run_time)
            str_information = {'已进行定时运算...'};
            information = get(handles.Information_box,'string');
            information = [information ; str_information];
            set(handles.Information_box,'string',information);
        else
            str_information = {'已经超过运算时间...'};
            information = get(handles.Information_box,'string');
            information = [information ; str_information];
            set(handles.Information_box,'string',information);
        end
```

第 16 章 | 基于 MATLAB 和 Wind 的量化交易终端 AsTradePlatform 介绍与使用

```matlab
str_information = {'正在生成动态数据'};
information = get(handles.Information_box,'string');
information = [information ; str_information];
set(handles.Information_box,'string',information);
%% 创建策略动态记录
posname = strcat('cs.','S_pos',num2str(cell2mat(handles.Acc_sel)));
codename = strcat('cs.','S_codename',num2str(cell2mat(handles.Acc_sel)));
fieldname = strcat('cs.','S_fieldname',num2str(cell2mat(handles.Acc_sel)));

if ~isempty(Stock_pool)
    moving_pos_data = zeros(size(Stock_pool,1),6);
    for ii = 1:size(Stock_pool,1)
        % 获取参数并检查有效性
        ma1 = str2double(get(handles.SMA_MA1,'string'));
        ma2 = str2double(get(handles.SMA_MA2,'string'));
        if ~isnumeric(ma2) || isempty(ma2) || isnan(ma2)
            warndlg('MA 组合：MA2 参数请输入数值', '警告！');
        end
        if ~isnumeric(ma1) || isempty(ma1) || isnan(ma1)
            warndlg('MA 组合：MA1 参数请输入数值', '警告！');
        end
        %% 获取本地历史数据
        code_s = Stock_pool(ii,1);
        name = char(code_s);
        filename = strcat(cd,'\data\',name,'.mat');
        ex = load(filename);
        c = ex.close;
        % 进行动态数据初始化记录
        length_c = size(c,1);
        lMA1 = sum(c(length_c+2-ma1:length_c));
        lMA2 = sum(c(length_c+2-ma2:length_c));
        MA1 = sum(c(length_c-ma1:length_c-1))/ma1;
        MA2 = sum(c(length_c-ma2:length_c-1))/ma2;
        moving_pos_data(ii,3) = lMA1;
        moving_pos_data(ii,4) = lMA2;
        moving_pos_data(ii,5) = MA1;
        moving_pos_data(ii,6) = MA2;
    end
else
    moving_pos_data = '';
    str_information = {'请先添加股票池'};
```

```
                    information = get(handles.Information_box,'string');
                    information = [information ; str_information];
                    set(handles.Information_box,'string',information);
                end
                eval([posname '=moving_pos_data'])
                eval([codename '=Stock_pool'])
                eval([fieldname '={''品种代码'',...
                    ''持仓股数'',''现价'',''LMA1'',''LMA2'', ''MA1'',''MA2''}'])
            end
        elseif strcmp(ss,'stop')
            str_information = strcat(Stock_Acc(row,1),'停止运行',Stock_Acc(row,3));
            information = get(handles.Information_box,'string');
            information = [information ; str_information];
            set(handles.Information_box,'string',information);
            stop(T)
        end
    end
  end
end
```

Future_table 的 CellEdit 回调函数如下：

```
function Future_table_CellEditCallback(hObject, eventdata, handles)
global w
global Future_Num
global n
global cs
Future_Acc = get(handles.Future_table,'data');
if numel(eventdata.Indices) > 0
   row = eventdata.Indices(1);
   cul = eventdata.Indices(2);
   Future_pool = get(handles.Future_pool,'string');
   if ~isempty(Future_Num)
      if cul == 2
         ss = Future_Acc(row,cul);
         handles.Acc_sel = Future_Num(row);
         Tactic_sel = Future_Acc(row,3);
         if strcmp(Tactic_sel,'ORB_tactic')
            tactic = {@ORB_tactic,handles};
         end
         TimerName = Future_Acc(row,4);
         if ~strcmp(TimerName,'未创建')
            TimerName = Future_Acc(row,4);
```

```matlab
            T = timerfind('Name',char(TimerName));
        else
            TimerName = strcat('trade',num2str(n));
            disp(Future_Acc(row,4))
            Future_Acc(row,4) = {TimerName};
            n = n+1;
            T = timer('Name',TimerName,'TimerFcn',tactic,...
                      'Period',3,'ExecutionMode','fixedSpacing');
            set(handles.Future_table,'data',Future_Acc)
        end
        if strcmp(ss,'start')
            if strcmp(Tactic_sel,'ORB_tactic')
                str_information = {'正在初始化'};
                information = get(handles.Information_box,'string');
                information = [information ; str_information];
                set(handles.Information_box,'string',information);
                %%初始化策略动态记录
                posname = strcat('cs.','F_pos',num2str(cell2mat(handles.Acc_sel)));
                codename = strcat('cs.','F_codename',num2str(cell2mat(handles.Acc_sel)));
                fieldname = strcat('cs.','F_fieldname',num2str(cell2mat(handles.Acc_sel)));
                if ~isempty(Future_pool)
                    moving_pos_data = zeros(size(Future_pool,1),7);
                    for ii = 1:size(Future_pool,1)
                        N = str2double(get(handles.ORB_N,'string'));
                        M = str2double(get(handles.ORB_M,'string'));
                        mls_point = str2double(get(handles.ORB_mls_point, 'string'));
                        back_point = str2double(get(handles.ORB_back_point, 'string'));
                        mls = str2double(get(handles.ORB_mls,'string'));
                        if isempty(M) || isnan(M)
                            warndlg('ORB:M参数请输入数值','警告！');
                        end
                        if ~isnumeric(N) || isempty(N) || isnan(N)
                            warndlg('ORB:N参数请输入数值','警告！');
                        end
                        if ~isnumeric(mls_point) || isempty(mls_point) || isnan(mls_point)
                            warndlg('ORB:mls_point参数请输入数值','警告！');
                        end
                        if ~isnumeric(back_point) || isempty(back_point) || isnan(back_point)
                            warndlg('ORB:back_point参数请输入数值','警告！');
                        end
                        if ~isnumeric(mls) || isempty(mls) || isnan(mls)
                            warndlg('ORB:mls参数请输入数值','警告！');
```

```matlab
end
%% 对代码进行处理
code_s = Future_pool(ii,1);
name = char(code_s);
filename = strcat(cd,'\data\',name,'.mat');
ts = datestr(today,'yyyy-mm-dd');
if str2double(ts(9:10)) > 18
    ts = datestr(datenum(ts) + 20,'yyyy-mm-dd');
end
name_length = size(name,2);
code = {strcat(name(1:name_length-4),num2str(ts(3:4)),...
    num2str(ts(6:7)),name(name_length-3:name_length))};
ex = load(filename);
% 获取实时数据
[w_wsq_data,~,~,~,~,~]=w.wsq(code,...
    'rt_vol,rt_last,rt_date,rt_high,rt_low,rt_open');
while size(w_wsq_data,2) ~= 6
    [w_wsq_data,~,~,~,~,~]=w.wsq(code,...
        'rt_vol,rt_last,rt_date,rt_high,rt_low,rt_open');
end
% 判断若成交量为0，则视为停牌，不进行运算
if w_wsq_data(1,2) ~= 0
    % 判断是否需要更新数据
    tdate = num2str(w_wsq_data(1,3));
    tdate = [tdate(5:6),'/',tdate(7:8),'/',tdate(1:4)];
    tdate = datenum(tdate);
    ls = length(ex.ddate);
    if tdate ~= datenum(ex.ddate(ls,1))
        h = [ex.high;w_wsq_data(1,4)];
        l = [ex.low;w_wsq_data(1,5)];
        o = [ex.open;w_wsq_data(1,6)];
    else
        h = ex.high;
        l = ex.low;
        o = ex.open;
    end
end
% 进行指标运算，并记录到动态数据中
[~,uper,downer] = ORB(o,h,l,M,N);
d = length(o);
moving_pos_data(ii,6) = uper(d);
moving_pos_data(ii,7) = downer(d);
```

```
                    end
                else
                    moving_pos_data = '';
                    str_information = {'请先添加商品池'};
                    information = get(handles.Information_box,'string');
                    information = [information ; str_information];
                    set(handles.Information_box,'string',information);
                end
                eval([posname '=moving_pos_data'])
                eval([codename '=Future_pool'])
                eval([fieldname '={''品种代码'',''持仓成本'',''极值'',...
                    ''持仓方向'',''移动止损'',''回撤入场'',''ORBuper'', ''ORBdowner''}'])
            end
        end
        if strcmp(ss,'start')
            start(T)
            str_information = {'初始化完成,正在运行'};
            information = get(handles.Information_box,'string');
            information = [information ; str_information];
            set(handles.Information_box,'string',information);
        elseif strcmp(ss,'stop')
            str_information = strcat(Future_Acc(row,1),'停止运行',Future_Acc (row,3));
            information = get(handles.Information_box,'string');
            information = [information ; str_information];
            set(handles.Information_box,'string',information);
            stop(T)
        end
    end
 end
end
```

启动账户对应的策略,便是启动对应的 timer, timer 的回调函数也就是策略本身的设计。以下介绍的是股票策略的回调函数,这里选用简单双均线策略 MA_tactic.m 作为隔夜策略的例子。

策略规则如下。

(1) 对股票池中的待交易股票等权重分配资金。

(2) 每次交易都是一个标准仓位。

(3) 持有信号:当日短均线高于当日长均线,并且当日短均线高于昨日短均线,并且当日长均线高于昨日长均线,并且当日价位高于当日短均线。若不在持仓则买入,

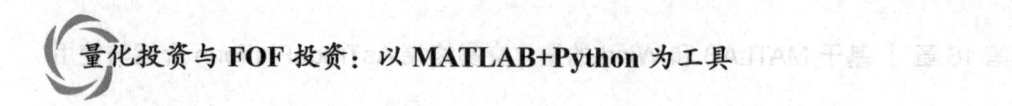

若在持仓则持有。

（4）观望信号：当日短均线低于当日长均线，或者当日短均线低于昨日短均线，或者当日长均线低于昨日长均线，或者当日价位低于当日短均线。若在持仓则卖出，若不在持仓则观望。

（5）交易时间（策略运算时间）：收盘前 15 分钟。

策略文件 MA_tactic.m 函数如下：

```
function MA_tactic(~,~,handles)
    global w
    global Stock_Num
    global SourceAddress
    global password
    global TargetAddress
    % 获取在handles中保存的目标账户的序号,并通过序号找到对应的timer
    [row,~] = find(cell2mat(handles.Acc_sel),cell2mat(Stock_Num));
    Stock_table_data = get(handles.Stock_table,'data');
    TimerName = Stock_table_data(row,4);
    T = timerfind('Name',char(TimerName));
    % 获取参数并检查参数有效性
    ma1 = str2double(get(handles.SMA_MA1,'string'));
    ma2 = str2double(get(handles.SMA_MA2,'string'));
    if ~isnumeric(ma2) || isempty(ma2) || isnan(ma2)
        warndlg('MA组合：MA2参数请输入数值','警告！');
        stop(T)
    end
    if ~isnumeric(ma1) || isempty(ma1) || isnan(ma1)
        warndlg('MA组合：MA1参数请输入数值','警告！');
        stop(T)
    end
    % 创建交易信息记录矩阵
    buy_information = {'代码','数量','标志'};
    sell_information = buy_information;
    % 若不是交易日,则不进行交易
    s_today = weekday(today);
    if s_today == 1 || s_today == 7
        format compact;
        subject = '更新记录';
        content = '非交易日不更新';
        % 发送邮件
        Attachments = [];
```

第16章 | 基于 MATLAB 和 Wind 的量化交易终端 AsTradePlatform 介绍与使用

```matlab
        MatlabSentMail(subject, content, TargetAddress, Attachments, SourceAddress,
password);
        displayEndOfDemoMessage(mfilename);
        str_information = {'非交易日不进行交易'};
        information = get(handles.Information_box,'string');
        information = [information;str_information];
        set(handles.Information_box,'string',information);
    else
        str_information = {'10秒后运行策略,请准备好...'};
        information = get(handles.Information_box,'string');
        information = [information;str_information];
        set(handles.Information_box,'string',information)
        % 准备进行运算
        pause(10)
        if ~isempty(handles.Acc_sel)
            % 对账号的格式进行处理,格式是"LogonID=" + 登录时的序号
            num = cell2mat(handles.Acc_sel);
            id = strcat('LogonID=',num2str(num));
            % 获取股票池
            pool = get(handles.Stock_pool,'string');
            % 获取目标账户对应的持仓
            [Data,~,~]=w.tquery('Position',id);
            [capital,~,~]=w.tquery('Capital',id);
            pool_length = size(pool,1);
            % 平均分配资金
            standard  = cell2mat(capital(1,6))/pool_length;
            filepath = cd;
            wi = waitbar(0,'正在运行策略...');
            for m = 1:length(pool)
                % 读取标的的本地数据
                code = pool(m,1);
                name = char(code);
                filename = strcat(filepath,'\data\',name,'.mat');
                ex = load(filename);
                % 信息反馈
                str_information = strcat('正在运算',name,'...');
                str_information = {str_information};
                information = get(handles.Information_box,'string');
                information = [information;str_information];
                set(handles.Information_box,'string',information)
                waitbar(m/length(pool),wi,str_information)
                % 进行交易运算
```

```matlab
% 获取实时数据，并进行while循环，防止接口数据漏读
[w_wsq_data,~,~,~,~,~]=w.wsq(code,'rt_vol,rt_last,rt_date,...
                    rt_high,rt_low,rt_open,rt_ask2,rt_bid2');
while size(w_wsq_data,2) < 8
    [w_wsq_data,~,~,~,~,~]=w.wsq(code,'rt_vol,rt_last,rt_date,rt_high,...
                                rt_low,rt_open,rt_ask2,rt_bid2');
end
% 判断，若成交量为0，则视为停牌，不进行运算
if w_wsq_data(1,1) ~= 0
    % 根据日期判断是否需要更新数据
    tdate = num2str(w_wsq_data(1,3));
    tdate = [tdate(5:6),'/',tdate(7:8),'/',tdate(1:4)];
    tdate = datenum(tdate);
    ls = length(ex.ddate);
    if tdate ~= datenum(ex.ddate(ls,1))
        c = [ex.close;w_wsq_data(1,2)];
        h = [ex.high;w_wsq_data(1,4)];
        l = [ex.low;w_wsq_data(1,5)];
        o = [ex.open;w_wsq_data(1,6)];
    else
        c = ex.close;
        h = ex.high;
        l = ex.low;
        o = ex.open;
    end
    % 进行指标运算
    MA1 = MA(c,ma1);
    MA2 = MA(c,ma2);
    d = length(c);
    % 进行买卖判断
    % 判断为多头
    if MA1(d) >= MA2(d) && MA1(d) >= MA1(d-1) &&...
            MA2(d) >= MA2(d-1) && c(d) > MA1(d)
        % 计算成交数量
        vol = fix(standard / (c(d)*100))*100;
        % 成交价格为卖2
        price = w_wsq_data(1,7);
        % 判断持仓，若非空仓，但个股不在持仓，则买入
        if size(Data,2) > 3
            if ~ismember(code,Data(:,1))
                [trade_data,~,errorcode]=w.torder(code, 'Buy',...
```

第 16 章 | 基于 MATLAB 和 Wind 的量化交易终端 AsTradePlatform 介绍与使用

```matlab
                            price, vol, 'OrderType=LMT',id);
            if errorcode(1,1) == 0
                str_information = strcat('成功委托买入',code,'...');
                b_inf = {name,vol,'买入'};
            else
                str_information = trade_data(1,9);
                b_inf = {name,vol,'买入错误'};
            end
        else
            % 若在持仓，则继续
            str_information={'已在持仓，处于持有状态'};
            [r,~] = find(strcmp(code,Data(:,1)));
            b_inf = {name,Data(r,3),'持有'};
        end
    % 若空仓，则买入
    elseif size(Data,2) <= 3
        [trade_data,~,errorcode]=w.torder(code, 'Buy',...
                            price, vol, 'OrderType=LMT',id);
        if errorcode(1,1) == 0
            str_information = strcat('成功委托买入',code,'...');
            b_inf = {name,vol,'买入'};
        else
            str_information = trade_data(1,9);
            b_inf = {name,vol,'买入错误'};
        end
    end
    buy_information = [buy_information;b_inf];
    information =  get(handles.Information_box,'string');
    information = [information;str_information];
    set(handles.Information_box,'string',information)
end
% 判断为空头
if MA1(d) < MA2(d) || c(d) < MA1(d) || ...
          MA2(d) < MA2(d-1) || MA1(d) < MA1(end-1)
        % 以买 2 作为成交价
    price = w_wsq_data(1,8);
    % 若非空仓并且在持仓中，则全部卖出
    if size(Data,2) > 3
        if ismember(code,Data(:,1))
            [row,~] = find(strcmp(code,Data(:,1)));
            vol = Data(row,4);
            [trade_data,~,errorcode]=w.torder(code, 'Sell', ...
```

```matlab
                                    price, vol, 'OrderType=LMT',id);
                        if errorcode(1,1) == 0
                            str_information = strcat('成功委托卖出',code,'...');
                            vol = cell2mat(vol);
                            s_inf = {name,vol,'卖出'};
                        else
                            str_information = trade_data(1,9);
                            s_inf = {name,'0','卖出错误'};
                        end
                    else
                        % 若不在持仓，则不进行操作
                        str_information = {'不在持仓，处于卖出状态'};
                        s_inf = {name,'0','非持仓卖出'};
                    end
                else
                    % 空仓不进行操作
                    str_information = {'空仓状态，处于卖出状态'};
                    s_inf = {name,'0','非持仓卖出'};
                end
                sell_information = [sell_information;s_inf];
                information = get(handles.Information_box,'string');
                information = [information;str_information];
                set(handles.Information_box,'string',information)
            end
        end
    end
else
    str_information = {'没有选中的账户'};
    information = get(handles.Information_box,'string');
    information = [information;str_information];
    set(handles.Information_box,'string',information)
end

str_information = {'运算结束'};
information = get(handles.Information_box,'string');
information = [information;str_information];
set(handles.Information_box,'string',information)

end
% 对交易记录按日期命名并进行保存
filepath = cd;
savingname = 'trading.mat';
```

```
            savingpath = [filepath,'\',savingname];
            save(savingpath,'buy_information','sell_information')

            t_day = datestr(today);
            t_day = char(t_day);

            b_filename = strcat(filepath,'\记录\待交易\',t_day,'bs.xlsx');
            s_filename = strcat(filepath,'\记录\待交易\',t_day,'ss.xlsx');

            xlswrite(b_filename,buy_information)
            xlswrite(s_filename,sell_information)

            [p_Data,~,~]=w.tquery('Order',id);
            t_filename = datestr(today);
            t_filename = strcat(filepath,'\记录\已成交\',t_filename,'.xlsx');
            xlswrite(t_filename,p_Data);
            % 对交易记录进行邮件发送
            format compact;
            subject = '委托记录';
            content = '已进行委托';
            Attachments = {t_filename;b_filename;s_filename};
            MatlabSentMail(subject, content, TargetAddress, Attachments,SourceAddress,
password);

            displayEndOfDemoMessage(mfilename);

            str_information = {'已发送交易邮件'};
            information = get(handles.Information_box,'string');
            information = [information;str_information];
            set(handles.Information_box,'string',information)

            delete(wi)
            stop(T)
```

在期货方面，选取开盘区间突破策略作为日内策略例子。

策略如下。

（1）在回顾期中（$N=10$），每天最高价与开盘价之差，以及最低价与开盘价之差，取二者间的最小值，并求出该组数据的平均值，作为 ORB 指标。

（2）每次交易 1 手。

（3）用当天开盘价加减 ORB 指标作为上下轨，并用 M 修正区间宽度。

(4) 当价格突破上轨时做多,固定止损为下轨,向上一定幅度触发移动止损,移动止损为成交后最高价和成交价之差的 0.6,回撤再入场是该差值的 0.3。

(5) 当价格突破下轨时做空,固定止损为上轨,向上一定幅度触发移动止损,移动止损为成交后最低价和成交价之差的 0.6,回撤再入场是该差值的 0.3。

(6) 在 14:55:00 全部平仓,结束策略。

策略文件 ORB_tactic.m 函数如下:

```matlab
function ORB_tactic(~,~,handles)
    global w
    global Future_Num
    global SourceAddress
    global password
    global TargetAddress
    global cs
    [row,~] = find(cell2mat(handles.Acc_sel),cell2mat(Future_Num));
    Future_table_data = get(handles.Future_table,'data');
    TimerName = Future_table_data(row,4);
    T = timerfind('Name',char(TimerName));
    % 获取参数
    N = str2double(get(handles.ORB_N,'string'));
    M = str2double(get(handles.ORB_M,'string'));
    mls_point = str2double(get(handles.ORB_mls_point,'string'));
    back_point = str2double(get(handles.ORB_back_point,'string'));
    mls = str2double(get(handles.ORB_mls,'string'));
    if isempty(M) || isnan(M)
        warndlg('ORB:M 参数请输入数值','警告!');
        stop(T)
    end
    if ~isnumeric(N) || isempty(N) || isnan(N)
        warndlg('ORB:N 参数请输入数值','警告!');
        stop(T)
    end
    if ~isnumeric(mls_point) || isempty(mls_point) || isnan(mls_point)
        warndlg('ORB:mls_point 参数请输入数值','警告!');
        stop(T)
    end
    if ~isnumeric(back_point) || isempty(back_point) || isnan(back_point)
        warndlg('ORB:back_point 参数请输入数值','警告!');
        stop(T)
    end
```

```matlab
    if ~isnumeric(mls) || isempty(mls) || isnan(mls)
        warndlg('ORB:mls参数请输入数值','警告！');
        stop(T)
    end
    s_today = weekday(today);
    if s_today == 1 || s_today == 7
        format compact;
        subject = '更新记录';
        content = '非交易日不交易';
        Attachments = [];
        MatlabSentMail(subject, content, TargetAddress, Attachments,SourceAddress,password);
        displayEndOfDemoMessage(mfilename);
        str_information = {'非交易日不进行交易'};
        information = get(handles.Information_box,'string');
        information = [information;str_information];
        set(handles.Information_box,'string',information);
        stop(T)
    else
        % 获取持仓信息
        if ~isempty(handles.Acc_sel)
            num = cell2mat(handles.Acc_sel);
            id = strcat('LogonID=',num2str(num));
            search_id = strcat(id,';OrderType=Withdrawable');
            trade_id = strcat('OrderType=LMT;',id);
            [Future_pos,~,~] = w.tquery('Position',id);
            [Search_pos,~,~] = w.tquery('Order',search_id);

            %% 读取动态记录
            pos_name = strcat('cs.','F_pos',num2str(cell2mat(handles.Acc_sel)));
            codename = strcat('cs.','F_codename',num2str(cell2mat(handles.Acc_sel)));
            F_pos = eval(pos_name);
            pool = eval(codename);

            pool_length = size(pool,1);
            if ~isempty(F_pos)
                for m = 1:pool_length
                    %% 对代码进行处理
                    code_s = pool(m,1);
                    name = char(code_s);
                    ts = datestr(today,'yyyy-mm-dd');
                    if strcmp(name(1:2),'IF')
```

```matlab
        if str2double(ts(9:10)) > 18
            ts = datestr(datenum(ts) + 20,'yyyy-mm-dd');
        end
        name_length = size(name,2);
        code = {strcat(name(1:name_length-4),num2str(ts(3:4)),...
                num2str(ts(6:7)),name(name_length-3:name_length))};
end
[row,~] = find(strcmp(code,Future_pos));
% 进行交易运算
% 获取实时数据
[w_wsq_data,~,~,~,~,~]=w.wsq(code,...
            'rt_vol,rt_last,rt_ask1,rt_bid1,rt_high,rt_low');
while size(w_wsq_data,2) ~= 6
    [w_wsq_data,~,~,~,~,~]=w.wsq(code,...
            'rt_vol,rt_last,rt_ask1,rt_bid1,rt_high,rt_low');
end
% 判断，若成交量为0，则视为停牌，不进行运算
if w_wsq_data(1,1) ~= 0
    ext_pri = F_pos(m,2);
    mov_s_l = F_pos(m,4);
    back_enter = F_pos(m,5);
    uper = F_pos(m,6);
    downer = F_pos(m,7);
    c = w_wsq_data(1,2);
    p_b = w_wsq_data(1,3);
    p_s = w_wsq_data(1,4);
    % 进行指标运算
    Tp = strcat(datestr(today),' 14:55:00');
    Op = strcat(datestr(today),' 9:15:00');
    if datenum(Tp) > now && datenum(Op) < now
        if c >= uper || (c >=uper && c < back_enter)
            % 先进行撤单
            [s_row,~] = find(strcmp(code,Search_pos));
            if ~isempty(s_row)
                str_information = {'撤单'};
                information = get(handles.Information_box,'string');
                information = [information;str_information];
                set(handles.Information_box,'string',information)
                for kk = 1:s_row
                    [~,~,~]=w.tcancel(Search_pos(kk,1), id);
                end
            end
```

```matlab
% 突破上轨或达到回撤点，进场多单
% 检查持仓
if ~isempty(row)
    % 若持仓空单，则平空开多
    if strcmp(Future_pos(row,5),{'Short'})
        str_information = {'突破上轨，平空开多'};
        information = get(handles.Information_box, 'string');
        information = [information;str_information];
        set(handles.Information_box,'string',information)
        [~,~,error]=w.torder(code,...
            'Cover',num2str(p_b),'1',trade_id);
        if error == 0
            [~,~,~]=w.torder(code,...
                'Buy',num2str(p_b),'1',trade_id);
        end
        ext_pri = p_b;
    elseif strcmp(Future_pos(row,5),{'Buy'})
        % 若有持仓则检查是否触发移动止损
        if c < mov_s_l  && c > back_enter
            str_information = {'触发多方移动止损'};
            information =  get(...
                handles.Information_box,...'string');
            information = [information;str_information];
            set(handles.Information_box,'string', information)
            [~,~,~]=w.torder(code,...
                'Sell',num2str(p_s),'1',trade_id);
            [Future_pos,~,~] = w.tquery('Position',id);
            [row2,~] = find(strcmp(code,Future_pos));
            if isempty(row2)
                ext_pri = 0;
            end
        end
        disp(ext_pri)
    end
elseif isempty(row)
    str_information = {'突破上轨开多'};
    information = get(handles.Information_box, 'string');
    information = [information;str_information];
    set(handles.Information_box,'string',information)
    % 若没有持仓，则开多
    [~,~,~]=w.torder(code,'Buy',num2str(p_b),'1', trade_id);
    ext_pri = p_b;
```

```matlab
            end
        end
        if c <= downer || (c <= downer && c > back_enter)
            % 先进行撤单
            [s_row,~] = find(strcmp(code,Search_pos));
            if ~isempty(s_row)
                str_information = {'撤单'};
                information = get(handles.Information_box,'string');
                information = [information;str_information];
                set(handles.Information_box,'string',information);
                [~,~,~]=w.tcancel(Search_pos(s_row,1), id);
            end
            % 突破下轨或达到回撤点，进场空单
            % 检查持仓
            if ~isempty(row)
                % 若持仓多单，则平多开空
                if strcmp(Future_pos(row,5),{'Buy'})
                    str_information = {'突破下轨，平多开空'};
                    information = get(handles.Information_box,'string');
                    information = [information;str_information];
                    set(handles.Information_box,'string', information)
                    [~,~,error]=w.torder(code,...
                                    'Sell',num2str(p_s),...
                                    '1',trade_id);
                    if error == 0
                        [~,~,~]=w.torder(code,'Short',...
                                    num2str(p_s),'1',trade_id);
                    end
                    ext_pri = p_s;
                elseif strcmp(Future_pos(row,5),{'Short'})
                    % 若有持仓则检查是否触发移动止损
                    if c > mov_s_l && c < back_enter
                        str_information = {'触发空方移动止损'};
                        information = get(...
                            handles.Information_box,'string');
                        information = [information;str_information];
                        set(handles.Information_box,'string', information)
                        [~,~,~]=w.torder(code,...
                                    'Cover',num2str(p_b),'1',trade_id);
                        [Future_pos,~,~] = w.tquery('Position',id);
                        [row2,~] = find(strcmp(code,Future_pos));
```

第 16 章 | 基于 MATLAB 和 Wind 的量化交易终端 AsTradePlatform 介绍与使用

```
                        if isempty(row2)
                            ext_pri = 0;
                        end
                    end
                end
            elseif isempty(row)
                % 若没有持仓，则开空
                str_information = {'突破下轨开空'};
                information = get(handles.Information_box,'string');
                information = [information;str_information];
                set(handles.Information_box,'string',information)
                [~,~,~]=w.torder(code,'Short',num2str(p_s),'1',trade_id);
                ext_pri = p_s;
            end
        end
        [Future_pos,~,~] = w.tquery('Position',id);
        [row,~] = find(strcmp(code,Future_pos));
        if ~isempty(row)
            cost_price = cell2mat(Future_pos(row,3));
            if strcmp(Future_pos(row,5),{'Buy'})
                side = 1;
                % 若达到一定价位，则开始记录移动止损
                if c > ext_pri && (c - cost_price)/cost_price> mls_point
                    % 更新此时的极值、移动止损点、回撤再入场位
                    ext_poi = c;
                    moving_stop_loss = ((ext_poi-cost_price)*...
                                            mls)+ cost_price;
                    return_price = ((ext_poi - cost_price) *...
                                            back_point) + cost_price;
                else
                    % 若未达到一定幅度，则只更新极值
                    if c > ext_pri
                        ext_pri = c;
                    end
                    % 若极值为 0，则更新极值
                    if ext_pri == 0
                        ext_poi = c;
                    else
                        ext_poi = ext_pri;
                    end
                    % 不更新移动止损点和回撤再入场位
```

```matlab
                            moving_stop_loss = mov_s_l;
                            return_price = back_enter;
                        end
                    elseif strcmp(Future_pos(row,5),{'Short'})
                        side = -1;
                        % 若达到一定价位,则开始记录移动止损
                        if c < ext_pri && (c - cost_price)/cost_price< -mls_point
                            % 更新此时的极值、移动止损点、回撤再入场位
                            ext_poi = c;
                            moving_stop_loss = cost_price-((cost_price- c)*mls);
                            return_price = cost_price-((cost_price-c) * back_point);
                        else
                            % 若未达到一定幅度,则只更新极值
                            if c < ext_pri
                                ext_pri = c;
                            end
                            % 若极值为0,则更新极值
                            if ext_pri == 0
                                ext_poi = c;
                            else
                                ext_poi = ext_pri;
                            end
                            % 不更新移动止损点和回撤再入场位
                            moving_stop_loss = mov_s_l;
                            return_price = back_enter;
                        end
                    else
                        ext_poi = c;
                        side = 0;
                        moving_stop_loss = mov_s_l;
                        return_price = back_enter;
                    end
                    % 记录最新的动态数据
                    F_pos(m,:) = [cost_price ext_poi ...
                        side moving_stop_loss return_price uper downer];
                    eval([pos_name '=F_pos'])
                end
            % 收市前进行平仓并对所有挂单进行撤单
            elseif datenum(Tp) < now
                [s_row,~] = find(strcmp(code,Search_pos));
                if ~isempty(s_row)
```

第 16 章 | 基于 MATLAB 和 Wind 的量化交易终端 AsTradePlatform 介绍与使用

```
                            [~,~,~]=w.tcancel(Search_pos(s_row,1), id);
                        end
                        if ~isempty(row)
                            if strcmp(Future_pos(row,5),{'Buy'})
                                [~,~,~]=w.torder(code,'Sell',num2str(p_s), '1',trade_id);
                            elseif strcmp(Future_pos(row,5),{'Short'})
                                [~,~,~]=w.torder(code,'Cover',num2str(p_b),'1',trade_id);
                            end
                        end
                        stop(T)
                        str_information = {'收市前进行平仓,已停止运行策略'};
                        information = get(handles.Information_box,'string');
                        information = [information;str_information];
                        set(handles.Information_box,'string',information)
                    elseif datenum(Op) > now
                    end
                end
            end
        else
            stop(T)
        end
    else
        str_information = {'没有选中的账户'};
        information = get(handles.Information_box,'string');
        information = [information;str_information];
        set(handles.Information_box,'string',information)
        stop(T)
    end
end
```

接下来介绍后台历史数据的更新,通过单击"自动更新数据"按钮 Updata,确定是否自动更新数据。由于序列数据 WSD 的使用限制,这里不使用 WSD,而使用实时数据 WSQ,所以只能当日的数据当日更新,过时的数据需要根据前期准备中下载历史数据的方法获取。

"自动更新数据"按钮的回调函数如下:

```
function Updata_Callback(hObject, eventdata, handles)
T = timerfind('Name','updata');
% 设定更新时间
Tp = strcat(datestr(today),' 15:30:00');
val = get(handles.Updata,'value');
```

```
switch val
    case 1
        % 若现在比设定时间早,则定时运行
        if datenum(Tp) > now
            startat(T,'15:30:00')
        else
            start(T)
        end
    case 2
        stop(T)
end
```

其中,该 timer 的回调函数 Stock_updata.m 编写如下:

```
function Stock_updata(~,~,handles)
    global w
    global SourceAddress
    global password
    global TargetAddress
    %% 信息反馈
    str_information = {'20 秒后更新后台信息,请做好准备...'};
    information = get(handles.Information_box,'string');
    information = [information;str_information];
    set(handles.Information_box,'string',information)
    
    pause(20)
    
    str_information = {'正在更新后台信息,请勿关闭'};
    information = get(handles.Information_box,'string');
    information = [information;str_information];
    set(handles.Information_box,'string',information)
    %% 读取股票池
    filepath = cd;
    % 读取股票序列
    A_filename = [filepath,'\ALLA.mat'];
    ALLA = load(A_filename);
    A_length = size(ALLA.txt,1);
    % 读取期货序列
    F_filename = [filepath,'\AFuture.mat'];
    AFuture = load(F_filename);
    F_length = size(AFuture.txt,1);
    s_today = weekday(today);
    length = A_length + F_length;
```

第 16 章 | 基于 MATLAB 和 Wind 的量化交易终端 AsTradePlatform 介绍与使用

```
    if s_today == 1 || s_today == 7
        format compact;
        subject = '更新记录';
        content = '非交易日不更新';
        Attachments = [];
        MatlabSentMail(subject, content, TargetAddress, Attachments, SourceAddress,
password);
        displayEndOfDemoMessage(mfilename);
        %% 信息反馈
        str_information = {'非交易日不更新'};
        information =  get(handles.Information_box,'string');
        information = [information;str_information];
        set(handles.Information_box,'string',information)
    else
        s_array = {'代码','open','high','low','close'};
        wi = waitbar(0,'准备更新');
        pause(3);
        %% 股票数据更新--------------------------------
        for i = 2:A_length
            code = ALLA.txt(i,1);
            name = char(code);
            str = strcat('正在更新: ',name);
            %% 创建进度条窗口
            waitbar(i/length,wi,str);
            %% 读取数据，使用while，防止数据漏读
            [w_wsq_data,~,~,~,~,~]=w.wsq(code,'rt_vol,rt_open,rt_high,rt_low,
rt_last,rt_date');
            while size(w_wsq_data,2)<6
                [w_wsq_data,~,~,~,~,~]=w.wsq(code,'rt_vol,rt_open,rt_high,
rt_low,rt_last,rt_date');
            end
            %% 若没有成交量则视为停牌
            if w_wsq_data(1,1)  ~= 0
                %%归集数据
                c_open = w_wsq_data(1,2);
                c_high = w_wsq_data(1,3);
                c_low = w_wsq_data(1,4);
                c_close = w_wsq_data(1,5);
                c_date = w_wsq_data(1,6);
                b_date = num2str(c_date);
                a_date = [b_date(5:6),'/',b_date(7:8),'/',b_date(1:4)];
                savingname = strcat(code,'.mat');
```

```
            savingname = char(savingname);
            savingpath = [filepath,'\','data','\',savingname];
            ex = load(savingpath);
            %% 判断日期是否和最后一日相同，若不同则更新
            tdate = datenum(a_date);
            if tdate ~= datenum(ex.ddate(end,1))
                close = [ex.close ; c_close];
                open = [ex.open ; c_open];
                low = [ex.low ; c_low];
                high = [ex.high ; c_high];
                ddate = [ex.ddate ; a_date];
                array1 = [code,{c_open},{c_high},{c_low},{c_close}];
                s_array = [s_array;array1];
                save(savingpath,'open','close','high','low','ddate')
            end
        else
            array1 = [code,{'停牌'},{'-'},{'-'},{'-'}];
            s_array = [s_array;array1];
        end
    end
    %% 期货数据更新------------------------------
    for m = 2:F_length
        i = i+1;
        code = AFuture.txt(m,1);
        name = char(code);
        str = strcat('正在更新：',name);
        %% 创建进度条窗口
        waitbar(i/length,wi,str);
        %% 读取数据，使用while，防止数据漏读
        [w_wsq_data,~,~,~,~,~]=w.wsq(code,'rt_vol,rt_open,rt_high,rt_low,rt_last,rt_date');
        while size(w_wsq_data,2)<6
            [w_wsq_data,~,~,~,~,~]=w.wsq(code,'rt_vol,rt_open,rt_high,rt_low,rt_last,rt_date');
        end
        %% 若没有成交量则视为停牌
        if w_wsq_data(1,1) ~= 0
            %% 归集数据
            c_open = w_wsq_data(1,2);
            c_high = w_wsq_data(1,3);
            c_low = w_wsq_data(1,4);
            c_close = w_wsq_data(1,5);
```

```matlab
            c_date = w_wsq_data(1,6);
            b_date = num2str(c_date);
            a_date = [b_date(5:6),'/',b_date(7:8),'/',b_date(1:4)];
            savingname = strcat(code,'.mat');
            savingname = char(savingname);
            savingpath = [filepath,'\','data','\',savingname];
            ex = load(savingpath);
            %% 判断日期是否和最后一日相同，若不同则更新
            tdate = datenum(a_date);
            if tdate ~= datenum(ex.ddate(end,1))
                close = [ex.close ; c_close];
                open = [ex.open ; c_open];
                low = [ex.low ; c_low];
                high = [ex.high ; c_high];
                ddate = [ex.ddate ; a_date];
                array1 = [code,{c_open},{c_high},{c_low},{c_close}];
                s_array = [s_array;array1];
                save(savingpath,'open','close','high','low','ddate')
            end
        else
            array1 = [code,{'停牌'},{'-'},{'-'},{'-'}];
            s_array = [s_array;array1];
        end
end
%------------------------------------------------------------------
delete(wi);
u_day = datestr(today);
u_day = char(u_day);
Stock_filename = strcat(filepath,'\记录\已更新\S_',u_day,'u.xlsx');
xlswrite(Stock_filename,s_array)
Future_filename = strcat(filepath,'\记录\已更新\F_',u_day,'u.xlsx');
xlswrite(Future_filename,s_array)

%% 发送邮件
format compact;
subject = '更新记录';
content = '已进行更新';
Attachments = {Stock_filename;Future_filename};
MatlabSentMail(subject, content, TargetAddress, Attachments, SourceAddress, password);
displayEndOfDemoMessage(mfilename);
%% 信息反馈
```

```
            str_information = {'已发送更新邮件'};
            information = get(handles.Information_box,'string');
            information = [information;str_information];
            set(handles.Information_box,'string',information)
        end
        %% 关闭timer 并删除
        us = timerfind('Name','updata');
        stop(us)
        delete(us)
```

策略控制模块最后一部分是"策略图形展示"按钮,该部分需要和标的池模块一起使用,这里先介绍该按钮的回调函数,在介绍股票池时再详细讲解。

其回调函数如下:

```
function PlotK_Callback(hObject, eventdata, handles)
val = get(handles.PlotK,'value');
switch val
    case 1
        set(handles.Stock_pool,'enable','on')
        set(handles.Future_pool,'enable','on')
        T1 = timerfind('Name','Stock_plot');
        stop(T1)
    case 0
        set(handles.Stock_pool,'enable','off')
        set(handles.Future_pool,'enable','off')
end
```

16.3.5 标的池模块

该模块的功能是构建策略对应的标的池,能够对标的进行增减、保存现有的标的池、读取以往的标的池及通过选取标的池中的标的,获得该标的的实时数据和策略展示图,如图16-7所示。股票池和商品池的编写基本一致,所以这里以编写股票池作为例子,商品池的编写不再赘述。

在空白框中输入个股代码,如000001.SZ,然后单击"添加股票"按钮,把个股添加到股票池中。这里需要注意的是,添加的股票需要确保存在于本地数据中,否则在后面的调用中会出错。"添加股票"按钮的回调函数如下:

图16-7 标的池模块

第 16 章 | 基于 MATLAB 和 Wind 的量化交易终端 AsTradePlatform 介绍与使用

```
function Add_Stock_code_Callback(hObject, eventdata, handles)
% 获取输入的股票代码
code = get(handles.Stock_code,'string');
filepath = cd;
if ~isempty(code)
    filename = strcat(filepath,'\data\',code,'.mat');
    % 检查是否存在于本地数据中
    if exist(filename)
        code = {code};
        target_pool = get(handles.Stock_pool,'string');
        if ~ismember(code,target_pool)
            target_pool = [target_pool ; code];
            set(handles.Stock_pool,'string',target_pool);
        end
    else
        errordlg('不存在该股票，或更新后台数据库')
    end
    % 清空输入框
    set(handles.Stock_code,'string',[])
else
    errordlg('请输入股票代码')
end
guidata(hObject,handles);
```

在股票池中选定个股，单击"删除股票"按钮能删除该个股。"删除股票"按钮的回调函数如下：

```
function Can_Stock_code_Callback(hObject, eventdata, handles)
L = get(handles.Stock_pool,{'string','value'});
if ~isempty(L{1})
    L{1}(L{2}(:)) = [];
    set(handles.Stock_pool,'string',L{1},'val',1)
end
guidata(hObject,handles);
```

单击"添加池"按钮，能导入以往保存的股票池，同时检查股票池中的个股是否在本地数据中存在，若不存在，则报错。"添加池"按钮的回调函数如下：

```
function Add_Stock_pool_Callback(hObject, eventdata, handles)
filepath = cd;
[fname,fpath] = uigetfile;
filename = strcat(fpath,fname);
load(filename)
```

```
addcode = pool;
oldcode = get(handles.Stock_pool,'string');
% 使用setxor，避免同一只个股重复添加
code = setxor(addcode,oldcode);
% 拼接股票池
oldcode = [oldcode;code];
if isempty(cell2mat(oldcode(1,1)))
    oldcode = oldcode(2:end);
end
for m = 1:length(oldcode)
    code = oldcode(m,1);
    filename = strcat(filepath,'\data\',code,'.mat');
    filename = char(filename);
    % 检查个股是否在本地数据中存在
    type = exist(filename,'file');
    if type == 2
    else
        str = strcat('不存在',char(code));
        errordlg(str)
    end
end
% 更新股票池
set(handles.Stock_pool,'string',oldcode)
guidata(hObject,handles);
```

单击"保存池"按钮，对现有的股票池进行保存。"保存池"按钮的回调函数如下：

```
function Save_Stock_pool_Callback(hObject, eventdata, handles)
pool = get(handles.Stock_pool,'string');
[file,path] = uiputfile('*.mat');
filepath = strcat(path,file);
save(filepath,'pool')
guidata(hObject,handles)
```

单击"清除池"按钮，对现有的股票池进行清空。"清除池"按钮的回调函数如下：

```
function Can_Stock_pool_Callback(hObject, eventdata, handles)
l = '';
set(handles.Stock_pool,'string',l);
guidata(hObject,handles);
```

选择策略控制模块中的"展示策略图形"单选按钮，单击股票池中的股票，能够在绘图窗口中展示 K 线图、策略图及该个股的实时行情数据。为了方便观察图表和

提高运算速度，可以自定义策略展示长度，以及通过绘图窗口中的 slider 选择展示位置。具体的 Stock_pool 的回调函数如下：

```
global w
global length
global data_length
global k_length
global f1
global h1
global Stock_sel_ID
global Trade_Acc
global Stock_sel
% 切换选定账户，与绘图窗口的手动交易模块对应
Trade_Acc = Stock_sel_ID;
% 找回绘图 timer，并停止
T = timerfind('Name','Future_plot');
stop(T)
T = timerfind('Name','Stock_plot');
stop(T)
%% 检查图形展示窗口是否已经存在，若否则打开
isopen = ishandle(h1);
if isopen == 0
    h1 = PlotK;
    f1 = guihandles(h1);
end
set(f1.log_account,'string',Stock_sel)
axes(f1.Kline)
filepath = cd;
%% 读取所选股票的数据
Stock_pool = get(handles.Stock_pool,'string');
if ~isempty(Stock_pool)
    sel = get(handles.Stock_pool,'value');
    code = Stock_pool(sel,1);
    set(f1.code,'string',code)
    set(f1.trade_code,'string',code)
    filename = strcat(code,'.mat');
    filename = char(filename);
    filepath = [filepath,'\','data','\',filename];
    ex = load(filepath);
    %% 利用WSQ读取实时数据，通过检查数据长度防止读取失败
    [w_wsq_data,~,~,~,~,~]=w.wsq(code,'rt_vol,rt_date');
    while size(w_wsq_data,2)<2
```

```matlab
        [w_wsq_data,~,~,~,~,~]=w.wsq(code,'rt_vol,rt_date');
    end
    c_vol = w_wsq_data(1,1);
    datevalue1 = w_wsq_data(1,2);
    datevalue2 = num2str(datevalue1);
    c_date = [datevalue2(5:6),'/',datevalue2(7:8),'/',datevalue2(1:4)];
    %% 若成交量为0则视为停牌，不拼接数据
    if datenum(ex.ddate(end,1)) ~= datenum(c_date)
        if c_vol ~= 0
            ddate = [ex.ddate ; c_date];
        else
            ddate = ex.ddate;
        end
    else
        ddate = ex.ddate;
    end
    %% 这里出于减小运算量的考虑，读取展示长度和silder的值并重构展示范围，并通过全局变量记
录所得数据，通过handles传递到绘图函数中
    k_length = str2double(get(handles.plot_length,'string'));
    data_length = size(ddate,1);
    set(f1.slider1,'value',floor(data_length))
    %% 修改绘图窗口中silder的范围
    if data_length > k_length
        set(f1.slider1,'enable','on')
        set(f1.slider1,'max',floor(data_length))
        set(f1.slider1,'min',floor((k_length+1)))
        t = get(f1.slider1,'value');
        length = t - k_length;
    else
        set(f1.slider1,'max',floor(data_length))
        set(f1.slider1,'min',0)
        set(f1.slider1,'enable','off')
        length = 1;
    end
end
plotKvalue = get(handles.PlotK,'value');
T = timerfind('Name','Stock_plot');
%% 读取"展示策略图形"radiobutton的值并开/关绘图对应的timer
switch plotKvalue
    case 1
        start(T)
    case 0
```

第 16 章 | 基于 MATLAB 和 Wind 的量化交易终端 AsTradePlatform 介绍与使用

```
        stop(T)
end
```

绘图 timer 的回调函数 Stock_plot.m 的编写如下（商品期货的绘图和股票的绘图大同小异，主要区别在于实时数据的不同，Future_plot.m 的编写不再赘述）：

```
function Stock_plot(~,~,handles)
    global w
    global length
    global data_length
    global k_length
    global f1
    plotKvalue = get(handles.PlotK,'value');
    h = get(handles.sel_tactic,'value');
    switch plotKvalue
        case 1
            Stock_pool = get(handles.Stock_pool,'string');
            if ~isempty(Stock_pool)
                %% 获取所选择的股票数据
                stock_sel = get(handles.Stock_pool,'value');
                stock_code = Stock_pool(stock_sel,1);
                stock_filename = strcat(stock_code,'.mat');
                stock_filename = char(stock_filename);
                stock_filepath = [cd,'\','data','\',stock_filename];
                ex = load(stock_filepath);
                % 进行实时数据的归集，循环获取防止数据漏读，然后拼接本地历史数据
                [stock_wsq_data,~,~,~,~,~]=w.wsq(stock_code,'rt_vol,...
                                    rt_open,rt_high,rt_low,rt_last,rt_date');
                if size(stock_wsq_data,2) == 6
                    s_vol = stock_wsq_data(1,1);
                    s_open = stock_wsq_data(1,2);
                    s_high = stock_wsq_data(1,3);
                    s_low = stock_wsq_data(1,4);
                    s_close = stock_wsq_data(1,5);
                    s_datevalue1 = stock_wsq_data(1,6);
                    s_datevalue2 = num2str(s_datevalue1);
                    s_date    =    [s_datevalue2(5:6),'/',s_datevalue2(7:8),'/',s_datevalue2(1:4)];
                    if s_vol ~= 0
                        stock_close = [ex.close ; s_close];
                        stock_open = [ex.open ; s_open];
                        stock_low = [ex.low ; s_low];
```

```matlab
            stock_high = [ex.high ; s_high];
            stock_ddate = [ex.ddate ; s_date];
        else
            stock_close = ex.close;
            stock_open = ex.open;
            stock_low = ex.low;
            stock_high = ex.high;
            stock_ddate = ex.ddate;
        end
        % 进行实时数据的归集，循环获取防止数据漏读
        [s_RNdata,~,~,~,~,~]=w.wsq(stock_code,'rt_last,rt_ask5,...
                        rt_ask4,rt_ask3,rt_ask2,rt_ask1,...
                        rt_bid1,rt_bid2,rt_bid3,rt_bid4,...
                        rt_bid5,rt_turn,rt_high,rt_low,...
                        rt_open,rt_vol,rt_asize5,rt_asize4,...
                        rt_asize3,rt_asize2,rt_asize1,...
                        rt_bsize1,rt_bsize2,rt_bsize3,rt_bsize4,...
                        rt_bsize5,rt_pct_chg');
        % 对实时数据进行展示
        if size(s_RNdata,2) == 27
            s_RNdata = num2cell(s_RNdata);
            set(f1.lastprice,'string',s_RNdata(1,1));
            set(f1.ask5,'string',s_RNdata(1,2));
            set(f1.ask4,'string',s_RNdata(1,3));
            set(f1.ask3,'string',s_RNdata(1,4));
            set(f1.ask2,'string',s_RNdata(1,5));
            set(f1.ask1,'string',s_RNdata(1,6));
            set(f1.bid1,'string',s_RNdata(1,7));
            set(f1.bid2,'string',s_RNdata(1,8));
            set(f1.bid3,'string',s_RNdata(1,9));
            set(f1.bid4,'string',s_RNdata(1,10));
            set(f1.bid5,'string',s_RNdata(1,11));
            set(f1.hsl,'string',s_RNdata(1,12));
            set(f1.hprice,'string',s_RNdata(1,13));
            set(f1.lprice,'string',s_RNdata(1,14));
            set(f1.oprice,'string',s_RNdata(1,15));
            set(f1.vol,'string',s_RNdata(1,16));
            set(f1.askvol5,'string',s_RNdata(1,17));
            set(f1.askvol4,'string',s_RNdata(1,18));
            set(f1.askvol3,'string',s_RNdata(1,19));
            set(f1.askvol2,'string',s_RNdata(1,20));
            set(f1.askvol1,'string',s_RNdata(1,21));
```

```matlab
            set(f1.bidvol1,'string',s_RNdata(1,22));
            set(f1.bidvol2,'string',s_RNdata(1,23));
            set(f1.bidvol3,'string',s_RNdata(1,24));
            set(f1.bidvol4,'string',s_RNdata(1,25));
            set(f1.bidvol5,'string',s_RNdata(1,26));
            set(f1.pct,'string',s_RNdata(1,27));
            set(f1.holding_pos,'string','');
            set(f1.add_pos,'string','');
            set(f1.pre_pos,'string','');
        end
        
        switch h
            case 1
                % 确定展示长度并展示范围内的K线
                if data_length > k_length
                    set(f1.slider1,'enable','on')
                    set(f1.slider1,'max',floor(data_length))
                    set(f1.slider1,'min',floor((k_length+1)))
                    t = floor(get(f1.slider1,'value'));
                    length = t - k_length;
                else
                    set(f1.slider1,'enable','off')
                    length = 1;
                    t = floor(data_length);
                end
                cla(f1.Kline,'reset')
                candle(stock_high(length:t),stock_low(length:t),...
                        stock_close(length:t),stock_open(length:t))
                hold on
                % xtick 重新绘制
                set(f1.Kline,'xlim',[0,k_length+5]);
                n = linspace(1,k_length,4);
                s_newTick = linspace(length+10,t,4);
                s_newTick = floor(s_newTick);
                s_newTickChar = stock_ddate(s_newTick)';
                s_newTickLabel = cell(1,4);
                for i = 1:4
                    s_newTickLabel(1,i) = s_newTickChar(1,i);
                end
                set(f1.Kline,'XTick',n+1);
                set(f1.Kline,'XTickLabel',s_newTickLabel);
                hold on
```

```matlab
                        s_close_plot = stock_close(length:t);
                        s_plot_length = size(s_close_plot,1);
                        % 对最新价进行标识
                        text(s_plot_length,s_close_plot(s_plot_length),...
                            ['\leftarrow',num2str(s_close_plot(s_plot_length))],'FontSize',8);
                    case 2
                        % 简单双均线策略
                        % 获取参数并检查有效性
                        ma1 = str2double(get(handles.SMA_MA1,'string'));
                        ma2 = str2double(get(handles.SMA_MA2,'string'));
                        if ~isnumeric(ma2) || isempty(ma2) || isnan(ma2)
                            warndlg('MA2 参数请输入数值','警告!');
                            ps = timerfind('Name','Stock_plot');
                            stop(ps)
                        end
                        if ~isnumeric(ma1) || isempty(ma1) || isnan(ma1)
                            warndlg('MA 组合：MA2 参数请输入数值','警告!');
                            ps = timerfind('Name','Stock_plotK');
                            stop(ps)
                        end
                        % 确定展示长度并展示范围内的 K 线
                        if data_length > k_length
                            set(f1.slider1,'enable','on')
                            set(f1.slider1,'max',floor(data_length))
                            set(f1.slider1,'min',floor((k_length+1)))
                            t = floor(get(f1.slider1,'value'));
                            length = t - k_length;
                        else
                            set(f1.slider1,'enable','off')
                            length = 1;
                            t = floor(data_length);
                        end
                        candle(stock_high(length:t),stock_low(length:t),...
                            stock_close(length:t),stock_open(length:t));
                        hold on
                        % xtick 重新绘制
                        set(f1.Kline,'xlim',[0,k_length+5]);
                        n = linspace(1,k_length,4);
                        s_newTick = linspace(length+10,t,4);
                        s_newTick = floor(s_newTick);
                        s_newTickChar = stock_ddate(s_newTick)';
```

```matlab
s_newTickLabel = cell(1,4);
for i = 1:4
    s_newTickLabel(1,i) = s_newTickChar(1,i);
end
%% 计算指标并绘制指标图形，只截取范围内的数据进行展示
SMA1 = MA(stock_close,ma1);
SMA2 = MA(stock_close,ma2);
s_close_plot = stock_close(length:t);
s_SMA1_plot = SMA1(length:t);
s_SMA2_plot = SMA2(length:t);
s_plot_length = size(s_close_plot,1);
s_writedown = zeros(s_plot_length,1);
s_h1 = plot(SMA1(length:t),'red','LineStyle','-', 'LineWidth',1);
s_h2 = plot(SMA2(length:t),'black','LineStyle','-', 'LineWidth',1);
set(s_h1,'Tag', 'SMA1','Interruptible','off');
set(s_h2,'Tag', 'SMA2','Interruptible','off');
set(f1.Kline,'XTick',n+1);
set(f1.Kline,'XTickLabel',s_newTickLabel)
% 记录策略状态
for d = 2 : s_plot_length
    if s_SMA1_plot(d) >= s_SMA2_plot(d) &&...
        s_SMA1_plot(d) >= s_SMA1_plot(d-1) &&...
        s_SMA2_plot(d) >= s_SMA2_plot(d-1) &&...
        s_close_plot(d) > s_SMA1_plot(d)
        s_writedown(d) = 1;
    else
        s_writedown(d) = 0;
    end
end
%% 通过策略状态确定买卖点并进行绘制
for m = 2:s_plot_length
    if s_writedown(m-1) == 0 && s_writedown(m) == 1
        plot(m,s_close_plot(m),'ro','markersize',6,'color','red');
    elseif s_writedown(m-1) == 1 && s_writedown(m) == 0
        plot(m,s_close_plot(m),'ro','markersize',6,'color',[0.1,0.8,0.1]);
    end
end
hold on
% 对最新价进行标识
text(s_plot_length,s_close_plot(s_plot_length),...
```

```
                         ['\leftarrow',num2str(s_close_plot(s_plot_length))],
'FontSize',8);
                    end
                end
            end
            hold off
    case 0
            %% 停止运行绘图对应的timer
            ps = timerfind('Name','Stock_plot');
            stop(ps)
end
```

16.3.6 策略监控模块

在策略监控模块中，可以对策略的运行情况进行检测，运行情况主要通过持仓情况和成交情况反映。由于股票市场实行的是 T+1 交易制度，和期货市场的 T+0 交易制度不同，因此这里分别设计了对应该市场的监控方法。

"开启仓位管理" Manage_Future_pos 回调函数如下（股票中的按钮 Manage_Stock_pos 的编写大同小异，此处不再赘述）：

```
function Manage_Future_pos_Callback(hObject, eventdata, handles)
global Future_sel_ID
h = get(handles.Manage_Future_pos,'value');
T1 = timerfind('Name','Manage_Future_pos');
switch h
    case 1
        if ~isempty(Future_sel_ID)
            start(T1)
        end
    case 0
        stop(T1)
end
```

由于期货市场实行的是 T+0 交易制度，策略能够实时对现行价格做出反应，仓位管理可以镶嵌在策略中，因此这里 Future_GetPosition.m 的编写比较简单，只需调用策略的动态数据库并显示即可，编写如下：

```
function Future_GetPosition(~,~,handles)
    global w
    global Fsl
```

第 16 章 ｜ 基于 MATLAB 和 Wind 的量化交易终端 AsTradePlatform 介绍与使用

```
        global Future_sel_ID
        global cs
        % 读取选定账户对应的动态数据库并进行拼接
        name = strcat('cs.','F_pos',num2str(cell2mat(Fsl)));
        eval(['theory_pos =' name]);
        pool = get(handles.Future_pool,'string');
        Future_theory_pos = [pool num2cell(theory_pos)];
        set(handles.Future_theory_position,'data',Future_theory_pos)
        % 读取实际持仓并整理
        [Capital_Data,~,~]=w.tquery('Position',Future_sel_ID);
        if size(Capital_Data,2) > 3
           Future_real_pos = [Capital_Data(:,1) Capital_Data(:,3) Capital_Data(:,4)
Capital_Data(:,5)];
        else
           Future_real_pos = [pool num2cell(zeros(size(pool,1),3))];
        end
        set(handles.Future_real_position,'data',Future_real_pos)
```

因为股票市场实行的是 T+1 交易机制，定时运行的策略无法及时对当前的价格运动做出反应，尤其是在急速行情下，所以需要对理论仓位和实际仓位进行监控，同时提供"手动调仓"和"平衡仓位"两种调仓方式，把理论仓位和实际仓位对齐，另外提供"追单"按钮，对已委托未成交的单进行撤单再委托。

股票中"开启仓位管理"按钮的回调函数如下：

```
function Manage_Stock_pos_Callback(hObject, eventdata, handles)
global Stock_sel_ID
h = get(handles.Manage_Stock_pos,'value');
T1 = timerfind('Name','Manage_Stock_pos');
switch h
   case 1
      if ~isempty(Stock_sel_ID)
         set(handles.Stock_h_transfer_pos,'enable','on')
         set(handles.Stock_balance_pos,'enable','on')
         set(handles.Stock_fac,'enable','on')
      end
      start(T1)
   case 0
      stop(T1)
      set(handles.Stock_h_transfer_pos,'enable','off')
      set(handles.Stock_balance_pos,'enable','off')
      set(handles.Stock_fac,'enable','off')
end
```

监控函数 Stock_GetPosition.m 的编写如下：

```matlab
function Stock_GetPosition(~,~,handles)
    global w
    global Stock_sel_ID
    filepath = cd;
    %% 检查是否存在选定的账户
    if ~isempty(Stock_sel_ID)
        % 读取账户的实际持仓并整理
        [Capital_Data,~,~]=w.tquery('Capital',Stock_sel_ID);
        total_assets = Capital_Data(1,6);
        total_assets = cell2mat(total_assets);
        [Position_Data,~,error]=w.tquery('Position',Stock_sel_ID);
        if error == 0
            if size(Position_Data,2) > 3
                Stock_real_position = [Position_Data(:,1) ...
                            Position_Data(:,8) Position_Data(:,10)];
            else
                Stock_real_position = {'空仓','0','0'};
            end
        %% 显示实际持仓
        set(handles.Stock_real_position,'data',Stock_real_position)
        % 获取理论持仓
        pool = get(handles.Stock_pool,'string');
        sel_tactic = get(handles.sel_tactic,'value');
        theory_position = cell(size(pool,1),2);
        for m = 1:length(pool)
            code = pool(m,1);
            name = char(code);
            filename = strcat(filepath,'\data\',name,'.mat');
            ex = load(filename);
            % 拼接数据
            [w_wsq_data,~,~,~,~,~]=w.wsq(code,'rt_vol,rt_last,rt_date,...
                        rt_high,rt_low,rt_open,rt_ask2,rt_bid2');
            if size(w_wsq_data,2) == 8
                theory_position(m,1) = pool(m,1);
                % 判断是否需要更新数据
                tdate = num2str(w_wsq_data(1,3));
                tdate = [tdate(5:6),'/',tdate(7:8),'/',tdate(1:4)];
                tdate = datenum(tdate);
                ls = length(ex.ddate);
                if tdate ~= datenum(ex.ddate(ls,1))
```

第 16 章 | 基于 MATLAB 和 Wind 的量化交易终端 AsTradePlatform 介绍与使用

```matlab
        c = [ex.close;w_wsq_data(1,2)];
        h = [ex.high;w_wsq_data(1,4)];
        l = [ex.low;w_wsq_data(1,5)];
        o = [ex.open;w_wsq_data(1,6)];
    else
        c = ex.close;
        h = ex.high;
        l = ex.low;
        o = ex.open;
    end
    d = size(c,1);
    switch sel_tactic
        %% 根据选定的策略进行理论持仓的运算
        case 1
        case 2
            %% 获取参数并检查有效性
            ma1 = str2double(get(handles.SMA_MA1,'string'));
            ma2 = str2double(get(handles.SMA_MA2,'string'));
            if ~isnumeric(ma2) || isempty(ma2) || isnan(ma2)
                warndlg('MA2 参数请输入数值','警告！');
                T = timerfind('Name','Manage_Stock_pos');
                stop(T)
            end
            if ~isnumeric(ma1) || isempty(ma1) || isnan(ma1)
                warndlg('MA 组合：MA2 参数请输入数值','警告！');
                T = timerfind('Name','Manage_Stock_pos');
                stop(T)
            end
            % 指标运算
            SMA1 = MA(c,ma1);
            SMA2 = MA(c,ma2);
            %% 计算持仓
            if SMA1(d) >= SMA2(d) && ...
                SMA1(d) >= SMA1(d-1) && ...
                SMA2(d) >= SMA2(d-1) && ...
                c(d) > SMA1(d)
                standard = fix((total_assets / size(pool,1))...
                            /(c(d,1) * 100)) * 100;
                standard = {standard};
                theory_position(m,2) = standard;
            else
                theory_position(m,2) = {0};
```

```
                        end
                    end
                end
            end
            %% 显示运算好的理论持仓
            set(handles.Stock_theory_position,'data',theory_position)
        else
            %% 信息反馈
            T = timerfind('Name','Manage_Stock_pos');
            information = get(handles.Information_box,'string');
            str_information = {'获取持仓失败'};
            information = [information ; str_information];
            set(handle.Information_box,'string',information);
            stop(T)
        end
    end
```

对理论持仓 Stock_theory_position 中的标的进行选择，能够快速获得该标的的理论持仓和实际持仓，同时该标的是下面"手动调仓"中对应的标的。该回调函数如下：

```
function Stock_theory_position_CellSelectionCallback(hObject,eventdata,handles)
row = eventdata.Indices(1);
col = eventdata.Indices(2);
real_pos = get(handles.Stock_real_position,'data');
theory_pos = get(handles.Stock_theory_position,'data');
if col == 1
    sel_code = theory_pos(row,col);
    set(handles.Stock_sel_code,'string',sel_code);
    theory_hold = theory_pos(row,2);
    if ismember(sel_code , real_pos(:,1))
        [r,~] = find(strcmp(real_pos(:,1),sel_code));
        real_hold = real_pos(r,2);
        set(handles.Stock_code_real_pos,'string',real_hold);
    else
        set(handles.Stock_code_real_pos,'string','0');
    end
    set(handles.Stock_code_theory_pos,'string',theory_hold);
else
    set(handles.Stock_sel_code,'string','');
    set(handles.Stock_code_theory_pos,'string','');
set(handles.Stock_code_real_pos,'string','');
end
```

第 16 章 | 基于 MATLAB 和 Wind 的量化交易终端 AsTradePlatform 介绍与使用

对选中的单个标的进行理论仓位和实际仓位对齐，在对齐之前，把该标的的委托未成交单先撤销掉。"手动调仓"按钮的回调函数如下：

```
function Stock_h_transfer_pos_Callback(hObject, eventdata, handles)
global w
global Stock_sel_ID
% 获取选定的账户
trade_id = char(strcat('OrderType=LMT;',Stock_sel_ID));
% 获取选定的标的
selcode = char(get(handles.Stock_sel_code,'string'));
[price,~,~,~,~,~]=w.wsq(selcode,'rt_last');
m = size(char(selcode),2);
if m < 9

else
    % 读取可撤委托单
    para = strcat(Stock_sel_ID , ';OrderType=Withdrawable');
    [Data,~,~]=w.tquery('Order', para);
    % 获取理论仓位和实际仓位
    real_pos = str2double(get(handles.Stock_code_real_pos,'string'));
    theory_pos = str2double(get(handles.Stock_code_theory_pos,'string'));
    % 计算买卖方向
    dif_pos = theory_pos - real_pos;
    vol = num2str(abs(dif_pos));
    % 若该标的存在委托未成交单,则先撤单再进行其他操作
    [row , ~] = find(strcmp(Data(:,3),selcode));
    if ~isempty(row)
        [~,~,ErrorCode]=w.tcancel(Data(row,1), Stock_sel_ID);
        if ErrorCode == 0
            % 判断为买入
            if dif_pos > 0
                vol = num2str(abs(dif_pos));
                direction = 'Buy';
                [~,~,ErrorCode] = w.torder(selcode, direction, price, vol, trade_id);
                if ErrorCode == 0
                    str_information = {'成功撤单并买入追单'};
                else
                    str_information = {'撤单-买入追单失败'};
                end
            % 判断为卖出
            elseif dif_pos < 0
                vol = num2str(abs(dif_pos));
```

```matlab
            direction = 'Sell';
            [~,~,ErrorCode] = w.torder(selcode, direction, price, vol, trade_id);
            if ErrorCode == 0
                str_information = {'成功撤单并卖出追单'};
            else
                str_information = {'撤单-卖出追单失败'};
            end
        else
            str_information = {'追单：未有交易'};
        end
    else
        str_information = {'撤单失败'};
    end
else
    % 在没有委托未成交单的情况下，直接进行操作
    % 判断为买入
    if dif_pos > 0
        vol = num2str(abs(dif_pos));
        direction = 'Buy';
        [~,~,ErrorCode] = w.torder(selcode, direction , price, vol ,trade_id);
        if ErrorCode == 0
            str_information = {'成功买入追单'};
        else
            str_information = {'买入追单失败'};
        end
    % 判断为卖出
    elseif dif_pos < 0
        vol = num2str(abs(dif_pos));
        direction = 'Sell';
        [~,~,ErrorCode]=w.torder(selcode, direction, price, vol, trade_id);
        if ErrorCode == 0
            str_information = {'成功卖出追单'};
        else
            str_information = {'卖出追单失败'};
        end
    else
        str_information = {'追单：没有交易'};
    end

end
information = get(handles.Information_box,'string');
information = [information;str_information];
```

第 16 章 | 基于 MATLAB 和 Wind 的量化交易终端 AsTradePlatform 介绍与使用

```
        set(handles.Information_box,'string',information)
end
```

对全部股票标的进行理论仓位和实际仓位的对齐。"平衡仓位"按钮的回调函数如下：

```
function Stock_h_transfer_pos_Callback(hObject, eventdata, handles)
global w
global Stock_sel_ID
% 获取选定账户
trade_id = char(strcat('OrderType=LMT;',Stock_sel_ID));
selcode = char(get(handles.Stock_sel_code,'string'));
[price,~,~,~,~,~]=w.wsq(selcode,'rt_last');
m = size(char(selcode),2);
if m < 9
else
    % 读取可撤委托单
    para = strcat(Stock_sel_ID , ';OrderType=Withdrawable');
    [Data,~,~]=w.tquery('Order', para);
    real_pos = str2double(get(handles.Stock_code_real_pos,'string'));
    theory_pos = str2double(get(handles.Stock_code_theory_pos,'string'));
    dif_pos = theory_pos - real_pos;
    vol = num2str(abs(dif_pos));
    [row , ~] = find(strcmp(Data(:,3),selcode));
    % 若存在委托未成交单，则先撤单再进行其他操作
    if ~isempty(row)
        [~,~,ErrorCode]=w.tcancel(Data(row,1), Stock_sel_ID);
        if ErrorCode == 0
            % 判断为买入
            if dif_pos > 0
                vol = num2str(abs(dif_pos));
                direction = 'Buy';
                [~,~,ErrorCode] = w.torder(selcode, direction, price, vol, trade_id);
                if ErrorCode == 0
                    str_information = {'成功撤单并买入追单'};
                else
                    str_information = {'撤单-买入追单失败'};
                end
            % 判断为卖出
            elseif dif_pos < 0
                vol = num2str(abs(dif_pos));
                direction = 'Sell';
```

```matlab
            [~,~,ErrorCode] = w.torder(selcode, direction, price, vol, trade_id);
            if ErrorCode == 0
                str_information = {'成功撤单并卖出追单'};
            else
                str_information = {'撤单-卖出追单失败'};
            end
        else
            str_information = {'追单：未有交易'};
        end
    else
        str_information = {'撤单失败'};
    end
else
    % 若没有可撤未成交单，则直接进行判断
    % 判断为买入
    if dif_pos > 0
        vol = num2str(abs(dif_pos));
        direction = 'Buy';
        [~,~,ErrorCode] = w.torder(selcode, direction , price, vol ,trade_id);
        if ErrorCode == 0
            str_information = {'成功买入追单'};
        else
            str_information = {'买入追单失败'};
        end
    % 判断为卖出
    elseif dif_pos < 0
        vol = num2str(abs(dif_pos));
        direction = 'Sell';
        [~,~,ErrorCode]=w.torder(selcode, direction, price, vol, trade_id);
        if ErrorCode == 0
            str_information = {'成功卖出追单'};
        else
            str_information = {'卖出追单失败'};
        end
    else
        str_information = {'追单：没有交易'};
    end
end
information = get(handles.Information_box,'string');
information = [information;str_information];
set(handles.Information_box,'string',information)
end
```

第 16 章 │ 基于 MATLAB 和 Wind 的量化交易终端 AsTradePlatform 介绍与使用

"一键追单"按钮只会对委托未成交单进行撤单再委托,并不会对理论仓位和实际仓位之间进行对齐。其回调函数如下:

```
function Stock_fac_Callback(hObject, eventdata, handles)
global w
global Stock_sel_ID
if ~isempty(Stock_sel_ID)
    % 读取选定账户的可撤委托单
    para = strcat(Stock_sel_ID , ';OrderType=Withdrawable');
    trade_id = char(strcat('OrderType=LMT;',Stock_sel_ID));
    [Data,~,~]=w.tquery('Order', para);
    % 若存在委托未成交单,则撤单,再以同样的数量进行再委托
    if size(Data,2) > 3
        for i = 1:size(Data,1)
            odd_num = Data(i,1);
            [~,~,~]=w.tcancel(odd_num,Stock_sel_ID);
            code = Data(i,3);
            direction = Data(i,5);
            vol = Data(i,7);
            [price,~,~,~,~,~]=w.wsq(code,'rt_last');
            [~,~,errorcode]=w.torder(code, direction, price, vol, trade_id);
        end
        if errorcode == 0
            str_information = {'已进行追单,请检查'};
            information = get(handles.Information_box,'string');
            information = [information;str_information];
            set(handles.Information_box,'string',information)
        else
            str_information = {'追单失败,请检查'};
            information = get(handles.Information_box,'string');
            information = [information;str_information];
            set(handles.Information_box,'string',information)
        end
    else
        str_information = {'没有委托单'};
        information = get(handles.Information_box,'string');
        information = [information;str_information];
        set(handles.Information_box,'string',information)
    end
else
    str_information = {'没有登录的账户'};
    information = get(handles.Information_box,'string');
```

```
information = [information;str_information];
set(handles.Information_box,'string',information)
end
```

16.3.7 账户信息模块

在账户信息模块中,可以读取选定账户的信息,包括资金状况、持仓状况、委托情况及成交情况,同样利用 timer 进行循环获取。该 timer 的回调函数 Inquiry.m 编写如下:

```
function Inquiry(~,~,handles)
global w
global Future_sel_ID
global Stock_sel_ID
global As
% 期货账户信息获取
h1 = get(As.Future_iquiry,'value');
switch h1
    case 1
    
    case 2
        % 账户资金状况
        if ~isempty(Future_sel_ID)
            [Data,fields,~]=w.tquery('Capital', Future_sel_ID);
            set(handles.Future_iquiry_table,'Data',Data,'columnname',fields)
        end
    case 3
        % 账户持仓情况
        if ~isempty(Future_sel_ID)
            [Data,fields,~]=w.tquery('Position', Future_sel_ID);
            set(handles.Future_iquiry_table,'Data',Data,'columnname',fields)
        end
    case 4
        % 账户可撤委托情况
        if ~isempty(Future_sel_ID)
            para = strcat(char(Future_sel_ID) , ';OrderType=Withdrawable');
            [Data,fields,~]=w.tquery('Order', para);
            set(handles.Future_iquiry_table,'Data',Data,'columnname',fields)
        end
    case 5
```

第 16 章 | 基于 MATLAB 和 Wind 的量化交易终端 AsTradePlatform 介绍与使用

```
        % 账户委托情况
        if ~isempty(Future_sel_ID)
            [Data,fields,~]=w.tquery('Order', Future_sel_ID);
            set(handles.Future_iquiry_table,'Data',Data,'columnname',fields)
        end
    case 6
        % 账户成交情况
        if ~isempty(Future_sel_ID)
            [Data,fields,~]=w.tquery('Trade', Future_sel_ID);
            set(handles.Future_iquiry_table,'Data',Data,'columnname',fields)
        end
end
% 股票账户信息获取
h2 = get(As.Stock_iquiry,'value');
switch h2
    case 1
    
    case 2
        % 账户资金情况
        if ~isempty(Stock_sel_ID)
            [Data,fields,~]=w.tquery('Capital', Stock_sel_ID);
            set(handles.Stock_iquiry_table,'Data',Data,'columnname',fields)
        end
    case 3
        % 账户持仓情况
        if ~isempty(Stock_sel_ID)
            [Data,fields,~]=w.tquery('Position', Stock_sel_ID);
            set(handles.Stock_iquiry_table,'Data',Data,'columnname',fields)
        end
    case 4
        % 账户可撤委托情况
        if ~isempty(Stock_sel_ID)
            para = strcat(char(Stock_sel_ID) , ';OrderType=Withdrawable');
            [Data,fields,~]=w.tquery('Order', para);
            set(handles.Stock_iquiry_table,'Data',Data,'columnname',fields)
        end
    case 5
        % 账户委托情况
        if ~isempty(Stock_sel_ID)
            [Data,fields,~]=w.tquery('Order', Stock_sel_ID);
            set(handles.Stock_iquiry_table,'Data',Data,'columnname',fields)
        end
```

```
            case 6
                % 账户成交情况
                if ~isempty(Stock_sel_ID)
                    [Data,fields,~]=w.tquery('Trade', Stock_sel_ID);
                    set(handles.Stock_iquiry_table,'Data',Data,'columnname',fields)
                end
        end
```

16.3.8 手动交易

在绘图窗口中提供了手动交易模块，选定的标的是当前展示中的标的，并在选定账户中进行交易。手动交易模块中"确认下单"按钮的回调函数如下：

```
function trade_Callback(hObject, eventdata, handles)
global w
global Trade_Acc
global As
trade_direction = get(handles.trade_direction,'value');
% 获取交易方向
switch trade_direction
    case 1
        direction = 'Buy';
    case 2
        direction = 'Sell';
end
% 获取交易方式
trade_type = get(handles.trade_type,'value');
switch trade_type
    case 1
        type = 'OrderType=LMT';
    case 2
        type = 'OrderType=BOC';
    case 3
        type = 'OrderType=BOP';
    case 4
        type = 'OrderType=ITC';
    case 5
        type = 'OrderType=B5TC';
    case 6
        type = 'OrderType=B5TL';
```

第 16 章 | 基于 MATLAB 和 Wind 的量化交易终端 AsTradePlatform 介绍与使用

```
    case 7
        type = 'OrderType=FOK';
end
% 获取交易标的和交易数量
code = get(handles.trade_code,'string');
vol = get(handles.tradevol,'string');
price = get(handles.trade_price,'string');
% 进行下单
[~,~,ErrorCode]=w.torder(code, direction,price , vol , type ,Trade_Acc);
if ErrorCode(1,1) == 0
    str_information = strcat('成功委托',direction,code,'...');
else
    str_information = trade_data(1,9);
end
information =  get(As.Information_box,'string');
information = [information;str_information];
set(As.Information_box,'string',information)
```

16.3.9 选股模型

交易系统大致介绍至此，上述策略也只是对交易标的进行择时交易，而在如何构建股票池中保留空白。这里对选股方法进行简单编写，模型是动量模型和反转模型，规则如下。

- 动量选股：在回顾期中表现较好的股票，会在持有期中延续较好的表现。
- 反转选股：在回顾期中表现不佳的股票，会在持有期中反转向好。

模型编写如下：

```
% 30 日动量选股
% 以沪深 300 指数的时间戳作为标准
ex = importdata('SZ399300.txt');
tmv_date = datenum(ex.textdata(3:end-1,1),'mm/dd/yyyy');
% 读取股票池
load ALLA.mat
ALLA_length = size(txt,1);
% 构建初始投资组合
init_et = tmv_date(end);
init_st = tmv_date(end-30+1);
All_inf = cell(0,0);
All_inf_single = cell(1,2);
```

```
for i = 2:ALLA_length
    code = txt(i,1);
    filename = strcat(cd,'\data\',char(code),'.mat');
    load(filename)
    % 获得该股票的对应时间
    [c,~] = find(datenum(ddate) >= init_st & datenum(ddate) <= init_et);
    % 剔除停牌时间过长的股票
    if length(c) >= 25
        if c ~= 0
            rate = (close(c(end)) - close(c(1)))/close(c(1));
        else
            rate = 0;
        end
        All_inf_single(1,1) = code;
        All_inf_single(1,2) = num2cell(rate);
        All_inf = [All_inf ; All_inf_single];
    else
        
    end
end
if ~isempty(All_inf)
    % 动量股票池
    trade_pool1 = flipud(sortrows(All_inf,2));
    trade_pool1 = trade_pool1(1:100,:);
    pool = trade_pool1(:,1);
    savingpath = [cd,'\池\','30天动量.mat'];
    save(savingpath,'pool')
    % 反转股票池
    trade_pool2 = sortrows(All_inf,2);
    trade_pool2 = trade_pool2(1:100,:);
    pool = trade_pool2(:,1);
    savingpath = [cd,'\池\','30天反转.mat'];
    save(savingpath,'pool')
end
```

此时，继续抛出另一个问题：这样的选股模型有效吗？借助本地历史数据库对上面的选股模型进行历史回测，回测函数（以反转模型为例，动量模型同理，此处不再赘述）如下：

```
% 选股有效性检验
clear;
clc;
```

第16章 | 基于 MATLAB 和 Wind 的量化交易终端 AsTradePlatform 介绍与使用

```matlab
% 读取总市值数据
ex = importdata('SZ399300.txt');
tmv_date = datenum(ex.textdata(3:end-1,1),'mm/dd/yyyy');
tmv_close = ex.data(:,4);
load ALLA.mat
ALLA_length = size(txt,1);
% 以沪深300指数的时间戳作为标准
init_st = datestr(tmv_date(1430));
% 确定时间长度和回顾次数
N = 15;
n = 90;
times = N*n;
All_inf_single = cell(1,3);
All_assemble = zeros(0,0);
All_date = cell(0,0);
m = 1;
for i = 0:N:times
    All_inf = cell(0,0);
    datepoint = datenum(init_st)+i;
    lookbackdate = datepoint - N;
    holdingdate = datepoint + N;
    % 计算持有期沪深300指数的涨幅
    [p,~] = find(datenum(tmv_date) >= datenum(lookbackdate) & ...
                datenum(tmv_date) <= datenum(datepoint));
    [t,~] = find(datenum(tmv_date) >= datenum(datepoint) & ...
                datenum(tmv_date) <= datenum(holdingdate));
    tmv_profit = (tmv_close(t(end)) - tmv_close(t(1)))/tmv_close(t(1));
    % 对股票池进行循环
    for ii = 2:ALLA_length
        code = txt(ii,1);
        filename = strcat(cd,'\data\',char(code),'.mat');
        load(filename)
        [c,~] = find(datenum(ddate) >= datenum(lookbackdate) & ...
                    datenum(ddate) <= datenum(datepoint));
        [l,~] = find(datenum(ddate) >= datenum(datepoint) & ...
                    datenum(ddate) <= datenum(holdingdate));
        % 剔除在回顾期中没有在交易的股票或停牌时间过长的股票
        if ~isempty(c) && length(c) > 0.8*length(p)
            if ~isempty(l) && length(l) > 0.8*length(p)
                rate = (close(c(end)) - close(c(1)))/close(c(1));
                All_inf_single(1,1) = code;
                % 记录回顾期中的涨幅
```

```
                    All_inf_single(1,2) = num2cell(rate);
                % 记录持有期中该股票的收益
                    profit = (close(l(end)) - close(l(1)))/close(l(1));
                    All_inf_single(1,3) = num2cell(profit);
                    All_inf = [All_inf ; All_inf_single];
                end
            end
        end
        % 按回顾期涨幅排序
        if length(All_inf) > 1
            % 正向排序
            disposed = flipud(sortrows(All_inf,2));
            % 记录组合涨幅和沪深 300 指数涨幅
            group_profit = mean(cell2mat(disposed(1:100,3)));
            All_assemble(m,1) = tmv_profit;
            All_assemble(m,2) = group_profit;
            disp(All_assemble)
            m = m+1;
            dateinformation = {datestr(lookbackdate) datestr(datepoint) datestr(holdingdate)};
            All_date = [All_date;dateinformation];
        end
    end

    % 对总体数据进行记录
    Allinformation = [All_date num2cell(All_assemble)];
    Allinformation_length = size(Allinformation,1);
    % 记录胜率
    Win = cell2mat(Allinformation(:,5)) - cell2mat(Allinformation(:,4));
    [row , ~] = find(Win >= 0);
    Win_probability = length(row)/Allinformation_length;
    save('backprobe_qulity_15.mat','Win_probability','Allinformation')
    %% 绘图
    bar(All_assemble,'DisplayName','All_assemble')
    title('30 天反转组合')
    legend('沪深 300','动量组合 100');
    text(row,cell2mat(Allinformation(row,5)),' \leftarrow nice');
```

回测结果显示，使用 30 天反转组合，在 2011 年 1 月 26 日至 2014 年 10 月 7 日期间，跑赢沪深 300 指数的概率为 56.1%，如图 16-8 所示。

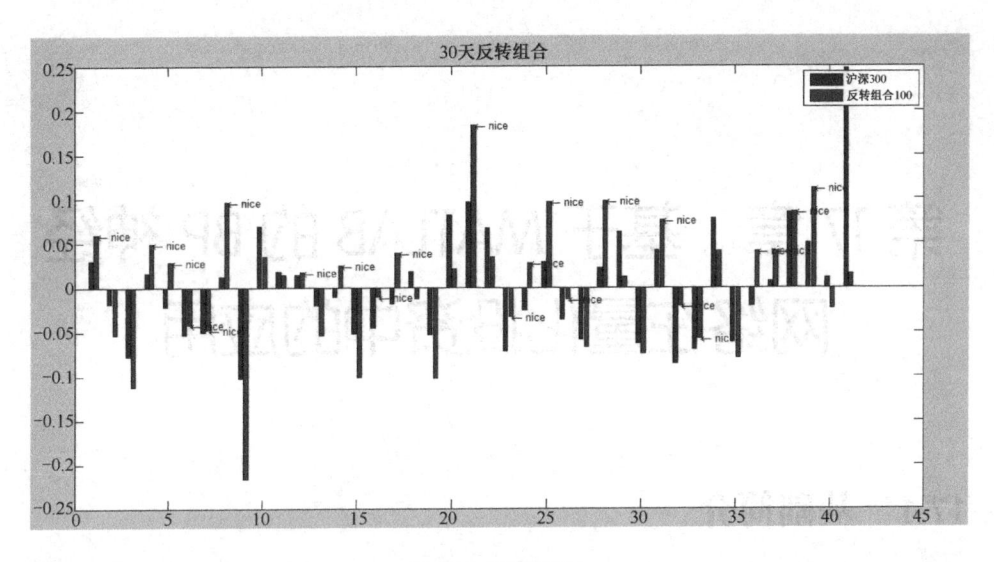

图 16-8　回测结果

图 16-8 中显示，当沪深 300 指数为正收益时，该组合大致都能有正收益，同时在指数为正收益时跑赢指数的情况比较多。因此，我们可以在市场向好的情况下考虑选用该选股模型（此处旨在介绍选股模型和如何对该模型进行回测，不作为实际交易的依据）。

16.4　总结与改进

AsTradePlatform 交易系统在 Wind 接口和 MATLAB 的基础上，对交易系统中的每个模块提供了设计参考，从获取数据到处理数据，然后分析信号，最后进行委托发单，提供了基本的思路。

如何改进该交易系统？

首先，该交易系统的数据库是比较简单的，只有基本的高开低收及对应日期这 5 个信息，使本地数据库完善起来是日后分析的必要。

其次，由于 MATLAB 的 timer 函数进行的是伪多线程并行运算，因此太多的 timer 会造成拥堵现象，减少运行中的 timer 个数会提高效率。而本系统设计的是每个账户对应一个 timer，在多账户运行时会产生较多的 timer。在这里可以如此改进：每个策略对应一个 timer，构建账号池，在策略中循环账号池运行。

第 17 章 基于 MATLAB 的 BP 神经网络在量化投资中的应用

17.1 基础简介

17.1.1 BP 神经网络概述

BP 神经网络是一种多层前馈神经网络,该网络的主要特点是信号前向传递,误差反向传播。在前向传递中,输入信号从输入层经隐含层逐层处理,直至输出层。每一层的神经元状态只影响下一层的神经元状态。如果输出层得不到期望输出,则转入反向传播,根据预测误差调整网络权值和阈值,从而使 BP 神经网络预测输出不断逼近期望输出。BP 神经网络的拓扑结构如图 17-1 所示。

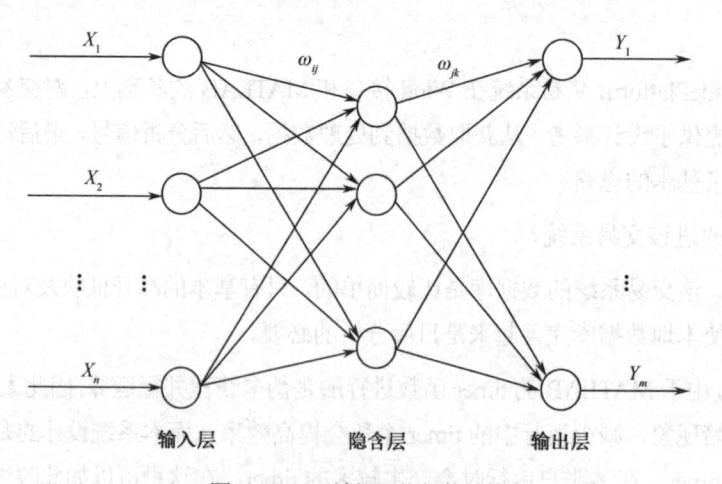

图 17-1 BP 神经网络拓扑结构

$X_1, X_2, \cdots, X_n$ 是 BP 神经网络的输入值,$Y_1, Y_2, \cdots, Y_m$ 是 BP 神经网络的预测值,

ω_{ij} 和 ω_{jk} 为 BP 神经网络的权值。从图 17-1 中可以看出，BP 神经网络可以看成一个非线性函数，网络输入值和预测值分别为该函数的自变量和因变量。当输入节点数为 N、输出节点数为 M 时，BP 神经网络就表达了从 N 个自变量到 M 个因变量的函数映射关系。

BP 神经网络在使用前要训练网络，通过训练可以使网络具有联想记忆和预测能力。BP 神经网络的训练过程包括以下几个步骤。

Step 01 网络初始化。根据系统输入输出序列 (X,Y) 确定网络输入层节点数 N、隐含层节点数 L、输出层节点数 M，初始化输入层、隐含层和输出层神经元之间的连接权值 ω_{ij}、ω_{jk}，初始化隐含层阈值 a、输出层阈值 b，给定学习速率和神经元激励函数。

Step 02 隐含层输出计算。根据输入向量 X，输入层和隐含层间的连接权值 ω_{ij} 及隐含层阈值 a，计算隐含层输出 H。

$$H_j = f(\sum_{i=1}^{n} \omega_{ij} x_i - a_j) \quad j=1,2,\cdots,L$$

式中，L 为隐含层节点数；f 为激励函数，该函数有多种表达形式，诸如 logsig、tansig、purelin 等形式。

$$\log sig(x) = \frac{1}{1+e^{-x}} \quad \tan sig(x) = \frac{2}{1+e^{-2x}} - 1 \quad purelin(x) = x$$

Step 03 输出层输出计算。根据隐含层输出 H、连接权值 ω_{jk} 和阈值 b，计算 BP 神经网络预测输出 O。

$$O_k = \sum_{i=1}^{L} H_i \omega_{ik} - b_k \quad k=1,2,\cdots,m$$

Step 04 误差计算。根据网络预测输出 O 和期望输出 Y，计算网络预测误差 e。

$$e_k = Y_k - O_k \quad k=1,2,\cdots,m$$

Step 05 权值更新。根据网络预测误差 e 更新网络连接权值 ω_{ij} 和 ω_{jk}。

$$\omega_{ij} = \omega_{ij} + \eta H(j)[1-H(j)]x(i)\sum_{k=1}^{m} \omega_{jk} e_k \quad i=1,2,\cdots,n; j=1,2,\cdots,L$$

$$\omega_{jk} = \omega_{jk} + \eta H(j)e(k) \quad j=1,2,\cdots,L; k=1,2,\cdots,m$$

式中，η 为学习速率。

Step 06 阈值更新。根据网络预测误差 e 更新网络节点阈值 a、b。

$$a(j) = a(j) + \eta H(j)[1-H(j)]\sum_{k=1}^{m} \omega_{jk} e_k \quad j=1,2,\cdots,l$$

$$b(k) = b(k) + error(k) \quad k=1,2,\cdots,m$$

Step 07 判断算法迭代是否结束，若没有结束，则返回 Step 02 。

因此，基于 BP 神经网络的算法建模包括 BP 神经网络构建、BP 神经网络训练和 BP 神经网络分类三步，算法流程如图 17-2 所示。

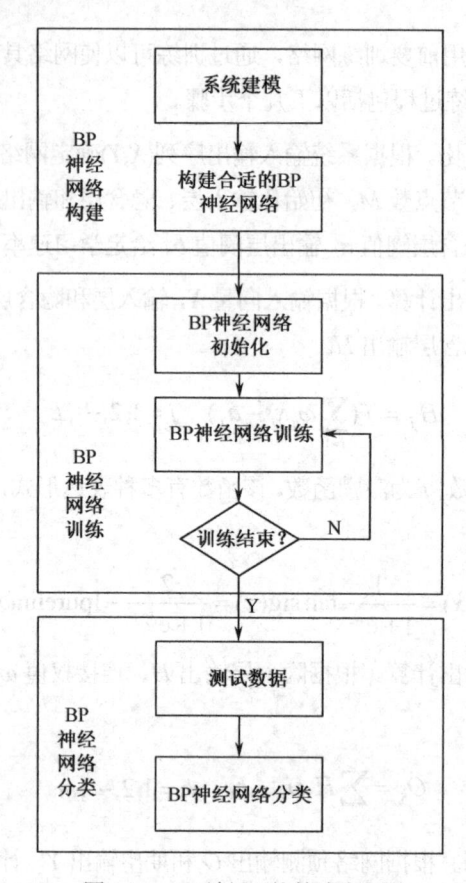

图 17-2 BP 神经网络算法流程图

1. BP 神经网络的具体实现

BP 神经网络首先需要将样本进行归一化，转换为[-1,1]区间内的数字，目的是取消各维数据间的数量级差别，避免因为输入/输出数据数量级差别较大而造成网络预测误差较大。其次要随机化初始权重，经过训练权重和阈值就可以拟合样本数据和检验预测数据。BP 神经网络的具体实现可见 BPNetWorkFun.m，其中 Samplex 是自变量训练数据，Sampley 是因变量训练数据，Sampleout 是自变量输入预测数据，MM 是隐藏层和输出层的激励函数选择，其中 1、2、3 分别代表 logsig、tansig、purelin 的选择，Options 包括最大训练数 MaxIter、均方误跟踪图选择 isPlot、训练步长 Eta 的选择。

```
function [Sampleinfit,Sampleoutforecast]=BPNetWorkFun(Samplex,Sampley,
```

```matlab
Sampleout,MM,Options)
    % BP神经网络
    %% by Faruto and Fantuanxiaot
    %% 技术支持：http://www.matlabsky.com/
    %% http://www.matlabsky.com/forum-92-1.html
    % MM的第一个数是隐藏层的函数选择，MM的第二个数是输出层的函数选择。其中：
    % 1、2、3分别代表logsig、tansig和purelin函数
    % Samplex 代表样本内的自变量X
    % Sampley 代表样本内的因变量Y
    % Sampleout 代表样本外的自变量X
    % Sampleinfit 代表样本内的拟合值
    % Sampleoutforecast 代表样本外的预测值
    %% Main
[M,number1]=size(Samplex);
[N,number2]=size(Sampley);
if (number1~=number2)
    error(' ');
end
if nargin==4
    % Maxinteration 为最大迭代数
    Maxinteration=10000;
    % isPlot 表示是否作图
    isPlot=1;
    % 训练步长
    c=0.01;
else
    Maxinteration=Options.MaxIter;
    isPlot=Options.isPlot;
    c=Options.Eta;
end
% 数据长度
number=number1;
% 阈值
torrence=1e-4;
% 隐藏层个数
H=round(sqrt(M+N))+5;
% 转换为0~1之间
[examplein,pmin,pmax,exampleout,tmin,tmax]=premnmx(Samplex,Sampley);
% 给样本加入随机因素
exampleout=0.001*rand(N,number)+exampleout;
% 记录历史参数
Errorhistory=[];
```

```matlab
% 初始的随机权重
W1=0.01*unifrnd(-1,1,H,M);
W2=0.01*unifrnd(-1,1,N,H);
B1=0.01*unifrnd(-1,1,H,1);
B2=0.01*unifrnd(-1,1,N,1);
% 神经网络训练过程
for i=1:Maxinteration
    Hiddenin=W1*examplein+repmat(B1,1,number);
    switch MM(1)
        case 1
            Hiddenout=logsig(Hiddenin);
        case 2
            Hiddenout=tansig(Hiddenin);
        case 3
            Hiddenout=purelin(Hiddenin);
    end
    Netin=W2*Hiddenout+repmat(B2,1,number);
    switch MM(2)
        case 1
            Netout=logsig(Netin);
        case 2
            Netout=tansig(Netin);
        case 3
            Netout=purelin(Netin);
    end
    % 残差
    errors=exampleout-Netout;
    % 计算均方误
    mseerrors=sumsqr(errors)/(numel(errors));
    % 追踪历史误差
    Errorhistory=[Errorhistory mseerrors];
    if mseerrors<torrence;
        break;
    end
    switch MM(2)
        case 1
            Delta2=Netout.*(1-Netout).*errors;
        case 2
            Delta2=(1+Netout).*(1-Netout).*errors;
        case 3
            Delta2=errors;
    end
```

```matlab
    switch MM(1)
        case 1
            Delta1=(W2'*Delta2).*Hiddenout.*(1-Hiddenout);
        case 2
            Delta1=(W2'*Delta2).*(1+Hiddenout).*(1-Hiddenout);
        case 3
            Delta1=(W2'*Delta2);
    end
    dW2=Delta2*Hiddenout';
    dW1=Delta1*examplein';
    dB2=Delta2*ones(number,1);
    dB1=Delta1*ones(number,1);
    W1=W1+c*dW1;
    B1=B1+c*dB1;
    W2=W2+c*dW2;
    B2=B2+c*dB2;
end
% 神经网络训练过程结束
Hiddenin=W1*examplein+repmat(B1,1,number);
switch MM(1)
    case 1
        Hiddenout=logsig(Hiddenin);
    case 2
        Hiddenout=tansig(Hiddenin);
    case 3
        Hiddenout=purelin(Hiddenin);
end
Netin=W2*Hiddenout+repmat(B2,1,number);
switch MM(2)
    case 1
        Netout=logsig(Netin);
    case 2
        Netout=tansig(Netin);
    case 3
        Netout=purelin(Netin);
end
% 最终得到样本内的拟合因变量
Sampleinfit=postmnmx(Netout,tmin,tmax);
% 查看作图
if isPlot
    figure(1)
    set(figure(1),'color','w')
```

```
        plot(Errorhistory,'r-','linewidth',3);
        hold on
        title('单隐藏层BP神经网络训练均方误差追踪','fontsize',12,'fontname','华文楷体');
        xlabel(['最大训练数: ',num2str(Maxinteration)],'fontsize',12,'fontname','华文楷体');
        ylabel('均方误','fontsize',12,'fontname','华文楷体');
        set(gca,'fontsize',12,'fontname','华文楷体')
        hold off
    end
    % 样本外的预测
    pnewtram=tramnmx(Sampleout,pmin,pmax);
    num=size(pnewtram,2);
    Hiddenin1=W1*pnewtram+repmat(B1,1,num);
    switch MM(1)
        case 1
            Hiddenout1=logsig(Hiddenin1);
        case 2
            Hiddenout1=tansig(Hiddenin1);
        case 3
            Hiddenout1=purelin(Hiddenin1);
    end
    Netin1=W2*Hiddenout1+repmat(B2,1,num);
    switch MM(2)
        case 1
            anewtram=logsig(Netin1);
        case 2
            anewtram=tansig(Netin1);
        case 3
            anewtram=purelin(Netin1);
    end
    % 样本外的预测值
    Sampleoutforecast=postmnmx(anewtram,tmin,tmax);
    %% %%%%%%%%%%%%%%%%%%%%%%%%%%%%%%%%%%%%%%%%%%%%%%%%%%%%%%%%%%%%%
```

2. 改进的 BP 神经网络

BP 神经网络是采用梯度修正法作为权值和阈值的学习算法，从网络预测误差的负梯度方向修正权值和阈值，没有考虑以前经验的积累，学习过程收敛缓慢。对于这个问题，可以采用附加动量方法来解决。附加动量方法见下式，其中，$\omega(k)$、$\omega(k-1)$、$\omega(k-2)$ 分别为 k、$k-1$、$k-2$ 时刻的权值，a 为动量学习率。

$$\omega(k) = \omega(k-1) + \Delta\omega(k) + a[\omega(k-1) - \omega(k-2)]$$

如果将归一化函数改造成 0.1~0.9 之间，则可以使收敛效果更佳，具体见如下代码：

```
% 0.1~0.9归一化函数
function [ptransform,pmin,pmax,ttransform,tmin,tmax]=BPNewpremnnx(p,t)
[~,N1]=size(p);
[~,N2]=size(t);
pmax=(max(p'))';pmin=(min(p'))';
tmax=(max(t'))';tmin=(min(t'))';
ptransform=0.1+(0.8*(p-repmat(pmin,1,N1)))./(repmat(pmax,1,N1)-repmat(pmin,1,N1));
ttransform=0.1+(0.8*(t-repmat(tmin,1,N2)))./(repmat(tmax,1,N2)-repmat(tmin,1,N2));

function p=BPNewpostmnnx(ptransform,pmin,pmax)
N=size(ptransform,2);
pp=(ptransform-0.1).*(repmat(pmax,1,N)-repmat(pmin,1,N));
pp=pp/0.8;
p=pp+repmat(pmin,1,N);

function ptransform=BPNewtramnnx(p,pmin,pmax)
ptransform=0.1+0.8*(p-repmat(pmin,1,size(p,2)))./(repmat(pmax,1,size(p,2))-repmat(pmin,1,size(p,2)));
```

改进 BP 神经网络的具体实现可见 BPNetWorkNewFun.m，与前面不同的是，Options 加入了一个动量因子的选择 Options.Alpha。

17.1.2 基于 MATLAB 的 BP 神经网络的非线性系统建模

这里拟合的非线性函数为：

$$y(1) = x(1)^2 + x(2)^2 + x(3)^2, \quad y(2) = 2\sqrt{x(1)} + \frac{\sqrt{x(1)}}{2} - \sqrt{x(3)}$$

式中，x 是 M 维数据（$M=3$），y 是 N 维数据（$N=2$）。隐藏层数目 H 设定为（round 为四舍五入）：

$$H = \text{round}(\sqrt{M+N}) + 5$$

输入自变量数据、输入因变量数据、预测的自变量数据、预测的因变量数据如下：

```
% 样本内的自变量
A=[39.0027    83.4369    32.6042    88.4405    67.4776    11.7037    24.6228
   54.6554    39.8131 ...
             95.0915    83.1871     8.4247    30.1727     9.5373    85.9320    99.6850
```

```
            33.0682    7.1037 43.6185    61.3475;...
                 49.7903    60.9630    45.6425    72.0856    43.8509    81.4682    34.2713
56.1920    51.5367 ...
                 72.2349    13.4338    16.3898    1.1681     14.6515    97.4222    55.3542
43.0002    88.7739 82.6630    81.8641;...
                 69.4805    57.4737    71.3796    1.8613     43.7820    32.4855    37.5692
39.5822    65.7531 ...
                 40.0080    6.0467     32.4220    53.9905    63.1141    57.0838    51.5458
49.1806    6.4634 39.4535    88.6235];
    % 样本内的因变量
    B(1,:)=sum(sqrt(A));
    B(2,:)=2*A(1,:)+0.5*sqrt(A(2,:))-sqrt(A(3,:));
    % 样本外的自变量
    C=[22.8688    86.3711    50.0211    12.2189    5.5976;83.4189    7.8069     21.7994
67.1166    5.6343;...
        1.5645    66.9043    57.1616    59.9586    15.2501];
    % 样本外的因变量
    D(1,:)=sum(sqrt(C));
    D(2,:)=2*C(1,:)+0.5*sqrt(C(2,:))-sqrt(C(3,:));
```

BP 神经网络和改进的 BP 神经网络的拟合与预测代码如下，具体可见 TestBPNetWork1.m，其中隐藏层的激励函数选择为 logsig，输出层的激励函数选择为 tansig。

```
    % 突破概率模拟情形 1
    % 隐藏层函数设置为 logsig
    % 输出层函数设置为 tansig
    Options.MaxIter=5000;
    Options.isPlot=1;
    Options.Eta=0.01;
    [Sampleinfit,Sampleoutforecast]=BPNetWorkFun(A,B,C,[1 2],Options);
    DisplayTest1(B,Sampleinfit,D,Sampleoutforecast,'BP 神经网络');

    Options.MaxIter=5000;
    Options.isPlot=1;
    Options.Eta=0.015;
    Options.Alpha=0.8;
    [Sampleinfit,Sampleoutforecast]=BPNetWorkNewFun(A,B,C,[1 2],Options);
    DisplayTest1(B,Sampleinfit,D,Sampleoutforecast,'改进 BP 神经网络');
```

第 17 章 | 基于 MATLAB 的 BP 神经网络在量化投资中的应用

最终结果（均方误跟踪和数据）如图 17-3～图 17-5 所示。从 BP 神经网络的预测结果来看，BP 神经网络可以较为准确地预测非线性函数的输出。

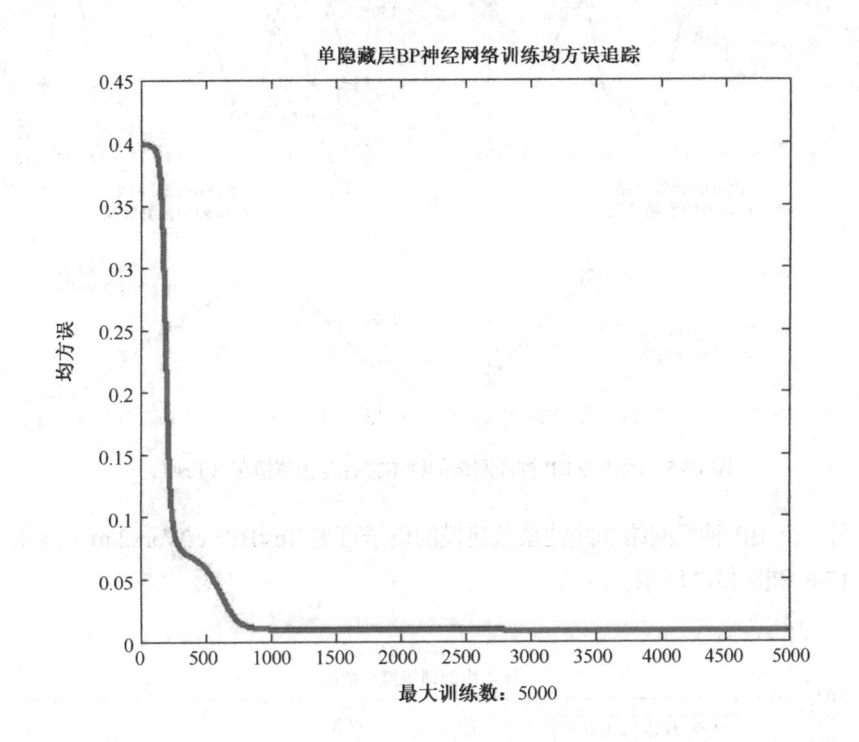

图 17-3 BP 均方误追踪图

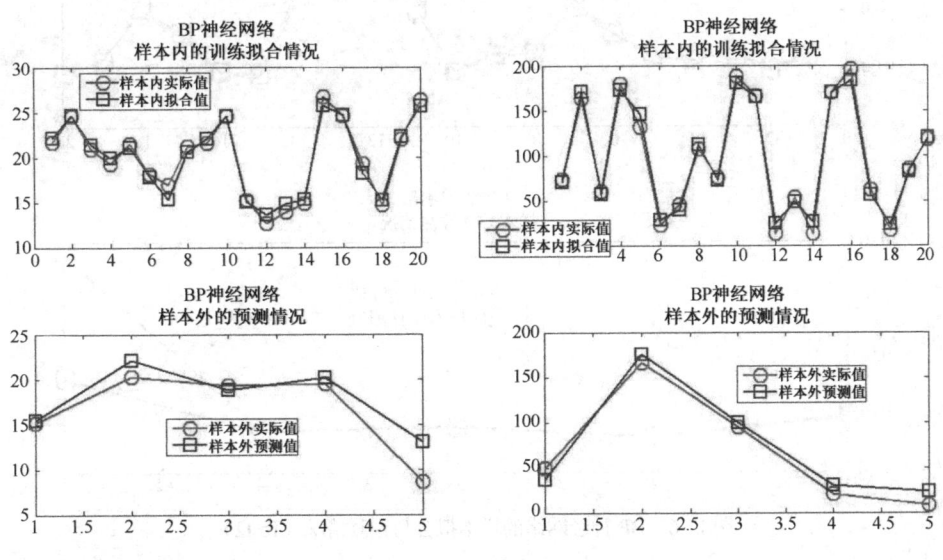

图 17-4 BP 神经网络的样本拟合与预测情况（Test1）

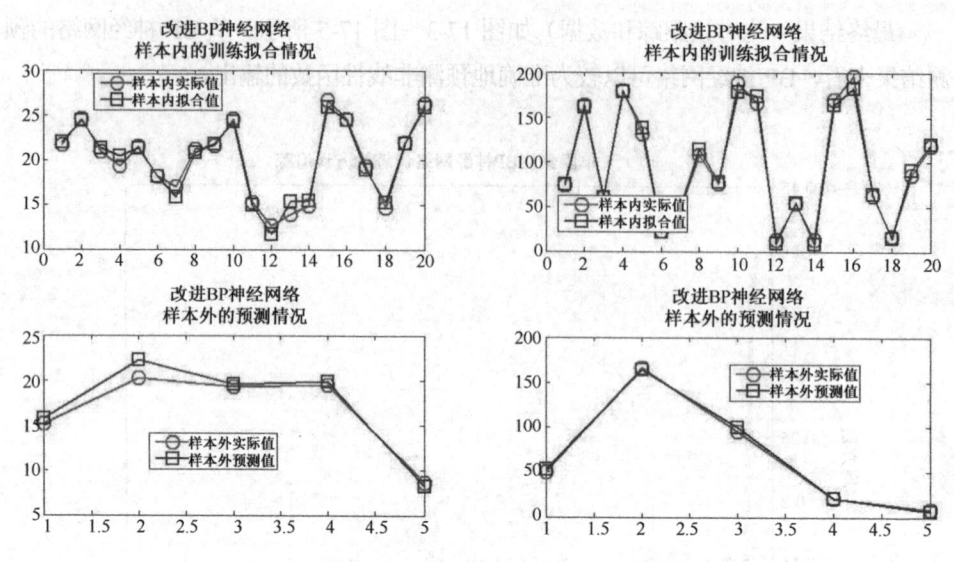

图 17-5 改进的 BP 神经网络的样本拟合与预测情况（Test1）

另一个 BP 神经网络非线性系统建模的例子可见 TestBPNetWork2.m，具体效果如图 17-6 和图 17-7 所示。

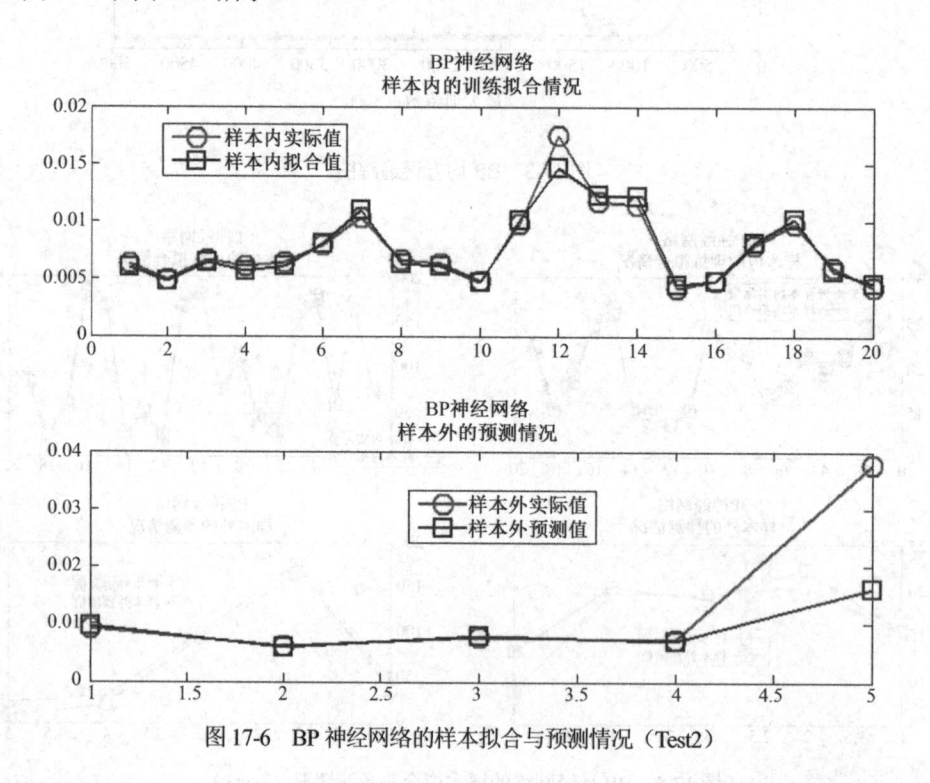

图 17-6 BP 神经网络的样本拟合与预测情况（Test2）

图 17-7　改进的 BP 神经网络的样本拟合与预测情况（Test2）

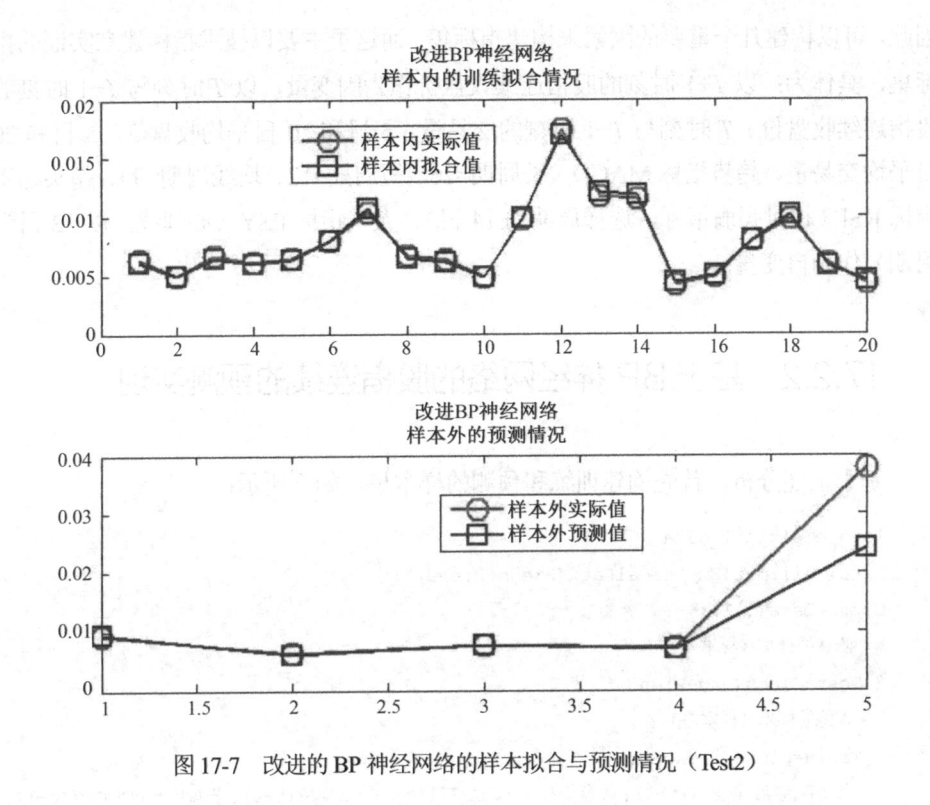

17.2　基于 MATLAB 的 BP 神经网络对股指连续收盘价进行预测

17.2.1　数据与指标选取

样本数据采用 2014 年 12 月 29 日至 2015 年 6 月 12 日的股指连续收盘价数据，共 111 个数据与样本指标，其中 2014 年 12 月 31 日至 2015 年 5 月 29 日的样本作为训练样本，2015 年 6 月 1 日至 2015 年 6 月 12 日共 10 日的数据作为预测检验样本，数据来源于 TB。

决定价格的因素指标集较多，细分可以分为历史价格、技术指标、心理因素、宏观经济、政策舆论、市场动态等因素。并且各指标集影响价格的方式不一样，且指标集之间又存在相互影响和作用的特点，因而在分析价格运行时难以建立完备的指标集。

因此，可以构建几个重要的因素来构建指标集。而这里主要以技术指标建立实证的指标集，具体为：以 $T+1$ 时刻的股指连续收盘价作为因变量，以 T 时刻与 $T-1$ 时刻的股指连续收盘价、T 时刻与 $T-1$ 时刻的交易量、5 日和 20 日平均收盘价、5 日和 20 日平均交易量、趋势指标 MACD（长周期=26、短周期=12、均线周期=9）、超买超卖指标 RSI（相对强弱指标，选择周期为 14 日）、人气指标 PSY（心理线，以 12 日为周期）作为自变量。

17.2.2 基于 BP 神经网络的股指连续的预测实现

基于上述分析，首先构建训练和预测的样本集，如下所示：

```
load empirical_data
Data=cell2mat(EmpiricalData(2:end,2:end));
Close=Data(:,1);
% 测试的样本（样本外）
Y_Test=Close(end-9:end)';
% 训练的样本（样本内）
Y_Train=Close(3:end-10)';
% 自变量包括：收盘价(t-1)、收盘价(t-2)、成交量(t-1)、成交量(t-2)、收盘价5日平均值(t-1)、
收盘价20日平均值(t-1)、成交量5日平均值(t-1)、成交量20日平均值(t-1)
% MACD(t-1)，其中长期26日、短期12日、均线周期9日
% RSI(相对强弱指标)，取14日为周期
% PSY(心理线)，取12日为周期
Close_T1=Data(:,2);
Close_T2=Data(:,3);
Vol_T1=Data(:,4);
Vol_T2=Data(:,5);
Close_MA5=Data(:,6);
Close_MA20=Data(:,7);
Vol_MA5=Data(:,8);
Vol_MA20=Data(:,9);
MACD=Data(:,10);
RSI=Data(:,11);
PSY=Data(:,12);
% 测试集（自变量）
X_Test=[Close_T1(end-10:end-1),Close_T2(end-11:end-2),Vol_T1(end-10:end-1),Vol_T2(end-11:end-2),...
Close_MA5(end-10:end-1),Close_MA20(end-10:end-1),Vol_MA5(end-10:end-1), Vol_MA20
```

```
(end-10:end-1),...
    MACD(end-10:end-1),RSI(end-10:end-1),PSY(end-10:end-1)]';
% 训练集（自变量）
X_Train=[Close_T1(2:end-11),Close_T2(1:end-12),Vol_T1(2:end-11),Vol_T2 (1:end-
12),...
    Close_MA5(2:end-11),Close_MA20(2:end-11),Vol_MA5(2:end-11),Vol_MA20 (2:end-
11),...
    MACD(2:end-11),RSI(2:end-11),PSY(2:end-11)]';
```

基于 BP 神经网络的参数选择如下：

```
Options.MaxIter=5000;
Options.isPlot=0;
Options.Eta=0.01;
```

训练和预测得到拟合的收盘价和预测的收盘价，并获取评价指标——平方相关系数 R2 和均方误 MSE。

```
[Sampleinfit,Sampleoutforecast]=BPNetWorkFun(X_Train,Y_Train,X_Test,[2 3],
Options);
    n=length(Y_Train);
% 指标
R2=(n*Y_Train*Sampleinfit'-sum(Y_Train)*sum(Sampleinfit))^2/...
    ((n*sum(Y_Train.^2)-sum(Y_Train)^2)*(n*sum(Sampleinfit.^2)-sum(Sampleinfit)^2));
MSE=sum((Y_Train-Sampleinfit).^2)/n;
% 样本外
n2=length(Y_Test);
MSE2=sum((Y_Test-Sampleoutforecast).^2)/n2;
```

最终，对网络的拟合与预测的结果作图分析：

```
figure('color','w')
subplot(1,2,1)
plot(Y_Train,'b*-')
hold on
plot(Sampleinfit,'ro-')
legend('实际值','拟合值')
title({'BP 神经网络的IF888 收盘价训练';['R2=',num2str(R2),' MSE=',num2str(MSE)]})
subplot(1,2,2)
plot(Y_Test,'b*-')
hold on
plot(Sampleoutforecast,'ro-')
legend('实际值','预测值')
title({'BP 神经网络的IF888 收盘价预测';['MSE=',num2str(MSE2)]})
```

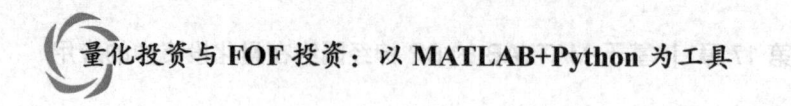

具体效果如图 17-8 所示。

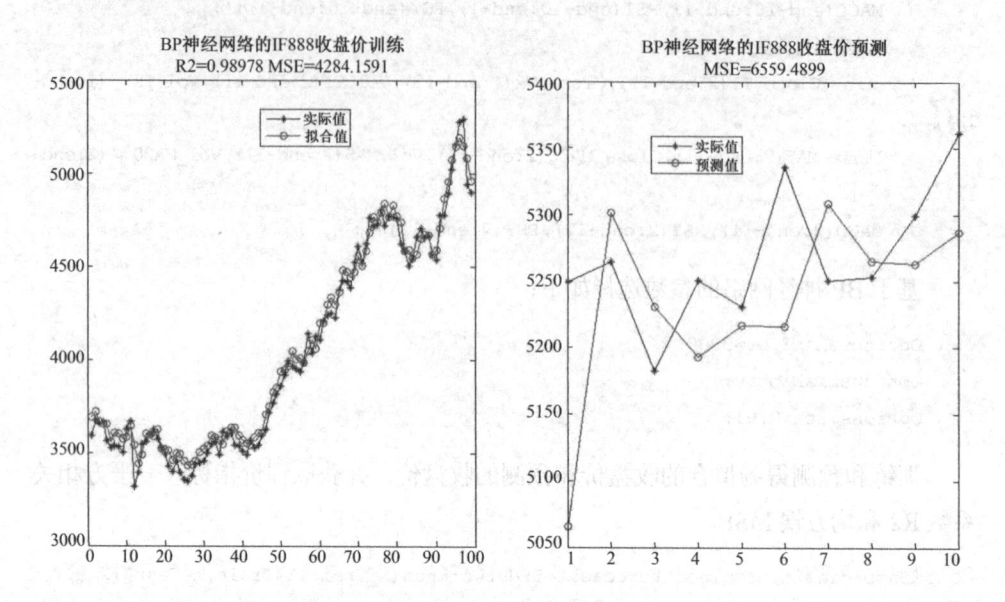

图 17-8　BP 神经网络的股指连续拟合与预测

基于改进的 BP 神经网络的具体效果如图 17-9 所示。

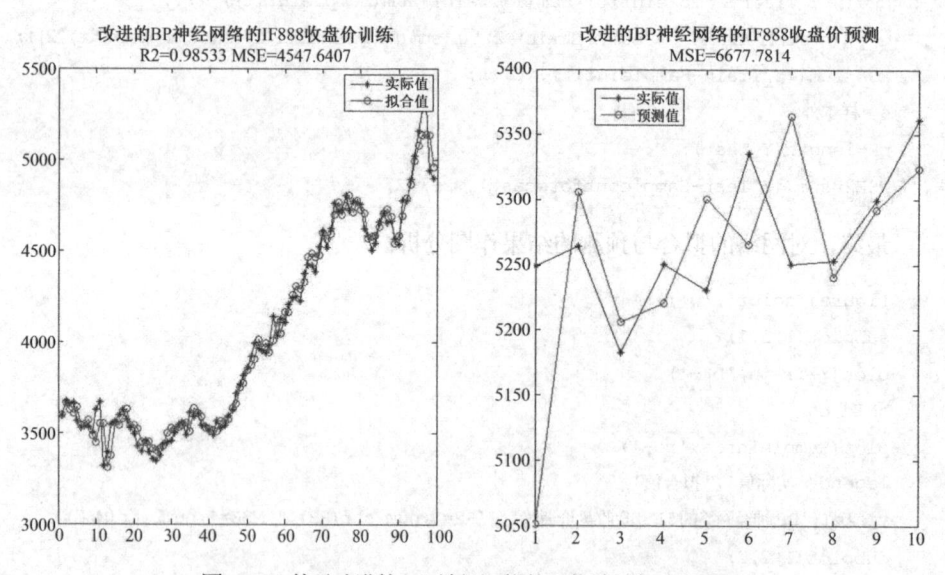

图 17-9　基于改进的 BP 神经网络的股指连续拟合与预测

第18章 基于MATLAB的广义极值分布在量化投资中的策略挖掘与回测

18.1 背景介绍

18.1.1 广义极值分布

资产收益率具有尖峰厚尾的性质，早在20世纪60年代就由Mandelbrot通过棉花期货收益率的实证而发现。中国市场的资产收益率历史数据也具有明显的尖峰厚尾性质。而一类重要的收益厚尾和非对称性特征建模即广义极值分布（Generalized Extreme Value Distribution，又称GEV分布），其能够对收益率样本提供更为平滑的尾部描述与更加准确的极端事件发生的可能性进行捕捉。Jenkinson依据极值理论建立了广义极值（GEV）分布，随后GEV分布也在金融领域内得到了广泛的应用，如测度资产收益的风险价值（VAR）和条件风险价值（CVAR）等。

1. 广义极值分布简介

假设资产收益率服从广义极值分布，即更加关注收益率的厚尾和非对称的情况。设 α（$\alpha>0$）为尺度参数（Scale Parameter）、β（$-\infty<\beta<\infty$）为位置参数（Location Parameter）、ξ（$-\infty<\xi<\infty$ 且 $\xi\neq0$）为形状参数（Shape Parameter），则广义极值分布的累积分布函数为：

$$F(\alpha,\beta,\xi,x) = \exp\left\{-\left[1+\xi\left(\frac{x-\beta}{\alpha}\right)\right]^{-1/\xi}\right\}, x:1+\xi\left(\frac{x-\beta}{\alpha}\right)>0$$

当 ξ 趋近于0时，广义极值分布即为极值分布。极值分布的累积分布函数为：

$$F(\alpha,\beta,x)=\exp\left[-\exp\left(-\frac{x-\beta}{\alpha}\right)\right], -\infty<x<\infty$$

广义极值分布的参数估计可以利用最大似然估计、最小二乘估计与一些非参数方法。

2. MATLAB 的广义极值分布函数

MATLAB 拥有自带的 GEV 分布函数，以下代码具体见 Gev_Distribution.m。

（1）gevpdf：GEV 分布的密度函数，Y = gevpdf(X,K,SIGMA,MU)，K 是形状参数（Shape Parameter），SIGMA 是尺度参数（Scale Parameter），MU 是位置参数（Location Parameter）。基于不同的 GEV 参数，可以描绘不同的分布密度曲线。

```matlab
% Y = GEVPDF(X,K,SIGMA,MU), K 是形状参数 Shape Parameter
% SIGMA 是尺度参数 Scale Parameter, MU 是位置参数 Location Parameter
% Y 是 X 位置上的 GEV 密度值
% 测度在不同 GEV 参数下的密度值
x = linspace(-3,6,1000);
y1 = gevpdf(x,-.5,1,0);
y2 = gevpdf(x,0,1,0);
y3 = gevpdf(x,.5,1,0);
plot(x,y1,'-', x,y2,'-', x,y3,'-','linewidth',2)
set(gcf,'color','w')
legend({'K<0, Type III','K=0, Type I','K>0, Type II'});
title('测度在不同GEV参数下的密度值','fontname','Times','fontsize',16)
set(gca,'fontname','Times','fontsize',16)
```

运行结果如图 18-1 所示。

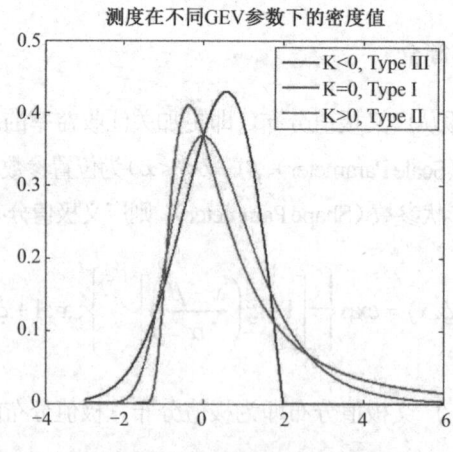

图 18-1　GEV 分布的密度曲线

第 18 章 │ 基于 MATLAB 的广义极值分布在量化投资中的策略挖掘与回测

（2）gevcdf：GEV 分布的累积分布函数。类似于 GEV 分布的密度函数，同样可以描绘出不同的累积分布曲线。

```
%% 广义极值分布的累积分布函数 PDF 说明：gevcdf
x = linspace(-3,6,1000);
y1 = gevcdf(x,-.5,1,0);
y2 = gevcdf(x,0,1,0);
y3 = gevcdf(x,.5,1,0);
figure(2)
plot(x,y1,'-', x,y2,'-', x,y3,'-','linewidth',2)
set(gcf,'color','w')
legend({'K<0, Type III','K=0, Type I','K>0, Type II'});
title('测度在不同GEV参数下的累积分布函数值','fontname','Times','fontsize',16)
set(gca,'fontname','Times','fontsize',16)
```

运行结果如图 18-2 所示。

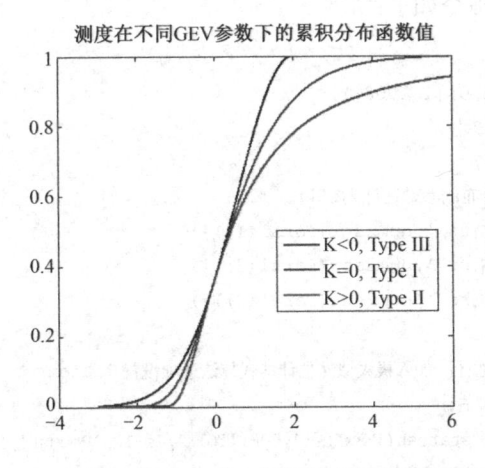

图 18-2 GEV 分布的累积分布曲线

（3）gevrnd：广义极值分布的随机数生成函数。生成单个 GEV 随机数：gevrnd(K, Sigma,Mu)；生成矩阵随机数：gevrnd(K,Sigma,Mu,[M N])。

```
% 生成一个随机数
K=-0.5;
Sigma=1;
Mu=0;
disp('生成一个服从广义极值分布的随机数')
gevrnd(K,Sigma,Mu)
% 生成一个服从广义极值分布的随机数
ans =
    0.2510
```

```
fprintf('\n')
disp('随机生成一个服从广义极值分布的方阵')
gevrnd(K,Sigma,Mu,[5 5])
% 随机生成一个服从广义极值分布的方阵
ans =
   -0.3053    0.1384    0.5921    0.5618    0.6900
    0.6393   -0.8191    1.3234    0.3499   -0.0462
    0.4835   -0.2185    0.1393    0.5407   -0.1567
    0.4328   -2.4347    0.0860   -0.8417   -0.2748
    0.0680    1.4721    0.4628    0.9563   -0.7570
```

（4）gevfit：广义极值分布的参数估计说明函数。Parameters 是一个一行三列的向量，第一个参数为 K（形状参数），第二个参数为 Sigma（尺度参数），第三个参数为 Mu（位置参数），如 Parameters=gevfit(x)；如果加入极大似然估计的迭代算法选项 Options 设置 statset 指令，则 Para2=gevfit(x,[],statset('MaxIter',…,'TolX',…,'Robust',…, 'TolFun',…))。具体指令如下：

```
% 随机数生成
x=gevrnd(-0.5,1,0,[1 1000]);
% 第一类方法参数估计
Para1=gevfit(x);
disp(['广义极值分布的参数估计为：'])
disp(['形状参数估计：',num2str(Para1(1))])
disp(['尺度参数估计：',num2str(Para1(2))])
disp(['位置参数估计：',num2str(Para1(3))])

% 第二类方法参数估计：加入极大似然估计迭代算法选项设置 Options
% Robust 加入稳健估计
Para2=gevfit(x,[],statset('MaxIter',500,'TolX',1e-10,'Robust','on','TolFun',1e-10));
disp(['广义极值分布的参数估计为：'])
disp(['形状参数估计：',num2str(Para2(1))])
disp(['尺度参数估计：',num2str(Para2(2))])
disp(['位置参数估计：',num2str(Para2(3))])
```

18.1.2 GEV 分布与目标价格的突破概率

如果 GEV 分布的参数已知（资产价格序列统计性质已知），基期价格 S_1 已知，那么就可以基于这些参数去模拟未来 T 个资产价格序列（时间区间 $[2,T+1]$）。给定一个目标价格 K_H 且目标价格大于基期价格 S_1（$S_1<K_H$），如果模拟序列内的某一价格 S_t（$2<t\leqslant T+1$）大于或等于 K_H（$K_H\leqslant S_t$），则称为多头目标突破；给定目标价格 K_L 且目

标价格小于基期价格 S_1（$K_L<S_1$），如果模拟序列内的某一价格 S_t（$2<t\leqslant T+1$）小于或等于 K_L（$S_t\leqslant K_L$），则称为空头目标突破。如果模拟序列内的任何价格均不突破目标价格，则称为目标无法突破。

1. 突破概率

假设资产价格序列统计性质已知，即广义极值分布的参数资产基期价格已知，进而可以依据已知参数模拟 N 个时间区间为[2,T+1]的价格序列，给定目标价格 K_H 和 K_L，如果分别有 M_H 和 M_L 个序列产生了多头目标突破和空头目标突破，则多头突破概率为 M_H/N，空头突破概率为 M_L/N。

2. 突破概率的 MATLAB 模拟

基于以上分析，针对多头突破概率 M_H/N 与空头突破概率 M_L/N 的模拟如下：假设尺度参数 α 为 0.0098，位置参数 β 为 –0.0023，形状参数 ξ 为 0.8795[①]。设时间区间 T 分别为 100 和 200，模拟的价格序列个数 N 分别为 100、1000、10000，基期价格设置为 S=10，目标价格设置为 K_H=1.1×S 或 1.05×S，且 K_L=0.9×S 或 0.95×S，而服从广义极值分布的收益率模拟可以基于 MATLAB 的 gevrnd 指令来生成。

基于不同模拟次数下的突破概率（ξ=0.8795、α=0.0098、β=–0.0023）：
HitProbability_Stat1.m

```
% 突破概率模拟情形1
% 2015/5/16
% by Faruto and Fantuanxiaot
clc
clear all
%% 参数设置
K=0.8795;
Sigma=0.0098;
Mu=-0.0023;
BasePrice=10;
T=[100 200];
N=[1e2 1e3 1e4];
% 目标价格
PriceHit=[BasePrice*1.1 BasePrice*1.05 BasePrice*0.9 BasePrice*0.95];
% 突破概率总结
Probability_Matrix=zeros(length(PriceHit),length(T)*length(N));
pos=1;
for i=1:length(T)
```

[①] 王春峰，等. 基于极值理论的高频条件 VaR 动态区间估计模型[J]. 系统工程理论与实践.

```
    for j=1:length(N)
        % 随机生成收益率序列
        % T行,N列
        GenReturn=gevrnd(K,Sigma,Mu,[T(i) N(j)]);
        % 生成价格序列
        PriceSeries=BasePrice*cumprod(1+GenReturn);
        % 多头突破概率
        for m=1:2
            Probability_Matrix(pos)=sum(sum(PriceSeries>=PriceHit(m))>=1)/N(j);
            pos=pos+1;
        end
        % 空头突破概率
        for m=3:4
            Probability_Matrix(pos)=sum(sum(PriceSeries<=PriceHit(m))>=1)/N(j);
            pos=pos+1;
        end
    end
end
disp('基于不同模拟次数下的突破概率(ξ=0.8795、α=0.0098、β=-0.0023)展示:')
Probability_Matrix'
```

结果显示:

```
基于不同模拟次数下的突破概率(ξ=0.8795、α=0.0098、β=-0.0023)展示:
ans =
    1.0000    1.0000         0         0
    1.0000    1.0000         0    0.0030
    1.0000    1.0000         0    0.0034
    1.0000    1.0000         0         0
    1.0000    1.0000         0    0.0029
```

尺度参数 α=0.0098、位置参数 β=-0.0023、形状参数 ξ=0.8795、基期价格 S=10 的具体突破概率结果如表 18-1 所示。无论时间区间 T 是 100 还是 200，都会在基期选择多头入仓。

表 18-1 突破概率表（1）

资产价格序列模拟次数 N=1e2(T=100)				
目标价格	K_H: $1.1 \times S_1$	K_H: $1.05 \times S_1$	K_L: $0.9 \times S_1$	K_L: $0.95 \times S_1$
突破概率	1	1	0	0
资产价格序列模拟次数 N=1e3(T=100)				
目标价格	K_H: $1.1 \times S_1$	K_H: $1.05 \times S_1$	K_L: $0.9 \times S_1$	K_L: $0.95 \times S_1$
突破概率	1	1	0	0.003

第 18 章 | 基于 MATLAB 的广义极值分布在量化投资中的策略挖掘与回测

续表

资产价格序列模拟次数 $N=1e4(T=100)$				
目标价格	K_H: $1.1 \times S_1$	K_H: $1.05 \times S_1$	K_L: $0.9 \times S_1$	K_L: $0.95 \times S_1$
突破概率	1	1	0	0.0034
资产价格序列模拟次数 $N=1e2(T=200)$				
目标价格	K_H: $1.1 \times S_1$	K_H: $1.05 \times S_1$	K_L: $0.9 \times S_1$	K_L: $0.95 \times S_1$
突破概率	1	1	0	0
资产价格序列模拟次数 $N=1e3(T=200)$				
目标价格	K_H: $1.1 \times S_1$	K_H: $1.05 \times S_1$	K_L: $0.9 \times S_1$	K_L: $0.95 \times S_1$
突破概率	1	1	0	0
资产价格序列模拟次数 $N=1e4(T=200)$				
目标价格	K_H: $1.1 \times S_1$	K_H: $1.05 \times S_1$	K_L: $0.9 \times S_1$	K_L: $0.95 \times S_1$
突破概率	1	1	0	0.0029

如果尺度参数、位置参数和基期价格保持不变，形状参数 ξ 设定为-0.8795，则多头和空头目标突破概率模拟如下。

基于不同模拟次数下的突破概率（$\xi=-0.8795$、$\alpha=0.0098$、$\beta=-0.0023$）：
HitProbability_Stat2.m

```
% 突破概率模拟情形2
% 2015/5/16
% by Faruto and Fantuanxiaot
clc
clear all
%% 参数设置
K=-0.8795;
Sigma=0.0098;
Mu=-0.0023;
BasePrice=10;
T=[100 200];
N=[1e2 1e3 1e4];
% 目标价格
PriceHit=[BasePrice*1.1 BasePrice*1.05 BasePrice*0.9 BasePrice*0.95];
% 突破概率总结
Probability_Matrix=zeros(length(PriceHit),length(T)*length(N));
%% 总结突破概率
pos=1;
for i=1:length(T)
    for j=1:length(N)
        % 随机生成收益率序列
        % T行，N列
```

```
            GenReturn=gevrnd(K,Sigma,Mu,[T(i) N(j)]);
            % 生成价格序列
            PriceSeries=BasePrice*cumprod(1+GenReturn);
            % 多头突破概率
            for m=1:2
                Probability_Matrix(pos)=sum(sum(PriceSeries>=PriceHit(m))>=1)/N(j);
                pos=pos+1;
            end
            % 空头突破概率
            for m=3:4
                Probability_Matrix(pos)=sum(sum(PriceSeries<=PriceHit(m))>=1)/N(j);
                pos=pos+1;
            end
        end
end
disp('基于不同模拟次数下的突破概率(ξ=-0.8795、α=0.0098、β=-0.0023)展示：')
Probability_Matrix'
```

结果显示：

```
基于不同模拟次数下的突破概率(ξ=-0.8795、α=0.0098、β=-0.0023)展示：
ans =
         0    0.0400    0.8800    0.9700
    0.0030    0.0530    0.8400    0.9670
    0.0059    0.0674    0.8530    0.9648
         0    0.0500    1.0000    1.0000
    0.0050    0.0500    0.9910    0.9970
    0.0067    0.0676    0.9895    0.9971
```

尺度参数 α=0.0098、位置参数 β=-0.0023、形状参数 ξ=-0.8795、基期价格 S=10 的具体突破概率结果如表 18-2 所示。无论时间区间 T 是 100 还是 200，都会在基期选择空头入仓。

表 18-2 突破概率表（2）

资产价格序列模拟次数 N=1e2(T=100)			
目标价格	K_H: $1.1 \times S_1$	K_H: $1.05 \times S_1$	K_L: $0.9 \times S_1$	K_L: $0.95 \times S_1$
突破概率	0	0.04	0.88	0.97
资产价格序列模拟次数 N=1e3(T=100)			
目标价格	K_H: $1.1 \times S_1$	K_H: $1.05 \times S_1$	K_L: $0.9 \times S_1$	K_L: $0.95 \times S_1$
突破概率	0.003	0.053	0.84	0.967

续表

资产价格序列模拟次数 N=1e4(T=100)			
目标价格	K_H: $1.1\times S_1$	K_H: $1.05\times S_1$	K_L: $0.9\times S_1$	K_L: $0.95\times S_1$
突破概率	0.0059	0.0674	0.853	0.9648
资产价格序列模拟次数 N=1e2(T=200)			
目标价格	K_H: $1.1\times S_1$	K_H: $1.05\times S_1$	K_L: $0.9\times S_1$	K_L: $0.95\times S_1$
突破概率	0	0.05	1	1
资产价格序列模拟次数 N=1e3(T=200)			
目标价格	K_H: $1.1\times S_1$	K_H: $1.05\times S_1$	K_L: $0.9\times S_1$	K_L: $0.95\times S_1$
突破概率	0.005	0.05	0.991	0.997
资产价格序列模拟次数 N=1e4(T=200)			
目标价格	K_H: $1.1\times S_1$	K_H: $1.05\times S_1$	K_L: $0.9\times S_1$	K_L: $0.95\times S_1$
突破概率	0.0067	0.0676	0.9895	0.9971

基于以上分析，如果可知历史资产价格序列的收益率及其 GEV 统计特征，通过模拟突破概率，就可以判断是多头入仓还是空头入仓。

3. 计算突破概率函数

如果已知历史价格序列，那么可以通过 gevfit 函数计算 GEV 分布参数，进而假设历史价格序列末尾价格为基期价格，又已知未来时间区间 T，则基于以上分析可以计算出多头突破概率 hitProbHigh 和空头突破概率 hitProbLow。函数源代码如下（HittingProbability.m）：

```
function [hitProbHigh,hitProbLow]=HittingProbability(Series,T,KH,KL)
% by Faruto and Fantuanxiaot
% 2015/5/14
%  举例：[hitProbHigh,hitProbLow]=HittingProbability(10*cumprod(1+0.02*randn
(1,500)),200,9,11)
%% 参数说明
% 计算突破概率函数
% BasePrice 是基期价格
BasePrice=Series(end);
% Series 是历史价格序列
% T 是资产序列模拟的未来天数
% KH 和 KL 是目标价格
%% Main
% 回报
Return=(Series(2:end)-Series(1:end-1))./Series(1:end-1);
% 参数值
Para=gevfit(Return,[],statset('MaxIter',500,'TolX',1e-10,'Robust','on','TolFun',
```

```
1e-10));
    K=Para(1);
    Sigma=Para(2);
    Mu=Para(3);
    % 产生未来价格
    % 价格序列模拟的次数
    N=1e4;
    Price=BasePrice*cumprod(1+gevrnd(K,Sigma,Mu,[T,N]));
    hitProbHigh=sum(sum(Price>=KH)>=1)/N;
    hitProbLow=sum(sum(Price<=KL)>=1)/N;
end
```

18.2 GEV 策略与回测的 MATLAB 实现

基于以上分析，构建 GEV 策略，然后进行基于策略的 MATLAB 回测。

18.2.1 策略准则

1. 入仓准则

入仓准则基于 HittingProbability 函数，假定概率 P^* 作为信号概率，如果多头突破概率 hitProbHigh $\geq P^*$ 且空头突破概率 hitProbLow $< P^*$，则在基期多头入市；如果多头突破概率 hitProbHigh $< P^*$ 且空头突破概率 hitProbLow $\geq P^*$，则在基期空头入市；如果多头突破概率 hitProbHigh $\geq P^*$ 且空头突破概率 hitProbLow $\geq P^*$，若 hitProbHigh $<$ hitProbLow 则在基期空头入市，若 hitProbHigh $\geq$ hitProbLow 则在基期多头入市；如果多头突破概率 hitProbHigh $< P^*$ 且空头突破概率 hitProbLow $< P^*$，则基期不入市。

2. 平仓准则

平仓基于两类准则：无止损准则与有止损准则。

1）无止损准则

如果在基期多头入市，固定未来序列区间 $[2,T+1]$，随着时间的推移 $2,3,4,\cdots,T+1$，如果某价格 S_t（$2 \leq t \leq T+1$）率先突破目标价格 K_H（$K_H \leq S_t$），则立即在 t 期平仓；如果区间 $[2,T+1]$ 内没有任何价格大于目标价格 K_H，则在末尾时刻 $T+1$ 平仓，并计算单次回测回报。具体的 MATLAB 代码如下：

```matlab
%% 无止损的单次多头交易
function [Huibao,IndexOut]=CallNoStop(Initial,Stock,HitZD)
% by Faruto and Fantuanxiaot
%% 参数说明
% Initial 是基期价格
% Stock 是未来[2,T+1]序列
% HitZD 是多头目标价格 KH
% Huibao 是交易回报
% IndexOut 是平仓的日期
% 交易成本
cost=0.1/100;
if (HitZD<=Initial)
    % 如果多头目标价格 KH 小于基期价格，则出错
    error('');
end
%% Main
Index=(Stock>=HitZD);
% 如果存在价格大于多头目标价格 KH，则立即平仓
if sum(Index)>=1
    Index1=find(Stock>=HitZD);
    % 当价格大于多头目标价格 KH 时，立即平仓
    Index11=Index1(1);
    IndexOut=Index11;
    Huibao=Stock(Index11)*(1-cost)-Initial*(1+cost);
    % 如果没有价格突破目标价格 KH，就在最后一天平仓
else Huibao=Stock(end)*(1-cost)-Initial*(1+cost);
    IndexOut=length(Stock);
end
end
```

同理，如果在基期空头入市，固定未来序列区间[2,T+1]，随着时间的推移 2,3,4,…,T+1，如果某价格 S_t（2≤t≤T+1）率先突破目标价格 K_L（S_t≤K_L），则立即在 t 期平仓；如果区间 [2,T+1] 内没有任何价格小于目标价格 K_L，则在末尾时 T+1 平仓。具体的 MATLAB 代码如下：

```matlab
%% 无止损的单次空头交易
function [Huibao,IndexOut]=PutNoStop(Initial,Stock,HitZX)
% by Faruto and Fantuanxiaot
%% 参数说明
% Initial 是基期价格
% Stock 是未来[2,T+1]序列
```

```matlab
    % HitZX 是空头目标价格 KL
    % Huibao 是交易回报
    % IndexOut 是平仓的日期
if (HitZX>=Initial)
        % 空头目标价格 KL 必须小于基期价格,否则出错
    error('');
end
% 交易成本
cost=0.1/100;
%% Main
Index=(Stock<=HitZX);
if sum(Index)>=1
    Index1=find(Stock<=HitZX);
    Index11=Index1(1);
    IndexOut=Index11;
    Huibao=Initial*(1-cost)-Stock(Index11)*(1+cost);
else Huibao=Initial*(1-cost)-Stock(end)*(1+cost);
    IndexOut=length(Stock);
end
end
```

2）有止损准则

该准则需要设置止损价格,如果在基期多头入市且设基期价格为 S_1,固定未来序列区间[2,T+1],假设多头止损率 C_{stop}<1,则多头止损价格为 $S_1 \times C_{stop}$。

随着时间的推移 2,3,4,…,T+1,如果某价格 S_t（2≤t≤T+1）率先小于止损价格（且 t 期前没有突破目标价格 K_H）$S_1 \times C_{stop}$（S_t≤$S_1 \times C_{stop}$），则在 t 期止损平仓；如果某价格 S_t（2≤t≤T+1）率先大于目标价格 K_H 且并无止损（K_H≤S_t），则在 t 期平仓;如果区间 [2,T+1] 内没有任何价格大于目标价格 K_H,且没有任何价格小于止损价格 $S_1 \times C_{stop}$,则在末尾时刻 T+1 平仓。具体的 MATLAB 代码如下：

```matlab
%% 有止损的单次多头交易
function [Huibao,IndexOut]=CallYesStop(Initial,Stock,HitZD,Ratio)
% by Faruto and Fantuanxiaot
%% 参数说明
% Initial 是基期价格
% Stock 是未来[2,T+1]序列
% HitZD 是多头目标价格 KH
% Ratio 是止损率 Cstop
% Huibao 是交易回报
% IndexOut 是平仓的日期
if (HitZD<=Initial)
```

```
        error('');
end
% 多头止损率必须小于1
if Ratio>=1
        error('');
end
% 交易成本
cost=0.1/100;
%% Main
% 止损价格
ZhiSun=Initial*Ratio;
Index=(Stock>=HitZD);
% 是否止损
index1=find(Stock<=ZhiSun);
index2=find(Stock>=HitZD);
if sum(Index)==0
      if isempty(index1)
         Huibao=Stock(end)*(1-cost)-Initial*(1+cost);
         IndexOut=length(Stock);
      else Huibao=Stock(index1(1))*(1-cost)-Initial*(1+cost);
         IndexOut=index1(1);
      end
elseif sum(Index)>=1
      if isempty(index1)
         Huibao=Stock(index2(1))*(1-cost)-Initial*(1+cost);
         IndexOut=index2(1);
      else
         if index1(1)>index2(1)
            Huibao=Stock(index2(1))*(1-cost)-Initial*(1+cost);
            IndexOut=index2(1);
         else Huibao=Stock(index1(1))*(1-cost)-Initial*(1+cost);
            IndexOut=index1(1);
         end
      end
end
end
```

同理，如果在基期空头入市且设基期价格为 S_1，固定未来序列区间[2,T+1]，假设空头止损率 P_{stop}>1，则空头止损价格为 $S_1 \times P_{stop}$。

随着时间的推移 2,3,4,…,T+1，如果某价格 S_t（2≤t≤T+1）率先大于止损价格（且 t 期前没有突破目标价格 K_L）$S_1 \times P_{stop}$（$S_1 \times P_{stop}$≤S_t），则在 t 期止损平仓；如果某

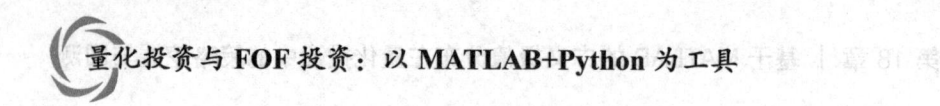

价格 S_t（$2 \leq t \leq T+1$）率先小于目标价格 K_L 且并无止损（$S_t \leq K_L$），则在 t 期平仓；如果区间 $[2,T+1]$ 内没有任何价格小于目标价格 K_L，且没有任何价格大于止损价格 $S_1 \times P_{stop}$，则在末尾时刻 $T+1$ 平仓。具体的 MATLAB 代码如下：

```matlab
%% 有止损的单次空头交易
function [Huibao,IndexOut]=PutYesStop(Initial,Stock,HitZX,Ratio)
% by Faruto and Fantuanxiaot
%% 参数说明
%  Initial 是基期价格
%  Stock 是未来[2,T+1]序列
%  HitZX 是空头目标价格 KL
%  Ratio 是止损率 Pstop
%  Huibao 是交易回报
%  IndexOut 是平仓的日期
if (HitZX>=Initial)
    error('');
end
if Ratio<=1
    % 空头止损率必须大于1
    error('');
end
% 交易成本
cost=0.1/100;
%% Main
ZhiSun=Initial*Ratio;
Index=(Stock<=HitZX);
index1=find(Stock>=ZhiSun);
index2=find(Stock<=HitZX);
if sum(Index)==0
    if isempty(index1)
        Huibao=Initial*(1-cost)-Stock(end)*(1+cost);
        IndexOut=length(Stock);
    else Huibao=Initial*(1-cost)-Stock(index1(1))*(1+cost);
        IndexOut=index1(1);
    end
elseif sum(Index)>=1
    if isempty(index1)
        Huibao=Initial*(1-cost)-Stock(index2(1))*(1+cost);
        IndexOut=index2(1);
    else
        if index1(1)>index2(1)
            Huibao=Initial*(1-cost)-Stock(index2(1))*(1+cost);
```

第 18 章 | 基于 MATLAB 的广义极值分布在量化投资中的策略挖掘与回测

```
            IndexOut=index2(1);
        else Huibao=Initial*(1-cost)-Stock(index1(1))*(1+cost);
            IndexOut=index1(1);
        end
    end
end
end
```

18.2.2 GEV 策略构建

具体参数：历史区间 M_1，未来区间 M_2，多头目标价格率 HitCall>1（则 $K_H=S_1\times$ HitCall），空头目标价格率 HitPut<1（则 $K_L=S_1\times$HitPut），信号概率 HitP，多头止损率 StopRatioCall<1 和空头止损率 StopRatioPut>1。

策略回测步骤如下。

（1）入仓：给定资产价格序列，从 $T=M_1$ 处开始，基于历史序列$[(T-M_1+1),T]$，将末尾价格 S_T 作为基期价格，则多头目标价格和空头目标价格分别为 $K_H=S_T\times$HitCall 与 $K_L=S_T\times$HitPut，进而利用 HittingProbability 函数可得突破概率。将信号概率与突破概率的比较作为入仓准则，进一步判断时刻 T 是否入仓。如果不满足入仓条件，则历史序列向前推一步$[(T-M_1+2),T+1]$，接着判断 $T+1$ 时刻是否入仓，以此类推。如果在 T 期入仓，则进入以下的平仓步骤。

（2）平仓：如果在 T 期入仓，则未来序列区间为$[T+1,T+M_2]$，无止损策略依赖 CallNoStop 和 PutNoStop 函数判断是否平仓，有止损策略依赖 CallYesStop 和 PutYesStop 函数判断是否平仓；如果在 T_{OUT} 处平仓，则可以重新以历史序列 $[(T_{OUT}-M_1+1),T_{OUT}]$ 来判断入仓条件，进而返回以上的入仓步骤，以此类推。当序列数最后不足 M_2 时，停止回测。

具体的 MATLAB 回测代码实现（见 GEVTrading.m）如下：

```
function [ToTal_Return_NoStop,ToTal_Return_YesStop,All_Return_NoStop,All_Return_YesStop]=...
    GEVTrading(StockPrice,M1,M2,StopRatioCall,StopRatioPut,HitCall,HitPut,HitP,Date)
%%  by Faruto and Fantuanxiaot
%   2015/5/13
%%  回测举例
%   load GEVTrading_Data
%   [ToTal_Return_NoStop,ToTal_Return_YesStop,All_Return_NoStop,All_Return_
```

```
YesStop]=...
    %   GEVTrading(Data_Full,50,100,0.95,1.05,1.1,0.9,0.8,Date_Full)
    %   [ToTal_Return_NoStop,ToTal_Return_YesStop,All_Return_NoStop,All_Return_
YesStop]=...
    %   GEVTrading(Data_Short,50,100,0.95,1.05,1.1,0.9,0.8,Date_Short)
   %% 输入参数说明
   %  基于广义极值分布的Hitting概率交易回测
   %  StockPrice：资产序列价格
   %  M1：历史价格序列长度：用于估计序列广义极值分布参数，测度突破概率
   %  M2：未来的交易序列长度：平仓点在此产生
   %  StopRatioCall：多头止损率，须小于1，举例：0.9
   %  StopRatioPut：空头止损率，须大于1，举例：1.1
   %  HitCall：多头目标价格KH率，举例:HitCall=10.5，则KH=S*10.5；HitCall=1.1，则
KH=S*1.1
   %  HitPut：空头目标价格KL率，举例:HitPut=0.95，则KL=S*0.95；HitPut=0.9，则KL=S*0.9
   %  HitP：信号概率
   %  Date：时期
   %% 输出参数说明
   %  ToTal_Return_NoStop：无止损策略的总回报
   %  ToTal_Return_YesStop：有止损策略的总回报
   %  All_Return_NoStop：无止损策略所有的回报集
   %  All_Return_YesStop：有止损策略所有的回报集
clc
close all
format compact
Date=datenum(Date);
N=length(StockPrice);
%% 基于广义极值分布无止损GEV策略历史价格回测
%% CallNoStop和PutNoStop
%  头寸跟踪
pos=zeros(1,N);
%  单次回报
HuiBao=0;
%  多头入仓和多头平仓日期追踪
CallIn=[];
CallOut=[];
%  空头入仓和空头平仓日期追踪
PutIn=[];
PutOut=[];
All_Return_NoStop=[];
%  第一幅图
figure(1)
```

第 18 章 | 基于 MATLAB 的广义极值分布在量化投资中的策略挖掘与回测

```
set(figure(1),'color','w')
subplot(2,2,[1 2])
plot(Date,StockPrice,'r','linewidth',2)
ylim([0 max(StockPrice)*1.3])
title('无止损的 GEV 策略回测','fontsize',14,'fontname','华文楷体');
hold on
for i=M1:N
    % 历史价格序列
    Series=StockPrice(i-(M1-1):i);
    if pos(i-1)==0
        % 多头目标价格 KH 和空头目标价格 KL
        CallPrice=Series(end)*HitCall;
        PutPrice=Series(end)*HitPut;
        % 多头突破概率和空头突破概率
        [HittingProbabilityZD,HittingProbabilityZX]=HittingProbability(Series,M1,CallPrice,PutPrice);
        % 入仓条件：和信号概率比较
        if HittingProbabilityZD>=HitP && HittingProbabilityZX<HitP
            % 多头入市
            pos(i)=1;
            CallIn=[CallIn i];
            Initial=StockPrice(i);
            FutureSeries=StockPrice(i+1:i+M2);
            [HuiBao,IndexOut]=CallNoStop(Initial,FutureSeries,Initial*HitCall);
            All_Return_NoStop=[All_Return_NoStop HuiBao];
            % 在此期间头寸为 1
            pos(i+1:i+IndexOut-1)=1;
            pos(i+IndexOut)=0;
            % 多头平仓
            CallOut=[CallOut i+IndexOut];
        elseif HittingProbabilityZD>=HitP &&  HittingProbabilityZX>=HitP && HittingProbabilityZD>=HittingProbabilityZX
            pos(i)=1;
            CallIn=[CallIn i];
            Initial=StockPrice(i);
            FutureSeries=StockPrice(i+1:i+M2);
            [HuiBao,IndexOut]=CallNoStop(Initial,FutureSeries,Initial*HitCall);
            All_Return_NoStop=[All_Return_NoStop HuiBao];
            pos(i+1:i+IndexOut-1)=1;
            pos(i+IndexOut)=0;
            CallOut=[CallOut i+IndexOut];
        elseif HittingProbabilityZD>=HitP && HittingProbabilityZX>=HitP &&
```

```matlab
HittingProbabilityZX>HittingProbabilityZD
            % 空头入市
            pos(i)=-1;
            PutIn=[PutIn i];
            Initial=StockPrice(i);
            FutureSeries=StockPrice(i+1:i+M2);
            [HuiBao,IndexOut]=PutNoStop(Initial,FutureSeries,Initial*HitPut);
            All_Return_NoStop=[All_Return_NoStop HuiBao];
            % 在此期间头寸为-1
            pos(i+1:i+IndexOut-1)=-1;
            pos(i+IndexOut)=0;
            % 空头平仓
            PutOut=[PutOut i+IndexOut];
        elseif HittingProbabilityZD<HitP && HittingProbabilityZX>=HitP
            pos(i)=-1;
            PutIn=[PutIn i];
            Initial=StockPrice(i);
            FutureSeries=StockPrice(i+1:i+M2);
            [HuiBao,IndexOut]=PutNoStop(Initial,FutureSeries,Initial*HitPut);
            All_Return_NoStop=[All_Return_NoStop HuiBao];
            pos(i+1:i+IndexOut-1)=-1;
            pos(i+IndexOut)=0;
            PutOut=[PutOut i+IndexOut];
        else
            pos(i)=pos(i-1);
        end
    end
    if (~isempty(CallOut) && ~isempty(PutOut)) && (CallOut(end)>=N-M2 || PutOut(end)>=N-M2)
        break;
    end
    if (~isempty(CallOut) && isempty(PutOut)) && (CallOut(end)>=N-M2)
        break;
    end
    if (isempty(CallOut) && ~isempty(PutOut)) && (PutOut(end)>=N-M2)
        break;
    end
    % 最后不入市
    if i>=N-M2
        break;
    end
end
```

第18章 | 基于MATLAB的广义极值分布在量化投资中的策略挖掘与回测

```matlab
xlabel('Times','fontname','华文楷体','fontsize',14)
ylabel('Price','fontname','华文楷体','fontsize',14)
StockCall=StockPrice(CallIn);
StockPut=StockPrice(PutIn);
StockCallOut=StockPrice(CallOut);
StockPutOut=StockPrice(PutOut);
hold on
if ~isempty(CallIn) && ~isempty(PutIn)
    plot(Date(CallIn),StockCall,'ko','MarkerFaceColor','k','MarkerSize',8);
    plot(Date(PutIn),StockPut,'bo','MarkerFaceColor','b','MarkerSize',8);
    plot(Date(CallOut),StockCallOut,'mo','MarkerFaceColor','m','MarkerSize',8);
    plot(Date(PutOut),StockPutOut,'go','MarkerFaceColor','g','MarkerSize',8);
    legend('资产序列','多头入仓点','空头入仓点','多头平仓点','空头平仓点');
elseif ~isempty(CallIn) && isempty(PutIn)
    plot(Date(CallIn),StockCall,'ko','MarkerFaceColor','k','MarkerSize',8);
    plot(Date(CallOut),StockCallOut,'mo','MarkerFaceColor','m','MarkerSize',8);
    legend('资产序列','多头入仓点','多头平仓点');
elseif isempty(CallIn) && ~isempty(PutIn)
    plot(Date(PutIn),StockPut,'bo','MarkerFaceColor','b','MarkerSize',8);
    plot(Date(PutOut),StockPutOut,'go','MarkerFaceColor','g','MarkerSize',8);
    legend('资产序列','空头入仓点','空头平仓点');
end
dateaxis('x',2)
set(subplot(2,2,[1 2]),'fontname','华文楷体','fontsize',10)
% 第二幅图,查看单次交易回报
subplot(2,2,3)
h=stem(All_Return_NoStop);
set(h,'color','k')
set(h,'MarkerFaceColor','r','MarkerEdgeColor','k','markersize',8)
legend('无止损的GEV策略单次交易回报')
title('无止损的GEV策略单次交易回报杆状图','fontname','华文楷体','fontsize',14)
set(subplot(2,2,3),'fontname','华文楷体','fontsize',10)
% 第三幅图,头寸的跟踪
subplot(2,2,4)
plot(Date,pos,'linewidth',1,'color','b')
dateaxis('x',2)
title('无止损的GEV策略回测头寸的变化','fontname','华文楷体','fontsize',14)
set(subplot(2,2,4),'fontname','华文楷体','fontsize',10)
hold off
%% 基于广义极值分布有止损GEV策略历史价格回测
%% CallYesStop 和 PutYesStop
pos=zeros(1,N);
```

```matlab
    CallIn=[];
    CallOut=[];
    PutIn=[];
    PutOut=[];
    All_Return_YesStop=[];
    % 第一幅图
    figure(2)
    set(figure(2),'color','w')
    hold on
    subplot(2,2,[1 2])
    plot(Date,StockPrice,'r','linewidth',2)
    ylim([0 max(StockPrice)*1.3])
    title('有止损的GEV策略回测','fontsize',14,'fontname','华文楷体');
    hold on
    for i=M1:N
        Series=StockPrice(i-(M1-1):i);
        if pos(i-1)==0
            CallPrice=Series(end)*HitCall;
            PutPrice=Series(end)*HitPut;
            [HittingProbabilityZD,HittingProbabilityZX]=HittingProbability(Series,M1,CallPrice,PutPrice);
            if HittingProbabilityZD>=HitP && HittingProbabilityZX<HitP
                pos(i)=1;
                CallIn=[CallIn i];
                Initial=StockPrice(i);
                FutureSeries=StockPrice(i+1:i+M2);
                % 有止损
                [HuiBao,IndexOut]=CallYesStop(Initial,FutureSeries,Initial*HitCall,StopRatioCall);
                All_Return_YesStop=[All_Return_YesStop HuiBao];
                pos(i+1:i+IndexOut-1)=1;
                pos(i+IndexOut)=0;
                CallOut=[CallOut i+IndexOut];
            elseif HittingProbabilityZD>=HitP && HittingProbabilityZX>=HitP && HittingProbabilityZD>=HittingProbabilityZX
                pos(i)=1;
                CallIn=[CallIn i];
                Initial=StockPrice(i);
                FutureSeries=StockPrice(i+1:i+M2);
                [HuiBao,IndexOut]=CallYesStop(Initial,FutureSeries,Initial*HitCall,StopRatioCall);
                All_Return_YesStop=[All_Return_YesStop HuiBao];
```

第18章 | 基于MATLAB的广义极值分布在量化投资中的策略挖掘与回测

```
            pos(i+1:i+IndexOut-1)=1;
            pos(i+IndexOut)=0;
            CallOut=[CallOut i+IndexOut];
        elseif HittingProbabilityZD>=HitP && HittingProbabilityZX>=HitP && HittingProbabilityZX>HittingProbabilityZD
            pos(i)=-1;
            PutIn=[PutIn i];
            Initial=StockPrice(i);
            FutureSeries=StockPrice(i+1:i+M2);
            [HuiBao,IndexOut]=PutYesStop(Initial,FutureSeries,Initial*HitPut,StopRatioPut);
            All_Return_YesStop=[All_Return_YesStop HuiBao];
            pos(i+1:i+IndexOut-1)=-1;
            pos(i+IndexOut)=0;
            PutOut=[PutOut i+IndexOut];
        elseif HittingProbabilityZD<HitP && HittingProbabilityZX>=HitP
            pos(i)=-1;
            PutIn=[PutIn i];
            Initial=StockPrice(i);
            FutureSeries=StockPrice(i+1:i+M2);
            [HuiBao,IndexOut]=PutYesStop(Initial,FutureSeries,Initial*HitPut,StopRatioPut);
            All_Return_YesStop=[All_Return_YesStop HuiBao];
            pos(i+1:i+IndexOut-1)=-1;
            pos(i+IndexOut)=0;
            PutOut=[PutOut i+IndexOut];
        else
            pos(i)=pos(i-1);
        end
    end
    if (~isempty(CallOut) && ~isempty(PutOut)) && (CallOut(end)>=N-M2 || PutOut(end)>=N-M2)
        break;
    end
    if (~isempty(CallOut) && isempty(PutOut)) && (CallOut(end)>=N-M2)
        break;
    end
    if (isempty(CallOut) && ~isempty(PutOut)) && (PutOut(end)>=N-M2)
        break;
    end
    if i>=N-M2
        break;
```

```matlab
        end
    end
    xlabel('Times','fontname','华文楷体','fontsize',14)
    ylabel('Asset Price','fontname','华文楷体','fontsize',14)
    StockCall=StockPrice(CallIn);
    StockPut=StockPrice(PutIn);
    StockCallOut=StockPrice(CallOut);
    StockPutOut=StockPrice(PutOut);
    hold on
    if ~isempty(CallIn) && ~isempty(PutIn)
        plot(Date(CallIn),StockCall,'ko','MarkerFaceColor','k','MarkerSize',8);
        plot(Date(PutIn),StockPut,'bo','MarkerFaceColor','b','MarkerSize',8);
        plot(Date(CallOut),StockCallOut,'mo','MarkerFaceColor','m','MarkerSize',8);
        plot(Date(PutOut),StockPutOut,'go','MarkerFaceColor','g','MarkerSize',8);
        legend('资产序列','多头入仓点','空头入仓点','多头平仓点','空头平仓点');
    elseif ~isempty(CallIn) && isempty(PutIn)
        plot(Date(CallIn),StockCall,'ko','MarkerFaceColor','k','MarkerSize',8);
        plot(Date(CallOut),StockCallOut,'mo','MarkerFaceColor','m','MarkerSize',8);
        legend('资产序列','多头入仓点','多头平仓点');
    elseif isempty(CallIn) && ~isempty(PutIn)
        plot(Date(PutIn),StockPut,'bo','MarkerFaceColor','b','MarkerSize',8);
        plot(Date(PutOut),StockPutOut,'go','MarkerFaceColor','g','MarkerSize',8);
        legend('资产序列','空头入仓点','空头平仓点');
    end
    dateaxis('x',2)
    set(subplot(2,2,[1 2]),'fontname','华文楷体','fontsize',10)
    % 第二幅图
    subplot(2,2,3)
    h=stem(All_Return_YesStop);
    set(h,'color','k')
    set(h,'MarkerFaceColor','r','MarkerEdgeColor','k','markersize',8)
    legend('有止损的GEV单次交易回报')
    title('有止损的GEV策略单次交易回报杆状图','fontname','华文楷体','fontsize',14)
    set(subplot(2,2,3),'fontname','华文楷体','fontsize',10)
    % 第三幅图
    subplot(2,2,4)
    plot(Date,pos,'linewidth',1,'color','b')
    dateaxis('x',2)
    title('有止损的GEV策略套利头寸的变化','fontname','华文楷体','fontsize',14)
    set(subplot(2,2,4),'fontname','华文楷体','fontsize',10)
    hold off
    ToTal_Return_NoStop=sum(All_Return_NoStop);
```

第 18 章 | 基于 MATLAB 的广义极值分布在量化投资中的策略挖掘与回测

```
ToTal_Return_YesStop=sum(All_Return_YesStop);
end
```

下面列举一些回测的例子。

18.2.3 HS300 回测

基于沪深 300 收盘价指数进行回测，具体代码实现（见 Main_HS300.m）如下：

```
%% 基于 HS300 的 GEV 策略回测
% 2015/5/17
% by Faruto and Fantuanxiaot
load GEVTrading_Data
% 50,100 为历史回测区间和未来平仓区间
% 0.95,1.05 是止损比率
% 1.1,0.9 是目标价格率
% 0.8 是信号概率
Capital=1e4;  %  初始资本
[ToTal_Return_NoStop,ToTal_Return_YesStop,All_Return_NoStop,All_Return_YesStop]=...
    GEVTrading(Data_Full,50,100,0.95,1.05,1.1,0.9,0.8,Date_Full);
%% 以下计算资金曲线和最大回撤
%% 无止损情形
N1=length(All_Return_NoStop);
DateN1=linspace(1,length(Date_Full),N1);
Date_NoStop=Date_Full(ceil(DateN1));
Date_NoStop=datenum(Date_NoStop);
CapitalCurve_NoStop=Capital+cumsum(All_Return_NoStop);  % 资金曲线
figure
set(gcf,'color','w')
subplot(2,1,1)
plot(Date_NoStop,CapitalCurve_NoStop,'b','linewidth',3)
dateaxis('x',2)
title('无止损 GEV 策略 HS300 回测资金曲线','FontName','华文楷体','FontSize',16)
set(gca,'FontName','华文楷体','FontSize',10)
grid on
subplot(2,1,2)
retreat_ratio=zeros(1,N1);
for i=2:N1
    c=max(CapitalCurve_NoStop(1:i));
    if c==CapitalCurve_NoStop(i);
        retreat_ratio(i)=0;
```

```matlab
        else
            retreat_ratio(i)=(CapitalCurve_NoStop(i)-c)/c;
        end
end
retreat_ratio=abs(retreat_ratio);
fill(Date_NoStop([1:N1 N1]),[retreat_ratio 0],'g')
dateaxis('x',2)
title('基于GEV策略回测HS300最大回撤','FontName','华文楷体','FontSize',16)
grid on
set(gca,'FontName','华文楷体','FontSize',10)
%% 有止损情形
N2=length(All_Return_YesStop);
DateN2=linspace(1,length(Date_Full),N2);
Date_YesStop=Date_Full(ceil(DateN2));
Date_YesStop=datenum(Date_YesStop);
CapitalCurve_YesStop=Capital+cumsum(All_Return_YesStop);
figure
set(gcf,'color','w')
subplot(2,1,1)
plot(Date_YesStop,CapitalCurve_YesStop,'b','linewidth',3)
dateaxis('x',2)
title('有止损GEV策略HS300回测资金曲线','FontName','华文楷体','FontSize',16)
set(gca,'FontName','华文楷体','FontSize',10)
grid on
subplot(2,1,2)
retreat_ratio=zeros(1,N2);
for i=2:N2
    c=max(CapitalCurve_YesStop(1:i));
    if c==CapitalCurve_YesStop(i);
        retreat_ratio(i)=0;
    else
        retreat_ratio(i)=(CapitalCurve_YesStop(i)-c)/c;
    end
end
retreat_ratio=abs(retreat_ratio);
fill(Date_YesStop([1:N2 N2]),[retreat_ratio 0],'g')
dateaxis('x',2)
title('基于GEV策略回测HS300最大回撤','FontName','华文楷体','FontSize',16)
set(gca,'FontName','华文楷体','FontSize',10)
```

无止损的GEV策略HS300回测效果如图18-3和图18-4所示。

第 18 章 | 基于 MATLAB 的广义极值分布在量化投资中的策略挖掘与回测

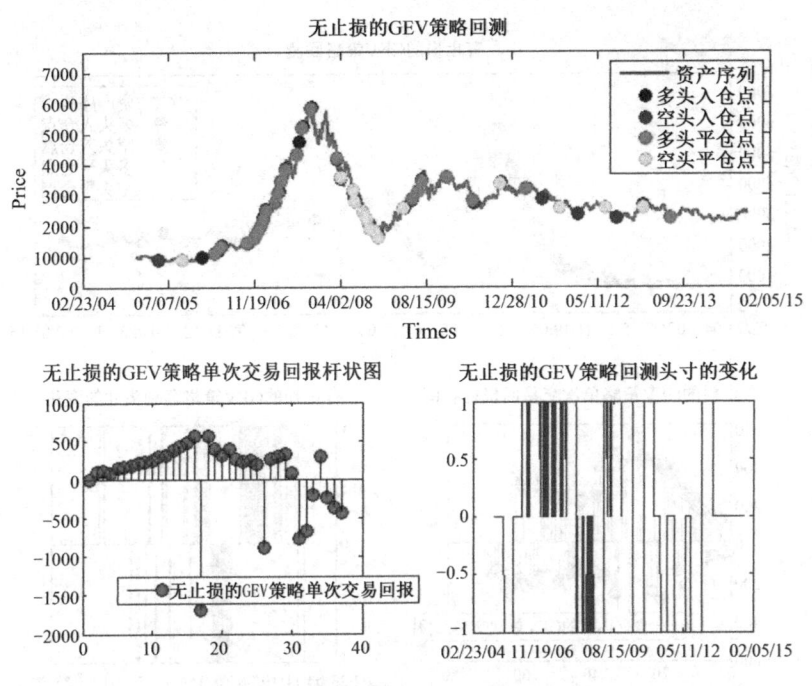

图 18-3　无止损的 GEV 策略 HS300 回测展示

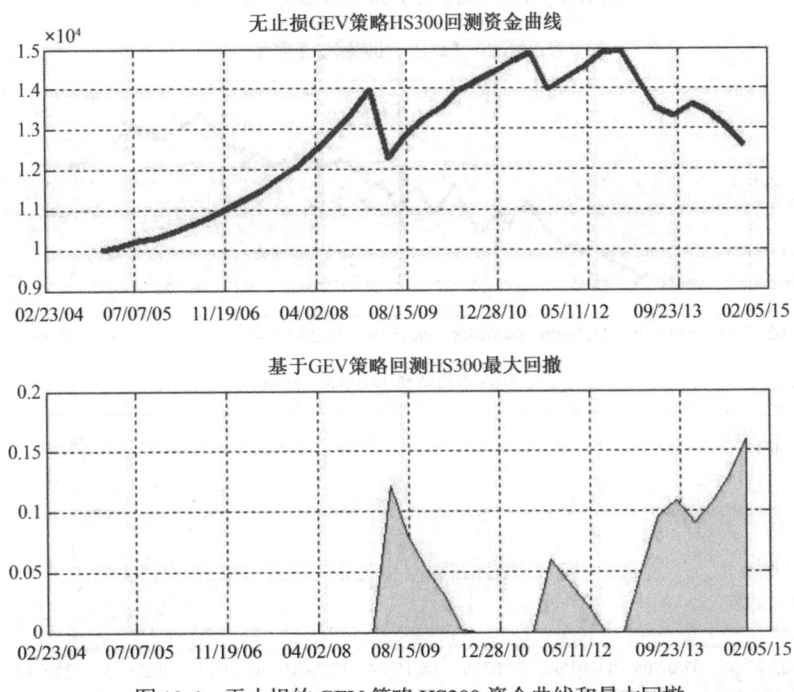

图 18-4　无止损的 GEV 策略 HS300 资金曲线和最大回撤

有止损的 GEV 策略 HS300 回测效果如图 18-5 和图 18-6 所示。

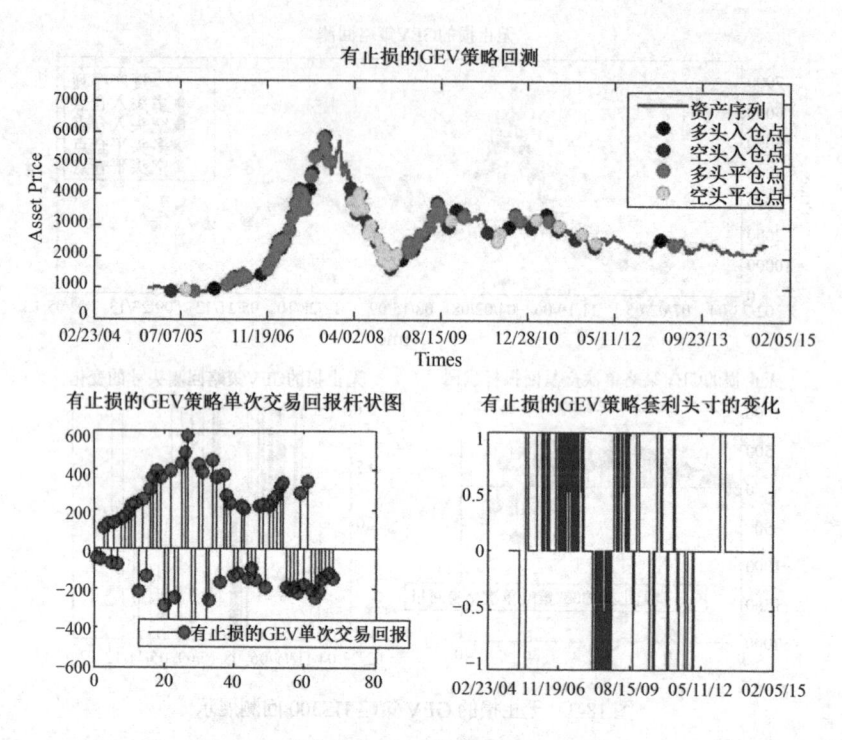

图 18-5 有止损的 GEV 策略 HS300 回测展示

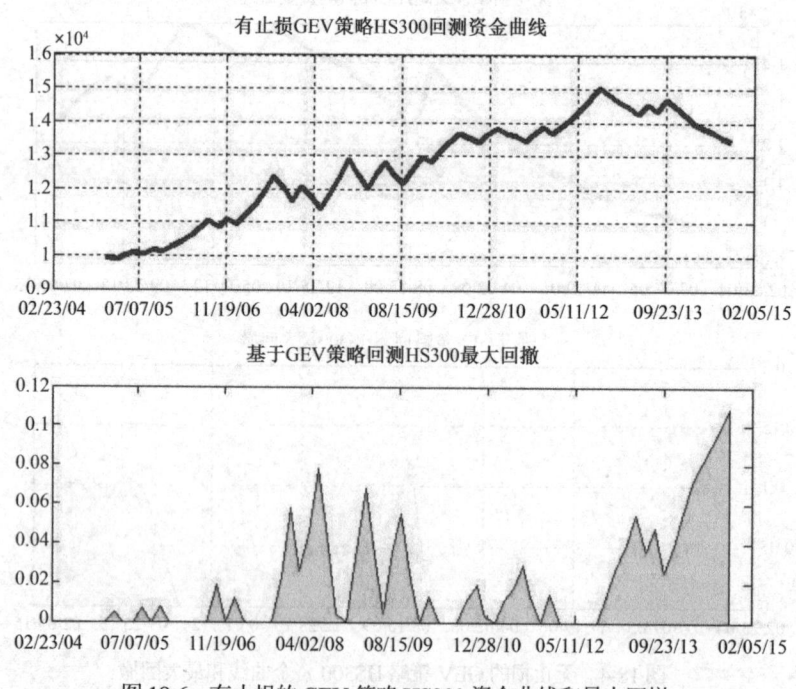

图 18-6 有止损的 GEV 策略 HS300 资金曲线和最大回撤

18.2.4 股指期货 5 分钟连续主力合约回测

基于股指期货 5 分钟连续主力收盘价进行回测，具体代码实现（见 Main_IF5.m）如下：

```
%% 基于股指5分钟连续主力的GEV策略回测
% 2015/5/17
% by Faruto and Fantuanxiaot
%% 数据处理
[~,~,Data]=xlsread('IF_5Minutes.csv');
Date=Data(:,1);
Date(1)=[];
Date=datenum(Date);
Time=Data(:,2);
Time(1)=[];
Time=cell2mat(Time);
Close=Data(:,6);
Close(1)=[];
Close=cell2mat(Close);
% 整合时间日期
Date=Date+Time;
Date=datestr(Date,'yyyy/mm/dd HH:MM:SS');
Date=cellstr(Date);
% 选择一段数据
Data_Full=Close(1:5000);
Date_Full=Date(1:5000);
Capital=1e4;  % 初始资本
[ToTal_Return_NoStop,ToTal_Return_YesStop,All_Return_NoStop,All_Return_YesStop]=...
    GEVTrading(Data_Full,500,500,0.97,1.03,1.1,0.9,0.8,Date_Full);
%% 以下计算资金曲线和最大回撤
%% 无止损情形
N1=length(All_Return_NoStop);
DateN1=linspace(1,length(Date_Full),N1);
Date_NoStop=Date_Full(ceil(DateN1));
Date_NoStop=datenum(Date_NoStop);
CapitalCurve_NoStop=Capital+cumsum(All_Return_NoStop);  % 资金曲线
figure
set(gcf,'color','w')
subplot(2,1,1)
plot(Date_NoStop,CapitalCurve_NoStop,'b','linewidth',3)
dateaxis('x',0)
title('无止损GEV策略股指5分钟连续主力回测资金曲线','FontName','华文楷体','FontSize',16)
```

```matlab
set(gca,'FontName','华文楷体','FontSize',10)
current_axes=gca;
strx=get(current_axes,'XTickLabel');
x=get(current_axes,'XTick');
yl=ylim(current_axes);
% 句柄设置
set(current_axes,'XTickLabel',[]);
% 使之倾斜
xtoy=zeros(1,length(x))+yl(1)-(max(yl)-min(yl))/10;
text(x,xtoy,strx,'rotation',-10,'HorizontalAlignment'...,
    'center','FontName','华文楷体','FontSize',10);
grid on
subplot(2,1,2)
retreat_ratio=zeros(1,N1);
for i=2:N1
    c=max(CapitalCurve_NoStop(1:i));
    if c==CapitalCurve_NoStop(i);
        retreat_ratio(i)=0;
    else
        retreat_ratio(i)=(CapitalCurve_NoStop(i)-c)/c;
    end
end
retreat_ratio=abs(retreat_ratio);
fill(Date_NoStop([1:N1 N1]),[retreat_ratio 0],'g')
dateaxis('x',0)
title('基于GEV策略回测股指5分钟连续主力最大回撤','FontName','华文楷体','FontSize',16)
grid on
set(gca,'FontName','华文楷体','FontSize',10)
current_axes=gca;
strx=get(current_axes,'XTickLabel');
x=get(current_axes,'XTick');
yl=ylim(current_axes);
% 句柄设置
set(current_axes,'XTickLabel',[]);
% 使之倾斜
xtoy=zeros(1,length(x))+yl(1)-(max(yl)-min(yl))/10;
text(x,xtoy,strx,'rotation',-10,'HorizontalAlignment'...,
    'center','FontName', '华文楷体','FontSize',10);
%% 有止损情形
N2=length(All_Return_YesStop);
DateN2=linspace(1,length(Date_Full),N2);
Date_YesStop=Date_Full(ceil(DateN2));
Date_YesStop=datenum(Date_YesStop);
```

第 18 章 | 基于 MATLAB 的广义极值分布在量化投资中的策略挖掘与回测

```
CapitalCurve_YesStop=Capital+cumsum(All_Return_YesStop);
figure
set(gcf,'color','w')
subplot(2,1,1)
plot(Date_YesStop,CapitalCurve_YesStop,'b','linewidth',3)
dateaxis('x',0)
title('有止损GEV策略股指5分钟连续主力回测资金曲线','FontName','华文楷体','FontSize',16)
set(gca,'FontName','华文楷体','FontSize',10)
grid on
current_axes=gca;
strx=get(current_axes,'XTickLabel');
x=get(current_axes,'XTick');
yl=ylim(current_axes);
% 句柄设置
set(current_axes,'XTickLabel',[]);
% 使之倾斜
xtoy=zeros(1,length(x))+yl(1)-(max(yl)-min(yl))/10;
text(x,xtoy,strx,'rotation',-10,'HorizontalAlignment',...
    'center','FontName','华文楷体','FontSize',10);
subplot(2,1,2)
retreat_ratio=zeros(1,N2);
for i=2:N2
    c=max(CapitalCurve_YesStop(1:i));
    if c==CapitalCurve_YesStop(i);
        retreat_ratio(i)=0;
    else
        retreat_ratio(i)=(CapitalCurve_YesStop(i)-c)/c;
    end
end
retreat_ratio=abs(retreat_ratio);
fill(Date_YesStop([1:N2 N2]),[retreat_ratio 0],'g')
dateaxis('x',0)
title('基于GEV策略回测股指5分钟连续主力最大回撤','FontName','华文楷体','FontSize',16)
set(gca,'FontName','华文楷体','FontSize',10)
current_axes=gca;
strx=get(current_axes,'XTickLabel');
x=get(current_axes,'XTick');
yl=ylim(current_axes);
% 句柄设置
set(current_axes,'XTickLabel',[]);
% 使之倾斜
xtoy=zeros(1,length(x))+yl(1)-(max(yl)-min(yl))/10;
text(x,xtoy,strx,'rotation',-10,'HorizontalAlignment',...,
```

```
'center','FontName','华文楷体','FontSize',10);
```

无止损的 GEV 策略股指 5 分钟连续主力回测效果如图 18-7 和图 18-8 所示。

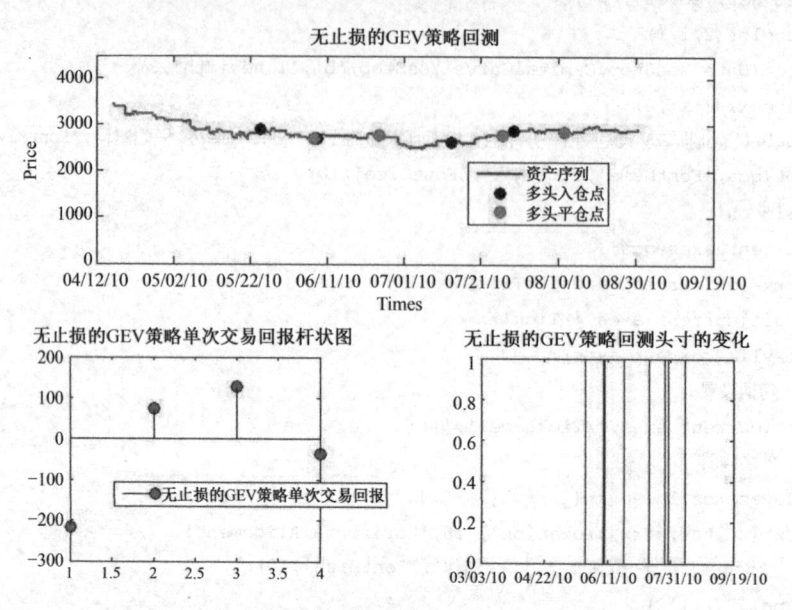

图 18-7 无止损的 GEV 策略股指 5 分钟连续主力回测展示

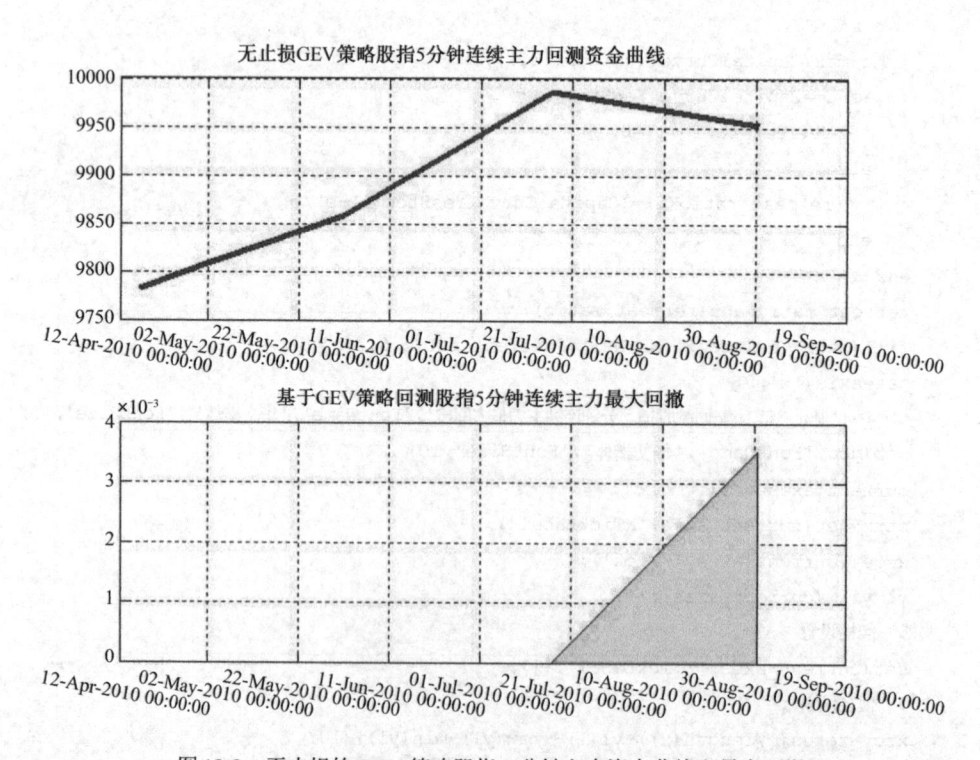

图 18-8 无止损的 GEV 策略股指 5 分钟主力资金曲线和最大回撤

第 18 章 | 基于 MATLAB 的广义极值分布在量化投资中的策略挖掘与回测

有止损的 GEV 策略股指 5 分钟连续主力回测效果如图 18-9 和图 18-10 所示。

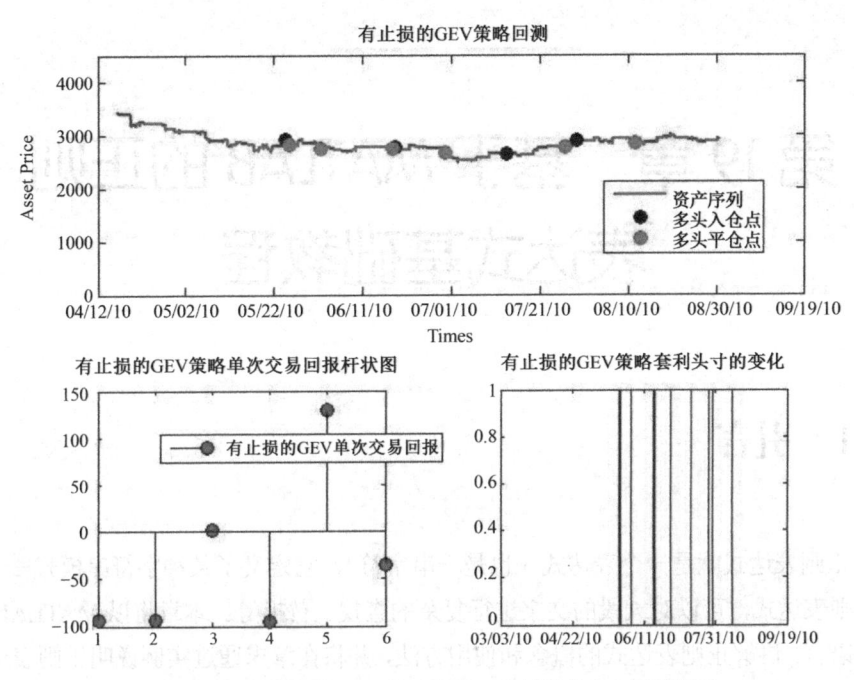

图 18-9 有止损的 GEV 策略股指 5 分钟连续主力回测展示

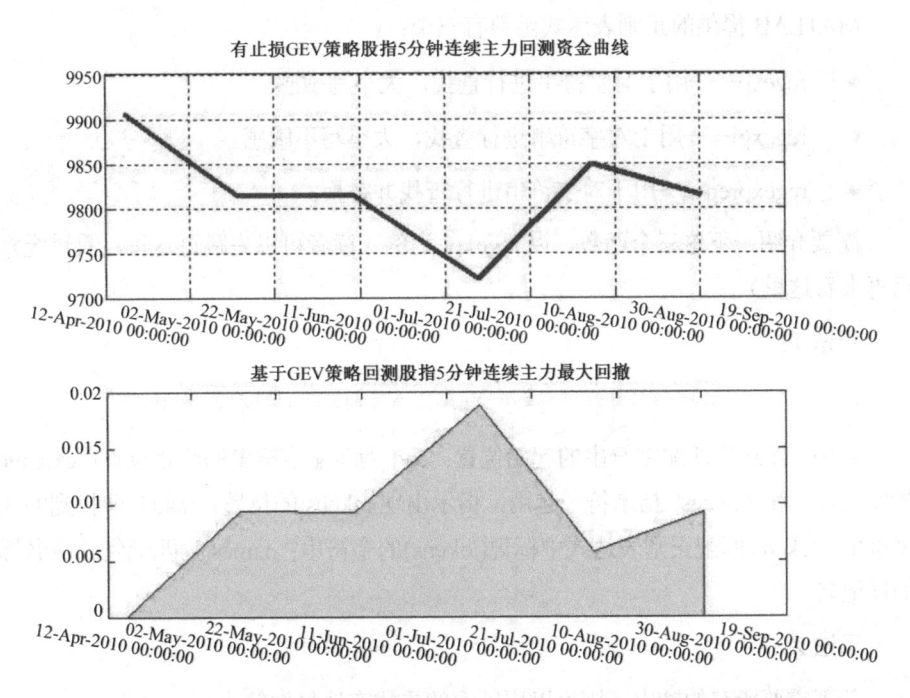

图 18-10 有止损的 GEV 策略股指 5 分钟主力资金曲线和最大回撤

第 19 章 基于 MATLAB 的正则表达式基础教程

19.1 引言

正则表达式就是一个表达式（也是一串字符），它定义了某种字符串模式——利用正则表达式，可以对大段的文字进行复杂的查找、替换等。本章将以 MATLAB 为编程语言，讲解正则表达式的概念和使用方法，并将在章末通过实例说明正则表达式的实践应用。

MATLAB 提供的正则表达式函数有三个：

- regexp——用于对字符串进行查找，大小写敏感。
- regexpi——用于对字符串进行查找，大小写不敏感。
- regexprep——用于对字符串进行查找并替换。

简要介绍一下这三个函数，以 regexpi 为例（读者可以先跳过这里，看过全章之后再来看这里）。

用法 1：

```
[start end extents match tokens names] = regexpi('str', 'expr')
```

其中，start 为匹配字符串的起始位置；end 为匹配字符串的终止位置；extents 为扩展内容，和 'tokens' 指示符一起用，指示出现 tokens 的位置；match 即找到的匹配字符串；tokens 匹配正则表达式中标记(tokens)的字符串；names 为匹配到的命名标记的标记名。

用法 2：

若不需要所有的输出，则可以用下面的方式有选择地输出。

```
[v1 v2 ...] = regexpi('str', 'expr', 'q1', 'q2', ...)
```

其中，'q1'、'q2'、……为 start、end、tokens、tokensExtents、match、names 之一，意义与前文相同。v1、v2、……的输出顺序与 q1、q2、……一致。

19.2 单个字符的匹配

我们先从简单的开始——以 regexpi 函数为例，不区分字符的大小写。假设要搜索 cat，搜索用的正则表达式就是 cat，这与文本编辑工具里常用的 Ctrl+F 组合键是一样的，即正则表达式 cat 匹配 cat、Cat、cAt、CAt、caT、CaT、cAT、CAT。

19.2.1 句点符号

．——匹配任意一个（只有一个）字符（包括空格）。

假设你在玩英文拼字游戏，想要找出三个字母的单词，而且这些单词必须以"t"字母开头，以"n"字母结束；另外，有一本英文字典，可以用正则表达式搜索它的全部内容。要构造出这个正则表达式，可以使用一个通配符——句点符号"．"。这样，完整的表达式就是 t.n，它匹配 tan、ten、tin 和 ton，还匹配 t#n、tpn 甚至 t n，还有其他许多无意义的组合。这是因为句点符号匹配所有字符，包括空格，即正则表达式 t.n 匹配 ten、tin、ton、t n、tpn、t#n、t@n 等。

MATLAB 程序实例如下：

```
clear;clc
str='ten,&8yn2tin6ui>&ton, t n,-356tpn,$$$$t#n,4@).,t@nT&nY';
pat='t.n';
o1=regexpi(str,pat,'start')   % 用'start'指定输出 o1 为匹配正则表达式的子串的起始位置
o2=regexpi(str,pat,'end')     % 用'end'指定输出 o2 为匹配正则表达式的子串的结束位置
o3=regexpi(str,pat,'match')   % 用'match'指定输出 o3 为匹配正则表达式的子串
[o11,o22,o33]=regexpi(str,pat,'start','end','match')   % 同时输出起始位置和子串
```

输出为：

```
o22 =      3      8     13     18     23     28     33     36
o33 =    'ten'  'tin'  'ton'  't n'  'tpn'  't#n'  't@n'  'T&n'
o1 =       1     10     18     23     31     39     48     51
```

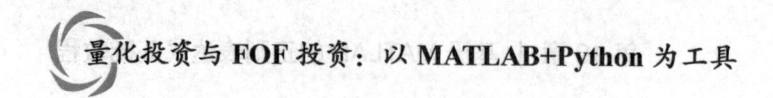

```
o2 =        3       12      20      25      33      41      50      53
o3 =       'ten'   'tin'   'ton'   't n'   'tpn'   't#n'   't@n'   'T&n'
o11 =       1       10      18      23      31      39      48      51
o22 =       3       12      20      25      33      41      50      53
o33 =      'ten'   'tin'   'ton'   't n'   'tpn'   't#n'   't@n'   'T&n'
```

19.2.2 方括号符号

[oum]——匹配方括号中的任意一个。

为了解决句点符号匹配范围过于广泛这一问题，可以在方括号（[]）里面指定看来有意义的字符。此时，只有方括号里面指定的字符才参与匹配。也就是说，正则表达式 t[aeio]n 只匹配 tan、Ten、tin 和 toN 等，不匹配 Tmn、taen，因为在方括号之内只能匹配单个字符。

MATLAB 程序实例如下：

```
clear;clc
str='ten,&8yn2tin6ui>&ton, t n,-356tpn,$$$$t#n,4@).,t@nT&nY';
pat='t[aeiou]n';
[o11,o22,o33]=regexpi(str,pat,'start','end','match')
o11 =        1       10      18
o22 =        3       12      20
o33 =      'ten'   'tin'   'ton'
```

19.2.3 方括号中的连接符

[c1-c2]——匹配从字符 c1 开始到字符 c2 结束的字母序列（按字母表中的顺序）中的任意一个。例如，[a-c]匹配 a、b、c、A、B、C，即正则表达式 t[a-z]n 匹配 tan、tbn、tcn、tdn、ten、……、txn、tyn、tzn。

MATLAB 程序实例如下：

```
clear;clc
str='ten,&8yn2tin6ui>&ton, t n,-356tpn,$$$$t#n,4@).,t@nT&nY';
pat='t[a-z]n';
[o11,o22,o33]=regexpi(str,pat,'start','end','match')
o11 =        1       10      18      31
o22 =        3       12      20      33
o33 =      'ten'   'tin'   'ton'   'tpn'
```

19.2.4　特殊字符

\.等——即由\引导的，代表特殊意义或不能直接输入的单个字符。

在使用 fprintf 函数输出时，常用\n 来代替回车符，这里也是同样的道理，用\n 在正则表达式中表示回车符。类似的还有\t 表示横向制表符、*表示*等。后一种情况用于查询在正则表达式中有语法作用的字符，详见下文。

下面是一些匹配单个字符的转义字符正则表达式及所匹配的值。

表达式	含义
\xN 或\x{N}	匹配八进制数值为 N 的字符
\oN 或\o{N}	匹配十六进制数值为 N 的字符
\a	Alarm(beep)
\b	Backspace
\t	水平 Tab
\n	New line
\v	垂直 Tab
\f	换页符
\r	回车符
\e	Escape
\c	某些在正则表达式中有语法功能或特殊意义的字符 c 要用\c 来匹配，而不能直接用 c 匹配，例如，.用正则表达式\.匹配，而\用正则表达式\\匹配

MATLAB 程序实例如下：

```
clear;clc
str='1.[a-c]i.$.a';
pat1='.';pat2='\.';
o=regexpi(str,pat1,'match')
o1=regexpi(str,pat2,'match')
```

输出为：

```
o =      '1'    '.'    '['    'a'    '-'    'c'    ']'
'i'    '.'    '$'    '.'    'a'
o1 =     '.'    '.'    '.'
```

19.2.5　类表达式

\w、\s 和 \d 等——匹配某一类字符中的一个。

和上面的 \n 等转义字符有所不同，\w、\s、\d 等匹配的不是某个特定的字符，而是某一类字符。具体说明如下：

\w	匹配任意的单个文字字符，相当于[a-z A-Z 0-9_]
\s	匹配任意的单个空白字符，相当于[\t\f\n\r]
\d	匹配任意单个数字，相当于[0-9]
\S	匹配除空白字符以外的任意单个字符，相当于[^\t\f\n\r]（方括号中的^表示取反）
\W	匹配任意单个字符，相当于[^a-z A-Z 0-9_]
\D	匹配除数字字符外的任意单个字符，相当于[^0-9]

MATLAB 程序实例如下：

```
s='This city has a population of more than 1,000,000.';
ptn='\d';
regexp(s,ptn,'match')
```

输出为：

```
ans =      '1'      '0'      '0'      '0'      '0'      '0'      '0'
```

19.3 字符串的匹配

19.3.1 多次匹配

例如需要匹配 ppp，可以用正则表达式 ppp，还有一种更简单的记法：p{3}。正则表达式中的{}用来表示匹配前面的表达式的出现次数，即 p{2,3}匹配 pp 和 ppp。除了{}外，还有几个字符，用在表示单个字符的正则表达式后面表示的次数，如下：

expr?	与 expr 匹配的元素出现 0 次或 1 次，相当于{0,1}
expr*	与 expr 匹配的元素出现 0 次或更多，相当于{0,}
expr+	与 expr 匹配的元素出现 1 次或更多，相当于{1,}
expr{n}	与 expr 匹配的元素出现 n 次，相当于{n,n}
expr{n,}	与 expr 匹配的元素至少出现 n 次
expr{n,m}	与 expr 匹配的元素出现 n 次但不多于 m 次

假设要在文本文件中搜索美国的社会安全号码，该号码的格式是 999-99-9999。用来匹配它的正则表达式为[0-9]{3}\-[0-9]{2}\-[0-9]{4}。在正则表达式中，连字符(-)有着特殊的意义，因此，它的前面要加上一个转义字符 \。

如果希望连字符号可以出现，也可以不出现，即 999-99-9999 和 999999999 都属于正确的格式，可以在连字符号后面加上?数量限定符，这样正则表达式为[0-9]{3}\-?[0-9]{2}\-?[0-9]{4}。另外，在使用 expr* 时，MATLAB 将尽可能地匹配最长的字符子串。例如：

```
>>str = '<tr valign=top><td><a name="19184"></a>xyz';
>>regexp(hstr, '<.*>', 'match')
ans =        '<tr valign=top><td><a name="19184"></a>'
```

如果希望匹配尽可能短的字符子串，则可以在使用的字符串后使用'?'，也就是 expr*?。例如：

```
>>str = '<tr valign=top><td><a name="19184"></a>xyz';
>>regexp(hstr, '<.*?>', 'match')
ans =     '<tr valign=top>'     '<td>'     '<a name="19184">'     '</a>'
```

这个表达式的执行过程是这样的：先执行 expr*，"游标"（如果有的话）就指到了与 expr* 匹配的字符子串的末端，然后从那里开始再检查下一个字符与后面的表达式是否匹配，如果匹配就继续向前（如果一直成功则返回最长的字符串），如果不匹配则直接返回空。例如：

```
>>str = '<tr valign=top><td><a name="19184"></a>xyz';
>>regexp(hstr, '<.*+>', 'match')
ans =        {}
>>regexp(hstr, '<.*+', 'match')
ans =        '<tr valign=top><td><a name="19184"></a>xyz'
```

19.3.2 逻辑运算符

- exp|exp2：表示或者满足 exp 或者满足 exp2。
- (expr)：将 expr 标记为一组，匹配 expr，并将匹配的字符子串标记起来以供后面使用（关于这部分内容，下面还会有更详细的介绍）。
- (?:expr)：表示 expr 为一组，相当于数学表达式中的( )。

例如：

```
lstr='A body or collection of such stories';
regexp(lstr,'(?:[^aeiou][aeiou]){2,}','match')
ans =      'tori'
```

在上面的表达式中，{2,}对[^aeiou][aeiou]起作用；如果去掉分组，则只对[aeiou]起作用，如下所示：

```
>>regexp(lstr,'[^aeiou][aeiou]{2,}','match')
ans =        'tio'        'rie'
```

- (?>expr)：expr 中的每个元素是一个分组。(?#expr)放在(?#和)之间的是注释。例如：

```
>>regexp(lstr, '(?# Match words in caps)[A-Z]\w*', 'match')
ans =         'A'
```

- expr1|expr2：匹配 expr1 或者 expr2 二者之一即可。例如：

```
>>regexp(lstr, '[^aeiou\s]o|[^aeiou\s]i', 'match')
ans =      'bo'      'co'       'ti'      'to'       'ri'
```

- ^expr：匹配 expr，并且出现在原字符串前端的子串。expr$ 匹配 expr，并且出现在原字符串末端的子串。例如：

```
>>pi(lstr, '^a\w*|\w*s$', 'match')
ans =       'A'       'stories'
```

- \<expr：匹配 expr，并且出现在一个单词前端的子串。例如：

```
>> regexpi(lstr, '\<s\w*', 'match')
ans =      'such'       'stories'
```

- expr\>：匹配 expr，并且出现在一个单词末端的子串。例如：

```
>> regexpi(lstr, '\w*tion\>', 'match')
ans =       'collection'
```

- \<expr\>：更严格的单词匹配，如以 s 开头，并以 h 结尾的单词。例如：

```
>>regexpi(lstr, '\<s\w*h\>', 'match')
ans =       'such'
```

19.3.3 左顾右盼——利用上下文匹配

利用上下文的匹配来找到我们要找的内容。

- expr1(?=expr2)：找到匹配 expr1 的子串（如果其后的字符串也匹配 expr2）。下面的例子查找所有在 "," 之前的单词：

```
s='Grammar Of, relating to, or being a noun or pronoun case that indicates possession.';
ptn='\w*(?=,)';
regexp(s,ptn,'match')
ans =         'Of'        'to'
```

- expr1(?!expr2)：找到匹配 expr1 的子串（如果其后的字符串不匹配 expr2）。下面的例子查找所有不在","之前的单词：

```
>>regexpi(s, '\w*(?!=,)', 'match')
ans =      'Grammar'    'Of'    'relating'    'to'    'or'
'being'    'a'    'noun'    'or'
    'pronoun'    'case'    'that'    'indicates'    'possession'
```

- (?<=expr1)expr2：找到匹配 expr2 的子串（如果其前面的字符串也匹配 expr1）。下面的例子查找所有在","之后的单词，注意","之后可能有空格：

```
>>regexpi(s,'(?<=,\s*)\w*','match')
ans =      'relating'    'or'
```

- (?<!expr1)expr2：找到匹配 expr2 的子串（如果其后的字符串不匹配 expr1）。下面的例子查找所有不在","之后的单词：

```
>>regexpi(s,'(?<!,\s*)\w*','match')
ans =      'Grammar'    'Of'    'elating'    'to'    'r'
'being'    'a'    'noun'    'or'
    'pronoun'    'case'    'that'    'indicates'
'possession'
```

19.4 标记（tokens）

这部分内容比较难，但是应用得当可以实现非常强大的功能。

19.4.1 什么是标记

任何正则表达式都可以用圆括号括起来作为一个标记。例如，创建一个记录钱数的标记，就可以用($\d+)。这样与之匹配的字符串就会被记录下来，根据这个标记出现的顺序，可以使用 \n 来引用匹配这个标记的字符串。如用 \3 来引用与标记相匹配的第三个字符串（如果在替换函数 regexprep 中，则需要用 $3 来引用）。下面是一个例子，\S 用来查找任意的非空白字符；\1 用来说明要匹配第一个 tokens 的内容，也就是要立即再次查找刚刚匹配到的同一个字符，并且要紧挨着第一个；'tokens'用来向 tok 输出所有匹配到的标记；而'tokenExtents'则用来表示匹配标记的起始位置。

```
s='Grammar Of, relating to, or being a noun or pronoun case that indicates possession.';
[mat,tok,ext]=regexpi(s, '(\S)\1','match','tokens','tokenExtents')
```

```
>>mat
 mat =          'mm'        'ss'        'ss'
>>tok{:}
ans =           'm'
ans =           's'
ans =           's'
>>ext{:}
ans =           4           4
ans =           75          75
ans =           78          78
```

19.4.2 如何使用标记

- (expr)：记录所有匹配表达式的字符，并作为一个标记，以备后面使用。如利用标记实现查找连续的重复字母。

- \N：匹配同一个正则表达式第 *N* 个标记中的字符串，例如 \1 匹配第一个标记。下面的例子可以查找 html 语句中类似 <a>abc</a> 的部分：

```
    hstr = '<!comment><tr nam="7507"></tr><table>Default</table><br>';
    expr = '<(\w+).*?>.*?</\1>';
    [mat tok] = regexp(hstr, expr, 'match', 'tokens');
>> mat{:}
ans =                    <tr nam="7507"></tr>
ans =                    <table>Default</table>
>> tok{:}
ans =                        'tr'
ans =                        'table'
```

- $N：在一个替换字符串中插入与第 *N* 个标记相匹配的字符串（只用于 regexprep 函数）。下面的例子可以将匹配到的第一个 token 和第二个 token 的位置互换：

```
>> regexprep('Norma Jean Baker', '(\w+\s\w+)\s(\w+)', '$2, $1')
    ans =           Baker, Norma Jean
```

- (?<name>expr)：记录所有匹配表达式 expr 的字符，作为一个标记，并设定一个名字 name。

- \k<name>：与名为 name 的标记相匹配。下面的例子和这部分的第一个例子是一样的，只不过使用了命名的标记。

```
>>poestr = ['While I nodded, nearly napping, ' ...
```

```
                     'suddenly there came a tapping,'];
   >>regexp(poestr, '(?<nonwhitechar>\S)\k<nonwhitechar>', 'match')
ans =         'dd'        'pp'        'dd'        'pp'
```

- (?(tok)expr)：如果标记 tok 已经产生，则匹配表达式 expr（if-then 结构）。其中的标记可以是数字标记，也可以是命名标记。
- (?(tok)expr1|expr2)：如果标记 tok 已经产生，则匹配表达式 expr1，否则匹配表达式 expr2（if-then-else 结构）。下面的例子用来检查一个句子中的性别用词是否匹配，即如果前面用的是 Mrs，那么后面就匹配 her；如果前面用的是 Mr，也就是没有匹配到 Mr 后面的 s，则后面匹配 his。

```
>>expr = 'Mr(s?)\..*?(?(1)her|his) son';
>>[mat tok] = regexp('Mr. Clark went to see his son', expr, 'match', 'tokens')
     mat =            'Mr. Clark went to see his son'
tok =           {1x2 cell}
>>tok{:}
ans =                      ''        'his'
```

如果把句子中的 his 改成 her，则没有与之匹配的结果。

```
>>[mat tok] = regexp('Mr. Clark went to see her son', expr, 'match', 'tokens')
mat =                           {}
tok =                           {}
```

19.5 多行字符串与多正则表达式

19.5.1 多个字符串与单个正则表达式匹配

多个字符串存在于一个元胞数组之后，每个字符串与正则表达式匹配，返回值的维数与元胞数组相同。

```
cstr = {                                            ...
'Whose woods these are I think I know.' ; ...
'His house is in the village though;'    ; ...
'He will not see me stopping here'       ; ...
'To watch his woods fill up with snow.'};
>>idx{:}
ans =                     % 'Whose woods these are I think I know.'
```

```
         8                          %                  |8
    ans =                           % 'His house is in the village though;'
        23                          %                                  |23
    ans =                           % 'He will not see me stopping here'
         6        14        23      %       |6        |14        |23
    ans =                           % 'To watch his woods fill up with snow.'
        15        22                %                      |15       |22
```

19.5.2 多个字符串与多个正则表达式匹配

在这种情况下，应该满足字符串元胞数组中字符串的个数和正则表达式的个数相等（但维数不一定相等），如可以用 4×1 的元胞数组与 1×4 的正则表达式相匹配。

```
expr = {'i\s', 'hou', '(.)\1', '\<w[aeiou]'};
idx = regexpi(cstr, expr);
idx{:}
    ans =                           % 'Whose woods these are I think I know.'
        23        31                %                          |23       |31
    ans =                           % 'His house is in the village though;'
         5        30                %       |5                         |30
    ans =                           % 'He will not see me stopping here'
         6        14        23      %       |6        |14        |23
    ans =                           % 'To watch his woods fill up with snow.'
         4        14        28      %    |4        |14        |28
```

19.5.3 多字符串的替换

该功能是在匹配的基础上，在正则表达式后面加入要替换的字符串。下面是 MATLAB 中的例子，很容易理解。

```
>>s = regexprep(cstr, '(.)\1', '--', 'ignorecase')
s =      'Whose w--ds these are I think I know.'
         'His house is in the vi--age though;'
         'He wi-- not s-- me sto--ing here'
         'To watch his w--ds fi-- up with snow.'
```

19.6 应用实例

问题 1：查找包含某个子串的串。例如：在 str = {'apple_food', 'chocolates_food', 'ipod_electronics', 'dvd_player_electronics', 'water_melon_food'}中查找字串food，得到结果[1 1 0 0 1]。

```
str = {'apple_food' , 'chocolates_food', 'ipod_electronics', 'dvd_player_
electronics', 'water_melon_food'} ;
ptn='food';
m1=regexp(str,ptn,'match');
ix=~cellfun('isempty',m1);
```

问题2：如何将MATLAB中的 ^ 转换成C语言？如将a^b转换成a**b，或者pow(a,b)。以下式为例：

```
s=1/2*w/(1+Pf^2*Pc-Pf^2*Pc*w1-w1*Pf^2-Pf*Pc-Pf^2*w^2+2*w1*Pf-2*Pf)
```

MATLAB提供了ccode命令，用于将MATLAB转换为C语言，这里仅为一例：

```
s='1/2*w/(1+Pf^2*Pc-Pf^2*Pc*w1-w1*Pf^2-Pf*Pc-Pf^2*w^2+2*w1*Pf-2*Pf)';
ptn='(\w{1,2})\^(\d{1})';
regexp(s,ptn,'tokens');
s1=regexprep(s,ptn,['pow(','$1',',','$2',')'])
```

问题3：删掉 <和/> 及它们之间的部分。举例如下。

处理前：Hello <a href="world">world</a>. 2 < 5

处理后：Hello world. 2 < 5

```
ss='Hello <a href="world">world</a>. 2 < 5';
b='<.*?>';
sr=regexprep(ss,b,'')
```

问题4：游程平滑算法，即将连续且个数小于某个阈值的0全部替换成1。举例如下。

平滑前：1111100000111100011

平滑后：1111100000111111111

```
a = [1 0 0 1 0 0 0 0 1 1 1 1 1 0 0 0 0 0 1 1 1 1 0 0 0 1 1 0 0 0 0 0 0 0 1 1 1 1 1];
T = 4;
b = sprintf('%d',a);
b1 = regexprep(b,'(?<!0)0{1,3}(?!0)', repmat('1', size('$0')));
a1=b1-48
```

第 20 章　FQuantToolBox 股票期货数据获取&量化回测工具箱的介绍与使用

20.1　FQuantToolBox 是做什么用的

FQuantToolBox 的定位是一个数据和回测工具箱，没有实盘交易相关接口的实现（但未来不排除增加相关功能）。

数据方面，FQuantToolBox 数据获取函数完全基于网络的免费数据源（主要为新浪财经、雅虎财经等金融网站），不但可以积累历史数据，还可以进行动态更新。现已实现的数据获取为 A 股市场的全部股票名称和对应代码（包含已退市股票）、A 股市场的股票日线除权数据及复权因子、A 股市场的股票的除权除息信息、A 股市场的股票每日交易明细数据（Tick 数据）、A 股市场的股票财务指标数据、A 股市场的股票的三张表（资产负债表、现金流量表、利润表）数据。未来会增加更多的数据，包括期货数据及其他金融标的的数据，整体的思想还是完全基于网络获取和更新，完全免费。

基于网络的数据获取的实现方式大体过程就是：网络数据网址寻找→网址分析→urlread+正则表达式数据提取。若要进行网络数据的抓取，正则表达式是一定会用到的。MATLAB 中有相应的正则表达式函数（有关正则表达式的知识这里不详细介绍，读者可自行查阅相关资料）。FQuantToolBox 工具箱的 Doc 文件夹内有《MATLAB 正则表达式零基础起步教程.doc》文档，可以帮助读者学习正则表达式的相关知识。

回测方面，FQuantToolBox 工具箱中提供了一个"如何构建基于 MATLAB 的回测系统"的 Demo 样例，此部分内容来自笔者的《量化投资：以 MATLAB 为工具》一书的相关章节，未来回测方面会增添更多的辅助函数和插件，方便读者使用 MATLAB 进行股票及期货相关策略的回测。

第 20 章 | FQuantToolBox 股票期货数据获取&量化回测工具箱的介绍与使用

未来 FQuantToolBox 工具箱每次发布都会提供两个版本：无历史数据版本和有历史数据版本。无历史数据版本仅提供相关函数，用户可以在本地运行相关脚本来批量获取历史数据；有历史数据版本不但提供相关函数，还提供已经获取好的历史数据（A 股市场全部股票的股票名称和代码、日线数据、每日交易明细数据、除权除息信息、财务指标数据、三张表数据），节省用户获取历史数据的时间，但相应的下载文件也会比较大（尤其是股票每日交易明细数据），新的数据更新只需运行相应的脚本函数即可。

20.2　FQuantToolBox 工具箱内容简介

FQuantToolBox 工具箱内容截图如图 20-1 所示。

图 20-1　FQuantToolBox 工具箱内容截图

截图中的一些函数文件就是用来实现获取数据、批量保存数据至本地 .mat 文件、前后复权数据计算、K 线图展示、回测等功能的。主要文件夹存放的内容如下。

- DataBase 文件夹：主要用来存储批量下载的历史数据。
- Doc 文件夹：主要用来存放一些简易教程和资料，比如笔者重新整理过的《MATLAB 正则表达式零基础起步教程.doc》文档就存放在该文件夹内。
- MatlabGame 文件夹：主要存放一些基于 MATLAB 的游戏，用来休闲娱乐，

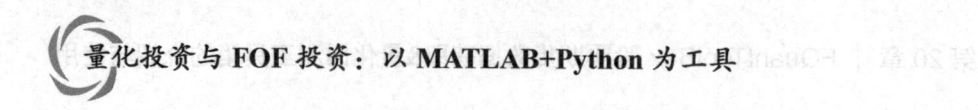

现在主要有俄罗斯方块（mtetris.m）、贪吃蛇（snake.m）、数独（sudokue.m）。

- ToolBox 文件夹：主要存放一些其他常用的工具箱，如图 20-2 所示。
- Utilities 文件夹：主要存放一些常用的工具函数和辅助函数。
- "如何构建基于 MATLAB 的回测系统"文件夹：提供了一个"如何构建基于 MATLAB 的回测系统"的 Demo 样例，此部分内容来自笔者出版的《量化投资：以 MATLAB 为工具》一书的相关章节。

下面来介绍一下相关的函数和测试样例。

图 20-2 ToolBox 文件夹内容

20.3 行情数据和基本面数据获取函数

1. 获取 A 股市场的全部股票名称和对应代码（包含已退市股票）

函数名称：GetStockList_Web.m。

函数作用：获取 A 股市场的全部股票名称和对应代码（包含已退市股票）。

函数句柄：[StockList,StockListFull] = GetStockList_Web。

函数说明：从网络中抓取最新的股票名称和代码列表，返回的 StockList 为股票名称和对应的代码。

测试样例：

```
%% 获取股票代码列表测试
[StockList,StockListFull] = GetStockList_Web;
StockCodeDouble = cell2mat( StockList(:,3) );
save('StockList','StockList');
```

运行结果（见图 20-3）为：

```
StockList:
```

2. 获取 A 股市场的全部股票个股公司基本信息、证监会分类、所属概念分类（包含已退市股票）

函数名称：GetStockInfo_Web。

函数作用：获取 A 股市场的全部股票个股公司基本信息、证监会分类、所属概

第 20 章 | FQuantToolBox 股票期货数据获取&量化回测工具箱的介绍与使用

念分类（包含已退市股票）。

函数句柄：[StockInfo] = GetStockInfo_Web(StockCode)。

函数说明：从网络中抓取个股公司基本信息、证监会分类、所属概念分类，返回的 StockInfo 为一个结构体，存储相关信息。

测试样例：

```
%% GetStockInfo_Web
% 获取股票基本信息及所属行业板块（证监会行业分类）和所属概念板块（新浪财经定义）

StockCode = '600588';
```

运行结果为：

```
[StockInfo] = GetStockInfo_Web(StockCode);
```

运行后返回的 StockInfo 为一个结构体，存储信息如图 20-4 所示。

图 20-3　股票代码列表　　　　图 20-4　StockInfo 内容

其中，StockInfo.CompanyIntro 中存储了各公司的基本介绍，如图 20-5 所示。

StockInfo.IPOdate、StockInfo.IPOprice 是提取出来的上市日期和发行价格信息，用户也可以按照自己的需要从 StockInfo.CompanyIntro 中进行提取。

531

StockInfo.CompanyIntro

	1	2	3	4
1	'公司名称：'	'用友软件股份有限公司'	[]	[]
2	'公司英文名称：'	'Yonyou Software Co.,Ltd.'	[]	[]
3	'上市市场：'	'上海证券交易所'	'上市日期：'	'2001-05-18'
4	'发行价格：'	'36.68'	'主承销商：'	'海通证券股份有限公司'
5	'成立日期：'	'1999-12-06'	'注册资本：'	'116466万元'
6	'机构类型：'	'其它'	'组织形式：'	'民营相对控股企业'
7	'董事会秘书：'	'欧阳青'	'公司电话：'	'010-62436838,010-6243...
8	'董秘电话：'	'010-62436838'	'公司传真：'	'010-62436639'
9	'董秘传真：'	'010-62436639'	'公司电子邮箱：'	'ir@yonyou.com'
10	'董秘电子邮箱：'	'ir@yonyou.com'	'公司网址：'	'http://www.yonyou.com'
11	'邮政编码：'	'100094'	'信息披露网址：'	[]
12	'证券简称更名历史：'	'G用友 用友软件'	[]	[]
13	'注册地址：'	'北京市海淀区北清路68号'	[]	[]
14	'办公地址：'	'北京市海淀区北清路68号'	[]	[]
15	'公司简介：'	'''公司是根据《中华人民共和国公...	[]	[]
16	'经营范围：'	'''电子计算机软件、硬件及外部设...	[]	[]

图 20-5　各公司的基本介绍

StockInfo.IndustrySector 和 StockInfo.ConceptSector_Sina 存储的是证监会的行业分类和个股所属的概念分类。

例如：

```
>> StockInfo.IPOdate
ans =
   20010518
>> StockInfo.IPOprice
ans =
  36.6800
>> StockInfo.IndustrySector
ans =
计算机应用服务业
>> StockInfo.ConceptSector_Sina
ans =
    '保险重仓'
    '融资融券'
    'QFII 重仓'
    '股权激励'
    '云计算'
    '国产软件'
```

相应的批量数据获取和保存函数为：

```
[SaveLog,ProbList,NewList] = SaveStockInfo(StockList)
```

首次运行后，会在本地 DataBase\Stock\StockInfo_mat 目录下保存全部 A 股的公司信息、证监会分类、概念分类，如图 20-6 所示。

第 20 章 | FQuantToolBox 股票期货数据获取&量化回测工具箱的介绍与使用

图 20-6　DataBase\Stock\StockInfo_mat 目录内容

3. 获取上海证券交易所和深圳证券交易所相关指数代码和名称列表

函数名称：GetIndexList_Web。

函数作用：获取上海证券交易所和深圳证券交易所相关指数代码和名称列表。

函数句柄：[IndexList] = GetIndexList_Web。

函数说明：从相关网络上抓取相关数据。

测试样例：

```
%% 获取指数代码列表
[IndexList] = GetIndexList_Web;
```

运行结果为：

```
save('IndexList','IndexList');
```

运行后返回的 IndexList 相关指数代码和名称列表如图 20-7 所示。

4. 获取 A 股市场的股票日线除权数据及复权因子

1）获取单只股票的日线数据

函数名称：GetStockTSDay_Web.m。

函数作用：获取单只股票的日线除权数据及复权因子（包含已退市股票）。

图 20-7　IndexList 相关指数代码和名称列表

533

函数句柄：[StockDataDouble,adjfactor]=GetStockTSDay_Web(StockCode,BeginDate, EndDate)。

函数说明：从网络中抓取相应股票的后复权数据和复权因子，然后反推算出最新的除权价格。

返回的 StockDataDouble 为股票除权后的日线数据，其每列的含义为：

| 日期 | 开 | 高 | 低 | 收 | 量（股） | 额（元） | 复权因子 |

有关股票日线数据的获取，笔者也尝试了许多数据网址，最终决定从这个链接抓取的理由是：可获取所有 A 股的从上市至今的日线数据（包含已退市股票）且数据质量不错，其他链接要么可获取的日线的历史长度太短，要么数据质量不好。另外，从上面这个链接抓取数据还有一个好处，就是可以直接得到复权因子，进而可以直接根据复权因子进行前后复权数据的生成，省时省力。

这里要说明的是，一般股票的回测，之所以要计算和生成前复权数据（后面有相应函数实现），是因为在股票的回测中，一般使用前复权的数据进行回测，而非除权后的数据，因为除权后由于分红配股的影响，数据会有缺口，会影响相应指标的计算。

测试样例：

```
%% 参数设置
StockCode_G = '000562'

str = ['全局参数设置完毕！'];
disp(str);
%% 获取股票日线（除权除息）数据测试
StockCode = StockCode_G;

BeginDate = '20140101';
EndDate = '20150101';

[StockDataDouble,adjfactor] = GetStockTSDay_Web(StockCode,BeginDate,EndDate);
```

运行结果（见图 20-8）为：

```
StockDataDouble:
```

2）批量获取股票除权日线数据并存储至本地 .mat 数据中

函数名称：SaveStockTSDay.m。

函数作用：批量获取股票除权日线数据并存储至本地 .mat 数据中（包含已退市股票）。

第 20 章 | FQuantToolBox 股票期货数据获取&量化回测工具箱的介绍与使用

图 20-8 StockDataDouble 变量内容

函数句柄：[SaveLog, ProbList, NewList] = SaveStockTSDay(StockList, AdjFlag, XRDFlag)。

函数说明：基于 GetStockTSDay_Web 函数，批量获取 StockList 指定的代码列表的日线数据并存储至工具箱下的 DataBase\Stock\Day_ExDividend_mat 文件夹内。首次获取全市场所有的股票数据会比较费时，若已经有历史数据，则运行 SaveStockTSDay 会进行本地数据的更新。

测试样例：

```
%% 获取股票代码列表测试
[StockList,StockListFull] = GetStockList_Web;
StockCodeDouble = cell2mat( StockList(:,3) );
save('StockList','StockList');
%% 股票数据更新-除权除息数据-无并行操作
AdjFlag = 0;
XRDFlag = 0;
```

运行结果为：

```
[SaveLog,ProbList,NewList] = SaveStockTSDay(StockList,AdjFlag,XRDFlag);
```

首次运行后，会在本地 DataBase\Stock\Day_ExDividend_mat 目录下保存全部 A 股市场的除权数据，如图 20-9 所示。

5. 获取上海证券交易所和深圳证券交易所相关指数日线数据

函数名称：GetIndexTSDay_Web。

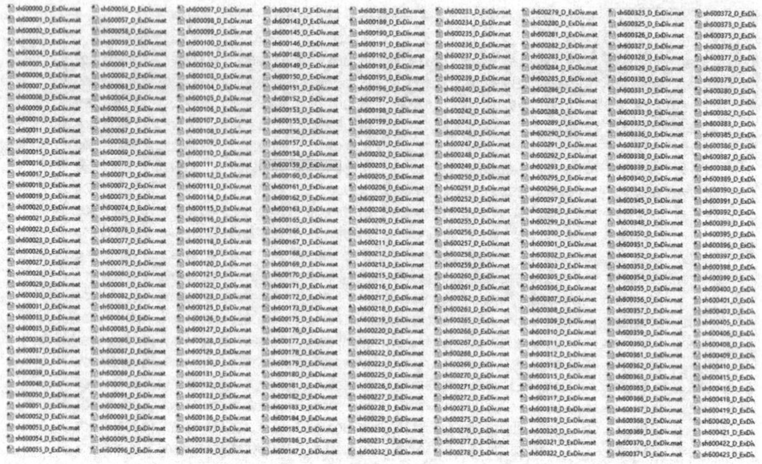

图 20-9 全部 A 股市场的除权数据

函数作用：获取上海证券交易所和深圳证券交易所相关指数日线数据。

函数句柄：[Data] = GetIndexTSDay_Web(StockCode, BeginDate, EndDate)。

函数说明：从相关网络上抓取相关数据。

测试样例：

```
%% 获取指数数据

StockCode = '000001';
StockCode = '000300';

BeginDate = '20140101';

EndDate = datestr(today,'yyyy-mm-dd');
```

运行结果为：

```
[Data] = GetIndexTSDay_Web(StockCode,BeginDate,EndDate);
```

运行后返回的 Data 为 StockCode 指定的指数的日线数据（抬头为日期、开、高、低、收、量、额），如图 20-10 所示。

相应的批量数据获取和保存函数为：

```
[SaveLog,ProbList,NewList] = SaveIndexTSDay(IndexList)
```

首次运行后，会在本地 DataBase\Stock\Index_Day_mat 目录下保存全部上海证券交易所和深圳证券交易所相关指数日线数据，如图 20-11 所示。

第 20 章 | FQuantToolBox 股票期货数据获取&量化回测工具箱的介绍与使用

图 20-10 StockCode 指定的指数的日线数据（Data 变量内容）

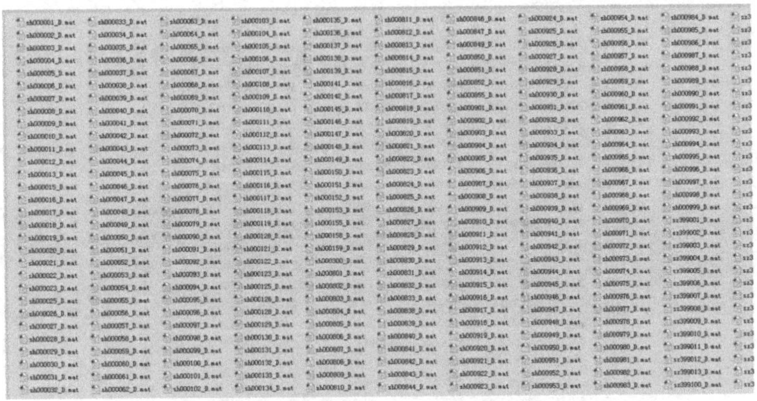

图 20-11 全部上海证券交易所和深圳证券交易所相关指数日线数据

6. 获取股票交易明细数据

1）获取单只股票某日交易明细数据

函数名称：GetStockTick_Web.m。

函数作用：获取单只股票某日交易明细数据。

函数句柄：[StockTick, Header, StatusStr] = GetStockTick_Web(StockCode, BeginDate, SaveFlag)。

函数说明：从网络中抓取单只股票某日交易明细数据，返回的 StockTick 为股票交易明细数据，每列的含义为：

成交时间 成交价 价格变动 成交量（手）成交额（元）性质（买盘：1；卖盘：-1；中性盘：0）

测试样例：

```
%% 参数设置
StockCode_G = '000562'


str = ['全局参数设置完毕！'];
disp(str);
%% 获取股票某日交易明细
StockCode = StockCode_G;


BeginDate = '20141205';
[StockTick,Header,StatusStr] = GetStockTick_Web(StockCode,BeginDate);
```

运行结果（见图20-12）为：

```
StockTick:
```

	1	2	3	4	5	6
1	201412050925.020	25.500000...	25.500000...	125129	319078950	1
2	201412050930.020	25.490000...	-0.010000...	42263	107729075	-1
3	201412050930.050	25.480000...	-0.010000...	52546	133887233	0
4	201412050930.080	25.490000...	0.0100000...	933	2378217	1
5	201412050930.110	25.310000...	-0.180000...	6483	16408473	-1
6	201412050930.140	25.490000...	0.1800000...	10823	27587827	1
7	201412050930.170	25.500000...	0.0100000...	8939	22795470	-1
8	201412050930.200	25.500000...	NaN	6594	16814700	-1
9	201412050930.230	25.500000...	NaN	773	1971150	-1
10	201412050930.260	25.500000...	NaN	1267	3230850	-1
11	201412050930.290	25.500000...	NaN	607	1547850	-1
12	201412050930.320	25.500000...	NaN	1299	3312450	-1
13	201412050930.350	25.500000...	NaN	6527	16643850	-1
14	201412050930.380	25.500000...	NaN	931	2374050	-1
15	201412050930.410	25.500000...	NaN	3903	9953262	-1
16	201412050930.440	25.500000...	NaN	629	1603950	-1
17	201412050930.470	25.500000...	NaN	1774	4523700	-1
18	201412050930.500	25.500000...	NaN	525	1338750	-1
19	201412050930.530	25.500000...	NaN	673	1717578	-1
20	201412050930.560	25.500000...	NaN	568	1448400	-1
21	201412050930.590	25.500000...	NaN	1269	3235950	-1
22	201412050931.020	25.500000...	NaN	5121	13058550	-1
23	201412050931.050	25.500000...	NaN	220	561000	-1

图20-12 StockTick 变量内容

2）批量获取股票每日交易明细数据并存储至本地 .mat 数据中

函数名称：SaveStockTick.m。

函数作用：批量获取股票每日交易明细数据并存储至本地 .mat 数据中。

函数句柄：[SaveLog, ProbList, NewList] = SaveStockTick(StockList, DateList, PList, CheckFlag)。

第 20 章 | FQuantToolBox 股票期货数据获取&量化回测工具箱的介绍与使用

函数说明：基于 GetStockTick_Web 函数，批量获取 StockList 和 DateList 指定的代码列表、日期列表的交易明细数据并存储至工具箱下的 DataBase\Stock\Tick_mat 文件夹内。首次获取全市场所有的股票数据会非常费时，若已经有历史数据，则运行 SaveStockTick 会进行本地数据的更新。

测试样例：

```
%% 获取股票代码列表测试
[StockList,StockListFull] = GetStockList_Web;
StockCodeDouble = cell2mat( StockList(:,3) );
save('StockList','StockList');
%% 获取交易明细数据 Tick-无并行操作
```

运行结果为：

```
[SaveLog,ProbList,NewList] = SaveStockTick(StockList);
```

首次运行后，会在本地 DataBase\Stock\Tick_mat 目录下保存全部 A 股市场的交易明细数据，每只股票一个文件夹，如图 20-13 和图 20-14 所示。

图 20-13 全部 A 股市场的交易明细数据

7. 获取股票分红配股信息数据

函数名称：GetStockXRD_Web.m。

函数作用：获取股票分红配股信息数据。

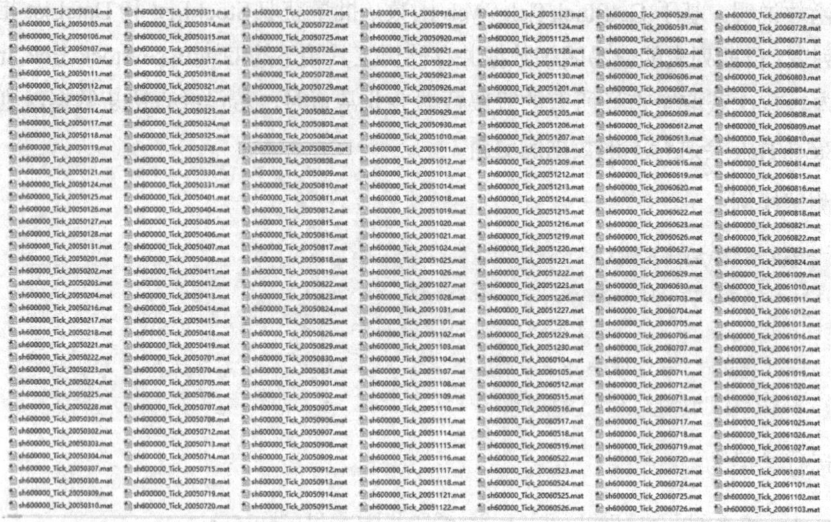

图 20-14　单一文件夹内部文件展示样例

函数句柄：[Web_XRD_Data, Web_XRD_Cell_1, Web_XRD_Cell_2] = GetStockXRD_Web (StockCode)。

函数说明：从网络中抓取最新的股票名称和代码列表，返回的 Web_XRD_Data、Web_XRD_Cell_1、Web_XRD_Cell_2 为股票的分红配股信息数据。

此函数是在 Chandeman（MATLAB 技术论坛 ID：fosu_cdm）编写过的一个函数的基础上修改而成的。

测试样例：

```
%% 参数设置
StockCode_G = '000562'


str = ['全局参数设置完毕！'];
disp(str);
%% 获取股票分红配股信息数据
StockCodeInput = StockCode_G;

[ Web_XRD_Data , Web_XRD_Cell_1 , Web_XRD_Cell_2 ] = GetStockXRD_Web(StockCodeInput);
Web_XRD_Cell_1;
Web_XRD_Cell_2;
```

运行结果如图 20-15 所示。

第 20 章 | FQuantToolBox 股票期货数据获取&量化回测工具箱的介绍与使用

图 20-15 Web_XRD_Cell_1 和 Web_XRD_Cell_2 变量内容

相应的批量数据获取和保存函数为：

```
[SaveLog,ProbList,NewList] = SaveStockTSDay(StockList,AdjFlag,XRDFlag)
```

此时，令 XRDFlag = 1，即可批量获取分红配股信息。

首次运行后，会在本地 DataBase\Stock\XRDdata_mat 目录下保存全部 A 股的分红配股信息数据，如图 20-16 所示。

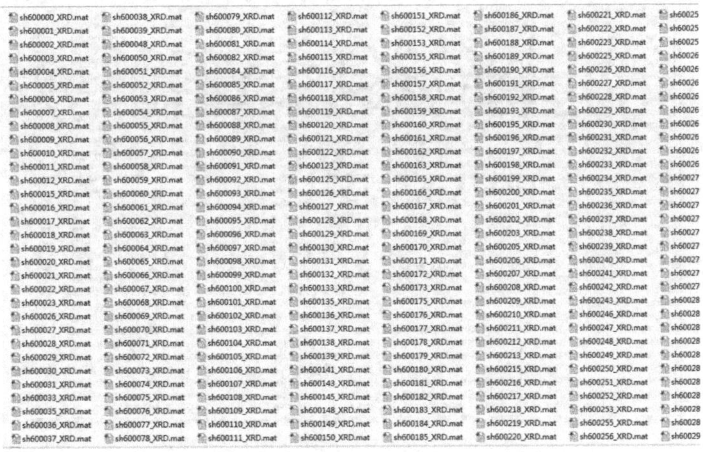

图 20-16 全部 A 股分红配股信息数据

8. 获取上市公司公告文件列表数据并保存相应文件至本地

函数名称：GetStockNotice_Web。

函数作用：获取上市公司公告文件列表。

函数句柄：[NoticeDataCell] = GetStockNotice_Web(StockCode, BeginDate, EndDate)。

函数说明：从相关网络上抓取相关数据。

测试样例：

```
%% GetStockNotice_Web
tic;
StockCode = '600588';

BeginDate = '20141001';

EndDate = datestr(today,'yyyy-mm-dd');
```

运行结果为：

```
[NoticeDataCell] = GetStockNotice_Web(StockCode,BeginDate,EndDate);
toc;
```

运行后返回的 NoticeDataCell 为 StockCode 指定的股票的公司公告文件列表，保存的内容抬头为股票代码、日期时间、文件名字、公告类型、文件 URL、文件大小，如图 20-17 所示。

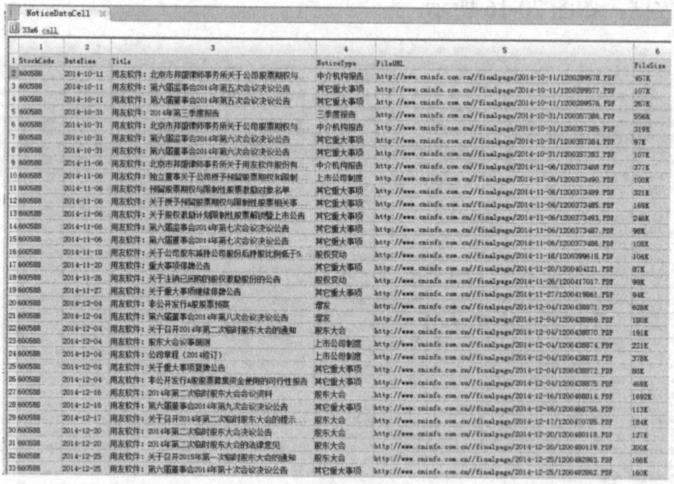
NoticeDataCell
33x6 cell

	1	2	3	4	5	6
1	StockCode	DateTime	Title	NoticeType	FileURL	FileSize
2	600588	2014-10-11	用友软件：北京市邦盛律师事务所关于公司股票期权与...	中介机构报告	http://www.cninfo.com.cn//finalpage/2014-10-11/1200289578.PDF	457K
3	600588	2014-10-11	用友软件：第六届监事会2014年第五次会议决议公告	其它重大事项	http://www.cninfo.com.cn//finalpage/2014-10-11/1200289577.PDF	107K
4	600588	2014-10-11	用友软件：第六届董事会2014年第五次会议决议公告	其它重大事项	http://www.cninfo.com.cn//finalpage/2014-10-11/1200289576.PDF	267K
5	600588	2014-10-31	用友软件：2014年第三季度报告	三季度报告	http://www.cninfo.com.cn//finalpage/2014-10-31/1200357386.PDF	556K
6	600588	2014-10-31	用友软件：北京市邦盛律师事务所关于公司股票期权与...	中介机构报告	http://www.cninfo.com.cn//finalpage/2014-10-31/1200357385.PDF	319K
7	600588	2014-10-31	用友软件：第六届监事会2014年第六次会议决议公告	其它重大事项	http://www.cninfo.com.cn//finalpage/2014-10-31/1200357384.PDF	97K
8	600588	2014-10-31	用友软件：第六届董事会2014年第六次会议决议公告	其它重大事项	http://www.cninfo.com.cn//finalpage/2014-10-31/1200357383.PDF	107K
9	600588	2014-11-06	用友软件：北京市邦盛律师事务所关于用友软件股份有...	中介机构报告	http://www.cninfo.com.cn//finalpage/2014-11-06/1200373488.PDF	377K
10	600588	2014-11-06	用友软件：独立董事关于公司授予预留股票期权和限制...	上市公司制度	http://www.cninfo.com.cn//finalpage/2014-11-06/1200373490.PDF	100K
11	600588	2014-11-06	用友软件：预留股票期权与限制性股票激励对象名单	其它重大事项	http://www.cninfo.com.cn//finalpage/2014-11-06/1200373489.PDF	321K
12	600588	2014-11-06	用友软件：关于授予预留股票期权与限制性股票相关事...	其它重大事项	http://www.cninfo.com.cn//finalpage/2014-11-06/1200373485.PDF	169K
13	600588	2014-11-06	用友软件：关于股权激励计划限制性股票解锁暨上市公告	其它重大事项	http://www.cninfo.com.cn//finalpage/2014-11-06/1200373493.PDF	246K
14	600588	2014-11-06	用友软件：第六届监事会2014年第七次会议决议公告	其它重大事项	http://www.cninfo.com.cn//finalpage/2014-11-06/1200373487.PDF	98K
15	600588	2014-11-06	用友软件：第六届董事会2014年第七次会议决议公告	其它重大事项	http://www.cninfo.com.cn//finalpage/2014-11-06/1200373486.PDF	108K
16	600588	2014-11-18	用友软件：关于公司股东减持公司股份后持股比例低于5...	股权变动	http://www.cninfo.com.cn//finalpage/2014-11-18/1200399618.PDF	106K
17	600588	2014-11-20	用友软件：重大事项停牌公告	其它重大事项	http://www.cninfo.com.cn//finalpage/2014-11-20/1200404121.PDF	87K
18	600588	2014-11-26	用友软件：关于注销已回购的股权激励股份的公告	股权变动	http://www.cninfo.com.cn//finalpage/2014-11-26/1200417017.PDF	99K
19	600588	2014-11-27	用友软件：关于重大事项继续停牌公告	其它重大事项	http://www.cninfo.com.cn//finalpage/2014-11-27/1200419861.PDF	94K
20	600588	2014-12-04	用友软件：非公开发行A股股票预案	增发	http://www.cninfo.com.cn//finalpage/2014-12-04/1200438871.PDF	628K
21	600588	2014-12-04	用友软件：第六届董事会2014年第八次会议决议公告	增发	http://www.cninfo.com.cn//finalpage/2014-12-04/1200438869.PDF	180K
22	600588	2014-12-04	用友软件：关于召开2014年第二次临时股东大会的通知	股东大会	http://www.cninfo.com.cn//finalpage/2014-12-04/1200438870.PDF	191K
23	600588	2014-12-04	用友软件：股东大会议事规则	上市公司制度	http://www.cninfo.com.cn//finalpage/2014-12-04/1200438874.PDF	221K
24	600588	2014-12-04	用友软件：公司章程（2014修订）	上市公司制度	http://www.cninfo.com.cn//finalpage/2014-12-04/1200438873.PDF	378K
25	600588	2014-12-04	用友软件：关于重大事项复牌公告	其它重大事项	http://www.cninfo.com.cn//finalpage/2014-12-04/1200438872.PDF	88K
26	600588	2014-12-04	用友软件：非公开发行A股股票募集资金使用的可行性报告	其它重大事项	http://www.cninfo.com.cn//finalpage/2014-12-04/1200438875.PDF	469K
27	600588	2014-12-16	用友软件：2014年第二次临时股东大会会议资料	股东大会	http://www.cninfo.com.cn//finalpage/2014-12-16/1200468814.PDF	1692K
28	600588	2014-12-16	用友软件：第六届董事会2014年第九次会议决议公告	其它重大事项	http://www.cninfo.com.cn//finalpage/2014-12-16/1200468756.PDF	113K
29	600588	2014-12-17	用友软件：关于召开2014年第二次临时股东大会的提示...	股东大会	http://www.cninfo.com.cn//finalpage/2014-12-17/1200470785.PDF	184K
30	600588	2014-12-20	用友软件：2014年第二次临时股东大会决议公告	股东大会	http://www.cninfo.com.cn//finalpage/2014-12-20/1200480118.PDF	127K
31	600588	2014-12-20	用友软件：2014年第二次临时股东大会的法律意见	股东大会	http://www.cninfo.com.cn//finalpage/2014-12-20/1200480119.PDF	300K
32	600588	2014-12-25	用友软件：关于召开2015年第一次临时股东大会的通知	股东大会	http://www.cninfo.com.cn//finalpage/2014-12-25/1200492863.PDF	166K
33	600588	2014-12-25	用友软件：第六届董事会2014年第十次会议决议公告	其它重大事项	http://www.cninfo.com.cn//finalpage/2014-12-25/1200492862.PDF	160K

图 20-17　NoticeDataCell 变量内容展示

相应的批量数据获取和保存函数为：

```
[FileListCell,SaveLog,ProbList,NewList] = SaveStockNotice(StockList)
```

首次运行后，会在本地 DataBase\Stock\StockNotice_file 文件夹内保存全部 A 股的公司公告文件，每只股票单独一个文件夹，如图 20-18 和图 20-19 所示。

第 20 章 | FQuantToolBox 股票期货数据获取&量化回测工具箱的介绍与使用

图 20-18　全部 A 股公司公告文件展示

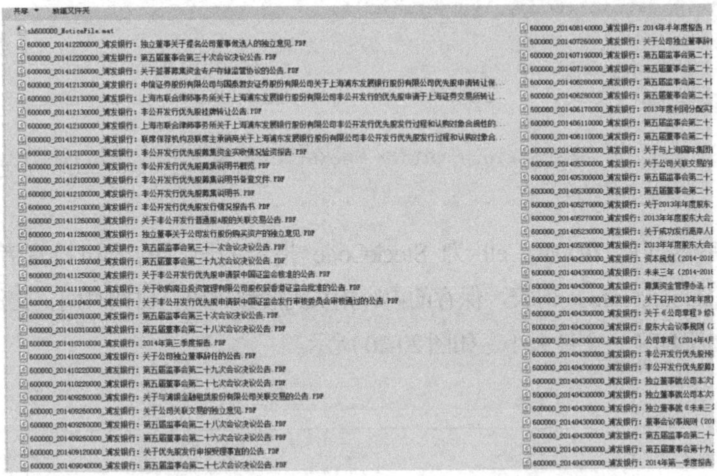

图 20-19　单独文件夹内部内容展示

这里需要说明的是，基于上市公司的公告数据，可做的东西还是很多的，主要用来开发事件驱动类策略，大体分为两个方面：一方面，根据公告的粗略分类和发布日期，进行简单的事件驱动类策略开发（某只股票发布某种定义下的"重要公告"后就持有 N 天，每 T 天进行组合调整）；另一方面，如果想要做得更细致，由于已经保存了上市公司公告的全文，因此可以进行上市公司公告全文的文本挖掘，将公告的分类进行细致划分，并对公告进行分词处理，进而开发精细化的基于上市公司公告的事件驱动类策略。

9. 获取上市公司投资者关系信息（Investor Relations Info）列表数据并保存相应文件至本地

函数名称：GetStockInvestRInfo_Web。

函数作用：获取上市公司投资者关系信息（Investor Relations Info）列表。

函数句柄：[IRDataCell] = GetStockInvestRInfo_Web(StockCode, BeginDate, EndDate)。

函数说明：从相关网络上抓取相关数据。

测试样例：

```
tic;

StockCode = '000001';

BeginDate = '20101001';

EndDate = datestr(today,'yyyy-mm-dd');
```

运行结果为：

```
[IRDataCell] = GetStockInvestRInfo_Web(StockCode,BeginDate,EndDate);
toc;
```

运行后返回的 IRDataCell 为 StockCode 指定的股票的公司投资者关系信息（Investor Relations Info）列表，保存的内容抬头为股票代码、日期时间、文件名字、公告类型、文件URL、文件大小，如图 20-20 所示。

图 20-20 IRDataCell 变量内容展示

相应的批量数据获取和保存函数为：

第 20 章 | FQuantToolBox 股票期货数据获取&量化回测工具箱的介绍与使用

```
[IRInfoFileListCell,SaveLog,ProbList,NewList] = SaveStockInvestorRelationsInfo
(StockList)
```

首次运行后，会在本地 DataBase\Stock\ StockInvestorRelationsInfo_file 文件夹内保存上市公司投资者关系信息（Investor Relations Info）文件，每只股票单独一个文件夹，如图 20-21 和图 20-22 所示。

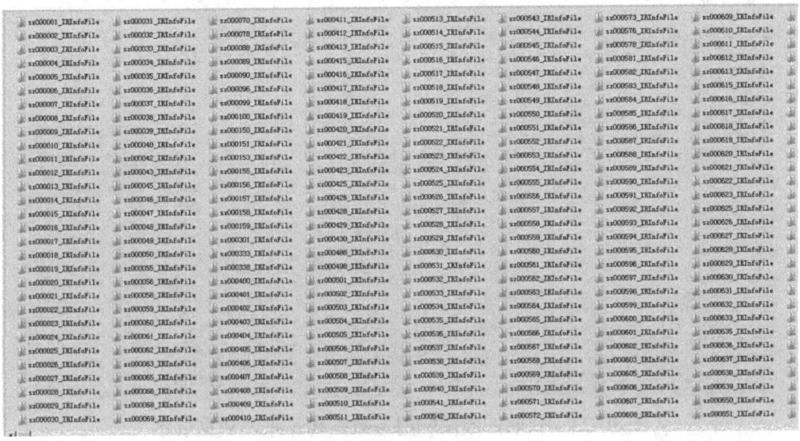

图 20-21 上市公司投资者关系信息（Investor Relations Info）文件展示

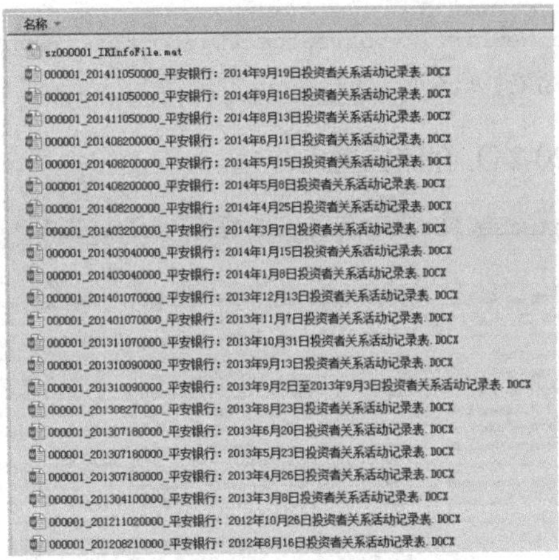

图 20-22 单独文件夹内部内容展示

与上市公司公告数据一样，基于上市公司投资者关系信息（Investor Relations Info）数据，可以来研发事件驱动类策略，可做粗、可做细。

10. 财务数据和三张表数据获取

GetStockFinIndicators_Web.m 函数和 GetStock3Sheet_Web.m 函数可以分别用于

获取单只股票的财务数据和三张表数据。

```
[FIndCell,YearList] = GetStockFinIndicators_Web(StockCode,Year)
[BalanceSheet,ProfitSheet,CashFlowSheet,YearList] = GetStock3Sheet_Web(StockCode,Year)
```

数据获取后用 cell 矩阵承装，如图 20-23 所示。

图 20-23　获取的股票的财务数据和三张表数据展示

相应的批量数据获取函数为：

```
[SaveLog,ProbList,NewList] = SaveStockFD(StockList,Opt)
% Opt——0:获取财务指标；1:获取 3 张表
```

财务数据（见图 20-24）存储位置为：

```
FQuantToolBox\DataBase\Stock\FinancialIndicators_mat
```

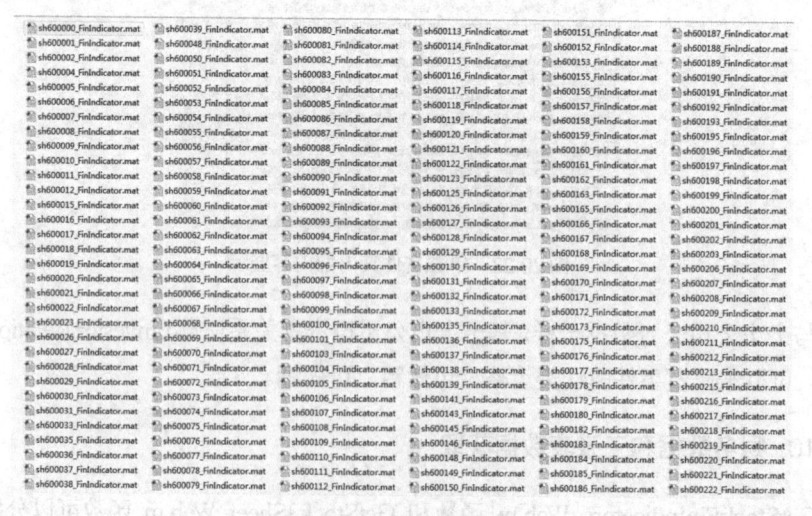

图 20-24　财务数据展示

第20章 | FQuantToolBox 股票期货数据获取&量化回测工具箱的介绍与使用

三张表数据（见图20-25）存储位置为：

`FQuantToolBox\DataBase\Stock\Sheet3_mat`

图20-25 三张表数据展示

11. 获取百度高级搜索相关内容

函数名称：BaiduSearchAdvancedNews。

函数作用：获取百度高级搜索相关内容，可以任意指定个股相关关键词，获取搜索之后的相关词条的时间、来源、URL链接等内容，并且可以指定搜索时间段。

函数句柄：[NewsDataCell]= BaiduSearchAdvancedNews(StringIncludeAll, StringIncludeAny, BeginDate, EndDate)。

函数说明：从相关网络上抓取相关数据。

测试样例：

```
StockCode = '600588';

BeginDate = '20141226';

EndDate = datestr(today,'yyyy-mm-dd');

StringIncludeAny = [];
```

运行结果为：

```
[NewsDataCell]
= BaiduSearchAdvancedNews(StockCode,StringIncludeAny,BeginDate,EndDate);
```

运行后返回的 NewsDataCell 为 StockCode 指定的股票的百度全文搜索词条，保存的内容抬头为日期时间、Title、来源、URL，如图 20-26 所示。

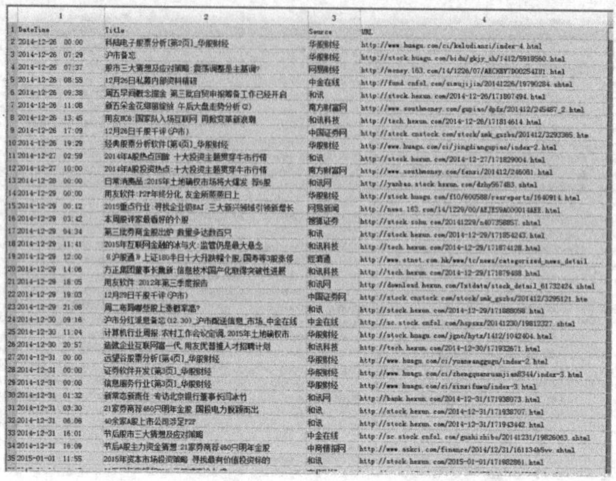

	1	2	3	4
1	DateTime	Title	Source	URL
2	2014-12-26 00:00	科陆电子股票分析[第2页]_华股财经	华股财经	http://www.huagu.com/ci/keludianzi/index-4.html
3	2014-12-26 07:29	沪市备忘	华股财经	http://stock.huagu.com/bidu/gkjy_sh/1412/5918560.html
4	2014-12-26 07:37	股市三大猜想及应对策略：震荡调整是主基调?	网易财经	http://money.163.com/14/1226/07/AECKBV7D00254IU1.html
5	2014-12-26 08:55	12月26日私募内部资料精研	中金在线	http://fund.cnfol.com/simujijin/20141226/19790284.shtml
6	2014-12-26 09:38	周五早间概念掘金 第三批自贸申报筹备工作已经开启	和讯	http://stock.hexun.com/2014-12-26/171807494.html
7	2014-12-26 11:08	新五朵金花绚丽绽放 午后大盘走势分析(2)	南方财富网	http://www.southmoney.com/gupiao/dpfx/201412/245487_2.html
8	2014-12-26 13:45	用友HC6：国家队入场互联网 用掀变革新浪潮	和讯科技	http://tech.hexun.com/2014-12-26/171814614.html
9	2014-12-26 17:09	12月26日千股千评(沪市)	中国证券网	http://stock.cnstock.com/stock/smk_gszbs/201412/3293365.htm
10	2014-12-26 19:29	经典股票分析软件[第4页]_华股财经	华股财经	http://www.huagu.com/ci/jingdiangupiao/index-2.html
11	2014-12-27 02:59	2014年A股热点回眸 十大投资主题贯穿牛市行情	和讯	http://stock.hexun.com/2014-12-27/171829004.html
12	2014-12-27 10:00	2014年A股投资热点：十大投资主题贯穿牛市行情	南方财富网	http://www.southmoney.com/fenxi/201412/246081.html
13	2014-12-28 00:00	日常消费品：2015年土地确权市场将大爆发 荐6股	和讯网	http://yanbao.stock.hexun.com/dzhy567483.shtml
14	2014-12-29 00:00	用友软件：P2P年终分化，友金所蒸蒸日上	华股财经	http://stock.huagu.com/f10/600588/resreports/1640914.html
15	2014-12-29 00:12	2015重点行业 寻找企业级BAT 三大新兴领域引领新增长	网易新闻	http://news.163.com/14/1229/00/AEJES9A000014AEE.html
16	2014-12-29 03:42	本周股评家最看好的个股	搜狐证券	http://stock.sohu.com/20141229/n407358857.shtml
17	2014-12-29 04:34	第三批券商金股出炉 数量多达数百只	和讯	http://stock.hexun.com/2014-12-29/171854243.html
18	2014-12-29 11:41	2015年互联网金融的冰与火：监管仍是最大悬念	和讯科技	http://tech.hexun.com/2014-12-29/171874128.html
19	2014-12-29 12:00	《沪股通》上证180半日十大升跌幅个股，国寿等3股涨停	经济通	http://www.etnet.com.hk/www/tc/news/categorized_news_detail...
20	2014-12-29 14:06	方正集团董事长魏新：信息技术国产化取得突破性进展	和讯科技	http://tech.hexun.com/2014-12-29/171879488.html
21	2014-12-29 18:05	用友软件：2012年第三季度报告	和讯网	http://download.hexun.com/Txtdata/stock_detail_61732424.shtml
22	2014-12-29 19:03	12月29日千股千评(沪市)	中国证券网	http://stock.cnstock.com/stock/smk_gszbs/201412/3295121.htm
23	2014-12-29 21:08	周二布局哪些股上涨概率高?	和讯	http://stock.hexun.com/2014-12-29/171888058.html
24	2014-12-30 09:16	沪市分红派息备忘(12.30)_沪市配送信息_市场_中金在线	中金在线	http://sc.stock.cnfol.com/hspsxx/20141230/19812327.shtml
25	2014-12-30 11:04	计算机行业周报：农村工作会议定调，2015年土地确权市...	华股财经	http://stock.huagu.com/jgnc/hytz/1412/1042404.html
26	2014-12-30 20:57	造就企业互联网富一代 用友优普推人才招聘计划	和讯科技	http://tech.hexun.com/2014-12-30/171932671.html
27	2014-12-31 00:00	远望谷股票分析[第4页]_华股财经	华股财经	http://www.huagu.com/ci/yuanwanggugu/index-2.html
28	2014-12-31 00:00	证券软件开发[第3页]_华股财经	华股财经	http://www.huagu.com/ci/zhengquanruanjian8344/index-3.html
29	2014-12-31 00:00	信息服务行业[第3页]_华股财经	华股财经	http://www.huagu.com/ci/xinxifuwu/index-3.html
30	2014-12-31 01:32	新常态新责任 专访北京银行董事长闫冰竹	和讯网	http://bank.hexun.com/2014-12-31/171938073.html
31	2014-12-31 03:30	21家券商荐460只明年金股 国投电力脱颖而出	和讯	http://stock.hexun.com/2014-12-31/171938707.html
32	2014-12-31 06:06	40余家A股上市公司涉足P2P	和讯	http://stock.hexun.com/2014-12-31/171943442.html
33	2014-12-31 16:01	节后股市三大猜想及应对策略	中金在线	http://sc.stock.cnfol.com/gushizhibo/20141231/19826063.shtml
34	2014-12-31 16:09	节后A股主力资金猜想：21家券商荐460只明年金股	中商情报网	http://www.askci.com/finance/2014/12/31/161134b5vv.shtml
35	2015-01-01 11:55	2015年资本市场投资策略 寻找最有价值投资标的	和讯	http://stock.hexun.com/2015-01-01/171982861.html

图 20-26　NewsDataCell 变量内容展示

基于这部分数据，可以开发舆情类策略，可从两方面入手：一方面，可以基于某一时间段的搜索量的总量和增量的统计，找到相应的热门和冷门股，进行相应策略的构建；另一方面，如果想做得细致一些，由于保存了词条的 URL，可以通过词条的 URL 获取搜索内容的全文内容，然后进行分词处理，给出正负面的打分，进而构建更加精细化的舆情策略。

事实上，BaiduSearchAdvancedNews 函数可以输入任意的关键词进行搜索，而不一定是股票代码。

12. 获取新浪高级搜索相关内容

函数名称：SinaSearchAdvanced。

函数作用：获取新浪高级搜索相关内容，可以任意指定个股相关关键词，获取搜索之后的相关词条的时间、来源、URL 链接等内容，并且可以指定搜索时间段。

函数句柄：[NewsDataCell]= SinaSearchAdvanced(StringIncludeAll, BeginDate, EndDate)。

函数说明：从相关网络上抓取相关数据。

测试样例：

```
%% SinaSearchAdvanced
StringIncludeAll = '600588';
```

```
BeginDate = '20141201';

EndDate = datestr(today,'yyyy-mm-dd');
```

运行结果为:

```
[NewsDataCell] = SinaSearchAdvanced(StringIncludeAll,BeginDate,EndDate);[/code]
```

运行后返回的 NewsDataCell 为 StockCode 指定的股票的新浪全文搜索词条，保存的内容抬头为日期时间、Title、来源、URL，如图 20-27 所示。

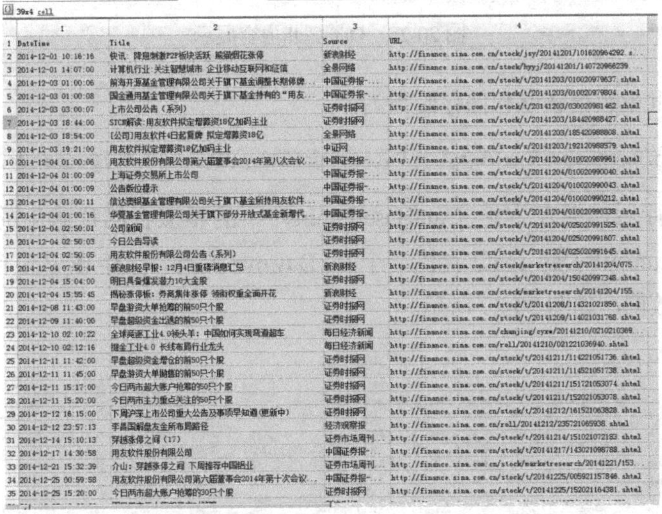

39x4 cell

	1	2	3	4
1	DateTime	Title	Source	URL
2	2014-12-01 10:16:16	快讯：降息刺激P2P板块活跃 熊猫烟花涨停	新浪财经	http://finance.sina.com.cn/stock/jsy/20141201/101620964292.s...
3	2014-12-01 14:07:00	计算机行业：关注智慧城市 企业移动互联网和征信	全景网络	http://finance.sina.com.cn/stock/hyyj/20141201/140720966239...
4	2014-12-03 01:00:06	前海开源基金管理有限公司关于旗下基金调整长期停牌...	中国证券报-...	http://finance.sina.com.cn/stock/t/20141203/010020979637.shtml
5	2014-12-03 01:00:08	国金通用基金管理有限公司关于旗下基金持有的“用友...	中国证券报-...	http://finance.sina.com.cn/stock/t/20141203/010020979804.shtml
6	2014-12-03 03:00:07	上市公司公告（系列）	证券时报网	http://finance.sina.com.cn/stock/t/20141203/030020981462.shtml
7	2014-12-03 18:44:00	STCN解读：用友软件拟定增募资18亿加码主业	证券时报网	http://finance.sina.com.cn/stock/t/20141203/184420988427.shtml
8	2014-12-03 18:54:00	[公司]用友软件4日起复牌 拟定增募资18亿	全景网络	http://finance.sina.com.cn/stock/t/20141203/185420988808.shtml
9	2014-12-03 19:21:00	用友软件拟定增募资18亿加码主业	中证网	http://finance.sina.com.cn/stock/s/20141203/192120988579.shtml
10	2014-12-04 01:00:06	用友软件股份有限公司第六届董事会2014年第八次会议...	中国证券报-...	http://finance.sina.com.cn/stock/t/20141204/010020989961.shtml
11	2014-12-04 01:00:09	上海证券交易所上市公司	中国证券报-...	http://finance.sina.com.cn/stock/t/20141204/010020990040.shtml
12	2014-12-04 01:00:09	公告版位提示	中国证券报-...	http://finance.sina.com.cn/stock/t/20141204/010020990043.shtml
13	2014-12-04 01:00:11	信达澳银基金管理有限公司关于旗下基金所持用友软件...	中国证券报-...	http://finance.sina.com.cn/stock/t/20141204/010020990212.shtml
14	2014-12-04 01:00:16	华夏基金管理有限公司关于旗下部分开放式基金新增代...	中国证券报-...	http://finance.sina.com.cn/stock/t/20141204/010020990338.shtml
15	2014-12-04 02:50:01	公司新闻	证券时报网	http://finance.sina.com.cn/stock/t/20141204/025020991525.shtml
16	2014-12-04 02:50:03	今日公告导读	证券时报网	http://finance.sina.com.cn/stock/t/20141204/025020991607.shtml
17	2014-12-04 02:50:05	用友软件股份有限公司公告（系列）	证券时报网	http://finance.sina.com.cn/stock/t/20141204/025020991645.shtml
18	2014-12-04 07:50:44	新浪财经早报：12月4日重磅消息汇总	新浪财经	http://finance.sina.com.cn/stock/marketresearch/20141204/075...
19	2014-12-04 15:04:00	明日具备爆发潜力10大金股	证券时报网	http://finance.sina.com.cn/stock/t/20141204/150420997348.shtml
20	2014-12-04 15:55:45	揭秘涨停板：券商集体涨停 领衔权重全面开花	新浪财经	http://finance.sina.com.cn/stock/marketresearch/20141204/155...
21	2014-12-08 11:43:00	早盘游资大单抢筹的前50只个股	证券时报网	http://finance.sina.com.cn/stock/t/20141208/114321021850.shtml
22	2014-12-09 11:40:00	早盘超级资金出逃的前50只个股	证券时报网	http://finance.sina.com.cn/stock/t/20141209/114021031768.shtml
23	2014-12-10 02:10:22	全球竞逐工业4.0领头羊：中国如何实现弯道超车	每日经济新闻	http://finance.sina.com.cn/chanjing/cyxw/20141210/0210210369...
24	2014-12-10 02:12:16	掘金工业4.0 长线布局行业龙头	每日经济新闻	http://finance.sina.com.cn/roll/20141210/021221036940.shtml
25	2014-12-11 11:42:00	早盘超级资金增仓的前50只个股	证券时报网	http://finance.sina.com.cn/stock/t/20141211/114221051736.shtml
26	2014-12-11 11:45:00	早盘游资大单抛售的前50只个股	证券时报网	http://finance.sina.com.cn/stock/t/20141211/114521051738.shtml
27	2014-12-11 15:17:00	今日两市超大账户抢筹的50只个股	证券时报网	http://finance.sina.com.cn/stock/t/20141211/151721053074.shtml
28	2014-12-11 15:20:00	今日两市主力重点关注的50只个股	证券时报网	http://finance.sina.com.cn/stock/t/20141211/152021053078.shtml
29	2014-12-12 16:15:00	下周沪深上市公司重大公告及事项早知道(更新中)	证券时报网	http://finance.sina.com.cn/stock/t/20141212/161521063828.shtml
30	2014-12-12 23:57:13	李昌国解盘友金所布局路径	经济观察报	http://finance.sina.com.cn/roll/20141212/235721065938.shtml
31	2014-12-14 15:10:13	穿越涨停之阔（17）	证券市场周刊...	http://finance.sina.com.cn/stock/t/20141214/151021072183.shtml
32	2014-12-17 14:30:58	用友软件股份有限公司	中国证券报-...	http://finance.sina.com.cn/stock/t/20141217/143021098788.shtml
33	2014-12-21 15:32:39	介山：穿越涨停之阔 下周推荐中国铝业	证券市场周刊...	http://finance.sina.com.cn/stock/marketresearch/20141221/153...
34	2014-12-25 00:59:58	用友软件股份有限公司第六届董事会2014年第十次会议...	中国证券报-...	http://finance.sina.com.cn/stock/t/20141225/005921157846.shtml
35	2014-12-25 15:20:00	今日两市超大账户抢筹的30只个股	证券时报网	http://finance.sina.com.cn/stock/t/20141225/152021164381.shtml

图 20-27 NewsDataCell 变量内容展示

13. 获取期货合约日线数据

函数名称：GetFutureDay_Web。

函数作用：获取某日期货合约日线数据。

函数句柄：[DataCell, StatusOut] = GetFutureDay_Web(DateStr, MarketCode, FuturesCode)。

函数说明：从各期货交易所，比如中金所获取某日期货合约日线数据。

其中，DateStr 为输入的日期，如 DateStr = '20141215'；MarketCode 为交易所代码，如 MarketCode = 'CFFEX'；FuturesCode 为期货品种代码，如 FuturesCode = 'IF'；DataCell 为返回的数据。

测试样例：

```
%% 获取期货交易所某日数据-中金所-IF
DateStr = '20141216';
```

```
MarketCode = 'CFFEX';
FuturesCode = 'IF';
```

运行结果为：

```
[DataCell,StatusOut] = GetFutureDay_Web(DateStr, MarketCode,FuturesCode);
```

运行后 DataCell 返回当日 IF 的所有合约的日数据，如图 20-28 所示。

	1	2	3	4	5	6	7	8	9	10	11	12
1	productid	instrumentid	tradingday	openprice	highestprice	lowestprice	closeprice	openinterest	settlement...	presettlem...	volume	turnover
2	IF	IF1412	20141216	3236.2	3332.8	3235.0	3322.8	80765.0	3301.0	3246.8	1287895	1.2656973...
3	IF	IF1501	20141216	3291.6	3390.6	3283.0	3384.0	104753.0	3359.4	3291.6	496487	4.9627841...
4	IF	IF1503	20141216	3331.2	3448.0	3323.0	3441.2	37982.0	3412.2	3331.2	79302	8.0392016...
5	IF	IF1506	20141216	3347.6	3464.0	3342.2	3460.0	15274.0	3426.8	3347.0	23172	2.3595576...

图 20-28 DataCell 内容展示

相应的批量数据获取和保存函数为：

```
[SaveLog,ProbList,NewList] = SaveFuturesDay(MarketCode,FutureCode,DateList)
```

首次运行后，会在本地 DataBase\Futures 下的相应合约代码下的文件夹（如 DataBase\ Futures\IF\Day_mat）存储一个 IF_Day.mat 文件，保存 IF 从上市日至今所有合约的日线数据，如图 20-29 所示。

4513x12 cell

	1	2	3	4	5	6	7	8	9	10	11	12
1	productid	instrumentid	tradingday	openprice	highestprice	lowestprice	closeprice	openintere...	settlement...	presettlem...	volume	turnover
2	IF	IF1005	20100416	3450.0	3488.0	3413.2	3415.6	2702.0	3431.2	3399.0	48988	5.0538805...
3	IF	IF1006	20100416	3470.0	3517.6	3440.0	3441.6	404.0	3456.2	3399.0	4908	5.1157644...
4	IF	IF1009	20100416	3600.0	3647.8	3505.4	3512.0	182.0	3520.4	3399.0	1730	1.8404976...
5	IF	IF1012	20100416	3618.8	3669.0	3551.2	3557.0	302.0	3565.4	3399.0	2831	3.0426053...
6	IF	IF1005	20100419	3396.0	3398.0	3166.2	3197.4	3954.0	3201.2	3431.2	109733	1.0820641...
7	IF	IF1006	20100419	3420.0	3420.0	3195.2	3218.0	580.0	3223.0	3456.2	8093	8.0415397...
8	IF	IF1009	20100419	3482.2	3482.2	3256.8	3262.0	299.0	3283.6	3520.4	2471	2.5029577...
9	IF	IF1012	20100419	3531.2	3532.0	3308.8	3320.0	287.0	3335.8	3565.4	3315	3.4116119...
10	IF	IF1005	20100420	3209.2	3240.0	3168.8	3214.6	4496.0	3216.6	3201.2	141862	1.3634209...
11	IF	IF1006	20100420	3227.2	3261.0	3198.0	3241.4	615.0	3242.6	3223.0	8005	7.7581114...
12	IF	IF1009	20100420	3268.0	3323.0	3245.2	3292.0	317.0	3292.0	3283.6	1979	1.9487904...
13	IF	IF1012	20100420	3332.2	3370.0	3315.8	3353.0	322.0	3352.2	3335.8	1573	1.5756011...
14	IF	IF1005	20100421	3215.0	3281.2	3208.0	3267.2	5062.0	3266.0	3216.6	114531	1.1126789...
15	IF	IF1006	20100421	3244.2	3307.8	3237.0	3292.8	634.0	3294.0	3242.6	4678	4.5835304...
16	IF	IF1009	20100421	3299.0	3360.4	3276.0	3348.0	260.0	3345.4	3292.0	752	7.4825022...
17	IF	IF1012	20100421	3364.0	3420.0	3351.0	3409.0	363.0	3407.4	3352.2	1062	1.0767371...
18	IF	IF1005	20100422	3260.2	3274.4	3211.0	3236.2	5383.0	3240.0	3266.0	133247	1.2962980...
19	IF	IF1006	20100422	3295.0	3304.2	3244.6	3266.8	653.0	3268.8	3294.0	5281	5.1828640...
20	IF	IF1009	20100422	3345.4	3353.0	3290.2	3316.0	311.0	3320.2	3345.4	932	9.289458E8
21	IF	IF1012	20100422	3404.8	3414.8	3359.4	3387.4	369.0	3388.4	3407.4	847	8.6115654...
22	IF	IF1005	20100423	3241.0	3266.0	3221.0	3221.2	5808.0	3235.6	3240.0	116981	1.1388681...

图 20-29 IF_Day.mat 文件内容展示

14. 获取期货合约每日结算会员成交持仓排名数据

函数名称：GetFutureVolOIRanking_Web.m。

函数作用：获取期货合约每日结算会员成交持仓排名数据。

函数句柄：[DataCell, StatusOut] = GetFutureVolOIRanking_Web(DateStr, FutureCode)。

函数说明：从各期货交易所，比如中金所获取期货合约每日结算会员成交持仓排名数据。

第 20 章 | FQuantToolBox 股票期货数据获取&量化回测工具箱的介绍与使用

测试样例:

```
%% 获取期货结算会员成交持仓排名数据-IF
tic

DateStr = '20141216';
Futurecode = 'if';
```

运行结果为:

```
[DataCell,StatusOut] = GetFutureVolOIRanking_Web(DateStr, Futurecode);

toc
```

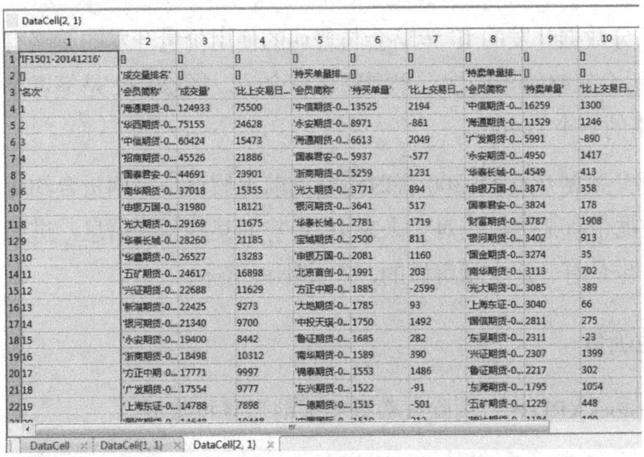

运行后 DataCell 返回当日相关品种各个合约的结算会员成交持仓排名,如图 20-30 所示。

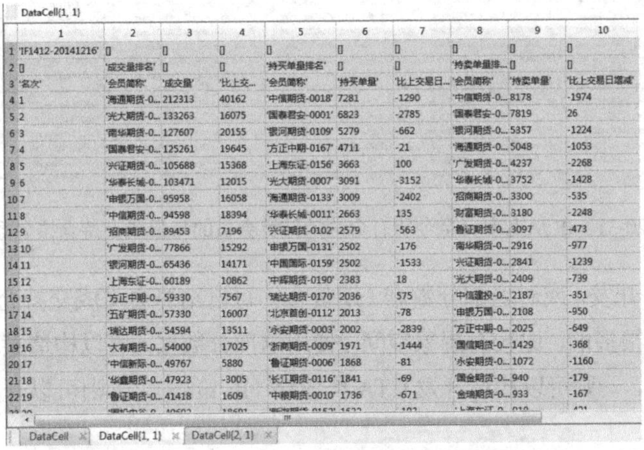

图 20-30 结算会员成交持仓排名数据展示

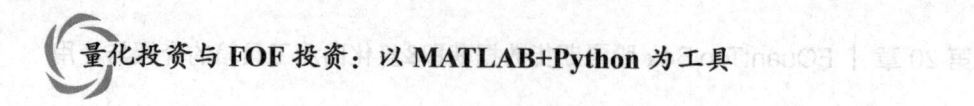

相应的批量数据获取和保存函数为:

```
[SaveLog,DateListOut,ProbList,NewList]
    = SaveFuturesVolOIRankingData(FutureCode,DateList,UpdateFlag)
```

首次运行后,会在本地 DataBase\Futures 下的相应合约代码下的文件夹(如 DataBase\Futures\IF\VolOIRanking)存储一个 IF 从上市日至今所有合约的结算会员的每日成交持仓排名数据,如图 20-31 所示。

图 20-31 IF 从上市日至今所有合约的结算会员的每日成交持仓排名数据

对于策略开发,或对这部分数据(期货合约每日结算会员成交持仓排名数据)可做的事情还是很多的,比较有想象空间。使用这部分数据,可以构造某种意义上的投资者情绪指标,一则可以构造开发 CTA 类策略(IF 策略),二则可以开发对于 HS300 的择时策略。

基于这部分数据开发的 IF 策略会与普通的使用价量开发的策略有异构性,方便提升 CTA 大组合策略的异构性,平滑整体资金流。图 20-32 是笔者基于这部分数据构建的 IF 策略的一个 Demo。

基于这部分数据开发 HS300 择时策略的前提假设是,期货合约每日结算会员成交持仓排名数据带有某些机构对于未来 IF 走势的某些预判信息,进而在某种程度上影响 HS300,也是有一定文章可做的,在此不再赘述。

15. 其他函数

CalculateStockXRD.m:由除权数据生成前后复权数据。

第 20 章 | FQuantToolBox 股票期货数据获取&量化回测工具箱的介绍与使用

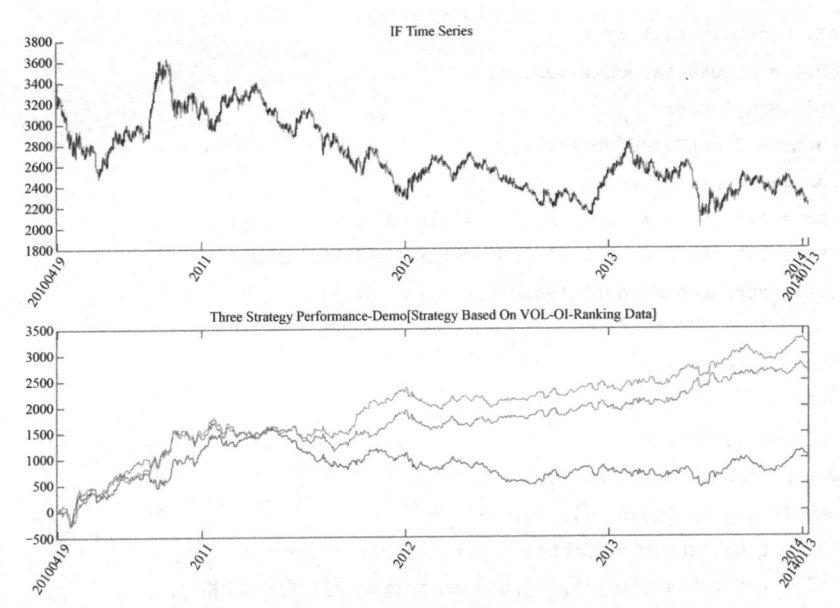

图 20-32　基于结算会员成交持仓排名数据构建的策略

测试样例：

```
%% 参数设置
StockCode_G = '000562'

str = ['全局参数设置完毕！'];
disp(str);
%% 获取股票日线（除权除息）数据测试
StockCode = StockCode_G;

BeginDate = '20140101';
EndDate = '20150101';

[StockDataDouble,adjfactor] = GetStockTSDay_Web(StockCode,BeginDate,EndDate);
%% 进行前复权数据生成

StockData = StockDataDouble(:,1:end);
XRD_Data = [];
AdjFlag = 1;
[StockDataXRD, factor] = CalculateStockXRD(StockData, XRD_Data, AdjFlag);
%% 复权价格plot
scrsz = get(0,'ScreenSize');
figure('Position',[scrsz(3)*1/4 scrsz(4)*1/6 scrsz(3)*4/5 scrsz(4)]*3/4);
```

```
AX1 = subplot(211);
OHLC = StockDataDouble(:,2:5);
KplotNew(OHLC);
Dates = StockDataDouble(:,1);
LabelSet(gca, Dates, [], [], 1);
ind = find( StockCodeDouble == str2double(StockCode) );
str = [StockList{ind,1},'-',StockList{ind,2},'除权价格'];
title(str,'FontWeight','Bold');

AX2 = subplot(212);
OHLC = StockDataXRD(:,2:5);
KplotNew(OHLC);
Dates = StockDataDouble(:,1);
LabelSet(gca, Dates, [], [], 1);
ind = find( StockCodeDouble == str2double(StockCode) );
str = [StockList{ind,1},'-',StockList{ind,2},'前复权价格'];
title(str,'FontWeight','Bold');

linkaxes([AX1, AX2], 'x');
```

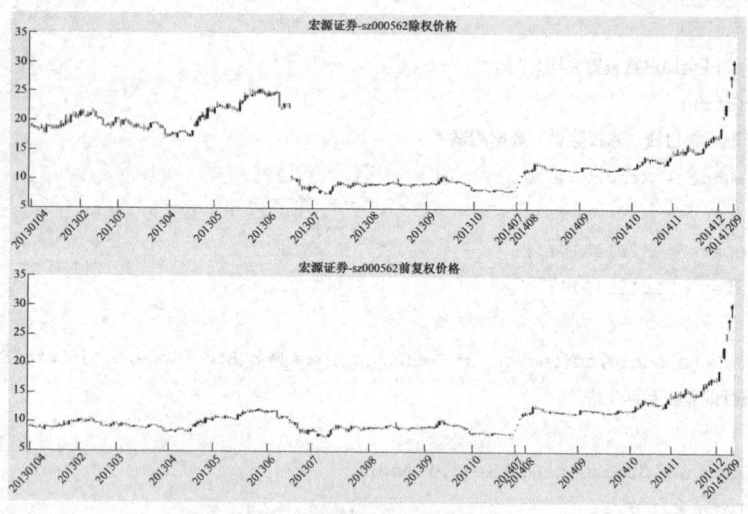

运行结果如图 20-33 所示。

图 20-33 股票数据前复权处理展示

16. 其他说明

FQuantToolBox 工具箱里面共有 4 个 MATLAB 脚本文件：

```
Main_GetStockDataTest.m
Main_GetFuturesDataTest.m
```

第 20 章 | FQuantToolBox 股票期货数据获取&量化回测工具箱的介绍与使用

```
Main_SaveStockData2LocalTest.m
Main_SaveFuturesData2Local.m
```

Main_GetStockDataTest.m 文件用来测试 FQuantToolBox 工具箱里所有以 Get 开头的和股票相关的函数。每个测试代码段在 Main_GetStockDataTest.m 代码中的一个代码小节里（MATLAB 编辑器中的 cell 编程模式可以将代码进行分节），方便查看相关函数的输入/输出。样例如图 20-34 所示。

Main_GetFuturesDataTest.m 文件用来测试 FQuantToolBox 工具箱里所有以 Get 开头的和期货相关的函数。每个测试代码段在 Main_GetFuturesDataTest.m 代码中的一个代码小节里，方便查看相关函数的输入/输出。样例如图 20-35 所示。

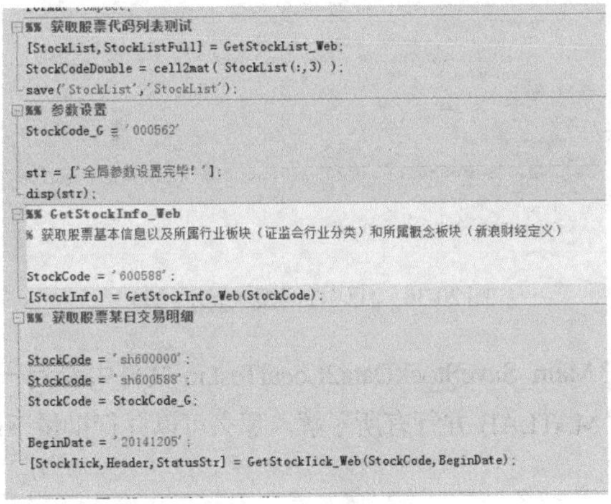

图 20-34 代码样例模块展示（1）

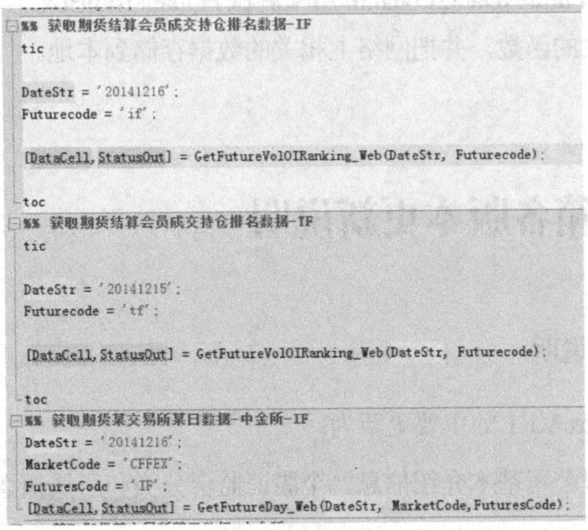

图 20-35 代码样例模块展示（2）

Main_SaveStockData2LocalTest.m 文件用来测试 FQuantToolBox 工具箱里所有以 Save 开头的和股票相关的函数，用来把网络上相关的数据存储到本地。每个测试代码段在 Main_SaveStockData2LocalTest.m 代码中的一个代码小节里，方便查看相关函数的输入/输出。由于全部运行会很耗时，所以每个 cell 设置了一个 run 变量，只需把 run 设置为 1，该 cell 模块即可运行；当 run=0 时，相应的 cell 模块不会运行。样例如图 20-36 所示。

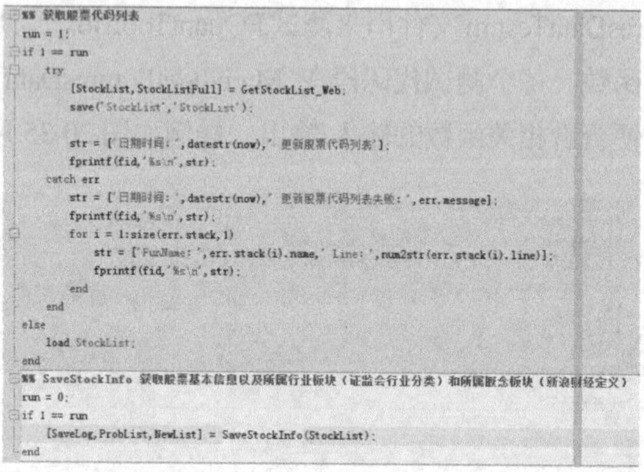

```
%% 获取股票代码列表
run = 1;
if 1 == run
    try
        [StockList,StockListFull] = GetStockList_Web;
        save('StockList','StockList');

        str = ['日期时间：',datestr(now),' 更新股票代码列表'];
        fprintf(fid,'%s\n',str);
    catch err
        str = ['日期时间：',datestr(now),' 更新股票代码列表失败：',err.message];
        fprintf(fid,'%s\n',str);
        for i = 1:size(err.stack,1)
            str = ['FunName: ',err.stack(i).name,' Line: ',num2str(err.stack(i).line)];
            fprintf(fid,'%s\n',str);
        end
    end
else
    load StockList;
end
%% SaveStockInfo 获取股票基本信息以及所属行业板块（证监会行业分类）和所属概念板块（新浪财经定义）
run = 0;
if 1 == run
    [SaveLog,ProbList,NewList] = SaveStockInfo(StockList);
end
```

图 20-36　代码样例模块展示（3）

读者或许会在 Main_SaveStockData2LocalTest.m 文件中看到一些 spmd 并行操作模块，如果读者对 MATLAB 并行有所了解，那么可以并行批量下载相关数据，或忽略该部分代码也可。

Main_SaveFuturesData2Local.m 与 Main_SaveStockData2LocalTest.m 的作用类似，只不过 Main_SaveFuturesData2Local.m 用来测试 FQuantToolBox 工具箱里所有以 Save 开头的和期货相关的函数，并把网络上相关的数据存储到本地。

20.4　工具箱各版本更新说明

1. V1.1 更新说明

FQuantToolBox V1.1 的主要更新为：

（1）增加个股公司基本介绍信息、个股证监会分类和所属概念分类；

（2）增加期货合约日线数据；

（3）增加期货合约每日结算会员成交持仓排名数据。

2. V1.2 更新说明

FQuantToolBox V1.2 的主要更新为：

（1）增加获取上海证券交易所和深圳证券交易所相关指数数据，包括指数代码和名称列表、指数从基期到最新日期的日线数据。

（2）增加获取上市公司公告文件列表数据，以及保存相应文件全本地，基于此类数据可以开发 event-driven 类模型。

（3）增加获取上市公司投资者关系信息（Investor Relations Info）列表数据，以及保存相应文件至本地，基于此类数据可以开发 event-driven 类模型。

（4）数据批量保存函数中的函数读取方式更新为采用 matfile 函数实现（而非之前的 load 方式实现），提高数量批量保存效率。

（5）增加获取百度高级搜索相关内容，可以任意指定个股相关关键词，获取搜索之后的相关词条的时间、来源、URL 链接等内容，且可以指定搜索时间段。

（6）增加获取新浪高级搜索相关内容，可以任意指定个股相关关键词，获取搜索之后的相关词条的时间、来源、URL 链接等内容，且可以指定搜索时间段。

3. V1.3 更新说明

FQuantToolBox V1.3 的主要更新为：更新优化调整了部分核心代码，提高了代码运行速度。

4. V1.4 更新说明

FQuantToolBox V1.4 的主要更新为：

（1）新增沪深两市指数成分股及权重数据获取。

（2）新增数据频率转换（重采样）通用函数。

（3）新增基金数据（历史净值、基金概况、申购赎回、十大持有人等）获取。

（4）新增获取实时分笔数据——针对数据：股票、指数、基金（ETF、分级基金等）、期货。

可以获取沪深两市所有股票、所有指数、所有基金（包括 ETF、分级基金等）、期货（四大期货交易所）所有品种的实时数据，支持多 Ticker 同时获取。

（5）新增舆情文本数据——股票研报列表、摘要数据获取。

（6）新增辅助函数和工具——MATLAB 数据保存成其他格式文件（.csv、.xlsx、.txt 等）通用函数。

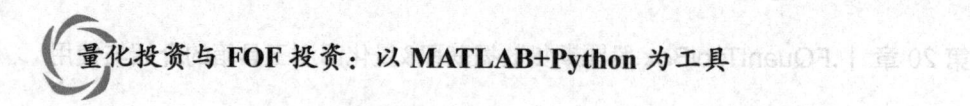

（7）新增辅助函数和工具——MATLAB 发送邮件通用函数。

（8）新增辅助函数和工具——绘制 K 线函数、横轴时间轴设定函数。

以上内容及更多更新测试和详细说明请见 FQuantToolBox 在线帮助文档，地址为 FQuant 网站。

第 21 章 双动量模型在资产配置中的作用

21.1 背景

经历过 P2P 从一时的盛行到衰落，一些做资产配置的人开始认为，长期来看，90%的收益来自资产配置。

资产配置流行的典型标志，是 2017 年以来各种智能投顾的崛起。智能投顾像是一阵风，披上金融科技的外衣，被人工智能和机器学习神话了。

虽然不能稳定盈利，但资产配置仍然是个好东西。总体来说，可以将投资收益分为两个来源：市场贝塔和个券阿尔法。前者来自资产的长期上涨，因此又被称为配置收益或者资产贝塔；后者来自资产内部精选个券，例如价值和动量暴露，又被称为主动收益。资产配置的目标，就是在一篮子资产贝塔中进行分散配置，试图在降低风险的同时获取资产上涨的长期回报。

要做好资产配置，说起来既简单也复杂，关键是以怎样的预期和态度对待。耶鲁捐赠基金领头羊 David·Swensen 对此有过精辟的论述：

Don't try anything fancy. Stick to a simple diversified portfolio, keep your costs down and rebalance periodically to keep your asset allocations in line with your long-term goals.

简单来说，大类资产配置策略可以分为以下几步：投资范围、权重确定、尾部风险控制和持有标的。在选择投资范围时，可以固定持有一篮子资产类型，每类资产按目标权重分配，多多少少都会持有，尽量做到雨露均沾；也可以选择篮子里面的一部分资产，动态切换，这和因子选股的道理一样。

除此之外，即使持有一篮子不同类型的资产，看起来已经足够分散足够安全了，但是遇到金融危机的时候，资产之间的相关性急剧放大，大回撤依然无法避免，典型

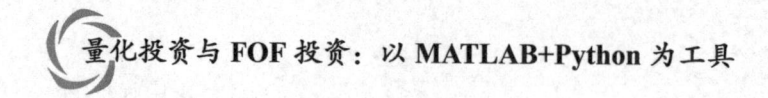

的例子是 2008 年全球金融危机。因此，需要有一个回撤保护器，用来控制尾部风险，尽量减少亏损。

绕了这么一大圈，就回到了本章的主题——用双动量进行战术资产配置（Tactical Asset Allocation，TAA），以实现提高收益、减少回撤的双重功效。具体来说，在横截面上，通过动量因子选择资产，持有前期动量最强的赢家，做到强者更强；在时间序列上，通过趋势跟踪进行择时，一有风吹草动就切换至现金类资产，毕竟"保命"比什么都重要。关于横截面动量（XSMOM）和时间序列动量（TSMOM）相关的文献，这里不再赘述，详情可以阅读微信公众号"因子动物园"中的历史文章。

本章接下来分为三部分，第一部分梳理经典的 TAA 方案，带领大家先学习再创新，站在巨人的肩上前进；第二部分首先检验横截面动量和时间序列动量的有效性，然后设计一个简单又适用的双动量模型；第三部分为总结。

21.2 他山之石

在一些经典的配置方案中，双动量策略被广泛使用，本节对这些经典策略进行回顾，以求"他山之石，可以攻玉"，见表 21-1。

表 21-1 经典 TAA 策略

策　　略	简　　写	来　　源
Robust Asset Allocation	RAA	Alpha Architect
CITIC Multi Asset	CMA	中信证券
Global Tactical Asset Allocation	GTAA	Faber（2007, 2010）
Adaptive Asset Allocation	AAA	ReSolve
Global Equities Momentum	GEM	Antonacci（2014）
Composite Dual Momentum	CDM	Antonacci（2012）
Diversified Dual Momentum	DDM	Hoffstein（2019）
Accelerating Dual Momentum	ADM	Hanly（2018）
Protective Asset Allocation	PAA	Keller 和 Keuning（2016）
Vigilant Asset Allocation	VAA	Keller 和 Keuning（2017）
Defensive Asset Allocation	DAA	Keller 和 Keuning（2018）
Active Combined Asset	ACA	Stoken（2011）
Mozaic 指数	Mozaic	J.P. Morgan

数据来源：CQR

21.2.1 鲁棒资产配置（Robust Asset Allocation）

Alpha Architect 是一家研究型资产管理公司，提倡透明、系统化和实证支持的投资方式，目前管理规模为 8.3 亿美元，在资产配置方面追求简单易懂，设计了一个稳健资产配置方案（Robust Asset Allocation，RAA）。

RAA 的构造分为 4 步：资产选择、权重分配、证券选择和回撤控制。

资产选择方面，RAA 包含三种类型：股票型、债券型和实物商品。其中股票分为美国股票和国际股票，债券为美国中长期国债，实物商品包括房地产和大宗商品。

权重分配方面，Alpha Architect 认为，复杂可能并不会带来更多的好处，保持简单的快乐就好。因此，其并没有使用花哨的优化方法，而是采用固定权重法。根据不同的风险偏好水平，分为平衡型（Balanced）、稳健型（Moderate）和进取型（Aggressive），每类方案的权重如表 21-2 所示。

表 21-2 RAA 权重分配

风险类型	股票类	债券类	实物商品
平衡型	40.00%	20.00%	40.00%
稳健型	60.00%	20.00%	20.00%
进取型	80.00%	10.00%	10.00%

数据来源：Alpha Architect

在股票资产上，并没有选择传统的宽基指数，而是进行了因子暴露。根据 Asness、Moskowitz 和 Pedersen（2013）的研究，价值和动量无处不在，长期能带来显著的超额收益，并且两者相关性为负，RAA 选择配置这两个因子。具体来说，每个股票市场（美国和非美国），分别配置 50% 的动量因子组合和 50% 的价值因子组合，以获取市场贝塔之外的超额收益。

最后，即使选择了多资产分散配置，也难以避免危机时的大回撤，因此需要另辟蹊径。好在，趋势跟踪具有回撤保护的功能。在每个资产类型上，选用 12 个月时间序列动量（TSMOM）和 12 个月移动平均（MA），如果两者均看空，则仓位为 0；如果两者均发出看多信号，则为 100% 的仓位；如果一个看多一个看空，则为 50% 的仓位。

表 21-3 展示了稳健性方案的长期表现，其中 RAA 为最终方案，RAA Simple Val/Mom 为不加入回撤保护的版本，RAA Simple 为不加入回撤保护和因子暴露的版本。可以看到，如果不考虑因子暴露和回撤控制，RAA 和美股股市相比提高并不明显；考虑动量和价值后，收益改善明显，但最大回撤依然不小；加入趋势跟踪择时后，

虽然没有增厚多少收益，但是最大回撤一下子从 46.86%减少到 15.42%，夏普比率也从 0.76 提升至 1.07。

表 21-3　RAA 稳健方案长期表现

Summary Statistics	RAA	RAA Simple Val/Mom	RAA Simple	US Stocks	Int'l Stocks	REIT	Comm.	Bonds
CAGR	11.78%	11.62%	7.76%	10.26%	5.38%	10.87%	0.64%	6.60%
Sharpe Ratio	1.07	0.76	0.53	0.59	0.26	0.52	0.03	0.72
Worst Drawdown	−15.42%	−46.86%	−43.90%	−50.21%	−56.68%	−68.30%	−80.90%	−6.40%

数据来源：Alpha Architect

21.2.2　中信大类资产趋势策略指数（CSI CITIC Multi Asset Trend Index）

中信大类资产趋势策略指数，英文名为 CSI CITIC Multi Asset Trend Index（CMA），由中信证券开发设计，通过动态选择资产类型和分配权重，实现全球资产配置。CMA 策略的构建可以拆分为两个步骤：资产选择和权重分配。

在资产选择层面，采用动量因子进行排序筛选。首先，基础资产池共有 8 个子资产，包括沪深 300、中证 500、标普 500、德国 DAX、中国 5 年期国债、美国 7~10 年期国债、黄金和原油。其次，每个月计算所有资产的 6 个动量因子，这 6 个动量因子的定义如表 21-4 所示。

表 21-4　CSI CITIC 动量因子

动 量 因 子	计 算 方 法
Mom 1M	最近 20 个交易日累计收益率
Mom 6M	最近 120 个交易日累计收益率
SMA 1M	最近 20 个交易日日收益率均值
SMA 6M	最近 120 个交易日日收益率均值
RA 6M	最近 120 个交易日累计收益率/最近 120 个交易日日收益率标准差
SMA2VOL 6M	最近 120 个交易日日收益率均值/最近 120 个交易日日收益率标准差

数据来源：中证指数

接着，按每个动量因子分别进行排序，以平均排序作为综合动量因子。最后，根据综合动量因子，选取排名前 5 的资产进行配置。

在权重的分配上，完全采用风险平价策略，以使得单一资产对组合的风险贡献尽量相等。另外，在做组合优化时，限制单一资产不超过 50%，避免权重过度集中。

图 21-1 和表 21-5 展示了 CITIC Multi Asset 策略的表现。可以看到，CITIC 十分稳健，收益和风险均优于沪深 300。

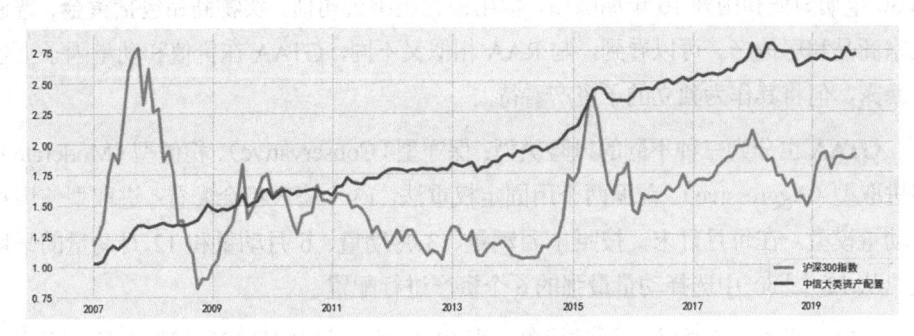

图 21-1 CSI CITIC 累计表现

数据来源：中证指数，Wind

表 21-5 CSI CITIC 表现

	沪深 300 指数	中信大类资产配置
annual_return	3.89%	7.92%
annual_volatility	30.62%	7.05%
sharpe_ratio	0.32	1.15
max_drawdown	70.75%	6.70%
omega_ratio	−1.29	−2.55
calmar_ratio	0.14	1.2
sortino_ratio	0.48	2.2

数据来源：中证指数，Wind

21.2.3 全球战术资产配置（Global Tactical Asset Allocation）

Faber 是一个大网红，是 Cambria 投资管理公司的联合创始人，写有 *The Ivy Portfolio: How to Invest Like the Top Endowments and Avoid Bear Markets* 和 *A Survey of the World's Top Asset Allocation* 等多本通俗易懂的读物，活跃在资产配置和投资策略领域。

Faber 在其两篇白皮书中，利用横截面动量和时间序列动量，设计了一套全球资产配置方案（Global Tactical Asset Allocation，GTAA）。可以将 GTAA 分为三个步骤，包括资产选择、权重分配和回撤控制。

资产选择上，GTAA 考虑股票、利率债、信用债和实物商品 4 个大类资产，一共 13 个子资产。其中股票包括美国大盘价值股、美国大盘动量股、美国小盘价值股、美国小盘动量股、国外发达市场和国外新兴市场等，利率债包括美国 10 年期国债、美国 30 年期国债和国外 10 年期国债，信用债为美国公司债，实物商品包括黄金、普通大宗商品和房地产。可以看到，与 RAA 相似又不同，GTAA 在价值和动量因子上也有暴露，但将其作为独立的子资产看待。

GTAA 也分为三种不同的风险类型：保守型（Conservative）、稳健型（Moderate）和进取型（Aggressive）。前面两个用固定权重法，13 个资产都会配置；进取型使用相对动量模型，在每月月末，按照 1 月动量、3 月动量、6 月动量和 12 月动量的平均值，从 13 个资产中选择动量最强的 6 个资产进行配置。

GTAA 的权重分配方式异常简单，表 21-6 列出了保守型和稳健型下各个资产的配置比例，进取型选出来的 6 个资产完全等权重。可以看到，保守型的方案低风险类资产权重更大，稳健型方案低风险资产的权重更大。GTAA 的权重分配方案，完美阐释了什么叫淳朴。

表 21-6 GTAA 的权重分配

资产类型	保守型	稳健型
美国大盘价值股	3.75%	5.00%
美国大盘动量股	3.75%	5.00%
美国小盘价值股	3.75%	5.00%
美国小盘动量股	3.75%	5.00%
国外发达市场	7.50%	10.00%
国外新兴市场	7.50%	10.00%
美国 10 年期国债	10.00%	5.00%
美国 30 年期国债	10.00%	5.00%
国外 10 年期国债	10.00%	5.00%
美国公司债	10.00%	5.00%
黄金	7.50%	10.00%
普通大宗商品	7.50%	10.00%
房地产	15.00%	20.00%

数据来源：Faber

在回撤控制上，GTAA 采用趋势跟踪进行择时，当资产价格低于其 10 个月移动平均线时，未来下行概率较大，为了减少损失，此时应该平掉该资产，转向现金等资产。

21.2.4 自适应资产配置策略（Adaptive Asset Allocation）

自适应资产配置策略（Adaptive Asset Allocation，AAA）由加拿大的 ReSolve 资产管理有限公司提出，通过相对动量和权重优化，动态构造组合。

AAA 的设计只有两个步骤：资产选择和确定权重。

首先，AAA 的原始资产池里有 10 个资产，包括美国股市、欧洲股市、日本股市、新兴市场股票、美国中期国债、美国长期国债、大宗商品、黄金、美国房地产和国际房地产。实际组合在构造时，不会纳入所有 10 个资产，而是选择 6 个月动量最强的 5 个资产进入目标池。

然后，在确定 5 个资产的权重时采用的是最小方差法，以追求整个组合实现波动率最小化。

从两个方面可以看出 AAA 的自适应特征。第一，采用横截面动量因子动态选择资产类型，追求赢者恒赢；第二，追求组合的波动最小化，将资产变化的波动率和资产之间时变的相关性考虑了进来。

21.2.5 全球权益动量（Global Equities Momentum）

GEM 是 Global Equities Momentum（全球权益动量）的意思。GEM 同时运用横截面动量和时间序列动量，在权益类资产中进行配置，又被称为传统双动量策略（Traditional Dual Momentum）。Antonacci 提出了三个有意思的动量策略（GEM、GBM 和 DMSR），是动量模型的长期拥趸者，提倡简单实用的投资策略。

GEM 策略的构造分两步：资产选择和市场择时。

从 GEM 的名字也能看出，其投资范围只限于权益类资产，而且只有 ACWI ex-US 和美国股票两类。ACWI 为全球股票指数，全称为 MSCI All Country World Index，包含 24 个发达国家和 21 个新兴市场国家，ACWI ex-US 为 ACWI 将美国剔除后的指数。在进行实际资产选择时，从 ACWI 的两个成分（ACWI ex-US 和 S&P500）中，选择 12 个月动量最强的一个进行配置。

择时使用趋势跟踪模型，当股票超额收益率小于 0 时就持有美国综合债券指数。需要注意的是，GEM 在进行择时时，无论是持有 ACWI ex-US 还是 S&P500，信号都是基于 S&P500 指数的 12 月收益率，因为根据 Rapach、Strauss 和 Zhou（2013）的研究，美国股市具有全球领先功能。

最后，按照不同的风险类型，GEM 有三个版本：进取型、稳定型和保守型。进取型使用 1.3 倍的杠杆，通过融资 30% 来增加收益；稳定型即原始版本，全资金投入，不加任何杠杆；保守型只使用 70% 的资金投资 GEM，剩下的 30% 投资美国综合债券指数。

表 21-7 展示了 GEM 从 1974 年到 2013 年的表现。年化收益率高达 17.43%，最大回撤 22.72%，优于单一的相对动量和绝对动量策略，远远高于股票市场和股债组合。

表 21-7 GEM 表现（1974—2013）

	GEM	Relative Momentum	Absolute Momentum	ACWI	70%ACWI+30%AGG
年化收益	17.43%	14.41%	12.66%	8.85%	8.59%
年化波动	12.64%	16.20%	11.93%	15.56%	11.37%
夏普比率	0.87	0.52	0.57	0.22	0.28
最大回撤	22.72%	53.06%	23.76%	60.21%	45.74%

数据来源：Antonacci（2014）

21.2.6 综合双动量模型（Composite Dual Momentum）

GEM 只考虑权益类资产，因为 Antonacci 认为权益类的长期表现相当不错，从收益的角度来看极具吸引力。只考虑权益不够分散，Antonacci（2012）还搞了一个综合双动量模型（Composite Dual Momentum，CDM），以纳入更多的资产类型。

CDM 将资产类型分为 4 类，每一类里包括两个资产，如表 21-8 所示。

表 21-8 CDM 资产类型

大 类	小 类
股票类	美国股票和国际股票
信用债	美国公司债和美国高收益债
房地产	权益类 REITs 和抵押式 REITs (Mortgage REITs)
避险类	黄金和美国长期国债

数据来源：Antonacci（2014）

在每一个大类中分别应用双动量策略。具体来说，在每月月末选择 12 个月动量最强的一个小类资产进行配置，如果该资产 12 月超额收益（相对于短期国债）小于 0，则持有短期国债。也就是说，利用横截面动量二选一确定目标持仓，同时利用时间序列动量进行择时减少回撤幅度。

最后，将 4 个双动量模型等权重结合，就构成了最终的综合双动量模型。

可以这么理解，CDM 分为两步：第一步，将资金均分为 4 份，每一份对应一个资产大类，每月进行再平衡；第二步，在每个资产大类中，从两个小类资产和短期国债中，选择过去 12 个月收益最大的进行配置。

21.2.7 分散的双动量模型（Diversified Dual Momentum）

Hoffstein（2019）在其博文中，反思了 GEM 的脆弱性，提出了更为分散的双动量模型（Diversified Dual Momentum，DDM）。

Hoffstein 认为，GEM 只使用 12 个月动量，参数不够分散，甚至有挑选最好参数的嫌疑。为了弱化这个问题，Hoffstein 建议将参数打散，放弃单一参数，选择 6 个月、7 个月、8 个月、9 个月、10 个月、11 个月和 12 个月，一共 7 组参数，进行等权重配置，年度再平衡。

测试结果表明，DDM 模型依然能获得令人满意的收益，同时最大回撤进一步降低。

21.2.8 加速双动量（Accelerating Dual Momentum）

Accelerating Dual Momentum（ADM）本质上就是 GEM，只是在细节上有一些差异，由 EngineeredPortfolio 网站的创立者 Hanly 于 2018 年提出。

之所以对 GEM 进行改造，出于以下三个原因。

（1）用 12 个月的收益选择资产和择时，有点太漫长了，有可能一建仓趋势就结束了。

（2）没有考虑趋势本身的势能，例如，资产 A 虽然动量强于资产 B，但是资产 B 的上涨看起来更强劲。

（3）由于美国股票和国际大盘股票的相关性本来就很高，GEM 很难做到真正的分散风险。

改造主要从两个地方入手：资产选择和动量定义。

资产选择方面，ADM 抛弃了大盘国际股票，换成了小盘国际股票，试图降低和美国股票的相关性。

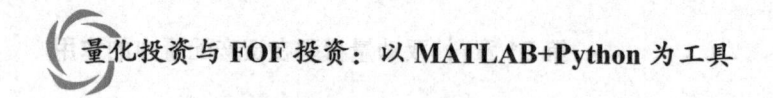

因子计算上，ADM 使用 1 个月、3 个月和 6 个月收益率之和作为动量因子。首先，相比于 GEM，ADM 使用了更短的计算周期，信号产生更加灵敏，同时换手率也更高；其次，由于使用了三个周期，能在一定程度上体现动量加速（Accelerating）。例如，资产 A 虽然过去 6 个月的收益高于资产 B，但是因为资产 B 最近 3 个月和最近 1 个月的涨幅更多，所以资产 B 看起来势头更猛，因此综合来看会持有资产 B。

21.2.9 保护型资产配置（Protective Asset Allocation）

Protective Asset Allocation（PAA）是一个看起来比较另类实际上还是双动量的配置方案。具体来说，可以将 PAA 的构造过程划分为两个部分：计算安全资产比例和确定风险资产组合。

从风险的角度来看，PAA 将资产分为风险资产和安全资产，风险资产包括 S&P500、纳斯达克、罗素 2000 小盘股、欧洲股票、日本股票、新兴市场股票、REITs、大宗商品、黄金、高收益债、投资级债券和长期国债共 12 个，安全资产选用 7~10 年中期国债。

在每月月末 t，计算所有风险资产的动量因子。区别于常见的 12 个月收益率，PAA 采用当前价格相对于 12 个月平均价格的收益率作为动量因子，即

$$\text{Mom}_t^i = \frac{P_t^i}{MA_{t-12,t}^i} - 1$$

紧接着，统计 12 个资产中动量因子大于 0 的个数 n，那么安全资产的权重由下式决定：

$$BF = \frac{12-n}{12-\text{tolerance}}$$

式中 tolerance 为容忍度，表示 12 个资产中只要有 tolerance 个动量因子小于 0，那么就 100%持有安全资产。例如，tolerance 为 6 时，表示只要有 6 个风险资产动量小于 0，就全面开启保护模式，此时 BF 等于 1，表示 100%的仓位持有中期国债；当有 8 个风险资产动量因子大于 0 时，BF 等于 0.6667，表示持有 66.67%的国债和 33.33% 的风险资产组合；如果 12 个风险资产全部动量为正，此时 BF 等于 0，全部资金配置风险资产。也就是说，风险资产和安全资产之间的配置比例是动态变化的，当行情欣欣向荣时，大多数资产都在上涨，此时风险资产占比较高；当全球危机到来时，大多数资产崩盘下跌，此时安全资产的权重较高甚至为 100%。

确定风险资产的比例后，如果该比例不为 0，那么选动量因子最大的 Top 个资

产等权重持有即可。需要注意的是,如果 Top 个资产里有动量小于 0(Top>n)的,此时只将动量因子大于 0 的 n 个资产纳入,等权构成风险资产部分。

上述方案涉及两个核心参数 tolerance 和 Top,经过样本内和样本外测试,Keller 和 Keuning(2016)建议两个参数均为 6。和 Faber 的 GTAA 相比,这种方案本质上引入了更多的参数和更复杂的交易规则,表现更好也是理所应当的。

利用 1970 年到 2015 年共 45 年的数据进行回撤,结果如表 21-9 所示。相比于 60/40 组合和 S&P500,PAA 具有碾压式优势;和传统的双动量相比,即使年化收益率低约 1%,但 PAA 的风险更低,最大回撤只有 10.40%,明显好于双动量的 25.40%,如表 21-9 所示。

表 21-9 PAA 表现

	年化收益率	年化波动率	最大回撤	夏普比率
PAA	13.70%	8.60%	10.40%	1.02
Dual Momentum	14.80%	11..50%	25.40%	0.86
60/40	9.70%	10.00%	29.50%	0.48
S&P500	10.30%	15.20%	50.80%	0.36

数据来源:Keller 和 Keuning(2016)

21.2.10 警惕型资产配置(Vigilant Asset Allocation)

Keller 和 Keuning(2017)觉得 PAA 的收益不够高,于是对 PAA 进行了一些改造,设计了一个收益和风险更高的方案。Keller 和 Keuning(2017)将其命名为 Vigilant Asset Allocation(VAA)。

首先,在计算动量因子时,结合多个周期,并且给予短期动量因子更大的权重。具体来说,VAA 使用的动量因子计算方法为:

$$\text{Mom}_t^i = \frac{12p_t}{p_{t-1}} + \frac{4p_t}{p_{t-3}} + \frac{2p_t}{p_{t-6}} + \frac{p_t}{p_{t-12}}$$

也就是说,动量因子由 1 月、3 月、6 月和 12 月动量加权构成,权重分别为 12/19、4/19、2/19 和 1/19。

然后,确定安全资产的权重。假设在组合构造日 t,有 b 个资产动量小于 0,容忍度为 tolerance,那么安全资产的权重为 B/tolerance。例如,投资范围内有 12 个资产,容忍度为 4,只要有 1 个资产动量小于 0,那么安全资产的比例就为 1/4;如果有 4 个资产(及以上)动量小于 0,则安全资产的比例就应该为 100%。

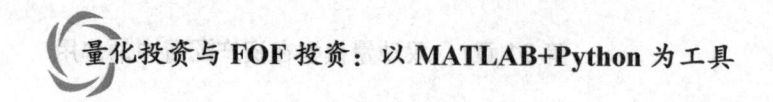

接着，风险资产的权重为 1-B/tolerance，并均分给动量因子最大的 Top 个资产。例如，假设 Top=3，12 个资产中动量因子为负的个数等于 1，容忍度为 4，那么最终分配比例为：安全资产 25%、三个风险资产比例分别为 25%。

和 PAA 相比，VAA 主要有以下不同：第一，动量因子计算不同，VAA 采用收益率加权的方式，而 PAA 采用当前价格相对于 12 个月平均价格的涨跌幅，前者对最新的信息反应更快；第二，在确定安全资产时，VAA 也采用相对动量，从短期国债、中期国债和长期国债中选择最强的持有；第三，VAA 的容忍度一般较小，Keller 和 Keuning（2017）的测试表明，12 个资产时建议容忍度设为 4，4 个资产时建议容忍度设为 1，因此 VAA 比 PAA 更加警惕，一有风吹草动就持有安全资产；第四，VAA 风险资产持仓更加集中，在 12 个资产时 Top 为 2，在 4 个资产时 Top 为 1，在损耗分散度的同时能增加组合收益。

除了动量因子的定义，VAA（以及 PAA）和传统的双动量策略最大的不同在于回撤保护模块。传统双动量各个品种是相互隔离的，在选出来的 Top 个品种中，是否持有某个品种由其时间序列动量因子确定，与其他品种无关；VAA（PAA）则不同，其将所有资产看成一个总体，持有多少风险资产由容忍度和负动量资产个数决定，即使所有 Top 资产均具有正动量，也可能持仓为 0。

21.2.11 防御型资产配置（Defensive Asset Allocation）

Keller 和 Keuning 在资产配置的路上已经"走火入魔"了，在 2018 年又搞了一个 Defensive Asset Allocation（DAA），用于解决 VAA 过于敏感的问题，以减少切换至安全资产的频率。

DAA 几乎和 VAA 一样，唯一的不同在安全资产权重的确定上。VAA 通过统计风险资产中动量为负的个数，来确定安全资产的比例；DAA 也类似，不过是从另外一个更小的范围观察，而不是针对所有风险资产。Keller 和 Keuning 将这个范围命名为 canary，包含新兴市场和债券市场两个资产。

虽然从结果来看 DAA 改进了 VAA，但笔者认为这种改进是以增加条件和复杂度为前提的，以后样本外是否能更有效充满了变数。所以还是那句话，大道至简，复杂并不一定能增加价值。

21.2.12 主动型混合资产配置（Active Combined Asset）

Active Combined Asset（ACA）由 Stoken（2011）在其著作 *Survival of the Fittest for Investors: Using Darwin's Laws of Evolution to Build a Winning Portfolio* 中提出，本质上是一个通道突破型的趋势跟踪策略。ACA 的构造可以简单分为三步：资产选择、信号规则和权重分配。

首先，选择三个风险资产：美国股市、美国房地产和黄金。避险资产均为美国中期或长期国债。

其次，每个交易日观察信号，交易规则为经典的唐奇安通道。具体为，若资产价格突破了其 N 个交易日的最高价，则发出看多信号持有该资产；若资产价格跌破了其 N 个交易日的最低价，则平多转向国债。在原著作中，看多和平多时回看窗口 N 不一样，虽然看起来合理但也增加了拟合的嫌疑。

最后，三个资产等权重配置，每年进行一次再平衡。

ACA 是一个典型的趋势跟踪模型，唯一的不足是不能做空。好在所选的底层资产长期预期收益为正，获得了不错的长期收益，做空也未必是件好事，历史上来看 ACA 整体表现还不错。

21.2.13 Mozaic 指数

Mozaic 指数是由 J.P. Morgan 设计编制的，基于期货运营跟踪，长期表现非常稳健，由资产选择、权重计算和止损系统构造而成。

首先，Mozaic 指数涉及的资产种类繁多，一共有 15 个底层资产。权益类包括美国大盘股（S&P500）、美国小盘股（纳斯达克100）、中小盘股（罗素2000）、日本股市、德国股市和英国股市；债券类包括美国短期国债、美国中期国债、美国长期国债、德国长期国债、英国长期国债和日本长期国债；商品类包括能源、工业金属和贵金属。

其次，根据动量因子，每月动态选择持仓资产。具体来说，在每月月末，计算所有 15 个资产的 6 个月收益率，选择动量效应最强的 9 个资产作为目标资产。

然后，分别计算 9 个资产 1 个月、3 个月和 6 个月波动率，取其最大值作为该资产的实现波动率。9 个资产的初始权重由目标波动率模型计算，计算方法为：

$$\omega_i = \frac{1}{9} \times \frac{\sigma_{tgt}}{\sigma_i}$$

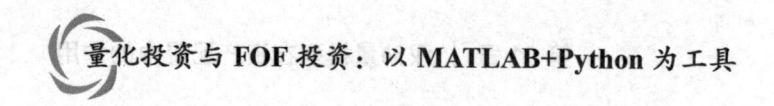

式中 σ_i 为资产 i 的实现波动率，σ_{tgt} 为组合目标波动率，在 Mozaic Ⅱ 中目标波动率等于 4.2%。接着，按照组合杠杆限制和单资产限制，对初始权重进行调整，得到最终的持仓权重。

最后，为了减少回撤，Mozaic 还包含一个止损系统，基本规则为当指数回撤一定幅度时，按比例减少一定的仓位，具体细节可以看编制方案。

21.3 可以攻玉

双动量策略往往要求月度再平衡，属于较为灵活的交易型策略，因此通过场外公募基金进行配置并不划算，只能通过场内 ETF 进行。好在目前活跃的场内 ETF 资产类型已经较为丰富，不至于产生巧妇难为无米之炊的局面。

目前 A 股投资者可以接触到的资产类型及对应 ETF 如表 21-10 所示。

表 21-10　资产类型及对应 ETF

资产类型	ETF	跟踪指数
A 股	300ETF（510300.SH）	沪深 300 指数
A 股	500ETF（510500.SH）	中证 500 指数
利率债	国债 ETF（511010.SH）	上证 5 年期国债
美股	标普 500（513500.SH）	标普 500 指数
美股	纳指 ETF（510100.SH）	纳斯达克指数
港股	恒生 ETF（159920.SZ）	恒生指数
日本股市	日经 225（513880.SH）	日经 225 指数
德国股市	德国 30（513030.SH）	德国 DAX 指数
黄金	黄金 ETF（518880.SH）	SGE 黄金 9999

数据来源：CQR

21.3.1　数据

为了有足够的数据样本，本节均采用指数数据进行测试，各类资产对应的指数如表 21-11 所示。

表 21-11　数据来源

资产类型	跟踪指数	数据来源
A 股	沪深 300 指数	Wind
A 股	中证 500 指数	Wind
利率债	中债国债总财富指数（3～5 年）	Wind 和 RESSET
美股	标普 500 指数	Wind
美股	纳斯达克指数	Wind
港股	香港恒生指数	Wind
日本股市	日经 225 指数	Wind
德国股市	德国 DAX 指数	Wind
黄金	伦敦黄金现货价格（美元计价）	Wind

数据来源：CQR

有几点需要注意。首先，除了 A 股和利率债以外，其他指数均是用外币计价的，本节用原始指数进行测试，不考虑汇率波动的影响，假设完全免疫汇率风险。其次，国债数据从 2002-01-04 开始才有数据，之前的数据用无风险收益率填充，无风险收益率来自锐思（RESSET）；沪深 300 指数 2002 年才有数据，2002 年前的数据用 Wind 全 A 收益率填充，中证 500 不做处理。最后，所有股票数据均是价格指数，而不是全收益指数，没有考虑分红再投资的影响。

除了无风险收益率数据，其他数据均来自 Wind，数据起始日为 1998-01-01，截止日期为 2019-06-30。由于需要样本计算动量因子，因此实际研究起始日期为 1999-07-01，刚好 20 年。

21.3.2　基本统计

在正式测试之前，先来熟悉一下上面的 9 个资产类型。

图 21-2 展示了各类资产长期累积走势，表 21-12 计算了每类资产的风险收益指标，图 21-3 展示了资产之间的月收益率相关系数，从中可以看到：

- 各类资产长期收益为正，风险越大收益越大，具有长期配置价值；
- 单一资产价格存在波动，尤其是风险资产，最大回撤幅度较大；
- 总体来说，资产之间相关性较低，利于风险分散，避免鸡蛋放在同一个篮子里；
- 资产走势呈现东边不亮西边亮的特点，在任何时期都不乏投资机会。

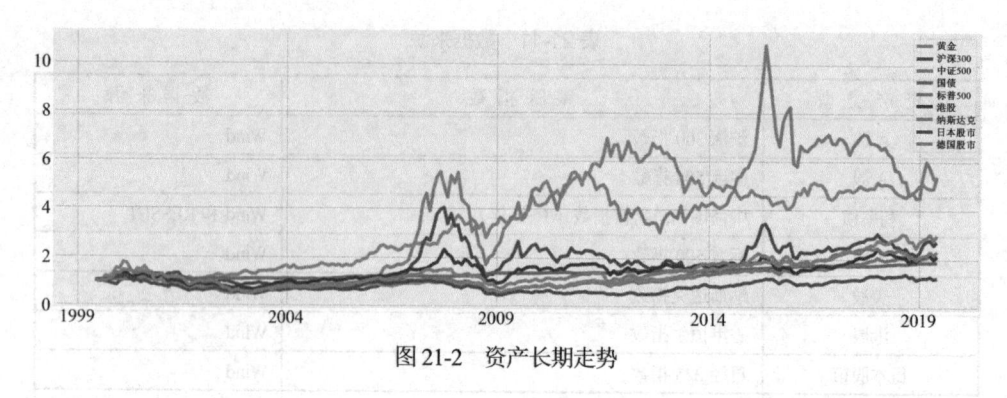

图 21-2　资产长期走势

数据来源：Wind，RESSET，CQR

表 21-12　资产的风险收益指标

	黄金	沪深 300	中证 500	国债	标普 500	港股	纳斯达克	日本股市	德国股市
annual_return	8.91%	5.47%	11.57%	3.16%	4.05%	3.94%	5.71%	0.88%	4.54%
annual_volatility	16.93%	28.14%	34.29%	2.27%	14.81%	20.96%	22.42%	19.11%	20.53%
sharpe_ratio	0.58	0.32	0.51	1.38	0.33	0.28	0.36	0.15	0.31
max_drawdown	41.44%	70.75%	69.27%	2.83%	52.56%	59.88%	74.47%	62.79%	68.29%
omega_ratio	-1.56	-1.28	-1.48	-3.12	-1.29	-1.24	-1.32	-1.12	-1.27
calmar_ratio	0.24	0.13	0.25	1.11	0.09	0.1	0.11	0.05	0.09
sortino_ratio	0.97	0.49	0.82	2.87	0.47	0.41	0.51	0.2	0.44

数据来源：Wind，RESSET，CQR

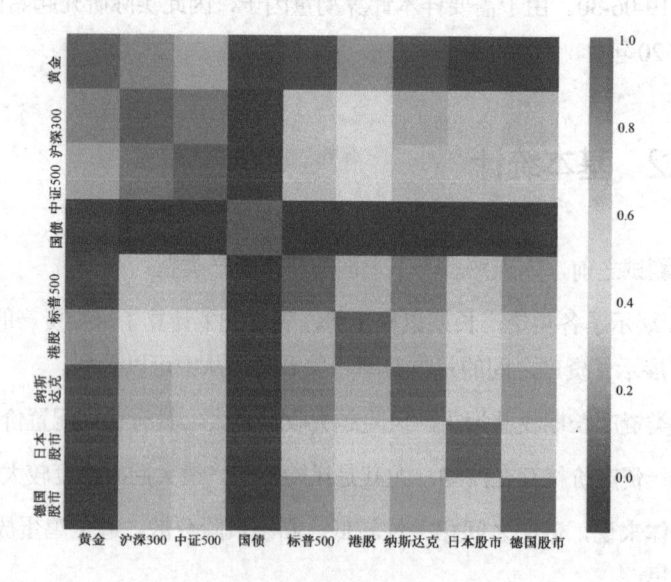

图 21-3　资产月收益率相关系数

数据来源：Wind，RESSET，CQR

21.3.3 横截面动量

动量因子无处不在,在资产层面也不例外,从上面各种双动量模型可见一斑。接下来在 9 类资产中分别构建 1 个月、3 个月和 12 个月动量组合。

具体来说,在每个月月末,计算每类资产过去 N 个月的日收益率,选择收益率最高的 k 个资产持有。这里 N 取 1、3 和 12,k 取 1、2、3、4、5、6 和 7。为了对比,构造一个基准组合,在每月月末,等权重持有所有资产,并进行月度再平衡。组合结果见表 21-13。

表 21-13 动量因子组合表现

	1	2	3	4	5	6	7	等权重组合
Panel A:1 个月动量									
annual_return	17.88%	15.27%	10.15%	8.06%	6.99%	7.01%	6.79%	6.21%
annual_volatility	23.13%	19.24%	17.17%	15.41%	14.51%	13.75%	13.52%	13.35%
sharpe_ratio	0.83	0.84	0.65	0.58	0.54	0.56	0.56	0.52
max_drawdown	44.01%	36.06%	40.58%	44.06%	45.75%	42.13%	42.80%	42.28%
omega_ratio	−2.05	−1.99	−1.67	−1.56	−1.51	−1.53	−1.52	−1.48
calmar_ratio	0.44	0.45	0.28	0.2	0.17	0.18	0.18	0.16
sortino_ratio	1.53	1.55	1.06	0.92	0.83	0.84	0.81	0.74
Panel B:3 个月动量									
annual_return	14.57%	11.47%	11.24%	8.56%	7.79%	7.63%	6.68%	6.21%
annual_volatility	25.53%	20.74%	17.22%	15.23%	14.08%	13.46%	13.07%	13.35%
sharpe_ratio	0.66	0.63	0.71	0.62	0.6	0.62	0.56	0.52
max_drawdown	56.61%	44.54%	41.46%	41.82%	37.81%	40.01%	39.58%	42.28%
omega_ratio	−1.77	−1.69	−1.77	−1.63	−1.59	−1.6	−1.53	−1.48
calmar_ratio	0.3	0.29	0.29	0.22	0.23	0.21	0.19	0.16
sortino_ratio	1.14	1.09	1.18	0.97	0.94	0.93	0.82	0.74
Panel C:12 个月动量									
annual_return	6.63%	13.15%	9.78%	10.06%	8.45%	8.07%	7.10%	6.21%
annual_volatility	25.29%	22.03%	17.37%	15.62%	14.63%	13.87%	13.77%	13.35%
sharpe_ratio	0.38	0.67	0.63	0.69	0.63	0.63	0.57	0.52
max_drawdown	57.75%	44.73%	40.46%	38.41%	40.39%	41.60%	45.81%	42.28%
omega_ratio	−1.38	−1.78	−1.65	−1.7	−1.6	−1.6	−1.53	−1.48
calmar_ratio	0.17	0.33	0.27	0.28	0.23	0.21	0.17	0.16
sortino_ratio	0.58	1.12	0.97	1.09	0.97	0.94	0.83	0.74

数据来源:Wind、RESSET、CQR

首先，无论是短期还是中期，买入动量最强的 k 个资产，均能战胜等权重组合，说明强者恒强的规律在资产层面依然存在。有意思的是，资产价格并没有呈现个股那样的短期反转特征。笔者的猜测是，个股由于市值和流动性有限，更容易受到羊群效应的影响，造成价格过度反应被高估或者低估；而资产层面或者行业层面，不容易受到这样的影响，因此观察不到反转效应。

其次，总体来说，持有资产数量越少，收益越高，风险越高。当动量为1个月和3个月时，持有资产数量和组合收益呈负相关性关系，和组合波动率也正相关；当动量为12个月时，持有一个资产表现并不好。因此，一方面为了利用动量因子提高收益，另一方面避免单一资产过度集中，建议持有2~5个资产。

最后，从风险的角度来看，虽然动量组合收益提升，但是最大回撤改善不明显，绝大多数组合超过最大跌幅40%。

21.3.4 时间序列动量

时间序列动量从价格序列的角度进行择时，当趋势向下时及时止损，以避免亏损进一步扩大；当趋势向上时及时上车，避免踏空行情颗粒无收。

对每个资产，分别测试1个月、3个月和12个月时序动量效果。具体来说，对于资产a，在每月月末计算其过去 N 个月的收益率，如果收益率为正，则100%持有该资产；如果收益率为负，则空仓。其中，N 取1、3和12。结果见表21-14。

表21-14 时间序列动量表现

	黄金	沪深300	中证500	国债	标普500	港股	纳斯达克	日本股市	德国股市
Panel A：1个月时序动量									
annual_return	3.49%	8.87%	10.48%	3.01%	1.58%	6.23%	4.17%	0.79%	2.14%
annual_volatility	13.10%	22.10%	22.16%	1.98%	9.54%	14.20%	14.15%	13.03%	13.84%
sharpe_ratio	0.33	0.49	0.56	1.51	0.21	0.5	0.36	0.13	0.22
max_drawdown	28.64%	44.32%	42.29%	3.16%	30.04%	33.17%	44.67%	37.69%	42.51%
omega_ratio	−1.38	−1.7	−2.02	−4.9	−1.23	−1.69	−1.46	−1.13	−1.26
calmar_ratio	0.15	0.25	0.29	0.94	0.07	0.21	0.11	0.04	0.07
sortino_ratio	0.51	0.84	0.99	4.08	0.29	0.84	0.54	0.18	0.31
Panel B：3个月时序动量									
annual_return	3.13%	9.64%	8.41%	2.88%	3.12%	4.68%	8.02%	3.90%	5.73%
annual_volatility	12.62%	21.74%	21.76%	2.01%	8.35%	14.97%	14.43%	12.38%	12.60%
sharpe_ratio	0.31	0.53	0.48	1.42	0.41	0.38	0.61	0.37	0.51

续表

	黄金	沪深300	中证500	国债	标普500	港股	纳斯达克	日本股市	德国股市
max_drawdown	43.87%	46.26%	46.69%	2.82%	25.38%	42.92%	39.11%	26.43%	24.72%
omega_ratio	−1.34	−1.83	−1.85	−4.08	−1.45	−1.45	−1.8	−1.46	−1.63
calmar_ratio	0.09	0.25	0.22	1.01	0.14	0.13	0.22	0.17	0.26
sortino_ratio	0.19	0.93	0.84	3.46	0.61	0.61	1.02	0.56	0.86
Panel C：12 个月时序动量									
annual_return	5.80%	6.10%	9.34%	2.68%	5.44%	4.28%	6.68%	1.80%	6.10%
annual_volatility	13.92%	21.86%	22.51%	2.11%	10.24%	14.63%	16.55%	13.20%	12.74%
sharpe_ratio	0.48	0.38	0.51	1.27	0.57	0.36	0.47	0.2	0.53
max_drawdown	27.19%	56.20%	45.13%	2.83%	17.03%	32.59%	44.69%	38.46%	27.66%
omega_ratio	−1.54	−1.53	−1.9	−3.13	−1.64	−1.41	−1.56	−1.22	−1.67
calmar_ratio	0.24	0.15	0.25	0.94	0.34	0.16	0.18	0.07	0.24
sortino_ratio	0.76	0.62	0.9	2.6	0.89	0.55	0.73	0.29	0.82

数据来源：Wind，RESSET，CQR

和表 21-12 相比，可以看到，时间序列动量确实能降低单个资产的最大回撤。对于黄金来说，时间序列动量虽然降低了回撤，但收益也大幅降低，12 个月时夏普比率最高；对于沪深 300 和中证 500 这种牛短熊长的市场，及时抄底和逃顶比较重要，1 个月时序动量要优于 3 个月和 12 个月，最大回撤能减少 40%左右；对于标普 500、纳斯达克、港股和德国股市这类牛长熊短的市场，长期持有是明智之举，12 个月时序动量表现最好。

有两点需要说明。首先，上述测试是每月月末观察信号，无论月中行情波动多大都忽略，这也是学术上的惯用做法；在实际操作时，可以每天观察信号，这样能及时对最新信息做出反应，但换手率也会放大。其次，当模型发出看空信号后，空仓其实并不划算，可以买入货币 ETF 或者短期国债进行现金管理，这在一定程度上能增厚模型收益。

除了收益率符号模型外，我们还测试了另外两个时间序列动量模型。无论是布林带还是价格均线，均具有择时效果，能烫平单个资产的波动和降低最大回撤。

21.3.5 双动量

横截面动量具有超额收益，时间序列动量能减少损失，两者结合就能实现 1+1＞2 的效果，如经典的 RAA、GTAA 和 CDM。

为了避免掉入过度拟合的陷阱，时序动量和横截面动量均采用相同参数。在每月

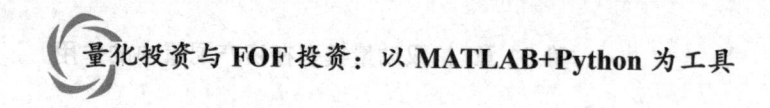

月末，计算每个资产 N 个月日度收益率，选择动量最强的 k 个资产进入组合；在这 k 个资产中，如果有资产 N 个月收益率为负，则用现金替代。

图 21-4 和表 21-15 展示了 1 个月双动量表现。和 1 个月横截面动量相比，收益有所提高，波动有所下降，最大回撤改善明显。例如，当持有 5 个资产时，双动量年化收益为 7.76%，夏普比率为 0.67，最大回撤为 33.16%，横截面动量下这几个指标分别为 6.99%、0.54 和 45.75%。和 1 个月时序模型相比，在不增加风险的前提下，双动量收益提升明显。综上可见，双动量符合预期，在风险减少的同时增加了收益。

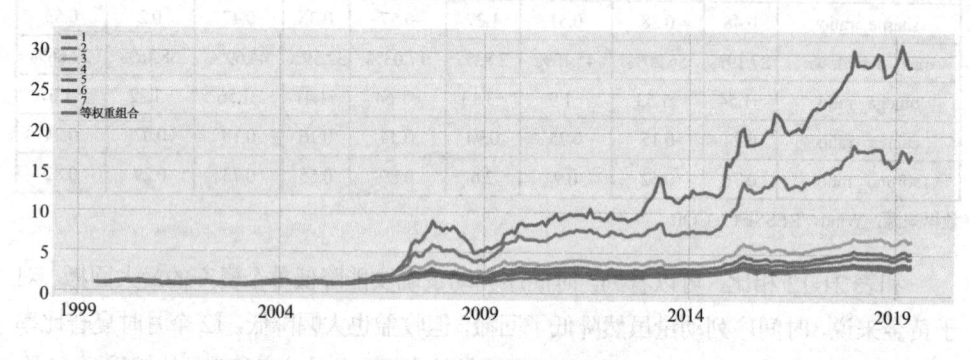

图 21-4 双动量累计表现

数据来源：Wind，RESSET，CQR

表 21-15 双动量组合表现

	1	2	3	4	5	6	7	等权重组合
annual_return	18.15%	15.33%	9.91%	8.47%	7.76%	6.59%	6.64%	6.21%
annual_volatility	22.84%	18.93%	16.25%	14.03%	12.25%	10.91%	9.85%	13.35%
sharpe_ratio	0.85	0.85	0.66	0.65	0.67	0.64	0.7	0.52
max_drawdown	45.37%	35.56%	36.29%	33.76%	33.16%	31.29%	28.48%	42.28%
omega_ratio	−2.11	−2.07	−1.74	−1.69	−1.74	−1.69	−1.77	−1.48
calmar_ratio	0.43	0.45	0.3	0.27	0.25	0.22	0.24	0.16
sortino_ratio	1.59	1.61	1.12	1.09	1.12	1.03	1.17	0.74

数据来源：Wind，RESSET，CQR

21.4 结论

很显然，资产配置并不是免费的午餐，单纯持有一篮子资产看起来具有防御能力，然而危机来临的时候依然无法抵挡大溃败。既然不是免费的午餐,就要看怎么吃更划算和健康,这是本章讨论的主要内容。

首先,本章回顾了一些经典的战术资产配置模型,这些模型往往采用了双动量模型,利用横截面动量筛选资产和时间序列动量做回撤保护,能实现更好的风险收益结果。

其次,我们选择了 9 个国内投资者可以直接接触的资产类型,研究双动量模型的效果。横截面上,无论是短期还是中期,买入动量最强的 k 个资产,均能战胜等权重组合,说明强者恒强的规律在资产层面依然存在;时间序列上,利用时序动量进行择时,能明显降低风险和最大回撤;同时结合两个动量,不仅能增厚收益,还能减小回撤风险。

为了保证严谨性,本章的某些设定可能看起来过于死板,在实际方案设计时可以更加灵活一些,包括:

(1)不同类型的资产采用差异化的择时策略,例如,可以引入宏观数据对黄金进行择时;

(2)可以将时间序列动量信号改为每日观察,以更快地对信息做出反应;

(3)组合权重也不局限于等权重,可以考虑用动量因子加权,给予动量强的资产更高的配置;

(4)如果条件允许,资产类型可以更丰富一点,如 REITs 和长期国债。

第22章 基于低滞后均线在沪深300指数上的量化择时模型

22.1 低滞后均线介绍

技术分析使用最常见、最富有生命力的技术指标是简单移动平均线（SMA），普通的均线幅度响应图都是梳状滤波器，有着周期性间隔的锯齿，随着信号的频率越来越高，幅度响应越来越微弱。John F. Ehlers 在 *Rocket Science for Traders - Digital Signal Processing Applications* 中指出，如果 SMA 的窗口长度为 $2\times M+1$，那么 SMA 的滞后长度就为 M（Chapter 3，Moving Averages，P18）。SMA 作为技术分析使用最为广泛的低通滤波器，使低频成分（长周期）得以极大的体现，高频成分（短周期）得以较高程度的消除，具有不错的平滑效果。

但是简单移动平均线存在着一定的滞后，因此存在其他的均线构造方式能够降低滞后性，Patrick Mulloy 在 *Technical Analysis of Stocks & Commodities* 杂志上介绍了一类新型均线 DEMA。DEMA 是一个平滑指标，其滞后性小于指数移动平均线，DEMA 的全称是双指数移动平均线（Double-Exponential Moving Average），其计算方法比普通的移动平均线要复杂。

1. DEMA

作为一类反应快速的移动平均线，DEMA 的功用就在于快速反应价格。DEMA 是基于指数移动平均线 EMA 发展而来的，DEMA 的计算方法为：

$$\text{DEMA}(price, N) = 2\times \text{EMA}(price, N) - \text{EMA}\left[\text{EMA}(price, N), N\right]$$

式中 N 是均线的窗口长度，MATLAB 的指数移动平均线计算方法可以借助 TA-Lib，计算库文件为 TA_EMA_MATRIX.mexw32 与 TA_EMA_MATRIX.mexw64。借助 TA-Lib 的 EMA 库，我们就能写出 DEMA 的计算方法，具体代码在命名空间 ind（+ind

第 22 章 | 基于低滞后均线在沪深 300 指数上的量化择时模型

文件夹）下的 ema.m 与 dema.m 中：

```
function [Val] = ema(price,lag)
% EMA
% 注
% 基于 TA-Lib 的 EMA 计算方法
id = find(isnan(price), 1, 'last');
if isempty( id )
    calcpx = price;
else
    calcpx = price(id+1:end);
end
Val = TA_EMA_MATRIX(calcpx,lag);
try
    Val = [nan(id, 1); Val];
catch
    Val = [nan(1, id); Val];
end
end

function [ maVal ] = dema(price, lag)
% DEMA: dema-double-exponencial-moving-average
maVal = 2 * ind.ema(price, lag) - ind.ema( ind.ema(price, lag), lag );
end
```

2. DEMA 在沪深 300 指数收盘价上的平滑效果

首先需要沪深 300 指数的历史数据，KBars 是介绍 K 线的一个 MATLAB 句柄类，能够将 K 线具备的属性进行封装，诸如高开低收成交量、成交额、时间等指标，具体可见@KBars：

```
classdef KBars < handle
    % K 线：高开低收成交量、成交额
    properties (SetAccess = 'public', GetAccess = 'public', Hidden = false)
        code@char;      % 标的代码
        name@char;      % 中文名或描述
        time@double;    % as double, such as 735496.961201,时间序列，用 N*1 vectors
        open;
        high;
        low;
        close;
        vwap;
        volume;
```

```
        amount;
    end

    methods (Access = 'public', Static = false, Hidden = false)
        function [] = plot1( obj )
            f1 = figure;
            h1 = gca( f1 );
            Candle1( obj.high , obj.low , obj.close , obj.open , h1 , obj.time , 1 )
        end
    end

end
```

然后载入沪深 300 指数本地数据，基于沪深 300 指数收盘价构建窗口长度为 100 日的 DEMA 低滞后线，具体代码可见 strategy_dema.m：

```
    clc
close all
load('000300.SH_20040101_Daily.mat')
bars_ = KBars;
bars_.time = bars.ti;
bars_.code = bars.code;
bars_.name = bars.se;
bars_.open = bars.op;
bars_.high = bars.hp;
bars_.close = bars.cp;
bars_.low = bars.lp;
bars_.volume = bars.v;
bars_.amount = bars.am;
% 查看K线图
bars_.plot1
%% [构建低滞后均线择时指标]
mDay = 100;
smoother_val = ind.dema( bars_.close, mDay );
% 将低滞后均线与原始价格序列进行比较
figure
plot( bars_.time, [ bars_.close ] )
hold on
plot( bars_.time, [ smoother_val ], 'LineWidth', 2 )
dateaxis( 'x', 17 )
legend({'沪深300指数收盘价', 'DEMA 低滞后均线'})
```

运行结果如图 22-1 所示。

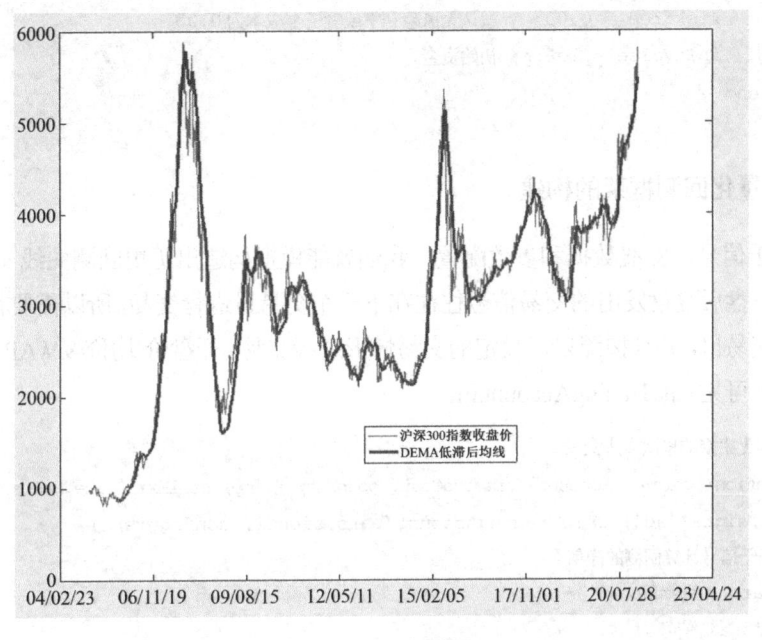

图 22-1 运行结果

22.2 低滞后均线策略回测的 MATLAB 实现

1. 量化择时回测三要素

量化择时的回测三要素为信号、K 线、参数配置。信号（signal）是基于所需要研究的策略构建的，就好比收盘后复盘，如果今日收盘价大于昨日收盘价，就发出明日盘中做多沪深 300 指数的交易指令；如果今日收盘价小于昨日收盘价，就发出明日盘中做空沪深 300 指数的交易指令。K 线（bars）是高开低收量额数据，参数配置（configure）是需要计算回测的模拟交易条件，具体可见@ConfigureBT，诸如交易成本、无风险利率或者资金成本（计算夏普比率需要使用）、假设的初始资金、明日盘中需要开盘价买入还是 VWAP 价格买入、抑或是收盘价买入。

```
classdef ConfigureBT < handle
    % 回测配置：单边交易成本与滑点，交易价格设定，无风险利率，初始资金

    properties (SetAccess = 'public', GetAccess = 'public', Hidden = false)
        cost = 0.0003;      % 默认单边的交易成本为万分之三
        tradepx@double;     % 买卖的交易价格，开盘价/VWAP价格/均价(高开低收的平均)/收盘价
```

```
        riskfree = 0.03;   % 默认无风险利率或者资金成本为0.03
        initValue = 1e6;   % 初始资金
    end
end
```

2. 量化回测框架的构建

基于信号、K 线数据和参数配置，我们就能模拟构造出历史回测曲线 account。因为当日盘后复盘发出的交易信号往往在下一个交易日进行交易，所以需要将信号滞后一个交易日，并且按照自己设定的交易情形进行交易（开盘价/均价/VWAP/收盘价），具体文件可见 calcTradingAccount.m：

```
%% 无止损的单次多头交易
function [volume, account, tradingCost, openEntryPrice, sellExitPrice, accountNoCost, position,signal_adj]=calcTradingAccount(bars,signal, configurebt)
    % 基于信号计算回测的净值
    % bars K线@KBars
    % signal 信号
    % configurebt 回测配置@ConfigureBT
    % 输出
    % account 净值
    % openEntryPrice 入场价格
    % sellExitPrice 离场价格

    cost = configurebt.cost;              % 交易成本
    tradepx = configurebt.tradepx;        % 成交价格
    initValue = configurebt.initValue;    % 初始资金

    % 信号向后滞后一位，当天盘后复盘发出的交易信号，于下一个交易日基于设定的价格 tradepx 进行交易
    signal(end - 1:end) = 0;
    signal = [zeros(1,1);signal(1:end-1)];

    len = length(bars.time);
    volume = zeros(len,2);
    account = initValue * ones(len,1);
    cash = account;
    tradingCost = zeros(len,1);
    position = zeros(len,1);

    % 入场价格
    openEntryPrice = [];
    % 离场价格
```

```
sellExitPrice = [];

for ii = 2:len
    
    if signal(ii)~=signal(ii-1)
        
        % 开仓（做多或者做空）
        if position(ii-1) == 0
            voltmp = fix( account(ii-1) * signal(ii)/tradepx(ii) );
            voltmp = sign(voltmp) * abs(voltmp);
            volume(ii,2) = voltmp;
            openEntryPrice( end + 1, 1 ) = tradepx(ii) * ( 1 + cost * sign(voltmp) );
            % 带成本的入场价格
            openEntryPrice( end, 2 ) = sign(voltmp);
        
        % 持有多头仓位
        elseif position(ii-1) > 0
            % 多转空
            if signal(ii) < 0
                voltmp = fix( account(ii-1) * signal(ii)/tradepx(ii) ) - position(ii-1);
                volume(ii,2) = voltmp;
                sellExitPrice( end + 1, 1 ) = tradepx(ii) * ( 1 + cost * sign(voltmp) );
                openEntryPrice( end + 1, 1 ) = tradepx(ii) * ( 1 + cost * sign(voltmp) );
                openEntryPrice( end, 2 ) = sign(voltmp);
            % 平多
            else
                voltmp = fix( account(ii-1) * signal(ii)/tradepx(ii) ) - position(ii-1);
                volume(ii,2) = voltmp;
                sellExitPrice( end + 1, 1 ) = tradepx(ii) * ( 1 + cost * sign(voltmp) );
            end
        
        % 持有空头仓位
        elseif position(ii-1) < 0
            % 空转多
            if signal(ii) > 0
                voltmp = fix( account(ii-1) * signal(ii)/tradepx(ii) ) - position(ii-1);
                volume(ii,2) = voltmp;
                sellExitPrice( end + 1, 1 ) = tradepx(ii) * ( 1 + cost * sign(voltmp) );
                openEntryPrice( end + 1, 1 ) = tradepx(ii) * ( 1 + cost * sign(voltmp) );
                openEntryPrice( end, 2 ) = sign(voltmp);
            % 平空
            else
                voltmp = fix( account(ii-1) * signal(ii)/tradepx(ii) ) - position(ii-1);
```

```matlab
            volume(ii,2) = voltmp;
            sellExitPrice( end + 1, 1 ) = tradepx(ii) * ( 1 + cost * sign(voltmp) );
        end
    end

    volume(ii,1) = volume(ii,2) * tradepx(ii);
    % 最后一周期一般是空仓, 不会计算
    position(ii) = position(ii-1) + volume(ii,2);   % 计算持仓
    tradingCost(ii) = abs( volume(ii,1) * cost );   % 计算成本
    cash(ii) = cash(ii-1) - volume(ii,1) - tradingCost(ii);
    account(ii) = cash(ii) + bars.close(ii) * position(ii);
    % 基于收盘价计算净值, 也可以使用结算价, 用 settlement 替换 close 即可
    else
        volume(ii,2) = 0;
        volume(ii,1) = 0;
        position(ii) = position(ii-1);
        tradingCost(ii) = 0;
        cash(ii) = cash(ii-1);
        account(ii) = cash(ii) + bars.close(ii) * position(ii);
        % 基于收盘价计算净值, 也可以使用结算价, 用 settlement 替换 close 即可
    end

end
accountNoCost = account + cumsum(tradingCost);
signal_adj = signal;
end
```

我们不仅需要计算回测净值, 其他的量化回测指标也是需要的, 如年化收益、最大回撤、胜率、盈亏比、夏普比率、最大回撤开始时刻、最大回撤结束时刻、平均做多持有周期、平均空仓或做空持有周期、总交易次数、平均每年交易次数。同理, 输入为 K 线、参数配置和信号; 输出为量化统计指标。具体的 MATLAB 代码见 mtbacktestS_V1.m 与 mtbacktestSummary_V1.m:

```matlab
function [ result ] = mtbacktestS_V1( bars_, signal, configure_ )
% 量化择时的回测
% 输入
% bars_: K 线
% signal: 择时信号
% configure_: 参数配置
% 输出
% 净值曲线、年化收益、最大回撤、胜率、盈亏比、夏普比率、最大回撤开始时刻、最大回撤结束时刻、
% 平均多头持有周期、平均空仓或做空持有周期、总交易次数、平均每年交易次数
```

```matlab
% 计算回测净值
[volume, account, tradingCost, openEntryPrice, sellExitPrice, accountNoCost, position, signal_adj] = calcTradingAccount(bars_, siqnal, configure_);

% 计算年化
nPeriod = length( account );
year_count_ = nPeriod/250;
netGain = account( end )/account( 1 ) - 1;
annual_yield = (1 + netGain )^( 1/year_count_ ) - 1;

% 计算最大回撤
[ maxDrawDown_asset, MDDs, MDDe ] = calcMaxDrawDownAccount( account );
maxDrawDown_starttime = bars_.time( MDDs );
maxDrawDown_lasttime  = bars_.time( MDDe );

% 计算胜率
len1 = length( sellExitPrice );
yieldseries_ = nan( len1, 1 );
for tt = 1:len1
    if openEntryPrice( tt, 2 ) == 1
        yield = ( sellExitPrice( tt ) - openEntryPrice( tt, 1 ) )/openEntryPrice( tt, 1 );
    elseif openEntryPrice( tt, 2 ) == -1
        yield = ( openEntryPrice( tt, 1 ) - sellExitPrice( tt ) )/openEntryPrice( tt, 1 );
    end
    yieldseries_( tt ) = yield;
end
winRate = sum( yieldseries_ > 0 )/len1;

% 计算盈亏比
winidx = yieldseries_ > 0;
losidx = yieldseries_ < 0;
winFreq = sum( winidx );
lossFreq = sum( losidx );
winAvgYield = sum( yieldseries_( winidx ) ) / winFreq;
losAvgYield = sum( yieldseries_( losidx ) ) / lossFreq;
winDivideLossRate = abs( winAvgYield / losAvgYield );

% 计算夏普比率
returns_slice = diff(account)./account(1:end-1);
riskfree = configure_.riskfree;
slicesPerDay = 1;
```

```matlab
    Rf = riskfree/(250 * slicesPerDay);
    Rf = Rf*ones(size( returns_slice ));
    sharperatio = calcSharpeRatio( returns_slice , Rf );
    
    % 计算平均多头持有周期、平均空仓或做空持有周期
    [longHoldingPeroid, shorHoldingPeroid] = calcSignalHoldingPeroid( signal );
    
    % 计算总交易次数、平均每年交易次数
    [allTradingFreq, tradinglongfreq, tradingshorfreq ] = calcTradingFreq( signal );
    avgYearTradingFreq = allTradingFreq / year_count_;
    
    result.account = account;
    result.annualYield = annual_yield;
    result.maxDrawDownAccount = maxDrawDown_asset;
    result.maxDrawDownStartTime = maxDrawDown_starttime;
    result.maxDrawDownLastTime = maxDrawDown_lasttime;
    result.winRate = winRate;
    result.winDivideLossRate = winDivideLossRate;
    result.sharpRatio = sharperatio;
    result.allTradingFreq = allTradingFreq;
    result.avgYearTradingFreq = avgYearTradingFreq;
    result.longHoldingPeroid = longHoldingPeroid;
    result.shorHoldingPeroid = shorHoldingPeroid;
    
end

function [ sheet_, title_ ] = mtbacktestSummary_V1( res )
% 最终统计

title_ = {'年化', '最大回撤', '最大回撤开始时刻', '最大回撤结束时刻', ...
    '胜率', '盈亏比', '夏普比率', '总交易次数', '平均每年交易次数', ...
    '做多平均持有周期', '做空或空仓平均持有周期'};
sheet_ = { sprintf('%.2f%%', res.annualYield * 100 ), ...
    sprintf('%.2f%%', res.maxDrawDownAccount * 100 ), ...
    datestr(res.maxDrawDownStartTime, 'yyyymmdd'), ...
    datestr(res.maxDrawDownLastTime, 'yyyymmdd'), ...
    sprintf('%.2f%%', res.winRate * 100 ), ...
    sprintf('%.2f', res.winDivideLossRate ), ...
    sprintf('%.2f', res.sharpRatio ), ...
    sprintf('%d', res.allTradingFreq ), ...
    sprintf('%.1f', res.avgYearTradingFreq ), ...
    sprintf('%.2f天', res.longHoldingPeroid ), ...
```

```
        sprintf('%.2f 天', res.shorHoldingPeroid )}; 

end
```

3. 低滞后均线的策略构建

我们首先计算了 100 日的沪深 300 指数收盘价低滞后均线，如果低滞后均线的斜率大于 0，就发出做多沪深 300 指数的信号，即当日的低滞后均线值大于前 10 天的低滞后均线值，就发出做多沪深 300 指数的信号。我们使用第二天盘中的开盘价进行交易，具体代码可见 strategy_dema.m：

```
% 当低滞后均线斜率向上的时候做多
nDay = 10;
signal1 = [ zeros( nDay, 1 ); double( smoother_val(nDay + 1:end) - smoother_val(1:end - nDay) > 0 ) ];

% 复盘后基于第二天的开盘价进行交易
configure_ = ConfigureBT;
configure_.tradepx = bars_.open;

% 回测
res1 = mtbacktestS_V1( bars_, signal1, configure_ );
figure
% 同标的进行对比
account1 = res1.account/res1.account(1);
benchser1 = bars_.close/bars_.close(1);
plot( bars_.time, [ account1,benchser1 ] )
dateaxis( 'x', 17 )
% 查看具体的统计指标
[ sheet1_, title_ ] = mtbacktestSummary_V1( res1 );
[ title_; sheet1_ ]
```

回测的结果如图 22-2 所示，图中蓝色线是沪深 300 指数的低滞后均线策略的回测结果，红色线是沪深 300 指数，其中年化收益为 18.43%，最大回撤为 39.53%，胜率为 39.53%，盈亏比为 8.99，夏普比率为 0.84，总交易次数为 36 次，平均每年交易 2.3 次，平均做多持有周期为 59.22 个交易日。最终低滞后均线策略的择时回测结果跑赢了沪深 300 指数，在熊市中能够规避长期向下的趋势，在牛市中能够紧跟长期向上的趋势。

4. 开盘价交易 VS 均价交易

由于可以设置不同的交易情形，如果我们希望利用第二天的均价交易，高开低收价格平均，那么与开盘价交易的对比究竟如何呢？参见下面的代码：

图 22-2 回测结果

```
%% [使用第二天的均价交易]
configure_.tradepx = (bars_.open + bars_.high + bars_.close + bars_.low )/4;
res2 = mtbacktestS_V1( bars_, signal1, configure_ );
[ sheet2_ ] = mtbacktestSummary_V1( res2 );
account2 = res2.account/res2.account(1);


figure
plot( bars_.time, [ account1, account2, benchser1 ] )
dateaxis( 'x', 17 )
legend({'开盘价交易', '均价交易', '基准'})
% 总结
[ title_ ; sheet1_ ; sheet2_ ]
```

回测的结果如图 22-3 所示，其中蓝色线是沪深 300 指数低滞后均线策略的**开盘价**回测结果，红色线是沪深 300 指数低滞后均线策略的**均价**回测结果，开盘价回测年化收益为 18.43%，最大回撤为 39.53%，胜率为 39.53%，盈亏比为 8.99，夏普比率为 0.84，总交易次数为 36 次，平均每年交易 2.3 次，平均做多持有周期为 59.22 个交易日。均价回测年化收益为 18.27%，最大回撤为 38.30%，胜率为 38.89%，盈亏比为 8.91，夏普比率为 0.83。选择开盘价交易与均价交易择时效果几乎无差异。

第 22 章 ｜ 基于低滞后均线在沪深 300 指数上的量化择时模型

5. 参数稳定性检验

目前我们是基于 100 日低滞后均线进行择时，假设可以选择 60 日、70 日、80 日等其他参数，选择第二天开盘价和收盘价的均价进行交易，低滞后均线的窗口参数选择 60 日至 110 日，则具体代码如下。通过择时结果最终可以发现，窗口的选择对于择时效果的回测影响并不大，年化收益维持在 17%左右，最大回撤维持在 38%左右。

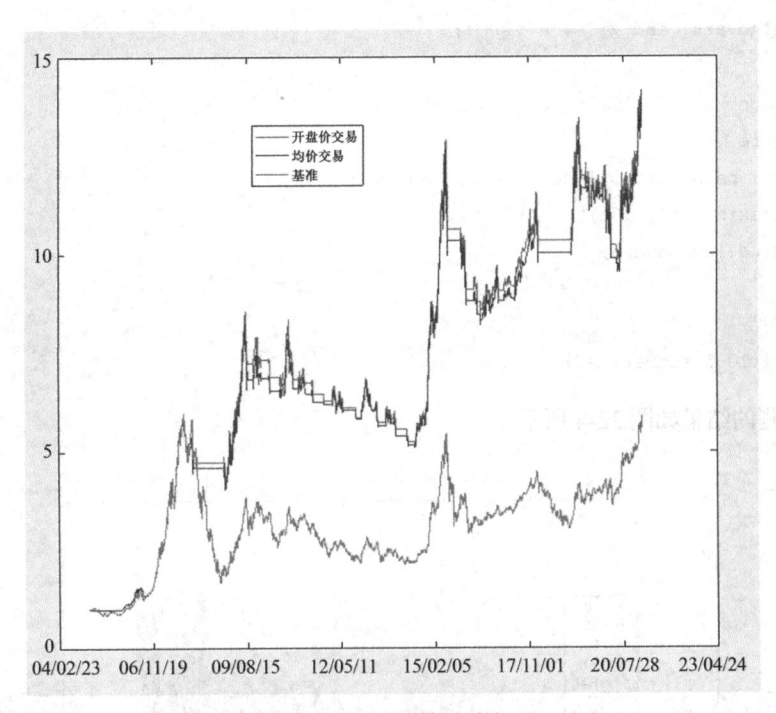

图 22-3　回测结果对比

```
configure_.tradepx = ( bars_.open + bars_.close )/2;
mDays = 60:10:110;
lenm = length( mDays );
accountxs = cell(1, lenm);
summaryxs = {};
legendvars = {};
for tt = 1:lenm
    mDay = mDays( tt );
    smoother_val = ind.dema( bars_.close, mDay );
    signalx = [ zeros( nDay, 1 ); double( smoother_val(nDay + 1:end) - smoother_val(1:end - nDay) > 0 ) ];

    % 回测
    resx = mtbacktestS_V1( bars_, signalx, configure_ );
```

```
        accountx = resx.account/resx.account(1);
        accountxs{ tt } = accountx;
        
        [ sheetx_ ] = mtbacktestSummary_V1( resx );
        summaryxs = [ summaryxs; sheetx_ ];
        legendvars{ end + 1 } = num2str( mDay );
end
legendvars{ end + 1 } = '基准';

accountxs = cell2mat( accountxs );
figure
plot( bars_.time, [ accountxs, benchser1 ] )
dateaxis( 'x', 17 )
legend(legendvars)

% 总结
[ title_; summaryxs ]
```

回测的结果如图 22-4 所示。

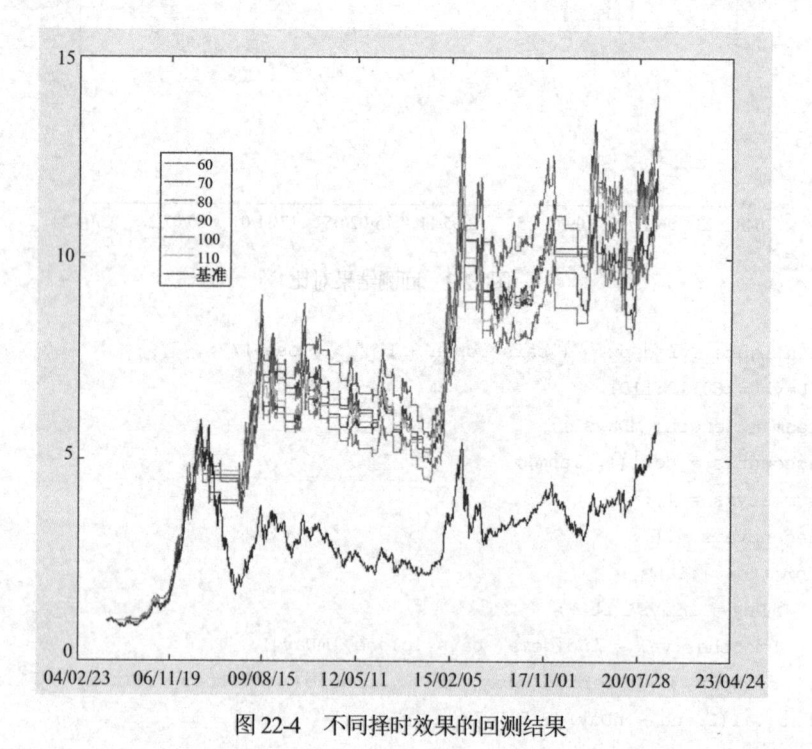

图 22-4　不同择时效果的回测结果

第 23 章 从量化角度详解美国 ETF 行业大奖的 Buffer ETF 创新产品

23.1 Buffer ETF 基础知识

2018 年 8 月,由美国第四大 ETF 发行商 PowerShares(后被 Invesco 收购)的创始人成立的公司 Innovator Management LLC 发行了第一只 Buffer ETF,又名 Defined Outcome ETF。从此,ETF 领域一个全新的品类诞生,后续的同类产品也都通过加入 "Buffer"来进行命名。同年,Buffer ETF 荣获最具创新 ETF 大奖,并于 2019 年名列 "年度 ETF"榜单。截至 2020 年 9 月,此类 ETF 总规模超过 35 亿美元,成为近几年美股 ETF 规模增长最快的品类之一。除 Innovator 外,FirstTrust 紧随其后于 2019 年 11 月开始发行同类产品,2020 年又有 Allianz 和 TrueShares 也加入发行 Buffer ETF 的行列。

1. Buffer ETF 收益

Buffer ETF 给予投资者在一定期限内,对于标的资产固定程度的损失保护,同时有一定的涨幅限制。

以 Innovator 旗下的 9 月 Buffer 系列为例,名称为 Innovator S&P500 Buffer ETF September Series,代码 BSEP,给予投资者从 2020 年 9 月 1 日到 2021 年 8 月 31 日,针对标准普尔 500 指数,9% 的下跌保护,17.9% 的上涨限制。假定 2020 年 9 月 1 日买入 BSEP,到 2021 年 8 月 31 日,根据标普 500 的走势,收益如图 23-1 所示。

- 情景 1:标普大涨 25%,超过 BSEP 上限 17.9%,则收益被限制在 17.9%(图上为约数 18%)。
- 情景 2:标普上涨 8%,没有超过 BSEP 上限 17.9%,获得等同于标普的收益 8%。

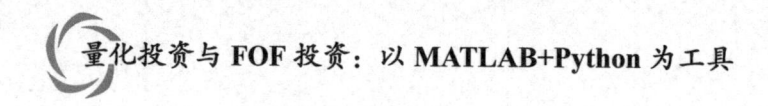

- 情景3：标普微跌6%，在BSEP的缓冲保护9%内，没有任何损失，收益为0%。

- 情景4：标普下跌15%；由于BESP提供9%的损失保护，最终只亏损6%。

9%下跌保护Buffer ETF与标普500在不同市场环境下收益比较

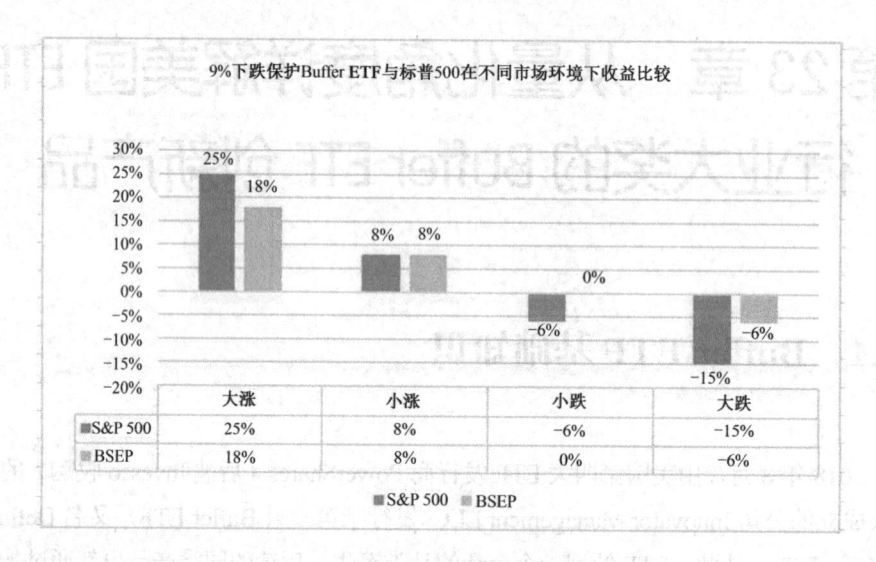

	大涨	小涨	小跌	大跌
S&P 500	25%	8%	-6%	-15%
BSEP	18%	8%	0%	-6%

图23-1 收益对比图

2. Buffer ETF 关键词解析

1）标的指数

目前 Innovator 提供 5 个股票类标的资产，分别如下。

- S&P500：美国大盘股代表，涵盖美股市值排名前 500 的公司股票。

- Russell 2000：美国中小盘股代表，涵盖美股市值排名在 1001～3000 的公司股票。

- Nasdaq 100：美国科技股代表，涵盖纳斯达克上市，市值最高的 100 只非金融公司股票。

- MSCI EAFE：发达国家市场代表，涵盖 900 只除美国和加拿大外，21 个欧洲及亚太发达国家的大中型公司股票。

2）缓冲程度

针对标普 500 提供三个固定的缓冲程度，分别为：9% 的 Buffer 系列，代码以 B 开头；15% 的 Power Buffer 系列，代码以 P 开头；30% 的 Ultra Buffer 系列，代码以 U 开头。除标普 500 外，其余标的资产目前只有 15% 的 Power Buffer 系列，小结如图 23-2 所示。

第 23 章 | 从量化角度详解美国 ETF 行业大奖的 Buffer ETF 创新产品

Buffer ETF Starting Buffer – 9%	Power Buffer ETF Starting Buffer – 15%	Ultra Buffer ETF Starting Buffer – 30% (-5% to -35%)
• S&P 500	• S&P 500 • MSCI EAFE • MSCI EM • Russell 2000 • Nasdaq 100	• S&P 500

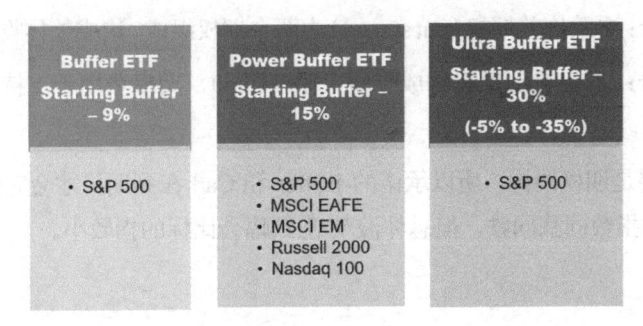

图 23-2　缓冲程度图

3）上涨限制

不同于固定的缓冲幅度，上涨限制是在每一年到期重置时，根据市场环境重新设定的。仍旧以标普 500 九月系列的 BSEP 为例，其 2020 年 9 月 1 日到 2021 年 8 月 31 日的上限为 17.9%，而从 2019 年 9 月 1 日到 2020 年 8 月 31 日的上限为 14.07%。

同时，缓冲程度越大，上限越低。仍以投资标普 500 的九月系列为例：

- BSEP - S&P 500 Buffer ETF，缓冲为 9%，上限为 17.90%；
- PSEP - S&P 500 Power Buffer ETF，缓冲为 15%，上限为 11.75%；
- USEP - S&P 500 Ultra Buffer ETF，缓冲为 30%，上限为 8.12%。

注意，Ultra Buffer 略有不同的是，缓冲并非从 0 开始，而是从 -5% 开始，所以损失的前 5% 是不会得到保护的，其保护区间为 -5%~-35%。

4）期限设定

- 约定收益期（Defined Outcome Period）：Buffer ETF 的约定收益期为一年，到约定的时间设定的缓冲和收益才会完全实现。产品到期后会自动重置，如上所述，缓冲程度不变，上限根据市场状况调整。
- 开始/重置时间（Rebalance Date）：标普 500 为月度产品，比如 S&P Buffer 类，有 1 月到 12 月共 12 只 ETF；Nasdaq 100 和 Russell 2000 为季度产品，时间为 1、4、7 至 10 月；
- MSCI EAFE 和 MSCI EM 为半年度产品，时间为 1 月和 7 月。

3. Buffer ETF 的底层架构

Buffer ETF 的底层资产是由 7 个期权复合而成的，以投资标普 500 为例说明如下。

第一部分：4 个期权 1：1 复制标普 500 指数收益。

第二部分：看跌价差期权（put spread）由两个期权组成，构成整体收益的 Buffer。

第三部分：卖出看涨期权构成收益上限（Cap），期权费用于支持第二部分 Put Spread 的费用。

由于底层是期权架构，所以承诺的 Buffer 和 Cap 在到期日才会完全实现。在期中，趋势上与指数同涨同跌，但总体波动/涨跌幅会比标的指数小。

23.2　Buffer ETF 的投资策略

1. 简单长期持有策略

由于 Buffer ETF 在每年到期时，投资者无须进行任何操作，只需关注新点位的上限重置即可。所以，最简单的操作即买入最新一期的 ETF 并长期持有，从而可以预判投资的收益范围，在市场波动时保有良好心态。

CBOE 发布了一组指数名为 Cboe S&P500 Buffer Protect Index Series，包含 12 个月，模拟 10% Buffer 的市场表现。若将资金平均投入到 12 个月的 Buffer ETF 中，则比较过去 15 年的收益与标普如图 23-3 所示。

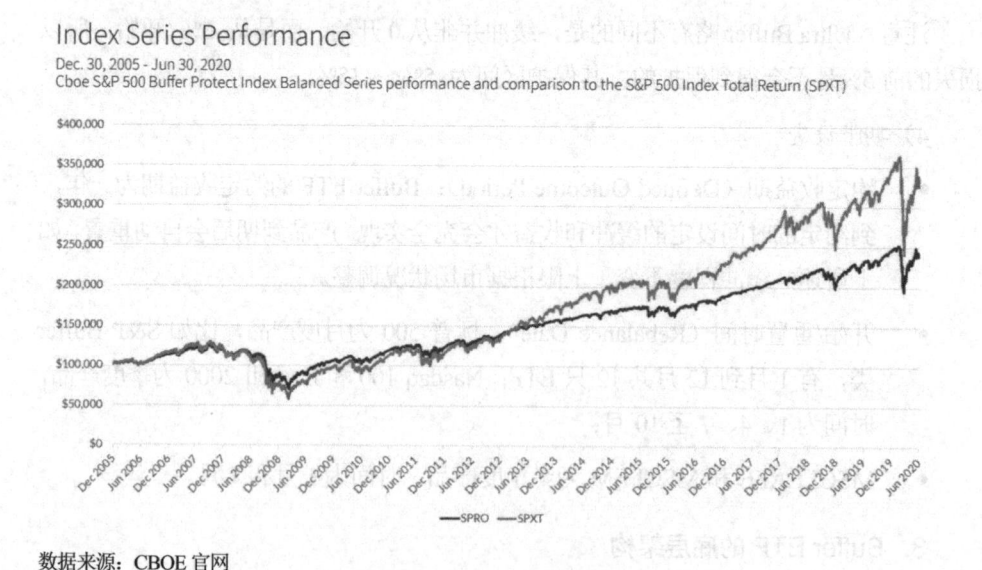

数据来源：CBOE 官网

图 23-3　收益对比图

2. 牛市轮动扩大上限策略

在牛市中，可以通过轮动到最新一个月的 Buffer ETF 来锁定获利，以获得基于新点位的 Cap 和 Buffer Level。例如，在 2020 年 4 月以来美股的反弹行情中，利用 9% Buffer 投资标普 500 的 ETF 操作如图 23-4 所示。

在牛市中，通过轮动策略可以扩大涨幅上限，获得更多收益，以根据新的点位设定相应的下跌保护；在熊市中，也可以根据情况，在不同缓冲幅度的 ETF 中轮动，以获得紧跟市场的 Cap 与 Buffer。

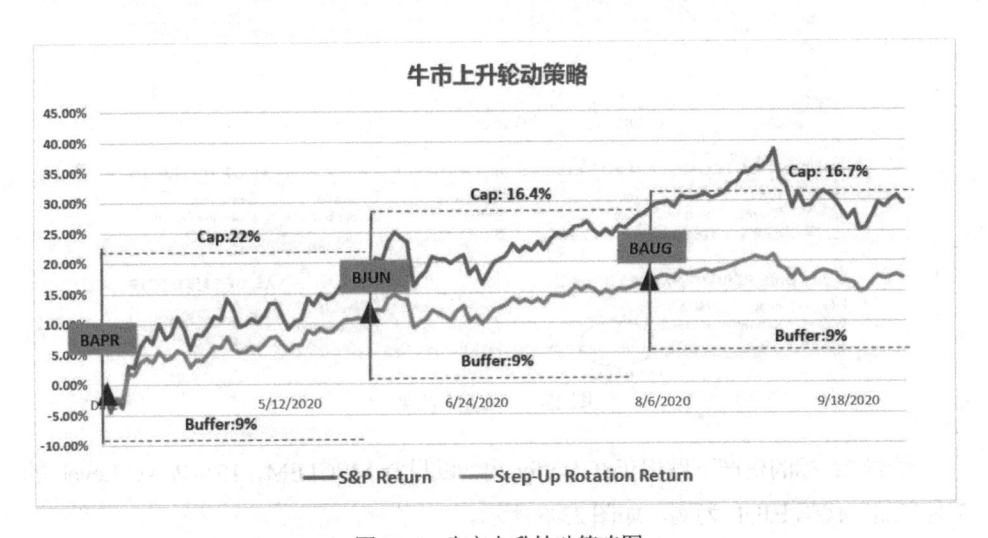

图 23-4　牛市上升轮动策略图

3. 短期收益锁定策略

这类策略主要通过投资即将到期的 Buffer ETF 来锁定短期收益，通常情况有：

（1）标的资产大幅上涨，远超上限；

（2）标的资产小幅下跌，在 Buffer 之内。

举例说明如下。

情景 1：标的资产大幅上涨超过 ETF 上限，以投资 Nasdaq 100，15% Power Buffer Level 的 1 月产品，代码 NJAN 为例，如图 23-5 所示。

截至 2020 年 9 月 8 日，纳斯达克自 1 月起涨幅共 26.74%，大幅超过 NJAN 的上限 9.42%。至 NJAN 到期日即 2020 年 12 月 31 日，4 个月内，NJAN 很大可能最终收益为其上限点位。但在 9 月 8 日，NJAN 距其上限仍有 3.09% 的差距。所以，只要纳斯达克在接下来的 4 个月内跌幅不超过 17%，NJAN 将锁定 3.09% 的收益，费率后净收益为 2.83%。

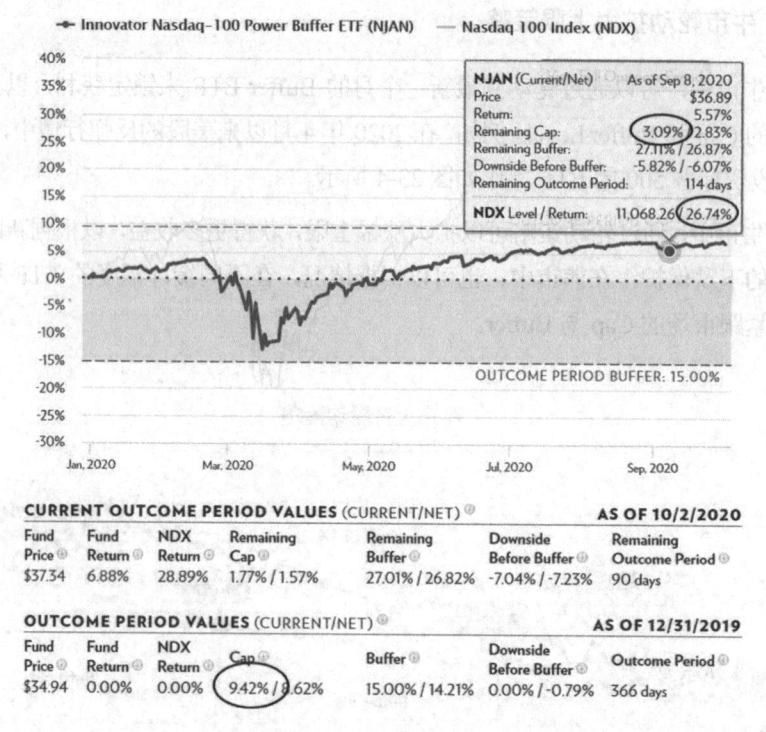

图 23-5　NJAN 表现

情景 2：标的资产下跌但仍在 Buffer 内，以投资 MSCI EM，15% Power Level 的 7 月产品，代码 EJUL 为例，如图 23-6 所示。

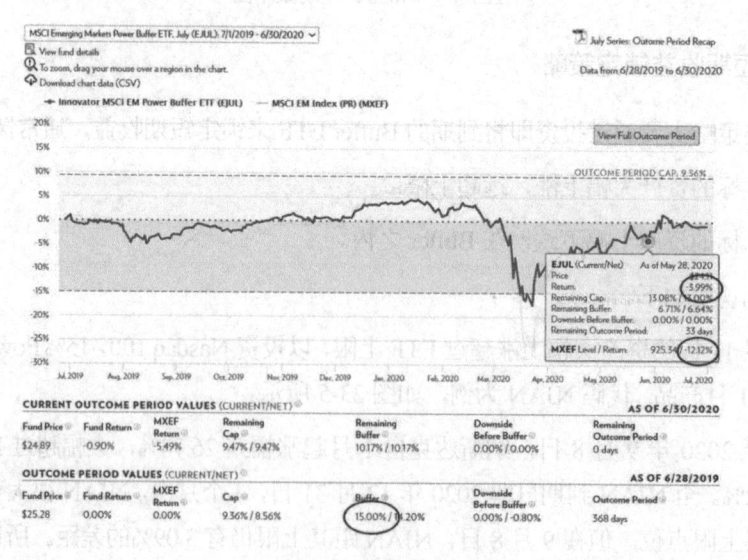

图 23-6　EJUL 表现

第 23 章 | 从量化角度详解美国 ETF 行业大奖的 Buffer ETF 创新产品

截至 2020 年 5 月 28 日，MSCI EM 自 2019 年 7 月 1 日以来跌幅为 12.12%，仍在 15% 的 Buffer 之内，EJUL 随之跌了 3.99%，而此时距离 2020 年的到期日仅有 33 天。所以，接下来的 33 天内，如果 MSCI EM 的波动幅度在-3%~12%之间，则 EJUL 都会回到 0%，故 5 月 28 日购入，有一定概率在 33 天内锁定约 3.99%的收益。

4．事件驱动风险管理策略

此策略适用于特定事件可能引发的市场震动，在此期间，买入相应时点到期的 Buffer ETF，以框定收益范围，减少可能的损失。典型事件包括贸易协定签订、美国总统大选等。

例如，2021 年 1 月 20 日为下任美国总统上任的日期，选取标普 500 为标的，15% 的 Power Buffer 的 1 月产品，代码 PJAN，从 10 月 2 日到 12 月 31 日，90 天内，回报的幅度较大概率会在-3.52%~4.70%之间，最终收益率为 4.55%，如图 23-7 所示。

图 23-7 PJAN 表现

第 24 章 量化 FOF 组合构建和分析技术在基金投顾中的应用

24.1 基金研究

24.1.1 基金评价方法

公募基金主流研究框架中,具有较大优化空间的模块是基金评分模块,存在的问题主要有以下几个。

(1) 不注重基金的可比性。由于不同策略类型的基金,其业绩指标的表现存在差异,评估参考的业绩指标侧重点不同,采用的对比基准也不同,所以,对于不同类型的基金,应该考虑采用不同的指标组合。

(2) 基金定量评分指标的选择与指标间的赋权多由主观先验确定,忽略了指标的有效性验证及指标间的相关性影响,且不注意对指标量纲的处理,导致最终的评分效果不及预期。

针对这些问题,我们将会在基金评分模块中分别进行修正与优化。

公募基金的评分模块主要覆盖成立时间满 3 年的主动偏股型、被动偏股型、主动偏债型和混合型基金。

目前,市场投资者主要通过两种方法来对基金的业绩和风格进行评价,其一是基于基金的净值序列数据,通过计算收益率、波动率、夏普比率等评价指标来对基金的业绩表现进行评价;其二是基于基金的管理规模、仓位水平、重仓股票等持仓信息,来对基金的风格进行划分和评价。我们结合两种方法所涉及的基金评价指标来构建因子库,常用的基金评价指标可以分为收益类指标、风险类指标、风险收益类指标、市道切片收益类指标等。首先,分别从每个类别中挑选出常用的指标,然后,进行因子测试，进而基于测试结果进行筛选、合成，最终得到对基金有显著分类效果的评分因子，实现对基金的评分，如图24-1所示。

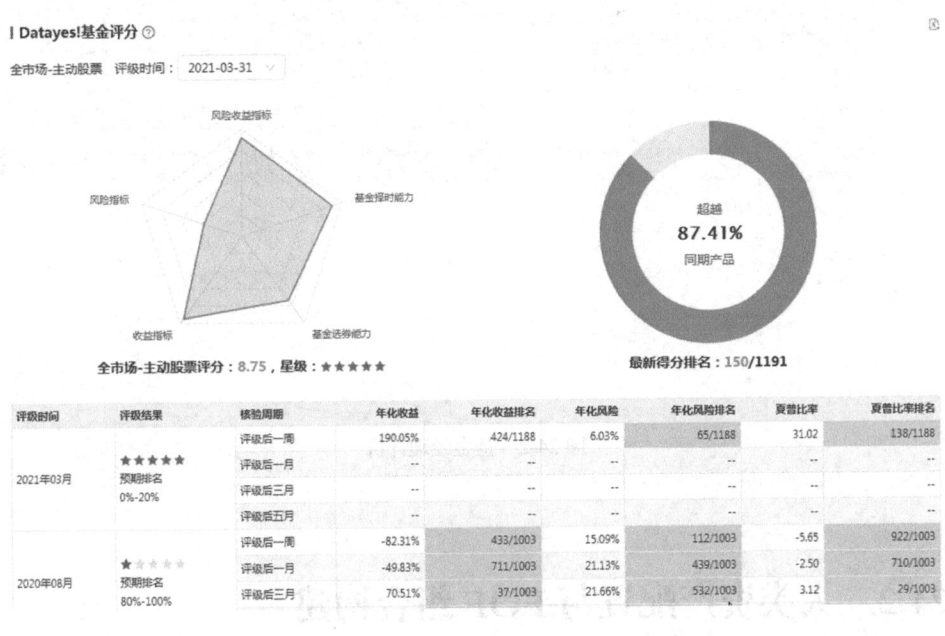

评级时间	评级结果	核验周期	年化收益	年化收益排名	年化风险	年化风险排名	夏普比率	夏普比率排名
2021年03月	★★★★★ 预期排名 0%~20%	评级后一周	190.05%	424/1188	6.03%	65/1188	31.02	138/1188
		评级后一月	--	--	--	--	--	--
		评级后三月	--	--	--	--	--	--
		评级后五月	--	--	--	--	--	--
2020年08月	★ 预期排名 80%~100%	评级后一周	-82.31%	433/1003	15.09%	112/1003	-5.65	922/1003
		评级后一月	-49.83%	711/1003	21.13%	439/1003	-2.50	710/1003
		评级后三月	70.51%	37/1003	21.66%	532/1003	3.12	29/1003

图24-1 基金评分

24.1.2 基金经理评价方法

目前，市场投资者主要是通过基金经理的综合业绩来对其进行评价的，这也是我们努力去拟合基金经理净值曲线的原因。一方面是通过拟合的基金经理净值曲线计算收益率、波动率、夏普比率等评价指标，来对基金经理的业绩进行评价；另一方面是基于基金经理的管理规模、机构持仓等非净值类数据对基金经理的能力进行评价。我们结合两种方法所涉及的基金经理评价指标来构建因子库，常用的评价指标可以分为收益类指标、风险类指标、风险收益类指标、规模类指标等。首先，分别从每个类别中挑选出常用的指标，然后，进行因子测试，进而基于测试结果进行筛选、合成，最终得到对基金经理有显著分类效果的评分因子。

之后，通过这些收益类、风险类等因子达到对基金经理综合评价的目的，如图24-2所示。

图 24-2　基金经理评价

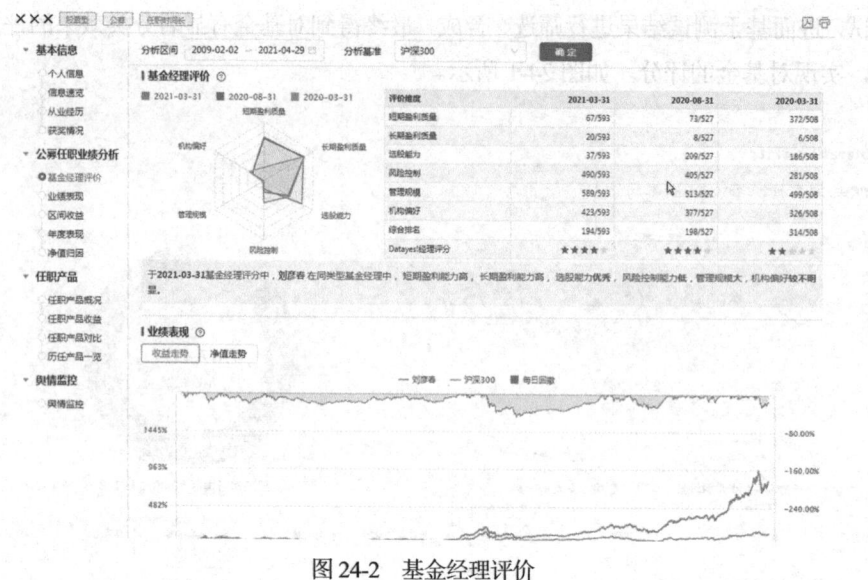

24.2　大类资产配置与 FOF 组合构建

24.2.1　大类资产配置方法

大类资产配置（见图 24-3）本质为进行多元化配置，分散单一资产的价格波动风险，构建与投资者偏好资产、收益风险偏好匹配的投资组合。

图 24-3　大类资产配置

目前主流的资产配置方法包括以下 5 种。

1）等权重模型

等权重模型是在建立资产组合的过程中给予每类资产相同权重配置的模型。相对于等权重资产组合，非等权重资产组合一般给市值较大的股票以更多的权重。然而相比于市值较小公司的股票，市值较大公司的股票一般收益率低且风险低。为了获得收益率更高的资产配置组合，我们可以分配更多的权重给市值较小公司的股票，这就是等权重模型的功能。

2）均值-方差模型

均值-方差模型是由诺贝尔经济学奖获得者 Harry M. Markowitz（哈里·马科维茨）在 1952 年提出的风险度量模型。该模型帮助投资者在风险一定的情况下获取最大收益，或者在收益一定的情况下使得风险最小。

均值-方差模型作为 Markowitz 提出的现代资产组合理论（Modern Portfolio Theory）的一部分，引入了均值（Mean）和方差（Variance）这两个统计学概念，用来定量地描述投资者在投资组合上获得的收益和承担的风险。均值，即投资组合期待收益率的均值，衡量了模型的收益表现；而方差，即投资组合收益率的方差，衡量了模型的风险情况。均值-方差模型通过平衡收益和风险，得到了组合配置的最优解，这一最优解反映在资产组合的有效边界（Efficient Frontier）上。均值-方差模型自创立至今，已经成为一种十分经典的资产组合配置策略。

3）风险平价模型

经典的资产配置策略以 Markowitz 的均值-方差模型为基础，目标是在给定组合风险水平的条件下，寻找预期收益最高的权重配置。然而，该理论有一个重大不足，就是只考虑组合整体的风险，而忽视了风险的构成。通过这一方法构建的资产组合，常常会出现风险被某一类资产完全控制的现象，这与分散化投资的理念相悖。

风险平价（Risk Parity）策略配置的是风险，而不是资产。风险平价策略通过平衡分配不同资产类别在组合风险中的贡献度，实现了投资组合的风险结构优化。通过风险平价配置，投资组合不会暴露在单一资产类别的风险敞口中，因而可以在风险平衡的基础上实现理想的投资收益。

4）风险预算模型

风险预算模型分析了每个基金的风险和收益贡献情况，从而最优化资产组合的表现。风险预算模型不仅查看了每个股票的表现，而且分析了不同基金间的关联性和相互作用。风险预算与风险平价模型主要的不同点在于：风险平价模型默认所有资产的风险贡献为 $1/n$，而风险预算模型可以给每项资产设置风险贡献值。

5）Black-Litterman 模型

Black-Litterman 模型简称 B-L 模型，由 Fisher Black 和 Robert Litterman 在 1992 年首先提出，是对于马科维茨（Markowitz）的现代资产组合理论（Modern Portfolio Theory）、均值-方差模型、资本资产定价模型的融合与优化。

B-L 模型的主要优点在于可以使基金经理在设定预期收益率的情况下，获得均值-方差优化过的资产配置方案。B-L 模型在均衡收益的基础上，通过引入投资者观点修正了期望收益，使得 Markowitz 组合优化中的期望收益更为合理，而且还将投资者观点融入模型，在一定程度上是对 Markowitz 组合优化理论的改进。

24.2.2 大类资产配置方法的 Python 实现

大类资产配置常用资产类别为股票、债券、现金及现金等价物、商品。本节以这 4 类资产作为配置对象，基于优矿平台编程环境，构建风险平价策略。策略代码如下：

```
%% backtest

import numpy as np
import pandas as pd
from scipy.optimize import minimize


start = '2019-11-01'                    # 回测起始时间
end = '2020-12-01'                      # 回测结束时间
universe = ['000300.ZICN', '000012.ZICN', '000066.NHCI', 'H11025.ZICN']
# 配置资产类别为股票、债券、商品、现金
benchmark = 'H11025.ZICN'               # 策略参考标准
freq = 'd'         # 策略类型，d 表示日间策略，使用日线回测，m 表示日内策略，使用分钟线回测
refresh_rate = 20     # 调仓频率，表示执行 handle_data 的时间间隔，若 freq = 'd'，时
间间隔的单位为交易日，若 freq = 'm'，时间间隔为分钟
max_history_window = (100)


# 配置账户信息，支持多资产多账户
accounts = {
    'index_account': AccountConfig(account_type='index', capital_base=10000000)
}


def initialize(context):
    pass
```

第24章 | 量化 FOF 组合构建和分析技术在基金投顾中的应用

```
# 每个单位时间(如果按天回测,则每天调用一次,如果按分钟,则每分钟调用一次)调用一次
def handle_data(context):
    # 策略风险计算函数
    def calculate_portfolio_var(weight, V):

        weight = np.matrix(weight)

        return np.sqrt((weight * V * weight.T)[0,0])

    # 证券风险贡献计算函数
    def calculate_risk_contribution(weight, V):

        weight = np.matrix(weight)
        sigma = calculate_portfolio_var(weight, V)
        mrc = V * weight.T
        rc = np.multiply(mrc,weight.T)/sigma

        return rc

    # 风险预算目标函数
    def risk_prity_objective(weight,pars):

        target_risk_weight = pars[0]
        V = pars[1]
        asset_RC = calculate_risk_contribution(weight,V)
        J = sum(np.square(asset_RC - target_risk_weight))[0,0]
        return J

    # 风险平价指数权重计算函数
    def risk_parity(weight,V):

        w0 = weight
        eps = 1e-10
        cons = ({'type': 'eq', "fun":lambda w: np.sum(w) - 1}, {'type': 'ineq',
"fun":lambda w: w - eps})
        res  =  minimize(risk_prity_objective,   w0,args=[weight,V],   method=
'SLSQP', constraints = cons)
        weight_rp = res.x

        return  weight_rp
```

```python
        previous_date = context.previous_date.strftime('%Y-%m-%d')
        universe = context.get_universe(exclude_halt=True)
        index_list = universe

        # 获取指数历史收盘行情数据
        hist = context.history(symbol=context.get_universe(exclude_halt=True),
attribute=['closePrice'], time_range=61, freq = 'd', style='sat')

        # 计算指数的协方差矩阵
        prices = pd.DataFrame()
        for index in universe:
            prices = pd.concat([prices,hist[index]],axis=1)

        prices.columns = universe
        ret = (prices-prices.shift(1)) / prices.shift(1) * 10000
        ret = ret.dropna()

        V = ret.cov()
        V = V.as_matrix()

        # 平均风险配置
        n = len(universe)
        target_risk_weight = list(np.ones(n) / (n))

        # 得到风险平价指数配置结果
        res = pd.DataFrame(risk_parity(target_risk_weight,V),index = universe,
columns=['weight_rp'])

        # 根据权重计算目标调仓数量
        account = context.get_account('index_account')
        positions, portfolio_value = account.get_positions(), account.portfolio_value

        reference_prices = context.history(symbol=context.get_universe(exclude_halt=True), attribute='closePrice', time_range=1, style='tas')[previous_date]
        res['target_amounts']= portfolio_value * res.weight_rp*0.9/ reference_prices.closePrice

        diff_amounts = dict()

        for symbol in universe:
            position = positions.get(symbol)
```

```
if not position:
    diff_amounts[symbol] = int(res.target_amounts[symbol])
else:
    diff_amounts[symbol] = int(res.target_amounts[symbol] - position.long_amount)

diff_amounts = {k:v for k,v in diff_amounts.items() if np.isfinite(v)}
need_to_sell = sorted(filter(lambda x: diff_amounts[x] < 0, diff_amounts))
need_to_buy = sorted(filter(lambda x: diff_amounts[x] > 0, diff_amounts))
list(map(lambda x: account.order(x, diff_amounts[x], 'close'), need_to_sell))
list( map(lambda x: account.order(x, diff_amounts[x], 'open'), need_to_buy))
```

24.2.3 FOF 组合构建策略

FOF 组合构建如图 24-4 所示。FOF 组合构建策略主要有以下两种。

图 24-4 FOF 组合构建

1）自下而上

自下而上 FOF 组合构建策略，通过基金筛选、尽职调查等优选基金，使用资产配置算法，或使用其他权重分配方式，构建 FOF 组合。相对于自上而下方式，自下而上方式得到的基金配置权重更加直观，但可能受配置算法选择影响，出现权重集中化的情况。

2) 自上而下

自上而下 FOF 组合构建策略，可结合宏观经济、市场环境判断当前宏观经济周期所处阶段，并结合未来一段时间内，对各大类资产的收益风险特征和投资机会的评估，确定大类资产配置的品种和配置比例，也可结合前面列出的资产配置方法，得到大类资产的优化配置比例。再选择投资于对应大类资产的基金作为子类资产，进行优化配置。自上而下资产配置，可以帮助投资者在不同宏观经济场景下或不同的投资周期中，配置合适的资产类别，构建与当下场景更加匹配、配置更加多样化的 FOF 组合。

24.2.4　FOF 组合策略的 Python 实现

```python
%% backtest
import quartz_extensions.MFHandler as mf
import numpy as np
import datetime
import pandas as pd


start = '2019-11-01'                         # 回测起始时间
end = '2021-03-22'                           # 回测结束时间
universe = FundUniverse(FUNDDYV2.PuTongGuPiao)     # 以债券型基金作为投资域
benchmark = '000013.ZICN'                    # 策略参考基准，上证企债
freq = 'd'                                   # d 表示使用日频率回测，m 表示使用分钟频率回测
refresh_rate = Monthly(1)                    # 执行 handle_data 的时间间隔


# 配置账户信息，初始资金为 1000000，交易模式为按权重调仓
accounts = {
    'fund_account': AccountConfig(account_type='otc_fund', capital_base=1000000,
rebalance_mode = 'by_weight')
}

def initialize(context):                     # 初始化策略运行环境
    pass

    def handle_data(context):                # 核心策略逻辑
        account = context.get_account('fund_account')
        fund_list = context.get_universe(asset_type='otc_fund',exclude_halt=True)
        previous_date = context.previous_date.strftime('%Y-%m-%d')
        hist =
DataAPI.FundPerfIndicGet(dataDate=previous_date,secID=fund_list,ticker="",window
```

```
="7", beginDate='',endDate='',
                        field='secID,endDate,sharpeRatio,window',pandas="1")
    hist.index = hist['secID']
    num = 10        # 投资数量
    
    # 选取夏普比率排名前 10 的基金作为目标持仓
    target_positions = pd.DataFrame()
    target_positions['secID']= hist['sharpeRatio'].sort_values(ascending=False)
[:num].index
    target_positions['weight']= 1/num
    
    account.weight_to(target_positions)
```

24.3 FOF 组合分析

24.3.1 FOF 组合分析概述

FOF 组合分析指对公募基金或者私募基金形成的投资组合进行净值、持仓等维度的分析。

1. 绩效分析

基于净值进行组合绩效表现的分析，会基于组合净值计算各类绩效指标，如区间年化收益、最近一年收益、累计收益、历史最大回撤、夏普比率等，这些指标表征了 FOF 组合的风险、收益的基础特性。

2. 风险分析

最常用的风险分析是净值回撤分析，回撤分析通过计算分析区间的最大回撤和最大回撤恢复期，确定一个组合一般情况下的最坏情况，以及恢复到初始状态的时间。风险分析用于判断投资者需要承担的最大风险和可能修复的时间。

蒙特卡罗分析是通过收益走势的蒙特卡罗模拟对未来进行预测。通过净值时序，计算得到 95 分位数、75 分位数、中位数、25 分位数、5 分位数的蒙特卡罗模拟曲线，直观地判断未来走势的上限和下限。

在险价值表示在未来若干交易日，极端情况下产品可能达到的最大损失。

3. 持仓分布分析

资产分布对 FOF 组合的基金配置比例进行分析，查看基金分配的权重变化。

策略分布对 FOF 组合的基金投资策略比例进行分析，查看基金所使用的投资策略分配的权重变化。

市场暴露分析研究 FOF 组合和组合持仓子基金在股市、债市、期市的风险暴露。

4. 收益拆解和归因

子基金贡献分析 FOF 组合中子基金对总的基金收益的贡献。

穿透归因分析针对 FOF 组合穿透后的持仓进行归因分析，尤其是股票持仓的归因分析，可以使用风险模型作为基础，将暴露、收益、风险归因到若干风险因子上。

如图 24-5 所示为 FOF 组合报告示例。

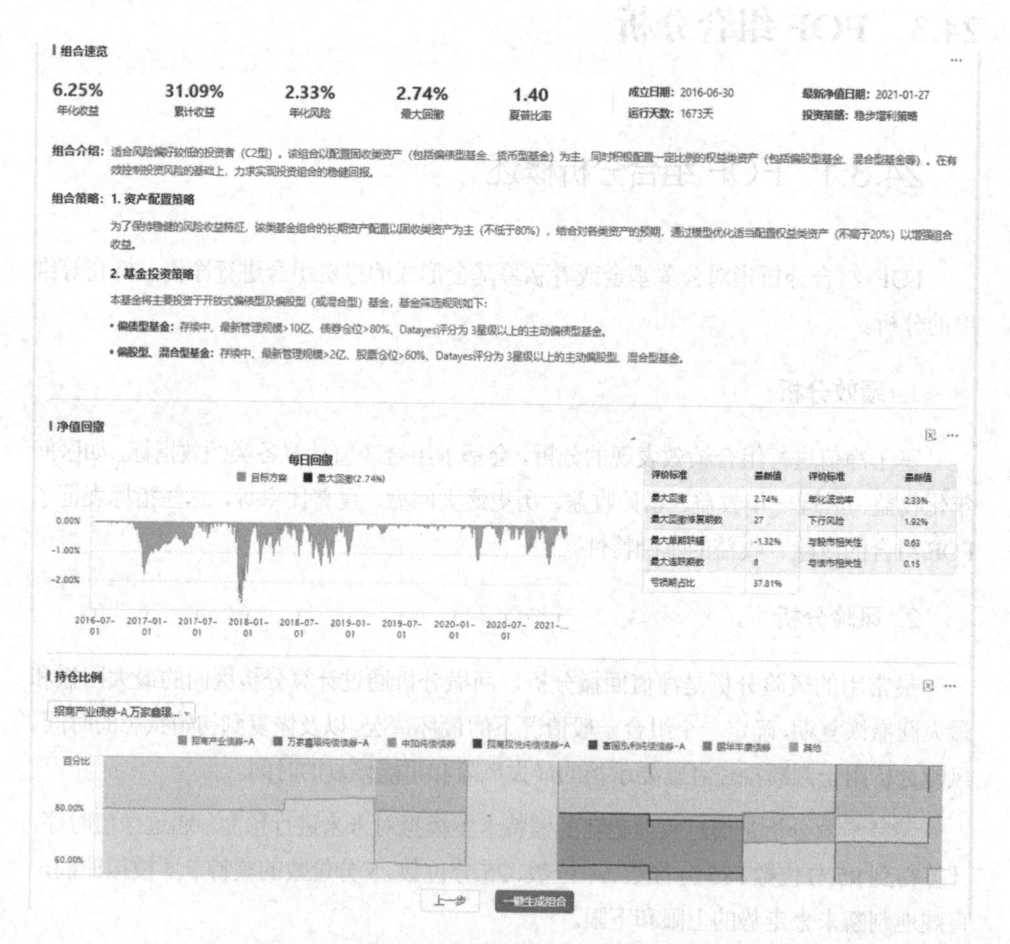

图 24-5 FOF 组合报告示例

第 24 章 | 量化 FOF 组合构建和分析技术在基金投顾中的应用

24.3.2 FOF 组合分析举例

如图 24-6 所示为穿透归因分析。对于基金的归因分析，除了基于基金层面的归因，还可以更加深入地归因到因子层面。对于具备风险模型数据能力的股票持仓，可以使用归因算法将收益、风险、暴露归因到具体的因子维度。对于 FOF 组合，首先需要进行持仓穿透，得到股票等持仓的权重，然后进行进一步的持仓归因，即可得到结果。

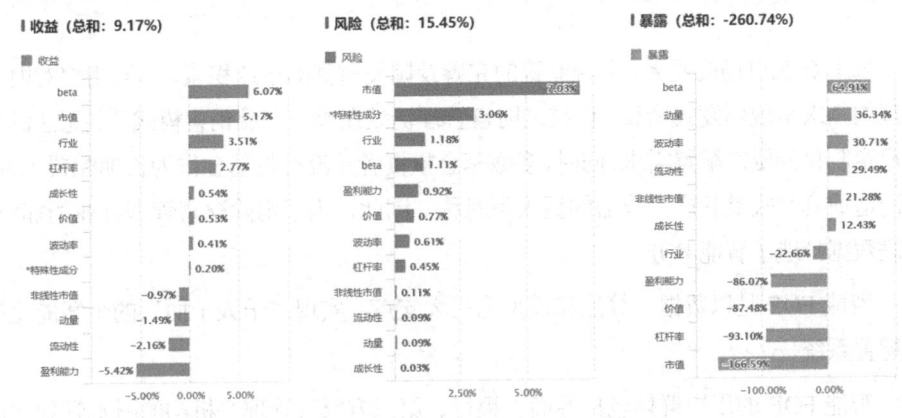

图 24-6 穿透归因分析

在险价值的分析，是对未来一段时间资产最大损失的幅度进行估计的算法。常见的计算方法有参数法、历史法、蒙特卡罗法。

以图 24-7 为例，根据最新一期 2021-04-27 的参数法在险价值，在未来 10 个交易日，有 5.00% 的可能产品损失超过 7.70%，基准损失超过 6.81%。说明极端情况下产品未来 10 个交易日可能的损失大于基准。反过来说，组合大概率（95%以上）损失不会超过 7.70%。

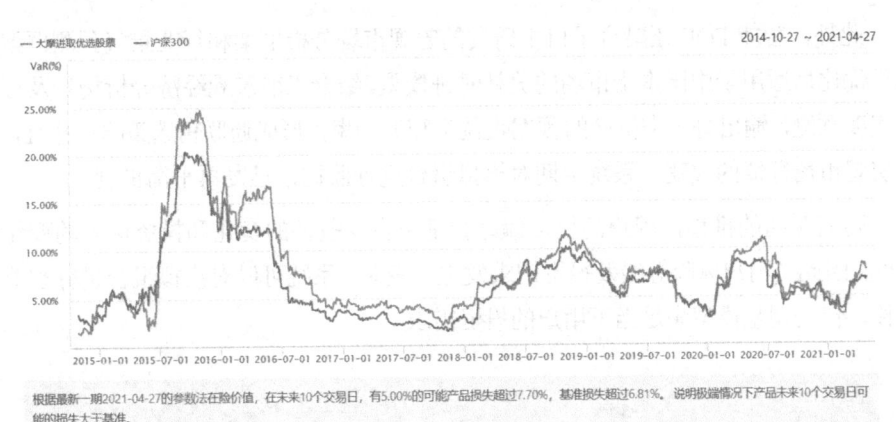

图 24-7 VAR 示例

24.4 基金投顾与智能 FOF

24.4.1 智能 FOF

随着金融市场的发展、金融监管的完善及国民财富的迅速积累，不同用户对财富管理的需求呈现爆发式增长，传统的财富管理仍处在单一产品销售模式下，无法满足客户定制化的资产配置需求；同时，多数基金投资者并没有将基金作为长期配置工具，从而造成真实收益和产品收益的巨大不对称。因此，为了消除财富管理行业的痛点，通联数据打造了智能 FOF。

智能 FOF 是以数据、算法和模型为三大支点，实现"千人千面"的全智能化资产配置系统。

智能 FOF 的用户群体包括券商、银行、第三方财富管理等机构的财富管理部门的投顾人员。智能 FOF 系统主要包括两大核心功能。

（1）自定义 FOF：投顾人员可以通过用户问卷测评输入用户画像/用户需求，深度挖掘用户的特征及投资需求，抽象成具体的用户画像标签，运用一系列智能算法及投资组合优化等理论模型，输出符合用户需求的最优组合方案。

（2）精选 FOF：将市场上主流的用户群体进行分类，同时打造 5 种不同的投资场景，基于 5 种场景和对应的适合人群，运用大类资产配置模型构建策略组合，精选策略推荐。

此外，智能 FOF 还融合了自主研发的宏观市场分析框架和行业景气预测框架，基于优化后适用于中国本土市场的美林时钟模型，结合当前宏观经济分析场景及行业景气度预测，输出每一类资产的预期收益率和波动率，形成通联精选策略；并且，基于宏观市场行情的改变，系统定期对模拟组合进行监控，触发再平衡机制。

随着时间的推移，用户的投资偏好会基于自身条件的变化和投资场景的变化而改变，因此当用户风险等级及投资需求发生改变时，系统可以对模拟组合进行智能化监控，自动调整模型满足当下用户的投资需求。

24.4.2 萝卜理财

基于智能 FOF 的实践经验，通联数据打造了集智能化基金研究和资产配置两大功能于一体的产品——萝卜理财。在底层丰富数据的基础上，采用大数据筛选和模型评测，并投入一线投研人员倾力打造。其中，基金研究涵盖了公募基金、私募基金、FOF 组合等各类数据分析；资产配置则涉及各类基金及组合投资，产品覆盖面广。

- 核心优势：先进理论落地成熟资产配置模型，自上而下跨越牛熊周期；全维度专业五星评分体系，精选海内外优质资产；千人千面定制投资需求，收获长期价值。
- 策略推送：高景气行业策略、行业稳定策略、行业轮动策略、优质债基策略等。
- 基金排名：基金排行榜、经典价值、经典成长、季季正收益。
- 组合推送：活钱管理、稳健理财、跑赢大盘、追求高收益。
- 市场监控：影响变量、产业链、公告、新闻、研报图表、基金研究等。

全市场资讯覆盖、24 小时滚动更新；全方位私人定制，打造用户的专属组合，更安全、更轻松的理财体验；穿透监控，异动报告，行业、产业变动，研报图表等海量金融数据筛选。